KB177065

비운의 역사 현장

아! 경교장

비운의 역사현장
아! 경교장

지은이 | (사)백범사상실천운동연합
발행일 | 초판 1쇄 2019년 4월 11일
발행처 | 멘토프레스
발행인 | 이경숙
교정 | 서광철
인쇄 · 제본 | 한영문화사
등록번호 | 201-12-80347 / 등록일 2006년 5월 2일
주소 | 서울시 중구 충무로 2가 49-30 태광빌딩 302호
전화 | (02)2272-0907 팩스 | (02)2272-0974
E-mail | mentorpress@gmail.com
홈피 | www.mentorpress.co.kr
ISBN 978-89-93442-52-5 (03300)

비운의 역사 현장

아! 경교장

메디 press

▪ 일러두기

•1945~1949년 당시의 원문을 가감 없이 싣고자 노력했다. 다만, 장문의 문장들로 작성된 원문의 글을 문맥상 이해하기 쉽도록 편집과정에서 불가피하게 행갈이를 했다.

•본문에 게재된 한자에 대해서는 독음을 달아 이해를 돕고자 했다.

•1945년 해방이후 당시의 신문기사는 대부분 한자와 한글을 혼용하여 표기했다. 자주 등장하지만 오늘날에는 거의 쓰지 않는 한자는 다음과 같다.
급及 : 미칠 급. ~범위에 이르다, 미치다 혹은 및, 이라는 뜻.
담談 : 말씀 담. 말하다, 담화의 뜻.
작昨 : 어제 작. 어제, 앞서, 라는 뜻. 작일昨日(어제), 작야昨夜(어젯밤) 등.
제諸 : 모든 제. 모든, 여러, 라는 뜻을 지닌 어조사. 제씨諸氏(여러분), 諸단체(여러 단체) 등.
좌左 : 왼 좌. 당시 신문은 세로쓰기여서 부가설명이 필요한 경우 왼쪽에 첨부내용이 붙어있었다. 좌 혹은 좌하左下는 오늘날 아래나 다음으로 읽을 수 있다.

•당시 외국의 지명은 오늘날과는 달리 한자 음역어를 사용했다. 본문에 자주 등장하는 외국의 지명은 다음과 같다.

•덕국德國 : 도이칠란드
•아라사我羅斯 : 러시아
•미주美洲 : 아메리카
•화성돈華盛頓 : 워싱턴
•상항桑港 : 샌프란시스코
•뉴육紐育 : 뉴욕
•불란서佛蘭西, 법국法國 : 프랑스
•지나支那 : 차이나
•비율빈比律賓 : 필리핀
•막사과莫斯科 : 모스크바
•윤돈倫敦 : 런던
•해아海牙 : 헤이그

▲ 미해군 군함 미조리 호에서 윤봉길의사의 천장절 폭탄 공격으로 한쪽 다리를 잃은 일본 외무성장관 시게미쓰 마모루가 항복 서명을 하고 있다. (1945. 9. 2)

▲ 조선총독부에서 일장기가 내려가고 성조기가 게양되고 있다. (1945 .9 .9)

▲ 임시정부 송별연회 충칭 국민당 대례당에서 김구·장제스·쑹메이링 (1945. 11. 4)

▲ 환국을 위해 충칭에서 상하이 비행장에 도착한 김구 주석과 임정요인들 (1945. 11. 5)

House 121, Lane 668 Yu Yuen Road
Shanghai
November 19, 1945

Lt. Gen. A. C. Wedemeyer
Commanding General, U.S. Forces
China Theater
U.S. Army Headquarters
Shanghai

Dear Sir:

With reference to the matter of arranging air lift and clearance for myself and other members of the Korean provisional government (until recently located in Chungking) to enter Korea in individual capacity, I hereby undertake to assure you that I and my colleagues fully understand that we shall be allowed to enter as strictly private individuals and not in any official capacity. I further have the honor to state that on entering Korea we do not expect to function, either collectively or individually, as a government or such body exercising civil and/or political power. Our aim shall be to cooperate with the U.S. Military Government in establishing order as will benefit the Korean people.

Allow me to express my gratefulness for your kind courtesy and consideration, and my very high esteem for yourself.

Yours faithfully,

(Kim , Koo)

◀ 김구 주석이 중국 주둔 웨드마이어 미군 사령관에게 보낸 환국관련 서한 (1945. 11. 19)

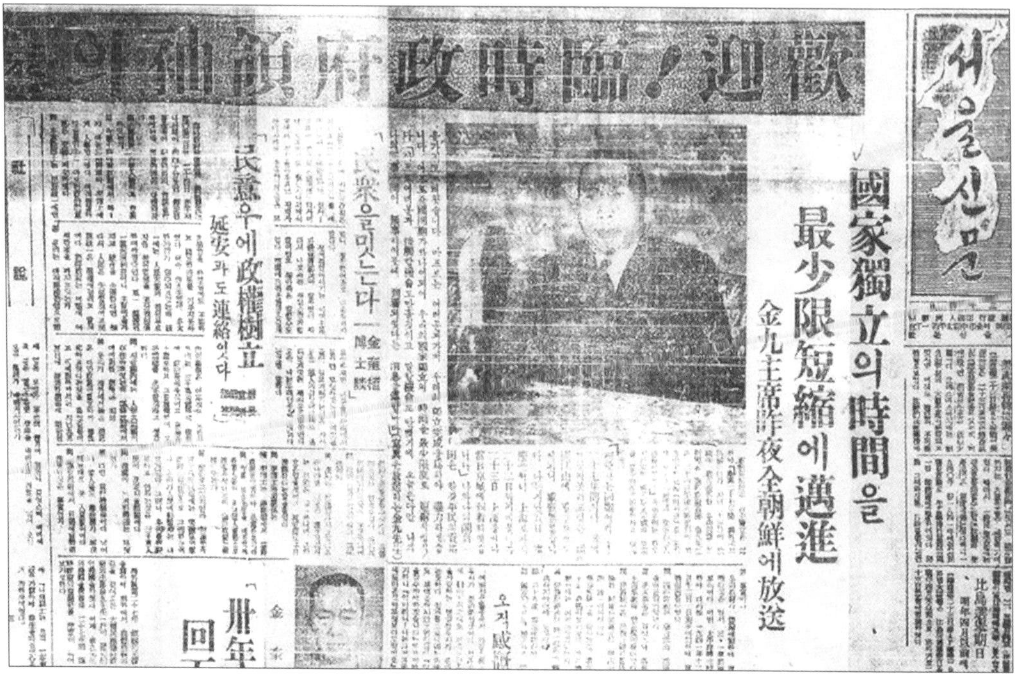

서울신문

歡迎! 臨時政府領袖의

國家獨立의時間을 最少限短縮에邁進

金九主席昨夜全朝鮮에放送

「民衆을밋는다」 金主席

「民意우에政權樹立」 延安과도連絡잇다

社說

▲ 대한민국 임시정부 영수환국 보도 (1945. 11. 25)

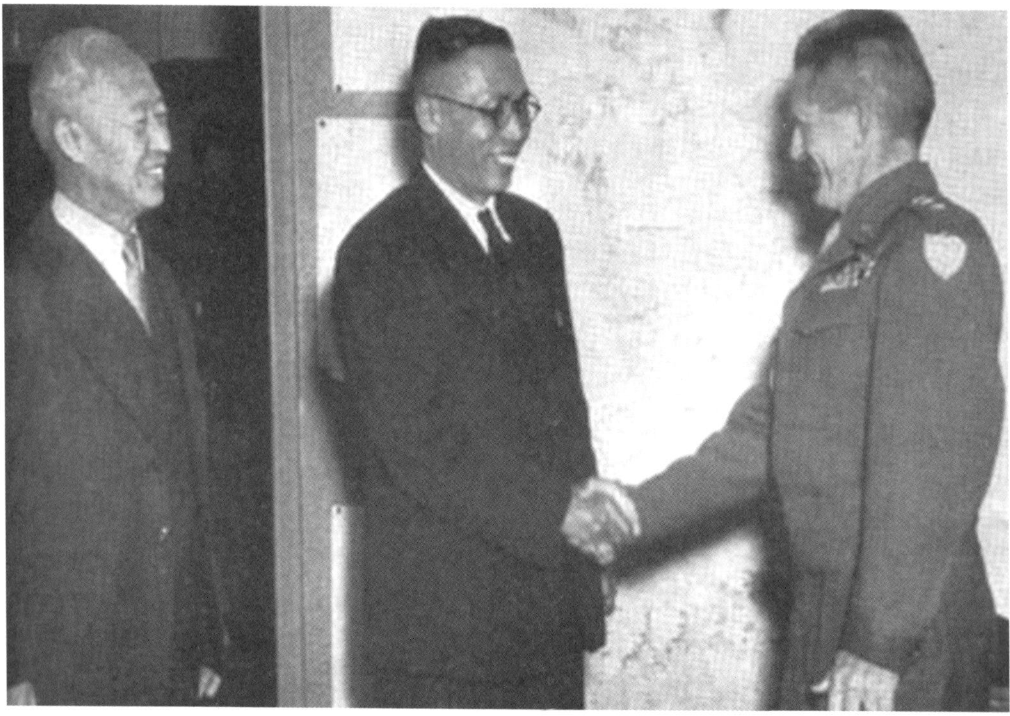

▲ 환국한 다음날 이승만 박사의 안내로 미군정 사령관 하지 중장을 방문한 김구 주석 (1945. 11. 24)

▲ 대한민국 임시정부 환국 봉영회장에서의 이승만 박사, 김구 주석, 오세창 선생 (1945. 12. 1)

▲ 임정 환국 봉영회장에서 답사하는 김구 주석 (1945. 12. 1)

▲ 대한민국 임시정부가 환국하여 경교장에서 역사적인 첫 국무회의를 개최한 직후의 기념사진 (1945. 12. 3)
(앞줄 왼쪽부터 장건상 국무위원, 조완구 재정부장. 이시영 국무위원, 김구 주석, 김규식 부주석, 조소앙 외무부장, 신익희 내무부장, 조성환 국무위원, 뒷줄 왼쪽부터 유진동 선생, 황학수 국무위원, 성주식 국무위원, 김성숙 국무위원, 김상덕 문화부장, 유림 국무위원, 조경한 국무위원, 김붕준 국무위원, 유동열 참모총장, 김원봉 군무부장, 최동오 법무부장)

※ 이승만 구미위원장은 회의 도중에 퇴장을 하여 기념촬영에 불참.

THE DONG-A ILBO (Original Daily News)

東亞日報

憧憬 故國 歷史的 國務會議

主席金九閣下統裁下

國務委員初會合

國政議論

休會코 軍政府訪問

◀ 임정 환국 후 첫 국무회의를 보도한 동아일보 (1945. 12. 4)

▲ 대한민국 임시정부 환국 환영대회에 참석한 김구 주석, 김규식 부주석, 엄항섭 선전부장,유동열 참모총장 (1945. 12. 19)

▲ 대한민국 임시정부 환국 전국환영대회 서울운동장 (1945. 12. 19)

▲ 대한민국 임시정부 환국환영 학생시가행진 (1945. 12. 19)

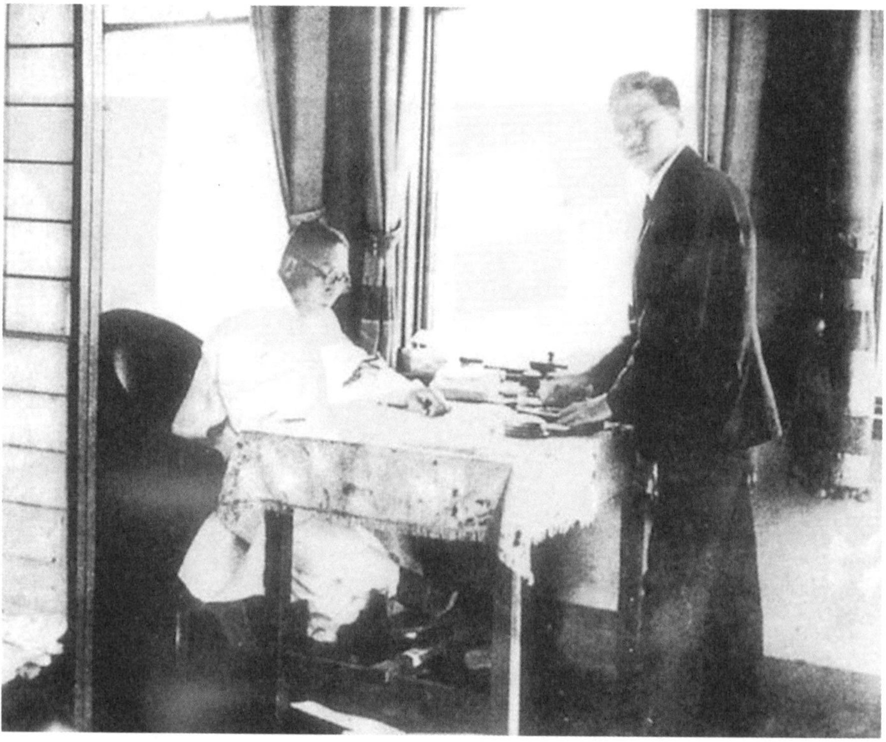

▲ 경교장 2층 집무실에서의 김구 주석 (1946. 3)

◀ 경교장 2층 서재에서 조완구 재정부장, 신익희 내무부장, 조소앙 외무부장 뒷줄로 최동오 법무부장, 엄항섭 선전부장 (1945. 12)

▲ 경교장 2층 베란다에서 김구 선생과 며느리 안미생 (1945. 12)

▲ 경교장 정문 전경

▲ 과도정부 수립 촉진과 한국의 완전독립 실현을 위해 만들어진 남조선대한국민대표민주의원 개원식에 참석한 김구와 김규식 (1946. 2. 14)

▲ 제1차 미소공위. 왼쪽부터 이승만, 김구, 스티코프, 안재홍 (1946. 3. 20)

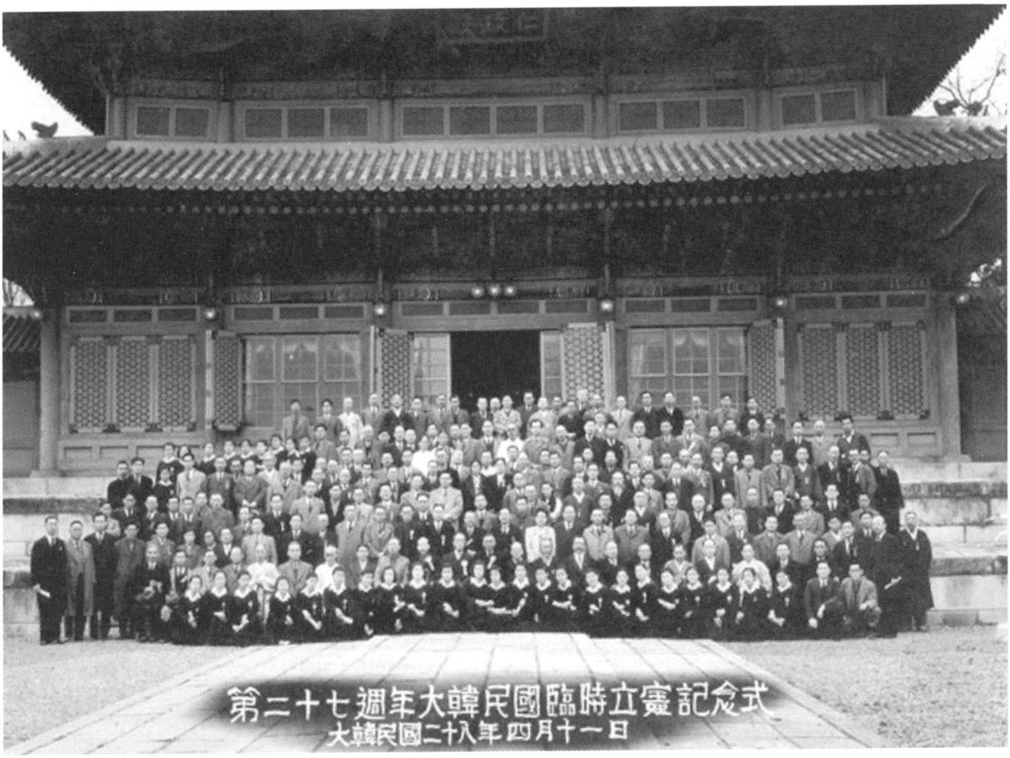
第二十七週年大韓民國臨時立憲記念式
大韓民國二十八年四月十一日

▲ 제27주년 대한민국 임시정부 입헌기념식 창덕궁 인정전 (1946. 4. 11)

大韓殉國烈士遺骨奉還會場

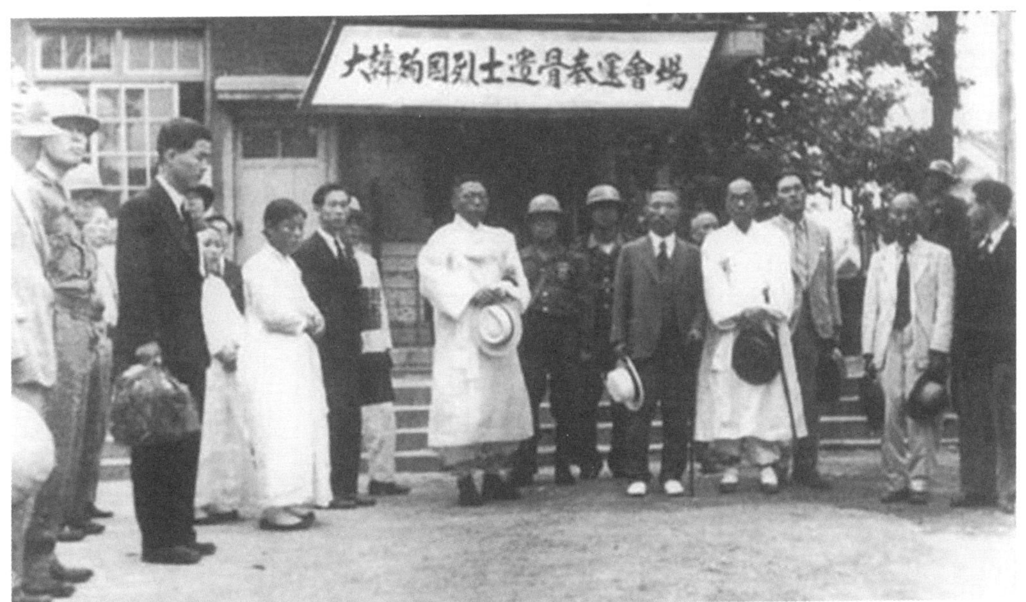

▲ 3의사(윤봉길, 이봉창, 백정기) 유해를 봉환하기 위해 부산에 내려온 김구 선생 (1946. 5. 18)

▲ 우이동 화계사를 방문한 엄항섭, 김구, 장준하 (1946. 12)

▲ 엄항섭 선생(왼쪽)과 김구 선생 (1947. 12)

▲ 상하이 시절 도움을 준 피치 박사 내외의 경교장 방문 기념 (1947. 7. 24)

▲ 경교장 식구들의 망중한

▲ 조완구 선생과 남북협상을 구상하는 김구 선생 (1948. 1)

▲ 남북협상 북행길을 가로막는 반공 · 청년학생들에게 연설하는 김구 선생 (1948. 4. 19)

▲ 남북연석회의에 참석한 김구 선생과 조소앙 선생을 안내하는 김일성 위원장 (1948. 4. 22)

▲ 평양 모란봉극장에서 열린 남북제정당사회단체대표자연석회의. 앞줄 왼쪽부터 홍명희, 김일성, 김두봉, 김구, 조완구 (1949. 4. 22)

▲ 남북연석회의에 참가하고 돌아온 김구 선생과 대표자들 그리고 환영인사들 (1948. 5. 20)

▲ 신, 구 프랑스 대사의 경교장 방문 (1949)

▲ 국부 김구 선생을 모시고 (1949. 1. 31)

▲ 경교장에서의 말년의 김구 선생 (1949. 4)

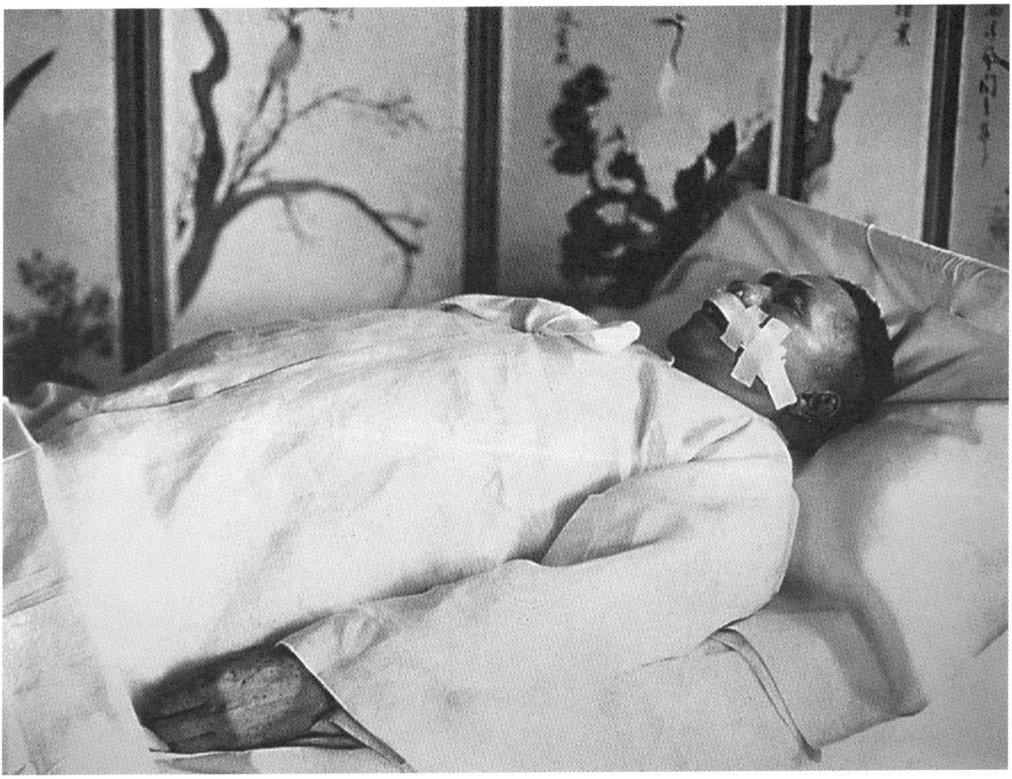

▲ 김구 선생이 육군 소위 안두희에 저격당한 후 서거 모습 (1949. 6. 26)

▲ 경교장 1층 김구 선생 빈소 (1949. 6. 26)

▲ 경교장에 모여든 조문객들 (1949. 6. 27)

▲ 경교장에 밀려드는 조문객 (1949. 6. 30)

▲ 대한민국 임시정부 김구 주석 국민장 장의행렬 (1949. 7. 5)

▲ 월남 대사관으로 사용되던 당시의 경교장 (1960. 6. 24)

▲ 경교장 소유주인 삼성의 방해 속에 경교장을 문화재로 지정받아 가까스로 철거의 위기를 넘기고 내부 복원의 계기를 만들었다. (2001. 8. 15)

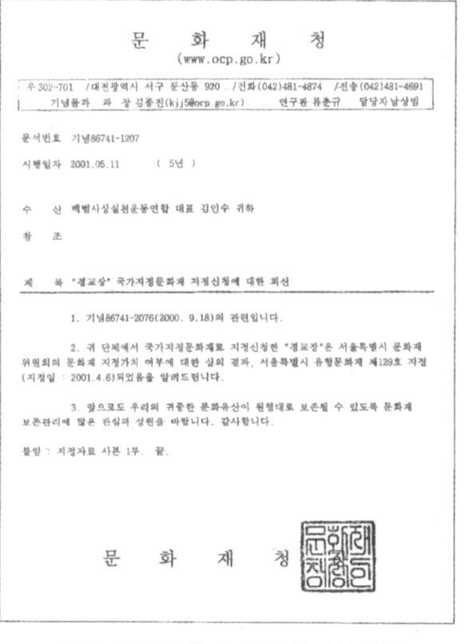

문 화 재 청
(www.ocp.go.kr)

우 302-701 /대전광역시 서구 둔산동 920 /전화(042)481-4874 /전송(042)481-4691
기념물과 과 장 김종진(kjj5@ocp.go.kr) 연구관 류춘규 담당자 남상범

문서번호 기념86741-1207

시행일자 2001.05.11 (5년)

수 신 백범사상실천운동연합 대표 김인수 귀하

참 조

제 목 "경교장" 국가지정문화재 지정신청에 대한 회신

1. 기념86741-2076(2000. 9.18)의 관련입니다.

2. 귀 단체에서 국가지정문화재로 지정신청한 "경교장"은 서울특별시 문화재위원회의 문화재 지정가치 여부에 대한 심의 결과, 서울특별시 유형문화재 제129호 지정(지정일 : 2001.4.6)되었음을 알려드립니다.

3. 앞으로도 우리의 귀중한 문화유산이 원형대로 보존될 수 있도록 문화재 보존관리에 많은 관심과 성원을 바랍니다. 감사합니다.

붙임 : 지정자료 사본 1부. 끝.

문 화 재 청

▲ 경교장 문화재 지정 문화재청 최종 회신 (2001. 4. 6)

▲ 경교장복원범민족추진위원회 결성식 전 김구 선생 암살현장 내부를 설명하는 김인수 (사)백범사상실천운동연합 대표 (2001. 11. 23)

▲ 강북삼성병원 불법공사 이전의 임정 마지막 청사

▲ 삼성의 260억 불법공사로 처참하게 훼손된 경교장

▲ 2021년 강북삼성병원 미래의학관 완공 후 초라한 모습의 경교장

▲ 원형 복원했을 때의 임정 마지막청사 경교장

▲ 문재인 대통령의 경교장복원 약속이행을 촉구하는 3·1혁명 100주년 기념행사 (2019. 3. 1)

「비운의 역사현장 아! 경교장」 책을 내면서

김인수
(사)백범사상실천운동연합 대표
경교장복원범민족추진위원회 상임대표

2001년 9월 4일 국사편찬위원회에서는 백범암살범 안두희가 미육군방첩대(CIC) 요원이었음을 미국 문서보관청 문서를 근거로 언론을 통해 국민에게 발표하였다. 이는 암살범 안두희가 92년 생전에 필자에게 증언한 미국 관련설을 뒷받침하는 내용으로서 백범암살의 실체적 진실과 그 전모를 규명하는데 새로운 계기가 마련되었다. 그러나 들끓던 진상규명 여론도 9·11사건과 아프간 전쟁에 파묻혀 또다시 국민의 뇌리에서 잊혀졌다.

백범암살!

한국 현대사를 관통한 이 비극적인 사건의 진상은 과연 무엇이며 또한 역사에서 어떻게 규정해야 할 것인가? 한반도를 둘러싼 냉전시대의 유산으로만 단순히 기억하고 덮어버리고 말 것인가? 진정 대한민국이 자주국가라면 정부는 이 문제에 대해 당연히 미국에 공식사과를 요구해야 함에도 불구하고 아무런 대응을 하지 않고 있다.

1992년 미 국무성이 안두희의 미국 관련설을 공식적으로 전면 부인한 적이 있었는데 이제 그들의 문서를 통해 밝혀진 진실에 대해서 무엇이라고 말할 것인가? 또한 전통적인 우방이며 혈맹으로 생각하는 대다수 한국인의 뇌리 속에 각인된 미국을 어떻게 인식해야 할 것인가. 그리고 이 천인공노할 백범 살해사건이 발생한 경교장의 역사적 의미는 어떻게 규정해야 할까?

대한민국 임시정부는 1941년 12월 일본과 독일에 선전포고를 하고 광복군 국내 정진대를 미군특수부대(OSS)와 합동으로 국내에 침투시킬 계획으로 맹훈련 중에 갑작스런 일제의 패전을 중국 충칭에서 맞이하였다. 이후 임정을 해산하고 환국을 하느냐 아니면 임정을 가지고 환국하느냐 수차례의 의정원회의를 거쳐 일단 임시정부의 자격으로 환국하여 국민의 총의에 따라 정부를 재조직하기로 결의하고 환국을 준비하면서 1945년 9월 2일 일본이 정식으로 항복문서에 조인하자 즉각 9월 3일 임시정부 당면정책 14개 조항을 발표하였다. 1945년 11월 5일 충칭에서 동포들의 교민

업무를 위해 주중화대표단(단장 박찬익)을 남겨 두고 환국길에 올라 상하이에 도착한 후, 중국 주둔 웨드마이어 미군 중장에게 첫째 대한민국 임시정부는 귀국 후 내지에서 M·P의 보호를 받지 않겠다. 둘째 조선의 치안유지는 우리들의 손으로 하겠다. 셋째 신국가건설에 필요한 군대를 귀국 후 구성하겠다. 넷째 귀국 후의 정치행동에 대하여는 미군정당국의 간섭을 받지 않겠다. 등의 4개 항목의 요구사항을 제시했다. 그러나 미군정은 정부자격으로 입국하는 것에 동의하지 않았고 임정은 설사 만주를 거쳐 환국을 하더라도 임정간판을 갖고 들어오겠다는 입장을 고수하여 환국은 지연되고 결국 개인자격으로 들어오는 조건으로 마침내 11월 23일 파란만장한 27년간의 항일투쟁을 접고 역사적인 환국을 하게 된 것이다. 그러나 김포 비행장에 도착한 임정 요인일행(15명) 1진을 맞이하는 사람은 꿈에도 그리던 동포들이 아니라 미군들뿐이었고 환영행사도 없이 쓸쓸히 미군 장갑차에 실려 오후 5시경 도착한 곳이 서대문의 죽첨장(경교장)이었다.

죽첨장에 도착한 임정요인들은 충무로에 있는 본정호텔(한미호텔) 등으로 분산하여 숙소를 정하고 저녁 8시 공식 기자회견을 통해 환국성명과 함께 임시정부 당면 정책 14개 조항을 발표하며 개인자격으로 환국했지만 임시정부의 확고한 견지를 선언하였다. 임정의 환국은 국내에서 정치적 혼란을 겪고 있던 당시 태풍의 눈으로 변하여 일약 경교장은 온 국민의 시선이 집중되는 곳이 되었으며 미군정도 이때는 임정에 대하여 우호적이었다.

그리고 12월 1일 상하이에 머물던 임정 잔류요인 일행 23명이 환국하여 12월 3일 오전 11시 죽첨장에서는 이승만(구미위원장)도 참석한 역사적인 첫 국무회의가 개최되었다. 이후 이곳에서는 수시로 국무회의가 개최되었고 미군정도 사실상 임정의 활동을 묵인하였다. 그리고 모스크바 3상 협정문이 발표되자 12월 28일 임정의 김구 주석이 경교장에서 긴급 국무회의를 개최하고 반탁운동을 활발히 주도하며 12월 31일엔 임시정부 내무부 포고령(국자 제1호, 제2호)을 선포하고 미군정에 행정권의 이양을 강력히 요구하였다. 이에 당황한 미군정은 쿠데타라고 규정하고 하지 사령관은 임정요인들을 체포하여 중국으로 추방할 계획까지 세우는 등 임정을 압박하여 결국 엄항섭 선전부장의 총파업중지와 직장복귀 방송으로 일단락되었으나 이로써 미군정과의 우호적 관계는 사실상 끝나고 임정의 영향력도 상당히 위축되고 말았다.

이후 임정은 1946년 2월 1일에 탄생한 비상국민회의에 여러 정파와 함께 참가하면서 변신하였고, 이어 2월 14일 비상국민회의 집행기관이며 군정자문기관으로 탄생한 민주의원에 참여함으로써 1919년 수립된 대한민국 임시정부의 공식활동은 사실상 종료를 한 것이다. 그러나 우리 정부에서나 사학자들은 임시정부가 개인자격으로 환국을 하였기 때문에 마치 중국에서 임정활동이 종료한 것처럼 불명확하게 정리하고 있다. 따라서 필자는 이 문제에 관하여 국사편찬위원회에 임정의 공식 종료시점을 공식화 해달라는 요청을 수차례 하였으나 앞으로 연구를 계속하여 정립하겠다는 답변뿐이다.

오늘날 대한민국 헌법전문에는 임정의 법통을 계승한다고 명기하고 있다. 그러나 1919년 4월 11일 수립된 임정의 공식 종료시점을 명확히 하지 않은 채 도대체 언제 종료된 임시정부를 계승한다고 하는지 도무지 이해할 수 없다. 물론 8·15후 한반도에 미·소 양군이 점령하여 군정이 실시되었으니 임정이 존재할 수 없다는 논리가 될 수 있으나 그렇다고 환국 후 일정기간 활동한 임정의 실체를 부정하는 것은 항일선열들에 대한 모독인 동시에 역사를 외세에 의존하는 비자주적인 처사일 뿐만 아니라, 나아가 36년의 조선총독부 통치도 우리의 역사로 긍정적으로 받아들여야 한다는 논리가 성립될 수도 있다는 것이다.

임정은 비록 개인자격으로 환국하였지만 한국인의 입장에선 정부가 들어온 것이며 실제 이곳에서 국무회의와 임정포고령을 선포하는 등 완전한 자주독립의 의지가 곳곳에 배어 있는 위대한 역사의 현장으로 대한민국 임시정부의 마지막 청사라고 당당하게 주장하고 있는 것이다. 이럴 바에는 차라리 헌법전문에 임정의 법통이 아니라 미군정의 법통을 계승한다고 하는 것이 옳은 것이 아닌가, 심각히 고민해볼 일이다.

필자는 백범 김구 선생이 환국하여 안두희에게 살해될 때까지 3년 7개월(1,310일)간 기거했던 경교장의 역사적 의미를 대략 3부분으로 나누어 설명하고자 한다.

첫째는 대한민국 임시정부 마지막 청사이며 둘째는 최초의 남북협상 산실이라는 것이며 그리고 셋째는 백범 암살의 현장이라는 것이다.

임정 마지막 청사라는 주장은 환국한 후 바로 경교장에서 임정 당면정책을 발표하고 확고한 임정견지를 선언하였으며 십수 차례 국무회의를 개최하며 포고령을 선포하는 등 1946년 2월 13일까지 4개월(82일)간 청사 기능을 하였다는 이유이고, 최초의 남북협상 산실이라는 것은 1948년 남북에서 각각 단독정부가 수립되려고 할 때 김구 선생과 김규식 박사가 우리민족끼리의 기치를 들고 남북협상을 추진한 곳이고, 백범 암살 현장이라는 것은 평생을 오로지 조국의 해방과 통일을 위해 헌신한 김구 선생이 대한민국 육군소위이자 미국 육군방첩대(CIC) 정보요원인 동포의 손에 처참하게 살해된 비극의 현장이라는 이유에서다.

경교장은 일제 때 광산업으로 부자가 된 최창학이 1938년 조선제일의 건축가인 김세연의 설계로 지은 건평 265평의 양식 2층(지하 1층)건물로써 임시정부환국 환영 준비위원회가 운현궁, 동대문 옆의 조선 기와집 등 임정의 숙사로 물색한 곳 중의 하나로 준비위원장인 김석황과 최창학의 인간관계가 작용하여 결정된 것으로 전해지고 있으며 백범 암살의 배후로 지목되고 있는 이승만도 임정환국 며칠 전에 경교장을 방문하여 일일이 건물 내부를 둘러보며 세심한 관심을 보였다.

그리고 원래 이름은 죽첨장이라고 불렸으나 김구 선생이 왜식 이름이라 하여 옛 지명(경교장)을 되살려 경교장으로 바꿔 불렀고 우연한 일이지만 백범 암살범 안두희의 아비 안병서와 최창학은 일제 때 압록강토지개량주식회사라는 사업체를 동업한 일도 있으며 또한 서울 인구가 140만 일 당시 김구 선생 장례에 무려 124만 명의 조문객이 문상을 하였던 곳이다.

그러나 이러한 유서 깊은 경교장의 오늘은 어떤 모습일까?

경교장은 백범 서거 후 소유주인 최창학이 유족에게서 돌려받은 다음 자유중국 대사관으로, 6·25때는 미군 병원 주둔지로, 9·28수복 후에는 미군 특수부대 주둔지로, 이후 월남대사관저로 사용되다가 68년 고려병원(현 강북삼성병원)에 인수되어 본관으로 사용되어 왔으며 국무회의장은 원무과로 김구 주석 집무실(암살 장소)은 의사들의 휴게실로 사용했다. 그나마 이러한 경교장에 위기가 찾아왔다.

그것은 1996년 삼성이 경교장을 철거하고 이 자리에 17층 규모의 병원을 신축하려고 서울시에 건축허가서를 제출하므로 필자는 이때부터 본격적인 경교장복원운동에 나섰으나 현실의 벽이 이토록 높을 줄은 몰랐다. 그 해 백범 47주기 추도식에 참석한 유명정치인들과 기자들에게 경교장복원의 필요성을 촉구하는 성명서를 발표하였으나 모두가 외면하였다. 따라서 삼성의 철거를 막기 위해 경교장 문화재 지정을 조순 서울시장에게 요청했으나 건물이 낡고 변형이 심해 문화재적 가치를 상실했다는 답변이고, 이건희 삼성그룹 회장에게는 국가에 쾌척하기를 요청했으나 실현되지 않았다. 이런 가운데 이 문제를 여론화하기 위해 거리에서 시민을 상대로 서명운동을 하며 경교장에 대해 질문을 해보면 그것이 무엇이고 어디 있는 여관 이름이냐고 오히려 되물을 정도이고 김구 선생도 독립운동을 하다 중국에서 사망했다는 시민들의 어처구니없는 상식이 대부분이었지 경교장을 기억하는 사람은 거의 없었다. 이때 마침 백범기념관건립추진위원회가 결성되므로 집행위원장인 김덕룡 정무장관에게 경교장을 복원하여 이곳을 백범기념관으로 활용할 것을 제안했으나 이 역시 실현되지 못한 채 김영삼 정부가 끝나가면서 추진위원회도 흐지부지되고 말았다. 경교장은 이미 1949년 김구 선생 장례 후 국보(國寶)로서 영구 보존하자는 국민 여론이 있었으나 이승만 정권의 탄압으로 좌절되었다.

해가 바뀌어 1997년 국회에 「경교장복원 및 국가지정문화재 지정을 위한 청원」을 여야국회의원 62명의 서명을 받아 접수하자 해당 상임위에서 경교장을 현장 답사하여 실태조사를 하는 등 활발한 활동을 하였으나 정작 청원심사소위에서는 차일피일 미루며 단 한 번의 회의를 소집하지 않은 채 15대국회 회기가 종료하였다. 이런 가운데 1998년 문화재 지정을 촉구하는 시민한마당 행사를 광화문사거리에서 개최하고 50년간 세상으로부터 버림받은 경교장을 방문하여 김구 선생이 집무실이었던 2층 암살현장에서 서거 후 처음으로 조촐한 추도식을 거행하였다. 그런데 1999년에 또 한 번의 위기가 닥쳐왔다. 이번에는 백범기념관건립추진위원회(위원장 이수성)에서 삼성과 협의하여 효창공원에 건립중인 기념관 옆으로 철거, 이전하려고 하여 각 언론사에 경교장 건이 청원심사 중인 상태에서는 법적으로 불가하다는 내용의 반대성명을 발표해 겨우 철거 위기를 넘겼다.

이런 가운데 2000년 김대중 대통령에게 절절한 탄원서를 제출하였다. 이에 적극적인 입장으로 변신한 문화재청이 1년간의 심의를 거쳐 서울시에 경교장 문화재 지정을 권고하자 1996년엔 내, 외부의 변형이 심하여 문화재적 가치를 상실하여 불가하다고 했던 서울시가 5년이 지난 2001년에 와서는 건물의 보존상태가 양호하다는 이유를 들어 서울시 유형문화재 제129호로 지정하는 웃지 못 할 일이 벌어지며 삼성의 경교장 철거계획을 무산시켰다.

한·중 수교 이후 수많은 국민들과 정치인, 대통령들까지 상하이의 옛 임정청사를 방문하여 선열들의 항일독립정신을 높이 기리고 있지만 정작 한반도에서 유일하게 존재하는 임정 최후의 현장 경교장은 국민 모두가 잊고 살아왔다. 그 이유는 정부와 삼성, 언론 때문이다. 백범 암살의 배후로 지목받고 있는 이승만 독재자와 연이은 군사정권들은 경교장을 오랜 기간에 걸쳐 철저하게 의도적으로 방치하여 왔다.

더욱이 삼성은 광고주란 힘으로 경교장 언론보도를 철저히 통제하였고 문화재 지정 전까지는 경교장에 관련된 기사를 찾아볼 수가 없었다. 간혹 기사가 나도 김구 선생 집무실(암살장소) 내부사진은 실리지 못한다는 기자들의 하소연만 들을 수 있었다. 뿐만 아니라 삼성은 경교장이 2001년 문화재가 됐을 때 문화재 지정취소 행정소송을 시도하려다 여의치 않자 계획을 바꿔 경교장이 문화재인데도 불구하고 경희궁 터를 놓고 서울시 건축승인을 받아 260억대의 불법건물을 증축하여 지금도 경교장 경관을 훼손한 채 원형복원을 가로막고 있다.

모 광복회장의 복원할 가치가 없다는 망언을 들으면서 지난 2001년 국민성금으로 경교장을 매입하자는 운동을 조직하자 삼성은 전방위 압력을 가해 경교장복원범민족추진위원회 준비위원장을 사퇴시켰다. 그럼에도 병원 본관으로 사용되는 경교장 앞(주차장)에서 수시로 각종 기념행사를 개최하자 의사와 환자들이 뒤늦게 경교장의 의미를 알고 놀라기도 했다. 결국 삼성의 경교장 보도통제에도 불구하고 싸늘한 여론이 고조되자 삼성생명은 마지못해 무상임대 조건으로 허락하여 2013년 시 예산 40여억 원으로 내부 복원한 것이다. 그러나 서울시는 삼성의 입장에 서서 원형 복원했다고 주장하며 손을 놓고 있다. 때문에 현재 반쪽 복원에 머물고 있는 초라한 경교장의 모습은 정·경·언 유착이 낳은 대한민국의 부끄러운 자화상이다. 어느덧 세월이 흘러 경교장 복원에 나선 지 24년째 들어섰다.

올해는 3·1혁명으로 대한민국 임시정부를 수립한 지 100주년인 동시에 김구 주석 서거 70주년이 되는 뜻 깊은 해다. 임정은 망국의 한을 품고 중국 대륙을 전전하며 장장 27년간의 항일독립투쟁으로 오늘의 대한민국의 기초를 만들었다. 그러나 안타깝게도 임정 마지막 청사인 경교장 하나 제대로 복원하지 못한 채 100주년을 맞이한다는 것은 역사와 민족 앞에 한없는 부끄러움을 느끼게 한다. 더욱이 지난 2017년 문재인 대통령은 충칭을 방문한 자리에서 경교장 복원을 약속한 바 있으나 지금까지 실현되지 않고 있다. 문 대통령의 약속이 반드시 지켜지길 염원하면서 그 동안 수집한 자료들을 모아 이 책을 만들었다. 어려운 조건 속에서 출판을 맡아 준 이경숙 대표와 관계자분의 노고에 깊이 감사드리면서 끝으로 이 경교장에서 반역의 무리들에게 살해되신 대한민국 임시정부 김구 주석과 좌우합작에서 조국통일운동까지 함께 하며 지금은 북녘 땅에 누워계신 김규식 부주석, 김원봉 군무부장, 조완구 재정부장, 조소앙 외무부장, 엄항섭 선전부장, 김상덕 문화부장, 최동오 법무부장, 유동열 참모총장 등 유명 무명 임정요인들의 영전에 이 책을 올리오니 선열들이시여! 편안히 쉬소서!

상해	임시정부 수립	(1919. 4. 13 ~ 1932. 5)
절강성 항주	소재지	(1932. 5 ~ 1935. 11)
절강성 가흥	김구 주석 1932년 5월 14일 이후 은신처	
강소성 남경	소재지	(1937. 4 ~ 1937. 11. 13)
호북성 한구	경유지	
호남성 장사	소재지	(1937. 11. 13 ~ 1938. 7)
광동성 광주	소재지	(1938. 7 ~ 1938. 10. 16)
광동성 불산	경유지	(1938. 9)
광동성 삼수	경유지	
광동성 오주	경유지	
광동성 계평	경유지	
광서성 유주	소재지	(1938. 10. 16 ~ 1940. 9)
광서성 의산	경유지	
귀주성 독산	경유지	
귀주성 귀양	경유지	
사천성 기강	김구 주석 거주지 (1년)	
사천성 중경	소재지	(1940. 9 ~ 1945. 11. 5)
상해	경유지	(1945. 11. 5 ~ 1945. 11. 23)
서울 경교장	임시정부 환국	(1945. 11. 23 ~ 1946. 2. 13)

제1부 대한민국 임시정부 마지막 청사

1945년 8월

1945년 9월

1945년 10월

1945년 11월

1945년 12월 1일 ~ 1946년 1월 3일

제2부 최초의 남북협상 산실

1948년 1월

1948년 2월

1948년 3월

1948년 4월

1948년 5월

1948년 7월

인터뷰 및 기타

제1부 대한민국 임시정부 마지막 청사

일본천황의 조서
임시정부 당면정책 14개조 발표
하지, 조선동포에 고하는 성명 발표
대한민국 임시정부의 환국
27년 만에 고토 밟는 김구 선생의 거자
환국한 우리 대한임시정부
임시정부 요인 23인 금일 서울에 개선
동경턴 고국서 역사적 국무회의
대한민국 임시정부 전국환영대회
국무위원회 긴급개최
신탁통치 반대 조직조례 결정 발표
임정 탁치에 대한 불합작 방침을 발표

▲ 대한민국 임시정부 환국 후 역사적인 첫 국무회의 직후 기념촬영

중경 임정청사 앞에서, 대한민국 임시정부 환국 기념. 앞줄에 조소앙 외무부장, 이시영 국무위원, 조완구 재정부장, 김규식 부주석, 김구 주석, 홍진 의정원장, 김순애(김규식 부주석의 부인), 신익희 내무부장. (1945. 11. 3)

■일본천황의 항복조서詔書

짐朕은 깊이 세계의 대세와 제국의 현상에 감鑑하여 비상의 조치로써 시국을 수습코자 자玆에 충량忠良한 이신민爾臣民에게 고한다. 짐은 제국정부로 하여금 미·영·중·소4국國에 대하여 그 공동선언을 수락할 뜻을 통고케 하였다.

생각건대 제국신민의 강녕康寧을 도圖하고 만방萬邦 공영共榮의 낙樂을 같이 함은 황조황종皇祖皇宗의 유범遺範으로서 짐朕의 척척복응脊脊服膺 하는 바 전일前日에 미·영 양국兩國에 선전한 소이所以도 또한 실로 제국의 자존과 동아의 안정을 서기庶幾함에 불과하고 타국의 주권을 배排하고 영토를 범함은 물론 짐의 뜻이 아니었다. 연然이나 교전交戰이 이미 사세事勢를 열閱하고 짐의 육해장병陸海將兵의 용전勇戰, 짐의 백료유사百僚有司의 정려精勵, 짐의 일억중서一億衆庶의 봉공奉公이 각각 최선을 다하였음에도 불구하고 전국戰局은 필경에 호전되지 않으며 세계의 대세가 또한 아我에 불리하다. 뿐만 아니라 적은 새로이 잔학한 폭탄을 사용하여 빈번히 무고無辜를 살상하며 참해慘害에 급及하는 바 참으로 측량할 수 없게 되었다. 이 이상 교전을 계속한다면 종내終乃에 우리 민족의 멸망을 초래할 뿐더러 결국에는 인류의 문명까지도 파각破却하게 될 것이다. 여시如斯히 되면 짐은 무엇으로써 억조億兆의 적자赤子를 보保하며 황조황종의 신령神靈에 사謝할 것인가. 이것이 짐이 제국정부로 하여금 공동선언에 응하게 한 소이所以이다.

짐은 제국과 함께 종시終始 동아東亞 해방에 노력한 제諸 맹방에 대하여 유감의 의意를 표하지 않을 수 없다. 제국신민으로서 전진戰陣에 사死하고 직역職域에 순殉하고 비상非常에 사한 자와 및 그 유족遺族에 치념致念하면 오체五體가 열列하는 듯하며 또 전상戰傷을 부負하고 재화災禍를 몽蒙하고 가업家業을 실失한 자者의 후생厚生에 관하여는 짐이 깊이 진념軫念하는 바이다. 생각하면 금후 제국의 받을 바 고난은 물론 심상尋常이 아니다. 이爾 신민臣民의 애정은 짐이 선지하는 바이나 짐은 시운에 도하는 바 난감難堪함을 堪감하고 인고忍苦함을 인忍하여서 만세萬歲를 위하여 태평을 개開하고자 한다. 짐은 자에 국체의 호지함을 득하여 충량忠良한 이爾신민의 적성赤誠에 신의信倚하여 항상 이신민爾臣民과 함께 있다. 만약 정情에 격激하여 사단事端을 난조亂造하며 혹은 일명배단日明排反하여 서로 시국을 난亂하고 대도大道를 오誤하여 신의信義

를 세계에 실失함은 짐이 가장 차此에 계戒한다. 모름지기 거국일치 자손상전子孫相傳하여 굳게 신국神國의 불멸을 신信하고 임중도원任重道遠함을 염念하여 총력을 장래의 건설에 경傾하고 도의道義를 원原케 하여 지조志操를 공鞏하게 하여 맹서코 국체國體의 정화精華를 발양發揚하여 세계의 진운進運에 뒤떨어지지 않을 것을 기期하라. 이신민爾臣民은 짐의 의意를 체體하라.

어명어새御名御璽
소화昭和 20년 8월14일
각各 국무대신 부서副署

〈1945년 8월 15일 일본천황 유인裕仁, 항복조서를 방송〉

■아부신행, 패전유고를 발표

금일 황공하옵게도 정전에 관한 조서를 배拜하여 신자臣子로서 공속참괴恐悚慘愧 구장촌단九腸寸斷에 느낌을 금할 수 없다.

돌아보건대 황국皇國의 자존자위自存自衛와 도의道義에 기基한 대동아민족의 운명개척을 목적으로 한 성전聖戰에서 개전 이래 허다한 장병은 만리萬里 이역에 용전감투하여 시屍를 육해공陸海空에 바친 자 그 수효를 헤아릴 수 없으며 황운皇運의 정강精强을 세계에 주지시키고 총후銃後의 국민 또 무방비 도시에 폭소爆燒를 입고 무고無辜한 비전투원에 희생이 심대하였음에도 불구하고 일억단결一億團結하여 능히 직역職域에 봉공奉公하여 전쟁완수에 협력하였다. 우리 반도에 있어서도 이 사이에 군·관·민 협동일치 내선일체 철통의 단결 하에 전력을 증강하여 전선에 있어서는 허다한 특공용사를 배출하고 또 다수한 지원응소志願應召에 의하여 황군皇軍의 유력한 일익을 형성하고 총후에 있어서는 연년連年의 기상불순에 불구하고 식량의 증산공출에 국책을 봉행하고 공장, 광산 또한 운수 통신의 각 부분이 모두 사명으로 하는 직능을 발휘하여 전력증강에 기여하고 특히 가향家鄕 멀리 내지 기타 이경異境에 가서 군사산업에 종사한 다수한 근로자가 있음을 상기할 때 감격무량함을 금할 수 없다. 참으로 내선內鮮간의 고래古來의 혈연적 문화적 심연沈緣에 더하기를 병합시정 이래以來 30유여 년 황택皇澤이 흡洽하여 민생화육民生化育하여 융합일체 능히 금차 성전의 대의를 공감파악하고 이에 순殉하는 지향이 치열하기 때문이다.

그런데 황국관민의 4개년에 가까운 필사감투必死敢鬪에 불구하고 마침내 적측으로부터 미증유의 파괴력을 가져 인류를 멸망시키고 문화를 감진滅盡하는 작용을 갖춘 신폭탄의 사용을 봄에 이르러 자玆에 신민臣民의 강령과 세계의 평화를 기구冀求하옵시었다. 성상폐하聖上陛下의 대어심大御心에 의하여 조서가 환발渙發됨에 이르렀다. 1억 신민 만곡萬斛의 열루熱淚를 머금고 이경異境의 만골萬骨은 이 때문에 곡哭하는 것이 있을 것이다. 개전 이래 국민을 전쟁완승의 일도一途에 생활의 노력을 집결하여 왔는데 이제 그 목적은 소실하고 민생은 이 때문에 질서를 이완되고 국민의 의기가 또한 저상沮喪될 것을 두려워한다. 이에 아등신자我等臣子는 조국肇國의 신뢰神賴에 철徹하고 신주불멸神州不滅의 확신하에 자자손손 만고 천황을 우러러 받들어 장래의 문화건설 도의道義 확립에 의하여 세계에 시범示範한 정신적 이상국가 완성의 일도로 당당매진할 결의 있음을 要한다.

시국의 급전에 제際하여 민생의 고난 원래부터 상찰하고 남음이 있다. 강내관민疆內官民은 헛되이 방간坊間의 유언에 겁내고 의심암귀疑心暗鬼하여 스스로 동요혼란에 빠져 동포상극同胞相剋함과 경거를 경계하고 친화경양親和敬讓 사회의 유대를 굳게 해야 된다. 특히 관리는 냉정침착 사事를 판단하여 태산이 목전에 무너져도 동함이 없는 진용眞勇으로써 시세에 당當하고 전지전능을 다하여 기직임其職任을 최후까지 완수함을 요要한다. 무릇 비상시기에 제회際會하여 의연히 그 본분을 다하는 자야말로 대장부의 이름 부끄럽히지 않는 자며 이 기백氣魄이 있어야 비로소 불멸의 국체國體를 호지護持할 수 있다고 할 것이다. 의사意思 있는 곳에 도道가 있다. 정신일도하사불성精神一到何事不成일 것이라 일난백용一難百勇을 생生하고 감연敢然히 이것을 돌파하는 곳이 소위 대사일번大死一番 대활현성大活現成의 경지임을 알고 강내관민疆內官民은 잘 이에 면려하라.

소화昭和 20년 8월 15일
조선총독 아베신행

〈매일신보 1945년 8월 15일〉

▲ 패전 후 을지로 길가에 나와서 엎드려 사죄하는 일본인들의 모습 (1945.8)

■하지, 조선민중에 고하는 포고 발포

● 남한민중 각위各位에 고함

미군은 근일 중 귀국에 상륙하게 되었다. 당 군은 본일本日 동경에 있어서 조인될 일본군 항복에 기하여 연합국대표로서 상륙하는 것으로 귀국을 민주주의 제도 하에 있게 하고 국민의 질서유지를 도모함도 또한 금수 동同상륙의 목적이라고 할 수 있다.

국가조직의 개변은 일조일석에 성립되는 것이 아니고 따라서 그 안녕유지에는 큰 혼란 급及 유혈을 동반함을 명심할 것이다. 여하한 개혁도 서서히 진행되므로 그와 함께 민중에 있어서도 장래에 예비하여 각자 급及 국가건설을 위하여 또한 민주주의하 생활의 유지를 도모하기에 각자는 최대한의 노력을 다하여야 할 것이다. 자玆에 있어서 당군當軍은 상술목적을 신속 리에 수행하기 위하여 한국민중에 대해 좌기 제점諸點을 포함하여 절실한 원조협력을 요망하는 바이다.

민중에 대한 포고 급 제諸명령은 현존하는 제諸관청을 통해 발포되는 것으로 연합군총사령관으로부터의 명령은 제씨諸氏의 원조에 그 본의가 있는 것으로서 각위는 엄숙히 준수여행遵守勵行하며 불행히도 위반한 자는 처벌당할 것이다. 즉 각자는 통상과 여히 생업에 전념하고 이기주의로 날뛴다던가 일본인 및 미美상륙군에 대한 반란행위, 재산 급及 기설旣設 기관파괴 등의 경거망동에 휩쓸린다던가 하는 행동은 이를 엄히 피함으로써 평화를 유지하고 평시와 하등 변함없는 생활을 할 것이다. 이것은 국토건설에 박차를 가하며 또한 각자의 일상생활의 향상을 꾀하는 소이라 할 것이다.

미군 당국에 있어서도 각자의 생활에 부자유를 초래할 명령을 발함과 같은 일을 피하고자 하는 바인 즉 각자의 충심에서의 협력을 절망切望하는 바이다.

서기 1945년 9월 2일
재在조선 미육군사령관
육군중장 존·알·하지

■하지, 미군의 진주에 즈음 한국민에게 포고

● 한국민에게 고함

미군은 일본군의 항복을 여행勵行하며 한국의 재건 급及 질서 있는 정치를 실행코자 근일 중 귀국貴國에 상륙하게 되었습니다. 이 사명은 엄격히 실시하고자 하오니 불행한 국민에게 자비심 깊은 민주국인 미국에서 실시하는 것이니 확실한 것입니다. 주민의 경솔 무분별한 행동은 의미 없이 인민을 잃고 아름다운 국토가 황폐되어 재건이 지체될 것입니다.

현재의 환경은 제씨諸氏의 생각하고는 맞지 않더라도 장래의 한국을 위하여서는 평정을 지키지 않으면 안 되겠으니 국내의 동란이 발생할 행동이 있어서는 절대 안 되겠습니다. 제씨諸氏는 장래의 귀국貴國의 재건을 위하여 평화적 사업을 전력을 다하여야 되겠습니다. 이상 지시함을 충실히 지키면은 귀국은 급속히 재건되고 동시에 민주주의하民主主義下에서 행복히 생활할 시기가 속히 도달될 것입니다.

재在조선 미국육군사령관
육군중장 존·알·하지

■일본 항복조인식, 미함 「미조리」선상 거행

▲ 1945년 9월 2일. 일본 대표단이 도쿄만에 있는 미국 해군함정에 승선하여 항복문서에 서명하고 있다.

일본과 연합국 측과의 항복협정조인식은 2일 오전 9시 횡빈근해橫濱近海 40리哩의 지점에 투묘投錨한 「미조리」호號 상上에서 거행되어 연합국최고사령관 맥아더 원수, 미군대표 니밋스 원수, 영국대표 푸리이거 대장, 소련대표 체레부양코 중장, 지나支那대표 서영창 군령부장, 호주대표 가게에미 대장, 난인蘭印대표 헬프 제독, 불란서 대표 룩렐크 대장, 기타 각국대표와 일본대표 중광重光 외상, 매진梅津 참모총장, 양 전권全權과의 사이에 거행되었으며 동9시 15분 조인을 완료하였다.

조인식으로 정하여진 약20평의 우현右舷 갑판에는 오전 8시 15분경부터 연합국측 대표가 뒤를 이어 입장하고 동 8시 45분 연합국 최고사령관 맥아더 원수와 미국대표 니밋스 원수가 입장하자 일체의 준비는 종료되었다. 식장 중앙에 짙은 녹색으로 자리를 장식한 테이블크로스를 덮은 폭 20척 길이 8척 가량의 장방형의 테이블이 있고 그 중앙에 1각脚씩 의자가 놓여 있다. 이 테이블을 에워싸고 정면으로부터 좌측에 지나, 영국, 소련, 호주, 카나다, 불국, 화란, 신서란新西蘭의 순서로 각국 전권이 늘어서고 우측에는 연합국 최고지휘관 맥아더 원수와 미국측 대표급及 약60명의 미국측 수원隨員이 늘어선다. 이리하여 오전 6시15분 일본전권을 태운 소정小艇이 미조리 호 옆에 닿자 중광외상, 매진참모총장의 양兩 전권全權을 비롯하여 9명의 수원隨員이 식장에 도착하였다.

정각 9시 맥아더 원수의 가회 하에 조인식은 개시되었다. 1척尺 5촌寸에 1척尺 가량 되는 항복문서 2통이 테이블 중앙에 놓여 있다. 일본전권은 각국 대표 맞은편에서 테이블로부터 5보步 가량 되는 위치에서 중광, 매진 양兩 전권全權을 최전열最前列로하여 3열로 늘어섰다. 맥아더 원수의 지시에 따라 먼저 중광외상이 문서 2통에 각각 서명하고 이어서 매진 참모총장의 서명이 끝나자 연합국 측의 서명으로 들어가 제일로 최고사령관 맥아더 원수가 서명하였다.

맥아더 원수의 뒤에는 웬라이트 미美중장, 파아시발 영英중장이 서 있다. 다음으로 미국대표 니밋스 원수, 지나支那대표 서영창 군령부장, 영국대표 프레사 대장, 소련대표 체레부양코 중장, 호주대표 쁘레미 대장, 카나다대표 고스레이보 대좌. 불국대표 루크레루크 대장, 화란대표 헬프리티 제독, 신서란 대표 이싯트 공군중장의 순서로 순차 서명이 진행될 때 중광, 매진 양 전권을 위시한 일본측 수원은 부동자세로 냉정히 서명하는 각 대표를 주시하였다.

이리하여 오전 9시 15분 쌍방의 서명을 완료하고 항복문서의 1통은 맥아더 원수로부터 일본 측에 수교되어 중광, 매진 양 전권 이하 일본측수원日本側隨員은 「미조리」호를 퇴함退艦하여 자玆에 항복문서조인식은 종료한 것이다.

● 항복문서 전문

하명下命은 자玆에 합중국, 중화민국 급及 「그레이트브리텐」 국國의 정부의 수반이 1945년 7월26일 포츠담에서 발發하고 그후 소비에트 사회주의공화국 연방이 참가한 선언의 조항을 일본국천황 일본국정부 급及 일본제국대본영의 명命에 의하여 또한 이에 대하여 수락함. 우右 4국은 이하 이것을 연합국이라고 칭함. 하명下命은 자玆에 일본제국대본영과 어느 위치에 있음을 불문하고 일체의 일본국군대 급及 일본국의 지배하에 있는 일체의 군대의 연합국에 대한 무조건항복을 포고함. 하명下命은 자玆에 어떠한 위치에 소재함을 불문하고 일체의 일본국군대 급及 일본국국민에 대하여 적대행위를 즉시 종지할 것, 일체의 선박, 항공기 군용 급及 비군非軍 재산을 보존하고 이것의 훼손을 방지할 것, 급及 연합국최고사령관 우又는 기基 지시에 기基하여 일본국정부의 제기관이 과課할 일체의 요구에 응할 것을 명령함.

하명下命은 자玆에 일본제국대본영이 어떠한 위치에 소재함을 불문하고 일체의 일본국군대 급及 일본국의 지배하에 있는 일체 군대의 지휘관에 대하여 자신 급及 기其 지배하에 있는 일체의 군대가 무조건으로 항복할지의 명령을 즉시 발할 것을 명령함. 하명은 자에 일체의 관청 육군 급 해군의 직원에 대하여 연합국최고사령관이 본 항복 실시를 위하여 적당하다고 인정하고서 자신이 발하고 혹은 기其 위임에 基하여 발하는 일체의 포고명령 급 지시를 준수하고 또 이것을 시행할 것을 명하고 또 우右직원이 연합국 최고사령관에 의하여 우又는 기其 위임에 기基하여 특히 임무를 해제당하지 않는 한 각자의 지위에 머무르고 또한 계속하여 각자의 비전투적 임무를 행할 것을 명함.

하명은 자에 포츠담 선언의 조항을 성실히 이행하고 우右선언을 실시하기 위하여 연합국최고사령관 우又는 기타 특정의 연합국대표자가 요구할 수 있는 일체의 명령을 발하며 또 일체의 조치를 취할 것을 천황, 일본국정부 급及 기其 후계자를 위하여 약約함. 하명은 자에 일본제국정부 급及 일본제국대본영에 대하여 현재 일본국의 지배하에 있는 일체의 연합국聯合國부로 급及 피억류자를 곧 해방할 것과 그 보호수당 급여 급及 지시된 장소로의 즉시 전송을 위한 처치를 취할 것을 명함. 천황 급及 일본국정부의 국가통치의 권한은 본 항복조항을 실시하기 위하여 적당하다고 인정하는 처치를 취하는 연합국최고사령관의 제한 하에 두기로 함.

1945년 9월 2일 9시 4분
일본 동경만灣에서 서명함

대일본제국천황폐하 급 일본국정부의 명에 의해 그 명의로 중광重光 채蔡
일본제국대본영의 명에 의하여 그 명의로 매진梅津 미치랑美治郎

1945년 9월 2일 9시 8분 일본 동경만灣에서 합중국, 중화민국, 연합왕국 급 소비에트사회주의공화국연방을 위하여 또 일본국과 전쟁상태에 있는 다음 연합국가의 이익을 위하여 수락함.

연합국최고사령관 다글러스·맥아더
합중국 대표자씨·W·니밋스
중화민국 대표자 서영창
연합왕국 대표자 부르스·흐레자
소련사회주의공화국연방 대표자 쿠스마·엔·첼레부얀코
호주연방 대표자 티·유·부레미
카나다자치령 대표자 코스그레이브

불란서공화국임시정부 대표자 작크·루·쿠레르크
화란왕국 대표자 시엘·헤루후릿히
신서란자치령 대표자 에스·엠·이싯 〈매일신보 1945년 9월 2일〉

■일반명령 1호로 연합군 진주지역 분담결정

2일 조인한 항복문서에 기하여 일반명령 제1호(육해군)가 공포되었는데 이에 의하여 일본본토를 위시해서 만주, 조선남방, 각 지역의 연합군 점령지역 분담이 다음과 같이 명백해졌다.

미군 점령지역 – 일본국토, 이에 인접한 제도서, 북위 38도 이남의 조선, 유구제도 급 비율 빈제도, 소리원제도, 태평양제도의 일본국위임 통치제도

영군 점령지역 – 안다만 제도諸島, 니코발 제도, 면緬순 제도, 태국, 북위 16도 이남의 불령佛領 인도 지나, 마래, 스마트라, 과瓜아, 소小 슨다 제도, 바리(론브크, 치몰을 포함함), 부르, 세람, 안본, 가이, 알, 타로바루 급 아라브해의 제도, 세레베스 제도, 하루마헤라 제도와 란인 뉴기니아

호주 점령지역 – 보르네오 영령英領, 뉴기니아, 비스마크 제도 급 소로몬 제도

소련 점령지역 – 만주, 북위38도 이북의 조선, 화태급樺太及 천도제도千島諸島

중국 점령지역 – 지나支那(만주를 제함) 대만 급 북위 16도 이북의 불령인지나佛領印支那

일반명령 제1호(육해군)

1) 제국대본영은 자에 칙명에 의하고 또 칙명에 기한 일체의 일본국군대의 연합국최고사령관에 대한 항복결과로서 일본국 국내 급 국외에 있는 모든 지휘관에 대하여 그 지휘하에 있는 일본국군대 급 일본국의 지배하에 있는 군대로 하여금 적대행위를 곧 정지하고 그 무기를 놓고 현 위치에서 다음에 지시한 또는 연합국최고사령관에 의하여 점차 지시될 합중국, 중화민국, 대영제국 급 쏘비에트 사회주의공화국연방의 이름에서 행동할 각 지휘관에 대하여 무조건 항복할 것을 명한다. 이 지시된 지휘관 또는 그 지명된 대행자에 대하여는 즉시 연락할 것이다. 단 세목에 관하여는 변경이 있을 것이다. 이 지휘관 또는 대행자의 명령은 완전히 즉시 실행될 것이다.

(가) 지나(만주를 제함)

대만 급 북위 16도 이북의 불령인도지나에 있는 일본국의 선임지휘관과 육상, 해상, 항공 급 보조부대는 장개석 통수統帥에 항복할 것.

(나) 만주, 북위 38도 이북의 조선, 화태樺太급 천도제도에 있는 일본국의 선임지휘관과 모든 육상, 해상, 항공 급 보조부대는 쏘비에트 극동군최고사령관에 항복할 것

(다) 안다만 제도, 니코발 제도 면순, 태국 16도 이남의 불령인도지나, 마래, 스마트라, 자바, 소슨다 제도(바리, 론보크 급 치몰을 포함함), 부르, 세람, 안본, 가이, 알, 탈로발 급 아라브 해의 제도, 세레베스 제도, 히루마헤라 세노와 란영 뉴기니아에 있는 일본국의 선임지휘관과 모든 육상, 해상, 항공 급 보조부대는 동남아세아군사령부 최고사령관에 항복할 것

보르네오, 영령 뉴기니아, 비스마크 제도 급 소로몬 제도에 있는 일본국 선임지휘관과 일체의 육상, 해상, 항공 급 보조부대는 호주육군최고사령관에 항복할 것

(라) 일본국위임통치 제도 소리원제도 급 다른 태평양제도에 있는 일본국의 선임지휘관과 모든 육상, 해상, 항공 급 보조부대는 합중국 태평양함대최고사령관에게 항복할 것

(마) 일본국과 일본국 본토에 인접한 제소국諸小國, 북위 38도 이남의 조선, 유구제도 급 비율빈 제도에 있는 일본국의 선임지휘관과 모든 육상, 해상, 항공 급 보조부대는 합중국 태평양육군부대최고사령관에 항복할 것

〈매일신보 1945년 9월 3일〉

■국제간의 안전보장과 민주단결을 완성, 김구 주석 내외에 성명

● 내외동포에 고함

친애하는 국내외 동포 자매 형제여!

파시스트 강도의 최후의 누벽(壘壁)을 고수하던 일본 제국주의자는 9월 2일에 항서(降書)에 서명을 하였다.

일본 제국주의의 패망으로 인하여 거세(擧世)가 기뻐 뛰는 중에 있어서 조국의 해방을 안전에 목도(目睹)하면서 삼천만 한국민족이 흔희작약(欣喜雀躍)하는 중

에 있어서, 본 정부가 근 30년 간에 주야로 그리던 조국을 향하여 전진하려는 전석(前夕)에 있어서, 일찍이 조국의 독립을 완성하기 위하여 본 정부를 애호하고 독려(督勵)하던 절대다수의 동포와 또 이것을 위하여 본 정부와 유리전전(流離轉轉)하면서 공동 분투하던 동포의 앞에 본 정부의 포부를 고하려 할 때에 본 주석은 비상한 감분(感奮)을 금하지 못하는 바이다.

일국의 흥망과 일민족의 성쇠가 결코 우연한 것이 아니다.

우리의 국운이 단절되는 데 있어 치욕적 요소가 허다하였다면, 금일에 조국이 해방되는 데 있어 각고(刻苦)하고 장절(壯絕)한 노력이 있었을 것은 삼척동자도 알 수 있는 것이다. 만일 허다한 우리 선열의 보귀(寶貴)한 열혈(熱血)의 대가와 중·미·소·영 등 동맹군의 영용한(英勇)한 성공이 없었으면 어찌 조국의 해방이 있을 수 있었으랴?

그러므로 우리가 조국의 독립을 안전에 전망하고 있는 이때에 있어서는 마땅히 먼저 선열의 업적을 추상(追想)하여 만강(萬腔)의 경의를 올릴 것이며, 맹군(盟軍)의 위업을 선양하여 열렬한 사의를 표할 것이다.

우리가 처한 현 단계는 건국 강령에 명시한 바와 같이 건국의 시기로 들어가려 하는 과도적 계단이다. 다시 말하면 복국(復國)의 임무를 아직 완전히 끝내지 못하고 건국의 초기가 개시되려는 단계이다. 그러므로 현하 우리의 임무는 번다하고 복잡하며 우리의 책임은 중대한 것이다.

따라서 우리가 우리 조국의 독립을 완성함에는 우리의 일언일구와 일거수일투족이 모두 다 영향을 주는 것을 명백하게 인식하고 매사를 임할 때에 먼저 치밀하게 분석하여 명확한 판단을 내리고 명확한 판단 위에서 용기 있게 처리하여야 한다.

본 정부는 이때에 당면 정책을 여좌(如左)히 제정하여 반포하였다.

이것으로써 현 단계에 처한 본 정부의 포부를 중외(中外)에 천명하고자 함이며 이것으로써 전진 노선의 지침을 삼고자 함이다. 또한 이것으로써 동포 제위의 당면 노선의 지침까지 삼으려 하는 것이다.

친애하는 우리 동포 자매 형제들이여. 우리 조국의 독립과 우리 민족의 민주단결을 완성하며 국제간의 안전과 인류의 평화를 증진하기 위하여 본 정부의 당면 정책을 수행하기에 공동 노력하자.

● 임시정부 당면정책

1. 본 임시정부는 최속 기간 내에 곧 입국할 것.
2. 우리 민족의 해방 및 독립을 위하여 혈전한 중·미·소·영 등 우방민족으로 더불어 절실히 제휴하고 연합국헌장에 의하여 세계일가의 안전 및 평화를 실현함에 협조할 것.
3. 연합국 중에 중요한 국가인 중·미·소·영·불 5국에 향하여 먼저 우호협정을 체결하고 외교도경(外交途經)을 별부할 것.
4. 맹군(盟軍) 주재기간에 일체 필요한 사의(事宜)를 적극 협조할 것.
5. 평화회의 및 각종 국제집회에 참가하여 한국의 응유(應有)한 발언권을 행사할 것.
6. 국외임무의 결속과 국내임무의 전개가 서로 접속되매 필수한 과도 조치를 집행하되 전국적 보선에 의한 정식정권이 수립되기까지의 국내 과도정권을 수립하기 위하여 국내외 각 층 각 혁명당파, 각 종교집단, 각 지방대표의 저명한 민주영수회의를 소집하도록 적극 노력할 것.
7. 국내과도정권이 수립된 즉시에 본 정부의 임무는 완료된 것으로 인(認)하고 본 정부의 일체직능급 소유물건은 과도정권에게 교환할 것.
8. 국내에서 건립된 정식정권은 반드시 독립국가 민주정부 균등사회를 원칙으로 한 신 헌장에 의하여 조직할 것.
9. 국내의 과도정권이 성립되기 전에는 국내 일체질서와 대외 일체관계를 본 정부가 부책 유지할 것.
10. 교포의 안전 및 귀국과 국내외에 거주하는 동포의 구제를 신속 처리할 것.
11. 적의 일체 법령의 무효와 신 법령의 유효를 선포하는 동시에 적의 통치하에 발생된 일체 벌범(罰犯)을 사면할 것.
12. 적산敵産을 몰수하고 적교(敵僑)를 처리하되 맹군盟軍과 협상을 진행할 것.
13. 적군에게 피박(披迫) 출전한 한적군인韓籍軍人을 국군으로 편입하되 맹군盟軍과 협상 진행할 것.
14. 독립운동을 방해한 자와 매국적賣國賊에 대하여는 공개적으로 엄중히 처분할 것.

대한민국 27년 9월3일

대한민국 임시정부 국무위원회 주석 김구

● 임정臨政의 현現 국무위원 발표됨

중경重慶 내전來電에 의하면 한국임시정부의 조직은 여좌如左하다.

주석 김구

부주석 김규식

내무부장 신익희 외무부장 조소앙 재무부장 조완구 문화부장 김상덕

선전부장 엄항섭 군무부장 김약산 법무부장 최동오

국무위원회(국무위원) 14명

의정원(의 원) 51명 〈매일신보 1945년 9월 4일〉

■ 태평양 미국육군총사령부, 포고 제1·2·3호 공포

● 포고 제1호

조선주민에게 포고함

태평양미국 육군최고지휘관으로서 좌기와 여히 포고함.

일본국 천황과 정부와 대본영을 대표하여서 서명한 항복문서의 조항에 의하여 본관 휘하의 전戰휴군은 본일 북위38도 이남의 조선지역을 점령함.

오래 동안 조선인의 노예화된 사실과 적당한 시기에 조선을 해방 독립시킬 결절을 고려한 결과 조선 점령의 목적이 항복문서 조항이행과 조선인의 인권 급 종교상의 권리를 보호함에 있음을 조선인은 인식할 줄로 확신하고 이 목적을 위하여 적극적으로 원조와 협력을 요구함. 본관은 본관에게 부여된 태평양미국육군최고지휘관의 권한을 가지고 이로부터 조선 북위38도 이남의 지역과 동지의 주민에게 군정을 설립함에 따라서 점령에 관한 조선을 좌기와 여히 포고함.

제1조 조선 북위38도 이남의 지역과 동同 주민에 대한 모든 행정권은 당분간 본관의 권한하에서 실행함.

제2조 정부 공동단체 또는 기타의 명예직원과 고용과 또는 공익사업 공중위생을 포함한 공공사업에 종사하는 직원과 고용인은 유급 무급을 불문하고 또 기타 제반 중요한 직업에 종사하는 자는 별명이 있을 때까지 종래의 직무에 종사하고 또한 모든 기록과 재산의 보관에 임할 사.

제3조 주민은 본관 급及 본관의 권한 하에서 발포한 명령에 즉속히 복종할 사. 점령군에 대하여 반항 행동을 하거나 또는 질서의 보안을 교란하는 행위를 하는

자는 용서 없이 엄벌에 처함.

제4조 주민의 소유권은 차此를 존중함. 주민은 본관의 별명이 있을 때까지 일상의 업무에 종사할 사.

제5조 군정기간 중中 영어를 가지고 모든 목적에 사용하는 공어公語로 함. 영어와 조선어 또는 일본어 간에 해석 및 정의가 불명 또는 부동不同이 생生한 때는 영어를 기본으로 함.

제6조 이후 공포하게 되는 포고·법령·규약·고시·지시 급 조례는 본관 또는 본관의 권한하에서 발포하여 이행하여야 될 사항을 명기함.

● 포고 제2호

범죄 또는 법규위반

조선주민에게 포고함

본관은 본관 지휘 하에 유한 점령군의 보전을 도모하고 점령지역의 공중치안질서의 안전을 기하기 위하여 태평양 미국육군 최고지휘관으로서 좌기와 여히 포고함.

항복문서의 조항 또는 태평양미국육군최고지휘관의 권한하에 발한 포고명령지시를 범한 자 미국인과 기타 연합국인의 인명 또는 소유물 또는 보안을 해한 자, 공중치안 질서를 교란한 자, 정당한 행정을 방해하는 자, 또는 연합군에 대하여 고의로 적대행위를 하는 자는 점령군 군율회의에서 유죄로 결정한 후 동同회의의 결정하는 대로 사형 또는 타 형벌에 처함.

● 포고 제3호

통화通貨

조선주민에게 포고함.

나는 태평양 미국육군최고지휘관으로서 여기에 좌기와 여히 포고함.

제1조 법화法貨

1) 점령군에서 발행한 보조군표인 A 인印의 원圓통화는 북위 38도 이남의 조선지역에서 공사公私의 변제에 사용하는 법화로 정함.
2) 점령군에서 발행한 보조군표 A 인印의 원圓통화와 현재 북위 38도 이남의 조선지역에서 통용되는 법화인 보통의 원화는 일본은행과 대만은행

의 발행한 태환권兌換券을 제하고는 액면대로 교환함을 득得함.

3) 기타의 통화는 북위 38도 이남의 지역에서는 법화로 인정치 아니함.

제2조 일본군표인 원圓화폐

4) 일본제국정부나 또는 일본육해군에서 발행한 군표와 일본점령군이 사용한 통화는 모두 무효 무가치하고 또한 이와 같은 통화의 유통은 여하한 취인取人에서라도 이것을 금함.

제3조 통화의 수출입금지

5) 지폐, 보조화폐 또는 채권의 수출입을 포함한 대외금융 취인取人은 본관의 허가한 이외에는 이것을 금함.

6) 금융취인金融取人은 북위 38도 이남의 조선지역 내에서 시행하는 것을 제하고 기타는 대외금융취인으로 간주함.

제4조 다른 통화에 관한 법규

7) 북위 38도 이남의 조선지역에서 현재의 통용되는 법화인 보조군표나 또는 원圓지폐를 다른 통화의 유통은 본관의 허가 없이는 이것을 금함.

제5조 처벌

8) 이상의 군정포고조항을 범한 자로서 점령군군율회의에서 유죄의 판결을 받은 자는 동同회의의 정한 바에 의하여 차此를 처벌함.

1945년 9월 7일

어於 횡빈橫濱

태평양미국육군최고사령부 미국육군대장 더글라스·맥아더

〈매일신보 1945년 9월 11일〉

◀ 인천에서 열차로 서울역에 도착한 미 제7사단 제32보병연대 소속 미군병사들이 기마경찰의 인도로 조선총독부를 향해 행군하고 있다. (1945.9.8)

■한국민주당 결의 성명서

● 결 의

우리 독립운동의 결정체요 현하 국제적으로 승인된 대한민국 임시정부의 소위 정권을 참칭하는 일절의 단체 및 그 행동은 그 어떤 종류를 불문하고 이것을 단호 배격함을 우右 결의함.

● 성명서

일본의 포츠담선언 수락에 의하여 우리 조선은 미구에 자유 차且 독립한 국가가 될 국제적 약속하에 놓여 있다. 36년간 일본제국주의의 철제鐵蹄하에 압박받고 신음하던 3천만 민중이 이 광명과 자유의 날을 맞이할 때 그 환희와 열광이 어떠하랴. 우리는 연합국 특히 미·중·소·영 4개 우방과 경술 이래 해외에 망명하여 혹은 포연탄우의 전장에서 혹은 음산냉혹한 철창 하에서 조국의 광복을 애쓰다가 쓰러진 무수한 동포제영령同胞諸英靈 및 선배제공先輩諸公에게 감사를 드리지 않을 수 없다. 동시에 우리는 국내적으로 사상을 통일하고 결속을 공고히 하여 해외로부터 돌아오는 우리 대한민국 임시정부를 맞이하고 이 정부로 하여금 하루바삐 4국 공동관리의 군정으로부터 완전한 자유 독립정부가 되도록 지지 육성하지 않으면 안 될 것이다.

그런데 이 민족적 대의무大義務 대공도大公道가 정해 있음에도 불구하고 소수인이 당파를 지어 건국이니 인민공화국 정부를 참칭하여 기미 이래의 독립운동의 결정이요 국제적으로 승인된 재외 우리 임시정부를 부인하는 도배가 있다면 어찌 3천만 민중이 용허할 바이랴.

지난 8월 15일 일본항복의 보를 듣자 총독부 정무총감으로부터 치안유지에 대한 협력의 의뢰를 받은 여운형은 마치 독립정권 수립의 특권이나 맡은 듯이 4.5인으로써 소위 건국준비위원회를 조직하고 혹은 신문사를 접수하여 혹은 방송국을 점령하여 국가건설에 착수한 뜻을 천하에 공포하였을 뿐 아니라 경찰서·재판소 내지 은행·회사까지 접수하려다가 실패하였다. 이같은 중대한 시기에 1.2인 소수인으로서 방대한 치안문제가 해결되며 행정기구가 운행될 것으로 생각함은 망상이다. 과연 처처에서 약탈 폭행이 일어나고 무질서 무통제가 연출되었다. 군헌軍憲은 권력을 발동하여 시민에게 위협을 가하였다. 건준의 일파는 신문사, 방송국으로부터 축출되고 가두로부터 둔입遁入치 않을 수 없게 되었다.

그 후의 하는 일은 무엇인가. 사면초가 중의 여몸·안安은 소위 위원을 확대한다 하여 소수의 지명인사를 그 건국준비위원회의 좁은 기구에 끌어 집어넣기에 광분하였다. 그러나 건준建準을 비난하는 자가 엽관운동자가 아닌 이상 그 위원 중의 하나로 임명된다고 옳다 할 자는 없었다. 인심은 이탈하고 비난은 가중하매 그들은 각계각층을 망라한 450인의 인사를 초청하여 일당一堂에서 시국대책을 협의할 것을 사회에 약속하였다. 그럼에 동 건준 내에도 분열이 발생하여 간부 반대론이 대두하였다. 이에 그 간부들 전원은 사표를 제출하고 소위 각계각층의 150명에게 초청장을 띄웠다고 신문에 발표하였다. 그러나 사실은 동 간부들 35명이 그대로 집합하여 여몸·안安 사표수리안은 18표 대 17표의 1표의 차로 겨우 유임되게 되었다.

일이 여기까지 이르면 발악밖에 남은 것은 없다. 그들은 이제 반역적인 소위 인민대회란 것을 개최하고 조선인민공화국 정부란 것을 조직하였다고 발표하였다. 가소可笑타 하기에는 너무도 사태가 중대하다. 출석도 않고 동의도 않은 국내 지명인사의 명을 도용한 것은 말할 것도 없고 해외 우리정부의 엄연 주석 부주석 영수되는 제諸영웅의 영명令名을 자기의 어깨에다 같이 놓아 모모위원 운운한 것은 인심을 현혹하고 질서를 교란하는 죄, 실로 만사에 당한다. 그들의 언명을 들으면 해외의 임시정부는 국제적으로 승인받은 것도 아니요 또 하등 국민의 토대가 없이 수립된 것이니 이것을 시인할 것이 아니라는 것이다.

오호라 사도여. 군등君等은 현 대한임시정부의 요인이 기미독립운동 당시의 임시정부의 요인이었으며 그후 상해사변·지나사변·대동아전쟁 발발 후 중국 국민정부와 미국정부의 지지를 받아 중경·화성돈·싸이판 등지를 전전하며 지금에 이른 사실을 모르느냐. 동 정부가 카이로회담을 3거두로부터 승인되고 상항桑港회의에 대표를 파견한 사실을 군등君等은 왜 일부러 은폐하려는가. 대한임시정부는 대한독립당의 토대 위에 섰고 국내 3천만 민중의 환호리에 입경하려 한다. 지명인사의 영명을 빌어다 자기위세를 보이려는 도배야. 일찍이 여몸 등은 소기총독 관저에서 합법운동을 일으키려다 소를 당한 도배이며 해운대 온천에서 일인日人 진과모와 조선의 라이렐이 될 것을 꿈꾸던 도배이며 일본의 압박이 소환되자 정무총감, 경기도 경찰부장으로부터 치안유지 협력의 위촉을 받고 피를 흘리지 않고 정권을 탈취하겠다는 야망을 가지고 나선 일본제국의 주구들이다.

오등吾等은 장구히 군등君等의 방약무인한 민심혹란의 광태를 묵인할 수는 없다. 정부를 참칭하고 광복의 영웅을 오욕하는 군등君等의 행동은 좌시할 수 없다. 오등吾等의 정의의 도刀는 파사현정의 대의거를 단행할 것이다. 3천만 민중이여 제군은 이같은 도배들의 반역적 언동에 현혹치 말고 민중의 진정한 의사를 대표한 오등의 주의에 공명하여 민족적 일대 운동을 전개하지 않으려는가.

1945년 9월 8일
한국민주당 발기인 〈전단〉

■재在 조선일본군 및 총독의 항복문서조인식 거행

▲ 조선총독부 제1회의실에서 열린 일본항복 조인식에 앉아있는 미군대표들.(1945. 9. 9)

1945년 9월 9일 오후 4시 이날 연합군과 일본측과의 종전협정에 대한 항복문서의 조인식은 총독부 제1회의실에서 엄숙히 거행되었다.

하지 중장과 태평양방면 해군사령관 대표 킹게트 대장, 이에 대하여 일본측 조

▲ 항복문서에 서명하는 조선 총독 아부 신행 (1945. 9. 9)

선군관구사령관 상월랑부 중장, 진해경비사령관 산구의삼랑 중장, 조선총독 아부신행대장이 열석한 중 먼저 연합군측 「노엠·엣취·무어」 중좌로부터 조인식 거행의 개회사가 있자 미국측 장교의 안내로 상월, 아부, 산구 대표의 순서로 입장 장내는 이 순간부터 긴장한 빛을 띠우기 시작하였다.

이렇게 입장한 일본대표는 잠시 부동자세로 지정한 의자 앞에 열립하자 그 월편越便에는 연합군측 대표 장교단 13명은 이미 착석, 이어서 무어 중좌의 지시에 의하여 일본측 대표가 착석하고 나자 이어서 연합국측 대표, 하지 중장과 킹게트 장군이 일동기립의 호령에 의하여 정중한 보무로 입장하여 착석한 후 「태평양방면육군총사령관 맥아더 대장을 대代하여 여余는 오는 남조선지역에서 일본군의 항복을 받고자 조인을 시작하겠다」고 선언하자 연합군측으로 미국 문文과 일본 문文으로 된 이 조인문서가 먼저 일본측 대표에게 제출되었다. 이 조인서에 대하여 일본측 상월 군사령관, 진해사령관 산구 중장, 아부 총독의 순서로 각각 서명을 하자 이에 이어 연합군측 하지 장군과 킹케트 장군 또한 서명을 하고 별항과 같이 하지 장군으로부터 조선동포에 대한 성명서를 낭독하고 식을 시작한 지 불과 25분 만에 조인식은 끝이 났다.

이날 식장에는 연합군측의 UP·AP 통신기자와 중국측 기자 그리고 로이타 통신의 각 신문기자 20여 명 기타 연합군측 영화회사의 카메라맨들이 이 3대 15의 조인식장을 보륨에 집어넣기에 장내는 섬광으로 황홀하였고 다시 식장 북편창외로 보이는 근정전과 멀리 신추의 창공아래 홀연히 솟는 북악北岳은 오늘의 해방 조선을 축복하는 심중한 중에 경축의 별이 띠운 것 같았으며 다시 이 조인식장의 상공으로는 연합군측의 당당한 비행행대의 붕익鵬翼이 비거비래飛去飛來하여 의미 깊은 조인식을 종료한 데 대한 애포크를 지었다.

▲ 미군이 진주하자 시민들이 호기심 어린 눈으로 지켜보고 있다 (1945.9.9)

● 항복조인전문

1945년 9월 9일 오후 4시 총독부 제1회의실에서 거행된 연합군측과 일본군과의 정전협정에 의한 항복문서 조인식 석상에서 공개된 항복문서의 내용은 다음과 같다.

미국태평양방면최고사령관대리 재조선미국군사령관에 대한 조선 북위 38도 이남 지역에 있는 일본 육해공군 고급지휘관의 항복문서 정문正文 서력 1945년 9월 2일 대명 급 일본정부 병並대본영의 명에 의하여 외무대신 중광채 천황 급 일본정부를 대표하고 동양同樣으로 대명 급 일본정부 병並대본영의 명에 의하여 매진미치랑, 대본영을 대표하여 각각 항복조약에 조인하였다.

항복조약의 요지는 좌와 여하다.

(1) 소관小官등 대명大命에 의하여 천황 일본정부 급及 대본영을 대표하여 자玆에 서력 1945년 7월 26일 아미리가합중국 중화민국 급及 대영제국 각 정부공동발표 소蘇연방의 추가 찬동하는 포츠담 선언의 조약을 수락함, 상기 4개국을 이후 연합국이라 칭함.

(2) 소관小官등은 자玆에 대본영 전일본군 급及 일본군지휘하에 있는 모든 군대 하처何處에 있음을 불문하고 연합군의 무조건 항복을 선宣함.

(3) 소관小官등은 자玆에 일본군 병並 일본신민에 의하여 행하여지는 적대행위의 즉시정지, 선박, 항공기, 군사 급 민간시설의 파괴방지 병並 그 보호 연합국군 최고사령관 우又는 동 사령관의 명에 의한 일본정부대리기관의 포고의 모든 요망 이행을 명命함.

(4) 소관小官등을 이에 대본영에 명하여 전일본군 급及 일본군지휘하에 있는 모든 군대는 하처何處에 있음을 불문하고 무조건 항복을 즉시 이행케 함.

(5) 소관小官등을 이에 모든 문무관을 연합국군최고사령관이 항복 수속촉진에 적당 차且 유효하다고 정하는 모든 포고명령 급及 규칙 급及 동 최고사령관 또는 그 권력에 의하여 발포되는 모든 포고명령 급 규칙의 준수를 명하고 차且 관계문무관文武官은 연합국최고사령관 우又는 그 권력에 의하여 특히 그 직을 면치 않는 한 모두 그 현직에 머물러 비전투사무의 수행함을 명命함.

(6) 소관小官등은 이에 천황 일본정부 급 양자의 후계자가 성실로서 포츠담 선언의 조건을 이행하고 차且 연합국군 최고사령관 우又는 다른 모든 연합국에 의하여 지명된 대표자가 동 선언을 이행하기 위하여 소망하는 모든 명령을 발포하고 모든 조치를 집행함을 보증함.

(7) 소관小官등은 이미 일본정부 급 대본영으로 하여금 현재 일본의 수중에 있는 모든 연합국 포로 급 비전투원 억류자를 즉시 석방하고 그 보호수당 정양급 지정된 장소에 속히 호송할 것을 명命함.

(8) 천황 급及 일본정부의 국정상 권력은 연합국군 최고사령관의 관하에 이履할 것이며 동 사령관은 여상如上 항복조건을 실시하기 위하여 필요하다고 인정하는 조치를 취할 것이다.

일본정부는 서력 1945년 9월 2일 대명大命에 의하여 대본영은 일본 본국 병並외지에 있는 각 지휘관은 그 예하에 있는 일본 육해공군과 일본군관 하의 각군에 대하여 즉시 정전할 것. 무기를 포기할 것. 현現 재지在地에 머무르고 있을 것. 아미리가합중국·중화민국·대영제국연합왕국 급及 소蘇연방을 대표하는 각 지휘관에 무조건 항복할 것을 명령하였다.

대본영 급及 그 고급지휘관 일본본토 급及 일본근해의 도서島嶼, 조선 북위 38도 이남의 지역 급 비율빈에 있는 일본 육해공군 급 그에 속한 군대는 미국군태평양방면 최고사령관에 항복할 것을 명命하였다.

미국군태평양방면 최고사령관의 그 대리로서 제24군단장을 재在조선미국군사령관에 임명하여 조선 북위 38도 이남 급及 그 영역 내의 도서에 있는 일본 육해공군 급 그에 속한 군대의 고급지휘관의 항복 수락에 임명하였다. 이상의 조건에 기基하여 소관등 조선 북위 38도 이남의 지역에 있는 일본 육해공군 급 그에 속한 군대의 고급지휘관으로서는 본 조약에 서명하여서 하기下記의 요지 각조를 시인할 것이다.

(가) 소관 칙령 항복조약의 각조 급 명령의 내용을 정히 상기와 같이 권고 통지되었다.

(나) 소관 등 여상如上의 조약 급 명령에 의한 아등我等의 의무책임을 수락하여 엄숙히 그 즉시 이행과 또한 그 준수의 필요를 인정하였다.

(다) 조선 북위 38도 이남의 지역에 있는 미국군사령관은 미국군태평양방면 최고사령관의 전권에 위임되어 동 최고사령관의 지시를 즉시 실수행實遂行함에 유감없기를 기함.

● 결론

소관小官등은 이에 소관小官등의 행정 급及 관할하의 조선 북위 38도 이남의 지역 급 그 지역내 모든 도서에 있어서 일본군 군적에 있는 자 전부와 모든 군사시설, 병기, 선박, 항공기 기타 모든 군기재 급 군 소유물을 정식 단 무조건으로 재조선미국군사령관에 양도한다.

영어에 의한 본문과 그 번역문과의 사이에 생기는 의미의 대립 혹은 의미가 불명료한 경우는 영어문의 의미의 해석에 종從한다.

어於 조선 경성

서력 1945년 9월 9일 오후 4시

조선 북위 38도 이남의 지역에 있는 일본 육공군 고급지휘관 서명 상월량부

조선 북위 38도 이남의 지역에 있는 일본 해군 최고급지휘관 서명 산구의삼랑

조선총독대리로 정식 임명되어 그 자격으로서 아부신행이 상기 항복조약 급 관련한 모든 문서의 내용을 정독하여 깊이 명기銘記하였다. 소관 이에 조선총독으로서의 직권으로서 전기문서 중에 기재한 의무책임을 질 것을 시인하고 엄중히 즉시이행과 다시 그 준수할 필요를 인정한다. 소관 특히 재조선미국군사령관을 미국군태평양방면 최고사령관대리로 정당히 임명되었다는 것을 시인하고 소관은 동 사령관의 지령을 실시수행하는 데 유루遺漏없기를 기함.

어於조선 경성
서력 1945년 9월 9일 오후 4시
미국군태평양방면 최고사령관대리로서 이를 수락함

조선총독 서명 아부신행 재조선미국군사령관 미국육군중장 서명 존 알 하지
재조선미국해군대표 미국해군중장 서명 티.씨. 킹케이트

〈매일신보 1945년 9월 9일〉

■하지, 조선동포에게 고하는 성명을 발표

조선인민제군이여!

태평양방면 육군총사령관이요 연합국총사령관 맥아더대장을 대代하여 여余는 오늘 남조선지역에 일본군의 항복을 받았다. 주 조선미합중국사령관으로서 여余는 자玆에 하기下記 항복에 관한 제 항복을 확수確守케 하노라. 여余는 자玆에 법률과 질서를 유지하는 동시에 조선의 경제상태를 앙양시키며 인민의 생명재산을 보호하며 기타 국제법에 의하여 점령군에게 과하여진 기타 제 의무를 이행하노니 점령지역에 있는 제군도 또한 의무를 다 하여라. 여의 지휘하에 있는 제군은 연합국군 총사령관의 명령에 의하여 장차 발할 여余의 제종諸種의 명령을 엄숙히 지켜라.

제군은 평화를 유지하며 정직한 행동을 하여라. 이를 지키는 이상 공포의 염念을 가질 필요는 없다. 만약 명령을 아니 지킨다던지 또는 혼란상태를 일으킨다면 여余는 즉시 적당하다고 생각하는 수단을 취하겠노라. 이미 확정된 항복조건을 이행함에는 여余는 시초에 있어서는 현 행정기구를 사용할 필요가 있노라. 동시에 여는 장차 나의 지휘하에 있을 관리의 명령에 복종하기 바란다.

조선인민을 위하여 정부의 정책은 장차 필요에 응하여 개정될 것이다. 법제, 상업, 공업, 학교교육에 있던 종래에 제종諸種의 인류적 차별은 곧 끝이 날 것이다. 신앙의 자유, 언론, 사상의 자유는 제군에 돌아갈 것이다. 신문, 라디오는 금후 곧 조선사람을 위한 기관이 될 것이다. 여는 조선인 제군이 장구하고 또 귀중한 역사를 가지고 있는 것을 아노라. 또 제군이 과거 수십년간 제압박하에 신음하여 온 것도 잘 알며 제군의 대망이 무엇이라는 것도 잘 아는 바이며 제군이 생활상태 개선을 하루바삐 수행하고자 하는 제군의 열망을 가슴 깊이 품고 있는 것도 잘 아노라. 차점此點에 관하여는 제군이 그때가 올 때까지 좀 기다려 주기 바란

다. 제군이 참아온 수십 년에 긍亘한 폐정弊政을 수일 사이에 전부 교정코자 하는 것은 불가능한 일이라는 것을 알지어다.

장차 올 기개월幾個月에 와한 제군의 언어행동으로서 제군은 전 세계민주주의 국민급及 그들의 대표자인 여余에게 전 세계라는 일가족에 구성분자로서의 명예 있는 지위를 받을 일민족의 자격능력을 표시하게 될 줄 아노라.

〈매일신보 1945년 9월 11일〉

■임정臨政선전부장 엄항섭, 정권위양 언급

한국임시정부 선전부장 엄항섭은 4일 중앙전신사 기자에 대하여 다음과 같이 말하었다.

한국임시정부는 수송의 편리를 얻는 대로 속히 본국에 돌아가고 싶다. 트루만 미대통령이 되도록 일본인관리를 한국으로부터 철퇴시킨다고 언명한 것은 대단히 기쁜 일이다. 우리는 일본인관리가 한 사람이라도 남아있는 것은 보기 싫다. 현재 중국본토만 하여도 25만의 한국인이 일본군 치하에 있다. 한국임시정부 주석 김구는 총선거에 의한 민주주의정부가 성립될 때까지 전 정당을 망라한 과도적 정부에게 정권을 위양할 의사가 있다는 뜻을 공약하고 있다.

〈매일신보 1945년 9월 15일〉

■이승만, 중경 임시정부의 근황 설명

●중경대한임시정부 중中·불佛 등 연합국이 승인

이승만은 지난 16일 오후 5시 돌연 경성에 귀국하셨는데 18일 오후 2시 숙사 조선호텔에서 왕방한 본당 선전부장에게 여좌히 중경 우리 임시정부의 근황을 설명하셨다. 33년 만에 고국에 돌아오니 반가운 말씀 비할 데 없소. 나는 김구씨를 절대로 지지합니다. 올 때에도 중경으로 갔다가 같이 오려고 하였으나 장애가 있어 못하였습니다.

중경 대한민국 임시정부는 이미 중·불 등 연합국으로부터 승인을 받고 미국도 미구에 승인할 것을 언명하였습니다. 우리는 김구씨를 중심으로 정부를 조직치 않으면 안 되겠습니다.

그리고 독립이 속히 되고 못 되고는 우리가 일치단결하느냐 못하느냐에 달렸습니다. 사리와 당파를 떠나 대동단결할 뿐입니다.

〈한국민주당 선전부 1945년 10월 19일자 전단〉

■중경 임시정부 환국 등 당면 제諸문제 언명

재在 중경 한국임시정부 대변자는 동同 정부 당면의 제諸문제에 대하여 다음과 같이 발언하였다.

「한국임시정부는 미화美華 양兩정부의 적극적 원조를 받고 있으며 그 서울 환도는 시간문제이다. 장개석 위원장은 10월 초순 김구 임시정부주석과 회견하고 강력한 지원을 서슴지 않는다고 약속하시었다. 조선 점령 미군사령관 하지 중장 각하로부터 김구 주석에 대한 귀국초전歸國招電은 아직 받지 않았다. 임시정부는 본국 귀국 후 총선거로써 정식정부가 수립될 때까지 우선 전 정당, 종교단체, 직업단체, 저명 혁명가 대표자를 망라하여 잠정적 내각을 조직한다. 일본 노예화하에 약 15만의 조선병朝鮮兵을 한국임시정부는 중국의 허용을 얻어 이들을 현재 재훈련 재조직을 기하고 있다. 이번에 미국으로부터 서울에 귀환한 이승만 박사는 김구 주석과 구우舊友이며 임시정부의 유일한 지지자인데 조선에서 김구 주석과 조속히 회견하기를 희망하고 있다. 또 김구 주석은 과거 32년 일신을 독립혁명에 바친 70세의 노老지도자로서 조국을 해방시킨 연합국의 원조를 충심으로 감사하는 동시에 만족을 느끼고 있다.」(중경 20일 중앙사발中央社發 동맹)

〈매일신보 1945년 10월 23일〉

■김구, 장개석을 방문하여 원조에 사의 표명

중경에 있던 한국임시정부는 10월 초순 경성에 귀국하기로 되었는데 동同 정부주석 김구는 29일 장개석 주석을 방문하고 국민정부와 국민당으로부터 보여준 정신적 원조에 대하여 사의를 표명하였다. 그리고 동同 정부선전부장 엄항섭은 환국에 당하여 다음과 같은 담화를 발표하였다.

「아등我等이 이제 조국으로 돌아가고자 하는 염원은 조선인의 조선, 자유통일된 조선수립을 요구하는 데 있다. 재화在華 조선인은 북위 38도선에 의한 조선 분할점령에 대하여 단연 반대하고 있다.(중경 30일 중앙사발中央社發 동맹)

〈자유신문 1945년 11월1일〉

■장개석, 임정요인 송별회서 조선독립원조 언명

과거 8년간 중경에서 독립운동을 계속하여 온 한국임시정부는 5일 중경발重慶發 귀국하기로 되었는데 장개석 주석은 4일 임시정부주석 김구 이하 수뇌부를 초청하여 송별회를 개최하고 다음과 같은 격려 연설을 하였다.

「조선이 독립치 못하게 되면 중국의 독립도 완성치 못하며 동아 및 세계의 평화도 확보치 못할 것이다. 전 동아민족의 독립과 자유를 획득하기 위하여 우리들은 우선 조선의 자유와 독립을 완성하지 않으면 안 된다. 전 조선의 혁명가는 이 역사적 사명완수에 전력을 다할 것을 우리들은 희망한다. 또 우리 국민당도 역시 조선독립에 전력을 다하여 원조할 터이다.」

그런데 김구 주석·외무부장 조소앙·선전부장 엄항섭 외 30명의 임시정부 요인은 5일 상오 7시 수송기 2기에 분승하고 중경을 출발하여 상해로 가서 다시 미국기美國機에 바꾸어 탄 후 경성으로 향할 예정이다. 〈자유신문 1945년 11월 6일〉

■이승만 임정요인 10일내 환국한다고 언명

한국임시정부 김구 주석은 5일 중경을 출발하여 그리운 고국으로 돌아오게 되었는데 도중 상해에 잠시 들리게 되었으므로 10일 안으로는 서울에 도착할 모양이다. 그리고 김구와 함께 돌아오는 정부요인 일행 중에는 김원봉·김규식·조소앙·엄항섭·홍진·이청천 제諸씨 등 30명이 동반되어 귀국하리라고 이승만은 5일 기자단에게 언명하였다. 〈매일신보 1945년 11월 6일〉

■임정주석 김구, 환국에 앞서 담화 발표

한국임시정부주석 김구는 5일 귀국에 앞서 다음과 같은 담화를 발표하였다. 조선이 당면한 가장 중요한 문제는 중국 및 미·영·소 제국諸國과의 우호관계를 긴밀히 할 것과 선거에 의한 민주정부를 수립하여 세계평화에 적극적으로 기여하는 데 있다. 또 나는 조선의 여하한 분할에 대하여도 허용할 수 없다. (중경 5일발 중앙사中央社 국제國際) 〈자유신문 1945년 11월 7일〉

■김구 특사 입경, 이승만에게 메시지 전달

귀국 도중에 있는 김구 이하 재在중경 임시정부요인 일행 34명은 5일 조부 중경발重慶發 방금 상해에 체재 중으로 불일不日 중中 입경할 예정인데 김구의 특사 5씨는 한걸음 앞서 B29로 5일 오후 1시 반 김포비행장에 도착 오후 3시 자동차로 돈암정 이승만 저邸에 이르러 김구의 메시지를 이승만에게 전달한 후 회담하였다.

〈중앙신문 1945년 11월 7일〉

▲ 중경에서 상해에 도착한 김구 주석. (1945.11. 5)

■이승만 송진우 이관술 임정요인의 환국에 대한 견해 발표

한국임시정부주석 김구 이하 요인 34인이 환국도정에 있어 서울에 도착할 예정이라는 바 동同 일행이 김구를 필두로 임시정부 수뇌부인 점으로 관측되는 만큼 국내 정국에는 비상한 센세이션을 일으키고 있는데 특히 주목을 끄는 바는 일행이 정부의 자격으로 들어오는가, 또는 개인의 자격으로 들어오는가, 그리고 이들을 맞이하려는 정계의 태도 여하가 관심을 끌고 있는데 여기에 대하여 이승만, 한국민주당, 공산당 측의 견해는 다음과 같다.

재중경임시정부주석 김구 이하 요인 30여 씨가 5일 오전 7시 수송기로 중경을 출발하여 귀국의 길에 올랐는데 이날 이승만은 기자단의 질문에 대답하여 다음과 같이 말했다.

- **이승만** : 금월 10일 이전에 귀국하기로 된 것만은 사실인데 임시정부가 정식 승인을 받지 않은 관계상 김구씨도 물론 개인자격으로 귀국하는 것일 것이다. 또 그들이 금후 독립촉성중앙협의회와 어떠한 관계를 가지게 될까 하는 것도 나로서는 단언할 수 없으나 물론 그 취시에는 찬성할 줄 믿는다.
- **한국민주당 송진우** : 오랫동안 기대하던 임시정부주석 김구 선생을 위시하여 정부요인 34인이 중경을 떠나 금일 상해에 도착하여 잠시 체재한 후 불일내로 귀국하게 되었다는 정보를 접하고 새삼스럽게 감회가 깊은 바이다. 해외에서 수십 년간 꾸준히 광복의 날을 찾고자 악전고투해온 위대한 혁명가를 맞이한 우리 태도는 간단히 말하면 허심탄회하게 그이들을 영접해야 할 것이다. 환국하는 그분들은 내 생각 같아서는 여러 가지 사정도 있어 정식정부로서가 아니라 개인의 자격으로 오는 것으로 보는데 결국은 개인이라 할지라도 정부의 수뇌부가 오게 되는 만큼 이를 맞이하는 우리는 정부를 맞이하는 심경이어야 할 것이다.

  오당으로서는 원래가 임시정부를 절대지지하고 있음으로 환국한 후에도 그 방침에 변화는 없다. 따라서 모든 행동은 절대지지 이외엔 아무것도 없다. 즉 임시정부의 지시에 따라 그 명령에 복종할 따름이다. 현재 양성되고 있는 민족통일전선결성운동은 매우 반가운 일이나 임시정부에 대하여 여하한 형식이건 무엇을 요구하고 싶지 않다. 다만 오당으로서는 적당한 기회에 국내사정에 감鑑하여 수시로 진언할 일은 있을 것이다. 오당의 거취에 대하여서는 임시정부의 명령이 없는 한 자진하여 해산할 의사는 없다.
- **조선공산당 이관술** : 수십 개 성상을 두고 해외에서 조국해방전선에 투쟁해 나온 선배 제씨의 귀국에 제際하여는 최대의 경의를 표하여 마지않는 바이다. 앞으로 아당我黨이 이들을 여하히 맞이하는냐 하는 점에 대하여는 누차 성명한 바와 같이 해외에 기존한 정권을 무조건하고 맞아 받드는 것이 아니

다. 혁명가로서의 그들을 개인의 자격으로 맞아들이려 하며 그들에게 대한 요망은 조선의 현실을 파악하고 진보적인 민주주의 정권수립을 위하여 달관적 협조를 바라마지 않는다. 〈중앙신문 1945년 11월 6일〉

■중국中國을 떠나며 귀국歸國후 단기간 내에 연합정부 수립을 표명

【중경 7일발 해방통신】한국임시정부주석 김구씨는 중경을 출발함에 제하여 별리別離의 인사를 중국정부에 중국인민이 조선의 독립운동에 대하여 다년간 협력하여 준 것을 감사하고 다음과 같이 말하였다.

조선 금후의 정책은 전 조선인의 의사로 결정하나 조선은 이미 충분히 독립의 자격을 가지고 있다. 이 점 우방의 깊은 이해를 바란다. 또 일전에 실제상황에 관하여는 국내에 있어서 단기간 내에 연합정부를 성립할 가능성이 있다.

〈신조선보 1945년 11월 8일〉

■임정특파사무국, 중경에 외교판사처 설치와 광복군 확대편성 발표

대한민국 임시정부로부터 임시정부특파 사무국에 ① 중경에 외교판사처 설치 ② 광복군 확대편성에 관한 통보가 있었음으로 8일 그 내용을 다음과 같이 발표하였다.

● 대한민국 임시정부 특파사무국 발표

1) 우리 임시정부는 김구 주석을 수반으로 목하 환국의 도정에 있는바 중경에는 정부 환국 후에 사무처리를 위하여 특히 대한민국 임시정부 외교판사처를 설치하고 박찬익朴贊翊(남파南坡)을 책임자로 임명하였다.

2) 광복군의 확대편성

제국주의 일본에 선전을 포고하고 세계대전에 당당히 싸워 그 위훈을 세계에 알려 금번 우리 민족해방독립의 길을 연 우리 광복군이 불원 환국하게 되었다. 환국을 앞두고 우리 정부에서는 이청천 장군의 지휘하에 다음의 확대편성과 맹훈련이 진행중에 있다.

이미 대전에 출전하였던 광복군은 그 규모를 확장하여 대륙 방면, 남양, 비루마 방면 등 태평양전에 피박被迫 출전한 학병, 지원병, 징병 등 한적군인들을 흡수하기로 되어 특히 장개석장군은 일본 총사령부에 대하여 일본군의 무장해제와 동시에 전부 광복군 군편입軍 編入을 완료하였다. 이리하여 총總 세勢 20만을 넘는 우리정부 정규군은 다음과 같다.

제1지대(중경) 지대장 이집중
제2지대(서안) 지대장 이범석
제3지대(개봉) 지대장 김학규
제4지대(남경) 지대장 편성중
국내지대(경성) 사 령 오광선

그리고 우리 광복군의 간부를 양성하기 위하여 남경, 상해, 서안, 개봉 4개 처에 광복군 훈련소를 설치하고 목하 귀국을 앞두고 주야 맹훈련을 계속하고 있다.

〈자유신문 1945년 11월 10일〉

■임시정부 영수 환국 전국환영회가 결성

임시정부의 여러분이 고국의 땅을 밟게 된 이때에 우리 3천만 동포가 다 같이 한마음 한뜻으로 그분들을 기꺼이 맞이하자고 일전에 유지 제씨가 회합하여 의논한 결과 임시정부 영수 환국 전국환영회를 개최하기로 결정하고 전 조선 각계 각층을 망라하여 모든 당파심과 사심을 떠나서 돌아오는 여러분을 전국적으로 환영하게 되었다.

환영방법에 대하여는 임시정부를 공식으로 맞아들이느냐 혹은 이승만 귀국할 때와 같이 비공식으로 하느냐 하는 근본문제에 대하여 군정당국과 절충 중임으로 국제적으로는 결정되지 못하였으나 임시정부가 환국하는 날을 기하여 전국이 가가호호에 국기를 게양함은 물론이요 일반시민은 연도에 열을 지어 환영하고 서울 시내 요처에 화려한 환영장식을 하는 외에 특히 우리 조선사람이 조종하는 비행기로 도중까지 출영하여 축하비행을 하는 등 다채한 환영 프로그램의 편성이 진행되고 있다. 그리고 자세한 환영내용에 대하여는 서울 종로 1정목 34번지 동 환영회사무소로 문의하기 바라며 환영회 위원은 다음과 같다.

위원장 : 김석황

영접부 : 오세창 권동진 김창숙 이종태 여운형 조만식 홍명희 안재홍 홍남표 정인보
경호부 : 강낙원 이기환 이민환 최창한 이인환 조관식 이용준 양점수 김근찬 박두만 김종회 유진산 김귀현 김일남 이종익
교섭부 : 조병옥 이용설 김려식 김춘기 하경덕 윤치영 변영태 이극종 이동제 이훈구
서무부 : 정안립 이돈화 백관수 명제세 이규갑 이갑성 서세충 김준연 조인섭 이중재
보도부 : 김제영(신조선) 이봉구(국제) 이정순(자유) 오쾌일(중앙) 김동성(국제) 김순영(중앙) 신현중(조선) 박치우(해방)
재무부 : 원세훈 원익섭 정인과 권영우 정원화 박두병 나상근 정동진 장해근 조선용
연락부 : 박용의 허 정 이원혁 김응권 장지영 박의양 홍기문 주태국 김무림 황병환
정보부 : 민태호 김기전 이관구 함상훈 이량조 이태준 윤행중 신남철 손공수 김광수

〈중앙신문 1945년 11월 10일〉

■ 임정특파사무국, 북경北京에 임정대표부 설치

대한민국 임시정부에서는 왜인의 압박 속에서 신음하는 재화북在華北동포 20만의 생명보호와 생로회복生路恢復을 기하고자 북경北京에 임시정부대표부를 설치하는 동시에 부장部長 조병걸趙炳傑(일명 조강趙剛 오성산吳成山)을 임명하고 북경시장北京市長을 위시하여 중국인 및 각 관청과 밀접한 연락하에 20만 동포구원에 당하고 있다고 12일 임시정부 특파사무국으로부터 발표되었다. 그리고 대표부에서는 일방 현지동포를 흡수하여 광복군 편성에 착수, 현재까지 대부분의 청년이 참가하여 신조선 국가건설에 이바지하고자 목하 맹훈련을 받고 있다.

〈자유신문 1945년 11월 12일〉

■ 대한민국 임시정부 동북東北대표본부 장춘長春에

대한민국 임시정부에서는 그동안 봉천에 동북대표부 본부를 설치하고 2백만 동포의 보호지도에 노력하고 있었는데 이번 임시정부에서는 동북대표본부를 확장, 강화시킬 필요를 인정하고 동 대표본부를 장춘으로 이전하고 동시에 봉천, 하얼빈, 길림, 간도에 판사처를 설치하여 귀환동포 보호지도 및 토지문제를 선후 정리코자 중국정부와 중국군 당국과 긴밀한 연락을 취하고 있다 한다.

〈자유신문 1945년 11월 16일〉

■임정요인 영수환영에 국내의견 완전통일

임시정부 영수 제씨가 환국함에 있어 김석황金錫璜씨를 위원장으로 국내 각 계각층을 망라하여 전국환영회를 준비진행 중에 있다 함은 기보한 바 있거니와 임시정부 및 연합군환영회 또는 해외지도자 영접위원회와 다소의 마찰이 없지 아니하였는데 양측 대표가 모여 누차 회담하던 중 16일 오후 2시 구舊 동아일보 사옥에서 김석황金錫璜·김하선金河善이 송진우·백관수·김병로·김준연 외 제諸씨와 회담하여 드디어 임시정부영수환국전국환영회로 통일키로 의견이 일치하였으므로 이번 대한민국 임시정부를 환영함에 있어 3천만 전민족의 총역량이 완전한 한뭉치로 집결하는 일대 계기를 실현하였다. 〈자유신문 1945년 11월 18일〉

■정치동향의 장래 좌우 초점이 된 자격문제 국제적 관심사로 세계시청을 집중

김구 이하 재 중경 임시정부 요인일행은 무슨 까닭에 아직 입국을 못하고 있나. 누구나 궁금히 여기는 문제다. 지난 5일 장개석 주석의 의미심장한 송별사를 받고 일행은 비행기 2대에 분승하고 중경을 출발하였다는 소식은 중국의 중앙사와 미국 UP통신사의 통신으로 세계에 알려진 사실이다.

일행이 상해에 체류한 채 입국 못하는 원인이 나변에 있는가? 이것은 국내적으로 물론 국제적인 관심사가 아닐 수 없다.

조선문제의 귀추가 세계적 시청을 모으고 있는 이때 김구 이하 요인들의 동향은 조선의 정치동향의 장래를 좌우하는 중대한 포인트라고 할 수 있다. 13일 아놀드 장관의 담화로 비추어 보아 군정당국은 개인의 자격으로 요인 제씨의 입국을 희망하고 있음에 반하여 임시정부에서는 비非개인자격으로 입국을 희망하고 있음을 추측할 수 있는데 이러한 견해의 상위가 이들의 입국을 천연시키고 있음을 알 수 있다.

중경임시정부로서는 장개석 주석과는 비공식이나 사실에 있어 임시정권으로서의 취급을 받아 왔으므로 전원이 입국함에 당하여 개인의 자격이 아닌 어떠한 종류의 승인을 미군정 당국에 요구하여 입국 후에는 자주정권의 자체로서 가급적 속한 시일 내에 완전 독립정권을 수립할 수 있도록 계획하고 있다고 볼 수 있다. 그런데 이 임시정부의 입국을 국내 각 정당에서는 어떤 태도로 맞이하려는가? 이에 대한 대답은 지난 10일 입경한 중앙사中央社 기자記者 증은파曾恩波가 가지고 온 임시정부의 여당인 재중경在重慶 한국독립당의 강령·선언에 대한 각 정당의 반응으로 알 수 있을 것이다.

이 강령과 선언을 통하여 임시정부의 성격은 뚜렷하게 나타났으며 여기 따라 지금까지 독자적인 자기중심의 정치적 입장에서 절대 지지를 표방하던 혹은 냉담한 태도를 취하던 각 정당의 태도가 명확하게 표시될 것으로 보고 있는데 임시정부의 입국을 싸고도는 국제적 동향은 극히 미묘한 바 있고 앞으로 수일간의 정국의 귀추가 주목된다.

- **환영준비위원장 김석황金錫璜** : 임시정부요인들이 환국하지 않은 원인은 어디까지나 정부의 자격으로 환국할 방침이지 개인의 자격으로는 절대 들어오지 않으려고 하는 까닭이 아닌가 합니다. 임시정부가 만일 개인의 자격으로 들어온다면 우리의 실망은 클 것이올시다. 조선민중의 현재의 심경을 솔직히 말하면 연합군이 우리를 해방해준 데 대하여 무한한 감사는 느끼고 있으나 과연 우리의 자유란 어떠한 정도의 것일지 완전한 독립이나 반 식민지정도나 아닌가 하고 여러 가지로 초조하고 있는 것이 사실입니다. 그러니까 연합국은 마땅히 포츠담 선언의 취지에 칙則하여 임시정부를 정식으로 승인해서 하루빨리 환국하게 해가지고 헤매는 조선민중을 이 정권을 중심으로 통일케 하는 것이 동양평화와 세계의 행복에 공헌하는 가장 첩경이라고 확신합니다.
- **국민당 위원장 안재홍安在鴻** : 군정수뇌자들은 민족반역자나 친일파의 식별에 곤란을 느끼고 있다. 될 수 있으면 이런 불순분자를 건국사업에 참여치 못하게 하고 싶으나 어느 누가 그런 분자인지 구별할 수가 없어 부심하고 있다. 또한 그들은 현재 국내에서 당면한 모든 문제를 임시정부가 들어오면 쉽게 처리할 수 있겠는가 하고 의견을 수집하며 이에 대해서도 상당히 부심하고 있다. 그러나 이 모든 문제는 국내 통일전선에 의하여 우리 정부가 수립되고 우리의 정부의 손으로 처리하게 되면 그리 어려운 문제가 아니다. 그런 의미에서 임시정부가 승인받은 정부의 자격으로 들어와서 통일정부가 수립되면 군정부가 지금 곤란을 느끼고 있는 모든 난문제는 용이하게 해결할 수 있을 것이다. 그런 의미에서 임시정부의 환국은 우리의 완전독립에 결정적 계

기를 짓는 것이다.

- 조선공산당 이관술李觀述 : 우리 당의 입장에서가 아니고 이관술 개인의 입장에서 말하는 것임을 전제하고 말씀하겠습니다. 중경 임시정부에 대한 나의 태도는 종래 상식적인 견해에서 아직 더 무슨 다른 의견이 없습니다. 국내와 해외의 모든 진보적 민주주의 세력을 수합하여 민족통일정권을 세워야 한다는 것은 이미 보편화된 정치상식이 아닌가 싶습니다. 중경 임시정부의 성격을 아직 명확하게 규정지을 수 있는 시기라고 생각되지 않으므로 앞으로의 귀추를 살펴보지 않고 단정을 내리기를 어렵습니다.
- 중앙인민위원회 허헌許憲 : 중경 임시정부의 귀국을 앞두고 정국이 매우 미묘하게 움직이고 있는 것은 사실이다. 지금 내 입으로 무슨 의견을 발표하기는 좀 어렵다. 2~3일만 기다려주면 공식적인 입장에서 현 단계의 정치동향에 대한 공식적 의견을 발표할 수 있을 것이다. 신중한 토의를 거듭하는 중이므로 2~3일만 기다려 주기 바란다.
- 한국민주당 백관수白寬洙 : 중경 임시정부의 환국은 쌍수를 들어 봉영奉迎할 예정입니다. 재중경在重慶 한국독립당의 정강정책은 우리 당의 정강과 별차이가 없으므로 우리는 전적으로 추수할 터입니다. 그 행동강령을 무조건 지지복종 하겠습니다. 〈자유신문 1945년 11월 19일자 기사〉

■조선건국청년회 임시정부 지지결의

조선건국청년회 본부에서는 위원회를 14, 15 양일에 걸쳐 매일 하오 2시 시내 관수정 본부회의실에서 개최하고 대한민국 임시정부를 절대 지지한다는 선언을 가결 후 3시 지나 산회하였다 한다. 〈자유신문 1945년 11월 19일〉

■38도 문제 해결불원, 임시정부 환국은 개인적으로!

● 이 박사 정례회견

이승만 박사는 19일 오후 1시 신문기자단과의 정례회견 석상에서 대략 다음과 같은 담화를 발표하고 뒤이어 기자단과 일문일답을 하였다.

중경임시정부의 환국문제로 소란한 모양이나 「하-지」 중장에게 반드시 연락이 있을 터이고 나도 알게 될 터이므로 책임 있는 발표가 있을 때까지 환영소동은 그만두어야 할 것이다. 독립촉성중앙회는 착착 진행되어가는 중으로 지방적으로도(예例하면 경남과 부평) 지방조직이 점차 결성되어감으로 관觀하고 있다. 국제적으로 문제되었던 소위 신탁통치문제는 점차로 식어가는 모양으로 조선에 대하여 신탁통치 운운은 아마 꼬리를 감추는 것 같다. 38도 문제도 조만간 해결될 것으로 볼 수 있다. 미·소 양국의 진주군 사령관 사이의 협의가 진행되던지 그렇지 않으면 관계국 정부 사이에 해결책이 진행되던지 좌우간 협의를 진행시켜 해결을 하려고 그들이 노력하고 있는 것은 사실이다. 이때에 우리는 더욱 힘을 합치고 입을 모을 필요가 있다고 생각한다. 한마디 부탁할 것은 유교, 불교 등의 종교단체가 활발히 움직이는데 기독교도들만이 소극적인 태도를 취하는 것은 알 수 없다. 3·1운동 당시보다 더 활발한 움직임이 있기를 바란다. 이어 기자단과 다음과 같은 일문일답이 있었다.

문 : 중경임시정부가 환국 못하는 것은 상당한 이유가 있다고 보는데?

답 : 그분들은 단체로 환국하려고 하고 군정당국은 개인으로 두서너 분씩 오는 것을 원하고 있는 것은 사실이다.

문 : 요인 제씨는 정권으로 인정하기를 요구하고 있지 않은가?

답 : 이곳 군정당국은 정책을 결정할 권리는 없다. 미국무성 혹은 국제적으로 협의 없이는 중경임시정권을 인정하고 안 하는 결정을 못 짓는다.

문 : 장개석 주석과 「드골」 주석은 사실상으로 중경임시정권을 인정하였다는데?

답 : 공문서로 주고받았음으로 사실로는 인정을 받은 셈이다. 법국法國 정부와도 금년 4월에 공문서를 바꾸었으나 국제 공법상으로 보아 법적으로 인정받은 정권은 아니다.

문 : 그런 까닭에 더욱 개인의 자격으로 환국은 불응하는 것이 아닌가?

답 : 좌우간 머지않아 환국은 틀림없다.

문 : 재在 중경 한국독립당의 선언과 행동강령을 보셨는가?

답 : 대강 보았다.

문 : 이것을 지지하는가?

답 : 아직 어느 한 정당을 지지할 시기는 아니다. 어느 정당이나 힘을 합하여 완전독립을 찾아 놓고 볼 일이다.

문 : 박사는 공산당을 배척하는 뜻을 말씀했다는데?

답 : 그럴 리가 없다. 오전誤傳이다. 공산당이라고 배척할 리가 어디 있는가. 조선의 독립은 연합국들이 결정할 것이다. 즉 「적당한 시기」는 밖에서 인정하고 결정하는 것이다. 그럼으로 우리는 안에서 한데 입을 모으고 힘을 모아 「완전독립」을 달라고 요구해야 된다. 밖에서 저들이 볼 때 조선인은 독립을 찾기 위해 완전통일 되었다고 볼 수 있도록 조직을 강화해야만 될 것이다. 외인外人이 우리의 의견과 행동이 완전독립을 위하여 통일되었다고 보는 날이 우리가 독립하는 날이다. 〈자유신문 1945년 11월 20일〉

■임시정부를 환영 한민 서울지부 결의

한국민주당 서울지부에서는 18일 긴급한 위원회를 열고 대한민국 임시정부를 절대지지하여 정부로서의 환국을 절대주장하며 개인의 자격으로 입국하는 때라도 임시정부환영회라 하며 이것을 부인하는 책동을 엄계배격嚴戒排擊하는 결의를 하였다 한다. 〈자유신문 1945년 11월 20일〉

■김구 주석 환국을 앞두고 미군정에 4개조 요구

●군정청軍政廳 태도가 극極 주목注目, 환국還國은 그후에

김구 주석이하 대한임시정부 영수 일행의 환국은 삼천만 동포가 모두 다 학수하여 기다리고 있는 바이며 그 환국이 늦어지는 이유를 알고자 애쓰고 있는 바인데 미국으로부터 돌아온 소식통은 그 환국 지연의 이유를 다음과 같이 말하였다. 즉 대한임시정부 영수 일행은 목하目下 상해에는 귀국을 기다리고 있는데 환국에 앞서서 임시정부는 미군정당국에 대하여 대략 다음과 같은 4가지 요구를 제출하였다.

1. 대한임시정부는 귀국 후 내지內地에서 M·P의 보호를 받지 않겠다.
2. 조선의 치안유지는 우리들의 손으로 하겠다.
3. 신新국가건설에 필요한 군대를 귀국 후 구성하겠다.
4. 귀국 후의 정치행동에 대하여는 미군정당국의 간섭을 받지 않겠다.

대한임시정부의 환국 지연의 이유는 이 네 가지 요구에 대한 미군정당국의 회답을 기다리고 있는 까닭인 모양이다. 〈신조선보 1945년 11월 21일〉

■임시정부 특파사무국 이전

시내 재동에 사무소를 둔 임시정부 특파사무국에서는 국무局務 발전發展에 따라 현 사무소만으로는 협소를 느끼어 21일에 계동 147의 24로 이전하였는데 동 사무소에서는 전체적으로 기구를 확장 강화하여 앞으로 더욱 활약을 전개하리라는 바, 동 사무국의 전화는 광화문 3127과 4365번이다.

〈자유신문 1945년 11월 23일〉

■건국의 초석 차이석 선생 한국임시정부에서 국장 집행

나라를 잃고 조국의 광복을 위하여 30여 년 낯설은 남의 땅에서 눈물지우기 그 몇 번이었던고 드디어 조국은 해방이 되어 기쁨에 차 있건만 우리의 혁명지사 한국임시정부 국무위원 차이석 선생은 지난 9월 9일 하오 11시 반 파란 많은 투쟁의 역사를 남기고 세상을 떠났다는 소식이 9월 11일 중경임시정부로부터 미주 로스안젤리쓰에 있는 우리 국민회 중앙상무부에 도착되어 다시 동지에서 우리 동포들의 손으로 나오는 신한민보사를 통하여 본사로 이 소식이 들어왔는데 임시정부에서는 차이석 선생의 장례를 국장으로 지내기로 되었다 한다.

〈자유신문 1945년 11월 23일〉

■대한민국 임시정부의 환국

1945년 11월 23일

그때 주한 미군사령관 하지 중장의 알선과 지시로 날아온 비행기는 은익도 찬란한 중형 미군수송기 한 대였다.

조국의 품에 우리들의 몸을 실어다줄 이 C-47은, 한 대의 비행기같이 보이지 않고, 신비스런 한 덩이의 가교처럼 군림하고 있었다.

맑게 개인 중원 땅 상하이 강만비행장의 하늘은 우리들의 비행을 축복하여 주는 듯이 푸르렀고 우리는 탑승하는 시간까지 알 수 없는 초조와 흥분을 누르기 위해 이 중국의 대기를 마음껏 심호흡하였다.

이윽고 한 시 정각. 우리는 눈부신 C-47기 은익의 반사광을 피해 눈을 가리며 차례로 비행기에 올랐다. 그리던 내 나라에 내 땅에 정작 닿을 것인지 새삼스러운 회의가 비행기에 오르는 나의 체중에 엇갈려 몸이 무겁게 느껴졌다. 그것은 지난날 8월 18일에 여의도 비행장에서 흙향기에 취하여 다시 돌아온 그때의 울분이 아직 가슴에 풀리지 않고 멍울져 있었기 때문이다. 아니 그보다 앞서 8월 14일의 쓰라린 경험도 다시 솟아오르기 때문이기도 하다. 나의 세 번째의 고국행 비행, 초부득삼(初不得三)이라더니

▲ 산둥성 유현비행기장에 불시착한 광복군 국내정진대원들과 환영 중국인사들(1945.8.18)

「아아, 이제 정말 이 중국을 마지막 떠나는 것일까?」

나는 발을 올려 디디며 다시 한번 뒤를 돌아다보았다. 청명한 11월의 맑은 대기가 상하이의 기류로 조용히 흐르고 있었다.

저 멀리 우리를 환송하는 임시정부의 요인들과 한국교포들이 미칠 듯이 손을 휘젓고 있었다. 그들과 나눈 악수의 손길이 아직 체온에 남아있는데, 그들은 이제 남고 우리는 간다는 생각에서 나는 손을 흔들 수도 없었다.

빗발같이 아련하게, 한 두어 개의 태극기폭이 자주 아른거렸다. 그들의 격려와 부탁이 나의 머리를 휩싸왔다.

「잘 있어라, 대지여. 나는 다시 오지 않으리, 이번에는 어떤 일이 있어도 내 조국 내 땅에 떨어지고 말리라」

나의 이런 결심이 가라앉자마자 폭음이 일고 비행기의 기관이 돌기 시작했다.

멍멍하게 귀가 울려, 나는 곧 잠에서 깨어나는 듯 머리를 흔들면서 떠오르는

온갖 상념을 떨어버리었다. 기체에 와 닿는 갖가지 생각, 마치 맑은 냇물처럼 소리 없이 중국의 망명생활 2년 동안의 감회가 새삼스럽게 11월의 쌀쌀한 햇살로 내가 탄 이 기체에 와 닿아 흘러내리는 것이었다.

환국 제1진의 일행 전원이 모두 자리를 잡고 앉았다. 기내가 갑자기 조용해지는 듯했다.

숙연한 분위기 속에 누구의 기침소리가 이 적막을 깨곤 하였다. 꿈을 꾸고 있는 것은 아닐까, 허벅다리를 꼬집어보았다.

「벨트를 다 매주시오」

미공군의 한 하사관이 어떤 한 분의 국방색 허리띠를 매어주면서 우리의 일행에게 알려주었다. 담담한 심정으로 허리띠의 고리를 걸었다. 눈을 무겁게 감았다. 짓눌리는 듯한 그 무엇이 내 안면을 흘러내려 가슴을 메이게 했다. 빨리 비행기가 이륙하기만 기다리는 것이다.

노혁명투사의 안면에서도 무엇인가 말로 형용할 수 없는 긴장이 흐르고 있었다.

내 옆에 나 있는 작은 기창으로 푸른 하늘이 배어들었다. 그 넓은 중국의 방황지가 이 작은 기창을 통해 갑자기 지도처럼 축소되어, 환등 슬라이드처럼 집약되어 지나갔다. 그러나 오히려 이 순간은 나를 괴롭혔다. 어서 이륙하여 황해의 푸른 물결을 단숨에 날고 싶었다.

「아, 난 다시 오지 않으리, 다시는 조국을 떠나지 않으리」

잔등에 식은땀이 주르르 미끄러져 내리는 감각이 내 척추를 따라 전달되었다. 미군 하사관이 기체의 문을 닫으면서 무어라고 지상의 사람과 중얼대었다.

폭음이 몇 번 크게 울리면서 기창 밖의 풍경이 움직이기 시작했다.

「아, 떠난다」

누군가가 이렇게 감격의 소리를 질렀다. 저만치 옆으로 몇 자리 건너 앉으신 백범 선생도 감았던 눈을 뜨셨다. 일행은 또 한번 대화 없는 무언의 결의를 나눈 것이다. 이제 그 몽매에도 잊지 못하는 고국으로 날아간다.

(나는 불과 2년이지만 2, 30년을 나라 밖에서 투쟁하던 혁명가들이 이제 고국의 품으로 안기려 움직이기 시작한다. 그리고 그들의 수행원으로 내가 이렇게 엄숙히 자리를 같이 하고 있다) 나는 스스로에게 나의 임무와 사명을 타일렀다.

그때 석 달 전 잠시나마 다시 밟았던 그 황무지의 여의도, 비행장의 흙 위에서 내가 생각했던 나의 임무가 다시 내게 주어진 것이다.

「황무지의 조국 운명에 나의 신념을 심을 때가 왔도다」

나는 기도하듯 경건한 순간을 빈주먹으로 휘어잡고 묵상에 잠겼다.

이윽고 수송기는 활주로를 박차고 솟아올랐다. 상하이의 고층건물이 미끄러져서 바닷속에 침몰하는 듯이 내려가고, 우리는 구원되는 듯한 착각을 느끼자, 어느새 수송기는 기체를 바로잡았다. 귀가 아프던 소음이 한결 가벼워졌다. 다시 잠에 깨어난 듯이 우리는 서로 얼굴을 침묵으로 훑어보았다. 입은 한결같이 굳게 다물었으나, 그 감회는 다 나같이 착잡한 것이었으리라.

「광복강토로 날아가는 하나의 정부와 그 정신이 이제 바다를 건너고 있다」는 뿌듯한 자부심이 벅차게 가슴속에 담긴 감회를 포화상태로 만들었다.

나는 천천히 이 날아가는 하나의 정부를 살폈다.

김구 주석, 김규식 부주석, 이시영 국무위원, 김상덕 문화부장, 유동열 참모총장, 엄항섭 선전부장 등의 정부요인들과 김규식 박사의 아들이며 비서일을 보던 김진동씨, 그리고 주석의 시종의무관인 유진동 박사, 수행원으로는 나, 이영길, 백정갑, 윤경빈, 선우진, 민영완, 안미생 이렇게 15명이 모두 우리 일행이었다. 이 가운데 단 한 사람의 여자가 안미생 여사로 우리는 안 스잔나로 불렀다. 김구 주석의 며느리였지만, 김인(金仁) – 김구 선생의 장남 – 씨가 돌아가자 시아버지의 비서로 일했고 임시정부에서 재중경 애국부인회의 일을 거들며 일했다. 사실 안 여사는 우리가 잘 아는 안중근 의사의 조카딸이라는 것으로 더 잘 기억할 수 있을 것이다.

나는 차례로 이들의 표정을 눈여겨보았으나, 한평생 생애를 다 바쳐 투사가 되신 그 위엄 앞엔 아무 말도 할 수가 없었다. 아니, 그 수송기의 소음이 나에게 이런 생각을 갖게 했는지도 모른다. 다만 굳어지는 안면근육의 움직임으로 무쇠 같은 의지와 신념의 표정을 읽을 수 있었다. 더 무슨 말을 나누리오. 오직 조국의 앞날과 조국의 땅이 한 치씩 다가오는 그 시공(時空)에서 우리는 모두 각자의 요란한 심장의 고동을 좀더 강박하게 느끼면서 그 어떤 희열을 체감하는 것, 이것이 보람이 아니고 무엇이랴.

장개석씨와 주중 웨드마이어 미군사령관의 주선으로 하지 장군이 이 수송기를 보내오긴 하였지만, 우리의 조국에서 할 일을 생각하면 너무나도 늦은 환국이 아닐 수 없었다. 좀더 빠른 주선을 해주었던들, 우리는 지금쯤 어수선하다는 국내정세를 좀더 빨리 정리할 수 있었을는지도 모른다. 아쉬움이 새삼스레 황해의 푸른 물굽이를 지나는 비행기 안에서 나에게 안겨졌다. 그러나 70노령에도 불구하고 건강하게 이 환국도상에 오른 김구 선생의 위엄이 마음 든든할 따름이었다. 나는 다른 한편으로는 수송기가 느리다는 생각까지 곁들여 생각하였다. 해방된 기쁨이 가득한 천지, 그 땅위에 내 가고픈 심정은 살(矢)과 같아서, 마음은 수송기의 시속을 앞지르고 있었기 때문이었다.

「아아, 아직도 동포의 만세소리가 장안을 덮었을까? 목쉰 만세소리가 서울의 하늘을 진동시킬까? 거리마다 골목마다 해방의 기쁨이 넘쳐 흐를까? 진정 모두가 기뻐하여 감격만이 차고 흐를까?」

나는 입술을 깨물어 뜯으며 시간이 어서 흐를 것을 기원했다. 푸른 황해의 물결 위에 실낱처럼 하얗게 번지는 파도의 깃이 드러나, 움직이는 듯 마는 듯 바다는 흐르지 않고 담겨 있고, 비행기 또한 마냥 그 위에 머무르는 듯만 하였다.

각자의 몸에 품은 권총 한 자루씩 제외하고서는 모두가 조국의 독립에 투신할 애국의 덩어리들이었다. 투쟁의 경력과 애국의 신념이 한데 어울린 체중들이다. 어서 서울에 벌어지고 있는 복잡한 정계에, 이들 열다섯의 몸이 들어가 기틀이 흔들리지 않게 하자.

수송기의 쾌음이 상쾌하게 들리고 바다 물빛이 변하면서 기체가 흔들렸다. 시간은 어느새 세 시가 가까워졌다.

그러나 이 격정의 시간 3시간에 말 한마디 없이 황해를 나는 우리들의 회포는 그대로 사그러질 수만은 없는 것이었다. 그때 누군가가 크지 않은 소리로 외마디를 외쳤다.

「아……아, 보인다 한국이!」

보인다. 한국이? 모두들 웅색한 기창으로 쏠렸다. 손바닥만한 기창 밖으로 아련히 트인 초겨울의 황해가 푸른 잠을 자고 있었고, 그 광활한 푸르름 아래 거뭇거뭇한 섬들이 나타나기 시작하였다.

「아, 조국의 땅이 우리를 맞으러 온다. 우리를 마중하러」

나는 이렇게 소리치고 싶었다.

눈에 띄지 않던 솜구름이 버섯처럼 돋아나 시야에 들어오고 그 밑에는 서해안의 섬들이 바다에서 솟아나는 듯이 옹기종기 떠올랐다.

하늘이 구름과 망망한 수평이 이제는 손을 놓고, 구름은 천계(天界)로, 수선(水線)은 바다로 제각기 돌아가는 듯했다.

겨울날씨 같지 않게 기창 밖으로 보이는 조국은 아름다웠다. 옥색 하늘이 엷게 풀어지고 남색 바다가 치마처럼 퍼졌으며, 섬들이 크고 작게 벌어졌다.

섬들은 그들의 자리에, 태초로부터 그곳에 있던 것이 아니라, 분명히 망망대해의 한끝에서 돋아나, 애타는 갈구와 집념으로 끌어올려져 우리들의 수송기 작은 기창으로 떠오르는 것이었다. 그렇다 우리들의 갈망이 버섯처럼 조국을 환상하는 것이 아닐까? 나는 눈을 비비고 또 비비었으나 섬들은 돌덩이로 솟아올라 움직이는 듯한 착각 속에 제자리에 주저앉고 있었다. 저 위에 나의 사랑하는 부모형제 처자가 있을 것이다. 저 위에 하늘을 우러러 울고 땅을 치며 발을 굴러 울던 나의 조국이 있고 나의 동포가 목이 아프게 기다리고 있을 것이다.

갑자기 나의 목이 메어 올랐다. 기체 안에는 애국가가 합창되었고, 목이 멘 것을 느낀 순간부터 그 애국가를 나도 모르게 따라 부르고 있었다. 가슴은 끓고 눈은 흐려졌으며, 귀는 멍멍했다. 누가 먼저 애국가를 부르기 시작했으며, 나의 귀는 어떻게 애국가를 들은 것인가.

「……백두산이 마르고 닳도록 하느님이 보우하사 우리나라 만세……」

합창은 수송기의 소음을 제압했고 손을 뒤흔드는 누구도 있었다. 앉은 채로 온몸을 시계추처럼 흔들며 애국가를 부르기도 하고, 마침내 우리들 가슴속의 포화된 감격을 안에서 흐르는 울음소리로 변질시켜버렸다. 그것은 노래 아닌 하나의 절규였다.

애국가는 우리들의 심정에 경련을 일으키면서 조국을 주먹 안에 움켜잡은 듯이 떨게 했다.

드디어 애국가는 끝까지 부르지 못하고 울음으로 끝을 흐렸다. 울음 섞인 합창, 그것이 그때의 나의 가슴속에 새로 지어진 애국가다.

기체 안의 노투사는 마치 어린이들처럼 자신을 이기지 못하고 자신을 달래지도 못했다. 그 어느 누가 이 애국가를 울지 않고 부를 수 있을 것이냐?

「대한 사람 대한으로 길이 보존하세」

노래를 부르는 입모양인지, 울음을 억누르는 모습인지, 분간할 수 없는 표정으로 발음을 못하고 입술을 깨무는 노혁명가의 감격.

감상을 내버린 지 오래고 울음을 잊어버린 지 이미 옛날인 강인한 백범 선생, 그의 두꺼운 안경알에도 뽀얀 김이 서리고 그 밑으로 두 줄기 눈물이 주르르 번져 내린다.

「조국을 찾고 눈물도 찾으셨구나」

나는 마치 한 소년처럼 여울지는 가슴을 느끼며 어깨를 두 팔로 감싸 안았다.

그러나 김구 선생은 눈물지는 눈을 지그시 감은 채 뒤에 기대고 있을 뿐, 눈물을 닦으려 하시지도 아니했고, 입을 비죽거리지도 않았으며, 고개를 숙이지도 않았다. 하나의 거대한 돌부처처럼, 우는 돌부처처럼, 그런 모습으로 주먹을 쥐어 무릎 위에 얹은 채 새로운 앞일을 감당하고 있었다.

상하이 강만비행장에서 우리를 보내던 환송인사의 모습이 빠른 환상으로 엇갈린다. 너무 기뻐서 우는 우리들의 감격 속에 그들이 빠진 것 같아 우리는 곧 서글픔을 느낀 것일까, 기쁨이 지나쳐서 서글프기까지 한 것일까.

수송기의 기수는 여전히 동북방이었다. 호조의 비행이었다. 몇 번이나 침을 목으로 삼켜 넘기며 나는 곧 흥분이 가라앉은 뒤의 상념에서 나를 달래었다.

아직도 혼란과 환호가 엇갈리고 있을 서울에 곧 내리게 된다. 해방군 미군이 주둔하고 있을 것이다. 소련군도 볼 수 있을 것이고. 악랄하던 일본군은 무장이 완전히 해제되었을 것인가? 그때 8월 18일의 여의도 경비병들의 기억이 새삼스러웠기 때문에, 이런 의구심이 다시 떠올랐다. 우리가 상하이에 도착하기 전에 입수한 정보로는 각파, 각층의 여러 주의자들이 들끓고 있다고 했다. 그러나 이것은 당연한 것일지도 모른다. 갑자기 해방의 분위기에 담긴 우리 백성들이 아니냐? 정치적 훈련이 없는 우리 동포에겐 이런 과정을 밟으면서 모든 것을 체득하여야 할 것이다. 우리 임시정부 안에도 여러 파가 있었지만, 조국광복이라는 목표 아래 잘 싸워온 것이 아니냐?

나는 스물여섯의 광복군 장교로서 이런 자문자답으로 경인지구를 날고 있었다.

「헛된 근심일랑 버리고 그만큼 일을 하자」

나는 애써 안도의 숨을 쉬고 싶었다.

환국의 비행기는, 각기 심각한 명상 속에 잠긴 임시정부를 싣고 이날 오후 4시가 가까워질 무렵 강화도를 순식간에 지나쳤다.

초조한 긴장을 못 이겨, 신문이며 잡지를 펼쳐들었던 사람들도 모두 황량한 겨울의 조국을 내려다보았다. 그러나 김구 주석은 그 무엇을 구상하는지 끝내 먼 하늘을 바라보고 있었다. 그 옆엔 참모총장 유 장군이 머리를 숙이고 있었고 무슨 기획을 하시는지 손끝을 조금씩 흔들고 계셨다. 수송기의 고도가 떨어졌다.

인천이 발아래로 깔리고 우리는 김포의 활주로를 돌고 있었다.

정각 4시

우리는 김포비행장이라는 벌판 위에서 한 줄기 활주로를 놓고 선회를 마친 뒤, 아랫배가 허전해오는 착륙을 기도했다. 이윽고 비행기가 활주로에 들어섰다. 알 수 없는 심회가 꼿꼿이 굳어졌다. 이제 조국에 돌아왔다 곧 땅을 밟고 그리운 동포의 그 표정을 보리라.

아, 그리운 사람들아, 내 동포여.

두서너 번의 충격으로 굳어졌던 긴장이 다시 풀리고 우리는 무사히 착륙을 마쳤다. 벨트를 풀었다. 모두들 일어섰다. 뻐근한 허벅지의 긴장이 뻣뻣한 채였다.

김구 주석이 앞서고 그 뒤를 엉거주춤하게 서 있었다.

미공군 하사관이 기체의 문을 열어 제쳤다.

화악 하고 고운 바람이 조국의 냄새를 불어넣어 주었다. 나는 심호흡을 들이켰다. 기어간 산등성이가 멀리 부옇게 보였다.

시야에 들어온 것은 벌판뿐이었다.

일행이 한 사람씩 내렸을 때 우리를 맞이하는 것은 미군 GI들뿐이었다.

우리의 예상은 완전히 깨어지고 동포의 반가운 모습은 허공에 모두 사라져버렸다. 조국의 11월 바람은 퍽 쌀쌀하였고, 하늘도 청명하지가 않았다. 너무나 허탈한 상태에서 나는 몇 번이나 활주로의 땅을 힘주어 밟아 보았다.

나의 조국이 이렇게 황량한 것이었는가. 우리가 갈망한 고토가 이렇게 차가운 것인가. 나는 소처럼 발에 힘을 주어 땅을 비벼대었다.

이윽고 일행 열다섯 명이 김구 주석을 따라 정렬하는 식으로 서자, 한 미군병사가 비행장에 와 있는 장갑차를 가리키며 승차를 알려주었다.

나부끼는 태극기, 환성의 환영, 그 목 아프게 불러줄 만세소리는 환상으로 저만치 물러나 있고 거무푸레한 김포의 하오가 우리를 외면하고 있었다,

우리는 승차에 앞서 경건히 목을 떨구었다. 우리는 망명에 성공하여 이제 산목

숨으로 돌아와 이 땅을 밟고 섰다. 그러나 그 얼마나 많은 애국투사가 이 땅 위에서 또는 이역만리에서 그대로 넘어지고 숨지었던가. 경건히 목을 떨구고 묵념의 시간을 가졌다. 조국광복의 이 보람이 우리들에게가 아니고 선열들에게 돌아갈 것을 빌었다. 그들의 피가 스며든 땅에 서기가 송구스러웠다. 한 삼 분이 지났을까 우리는 정신을 겨우 다시 가다듬었다.

탱크처럼 된 장갑차 여섯 대가 대기하고 있었다. GI들이 정렬해 있었고 시무룩하게 우리를 바라보는 표정에 우리들의 시선이 닿자, 우리는 서글픔을 느끼지 않을 수 없었다.

조국의 해방을 위해서 외국군대가 해방군으로 와 있는 조국의 분위기가, 청명한 강만비행장에서의 상상과는 너무나도 달랐다. 우리는 두서너 사람씩 나누어 장갑차에 분승하였다. 미군들의 행동도 극히 냉담했고 무표정했다. 장교가 인솔했다.

그들이 잠시 분주히 움직이고, 문이 닫혔다.

장갑차는 장갑자동차였다. 한 줄로 천천히 김포비행장을 출발했다. 우리는 너무나도 어이없는 환국을 곰곰이 차 안에서 생각하지 않을 수 없었다. 그냥 군용차도 아니고, 밀폐된 장갑차에 분승되어 아무도 모르게 김포비행장을 나왔다. 비행기의 기창과 같은 셀룰로이드 창이 고국의 풍경을 보여줄 뿐이었다. 일어서고 싶었다. 일어나서 마음껏 김포가도의 풍경을 바라보고 싶어도 구태여 앉으라는 것이다.

미군병사들은 단순히 그들의 군사행동으로만 행동했다. 하나의 작전일 뿐이라는 것이 이유다. 차창으로 농부가 보였다. 흰옷 입은 백의의 농민이 소를 몰고 길옆으로 비켜섰다. 나는 태극기를 앉은 채로 올려서 그 농민에게 흔들어주었다. 그러나 이것도 제지당하고 말았다.

울적한 십일월의 환국은 너무나도 우리들의 심정을 몰라주는 것이었다. 돌 하나, 풀 한 포기, 나무 한 그루 어느 것 하나 꿈에도 그리던 것이 아닌가.

아무라도, 맨 먼저 만나는 농부에게라도 맞붙잡고 실컷 울고 싶건만, 그러나 우리는 미군의 작전대상물로 장갑차에 실려 가고 있다. 불투명한 장갑차 차창으로 보이는 고국강산의 첫선이 너무나도 무표정하였다. 차창에 담기는 풍경은 중국의 그것과 무엇이 다르랴?

소를 앞세우고 무심코 길을 비키는 농부, 그 농부는 아마 미군용차가 많이 지나가는구나, 이렇게 혼자 생각했을지도 모른다. 이 행렬 속에 김구 주석이, 삼천만의 희망이며 혁명투사인 민족의 지도자가 들어 있는 줄은 생각도 못하리라. 안타까움이 농부의 표정을 일그러지게 만든다. 내가 그렇게 보는 것이다. 이 답답한 노릇이 조국의 운명을 끝까지 기막히게 할 줄은 미처 몰랐다.

이윽고 한강 철교를 건넜다.

흐르지 않고 담겨 있는 듯한 물이 한쪽 기슭으로 모여 십일월의 초겨울을 달래고 있을 뿐이다. 거리엔 어느새 어둠이 나직이 퍼지고 행인들도 별로 많지 아니했다. 언제나 상상과 현실에는 엄청난 거리가 개재한다는 사실을 알면서도, 때때로 그것을 잊을 정도의 흥분 속에서 곧 실망과 허탈을 느끼곤 하였다.

「조국의 독립을 위해서 우리가 싸울 수밖에 없는 이유가 바로 여기 있다」

나는 장갑차 안에서 이런 신념을 굳게 결정하고 있었다.

용산의 거리는 벽보투성이였다. 격문과 포고문의 벽보가 덧붙여져 어지러웠다.

우리가 서울역 앞에 다다랐을 때, 나는 갑자기 서울역사가 작아진 것을 발견하였다. 내가 학병으로 나가기 전 일본서 돌아올 때만 해도 그때 경성역은 놀라울 정도로 큰 규모로 보였던 것이었건만, 이제 중국과 상하이를 돌아오는 이 길에선 한낱 성냥갑같이 작은 한 채밖에 안 되는 것이었다.

우리는 5시가 조금 지나 서대문의 경교장(京橋莊)으로 들어섰다. 예전대로 동양극장은 그대로 극장이었다.

이 경교장은 그때 광산왕이란 별명이 붙었던 최창학이란 분의 개인저택이었다. 지금의 고려병원이다. 임시정부의 환국을 위해 국내에서 이미 〈임시정부환국 환영준비위원회〉가 결성되어 있었고 이 준비위원회는 숙소로서 이 경교장과 충무로에 있는 한미호텔-지금의 신도호텔-두 곳을 마련해놓고 있었다. 이러한 연유로 해서 우리는 곧장 경교장으로 장갑차에 탄 채 안내되었다. 그러나 우리가 경교장 안에 들어와 장갑차를 내릴 때까지 〈임시정부환국 환영위원회〉 자체도 전연 우리들의 입국을 알지 못하고 있었다.

장갑차 여섯 대가 차례로 멎고 일행 15명이 내리자 미군美軍차는 그대로 철수해버렸다.

근일 중 입국한다는 막연한 정보만 알고 요인 숙소를 마련, 이를 군정당국에 알리고 있던 준비위원회는 너무나도 뜻밖이라 김 주석을 보고도 멍하니 움직이질 못했다.

우리는 이곳서 여장을 풀었다. 조국의 품에 다시 안긴 노老혁명투사는 27년 만에 고국의 수도 서울에 그 몸을 편히 머물게 한 첫 순간이었다.

경교장 2층엔 넓은 방이 여러 개 있었다. 그 한 방엔 김구 주석이, 그리고 다른 방들엔 수행원 일행이 온갖 고난과 형극의 길을 잠시 쉬고 귀국의 감회를 달래었던 것이다.

여장을 풀고 별로 시간이 가는 것을 의식하기도 전에 시간은 6시가 되었다. 군정청 공보과는 정각 여섯 시를 기하여 조선 주둔 미군최고사령관 하지 중장의 성명을 발표하였다. 그 공식발표 전문은 다음과 같다.

「오늘 오후 김구 선생 일행 15명이 서울에 도착하였다. 오랫동안 망명하였던 애국자 김구 선생은 개인의 자격으로 서울에 돌아온 것이다」

장안의 거리는 갑자기 소란해졌다. 광복 이후 30년의 환국을 환영하는 벽보가 나붙은 것은 말할 것도 없고 환영의 인사들이 경교장으로 메워져 몰려들었다.

우리가 중경에서 5일 날 떠나 열여드레 동안 상하이에서 머물다가 오늘 도착한 사실을 누구보다도 먼저 안 이승만 박사는 이날 6시가 조금 지나서 경교장에 나타났다.

처음 보는 이승만 박사였다. 말로만 듣던 혁명가의 모습이, 그 세일 수 있을 만큼 엉성하던 머리털이여……

김구 주석은 이 박사와 길지 않은 회담을 했다. 언젠가 며칠 전에 이 박사는 중앙방송을 통해 「나는 임시정부의 한 사람이다. 임시정부가 들어와서 정식타협이 있기 전에는 아무런 데도 관계할 수 없다.……며칠 안 돼서 그들이 귀국하게 되면 전 국민이 대환영할 줄 믿는다」라고 말한 적이 있다고 했다. 이것은 사실이었다. 이 박사의 뒤를 따라 어떻게 알고 그리도 재빠르게 왔는지 서울 중앙방송국의 문제안 기자가 경교장에 달려들어 우리들 입경의 경위를 취재하고 돌아갔다.

국내에서는 제일 처음으로 문제안씨가 임시정부요인의 환국을 취재 방송했다. 이 방송으로 경교장을 중심으로 서대문에서 광화문까지 사람들로 붐비기 시작했다.

〈한국임시정부〉 주석 김구 선생의 귀국을 정식으로 확인하고자 기자들이 몰려들었다. 8시에 기자회견을 하기로 결정을 하였다. 그러나 경교장 응접실에는 채 시간이 되기도 전에 기자들이 몰려들었다. 이름조차 알 수 없는 그 많은 신문사로부터 몰려온 기자들은 잠시를 못 참고 분주스럽게 기자회견을 독촉했다.

이윽고 8시가 다가왔다.

나는 엄항섭 선전부장을 따라 긴장된 분위기 속으로 프린트된 김구 선생의 귀국 제1성의 성명문과 따로 작성된 임시정부 당면정책 14개 조항이란 프린트 뭉치를 말아가지고 들어섰다. 잠시 엄숙한 공기가 응접실의 침묵을 계속시켰다.

엄항섭 선전부장이 기자들에게 차서을 권하고 일동이 모두 자리를 잡았다. 벅찬 감회가 나의 가슴을 휘감았다. 나는 프린트된 성명문을 한 장씩 기자들에게 돌려주었고 엄 부장이 김구 선생을 대신하여 성명문을 천천히 읽어 내려갔다. 낭독하는 엄 부장의 목소리는 깊은 호심(湖心)에 잠긴 여울과 같이 떨리었다.

「27년간 꿈에도 잊지 못하던 조국강산을 다시 밟을 때 나의 흥분되는 정서는 형용해서 말할 수 없습니다. 나는 먼저 경건한 마음으로서 우리 조국의 독립을 전취하기 위하여 희생하신 유명무명의 무수한 선열과 아울러 우리 조국의 해방을 위하여 피를 흘린 허다한 연합국 용사들에게 조의를 표합니다. 다음으로는 충성을 다하여 3천만 부모 형제자매 및 우리나라에 주둔하고 있는 미·소 등 우방군에게 위로의 뜻을 보냅니다.

나와 동사(同事)들은 과거 2,30년간을 중국의 원조하에서 생명을 보지하고 우리의 공작을 전개하여 왔습니다. 더욱이 금번에 귀국하게 되는 데는 중국의 장개석(蔣介石) 총통이하 각계각층의 덕택을 입었습니다. 그러므로 나와 나의 동사는 중·미 양국에 대하여 최대의 경의를 표하는 바입니다.

금번 전쟁은 민주를 옹호하기 위하여 파시스트를 타도하는 전쟁이었습니다. 그런데 이 전쟁에 승리를 얻은 원인은 연합이라는 약속을 통하여 호상단결 협조함에 있었습니다. 그러므로 금번 전쟁을 영도하였으며, 따라서 큰 공을 세운 미국으로도 승리의 공로를 독점하려 하지 않고 연합국 전체에 돌리고 있는 것입니다.

우리는 미국의 겸허한 미덕을 찬양하거니와 동심륙력(同心戮力)한 연합국에 대하여도 일치하게 사의를 가지고 있습니다.

그들의 작풍은 다 우리에게 주는 큰 교훈이라고 확신합니다.

나와 나의 동사는 오직 완전통일된 독립 자주의 민주국가를 완수하기 위하여 여생을 바칠 결심을 가지고 귀국하였습니다. 여러분은 조금이라도 가림 없이 심부름을 시켜주시기 간절히 바랍니다.

조국의 통일과 독립을 위하여 유익한 일이라면, 불 속이나 물 속이라도 들어가겠습니다. 우리는 미국과 중국의 도움으로 말미암아 여러분과 기쁘게 대면하게 되었습니다. 그러나 우리는 미구에 또 소련의 도움으로 말미암아 북쪽의 동포도 기쁘게 대면할 것을 확신합니다.

여러분 우리와 함께 이날을 기다립시다. 그리고 완전히 독립 자주하는 통일된 신新민주국가를 건설하기 위하여 공동분투합시다」

엄 부장은 이렇게 성명낭독을 마쳤다. 기침소리 한 번 없이 십여 분이 지나고 또 잠시의 침묵이 흘렀다. 사실 이 성명문은 중경에서 미리 작성 프린트한 것이지만 조금의 상황의 차도 없이 발표된 것이다.

이어서 임시정부의 14개 당면정책이 발표되었다. 역시 엄 부장이 14개 조항을 낭독한 다음, 이에 부연하는 설명이 있었고, 그때야 비로소 입을 열기 시작하는 기자들의 질의에 보충답변을 전개하였다. 무려 사십여 분이 지나도록 회견은 성공적으로 진행되었다.

이날 발표된 14개 조항의 내용 전문은 아래와 같다.

1. 본 임시정부는 조속한 기일 안에 곧 입국할 것.
2. 우리 민족의 해방독립을 위하여 혈전한 중·미·소·영 등 우방민족으로 더불어 절실히 제휴하고 연합국헌장에 의하여 세계일가의 안전 및 평화를 실현함에 협조할 것.
3. 연합국의 중요국가인 중·미·소·영 등 강국을 향하여 먼저 우호협정을 체결하고 외교도경(外交途經)을 영벽할 것.
4. 연합국 주재기간에 일체 필요한 사의(事宜)를 적극 협조할 것.
5. 평화회의 급 각종 국제집회에 참가하여 한국의 응유(應有)한 발언권을 행사할 것.
6. 국외임무의 결속과 국내임무의 전개가 서로 접촉됨에 필요한 과도조치를 집행하되, 전국적 보선에 의한 정식정권이 수립되기까지의 국내과도정권을

수립하기 위하여 국내의 각 계층 각 혁명당파, 각 종교집단, 각 지방대표의 저명한 민주영수회의를 소집하도록 적의 노력할 것.

7. 국내과도정권이 수립된 즉시 본부의 임무는 완료된 것으로 인(認)하고 본 정부의 일체 직능급 소유물건은 과도정권에 교환할 것.

8. 국내에서 건립된 정식 정권은 반드시 독립국가, 민주정부, 균등사회를 원칙으로 한 신헌장에 의해 조직할 것.

9. 국내의 과도정권이 성립되기 전에는 국내 일체질서와 대이 일체관계를 본 정부부책 유지할 것.

10. 교포의 안전급 귀국과 국내외에 거주하는 동포의 구제를 신속처리할 것.

11. 적의 일체 법령의 무효와 신법령의 유효를 선포하는 동시에 적의 통치하에 발생된 일체 처벌범을 사면할 것.

12. 적산을 몰수하고 적교(敵橋)를 처리하되 맹군과 협상 진행할 것.

13. 적군에게 피박출전한 한적군인을 국군으로 편입하되 맹군과 협상 진행할 것.

14. 독립운동을 방해한 자와 매국적에 대하여서는 공개적으로 엄중히 처벌할 것.

대한민국 27년 9월 3일

대한민국 임시정부 국무위원 주석 김구

이 역사적 스테이트먼트가 영원한 문헌적 가치를 갖게 된 것이 바로 그날이었다.

그러나 이 기자회견이 끝나자 기자들은 김구 선생의 육성방송이, 갈망하던 동포들의 절실한 요구라고 새로운 조건을 요구했다. 방송시간을 알려달라고 하였다. 우리도 그것은 당연한 절차라고 생각했다. 또한 그렇게 해야 한다고 생각하였다. 그러나 미군정하의 우리는 군정의 허락이 있어야 무슨 일이나 할 수 있는 것이다. 그리고 기자들은 다음날 김구 선생과의 직접회견 시간을 약속받는 것을 잊지 않았다.

김구 선생께서 돌아오셨다는 것을 확인하자는 저 열망이 꼭 방송으로만 해결될 수 있다는 것은 너무도 명확한 일이었다.

동양극장 앞에서는 인산인해가 발돋움하고 마치 김구 선생이 보이기나 하는 듯이 물결을 치고 있었으며, 환성을 올리고 있었다. 그러나 군정당국은 별로 달갑지 않게 생각하고 김구 선생의 육성방송을 꺼려 하고 있었다.

기자들과의 회견을 일단 마치고서야 준비된 양식으로 저녁식사를 들 수 있었다. 임정의 환영준비위원회는 치밀하게 제반준비를 했었건만, 정작 입국하는 일자를 모르고 있었기 때문에 식사준비 같은 것은 조금씩 차질이 생겼던 것이다.

이렇게 고국에서의 제1야가 저물었다.

비행장에서 출영 없던 그 기분이 이제 저 문밖에 이는 환성으로 완전히 가시었다.

일체의 면회를 사절하고 내일부터 활동을 개시하자고 협의했다. 그러지 않고서는 방문환영 인사가 끝이 없을 것 같았다.

경교장 2층의 한 방에는 김구 주석이 쉬셨고, 다른 한 방에는 이시영씨와 유동열씨 두 분이 같이 쉬시기로 하였으며, 많은 방 가운데 하나인 베드룸에는 안미생 여사 혼자 자기로 되었고 우리 젊은이들은 나머지 분들과 함께 열 평 남짓하게 가장 큰 한 방에 자리를 깔았다. 이부자리가 아주 깨끗이 새로 마련되어 있어 참으로 몇 년 만에 두 다리를 뻗고 조용히 눈을 감았다.

망명의 해외풍상 27년 만에 민족의 환영을 저 환성으로 들으니 노老혁명가의 감격이 어떠했을까? 우리는 10시에 경교장에서 모두 취침하기로 했다. 내일의 일을 위해서 일찍 쉬도록 했다. 그러나 어이 잠이 올쏜가.

움푹 패인 듯한 느낌의 두 눈이 당겨지면서도 잠은 오지 않고 문밖에서 부르는 만세소리만 더욱 크게 들렸다.

나는 잠을 못 이루고 혼자 생각하였다.

임시정부 요인이, 오늘 정부의 국무위원으로서가 아니라 망명투사라는 개인 자격으로 광복조국에 돌아왔다는 것은 너무나 한심스러운 일이 아닐 수 없었다.

구태여 하지 중장이, 그의 공식성명에서 개인자격이라는 구절을 밝힌 의도도 나의 생각에는 걸리는 것이었다. 오늘의 임시정부 환국은 바로 이 정부의 해체를 뜻하는 것이 아닌가 하는 생각에 새삼스러이 귀국의 의의가 가슴 아팠다.

그 오랜 망명생활과 위태로운 지하운동과 갖가지 형극과 고난의 길을 걷고 꾸준히 민족의 상징으로 이끌어온 수난의 정부가 우리 민족사에 어떻게 남을 것인가? 하지만 한 번도 침략자들에게 끝까지 전적으로 굴복하지 않았다는 것은 떳떳한 전통의 구현으로서, 얼마나 귀중한 것인가 두고 볼 일이다.

얼마나 지났는지 거리의 만세소리도 차츰 가라앉고 싸늘함이 내려앉았다. 잠을 청하다 지친 나는 끝내 일어나고 말았다. 왜놈의 압박 밑에서 얼마나 인심이 변했으며 강산은 얼마나 변했을까? 날이 새면 광복의 서울거리에 나서보고 싶다. 이런 생각 끝에 하늘의 별들을 우러렀다. 밤하늘의 별 송이송이까지도 대륙의 방황에서 그 얼마나 절실하게 그리워했던 것인가. 차가운 고국의 밤별은 쏘아올린 불꽃처럼 빛나고 마치 축제와 같은 기분 속에서 나는 경교장 뜰안을 거닐었다. 고국의 밤별은 모두 나처럼 잠을 잃었다. 누군가 이 별을 헤이고 있는 이가 또 있을까 하는 생각에 문득 나의 가족을 비로소 생각했다. 저 별을 바라보며 나의 귀국을 짐작이나 하고 있을 것인가?

사각사각 눈길 위에 발자국소리 들으며 중경을 찾아가던 이역의 하늘 밑 그곳서 그리던 이 하늘 밑에서 나는 지금 첫 밤을 지새우고 있다.

그러나 그때 귓바퀴를 돌던 심야의 눈길 발자국 소리가 지금 분명히 내 숨소리따라 되살아오는 것은 무엇일까?

갈구하던 조국. 조국의 하늘 밑, 조국의 흙 위, 그 사이에 서서 가슴 뿌듯이 조국을 심호흡하는 내게, 밤은 너무도 엄숙한 것이 아닐 수 없었다.

가슴엔 듯, 하늘엔 듯, 소리 없이 터지는 폭죽이 떨어지지 않고 그대로 붙은 듯이 많은 별 떨기들. 조국에서의 또 하루 스무 나흗날의 새벽을 수 없는 눈짓으로 불러오고 있었다.

임정을 찾아가던 그 6천 리, 발길 발자국마다에 뿌리고 온 원한과, 심고 온 신념, 그리고 모질던 스스로의 인간적인 투쟁이 지금 이 밤을 조용히 짓씹고 섰는 나의 눈시울을 새삼스럽게 뜨겁게 하였다.

학병출전, 일군탈출, 국내 잠입을 위한 특수훈련, 그리고 오늘 이 조국에의 환국까지 기적의 역정이었던 만 2년 동안이 무량한 감개로 새벽안개 속에 젖고 있었다.

새벽 4시나 되었을까. 조국에의 제2일을 의식하고서야 잠시나마 잠을 잘 수가 있었다.

경교장은 그때 광복군 국내지대가 호위경비를 담당하고 있었다. 그런데 이 광복군 국내지대는 정식으로 임정으로부터 지대장 임명장을 받은 오광선씨가 지휘하고 있었고 임정환국 이전에 이미 임시 편성되어 있었던 것이다.

지대장 오광선씨는 그때 나이 이미 쉰이 가까운 분이었고, 만주에서 독립투쟁을 벌여오던 분으로 많은 동지들과 함께 임정의 환국 직전에 육로로 만주를 거쳐 입국한 분이었다.

크지 않은 키에 두 광대뼈가 강한 의지를 안면에 나타내는 그는, 일개 중대병력인 120여 명을 경찰관 복장으로 갈아입혀 경비임무에 임하게 하였다.

일본 38식 장총으로 무장한 이 광복군 국내지대가 겹겹이 경교장을 둘러싸고 있는 호위 속에, 새벽의 깊은 적막이 침전하고 있었다.

이들의 경비로 무사히 24일의 하루가 밝고, 한 두어 시간 반쯤 잠을 붙였을까 새벽잠을 깨어나 보니 6시 반이었다.

어제와는 달리 날씨가 청명하였다.

세수를 마치고 군복을 단정히 차렸다. 나는 그때 완전한 미군장교 복장을 하고 있었다. 환국일행의 수행원 가운데엔 학병출신인 네 사람이 끼어 있었지만, 광복군의 장교로서는 나 한 사람뿐이었고, 다른 수행원들은 임시정부 경호대원으로서 혹은 수행비서로서 입국한 것이었다. 우리가 중경을 떠나 서안의 광복군 제2지대로 〈OSS〉 훈련을 받으러 갈 때, 그대로 중경에 임정 경호대원으로 남았던 동지들이 대부분이다.

짙은 국방색 미육군 군복 셔츠와 자킷에 타이를 매고 가죽 각반이 달린 군화를 신고 있었으며 옆으로 얹어 쓰는 모자 등, 일체 지급받은 미군 정규보급품에 광복군의 마크만을 붙인 복장의 차림이었다. 이제부터 나는 광복군의 한 군인으로서 국내동포들과 접촉을 갖게 될 것이다. 많은 동포들을 만나게 되고 그들에게 우리 광복군의 모습을 보여주어야 할, 결코 가볍지 아니한 책임을 느꼈기 때문에, 더 한층 품위 단정한 몸매에 관심을 가지지 않을 수 없었다. 조국동포들 가운데는 광복군과 관계가 있는 가족들이 얼마나 많을 것이냐? 때문에 그들에겐 당당한 위치의 군으로서의 광복군의 인상을 전해 주어야만 했었다.

아침 7시가 훨씬 넘어 우리는 아래층 식당에서 아침식사를 들었다. 모두 한자리에 앉아 식사다운 식사를 나누는 보람이 감격스러웠다.

마련된 음식은 본격적인 양식이었고 이 자리의 김구 선생은 한복 차림이었다.

그러나 쇄도하는 방문객들은 잠시의 여유조차 허락하지 아니했다. 식사를 겨우 마치자마자 몰려드는 인사들이 줄을 지었다. 겨우 8시도 못 되었는데, 각계각층의 이름 있는 인사들이 계속 들어서고 있다. 가벼운 흥분이 나를 감쌌다.

이제부터의 모든 일이 전부 임정과 조국, 그리고 그것의 앞날에 직결된다는 흥분이 마치 출전 직전의 감흥처럼 나를 조용히 상기시켰다.

송진우, 정인보, 안재홍, 김병로, 그리고 33인 가운데 한 분이었던 권동진, 또 옥중생활 14년에 두 다리를 모두 잘린 유도회의 김창숙, 이런 분들이 그 가운데 섞여 있었다.

장사진을 친 대부분의 사람들은 어떤 뚜렷한 용무도 없이 미연히 임정요인의 아무라도 만나보고 싶어하는 사람들이었고, 또 중국지역의 해외에 망명한 명명인사들의 친척 가족들로서, 혹시나 하고 생존안부에 기대를 걸고 무조건 몰려오는 사람도 적지 아니했다. 심지어는 멀리서나마 단지 김구 선생을 한 번만이라도 바라다보고 가겠다는 사람들도 꽤 많았다. 시골에서 상경한 노인들이 도착하자 경교장 통로는 막히기 시작하였고, 동양극장 앞에서부터의 인파는 광복군 국내지대의 중대병력 보강을 불가피하게까지 하였다.

무엇보다도 이날부터 가장 시급한 일이 이들에 대한 접대문제가 되어버렸다. 어떻게 찾아주는 이들에게 섭섭함을 주지 않고 원만히 접대할 수 있느냐가 가장 어려운 문제로 주어진 것이었다. 우선 엄항섭 선전부장은 나에게 몇 가지를 지시했다. 공적으로 내방하는 원로급 국내 인사는 백범 선생이 직접 면담하도록 하게 하고, 그 외에 중요 인사들은 엄 부장이 만나도록 하겠으며, 기타 문의사항을 가진 사람들은 전부 내가 담당하라는 것이었다.

나는 주로 중경의 임정과 중경체류 한인, 동포, 그리고 광복군과 광복군의 현지분포 및 기억할 수 있는 동지들의 이름을 일일이 설명해주는 접대를 계속 되풀이하고 있어야만 했다. 임정이나 광복군에 관하여 개별적으로 취재하려 달려드는 기자들을 응대하는 일도 큰일이었다. 그동안 김구 선생은 수행원 몇 사람을 대동하고 돈암장의 이 박사에게 답례의 예방을 떠났다. 그 당시 국내의 저명한 실업가이던 강익하씨가 김구 선생에게 드린다고 〈임정환국 환영준비위원회〉에 기증했던 검은색 세단차 한 대가 있어서 일행은 이 차로 돈암장을 방문한 것이다. 돈암장에서 잠시 지체한 후 김구 선생 일행은 이 박사와 함께 곧바로 하지 사령부로 달렸다.

하지 사령부에는, 입국에 대한 편의를 감사하는 한편 겸해서 귀국인사를 하러 간 것이다. 아놀드 군정장관까지 귀국인사 교환을 마치고 돌아온 것이 열시 반, 그동안 손님은 밀릴 대로 밀려 있었다. 그런데 그 동안에 나는 반가운 두 사람을 만날 수 있었다.

조선일보 기자인 김영진씨가 그 한 사람이다. 나와 중국에서 생사를 같이하던 동지 김준엽씨와 일본 경응대학교의 동창인 김영진씨가 취재차 달려왔다가 이야기 끝에 김준엽 동지와 잘 아는 사이임을 알아냈다. 김 기자는 몇 마디를 묻더니 25일자 일요일 조선일보에 인터뷰기사를 실었다. 옆에 있던 서울신문의 이정순 기자는 내게 간단한 감상회고담을 요청하였다. 불행히 이정순씨는 6.25 때에 납치되어 버렸지만, 지금 이 회고록을 쓰는 데 필요한 자료의 일부로서 나의 수기가 45년 11월 25일자 서울신문에 말없이 남아 있다.

나의 귀국을 신문보도로 알고 쫓아온 또 한 사람이 동향의 국민학교 동창인 최기일씨였다. 그는 그때 돈암장에서 이승만 박사를 모시고 있었다.

내가 학병 출정을 하던 날, 고향인 대관역에서 목메인 우리말로 「이기고 돌아오라!」고 소리쳐주던 최형이, 평안도 사투리를 한 마디도 버리지 못한 채 덥석 내 앞에 다시 나타났다. 무뚝뚝하고 고집이 센 대신 강한 성격을 가진 최기일 박사는 미국 하바드대학에서 경제학으로 박사학위를 얻었고 지금도 미국에서 대학교수로 경제학을 가르치고 있다.

그때 나의 나이 스물여섯, 아마 최형의 나이 스물넷이었을 것이다. 나의 아버지가 목회하시던 교회에 그의 집안이 전부 나오던 집안끼리도 가깝게 지내던 사이였던 그가, 뜻밖에 이렇게 내 앞에 불쑥 나타나 주면서 어떤 이상한 인연을 연결시켜 주었던 것이다.

「아니, 최형 어떻게 된 셈이오」

나는 벌떡 일어나 그의 팔을 잡으며 말이 나오지 않는 입술로 이렇게 혼자 중얼거렸다.

「장형님, 살았시다래!」

나는 아직 가족을 만나지 못했지만, 최기일씨를 만나봄으로써 고향사람들 전부를 만나보는 듯했다. 나보다 2,3년 아래 학년이던 그와 평북 삭주 땅에서 국민학교에 다닐 적 생각, 책보를 등에 동여매고 산딸기 우거진 숲길을 헤쳐 넘던 기어부터, 기적도 없이 조선청년을 학병이라는 이름으로 끌고 가던 기차가 대관역을 미끄러질 때, 아는 체조차 해주는 이 없던 역두에서 소리쳐주던 3년 전의 기억까지, 청노루 맑은 눈매처럼 글썽한 눈물로 젖어, 잠시 동안이 지나갔다.

「……어찌된 거요?」

그는 내가 학병으로 평양을 떠난 후 학병을 피하기 위해 징용에 응했다. 징용에 끌려간 그는 평양 승호리 시멘트 공장에서 일을 했다고 한다. 해방이 되자마자, 서울로 올라와 〈학병거부자동맹〉을 조직하여 정치적 혼란을 지식인 청년의 안정세력으로 정리하려고 움직였다. 그러나 사태의 추세는 그로 하여금 좌익과 충돌하게 하였고 마침내 그는 좌익과 적극적으로 투쟁하게 되었다. 이것이 그가 이승만 박사에게 접촉하게 된 동기다. 그는 곧 이 박사에게 인정을 받아 시종비서로서 돈암장에서 이 박사를 모시게 되었다.

이것이 대충 최형의 이야기였다. 그리고 김준엽 동지의 안부를 잊지 않았다. 김준엽 동지와는 역시 경응대학교의 동기였다. 나는 아무리 생각해도 우연한 일같이 생각되지 않았다. 내가 김구 선생을, 최형이 이승만 박사를 각각 비서로서 모시게 된 이 우연은, 어떤 필요충분조건같이 해석되기도 하였다. 곧 이 박사와 김구 선생을 연결시키는 교량역할의 책임이 주어지는 것이구나 하고 스스로 단정하였다. 이 두 분 사이에 다리를 바로 놓아야 할 사명을 내게 허락하는 것으로 나는 경건히 하나님 앞에 감사했다.

언제나 가장 미묘하고 지난한 과제가 스스로에게 주어진다고 자부하고 또 그렇게 아전인수 격의 해석을 가질 때마다 늘 내게는 용기와 신념과 충성이 가장 행복한 보람으로 가슴에서 끓어올랐다. 여하간 이러한 계기가, 바로 후일 내가 마음대로 돈암장을 – 이승만 박사가 계시던 곳 – 드나들 수 있었던 계기가 된 것이다.

최기일 형과 이 벅찬 반가움을 다 해소시키지 못하고 있는 동안 김구 선생님의 첫 기자회견시간이 되었다.

조선일보, 동아일보, 중앙일보, 서울신문, 인민보(공산당지), 대동신문 등과 통신사 기자들, 또 이름도 다 기억할 수 없는 신문기자들 30여 명이 김구 선생을 둘러싸고 앉고 선 채 자리를 좁혀들기 시작했다. 생각하면, 마디마디에 서린 원한,

그 한 많은 울분이 저며진 심중을 감추고, 고국을 등진 지 30성상에 다시 이 숙연한 자리에 나타나셨으니, 그 감회 이루 다 나타낼 수 있으리오.

이제 한국의 명분을 바로 지으려고 그 거구의 몸을 젖히고 앉아 큰 눈을 한 번 무겁게 감았다 뜨셨다. 다가올 시련은, 아니 이미 다가와 있는 시련은 통일전선의 결성이라는 민족적 숙원이었다. 그에게서 어떤 하나의 태양이라도 기대하는 것일까. 그가 그런 신비로운 대상으로 민족의 시련 앞에 홀연히 솟아오르는 것은 무엇일까. 나는 새삼스럽게 중국에서의 김구 선생에게 느끼지 못하던 어떤 것을 느끼게 되었다. 역사가 마련한 자리에 그는 앉아 있다. 하나의 의지의 인간이다. 그는 육중한 신념의 무게로 자리를 고쳐 앉고, 표정에 떠오르는 뜨거운 감회를 잠시 침묵으로 달래는 듯했다. 이윽고 김구 선생의 그 무거운 입은 천천히 열리고 기자들을 향한 인사말씀이 시작되었다. 주로 귀국 경위의 말씀이었다. 말씀이 끝나자 잠시 침묵이 또 흐른다. 누군가 질문을 던졌다.

문 : 이승만 박사를 중심으로 현재 국내에는 통일전선 결성에 최대 노력을 하고 있는데, 이에 대한 선생의 포부는 어떠하신지요?

답 : 아직 자세한 사정을 몰라서 오늘은 무엇이라고 말할 수가 없다. 그러나 통일전선을 결성하는 데 있어 내가 이승만 박사보다 나은 생각을 갖고 왔으리라고 믿는다면 그것은 곧 잘못이다. 어쨌든 30년 동안 국내 사정을 잘 모르고 지내온 터이니 이 문제에 대하여서는 다음날로 미루어 주기 바란다.

문 : 지금 통일전선 결성을 위하여 먼저 민족반역자와 친일파를 제외하자는 소리가 높은데, 이에 대해서는?

답 : 나쁜 분자를 먼저 제외하고 뭉치는 것은 매우 훌륭한 방법일 것이나, 뭉쳐가지고 나쁜 분자를 골라내는 것도 한 방법이 아닐까 생각한다. 그러므로 우리는 현재 무엇보다도 시급한 통일부터 하는 것이 옳지 않을까 생각한다.

문 : 선생은 장차 국내정세를 어떠한 방법으로 파악하시려는지?

답 : 눈과 귀가 있으매, 듣고 보아서 잘 판단할 수 있을 것이다.

문 : 어젯밤 귀국 제1야의 감상은?

답 : 나는 어제 고국 땅을 밟았으나 그러나…… 나의 혼이 왔는지, 육체가 왔는지 분간할 수 없는 심정이다.

기자들의 질문은 한동안 이 대답 끝에 침묵으로 끊겼다. 나는 속으로 혼자 김구 선생의 이 한 마디를 다시 외어보았다.

「혼이 왔는지, 육체가 왔는지, 분간할 수 없는 심정이다……」

김구 선생의 이 한 마디는 우리 환국일행의 심정을 충분히 대변해 준 것이었다. 나는 끝없는 낭만에 끌려드는 듯이, 망명 3년이라는, 김구 선생의 망명생활 중 불과 10분지 1의 기간에 겪은 심회에 사로잡혔다.

누군가 다시 질문을 던졌다.

문 : 선생은 개인 자격으로 입국하셨다고 발표되었는데 이 점에 대하여서는?

답 : 우리 한국에는 현재 군정이 실시되고 있는 관계로 대외적으로는 개인자격이 될 것이나, 우리 한국사람 입장으로 보면 임시정부가 환국한 것이다.

나는 또 한 번의 충격을 받았다. 그렇다 우리의 입장에선 엄연한 정부의 환국이 아니냐? 새삼스러운 분노의 기운이 일기 시작하는 것을 느낄 수 있었다. 그때 김구 선생은 자리를 일어나시며 손으로 엄 부장에게 질문을 넘기었다. 질문은 중언부언이 되기 시작한 것이다. 김구 선생은 회견을 계속시키고 이층으로 올라가셨다. 무거운 발걸음이었다. 엄 부장이 대신 회견의 중심이 되었다. 엄 부장은 큰 기침 끝에 입을 열었다.

「백범 선생께선 또 다른 면담약속이 있으십니다」

그러자 기자들의 질문은 좀더 활발해졌다.

문 : 귀국 후 각 요인들과 회담하였는가?

답 : 오늘 아침 10시에 하지, 아놀드, 두 장군과 이 박사에게 인사만 하였다. 아직 도착하였을 뿐이므로 정치적 의견은 교환하지 못하였다.

문 : 이 박사는 민족통일에 많은 노력을 하였음에도 불구하고 만족할만한 성과를 거두지 못 하였다. 지금 김구 주석에 다대한 기대가 집중되고 있는데, 통일에는 인민대중의 참된 부르짖음, 참된 요망을 충분히 포섭하여야 될 줄 안다. 만일 편협된 일당파의 이익이나 주견만을 가지고 통합을 기도한다면 또다시 인민은 실망할 것이고, 민족통일은 암초에 걸리고 말 것이다. 임정은 이 점에 어떤 안을 가지고 있는가?

답 : 우리는 아직 귀국 초이므로 국내의 사정은 아무것도 모른다. 우리는 3천만의 의사에 의하여 정책을 세울 것이고 여론을 토대로 하고 그를 존중하여 모든 문제를 결정할 것이라고 생각한다.

문 : 지금 국내에는 〈인민공화국〉이 존재하고 있는데 임시정부의 이에 대한 대책은 어떠한가?

답 : 우리가 해외에서 들은 소식으로는, 다만 정당이 난립하여 복잡화되어가고 있다는 것뿐이고, 이에 대하여서는 지난 9월 3일에 발표한 강령에 명시된 원칙상의 말은 할 수 있으나, 구체적으로는 말할 수 없다.

문 : 〈옌안독립독맹〉과의 관계는 어떤가?

답 : 연락과 협조를 가지고 있다. 우리나라를 완전히 독립시키자는 목적은 동일하니까 큰 대립은 없을 것이다. 옌안측도 불원 귀국한다는 말을 들었다.

문 : 이 박사와의 관계는?

답 : 이 박사는 워싱턴에서 임시정부를 대표하여 활약하던 분이다.

문 : 이번 김구 선생을 비롯하여 각 요인들이 전부 개인 자격으로 귀국하셨다는데, 임시정 부는 해체되었는가?

답 : 절대로 그렇지 않다. 물론 지금 38도선 이남에는 미국군의 군정부가 존재하므로 그러한 것이나, 우리가 국민을 대할 때는 다르게 된다. 그러나 우리를 정부로 하고 안 하고는 3천만 국민이 결정지을 문제다.

문 : 환국이 늦어진 이유는 무엇인가?

답 : 다만 비행기 관계다. 나머지 요인들도 수송편이 해결되는 대로 곧 입경할 것이다.

문 : 임시정부에서 일본과 독일에 선전포고를 한 것은 사실인가?

답 : 사실이다. 우리 정부가 왜적에 대하여 선전한 것은 벌써 3·1운동 때부터이다. 이번 태평양전쟁에 제하여 또다시 1941년 12월 12일에 일·독군에 대하여 선전포고를 하였다.

문 : 임시정부는 연합국의 승인을 받은 일이 있는가?

답 : 정식승인은 없었으나, 사실상의 승인과 많은 원조를 받았다.

문 : 민족통일은 민족반역자를 배제한 순수하고도 진정한 민주주의적 통일이 되어야 한다. 무조건 통일을 기하는데 사실상의 큰 암이 생기었다. 여기에 대하여는 어떻게 생각하는가?

답 : 민족반역자는 통일전선에 포함되지 않아야 될 것이다.

문 : 국가적으로 손실이고 개인적으로도 곤란을 받고 있을 것이다. 연합군은

우리나라를 침략하려고 진주한 것이 아니고 해방을 위하여 온 것이므로 우리의 요망은 멀지 않아서 해결되리라고 생각한다.

문 : 임시정부에는 색을 가리지 않고 민족주의와 사회주의 등 각 주의세력이 다 포함되어 있다고 하는데 어떤가?

답 : 사실이다. 공산주의자도 있다. 독립을 위하여서는 서로 협조하여가는데 일치될 수가 있기 때문이다.

문 : 이승만 박사와 민중과의 사이가, 박사를 위요하고 있는 분자로 인하여 소외되어 있어 민의의 전달과 연락이 원활하지 못한 관계로 일반의 기대에 부합치 못하는 점이 있는 듯한데, 임시정부는 일반국민과 충분한 협조연락을 할 의도가 있는가?

답 : 이승만 박사와 민중과의 관계는 전혀 모르겠으나 우리로서는 일반의 여론을 어디까지 듣지 존중한다. 오랫동안 외국에 있었기 때문에 국내사정을 잘 모르니만큼, 국내의 모든 사정은 여러분들이 제일 잘 아실 것이므로 자주 만나 일반의 여론을 전해주기 바라며 동시에 민중과 함께 나아가련다.

문 : 인민공화국과 임시정부와의 관계를 분명하게 말하여 주기 바란다.

답 : 전혀 몰랐으며, 신문을 통하여 각 정당의 성립이라든가 〈인공국〉의 탄생을 보았을 뿐이다. 어떠한 정당이고 국가 명칭을 초월하여 한 완전한 통일국가로서 독립해야 할 것이다. 이것도 역시 일반여론이 지시함에서 결정될 것이다.

이 기자회견 내용에 대해서 지금 생각하면, 다시 심사숙고했어야 할 문제가 한두 가지가 아니다. 그러나 나는 이 회견을 통해서 어느 정도 엇갈린 정치적 혼란과, 그 와중의 민심과 또 틈이 어디서 벌어지고 있는가를 처음으로 추리 판단할 수 있었다. 새로운 도전이 나라의 독립에 앞서 거세게 닥쳐올 것을 예감했다. 슬픈 일이다. 기자들의 질문은, 단순한 질문이 아니고 어떤 면에서는 상황의 전달과도 같이 내 귀로 몰려 들어오는 것이었다. 나는 새삼스럽게 최기일 형을 오늘 만나보게 된 것을 지극히 다행으로 생각했다.

몇 번의 기자회견을 통하여 나는 기자들의 질문 자체 속에 묘한 정치적 색채가 숨어 있는 것을 깨닫게 되었다. 그것은 모여드는 신문기자들 속에 섞인 공산주의

자들의 유도질문 내지는 회유질문에서 나타났고 이러한 질문은 으레 인민이라는 이름으로 시작되는 것이었다.

「인민의 소리를 들으시오. 인민의 소리에 귀를 기울여야 합니다」

인민이란 이름을 팔아, 여러 정치세력이 통일전선을 형성하려는 기운을 꺾고, 김구 선생의 회견을 그들의 의도대로 좌화시켜 왜곡 발표하려는 유도질문이요, 또 공산주의 세력에 어떤 결정타적인 정치발언이 나오지 않도록 하는 회유질문이 으레 이렇게 나타났다.

왜냐하면 그때 국내의 정세는 공산당 당수 박헌영을 중심으로 하는 좌익세력과 이를 배척하고 이를 견제하는 이승만 박사의 노선과 공산당에게 주로 이용당하고 있던 여운형씨 중심의 중간노선으로 정립되어 있었기 때문이다.

이승만 박사가 귀국하여 좌익세력을 단호히 거부하고 민주주의 지도노선으로 이를 견제하고 있던 차라, 좌익분자들은 김구 선생의 정치적 발언에서 자기들에게 유리한 기자회견이 나올 것을 부단히 획책하는 것이 그 골자들이다.

「이승만씨는 귀국하여 인민의 소리를 배척함으로써, 사실상 통일독립을 기하는 데 과오를 범하고 있으며, 범 통일전선 결성에 차질을 가져오고 있는데 김구씨는 어떻게 하겠느냐」 하는 것이 좌익기자들의 질문의 요점이요, 이 박사와의 사이를 멀리하여 놓으려는 획책이었다. 나는 이런 질문이 나올 적마다 필요 없는 조바심이지만 마음을 졸이지 않을 수 없었다. 그러나 김구 선생과 엄 부장은 아무런 언질도 잡히지 않고 넘어가곤 하였다.

그러나 이승만 박사와 김구 선생 사이의 이간공작은 맹렬하게 전개되었고 치열하게 계속되었다. 감격스러운 회견까지도 감격만으로 끝날 수 없는 무서운 정치적 수단이 되어버렸다. 그러나 이러한 문제의 원인은 다른 데 있었다. 국민의 신임과 존경의 비중은 그 당시 적어도 이승만 박사 개인보다는 김구 선생을 중심으로 한 임정이란 기관이 더 무겁다는 보편적 판단상황이기 때문에 김구 선생의 노선을 좌선회 내지는 중립으로 돌려보려는 데 그 초점이 있었던 것이라고 말할 수 있다.

환국일행이 해야 할 일이 무엇이며, 그 가운데 낀 내 한몸이 감당해야 할 일이 무엇인가 하는 것이, 엉킨 실꾸러미에서 실 한 가닥을 풀어 뽑아 찾아낸 듯이 다행스럽기도 하고 대견스럽기도 했으나, 그러나 그 실꾸러미의 엉킴이 너무나 착잡하게 올올이 얽혀 있어 한심스럽기도 했다. 나는 최형이 돌아간 다음, 귀국 24시간도 못 되어 새로운 뜻밖의 임무가 이처럼 날 찾아온 사실에 신경을 쓰느라고 점심도 잊고 있었다. 그러나 당장 어찌할 수가 없었다. 엄 부장의 지시대로 원로급 각계 대표는 김구 선생이 계신 2층으로 안내케 하고 고위층은 엄 부장이 직접 담당하여도 나에게는 끊임없이 손님들이 달려들어, 그 정성만은 고마웠지만은 괴롭기까지 하였다. 조금도 조용한 시간을 가질 수가 없었다. 그러나 그것은 당연지사일 수도 있는 일이었다. 나라 없던 백성, 지도자 없던 백성들의 심정을 이해하고도 남음이 있는 일이 아닌가 하고 자위할 수밖에 없었다.

괴롭게 생각된다는 것이 차라리 죄스럽다고 자책하고, 나는 그들에게 가능한 한, 내가 아는 한 그들의 심중에 궁금하게 갇혔던 의문을 풀어드려야 할 의무를 가졌다고 스스로를 타일렀다. 그러나 그 많은 학병 출신의 한국청년을 모두 기억할 수는 없는 것이고 중경의, 서안의, 상해의 동포들을 다 기억할 수도 없는 노릇이었다.

더구나 일군에서 풀려나온 한국청년들이 아직도 광복군에 계속 편입중이고 해서 그들의 명단 같은 것이 작성되어 있지도 아니했다. 더구나 날 괴롭게 하는 것은 중경에서 임시정부가 있는 동안, 수십 명의 우리 독립투사들과 가족들이 그곳의 흙이 되었다는 사실을, 그들의 가족친척들에게 숨길 수 없는 일이었다.

김구 선생과 함께 옥중생활 시, 같은 감방에 있었다는 시골의 지사며, 〈또 잘 아는 사이〉라는 분들이 어찌도 그리 많은지, 마치 임시정부가 곧 정식집권이라도 하는 듯이 일종의 엽관운동 비슷한 인상만을 남기며 몰려오는 군상들이 연달아, 하루해를 지게 하였다.

심지어는 국내의 유명한 실업인 박모씨가 그때의 액수로 500만 원의 돈을 희사하겠다고 왔다가 그대로 쫓겨간 사실까지 있어, 동포라면 누구라도 한마음 한뜻이려니 하고 생각하던 맹목적인 애착이, 그때부터 하나씩 변질되기 시작했다.

피로에 지쳐 저녁 일찍이 식당에 가서 앉았다. 과연 보람 있는 조국에서의 일인가를 생각하고 있는데, 갑자기 엄 부장의 호출이라고 전달이 왔다. 놀라지는 않았으나, 무슨 일인가 싶어 저녁식사를 채 마치기도 전에 그대로 올라가보았다. 엄 부장은 김구 선생 계신 방으로 나를 데리고 들어갔다. 김구 선생, 엄항섭 선전부장, 그리고 나 셋이 대좌를 하였다.

비등한 국민의 여망을 누를 수 없어 임정 일행의 입국주선은 하였지만 김구 선생의 발언에 신경을 모아온 미군정청은 그 육성방송만은 허락지 않았던 것이다. 미 군정정 당국이 이제야 김구 선생의 육성방송을 허가하고 오늘밤 8시에 단 2분 내외의 말씀을 하여도 좋다는 공식연락이 막 있었다는 내용의 말을, 엄 부장이 일러주었다.

「장 목사, 장 목사가 좀 이 원고를 알아서 써주어야 하겠소. 간단한 도착 소식만을 내 목소리로 알리라니…….」

내가 일본신학교를 다니다 출전했다는 사실로 해서 김구 선생은 날 장 목사라는 호칭으로 불러주었고, 이것은 일행에게 거의 애칭과 같은 별명으로 그때 통하고 있었다.

퍽 인자한 목소리로 그 지시의 말을 시작했으나, 선생은 끝내 근엄한 표정을 엄숙히 굳히고 말끝을 마무리짓지 아니하셨다.

「……단 2분 동안에 할 수 있는 말이라.」

내가 아무런 대답을 못하고 있을 때 그 멍한 침묵의 공간을 비로소 김구 선생 자신이 이렇게 메꾸어주었다.

역사적일 수도 있는 귀국성명의 한마디요, 첫마디다. 또 야박스럽게 단 2분이라는 시간제한이 있다. 그렇다고 내가 글을 많이 써본 것도 아니다. 그러니 자연히 이 지시는 내게 한 고민이 아닐 수 없었다. 나는 원고 쓸 수 있는 시간이 한 반 시간밖에 남지 않았다는 사실을 알고 나서, 대답 아닌 응답을 하고 그 답답한 분위기 속에서 빠져나왔다.

사실 김구 선생의 귀국방송 원고는 이미 준비되어 있었던 것이다. 그러나 미처 그것이 단 2분이라는 시간제약을 조국에 와서 받으리라는 것은 생각지도 못한 일이다.

준비 작성되어 있는 귀국방송 원고가 무시되고 한 두어 마디 말로써 그것을 대신하는 원고를 쓰라는 새로운 지시를 갑자기 하게 된 일은 정말 서글픈 우리들의 입장이었다.

무엇이냐? 조국에 돌아와, 내 나라 내 땅에 돌아와서도 민족의 지도자가 제 할 말을 다 못하고 마는 이 운명은…….

나는 한 빈방에 들어가 스스로 김구 선생의 심중을 짚어보려 애썼다. 한마디로 그의 뜻을 다 말하는 신통한 속담이나 고사는 없을까 하고 나의 무식을 한탄했다. 시간의 초침이 내 팔목 위의 맥막에서, 흐름을 채찍질하였다.

「왜 내 나라 동포에게 말을 다 못하는가?」

붓이 나가지 않고 그 대신 붓끝에는 이런 한 가닥 의문이 짓엉켜질 뿐이었다.

「……그저 나 여기 왔소. 그러면 되는 거야」

내가 돌아서 나올 때 김구 선생이 내 등 뒤에다 대고 해준 말이 낙서처럼 종이 위에 씌어질 뿐이다.

「……나 여기 이렇게 왔소」

그러나 실상은 우리들 몸만이 온 것이고 와야 할 것이 못 온 것이 아닌가. 무엇인가 우리가 조국에 가져와야 할 것을 못 가져온 것이 아닌가?

우리가 가져와야 할 것을 우리 힘으로 싸워 찾아왔다면, 누가 무엇이라고 말할 것인가? 분명히 우리는 비행기에 태워져 온 것처럼 조국에 그저 되돌려 보내진 것이 사실이었다. 그들은 우리에게 빈손으로 되돌아가게 했고 우리는 그들에게 무엇을 요구할 대가를 충분히 치를 힘이 정말 없었던 것이 사실일까.

싸워서 피흘려 찾은 해방이라면 그 얼마가 싸운 대가라고 계산될 것인가? 아니다. 우리는 못난 후예다. 3·1운동을 기점으로 전국 방방곡곡에서 또는 남북만주, 시베리아를 무대로 얼마나 많은 우리 선열들이 이날을 위하여 숭고한 피를 흘렸던가. 우리는 그 피값을 제대로 찾지 못하고 있는 것이 아닌가.

온 국민의 귀가 크게 환각으로 확대되어 방안의 네 벽으로 날 포위 압축해왔다. 그리고 긴긴 지하도를 방황하며 광명의 빛줄기를 찾아 헤매이는 듯이 안타까운 침묵이 그 네 벽으로부터 쏟아져 들어왔다. 나는 손이 떨리는 것을 의식했다. 어떤 공포와 같은 긴장이 나의 내면으로 소리쳐 들어오고 있었다. 원고지 서너 장 정도의 글로써 함축성 있게 써드려야 할 책임을 이렇게 심각하게 느끼지 않는다면 전연 아무렇지도 않게 쉬운 원고를 써드릴 수도 있으리라. 그러나 못 쓰겠다고 거절 못한 주제를 한탄해야만 했다.

그리고는 당황해하는 자신을 한 번 자만스럽게 갓 눌러보았다.

친애하는 동포여러분!

27년간이나 꿈에도 잊지 못하고 있던 조국강산에 발을 들여놓게 되니 감개무량합니다.

나는 지난 5일 중경을 떠나 상하이로 와서 22일까지 머물다가 23일 상해를 떠나 당일 서울에 도착하였습니다. 나와 각원 일동은 한갓 평민의 자격을 가지고 들어왔습니다.

앞으로는 여러분과 같이 우리의 독립완성을 위하여 전력하겠습니다. 앞으로 전국 동포가 하나가 되어 우리의 국가독립의 시간을 최소한도로 단축시킵시다.

앞으로 여러분과 접촉할 기회도 많을 것이고 말할 기회도 많겠기에, 오늘은 다만 나와 나의 동사일동이 무사히 이곳에 도착되었다는 소식만을 전합니다.

붓을 옮기기 시작하여 한 오 분 만에 이렇게 써놓고, 한숨을 뱉었다.

애써 그분의 성격을 생각할 필요도 없이 그분이 호소하고 싶은 이상은 곧 하나이겠기에, 나는 김구 선생의 심중을 이렇게 표현했다.

〈평민의 자격으로〉라는 구절을 구태여 삽입하면서, 나는 안으로 한 모금의 결심과 신념을 꿀꺽 삼켰다. 임시정부의 해체가 독립을 위한 첩경이라면 무엇을 못하리오마는, 서글픈 일이 아닐 수 없었다. 그 말은 하지 사령부가 꼭 넣어달라는 구절이니 말이다.

나는 엄 부장에게 보여드렸다.

「잘 됐구먼」

엄 부장은 김구 선생에게 내밀었다.

「됐어!」

단숨에 내려 읽은 김구 선생은 이 한마디와 함께 일어섰다. 시간이 흘렀다. 그리고 경교장에서 얼마 안 되는 정동방송국으로 엄 부장과 이영길 등 수행원을 대동하고 향하셨다.

녹음방송이 없던 생방송이라 시간에 늦지 않게 달려간 것이다. 한 번의 검토도 없이 그들은 가고 나는 아쉬운 마음을 누르고 경교장에 주저앉아 라디오를 마주했다.

8시 정각.

힘찬 목소리의 한 마디 한 마디가 살아나왔다. 눈 감고 들으며 전연 내가 쓴 원고 같지 않게 귀 기울여 경청하며 그분의 심중을 전해듣고 있었다. 너무나 짧아 허황했다. 그러나 아나운서가 김구 주석의 환국선언을 계속 낭독해 주었다.

이날 밤, 나는 일찍이 자리에 누워, 오늘 하루의 접대일을 생각했다.

너무나 〈애국〉이 많고 너무나 이 애국을 꼭 자기가 구현시키겠다는 의지가 많다는 느낌을 정리하면서 잠을 억지로 청했다.

〈애국자〉가 너무 많구나.

그러나 분명 애국을 원하나, 무엇이 애국인지를 모르는 소행이라고 일러주고 싶어졌다.

25일은 일요일이었다. 역시 맑았다.

아침예배를 위해 옷차림에 분주했다. 모든 것이 새롭고 의외로웠다.

그리던 조국의 품에 돌아와 첫 번째의 예배인 만큼, 어릴 적 주일학교 시절처럼 가슴이 뛰었다. 김규식 박사의 일행은 장로교의 새문안교회로 가시고, 나는 김구 선생과 엄 부장을 따라 감리교의 정동예배당으로 갔다.

이날 설교는 한 사십 전후의 정일형 박사가 하였다. 교회 안의 맨 앞줄에 자리잡은 우리는 퍽 좋은 인상의 정 박사의 설교를 듣고 있었다. 그는 어느 미국 대통령의 이야기를 한 미국 목사의 설교 인용을 되풀이하면서 예언자적인 입장에서 외치는 설교를 하였다.

「여기에 한 위대한 사람이 앉아 계십니다. 장차 이 민족을 이끌고 나갈 참지도자가 이 자리에서 하나님 앞에 무릎을 꿇고 계십니다……」

〈장준하 회고록 돌베게 중에서〉

▲ 광복군 시절의 장준하와 김준엽

■광복 혈투 30년, 6거인 역사적 환국

光復血鬪三十年 六巨人歷史的還國

一切로面會를謝絶코 故土와서沈默의第一夜 今日부터活動開始에期待

社說

臨時政府金九主席과 要人諸先生을歡迎함

臨時政府의構成 殘留要人도逐次歸還

各要人略歷

조국의 광복과 자주독립을 위하여 해내해외가 호응하고 있는 이때 우리의 선구자인 유중留中의 한국임시정부주석 김구 선생 일행 15명의 역사적인 환국을 우리는 맞이하였다.

지난 5일 중경을 출발하여 당일 상해에 도착한 후 매일같이 그의 귀국을 기다리던 우리는 자주독립의 촉성을 위하여 정당의 통일전선만을 바라고 있었으며 중경으로부터의 임시정부영수들을 맞이하기에 모든 준비를 갖추고 있었던 것이다. 그러던 차에 작 23일 돌연 미주둔군 최고지휘관 하지 장군의 발표로 김구 선생 이하 요인입경要人入京을 전하게 되자 초동初冬의 장안長安 저녁거리는 가연呵然한 중에 이 위대한 지도자들을 맞이하기에 오히려 소연騷然함을 금치 못하였던 것이다.

이리하여 작 23일 오후 1시 상해공항을 출발한 지 3시간 만인 오후 4시 김포비행장에 내린 일행은 MP의 삼엄한 경계 하에 숙소인 죽첨정 1정목 최창학씨 댁으로 자동차를 달리어 입경 제1야를 지냈으며 동야 임시정부선전부장 엄항섭씨로 하여금 별항과 같이 감격에 넘치는 스테트먼트를 발표하였는데 이로써 우리의 해방독립을 위하여 해외풍상 27년간 혈투의 역사를 지은 혁명지사들은 작일의 조국건설을 위해서 세밀한 구상에 잠기게 된 것이다. 〈자유신문 1945년 11월 24일〉

■일절로 면회를 사절코 고토와서 침묵의 제1야 금일부터 활동개시에 기대

지난 5일 중경을 출발한 지 18일 만인 작昨 23일에 입경한 중경임시정부 요인들은 김구 주석·김규식 부주석·이시영 국무위원·김상덕 문화부장·유동열 참모총장·엄항섭 선전부장의 6씨를 비롯하여 김규식 박사의 영식인 비서역秘書役 김진동씨 주석시종主席侍從 의무주임醫務主任 유진동 박사 수원隨員 장준하·이영길·백정갑·윤경빈·선우진·민영완·안 스잔나씨 등으로 일행은 바로 비행장으로부터 숙사로 들었는데 당야當夜에는 일절로 면회를 사절하고 정양靜養한 후 금今 24일부터 정식으로 활동을 개시하여 먼저 하지 장군과 아놀드 군정장관을 위시해서 각 방면과 절충할 것으로 보이는데 엄항섭 선전부장과 김구 주석의 성명에 있는 것과 같이 개인의 자격으로 입경入京한 만큼 앞으로 각 방면과 교섭 절충은 조국의 조속한 자주독립을 위하여 극히 주목될 뿐이다.

한국임시정부 요인들은 이날 김포비행장에 한 사람의 영접도 없이 인상 깊은 고토를 밟게 되었거니와 비행장으로부터 숙사에까지 올 동안 이들의 흉중에 거래한 감회 또한 상상키 어려운 바 있었으려니와 동冬의 석양夕陽을 등지고 고국의 중흥을 위하여 심사묵고深思黙考 제1야를 보내인 일행의 감명 또한 형언키 어려운 것이었으리라. 〈자유신문 1945년 11월 24일〉

■ 주지된 14개조 정강 국내각층 지원요망

27년간 해외에서 조국의 해방독립에 혼신하고 풍찬노숙을 한 한국임시정부 요인들에게 삼천만동포는 심심한 경의를 표하거니와 이들의 과거 풍상은 우리들 국내에 있던 동포로서는 상상키 어려운 것이 있는데 김구 주석의 성명에 있는 바와 같이 이들은 다만 「27년만에 조국의 모토母土를 밟는 감격이 크다」는 것과 같이 건국의 정열은 고국의 품에 안기는 아리따운 감상으로 표현되었거니와 주석 김구 선생,부주석 김규식 박사일행을 대표하여 선전부장 엄항섭씨는 숙사에서 기자단과 다음과 같은 문답을 하였다.

문 : 피차에 반가운 감회에 무엇부터 말씀을 물어야 할지 모르겠습니다.

답 :27년 만에 고토에 돌아온 것입니다. 감회에 사로잡히는 것뿐입니다. 지난 5일 중경을 떠날 때 일행 32명이 있었으며 중국의 비행기로 상해에까지 왔

다가 경성서 우리 일행을 맞으러 올 비행기만을 기다리다가 오늘에야 오게 된 것으로 경성서는 지난 21일에 비행기가 와서 23일 오후 1시 상해를 떠난 것입니다.

문 : 그동안 이곳 군정청과 무슨 연락이 있었던가요

답 : 별반 이렇다 할 연락이 없었습니다.

문 : 임시정부의 구성은 여하합니까

답 : 주석에 김구 선생, 부주석에 김규식 박사로 그 외에 7부장이 있고, 그 외 국무위원 14명이 계십니다. 이번 32명이 다같이 못 오게 된 것은 여러 가지 사정도 있겠으나 서서히 다 들어오리라고 생각합니다.

문 : 임시정부의 정강은 여하한가요

답 : 이미 발표한 바와 같이 14개조로 된 것이니까 그것은 전부 각 방면에서 인식하고 계실 줄 압니다. 이것을 주안으로 하여 우리는 다만 국내 각층 각 방면의 지원이 있기 바랄 뿐입니다.

문 : 앞으로의 행동은 어찌됩니까

답 : 군정 하에 와 있게 되었으니까 하지 장군의 지시가 있지 않을까 합니다. 여하간 27년 만에 고국을 밟는 것이니 우리들의 감상과 우리의 흉중이 어떠하리라는 것을 상상하실 것입니다. 하루바삐 친지들과 각 방면 여러분과 면담을 하여 구원久遠한 듯이 생각되던 우리들의 흉금을 터놓고 환담하는 그 시기가 하루바삐 오기를 바랄 뿐입니다. 꿈에라도 잊지 못하는 고국인 만큼 여러분을 한 번이라도 더 만나보고 싶은 것은 김구 선생이하 우리가 다같이 느끼고 있는 것입니다.

문 : 국내사정은 어떻게 듣고 있었나요

답 : 라디오를 들었을 뿐 전연 연락이 없었음으로 국내의 동태는 잘 알지 못했으며 다만 외국의 통신에 의해서 그 윤곽을 알고 있었습니다.

〈자유신문 1945년 11월 24일〉

■김구 주석 기자회견

23일 오후에 귀국한 한국임시정부주석 김구 선생은 죽첨정 숙사에 미리 와서 기다리고 있던 이승만 박사와 회견한 다음 왕방한 신문기자들과 회견하고 기자의 질문에 대하여 다음과 같이 말하였다.

문 : 38도 문제에 대하여?

답 : 나는 조선이 남북의 2점령지대로 분열되어 있는 것을 좋아하지 않는다. 그러나 장차 이 구분은 철폐되리라고 믿는다. 미국과 소련은 우리나라를 위하여 반드시 옳은 일을 하여 줄 것이다.

문 : 어떤 자격으로 입국하였는가?

답 : 나는 지금 연합국에 대하여 임시정부의 승인을 요구하지는 않겠으나 장차에는 승인을 요구할런지 모르겠다. 나와 나의 동지는 개인의 자격으로 환국한 것이다.

문 : 국내에는 정당이 많은데?

답 : 조선 내의 정당수를 감소할 필요가 있다고 생각한다. 그러나 조선 내의 정당은 하나로서는 아니되고 유력한 정당 몇이 있어야 할 것이다.

문 : 장차 어떻게 통일하겠는가?

답 : 일간에 각 정당대표와 회견하고 전반적 정세에 관하여 상의하고 각 정당 간의 통일을 성취시킬 것을 기대한다. 조선을 위하여 민주주의 정체가 좋다고 믿는다.

문 : 공산주의에 대하여는?

답 : 그러나 조선이 공산주의국이 될 가능성에 관해서는 무엇이라고 말할 수 없다.

문 : 입국이 지연된 것은 중국과의 관계라고 들었는데?

답 : 우리 환국이 지연된 것은 중국과 미국 당국 간에 교통편에 관한 협의가 있었던 까닭이고 그 외에는 별다른 이유는 없었다. 〈중앙신문 1945년 11월 24일〉

■임정 선전부장 엄항섭 기자회견

김구 주석 일행을 대표하여 선전부장 엄항섭은 23일 야夜 숙사 최씨 댁에서 기자단과 회견하고 다음과 같이 질문에 응수하였다.

문 : 고국에 돌아오신 감회가 어떠하십니까?

답 : 27년 만에 고토를 밟으니 감격 감회는 이루 말할 수 없다. 일행 32명은 중국비행기로 5일 중경을 떠나 상해에 나와서 조선에서 오는 비행기를 기다리다가 21일 상해에 비행기가 와서 오후 1시에 타고 한숨에 고토를 밟게

되었다.

문 : 군정과는 어떠한 연락이 있었습니까?

답 : 이렇다 할 연락은 없었다.

문 : 임시정부의 기구는 어떠합니까?

답 : 주석 김구·부주석 김규식 그외에 7부장과 국무위원 14명이다. 이번에는 모두가 다같이 오지 못하였는데 그것은 여러 가지 사정이 있기 때문이다. 서서히 모두 들어오게 될 것이다.

문 : 정부의 정강은 어떠한가?

답 : 먼저 발표한 바와 같이 14개조로 되어 있다. 각 방면에서는 이미 잘 인식하고 있을 것으로 믿는다. 이것을 주안으로 하여 나아갈 생각이다. 우리는 다만 국내의 각층 각면의 지원을 기대한다.

문 : 앞으로의 행동은 어떻게 하십니까?

답 : 군정하에 있는 조선이니만큼 하지 중장의 지시를 받아가며 행동하게 될 터이다. 여하간 27년 만에 귀국한 우리들의 흉금이니만큼 여러분이 상상하여 주기 바란다. 하루바삐 여러 친구와 만나서 면담을 하고 오랫동안 생각하던 바를 흉금을 터놓고 환담하는 그 시기가 하루라도 속히 오기를 기다린다. 꿈에도 잊지 못하던 고국이니만큼 여러분을 한 분이라도 더 많이 만나보고 싶은 생각은 김구씨를 비롯하여 우리가 다 같이 느끼는 바이다.

문 : 국내 사정은 얼마나 들으셨습니까?

답 : 라디오를 들었을 뿐이고 다른 연락은 없었소. 다만 외국통신으로 윤곽만은 항상 듣고 있었소.

선전부장 엄항섭은 다음과 같이 귀국감상을 말한다.

비행기 위에서 그리운 산천을 굽어보고 가슴이 뛰었다. 자동차로 비행장에서 여기까지 오는 도중에 어린 학동들의 모습을 보고 뛰어나가 손을 잡고 얼싸안고 싶은 마음을 참을 수가 없었다. 그러나 우리들은 개인의 자격으로 돌아왔다. 아직 자유가 없다. 만나보고 싶은 동지, 하고 싶은 말은 아직도 할 수 없다. 하지 못하는 우리들의 가슴은 더욱 안타깝다.

김구 선생을 비롯하여 일행은 매우 원기가 좋다. 또 상해에 남아 있는 요인들도 모두 편안들 하다. 광복군이 돌아오는 것은 아직 그곳에서 할 일이 남아 있으므로 좀더 시일이 걸릴 것이다. 우리들은 아직 국내 사정을 잘 모르므로 무엇이 든지 여러분과 의논해서 하루빨리 우리들의 강토를 찾아내는 데 전력을 기울이 겠다. 국민의 착한 심부름꾼이 되고자 한다. 〈서울신문 1945년 11월 24일〉

■임정 선전부장 엄항섭, 환국 감상 피력

임시정부 선전부 엄항섭씨는 달려든 기자단에 둘러싸여서 기쁨을 참지 못하고 다음과 같이 고국에 돌아온 감상을 말하였다.

어려서 조선을 떠났다가 오랜만에 돌아오니 뭐라고 말할 수 없습니다. 이번 들어온 것은 개인 자격으로 들어온 것입니다. 우리 동포가 일치난결하여 우리의 자주독립 국가를 완성하기만 빌 뿐이며 오래간만에 처음으로 들어온 만큼 여러 가지 사정을 잘 모릅니다. 각 방면과 잘 절충도 하겠지만은 여러분의 지도를 바라는 것입니다. 우리 임시정부의 정책은 이미 발표한 14개 정책이 있으니 개인의 의사로 뭐라고 말할 수 없으며 오직 여러 동포들과 앞일을 서로 상의해서 일하고자 하는 것뿐입니다. 중경에서는 고국 소식을 자세히 듣지 못하고 상해에 와서는 좀 자세히 들을 수 있었습니다. 중경서 32인 떠나 가지고 먼저 15인이 들어 왔으나 앞으로 곧 뒤를 이어서 모두 들어올 줄 믿습니다.

연안에는 지난 5월에 주석대리로 장건상씨가 다녀와서 연락도 한 일이 있고 서로 통하고 있으며 국외에 있는 분이나 국내에 있는 분이 다 같이 우리 조국을 위하는 마음은 일반일 것이니 우리의 자유독립국가를 완전히 세우자는데 무슨 이의가 있겠습니까. 우리의 앞일을 우리는 낙관하며 다 같이 노력하기를 바라는 것뿐입니다. 오늘밤 내일이라도 여러분을 만나보고 싶으나 아직 그렇지 못합니다. 오는 길가에 학교로부터 돌아가는 어린 아동을 볼 때 두 눈에 흐르는 눈물을 금하지 못하였습니다. 이같이 감상담을 그칠 줄 모르는 아직 청년 선전부장 가슴에는 대한임시정부라고 박은 태극기의 빼지가 전기불에 빛나고 있었다.

〈신조선보 1945년 11월 24일〉

■김구씨의 환국은 건국보조 활발화, 이승만 박사 담

금일 도착하시게 된다는 예보가 전연 없어서 비행장에까지 출영도 못 나가 우리들의 지사를 맞이하는 데 죄송함을 금치 못한다. 해방 이후 잃은 조국의 고토를 환원시키는 것이 우리들의 최대한 책무인 이때 국내의 민족통일전선과 각 정당의 합동통일을 위하여 해외에서 착착한 위대한 지도자가 환국함에 우리가 희망하는 자주독립의 시기도 또한 조속해질 것을 확언하는 바이다. 이로써 우리들의 국내통일을 급속히 하여 해방으로부터 건국에의 활발한 보조가 전개될 것이라고 말할 수 있으며 동시에 임시정부 요인들의 환국을 애심으로 환영하여 마지않는다.

〈자유신문 1945년 11월 24일〉

■성심으로 환영, 환영준비위원장 김석황씨 담

그간 우리 환영회 총본부에서는 만반 준비를 다하고 있었으나 군정청으로부터 돌연한 발표를 듣고 임시정부 요인들의 환국을 알게 되었다. 당황하기는 했으나 기정방침대로 환영의 절차를 지켜나갈 예정이며 이번 요인들의 환국으로 우리는 우일층 건국 도정에 광명을 가지는 것이다. 30여 명 요인 전부가 동시에 환국 못하신 것은 섭섭하나 서서히 다들 오실 것을 믿고 우리는 성심성의 그들을 환영할 뿐이다.

〈자유신문 1945년 11월 24일〉

■국민당수 안재홍 임시정부요인 환국 환영사

4278년 11월 23일에 중경에 있던 대한민국 임시정부주석 백범 김구 선생, 부주석 우사 김규식 선생, 장로長老 성제惺齋 이시영 선생을 비롯하여 정부의 영수요인 15인이 몽매간에 동경하던 해방된 조국에 돌아 들어오셨다. 지난날 우리 민족해방운동의 최고의 지도자이신 우남 이승만 박사도 만중환희萬衆歡喜의 속에 이미 환국하셨고, 이제 다시 전全 민족해방투쟁의 최고 최대한 영도기관으로서의 임시정부가 거의 전全 각원閣員을 들어 풍우가 몰아치는 조국 연진烟塵 솟음하는 고향故都에 돌아오셨다. 중경 상해의 사이 장강長江 유역 수천리를 종단하고 다음 중연重演을 ..재하고 대공大空을 익파翊破하여 일로장활一路壯闊하게 한성정국漢城政局에 강하降下하였다. 이는 반세기의 기반羈絆의 철쇄鐵鎖가 걷혀지고 세계의 이목이 바야흐로 집중되어 있는 신조선의 역사적 동향과 아울러 세기적 대사건이오, 대기록 됨에 걸맞는 바이다. 오인吾人은 용동湧動하는 해내해외海內海外 삼천만 국민 대중과 함께 만공滿空의 정열과 성誠곤을 다하여 각원제위閣員諸位를 환영한다. 최대와 최고한 경의와 감사와 기대와 작흥作興과가 그들로 인하여 발로된다.

4238년 을사, 일로전국日露戰局의 종결과 함께 일본제국주의의 침략의 맹화

猛火가 근역槿域을 휩싸여 돌고 조국 및 생령生靈은 복몰침륜覆沒沈淪의 액厄을 벗을 길 없을 때 비분의 눈물이 웅맹雄猛한 반항의 혈성血性과로 한꺼번에 북바침을 금한 줄이 없이 혹 세록고보世祿고寶를 헌신같이 버리어 ㅇㅇ국경을 넘어 대륙에 추향趨向하며 혹 장검長劍을 뽑아 원적怨敵을 지다가 패배敗衄한 몸이 영어囹圄를 뛰어나와 분연奮然히 황해를 건너기도 하고 혹 서국西國의 전운이 겨우 걷히고 동방의 항전이 폭발되는 제회際會에서 북막北漠을 기웃고 요만遼滿을 헤매고 혹 의사義師를 일으키고 구미열국에 분소奔訴도 하며 천애지각天涯地角에 넘놀아서 때로는 산궁수진山窮水盡함에 가슴도 치고 임중도원任重道遠함에 긴 한숨 쉬어 임해臨海의 슬픔 슬픔대로 닿지 못하고 부갈赴渴의 일념소자 줄 네 없을 때 참고 견디고 업대고 또 뛰어얼고 단심부릴 나위 없고 대중의 곤고困苦 그 해방의 염원을 멈출 바 아닐 새 칠전팔기 구사일생하는 영항정진永恒征塵의 생애가 반드시 오늘날 있어야 할 것을 기원하고 신념하고 추구하여 온 바이라.

4252년 기미 삼일의 운동에는 해내해외 기만幾萬의 항전抗戰과 만여萬餘의 유혈流血로 민주주의 이념에 의한 임시정부가 조직되었고 이래 27년에 중간 심대한 난국을 지나왔더니 이제 해방의 날이 우리에게 약속되고 광복국가 재건설의 대업이 목전에 부과되어 있는 단계에서 그 임任 그 권權 그 역力을 아울러 갖어 광명이 솟아오르는 고국에 돌아왔다. 아아 이야말로 만중萬衆의 희망이요, 역사의 추진인 것이다. 최대한 기대와 최고한 작흥으로 획기의 신기원을 창작하여야만 한다. 8·15의 붕괴는 연합 4국의 영웅적인 전투가 국제 팟쇼를 모조리 타도한 데서 필경 성취되었고, 미소 양국의 점령군은 조선민족혁명 도정에 거대한 신사태를 만들어내었다. 사십여 년 피被 예속에서 돌연 해방된 무조직한 군중이 절절로 혼미분규의 도정을 안 밟을 수 없겠거든 남북은 분단되고 제국주의 일본의 잔재는 아직도 철저히 소탕되지 아니하여 반역의 무리, 그 사실 이에 행람동倖濫動함이 있어 대중은 도리어 현란함 있고 지도층은 얼마큼 곤피困彼를 읊조리는 즈음이라. 전에 우남 이박사 먼저 일주一籌를 나린 바 있고, 이제 백범 김주석 각료와 아울러 포치布置를 경기經紀함 있으려고 하니 대중도 옷깃을 가다듬어 성취 꼭 있을 것을 기필期必하나니 이 간재干載의 일운一運이오 민족해방의 완성과 자주독립국가 확립의 능부能否가 그 대관령에 오른 제회際會이다. 첫째 정병政柄

을 잡은 최고지도자 제위의 역량 및 포치布置오.

둘째, 수 개의 계선界線에서 병립竝立하여 있는 지도자 군君의 성의와 견식이오 다시 그를 둘러싸고 있는 대중의 추향趨向이다. 모든 공리를 벗어버리고 모든 소격疎隔을 집어치우고 일당일파의 불순한 사욕을 씻어내치고 협동보강의 정신에 살자! 헛된 낙관도 떼어 없이하고 참으로 성패사활이 턱밑에 대어들고 있는 냉엄한 현실에 돌아보아 이번만은 꼭 민족전선 통일강화와 정식정권 완성완취完成完就 독립국가 확립발에 삼천만의 원력願力을 한데 뭉치기로 하자! 될 것이냐. 꼭 된다! 위대한 국민은 결코 한 번밖에 아니오는 호기를 거저 잃지 아니하고, 옹성궂게 회천回天의 대업을 성취하는 것이다. 열국列國은 환시環視하고 있다. 이 호기를 꼰우고 바라보는 대중이 배후에 있는 것을 순간인들 잊으랴. 전 민족의 운명은 자아인 영웅과 파벌과 혹은 주의란 자 보담도 가장 거대한 것임을 알자!

임시정부 제위 만세! 민족협동통일전선 만세! 자주독립국가 확립 만만세!

〈신조선보 1945년 11월 24일〉

■김구 전기傳記

이승만 박사의 귀국의 뒤를 이어 중경에 계시던 조선독립운동의 대선배 제위도 속속 환국하시니 이는 가히 세기의 성사요 삼천만의 크나큰 환희요 건국의 승전고이다.

대선배 제위와 일찍부터 접촉이 잦았던 일강一岡 홍남표洪南杓씨에게 우리 선배 몇 분의 프로필을 청하기로 하였다.

일강 홍남표씨는 세인 주지하듯 그 오척 단구가 오로지 투지로 뭉치인 듯한 가장 비타협적이며 가장 과감한 그리고 가장 진정한 우리 민족해방의 전사이니 조국이 욕 당하던 날부터 해방의 우렁찬 제일보를 내디딘 금일에 이르기까지 해내해외海內海外 혹은 옥외옥내屋外屋內에서 조국을 위하여 줄곧 투쟁으로 일관한 이 지도자에게 우리의 민족적 영웅들의 프로필을 듣는 것은 심히 타당한 일이면서 또한 우리의 가장 기쁜 일이다. 그러나 홍남표씨는 원래 신문기자의 붓대에 오르기를 꺼리는 분이다. 이번에도 굳이 사양하는 것이었으나 마침내 옛 동지를 맞이할 반가움에서 입을 열었다.

내가 백범 김구씨를 경모하는 것은 그의 일관한 성격 애국의 지성과 의기 그 가식이 없는 명리名利를 떠난 순진성 그러면서도 어딘지 말할 수 없는 위엄과 열정 아마 이 때문인가 한다. 그는 조금도 권모술책의 사기가 없는 진정한 애국자이다. 나는 표리가 부동한 천변만화의 뿌로카적 정치가를 절대로 증오한다. 내가 백범을 좋아함은 주의와 식견이 동일해서가 아니다. 백범은 민족주의자이요 나는 공산주의자이니 스스로 다른 바가 있다. 그러니 그나 나나 조선을 진정으로 사랑하고 자주독립을 위하여 싸워온 점에선 일치한다. 몸도 가족도 명예도 지위도 돌아보지 않고 오직 일편단심으로 변함없이 각기 응분하게 싸워온 점에서 공통된다. 나는 같은 혁명가로서 그의 이와 같은 시종일관한 혁명가적 지조를 좋아한다. 내가 백범의 성화聲華를 처음 들은 것은 나의 20시대 즉 학생시대이었으나 그를 직접 대하기는 훨씬 뒤였다.

1926년 가을 6·10 만세사건이 단서로 조선공산당의 조직이 일본경찰에 발각되어 제2차의 대검거풍이 전 조선을 휩쓸었을 때 나는 간신히 적의 독아毒牙를 벗어나서 제2차의 해외망명을 상해로 갔었다. 그때 상해의 전선은 공산주의와 민족주의의 두 진영으로 짝 갈리어 피차간에 수화를 하지 않는 상태에 있었다. 나는 같은 사건으로 함께 망명한 지금은 벌써 고인이 된 창암倉岩 구연흠具然欽 동지와 해외에서도 민족통일전선을 결성할 것을 의논하였으니 국내에서는 신간회 운동이 한참 활발하던 때이다. 그리하여 재在 중국조선인 유일독립당을 백범과 석오石吾 이동녕李東寧씨 및 기타 민족주의 운동의 여러 선배들과 손을 잡고 발기하게 되었다.

바로 백범이 대한임시정부의 국무령으로 있을 때였다. 처음 만난 것이 어딘지는 기억되지 않으나 첫인상은 어렸을 때 듣고 상상하던 바와 조금도 다르지 않게 그는 키가 후리후리 크고 얽고 광대뼈 쑥 내민 기골 찬 얼굴과 더욱이 말수가 적어 일견 무뚝뚝해 보이고 무서워 보였다.

그러나 나는 그가 외견과는 딴판으로 다시없는 다정스럽고 부드러운 분인 것을 그와의 첫 접촉에서부터 알았다. 그는 상해에 있을 때에도 돈이 없어서 정주定住조차 가지지 못하였으며 항상 결식缺食하되 그는 그런 체도 안 보였다. 그에게는 오직 독립을 위한 일만이 세 끼의 밥보다도 즐거웠다. 그가 일구월심 하는 것은 그저 왜놈을 잡아없애는 것뿐이었다. 간혹 나하고 주의 상에 의논이 생길 때는 "나는 일강은 좋아해도 일강의 주의는 싫다" "나로 집도 땅도 돈도 없는 사람이니 구태여 자본가들을 잘 살리기 위하여 일하는 것은 아니다. 그러나 내가 공산주의에 반대하는 것은 왜놈한테 빼앗겼던 나라를 다시 아라사에 팔아먹으려는 것이 싫기 때문이다." 그럴 때마다 공산주의자도 조국의 절대 자주독립을 기하는 것이오. 그 자주독립의 위에 서서 사회주의 사회의 건설을 목적하는 것임을 역설하여 설득하는 것이나 백범은 종시終始 일강은 그렇게 말해도 다른 주의자들은 그렇지 않다고 주장하는 것이었다.

백범은 황해도 신천에서 출생하였다고 하며, 18,9세 때 즉 을미년에 민후閔后가 일본인에게 살해되자 그는 소년의 몸으로 분연히 일어나 그 범인을 잡아 죽였다. 이로 인하여 사형을 선고받았으나 탈옥하고 재차 체포되었을 때는 광무제光武帝에게 그 비범한 인품이 알려져서 특사 석방되었다. 그 후 평양 영명사永明寺에 중이 되어 한학과 서도를 연구하다가 합방 후 신민회를 조직 일을 위하여 서간도로 들어갔다가 뜻을 이루지 못하고 고향으로 들어와 소학교를 설립하여 육영사업에 진력하였고 기미년에 상해로 건너갔다. 대한임시정부에서 보다 높은 직위를 그에게 맡길 때도 그는 이를 고사하고 경무국장을 자청 취임하였으니 그 목적은 왜놈과 정탐 놈들을 잡아 없애자는 것이다. 그 때문에 그 당시에는 왜놈이나 주구들은 법조계에 얼씬도 못하였고 들어온 놈은 예외 없이 잡히었다. 그 후 그는 내무부장을 거쳐 국무령에 취임하였던 것이다.

상해사변 직전에 이봉창 동지를 파견하여 일본 황성을 부수려던 세칭 이중교사건도 유명하거니와 1932년 4월 28일 강도 일본군은 적의 천장절天長節을 기해 상해 신공원에서 전승축하식을 겸하여 10만 대군의 열병식을 거행하였다. 이는 외람하게도 일본놈의 위무를 중국에 뿐만 아니라 전 세계에 선포하려는 비망非望의 의도를 표시한 것이니 경계는 자못 삼엄하였고 식은 제법 장중히 진행되었다. 그러나 적의 환희가 바야흐로 절정에 달하려 할 즈음에 어찌 뜻하였으랴. 한방의 폭탄은 적敵의 심장 위에 떨어졌다. 적敵의 총사령관 백천白川대장과 일본 거류민단장은 즉석에서 꺼꾸러지고 중광重光대사는 다리가 분질러지고 야촌野村해군대장은 편안片眼이 빠졌으며 10만 대병은 가슴이 서늘했고 중국의 온 천지는 경이와 환희로 터졌다. 누구냐 이 귀신같은 사람은 누구냐, 윤봉길, 김구씨의 동지, 김구씨가 길러낸 사람 김구씨의 지휘 밑에 움직인 사람 특히 그는 조선 사람이었다. 나는 이와 같은 개인적 태도를 권장하는 바는 아니나 이 사건이 중국의 천지를 뒤흔들었고 조선인의 성가를 높였다.

백범 김구씨가 귀국의 도중에 있다는 말을 들을 때 그와 직접 면담이 없는 삼천만이 모두다 반가워하거니 나의 반가움이야 더 말할 수 있으랴 나는 김구씨를 존경한다. 그는 나의 10년 이상의 혁명선배이다. 그는 우리 독립운동의 가장 비타협적인 일철一徹한 성격의 투장鬪將이며 노련한 지도자이다. 그가 하루바삐 군중 앞에 나서서 일제 잔재세력의 완전소탕과 친일파의 숙청 그리고 진정한 민주주의 정권의 독립을 위하여 최후의 공헌이 있기를 충심으로 축하하며 기대하는 마음 참으로 절실하다. 〈신조선보 1945년 11월 24일〉

■임시정부 투쟁사 해외영수 입국으로 정계 자못 활발

오래전부터 입국하리라는 소식만 전해와서 일반이 기대하던 임시정부 영수 김구 선생 일행을 맞아 정계는 갑자기 활기를 띠었다. 좌우 양익으로부터 민중통일 전선결성의 요망은 자못 심각하고 또 착착 구체화하여 가며 한편에 있어서는 전국인민위원회 대표대회가 겨우 종막을 닫은 이때에 김구 선생 일행의 환국은 정국의 정돈과 독립촉성에 중대한 의미를 가지는 것이다. 정계의 각광은 갑자기 일행의 숙소인 서대문정 최창학씨 저택에 집중하였다. 이날 밤 숙소에서는 미국 헌병과 경관대가 엄중하게 경계하고 있는데 처음으로 찾아 들어온 분은 미리부터 입국하여 독립촉성중앙협의회를 결성하여 활약하던 이승만 박사로서 약 한 시간 동안 요담한 다음 임시정부영수 환영회위원장 김석황씨와 또 이시영씨와 아드님 이규봉씨를 비롯하여 입국한 분들의 가족친척의 왕래가 빈번하였다. 이리하여 일행은 36년 만에 다시 맞은 조국의 첫 밤을 쉬며 먼 길의 여장을 풀기 시작하였다. 〈신조선보 1945년 11월 24일〉

■임정 환국에 각계 인사 반응

- 중앙인민위원회 허헌許憲 : 때마침 전국인민위원회대표대회의 뒤를 이어 확대위원회를 계속해서 열고 군정에 대한 관계와 민족통일전선촉성 등의 전 민족 당면의 최대과제를 걸고 숙의를 하고 있는 조선중앙인민위원회는 인제 갑자기 임시정부 영수 일행의 환국이라는 중대한 새 사태를 맞아서 그 태도는 조선민중뿐 아니라 전 세계의 시청을 모으고 있다.

  중앙인민위원회 허헌씨는 임시정부 영수를 맞아 아래와 같이 말하였다.

김구 선생을 비롯하여 임시정부 영수 제씨가 환국하였다는 반가운 소식을 들었는데 삼십여 년 동안 해외망명생활을 하면서 조국 광복을 위하여 혈투를 계속하여온 데 대하여 충심으로부터 경의와 사의를 표하여 마지않는다. 특히 김구 선생은 우리나라 혁명가로서의 높은 지조와 풍모에 깊이 탄복한 바 있었다. 선생의 정치적 식견이라든지 경력으로부터 미루어 보아서 가장 공평한 견해를 가지셨으리라고 믿고 있다. 자못 복잡한 듯이 보이는 국내 정세에 대하여도 넓고 깊은 통찰을 가질 것으로 생각하며 당면한 난국을 수습할 가장 적임이며 그 역량에 대하여도 십분 기대를 가지는 바다. 여러 가지 분열된 견해를 높이 초월하여 대국적 견지에서 정국을 수습하여 하루바삐 독립국가의 완성을 가져올 수 있으리라 믿는다. 중앙인민위원회로서도 결코 고집을 세우거나 단독으로 정국을 타개하려는 생각은 아니다. 어디까지든지 해내해외의 혁명투사와 일당에 모여 국사를 요리해 가려는 겸허한 생각을 가지고 있음을 밝혀 말해 둔다.

오늘 정국을 정돈하여 독립을 촉성함에 있어서 공산당이나 청년층을 밀어내놓고는 도저히 바랄 수 없으며 차라리 민족 각층의 모든 역량을 집결하여서만 가장 굳세고 튼튼한 국가를 세울 수 있을 것이다. 실은 민족 반역자와 친일파에 대하여도 어느 정도의 한계를 밝혀 정해야 둠이 필요할 것이다. 어디까지든지 좌우 양익을 잘 조화하여 이들을 잘 집중하는데서만 위대한 성과가 올 것인데 당면해서 이 일을 능히 할 수 있는 분으로 김구 선생은 가장 적임일 것이다. 선생의 높은 식견과 역량으로 어렵고도 꼭 필요한 사업을 완성하여 민족만년의 대계를 확립하기를 기대하는 것은 비단 나 한사람 뿐 아니라 뜻있는 인사가 한가지로 고대하는 바일 것이다. 해외에서 오래간만에 들어오신 만큼 국내정세에 대하여 상세하게 진상을 붙잡아서 대처하시기를 바라며 또 믿어마지 않는다. 김구 선생 외에도 이번에 들어오신 김규식 선생은 전에 뵈 온 일이 있고 엄항섭씨 밖에 몇 분은 뵌 일은 없으나 모두 존경과 신뢰를 바치는 혁명가다. 해외의 많은 혁명투사를 일시에 맞이하여 우리의 민족적 역량은 비약적으로 강대해져서 친애하는 연합국 제국의 기대에 한층 더 보답할 수 있는 것을 기대하며 우리들은 언제든지 자주독립할 수 있는 능력을 연합국에 뚜렷이 보일 수 있게 되었다. 나는 하루바삐 이 선배와 또 동지 제씨를 모시고 허심탄회하여 국사에 대한 높은 포부를 듣고자 하며 나로서는 인민공화국 성립과정과 그 후 정세에 대해서 소상하게 그분들에게 전해 올리고자 한다.

- 이승만李承晩 : 일찍이 임시정부의 초대대통령이었을 뿐더러 끝까지 같이 손잡고 임시정부의 요원으로서 해외에서 긴밀히 연락을 취하여 꾸준히 조국의 광복을 위하여 활약 분투하다가 해방 이래 한 걸음 앞서 입국한 이승만 박사는 김구 선생 일행의 환국의 제1보를 접하자 넘치는 기쁨을 감추지 못하며 다음과 같이 환영의 말씀을 들려주었다.

돌아오시는 선생들의 기쁨도 크려니와 맞이하는 삼천만의 기쁨도 말할 수 없다. 협심육력하여 가장 가까운 기간에 완전독립을 이루도록 매진할 것이다.

- 인민당수 여운형呂運亨 : 나의 선배로서도 환영해야겠지만 혁명선신의 선배로서 나는 공손한 마음으로 선생의 귀국을 고대하고 있다. 그러나 내가 고대하는 마음은 선생의 귀국한다는 그 사실만을 의미함이 아니라 선생이 귀국하여 조선을 보시는 눈과 민중의 소리를 듣는 귀가 누구보다 현명하고 공정하실 줄을 믿는 그 마음에서다. 선생의 눈은 먼저 조선의 실정을 똑바로도 깊이 파고들어 맨 나중에 있는 것까지도 보셔야 할 것이고, 선생의 귀는 전 민중이 무엇을 부르짖고 무엇을 요구하고 무엇을 선생에게 기대하고 갈망하는지를 분명히 들으셔야 할 것이다. 총명하신 선생은 국내의 모든 혁명투사들과 손을 잡고 새 시대의 새 조선을 그르침이 없도록 또 조선민중의 기대와 행복에 어그러짐이 없도록 광명과 희망에 넘치는 국가를 건설하실 줄 믿는다. 선생은 인민의 의사를 토대로 하여 힘차고도 바르고 씩씩하고도 영원한 젊은 조선을 세우시는데 분투하시기를 우리는 열망하는 바이다. 정치는 언제나 새 시대의 각도에서 새로운 감각을 용감하게 살려 가는데 성공할 수 있다는 것은 두말할 것도 없다.

- 한국민주당 송진우宋鎭禹 : 나는 당초부터 중경임시정부를 절대 지지하려는 방침으로 나아왔기 때문에 그 분들의 절대 지도에 복종하고자 한다. 조선이 일본제국주의의 기반羈絆에서 해방된 것은 미米·중中을 비롯하여 제諸 연합국의 호의와 노력에도 있겠지만 우리가 해방된 유일한 힘은 중경임시정부주석 김구 선생이하 여러분들의 힘이 절대 다대多大하였다는 것은 망각할

수 없는 일이며, 특히 김구 선생은 당시 일본놈의 가슴을 서늘하게 한 상해 폭탄사건이후 장개석 주석의 절대 신임을 받게 되어 남경 중경까지 장 주석과 같이 조선해방을 위하여 투쟁을 해왔고 특히 카이로 회담에서 장 주석의 발안으로 조선을 적당한 기회에 일본으로부터 해방하여 자주독립을 주겠다고 만장일치 가결된 것은 유명한 사실이다. 이러한 위대한 혁명가요 지도자에게 복종을 아니 할 수가 어디 있는가. 이제 그분들이 나오셨으니 그분들의 위대한 지도안이 확립되어 있겠고 또 조선독립촉성중앙협의회가 생기었으니 다같이 흉금을 터놓고 조선독립 완성을 위하여 매진하기를 충심으로 바라는 바이다.

- **국민대회준비위 부위원장 김준연金俊淵** : 8월 15일의 해방의 징소리가 울려진 후 국내의 정정은 매우 복잡하였었다. 그런 때를 당하여 본 준비회에서는 솔선하여 재중경在重慶 대한민국 임시정부 절대 지지의 기치를 선명히 하고 국민의 총의를 집결할 수 있는 국민대회를 준비하고 있는 터이다. 지금 주석 김구 선생이하 제 요인의 환국하심에 당하여 우리는 충심으로 봉축의 의를 표하는 바이다. 그분들이 형식상으로는 비록 개인의 자격으로 오신다고 하나 주석이하 정부 제원이 오시게 된 이상 우리는 정부로서 환영하여야겠다. 이분들의 환국을 계기로 하여 우리 민족국가 독립의 거보巨步가 더욱 힘차게 나가질 것을 확신하고 원하는 바이다.
- **홍명희洪命憙** : 시내 관훈정町 195번지 모씨 댁에 유숙중인 벽초 홍명희씨는 왕방한 기자에 대하여 다음같이 이야기 하였다.
중경 임시정부주석 김구 선생을 비롯하여 요인들이 역사적 환국을 하였다 하니 참으로 기쁜 일이다. 그분들의 다년 해외에서 조선 독립을 위하여 분골쇄신 참으로 진솔적 노력을 하시고 금일 원로 무사히 금의환국을 하신 데 대하여 만당의 환희와 경의를 표하는 바이다.
　회고하건대 8월 15일 해방이후 국내는 대소군당이 족출 상호 대립하여 민족통일전선을 갖추지 못한 것은 유구한 역사를 가진 문화민족으로서 참으로 부끄러운 일이다. 이는 각자가 소아를 취하고 대아를 망각한 점에서 오류를 범한 줄 안다. 진정한 국사를 위한다면 어째서 통합이 안 되겠느냐. 수십 성상을 오직 국사를 위하여 헌신해온 위대한 지도자들이 이번에 오셨으니까 우리들 삼천만은 한데 뭉쳐서 틈이 벌어지지 않도록 절대 노력해야 할 것이다. 그렇게 해야만 조선의 완전한 독립이 빨리 완성될 것이다. 한 가지 이야기하고 싶은 것은 이번에 오신 분들이 다녀간 해외에 계신 관계상 국내사정을 잘 모르므로 혹 일당일파의 의견에 편중되지나 않고 특히 염려를 하는 모양이나 그분들이 절대로 그렇게 편협한 태도를 취하지 않을 줄 믿으며 또 그렇게 되어서는 민족분열의 원인이 될 것이다.

- 학술원 백남운白南雲 : 여러 해를 해외에서 조선의 독립을 위해 싸워 오신 분들이 돌아오셨다니 조선 사람으로 누구나 다 환영할 줄 안다. 통일전선의 완성을 보지 못한 이때이니 무엇보다도 통일에 전력을 다해 주셔야겠는데, 가장 엄정한 입장에서 인민이 소리를 들어야 될 줄 안다. 완전한 자주독립을 목표로 한 인민의 궤도는 무엇인가를 발견 파악하여 민주정치의 실현을 보이야겠는데 그러기 위해서는 먼저 백지白紙로 돌아가서 아무런 자기의 의도 없이 주판을 버리고 예비지식을 떠나서 허심탄회한 입장에서 인민이 소리를 들어주기 바란다. 물론 그분들이 해외의 사정에는 정통하시겠으나 국내 사정은 어두운 점도 있을 것이다. 정치는 감정의 발전이 아니다. 너무 과민할 것도 아니고 어디까지나 냉정해야 할 줄 안다. 대외적으론 자주독립을 요청하고 대내적으론 민족의 갱생도更生道를 개척하는 민중의 생활 체제를 다시 편성하여 완전한 자주독립을 얻어야 할 것이다. 그리고 지도자는 끝까지 사회적 책임감을 가져 주기 바란다.
- 진단학회震檀學會 송석하宋錫夏 : 수십 년 동안을 해외에서 조국의 자주독립과 해방을 위하여서 갖은 고초와 풍상 가운데서 싸워오던 분들이 이제 귀국하시니 무한히 감사하며 성의를 가지고 환영합니다. 해외의 여러 가지 국제정세는 그분들 이외에 더 잘 아실 분들이 없을 터이니, 해외의 모든 사정은 그분들에게서 듣기로 하겠으나 그분들이 오래 동안 조국을 떠나 있던 만큼 국내의 사정에는 좀 어두우신 점도 없지나 않을까 하고 생각되는데 그간 국내에서도 조국의 자주독립과 민족의 해방을 위에서 싸워 오신 분들이 많이 있으니 여러분들이 다같이 협력해서 완전한 민주주의 국가를 건설해 가기를 바랍니다. 그러기 위해서는 첫째 모든 정치적 주관이나 의도를 떠나서 허심탄회한 입장에서 조선인민의 부르짖음이 무엇인가를 솔직하게 듣기를 바랍

니다. 38도 문제도 급히 해결을 지어야 할 문제이고, 통일전선의 완전한 결성도 급한 문제입니다.

모든 문제를 내가 구구히 말씀하지 않아도 잘 아시어 처리해 나갈 줄 믿으며 또 나는 문화인이니 우리 민족문화건설에도 더 많이 힘써 주시기를 바랍니다.

- **조선어학회 이극로李克魯** : 그분들이 돌아오심에 먼저 조선의 자주독립을 위해 수십 년 동안 싸워 오신데 대해 감사한다. 리 박사도 오셨고 김구 선생도 오시니 마지막 숙제해결에 크게 기대를 갖는다. 국외의 사정은 잘 아실 터이고 돌아오신 뒤는 국내의 인민의 소리와 여러 가지 정세를 관찰하시어 완전한 국가건설에 매진해 주실 것을 믿는다. 서로 받들고 서로 협력하면 모든 문제는 해결될 줄 안다. 앞으로 그분들에게 기대하는바 큼은 나만이 아니고 조선의 인민 전부일 것이다.
- **문협의회위원 임화林和** : 그 생애의 대부분을 우리 민족의 해방을 위하여 바친 여러분을 맞이함은 민일전선民一戰線의 미명美名아래 친일파 민족반역자군反逆者群이 권력을 탐내어 떼를 지어 횡행하는 이때 참으로 마음 든든한 일이다. 오래인 해외풍상을 씻을 겨를도 없이 이내 건국대업에 참여해야 한다는 것은 국내에 있는 우리로 참말 미안할 일이나, 우리 건국의 공작을 지연시킨 원인이 이들 친일파, 민족반역자의 도량跳梁이 있었던 것과 이 도당의 소탕이 건국의 제1보임을 먼저 명기해 주시기 바란다. 그 다음으로는 전국인민의 각층을 통하여 높아지고 있는 민의 진정한 요구에 귀를 기울이시기를 특별히 요청한다. 우리는 해외에 오래 계시다 돌아와 국내사정에 어두운 것을 기화로 자파의 견해를 주입사여 노老 혁명가의 갈 길을 위태롭게 한 경험을 이미 맛보았기 때문이다.

〈신조선보 1945년 11월 26일〉

■임시정부 투쟁사

대한임시정부주석 김구 이하 영수 수행원 합습 15명은 23일 오후 1시 상해의 중국 정계요로인 다수와 잔류 정부요인과 및 재류 동포유지들의 성대한 전송 리에 환국의 장도에 발정發程하였다. 임시정부는 과

거 27년의 혈투사에 눈물겨운 기록을 남기고 찬연히 빛나는 역사적 사명을 짊어지고 이제 고토에 환국하게 되는 것을 목도하는 해외동포의 감격은 유달리 환희의 눈물을 금할 수 없었다. 회고하면 임시정부는 일찍이 재외 제諸 세력 즉 김구를 중심으로 엄항섭, 조소앙 등을 수령으로 하는 대한독립당, 김규식·김원봉 등을 중심으로 한 민족혁명당, 김명준, 홍진 등을 수령으로 하는 신한민주당, 김성숙을 대표로 하는 공산주의 세력, 유림을 대표로 하는 아나키스트파 등 5개 정치세력을 대동단결한 진보적 민주주의 정권으로서 금일 국내가 혼돈된 차제에 인민의 요망하여 마지않는 진보적 민주주의국가 건설의욕의 현상에 감鑑하여 넉넉히 국내 제諸 세력을 포옹 섭리할 것으로 기대된다. 김 주석은 상해 출발에 임하여 왕방한 기자에게 자못 겸허한 태도로 여좌如左히 힘차게 언명하였다.

「고투 27년 만에 조국의 광복을 본 오늘 환국 도정에 오르는 감격은 실로 무량한 바이다.

나는 노구요 국내외 정세는 다단하니 내가 고국에 들어간들 얼마만큼 건국에 공헌할지 의문이다. 다만 모든 것을 백지白紙로써 대하겠다는 것만은 확언하여 둔다. 어느 일당일파를 지지한다든가 하는 태도가 아니라 국내 제 세력을 규합하여 통일정권 수립에 힘이 된다면 전폭적으로 힘을 쓸 각오를 가지고 국내에서 국가건설에 싸우는 동지들과 협조하려 한다.

더욱 김구 주석은 상해에 체제 중인 장 주석의 호의로 상해시장 전대조錢大鈞 저택에 전후 19일간 체류하며 극진한 환대를 받았다. 일행에 따르지 못한 임시정부 영수와 그 가족은 비행기 편이 있는 대로 속속 환국의 도途에 오르게 될 것인데 개중 더욱 곤란한 일은 다년간의 방대한 정부 중요서류 수송 등이 있으므로 전원의 귀국에는 다소 시일을 요할 것이다. (상해에서 본사특파원 구익균具益均 발發)

금번 일행과 같이 환국하기에 이르지 못한 이청천 장군에 대하여는 다음과 같은 사명이다. 이 총사령관은 방금 광복군 개편에 전력을 다하고 있는데 그 개황은 여좌如左하다. 즉 장 주석이 각별한 호의로 과반 중中·일전日戰 당시에 일적으로 출병했던 동포병사 전부를 광복군에 편입하게 되어 이미 항복 일군사령에게 개편에 필요한 수속을 명령하여 속속 실현 중이요, 또 일군을 무장해제함에 제하여 얻은 무기는 이를 대부분 광복군에 제공하기로 되었다는 것이다. 동 수속이 완료되면 광복군은 조선의 국군의 기간으로써 약 30만에 달할 것으로 보이는데 명춘明春 3월경까지는 입국을 완료할 예정이다. (상해에서 본사특파원 구익균 발發)

백범 김구 선생의 반생은 실로 피와 땀의 기록이다. 이제 그의 약력을 소개하기로 한다.

김구 선생은 당년 71세의 노인이다. 아호雅號는 백범이며 출생지는 해주이다.

18세까지 한학 학습. 19세 일본인이 명성황후를 시해한 원한으로 일본헌병을 타살. 인천 감옥에 투치投置되어 있다가 탈옥, 경상도 지례에 있는 절에서 승僧 생활 2년. 그 후 평양 부근에 있는 영명사永明寺로 옮기다.

승려생활 5년에 한시 불서를 섭렵하고 서도에 면려하였다. 24세 황해도 장연읍 사직리에 체류하다 해주를 중심으로 하여 청년동지들과 배일운동에 투신하였다. 동지를 얻고 정치운동의 결의를 견고히 한 선생은 안악으로 이사를 하고 교육사업을 하는 일면 애국지사를 전선全鮮적으로 규합하기에 전력하다.

안악에 해서海西교육총회를 조직하고 총감摠監이 되다. 신학문 보급을 위하여 당시 일본유학생을 전선 각지에서 해서일대海西一帶로 결집하였다. 당시 강사로는 이홍량·조인권·전락영 제諸씨였다. 이 같은 운동이 청년 간에 왕성하여지자 일본관헌은 선생을 중심으로 한 동지들의 사상과 사생활의 이면조사는 급기타 탄압과 취체로 화하였다. 35세 김홍량과 같이 사내寺內(정의正毅)총독 암살대를 조직하고 전선 각지의 동지를 망라하였다. 그러다가 사전에 발각 체포되어 김홍량과 함께 15년의 징역의 판결을 받아 서대문 형무소에 투옥되었다. 이 사건으로 인하여 해서 일대에서 피체된 지사와 관계자는 1만 4천여 명이나 되었었다. 급기야 이 사건으로 인해 복역자 36명, 유배자 50인을 내었다. 복역 7년 만에 일본 명치황후가 죽고 대정황후가 위에 오르자 소위 특사로 감형되어 출옥하게 되었다.

안악에서 2~3년간 대세를 정관하다가 기미년 만세사건에 부딪히자 국내에서 맹렬한 활동을 전개하였으나 뜻과 같이 못하여 최명식과 함께 상해로 망명하였다. 상해에서 한국임시정부를 조직하고 동지를 결속하였다. 이 정부의 경무총감에 선임된 이래 신망을 한 몸에 지녀 내무총장 국무총리 대통령을 역임하였다.

현재는 임시정부주석으로써 중경에서 활동하여왔다. 간악무도한 왜국의 대륙침략정책의 제일보로서 사기와 협박 속에서 소위 병합조약이 체결되어 빛나는 반만 년 역사에 모욕을 받게 되자 혀를 깨물고 피를 토하는 우국지사가 많았으나 기울어지는 국운을 바로잡을 아무런 도리조차 없고 압록강과 두만강을 건너 중국으로 시베리아로 또는 멀리 바다를 건너 자유의 나라 미국으로 망명하는 의사열사는 날로 늘어갈 뿐이었다. 이러한 분위기 속에서 국토를 찾으려면 우선 실력부터 양성하여야 하고 실력양성의 첩경은 군사교육의 실시에 있다고 우리의 선각자 이시영이 만주에서 무관학교(신흥학교)를 설치한 것이 1919년이다. 이 신흥학교가 광복군의 우수한 간부를 다수 배출한 것은 너무나 유명한 사실이다. 그러다가 구주의 침략자 독일의 발악으로 1914년에 제1차 세계대전이 발발하니 급속도로 변천하는 세계정세에 대처하기 위하여 이시영은 무관학교를 이상룡에게 인계하고 상해로 가게 되었다. 이때에 상해에는 이시영·조성환·이동령·김규식, 만주에는 이상룡·김동삼, 미주에는 이승만·안창호 등 쟁쟁한 선배투사가 혈투를 개시하고 있었다.

● 경성에 정부조직

1918년에 제1차 세계대전이 침략자 독일의 패배라는 당연한 귀결로 종막하니 민주주의 사상은 급격히 세계를 풍미하고 이 신사조의 대두에 따라서 열사의 투지는 백배하고 국내 구외를 통하여 독립운동 진전의 기운이 점점 농화하였던 것은 물론이다. 그리하여 김규식이 파리강화회의에 한국대표로 출석한 것은 바로 1918년 겨울이다. 우리가 잊을래야 잊을 수 없는 1919년 3월 1일! 국민의 울분은 드디어 폭발되어 민족해방운동은 요원의 화염처럼 만연하였다. 파고다공원에서 결행된 유명한 33인 대표선언을 계기로 하여 전 조선 방방곡곡에 독립만세 소리가 천지를 진동하니 일인의 발악은 절정에 달하여 수원을 위시한 각지의 학살사건이 무수하고 연인원 10여 만이 피검되었다. 기 직후 4월에 전협, 최익환 등 대동단이 주체가 되어서 국내의 여론을 일으키며 정부를 수립하기로 하고 각원과 각도 대의의사를 선거하였는데 임시정부의 역사적 조각이 된 곳은 국외가 아니요 실로 서울 화천정 동화약방 고 민권 댁에서 장거가 결정되었던 것이다. 이것이 득 상해 임시정부의 모체이며 초대 각료는 다음과 같다.

임시의정원 의장 이동령 **임시국무총감** 이승만 **내무총장** 안창호

외무총장 김규식 **법무총장** 이시영 **재무총장** 최재형
군무총장 이동휘 **교통총장** 문창범

● 중국정부 적극원조

이상의 내각과는 별개로 군사교육기관으로 만주에 군軍 정서를 두기로 하여 이상룡이 총재에 임명되고 현 임시정부주석 김구는 당시 임시정부 경무국장이었었다. 대한민국 임시헌장과 정강을 결정 발표한 것도 이때였고 그 후 시정방침을 결정하여 냉용과 형식의 정비에 노력한 결과 직제도 대통령제로 고치고 1921년에는 비교적 완전한 조각이 되었으나 시일이 경과함에 따라서 점차 재정의 궁핍을 고告하고 기타 제 사정에 의하여 직원의 경질이 빈번하였다. 설상가상으로 대전 후 욱일지세로 득세한 일본은 외무성과 조선총독부와 합세하여 교활한 수단으로 탄압하기 시작하니 임시정부의 고난은 일거익심日去益甚할 따름이었다.

그간에는 우리의 진용에서 많은 희생자도 내었으나 그 반면에는 우리의 손으로 처단된 일본 스파이는 부지기수였다. 종신징역으로 대전형무소에서 복역 중 지난 8월 15일에 출옥하여 현재 광복군지대에서 활약하는 김지강金芝江은 일본 스파이의 거물을 많이 처리하기로 유명한 분이다. 그러나 미미한 존재이던 임시정부가 중국 국민정부의 적극적 지원을 받게 되고 따라서 그 존재를 세계에 알리게 된 기회가 도래하였다. 인방隣邦 중국에 대하여 갖은 구실을 잡아가지고 악계惡計로써 상해에 파병하여 19노군路軍과 항쟁하던 일본의 수괴 백천白川 해군대장을 폭살한 충남 예산 출생의 윤봉길 의사의 폭탄사건이 즉 그것이다. 당시 중국을 싸고도는 국제정세가 매우 미세하게 전개되는 때에 생긴 사건인 만큼 일본으로 하여금 중국의 치안이 불완전하다는 또 한 가지 침략의 구실을 주게 되어 중국의 입장이 매우 곤란하게 되었던 것은 사실이다. 그러나 윤봉길 의사를 배후에서 지도하는 김구는 때를 놓치지 않고 외국 신문기자단을 비밀리에 소집하여 놓고 일체의 책임이 김구 자신과 임시정부에 있다고 언명하니 이 기사는 즉시 윤돈倫敦 타임스를 비롯하여 구미 각국 신문에 김구의 사진과 함께 대대적으로 보도되었다.

이로써 중국의 곤란한 입장이 해명되었을 뿐 아니라 국민정부가 전보다 더 적

극적으로 임시정부를 원조하게 된 것도 이때부터이다. 당시의 중국 각 신문은 필치를 같이하여 우리는 4억만이 일본과 함께 투쟁하였으나 윤봉길 1인을 못 당하였다고 우리의 의사를 찬양함과 동시에 임시정부의 존재를 소개하여 자국민을 격려하였던 것이다.

그러나 동아에서 거의 제한 없는 침략을 획책하는 일본은 만주약탈사변 발발 후 6년 만인 1937년 7월 7일 노구교에서 전단戰端을 일으키어 전화戰火가 점차 화북華北에서 화중華中으로 확대됨을 따라 당시 우리 국내에서는 해방된 오늘의 지사로서 자임하는 분들 중에도 일본의 패배를 예상조차 못할 그때에 최후의 승리에 대하여 굳은 신념과 열에 불타는 우리의 임시정부는 1938년 3월 1일에 드디어 일본에 대하여 선전포고를 감행하였다. 그리하여 임시정부는 중국 각지에 산재한 광복군 간부와 청년을 규합하여 중국군과 합작 활약하게 하고 국부國府와 같이 남경에서 중경으로 옮기었던 것이다. 이리하여 김구와 장개석의 사이는 단지 정부와 정부의 대표자라는 입장을 떠나서 동지적으로 융합됨은 물론이다. 그 후 구주에서는 또다시 독일의 침략적 공격으로 인하여 제2차 세계대전이 발발하니 대한민국 임시정부는 이 신新 정세에 대응하기 위하여 1942년 내각을 개조 강화하여 현 진용과 같이 김구가 주석으로 이승만은 주미사절로 전임傳任되고 있어서 그 해 겨울에 중국과 불란서 양국이 솔선하여 우리 임시정부를 정식 승인하게 되었다. 그 후 일로一路 일본 타도와 조선해방의 굳은 신념 밑에 매진하여 오늘의 광복을 맞이하게 된 것인데 현 각료는 다음과 같다.

주석 김구 **부주석** 김규식
내무부장 신익희 **외무부장** 조소앙 **재무부장** 조완구
문화부장 김상덕 **선전부장** 엄항섭 **군무부장** 김약산
법무부장 최동오 주미사절 이승만 **의정원장** 홍 진 이하 51명
국무위원회 위원 40명

〈중앙신문 1945년 11월 24일〉

■숙사경관

태평양을 건너 미주로부터 오신 이승만 박사 역시 그러셨거니와 이번에 그렇게 기다리던 임시정부주석 김구 선생과 부주석 김규식 박사 역시 아무 기별도 없

이 오신 것이다.

지난 5일 중경을 떠나올 때 「조국의 자주독립을 위하여 부디 노력하시오」라고 장개석 장군은 이들을 격려하였던 것이오. 또 「중국동포 여러분의 다대한 원조에 감사한다.」는 중국 떠날 때의 김구 선생의 인사는 이미 본지에도 소개한 바와 같다. 이렇게 5일 중경을 떠난 일행은 그날로 상해에 도착하여 그립던 고국으로 하루바삐 바쁜 걸음을 옮기려던 그들이었지만 여기에도 「정치」라는 까다로운 장벽이 있어 뜻대로 안 되었던 것이다. 소리 없이 김포비행장에 내린 지도자를 맞이하는 고국의 강산은 맑고 깨끗했던 것이다. 일행 15명은 김포로부터 숙사인 죽첨정竹添町 최창학씨 집에 들자 그 연도에서 이들의 자동차 행렬을 바라본 사람 또한 없었으리라!

이렇게 쓸쓸한 환국이지만 이윽고 M·P들과 서대문 서원署員의 경호가 숙사 안팎으로 늘어 설 때부터 눈치를 챈 부근 주민들은 숙사 어구인 동양극장 앞에까지 몰려들었으나 중과 같이 깊은 곳에 들어앉은 일행을 도저히 만날 수 없었던 것이며 각 신문기자들과 사진반들 역시 엄중한 경호진을 뚫을 수 없었다. 그러나 엄항섭 선전부장의 고국 동포의 소리를 듣고 싶어하는 충정에서부터 간신히 경호하는 순경들은 한 신문사 한 사람의 엄격한 제한으로 들어갈 것이 허락되었다. 청사廳舍 양관洋館의 정면 왼편 응접실에 김구 선생 이하 6명이 편안한 「쿠숀」에 몸을 파묻고 있는 것이 넌지시 창틈으로 들여다보인다. 한가운데 둥근 테이블에는 저녁 전 피곤을 푸시도록 사과 접시가 놓여 있고 이것을 깎아드리는 일행 중 「안安스잔나」여사의 손은 바쁘다. 이렇게 김구 선생을 바른 편에, 그 옆에 머리가 허옇게 시어 흰눈을 이고 앉은 듯 국무위원 이시영씨가 앉아 계시고 그 옆으로 부주석 김규식 박사가 자리 잡고 앉아 계시다 세 분이 차를 마시며 조용한 회화를 교환할 때 검은 테 「로이드」안경에 검으스름한 정력적인 얼굴의 김구 선생은 가끔 천정을 말없이 쳐다보며 잠잠한 「건국의 구상」이 7시 지날 때까지 이 방을 들어가는 이가 없었다. 〈자유신문 1945년 11월 24일〉

■김구 주석, 실정을 직접 견문한 후 책임 있는 발언을 할 것임을 언명

조국의 해방을 위하여 혈투의 생활 30여 년 그간 소아小我를 버리고 오로지 3

천만 동포의 자유를 획득하기까지 신산辛酸한 과거를 가져온 유중留中의 대한민국 임시정부주석 김구 선생, 동同 부주석 김규식 박사 이하 요인 3명과 수원隨員 등 15명은 23일에 귀국하였거니와 고국의 제1야를 보낸 일행은 24일 역시 허다한 내객來客으로 바빴다.

입경 제2일인 24일 오전 중에는 정식으로 미주둔군 최고지휘관과 미군정 장관 아놀드 소장을 각각 방문하는 등 다망한 일정으로 오전과 오후를 보내었는데 특히 오후 1시 반에는 군정청 출입기자단을 인견하고 다음과 같은 문답을 시한 바 특히 "일체에 있어 직접견문을 한 후에라야 책임 있는 말을 하겠다" 고 언명한 만큼 당분간 현하정세를 신중히 관망할 것으로 보이고 있다.

문 : 3천만 동포가 한 가지로 선생과 요인 일행의 귀국을 학수고대했으나 착경着京하시는 시간을 몰라 비행장에까지 출영을 못해드려 대단히 죄송합니다. 입경 제1야를 보내시고 다망하신 제2일을 맞이하셨는데 소감을 말씀해 주시면?

답 : 피차에 시간의 여유가 없는 것은 유감으로 생각할 뿐이다.

문 : 그간 국내정세는 자못 다단한 중에도 시급한 것은 정치의 통일전선을 획득하는 것인데 주석 선생 역시 이 문제에 관해서는 완전한 자주독립을 위하여 필요한 것이라고 생각할 줄 아나 그 통일전선 결성에 대한 포부를 말씀해 주십시오.

답 : 오늘은 시간관계로 말을 못하겠다. 이 박사 역시 그에 대한 방침이 계실 줄 알지만 나에게 이 박사 이상의 수완이 있다고는 신빙하지 말아주기 바란다. 나는 제군이 아는 바와 같이 국내와 연락이 없었고 국내사정에 어두운 만큼 현실에 대해서 자세한 것을 모두 30년간 해외에 나가 있었던 만큼 현하정세에 대해서 정확한 판단을 내릴 수 없다. 오늘은 다만 국사를 위해서 노력해온 신문기자 제군에게 감사를 드리고자 이 시간을 만들었을 뿐이다.

문 : 통일전선에 있어 친일파와 민족반역자에 대한 문제는?

답 : 통일전선을 결성하는 데 있어 불량한 분자가 섞이는 것을 누가 원하랴. 그러나 여기에는 두 가지 일이 있을 줄 안다. 위선爲先 통일하고 불량분자를 배제하는 것과 배제해놓고 통일하는 것의 두 가지가 있을 것임으로 결과에 있어 전후가 동일할 것이다.

문 : 그러나 악질분자가 중요한 자리를 차지한다면 통일 후의 배제는 혼란하지 않은가?

답 : 여하간 정세를 모르니 대답할 수 없다. 그러나 이것은 중대한 문제인 만큼 경솔히 말할 수는 없겠다. 전 민족에게 관한 것인 만큼 신중히 해야만 하겠다.

문 : 국내정세를 어떻게 정확히 파악하시렵니까?

답 : 눈과 귀가 있으니까 이 두 가지 기관을 통하면 될 것이다.

문 : 맥아더 장군과는 어떠한 연락이 있었나요?

답 : 현하 조선에 군정이 있는 이상 완전한 우리의 정부가 있을 수 없다는 것은 이해한다고 말하였다. 다만 우리의 일행이 온 만큼 해외 임시정부도 입국한 것이요 이것을 외국에서 인정한다는 것은 시간문제이다.

문 : 인민공화국과 군정과의 관계에 대하여 어떻게 생각하시나요?

답 : 그것은 말하지 않겠다.

문 : 독립촉성중앙협의회에 대해서는?

답 : 그 역시 말할 수 없다. 모르는 것은 말할 수 없다는 것이 원칙이니까.

〈자유신문 1945년 11월 25일〉

■임정 선전부장 엄항섭, 환국 후 임정의 활동발표 기자회견

임시정부 선전부장 엄항섭은 24일 오후 1시 기자단과 회견하고 대략 다음과 같은 일문일답을 하여 임시정부의 환국 후 활동방향을 표명하였다.

문 : 임시정부는 개인자격으로 환국하였는데

답 : 군정청과의 관계도 있어서 공식적으로는 개인자격이나 인민에 대한 태도는 좀 다를 것이다.

문 : 금후 조선에 완전한 독립정권이 수립될 터인데 임시정부가 발전적 해체할 의견은 없는가?

답 : 임시정부가 해체하고 안 하는 것은 인민이 결정할 바이다. 그러나 해체를 강제할 성질의 것은 아니다.

문 : 임시정부는 중국과 불국이 승인을 하였다는데

답 : 국제법상으로는 미비하나 사실상 국제간의 교섭대상으로 되어 있었던 것이니 이것을 우리는 사실상 승인으로 인정하는 것이다.

문 : 일본에 대하여 선전포고를 한 것은 언제인가?

답 : 우리는 3·1운동과 동시에 선전을 포고하였다. 1941년 12월 7일 일본이 대미전을 개시하자 동년 12월 12일에 우리는 과거의 선전포고를 재확인한 것이다.

문 : 중경에 있는 대한독립당은 임시정부의 유일한 여당이라고 하는데

답 : 대한독립당과 임시정부와의 관계는 깊다. 김구씨도 당원의 한 사람이다. 그러나 정부가 전부 당원으로만 구성되어 있는 것은 아니다.

문 : 대한독립당은 정당으로서 귀국할 예정인가? 그렇다면 그 시기는 언제쯤 되나?

답 : 본국 내에도 정당이 많다는 말은 들었는데 외국에서 또다시 정당을 가져오지 않아도 좋을 것으로 생각된다.

문 : 연안에는 독립동맹이라는 것이 있다는데 이제까지 밀접한 연락을 가지고 있는가?

답 : 대체로 좋은 상태에서 연락과 협조가 되어 있다. 국가를 독립하자는 동일한 목적에 노력하였으므로 의견이 상위하다는 것은 생각할 수 없다. 연안에서도 환국의 도정에 올랐다는 말을 들었으므로 하루라도 속히 고토에서 상봉할 날이 오기를 기다리고 있다.

문 : 국내에서 인민공화국이 정부같이 되어 있는데 이와의 관계는 어떻게 생각하나?

답 : 그것은 나에게 물을 것이 아니다. 여러분이 나에게 가르쳐 주기 바란다. 내가 보기에는 국내에는 우선 미국군정이 존재해 있고 북방에는 소련의 군정이 있다. 그러므로 우리의 목적은 3천만 동포가 굳게 결속함이 급선무다. 나는 신문에 나타나는 정도의 지식밖에는 모를 정당이 많다는 것은 이미 들었으나 책임자가 누구인지도 모르고 따라서 대면도 아직 다 못하고 있다. 그러나 우리가 목적하고 있는 것은 지난 9월 3일에 발표한 14개조의 당면정책에 포함되어 있으니까 이것을 원칙으로 하여 행동하게 될 것이다.

문 : 이승만 박사가 귀국한 후 정계의 움직임은 여전히 복잡하여서 상해로부터 김구 선생을 비롯한 여러분의 귀국에 인민은 대단히 기대하였는데?

답 : 어떻게 해야 할지 얼떨떨할 뿐이다. 나는 어디까지든지 여론을 존중하고 또 여론을 통하여 우리의 뜻이 알려지기를 바란다. 나는 아직 당도 모르고

사람도 모른다. 지금은 다만 환희에 포위되어 있을 뿐이다. 3천만 동포를 일시에 만날 수도 없는 일이니까 차차 방책이 서질 것이다.

문 : 광복군은 언제 귀국하나?

답 : 시기가 상조하다고 생각한다. 중국에 있는 일군의 처리가 아직 끝나지 않았으므로 이것이 끝나기를 기다리면서 규합하여 조직과 훈련을 하고 있다. 따라서 총사령부도 중 경에 있다. 총세는 약 1만이 된다.

〈중앙신문 1945년 11월 25일〉

■수만 정예를 훈련 중 김규식 박사 담화

일본 제국주의의 압박에서 해방된 삼천리 금수강산은 이에 중경으로부터 귀국하신 우리의 지도자 일행 12선생을 맞이함에 삼천만 동포는 누구나 마음껏 기뻐하지 않는 이 없다. 반세기 동안 국가와 민족을 위하여 제1선에 활약하시는 선배는 모두 노령이심으로 건강에 우리의 염려도 없지 않으나 이는 모두 기우이었다. 김구 이시영 유동열 김규식 제선배는 모두 노령이시나 장년에 지지 않는 기골로 금의환향 하였다. 그립던 고국에서 1야를 지낸 24일 오전 9시경에 기자는 임시정부 요인의 숙사로 정한 죽첨정에 다다른 즉 문전에 친지 수십 인이 나열하여 순번을 기다렸다. 김구 선생은 엄항섭씨를 동반하고 군정청을 방문하시었고 이시영 유동열 김규식 제선배가 내빈을 접견하시고 이시영 선생은 왕골선풍의 노구를 중원대륙에서 36년 만에 귀국하시었는데 이날 김규식씨는 다음과 같이 말한다.

「장시월長時月 만에 내지에 귀환하여 여러분을 반갑게 만났소이다. 중경에는 아직도 우리 한교 오백여 인이 남아 있습니다. 7개년 간 우리 임시정부가 중경에 체류하는 동안 약 50여 동지가 떠났으므로 고국에 돌아온 오늘날 특별히 이분들 생각 먼저 납니다. 일행이 13인만 선발대로 온 것은 비행편의 제한도 있었고, 또는 노인들만 오기가 불편하여 조소앙 선생 이외에 많이 잔류하여 다음 편에 분승키로 되었습니다. 이청천 선생은 상해에 아직 재류하나 미국에 남경을 경유하여 중경으로 갔다 오실 것인데 이청천 선생은 광복군의 총사령관으로 약 4, 5만의 군대를 영솔하실 뿐만 아니라 중국 국민정부 주석 장개석 원수와의 호의로써 우리 광복군을 최신식으로 무장시키어 훈련을 거듭하여 가지고 귀국하실 예정임으로 시일이 다소 지연될지도 모르겠습니다. 〈자유신문 1945년 11월 25일〉

■거리마다 환호성 창일

조선의 아버지요 우리들의 지도자이신 김구 선생은 드디어 23일 저녁 몽매간에 잊지 못하시고 그립든 고토古土 조선에 들어오시었다. 돌이켜 생각하니 27년간이란 쓰라리고도 긴 세월은 이역만리 해외에서 오로지 이 나라 이 땅의 백성을 자나깨나 잊으시지 않으시고 싸워 오신 피의 눈물과 가시덤불의 연련한 역사였다.

상해에서 서울로 창공을 날아오시던 김구 선생은 반드시 깊은 명상 속에서 온몸에 역류되는 감격과 흥분의 피에 몇 번이나 몇 번이나 뜨거운 눈물을 흘리시며 창파만리 그리운 황해바다를 내려다 보시였으리라 빠르게 나르는 미국 군용 비행긴들 얼마나 더디게 생각되시였으랴.

금수강산이 왜놈들이 무도한 발굽 밑에 유린되고 옥토 조국이 폐망의 구렁에 빠져가던 민족불망의 원수의 그날 한많은 가슴으로 뼈를 쥐어뜯으시며 살수(薩水)를 건너 철 같은 재기의 굳은 신념을 품고 망명의 걸음을 디디신 김구 선생은 그립던 한양(漢陽) 해방된 조선에 돌아오시였다. 잘 있었더냐! 목검산아! 한강漢江아! 백악白岳아!

삼천리강산 산천초목도 이 아버지를 맞이하여 목메어 울 것이며 3천만 겨레도 기쁨과 감격에 눈물을 흘릴 것이다.

1945년 11월 23일 감격의 선풍에 휩싸인 하룻밤을 고요히 새이고 24일 서울의 거리거리에는 집집마다 태극기가 휘날리며 선생과 그 일행을 모시려고 준비된 꽃자동차가 장안의 거리를 가로세로 활기 있게 달린다. 수치스럽고 부패된 과거의 조선은 이미 지나가고 지금 우리는 새날의 첫걸음마를 힘 있게 띠여 놓았으니.

김구 선생 당신께서는 다시 찾은 이 강토에 엄돋는 3천만 동포의 참된 좋은 어버이가 되어주소서. 〈조선일보 1945년 11월 25일〉

■확고한 정치노선에 서서 현실을 정확히 파악

● 급속한 자주독립이 삼천만의 열망

3천만 겨레가 한 길같이 마음으로부터 기다리고 있던 대한 임시정부(臨時政府) 주석 김구 선생과 정부요인 등 14명이 돌연 23일 오후 김포비행장에 도착하여 그립던 고향산천에 첫발을 디디게 되었다. 공식발표로는 개인자격이라고 하나 뚜렷한 우리의 해외정권으로 세계 각국의 승인 내지 널리 알려지고 있는 정권의 주석으로서 해방된 조국에 환국하는데 전혀 국제적 양해 내지 수속이 없이 입국하였으리라고는 생각할 수 없다.

김구 주석이 돌아오시던 도중 상해에 들러서 입국하기 직전에 조선 주둔 미국 군정부에 대하여 귀국 이후의 일체 정치운동에 간섭하지 말아 달라는 등의 4가지 요구조건까지 제출하였다고 하니 그 요구조건에 대하여 군정청과 사이에 어느 정도의 양해가 성립된 위에 입국하셨다는 것은 능히 추측할 수 있으며 그 추측이 정확성이 있다고 할 수 있다.

어떻든 우리의 위대한 지도자이며 대 선각자인 김구 선생이 입국하신 데 대하여서는 너무도 반갑고 감격한 마음을 도저히 억제할 길 없다.

망명 27년 동안 몽매간에도 그리웠을 고국산천이 더욱 모질던 학정에서 해방된 조국의 기쁨에 대하는 선생의 감회나 선생을 맞이하는 우리들의 심정에 털끝만치도 사이가 없이 꼭 한마음으로 엉켜져 있다. 그러나 우리들은 이러한 감상이나 감회만을 토할 순간이 아니라는 것을 깊이 자각하여야겠다. 국내는 8.15해방 이후 각 정당이 난립되어 거의 갈피를 찾을 수 없을 형편에까지 이르렀으나 각 정당이 모두 통일하여 대동통합하려는 기운이 농후하게 떠돌고 있으며 어느 정도까지 궤도에 오르고 있다. 그러나 민족반역자와 친일분자의 숙청일소라는 원칙문제가 장벽이 되어 한 걸음 멈추고 있는 상태에 있다.

이런 한편에 국내 인민공화국에서는 전국인민대표대회를 열고 인민공화국을 절대 사수한다는 결의까지 하고 있어 얼핏 보면 대한임시정부와 심각한 대립을 보이고 있는 듯한 현실에 있다. 그리하여 3천만 국민은 임시정부냐 인민공화국이냐 하는 두 갈래에 서서 그 갈 바를 찾지 못하고 있는 상태에 있다. 그러나 이것 역시 정계의 피상적 관찰에 지나지 못한다고 할 수 있다. 조선이 걸어갈 정치노선路線은 국제정세에 의하여 자연적으로 결정을 짓고 있다고 할 수 있으며 각기 주의 주장은 현격히 다르다고 하더라도 조선의 건국이 하루라도 속速하여야 하겠다는 일념에는 서로 공통되고 있으니 이 정치적 노선에 서서 서로 걸어 오면은 통일정권수립이 결단코 어려운 일이 아닐 듯싶다. 특히 김구 선생은 중국 정계의 중추에 직접 관여하다시피 하고 있었으며 또 중국의 국공國共 관계도 직접 몸으로 당하였을 것이니 이 국제적 정치노선이 어떤 것인가를 뚜렷이 알고 있을 것이다. 금후 김구 선생은 조선의 현실을 가장 정확히 파악하여 확고한 정치노선 위에 서서 하루라도 속히 자주독립 완수에 매진하여 주시기를 3천만이 함께 바라마지 않는 바이다. 〈조선일보 1945년 11월 25일〉

■27년 만에 고토 밟는 김구 선생의 거자

●죽첨정 숙사의 감격 깊은 제1야

위대한 혁명투사 일행의 숙사로 되어 있는 죽첨정竹添町 최창학씨 댁은 수 일 전부터 말끔히 치워져 먼지 하나 없이 정결하였다. 숙사 안밖에는 미리 들어와 있는 광복군(光復軍)의 일 소대 가량이 삼엄한 경계를 하고 있었다.

지난 5일 일행이 중경을 떠나 상해로 왔다는 소식을 들은 이후 오늘인가 내일인가 하고 기다리기에 가슴을 조이던 환영준비위원회에서도 알 도리가 없었을 것이다. 오후 5시 다섯 대의 자동차가 갑자기 최창학씨 댁 정문으로 미끄러져 들어갔다. 순간 – 이 주위는 조심스런 가운데서도 몹시 바쁘고 당황해졌다.

여섯 시 방송에 뜻하지 않게 〈하지〉 중장의 발표에 의한 김구 선생의 귀국을 전하자 서울 시민들은 적이 놀랐고 또 반가웠다. 행인들은 일부러 죽첨정 동양극장 앞을 지나다가 발을 멈추고 숙사의 대문 안을 들여다보았다.

대문 안에는 M·P와 광복군이 삼엄하게 경계하고 있었다. 이날 밤은 일체로 어떠한 사람도 면회를 시키지 않기로 하고 여로의 피곤한 몸을 쉬기로 되었다. 꿈에도 잊지 못하던 그리운 고국의 품에 안기어 27년 만에 처음으로 맞는 김구 선생 일행의 감회가 어떠하였으랴! 〈서울신문 1945년 11월 25일〉

■아연 정치 중심부, 내방來訪이 부절不絕하는 숙소

임시정부주석 김구씨 일행의 숙사인 죽첨정町 최창학씨 댁은 아연 조선정치 중심부로 되어 24일은 조조早朝부터 정계요인 군정수뇌부들의 내왕來往이 그칠 바를 모르고 있다.

이날 8시 반 이승만 박사와 하-지 중장이 내방하여 김구 주석을 안내하여 가지고 군정청으로 갔었고 이와 거의 같은 시각에 정당인으로 처음 한국민주당 총무 주석 송진우씨와 김준연씨, 정인보씨, 윤보선씨가 들어갔다. 이어 9시 국민당수 안재홍씨 9시 37분 인민당수 여운형 양씨 역시 긴장된 표정으로 들어갔으며 10시 반에 임시정부특파 사무국관계자들과 광복군 조선지대 총사령 오광선씨가

12시 5분에는 인민공화국 허헌씨가 들어갔다. 〈조선일보 1945년 11월25일〉

■독립완성에 협력 허헌씨 담

조선인민당 허헌씨는 24일 인사차 임시정부 숙사를 방문 요인들과 회견하였는데 회견 소감을 다음과 같이 말하였다.

김구 주석 이하 임시정부 요인들의 환국을 매우 기쁘게 생각하는 바이다. 그래서 오늘 인사차 방문하였는데 여러분들이 모두 다 예상보다 다 건강하심을 보니 건국성업의 큰 힘이 될 것을 믿고 무엇보다도 기쁘게 여겼다. 오늘은 다만 인사의 말씀을 드렸을 뿐이고 정치문제에 대해서는 별로 말할 것은 없다. 건국성업에 대한 것은 추후에 면담키로 하였다. 앞으로 요인들과 연락하여 회견하고 조선 인선 사수독립완성에 협력코자 한다. 〈자유신문 1945년 11월 25일〉

■남은 15명도 금후 계속환국, 광복군도 불원 귀국

3천만 민중이 우러러 고대하는 가운데 우리의 지도자 김구 선생은 23일 드디어 서울에 입성하였거니와 이날 선생과 함께 입국을 한 임시정부 정식요원은 전부 여섯 명으로써 앞으로 열다섯 명이 계속하여 환국을 하리라 한다.

그리고 장차 조선의 국군에 편입될 광복군은 전부 40만으로서 이 또한 배가 교섭되는 대로 미구에 귀국하리라 한다. 〈조선일보 1945년 11월25일〉

■김구 선생과 기자, 매주 화, 금 정례회견

24일 오후 2시에 김구 선생은 죽첨정竹添町 숙사에서 조선인 신문기자단과 첫 회견을 하였거니와 앞으로는 매주 화(火) 금(金) 이틀 동안 오전 10시에 기자단과 정례회견을 하여 여러 가지로 민중의 소리를 듣기도 하고 이밖에 의견을 교환하기로 하였다. 〈조선일보 1945년 11월 25일〉

■26일에 김 주석 환영 가두행진

김구 선생 일행의 환국을 환영하고자 대한민국 임시정부 봉영회에서는 오는 26일 오후 2시 서울 운동장에 모여서 환영가두행진을 하게 되었다 한다. 참가단체는 각 청년단체 중등 이상의 각 학도대 각 정町 대표외 여러 단체인데 행진로

순은 동대문을 지나서 종로 안국동 군정청 육조거리 서울 정거장까지 와서 서울 시청 넓은 마당에서 헤어질 터이라 한다. 고대하던 김구 선생의 귀환한 소식은 우리민중에게 새로운 빛을 던지게 되었는데 그 감격의 발현으로 본 정町 5정목에 산다는 어느 무명의 보전 학도 한 명이 24일 이른 아침 본사를 찾아와서 「참으로 약소하나마 이것을 김구 선생님께 드려 통일운동에 조금이라도 도움이 되게 하여 주시오」 하고 금일봉을 전하고 갔다. 〈자유신문 1945년 11월 25일〉

■수행중의 이채 학병출신의 4청년

조국의 광복을 위하여 해외풍상 30여 년간이라는 것은 그리 용이한 것이 아니어든 하루같이 조국의 해방에 그 몸을 받쳐온 김구 주석이하 대한민국 임시정부 요인들의 귀국은 우리에게 큰 기쁨과 광영을 가져다주는 것이다. 일행의 여러 요인을 모시고 들어온 수행원 중에는 일찍이 북지전야로 일본의 군복을 입고 일본의 군화를 신고 달리었던 학병출신 네 명이 있다. 이들은 북지로 출정하자 호시탐탐 기회만 엿보고 있다가 드디어 제1선을 돌파하고 용감히 중경정권을 찾아 젊은 정열을 받친 것으로 이들은 이원길·윤경빈·백정갑(이상 명대明大)·장준하(일본신학교)의 네 군君이다.

그들은 그간 중경임시정부의 심부름꾼으로 또는 광복군의 한 사람으로 정계 요인들을 도와온 것이다. 그 중에도 장준하 군은 지난 8월 15일 일본군이 항복을 한 지 일주일 후 22일에 지나 주둔군 미 장군 웨드마이어 웨벨대좌와 이범석 소장, 김준엽, 노능서씨 등 22명이 비행기로 경성 여의도에 내려 그 당시의 조선군 사령관 상원 중장과 참모장 정원 중장과 만나 미국 포로위문에 관한 것과 또 광복군의 조선 진주에 대한 것을 교섭하고 27시간을 주재한 후 돌아간 청년으로 그의 활동은 세 다른 청년과 함께 크게 기대되고 있다. 〈자유신문 1945년 11월 25일〉

■다만 기쁜 마음뿐 앞으로의 책임은 중대 학병출신 광복군 장준하씨 담談

김구 주석 일행 중 일점홍인 안미생 여사와 장준하씨를 만나니 고국에 돌아온 기쁨에 흥분을 이기지 못하는 듯 서로 다음과 같이 말하였다.

「참 기쁘다 여러분이 모두 이와 같이 반겨 맞아 주시니 짊어진 앞날의 책임을

▲ 서안에서 훈련받을 당시 모습. 왼쪽부터 노능서, 김준엽, 장준하

더욱 깊이 명심하게 된다. 이번 김 주석을 비롯하여 일행은 굳은 결의를 안고 중경으로부터 재在 중경 미국사령관 「웨드마이어」 장군의 호의로 무사히 귀국되었다.

노령인 김구 주석께서는 원로의 비행에도 불구하시고 여간 강건하시지 않다. 그외 분들은 김규식씨, 엄항섭씨 등 몇 분을 제하고서는 전부 사십 세 미만의 분들이다. 그러니 건강이란 말할 것도 없다. 내가 소속하고 있는 광복군은 지금 총사령부를 중경에 두고 있는데 인원수는 자세히 보고하기 어려우나 퍽 많은 숫자라는 것만은 사실이다. 현재 잠편 대지부만 세어보아도 광동(廣東) 북경(北京) 소주(蘇州) 개봉(開封) 상해(上海) 서주(徐州)등 수십 개소되니 그 인원수는 대개 짐작할 수 있을 것이다. 나는 재작년 흉악한 일본인들에 강제로 끌려간 학병출신자의 한 사람이다. 이번 일행에도 학병출신인 동지가 네 명이나 들어 있다.

이제까지 걸어오던 길을 돌아보니 눈물만 앞서고 다만 완전무결한 독립국가를 이룩하여 놓으려는 결심만이 나의 간절한 애원이다. 나는 학병으로 일본군에 소속되어 이국 타향을 헤매다가 작년 7월에 동지 다섯 사람과 함께 중경으로 탈주하였다. 중경까지의 가시덤불의 길은 생각만 하여도 몸소름이 끼친다. 중국에 있던 우리 동포와 중국 사람들의 동정을 받아가면서 중경에 다다르니 중경관변의 환대란 여간한 것이 아니었다. 이어서 김구 주석과 광복군 총사령관 이청천 장군의 지도하에 며칠 후 서안 잠편대지서에 배치되었으니 이후부터 우리 광복군 유격대는 중국군과 합쳐서 일본에 대한 싸움을 시작하였다. 그동안 미국군의 우리에게 대한 동정과 협조란 여간한 것이 아니었다. 우리 광복군에 소속된 학병 동지들은 불원 대隊를 나누어 귀국할 것이다.」 〈조선일보 1945년 11월 25일〉

■부녀계몽이 급무 재중경 여성도 건국에 싸웠습니다 안중근씨 영질令姪 안미생 여사 담

「저는 이번 김구 주석의 비서자격으로 환국하였습니다. 꿈에도 잊지 않던 고국에 돌아오니 보는 것 듣는 것 하나하나가 모두 저의 가슴을 휘젓습니다. 함께 독립운동에 맞잡아 하던 남편(김인씨 김구 선생의 장남)이 세상을 떠나자 내 육혼은 죄다 임시정부 산하에 집중되었습니다. 우리 여자부대는 모두 재在중경 애국부인회 밑에서 씩씩한 활동을 전개하여 왔습니다. 회원수는 백여 명 가량으로 회장은 김순애 여사(김규식씨 부인)인데 조선여성으로써 다른 나라 여자에 비하여 절대로 못지않은 힘찬 일을 하여 왔다고 자부하고 있습니다.

고국조선에 계신 저와 같은 여성들에게 드리려는 말씀이 있다면 아직 여러 가지 점으로 보아서 뒤진 것이 많은 만큼 우리 여성의 입장으로서는 우선 계몽운동이 선급한 문제가 아닐까요. 남자 되시는 여러분들은 각계 방면에서 맹렬한 건국사업에 이바지하고 있사오니 저희들 여성들은 그분들로 하여금 괘념 없는 일을 충분히 하여 놓지 않으면 안 될 줄 믿습니다. 해방이후 우리 여성들도 단연코 일어나 신新국가건설의 초석 되기를 기하지 않아서는 안 될 것입니다.」 열렬히 불이 이는 듯한 정열로 안 여사의 젊은 얼굴은 독립운동의 혁명가요, 투사의 의기를 남음 없이 받은 기백이 역력히 보인다.

그런데 안 여사는 김구 주석의 비서라 하지만 실상은 김구 선생의 장남이신 김인씨의 영부인이니 이를테면 맏며느리이다. 그보다 하루빈 역두에 천재의 원한을 품고 이등박문을 쏘아죽인 안중근씨의 조카따님이라고 하는 편이 기억에 뚜렷할 것이다.

안미생 여사의 약력을 적으면 다음과 같다.

1916년 안중근씨의 아우 안정근씨 장녀로 북경에서 탄생. 향항(香港) 쎈트매리

학원을 마치고 곤명서남연합대학을 졸업, 이어서 중경영국대사관에서 근무하다 이번 임시정부 김구 주석비서로서 환국하였다. 〈조선일보 1945년 11월 25일〉

■민족이념 파악 일사보국에 매진 조선건국청년회 등 성명

조선건국청년회를 비롯한 22개 단체에서는 좌左와 여如한 성명서를 발표하였다.

「우리들은 이제까지 엄숙한 침묵을 지키면서 건국사업에 있어서 청년으로서의 임무를 다하기에 힘써 왔으며 일면으로 오로지 자체의 조직과 훈련에 매진하여왔다. 우리들이 갈망 고대하는 대한민국 임시정부를 국내에 맞이함에 우리의 태도를 만천하 청년대중에게 성명한다.

우리 임시정부는 우리민족 유일의 정통정부이다. 27년간 민족해방을 위하여 혈투를 계속하여 왔으며 국제무대상 우리 민족의 유일한 대변자로 사실상 승인정부로써 활약하여온 사실은 누구나 부인치 못할 것이다. 기간 국내의 혼란을 이용하여 국호를 참칭한 자 있으나 그것은 대한임시정부의 건국사상 위대한 공적과 오랫동안 이 정부에 귀의歸依 지지하여 온 국민적 충의심을 이용하여 이 정부 요인의 명의를 임의 도용하여 호가호위狐假虎威 격으로 일시적 국민을 기만한데 불과하다. 그들이 이 일부의 지지자를 얻었다면 이것은 도용된 우리 임시 정부요인의 명의를 지지함이나 이 역시 우리 국민의 임시정부를 전적 지지의 발로된 한 형태이다.

이승만 박사가 그들 참칭국의 주석이 아니심을 성명하였고 또한 우리가 현실적으로 우리 임시정부를 국내에 맞이한 오늘 임시정부는 우리 국민의 유일한 정통 정부이다. 우리는 민족적 양심에 비추어 우리 임시정부에 수립하는 일체의 조직을 해체하지 않으면 안 된다. 우리는 이승만 박사, 김구 주석 두 분의 국부를 봉대하고 그 영도하에 있는 대한민국 임시정부를 절대 지지하여 이 정부 산하에 전 민족의 각계각층의 총력을 집결시켜 국내에 있어서는 사실상 자주정부의 권위를 확립케 할 것이며 외外로는 전 민족적 통일자세에 의하여 강력한 민족외교를 전개하지 않으면 안 된다.

각자의 주의주장과 편견고집을 버리고 대국적 견지에서 대동단결하여 자주적 민주주의국가를 완성함은 현 단계에 있어서 우리에게 부여된 지상명령이다.

이 지상명령에 배치되는 자 있다면 이는 우리 민족을 영원히 멸망케 하는 민족 반역자이다. 우리는 이들을 철저히 박멸하지 아니하면 안 된다.

모여라! 청년대중아! 천재일우의 민족시설의 절대호기에 임하여 일체의 의타주의 사대주의를 배격하며 우리 민족독립의 견지에서 일체의 사상적 혼란을 배제하고 진정한 민족이념을 파악하여 일사보국에 우리 청년에게 부여된 위대한 사명에 일로매진하자.」

대한민국 임시정부 만세!

조선건국청년회 이청천장군동기급후배장교 전국청년동지회 국풍회 양호단 학도별동대 광복청년회 철권단 한국청년단 흥국청년회 백악청년동맹 조선청년회 국민당청년부 유학생동맹총본부 전국청년건의단 고려청년단 자유청년동맹무궁회 불교청년당 중국유학생회 성진청년회 의열단 전조선순국학생동맹

〈자유신문 1945년 11월 25일〉

■상해시대 주석을 말하는 손정도의 영애

상해에 임시정부가 조직되어 미주美洲로부터 온 이승만 선생의 대통령 취임식이 있었을 때 당시의 임시정부 의정원 의장 손정도 선생의 맏따님이 되는 손진실(44) 여사가 화환을 드리고 그 식장에 위엄 있는 풍채를 갖고 참석하였던 당시 경무警務 총장總長 김구 선생의 지나간 기억을 다음과 같이 이야기한다.

김구 선생이 오신다는 소식은 전부터 있어 마음으로 기다리고, 돌아가신 내 아버님을 생각하며 마음을 설레이고 있던 요즈음 오늘 아침 자유신문을 보고 돌아오신 것을 알았습니다.

제가 아버님을 따라 상해로 갔었는데 때마침 우리 임시정부의 요인들이 모여 대통령 취임식이 있어 제가 화환을 드리게 되었는데 그때 김구 선생님은 퍽 엄격하고 무서운 양반같이 보였습니다. 얼마 후에야 경무警務 총장總長이신 것을 알았습니다. 엄격하신 반면에 퍽 인자하시더군요. 그때 상해에서는 모두 김구 선생을 범같이 알았습니다. 그뒤 저는 미국으로 가서 다시 못 뵈었는데 오늘 아침 신문에 난 선생님의 사진은 그때에 뵈온 얼굴이나 다름이 없어 퍽 반가웠습니다.

〈자유신문 1945년 11월 25일〉

▲ **제6회 대한민국 임시의정원** 첫째 줄 왼쪽부터 이유필, 신익희, 안창호, 손정도. 둘째 줄 여섯 번째 김구. 넷째 줄 왼쪽 여운형. 여섯째 줄 왼쪽 두 번째 조완구 (1919.9.17)

■노익장의 주석, 유 의무주임 담

기다리든 중경의 대한민국 임시정부의 요인들이 소리 소문없이 23일에 갑자기 귀국한 것에 대하여 우리는 한가지로 그들을 환영하는 바인데 일행 15명 중에는 주석 김구 선생의 시종의무주임인 유진동 박사가 끼어 있다. 노령인 김구 선생과 김규식 박사의 건강은 건국조선의 새날을 위하여 절대로 보전되어야 하므로 유 박사는 의무의 책임을 지고 있는데 두 분의 건강에 대하여 다음과 같이 말하였다.

김구 선생과 김규식 박사 두 분 모두 건강에 아무런 지장이 없으십니다. 혹 3,4시간 비행기를 타시는 데서 피로를 느끼지 않으실까 했으나 조금도 피로한 빛이 없으셨고 비행장에 내리셨을 때는 30년 만에 디뎌보시는 고토故土이라 자못 감개무량하신 듯 한참동안 첫 겨울 맑은 하늘을 우러러보시고 계셨습니다. 7년 전前 장사長沙에 계실 때 어떠한 투쟁으로 총탄을 맞으신 일이 있는데 이때 가슴에 관통상을 당하셨음에도 불구하고 기적적으로 살아나신 것을 보면 그만큼 건강이 좋으신 것과 기력이 장하신 것을 알 수 있습니다. 지금도 건강에는 조심을 하시나 앞으로 큰일이 있으신 만큼 저희들도 또한 여러 가지로 선생의 건강을 위하여 애써야 할 줄 압니다. 〈자유신문 1945년 11월 25일〉

■국가독립의 시간을 최소한도로 단축 김구 주석 환국 제1성 방송

김구 선생은 전 국민에게 환국인사의 말씀을 하고자 24일 밤 8시에 경성방송국의 마이크를 통하여 다음과 같은 간단한 방송을 하였다.

방송에 앞서 약 15분 전에 엄항섭·윤치영 양씨를 대동하고 방송국에 이르러 동 국장실에서 잠시 휴게한 후 국장 이혜구의 안내로 방송실로 들어갔는데 실외에서 유리창을 통해서 선생의 방송하는 근엄한 태도를 엿볼 수 있었다. 불과 2분 가량의 방송이 끝난 다음 동국 간부 군정청 보도부장 뉴멘 대좌 이하 미군 장교 10여 명 신문기자와 사진반 등 수십 명에 싸인 채로 방송국을 떠나 숙사로 돌아갔다. 방송내용 전문은 다음과 같다

친애하는 동포들이여!

27년간이나 꿈에도 잊지 못하고 있던 조국 강산에 발을 들여놓게 되니 감개무량합니다. 나는 지난 5일 중경을 떠나 상해로 와서 22일까지 머무르다가 23일 상해를 떠나 당일 경성에 도착되었습니다. 나와 나의 각원 일동은 한갓 평민의 자격을 가지고 들어왔습니다. 앞으로는 여러분과 같이 우리의 독립완성을 위하여 진력하겠습니다. 앞으로 전국 동포가 하나로 되어 우리의 국가독립의 시간을 최소한도로 단축시킵시다. 앞으로 여러분과 접촉할 기회도 많을 것이고 말할 기회도 많겠기에 오늘은 다만 나와 나의 동사일동이 무사히 이곳에 도착되었다는 소식을 전합니다. 〈자유신문 1945년 11월 26일〉

■새벽 정원을 소요하시며 건국의 고요한 묵상, 방문객으로 일요의 휴식도 없이 다망 환국 제3일

김구 선생 귀국 제3일의 아침은 고요히 밝았다.

진통기에 처한 조선 자주독립 건국의 새 산파실이라고도 할 수 있는 김구 선생을 비롯하여 대한임시정부 요인일행의 숙소인 서울 죽첨정(竹添町) 최창학씨 댁

에는 첫 겨울 이른 아침 약간 추움을 무릅 쓰고 모여 쌓인 운雲아 같은 군중이 선생과 그 일행 되시는 분들의 얼굴이나마 한 번 보려고 첫 새벽부터 사람의 담을 이루고 웅성거린다.

그렇다 우리의 지도자이시고 너그러우신 어버이를 뵈옵는데 무슨 주저할 일이 있고 꺼리길 점이 있으랴. 그립던 얼굴 그 모습 마음껏 보자. 힘껏 붙들고 가슴 헤치고 하소하여 보자.

이날 아침 칠순의 고령임에도 아직 장년만 못지않게 건강하신 심신이 건강 그대로의 선생은 아침 여섯 시 조금 지나 벌써 기침하여 잠옷에 단장을 집으시고 밤 서리에 젖은 상록수 푸른 정원을 조용한 묵상 속에 소요하시고 여덟 시 빵과 우유와 과일뿐인 간소한 조반을 마치시고 쉴 사이 없이 아침부터 기다리던 방문객의 묵밀 듯한 면회가 시작되었다. 수많은 방문객 중에 정광조, 김기전, 장도빈, 조병옥, 백관수, 안재홍씨의 얼굴도 보이고 작곡가 안기영씨의 얼굴도 보였다. 남향으로 포근한 햇빛을 담뿍이 받는 선생의 전용 응접실에서는 간간이 들리는 선생의 부드러운 음성에 섞여 명랑한 웃음소리가 끝일 줄 모른다.

열한 시 조금 전 맑게 개인 창공에 전파되는 교회의 종소리와 같이 자리를 일어서신 선생은 엄항섭씨를 대동하시고 귀국 이후 처음 맞는 일요예배를 하실려고 전용차 MG 5호를 타시고 정동 중앙예배당으로 가시여 일요예배에 참석하시였다. 정오 좀 지나 돌아 오시여서 일요의 휴식도 취할 사이 없이 회견과 간담의 다망한 하루해를 보내시었다.

조선건국사업총연맹에서는 분망한 시간을 보내시는 김구 주석 일행에게 마음의 위로나 되시라고 25일 향기로운 국화꽃 한 다발을 바치었다.

● 즐기시는 조선요리 재료도 숙사에 전달

김구 선생님은 조선 요리를 즐기신다. 침식을 돌보지 않으시고 춘풍추우 50성상을 해내 해외로 오직 조국광복의 일념에 분주하시다 돌아오신 우리의 지도자 김구 선생과 그 일행을 정성껏 모시자고 벌써부터 서울에서는 「대한임시정부 환영회」까지 만들고 만반의 준비를 하는 한편 선생일행의 식사일체는 서울역 전속식당의 솜씨 있는 요리인을 선택하여 매일 같이 양식본위로 극진히 대접하고 있는 데 오래 동안 해외에 계시어서 변변히 조선음식을 잡수실 기회를 가지지 못하시었던 선생 일행께서는 양식도 좋으나 구수한 된장, 콩나물국, 얼큰한 고추장 찌개, 향취 있는 조선김치를 더욱 그리워하시는 듯하여 누구의 아량 있는 수배인지는 몰라도 25일 점심에 써달라고 조선 음식재료가 숙사에 전달되었다.

〈조선일보 1945년 12월 26일〉

■교도의 한 사람으로 예통도 없이 예배당에 오신 김구 선생

어딘지 찬란한 희망을 가져오는 듯 맑게 개인 25일 일요일 시내 정동(貞洞) 예배당엔 건국의 감사와 마음의 안식을 구하는 교도들의 예배가 엄숙하게 시작되었다. 실내는 고요히 비쳐오는 고은 아침 햇발을 받고 기도, 찬송가 차례로 예배절차가 옮겨가는 중에 배단(拜壇) 왼편에 자리를 잡고 정성스런 예배를 드리는－그러나 아직 여러 사람에게는 낮설은 세 분 손님이 동석한 사람들의 주목을 끌었다.

이윽고 돌아가는 헌금주머니에 부드러운 손으로 헌금을 하는 엄연하고도 단정한 한 분 신사에 대하여 여러 교도의 궁금증이 한창 컸을 때 정일형(鄭一亨) 박사는 마침내 「오늘 이 자리에 우리가 모신 귀한 손님 한 분을 소개해 드리겠습니다」 하고 말머리를 내어놓고 『지금으로부터 13,4년 전 미국 뉴욕시의 매디슨 스퀘어 가든에 큰 모임이 있었습니다. 때는 마침 민주당과 공화당의 정전政戰이 최고조에 오르고 있었을 즈음으로 이날 모임에 수많은 유명인사가 소개되었는데 모두다 그 학벌과 경력과 함께 길게 소개된 뒤에 마지막으로 단 한마디 「장래의 대통령이 될 프랭크린·루스벨트씨를 소개합니다」고 학벌도 경력도 없이 후세에 이름 높은 저 루스벨트 대통령이 소개되었습니다. 이와 꼭 같은 말로서 오늘 아침 여기에 모신 김구 선생을 소개합니다』고 이 궁금하던 손님이 소개되었다. 일반의 놀람은 컸다. 「김구 선생이 우리와 함께」 모두다 놀람과 감격과 감사의 착잡한 마음으로 선생님께 예禮를 드리는 것이다.

환국하신 후 공사 간에 다망한 이틀을 보내고 사흘째인 최초의 주일 아침 열한 시 김구 선생은 엄항섭씨와 수원을 대동하고 아무런 예고도 없이 이곳 예배식에 참석하신 것이다.

선생은 위대한 정치가인 동시에 또한 열렬한 종교의 신도이시다.

〈조선일보 1945년 11월 26일〉

■김구 주석의 사생활 부모엔 효성이 지극, 담배와 술은 못한다

27년 동안을 하루와 같이 왜적(倭敵) 추방에 바쳐 온 우리의 지도자 김구 선생의 투쟁사도 갸륵하거니와 우리는 선생의 겸허하고 다정한 성품과 사생활을 통하여 더욱 친근할 수 있고 존경할 수 있고 도 가까웁게 달려갈 수 있읍을 알 수 있다. 이에 대하여 임시정부 환영회 위원장 김석황씨의 말을 들어보기로 하자.

또 한편 선생은 대단히 평민적이어서 스스로 백범(白凡)이라는 아호를 붙이고 그 이유를 묻는 사람에게 「나는 양반도 귀족도 아니요 한 개의 백정白丁과 다름없는 범인에 지나지 않소. 그럼으로 백범이라 하오」 하고 설명한다.

선생이 귀경한 후 나는 반가이 달려가 선생의 기식과 처소를 걱정하였더니 일언이 폐지하고 「앞으로 거처는 조그마한 조선집을 얻어서 거기에 들겠고 음식은 물론 조선음시으로 하되 내세 밧을 정도로 자취를 하겠노라」고 그 이상 말을 못하게 하고 선생이 특별히 즐기시는 것을 물어도 「뭐 특별한 취미도 없고 담배도 술도 다 못합니다. 그러나 앞으로 자기를 찾아 진심으로 조선을 근심하는 사람이라면 누구든지 맞아들여 성의껏 상의하겠습니다」 그리고 자기 주위를 경계시킨다든지 감시시키는 행동은 절대로 않겠소」 하고 거듭거듭 부탁하시는 말을 하였다. 이를 통하여 보더라도 선생의 일편단심 왜적을 쫓고 조국을 완전히 독립시키겠다는 70평생의 맺히고 쌓인 한 줄기 푸른 단심은 고국에 돌아와서 더욱 굳어짐을 알 수 있었다. 나는 선생을 대하고 나서 「이 몸이 죽고 죽어 일백번 고쳐 죽어 백골이 진토되어 넋이야 있고 없고 임 향한 일편단심이야 변할 줄이 있으랴」 하는 옛 시조의 뜻을 참으로 알 듯하다. 〈서울신문 1945년 11월 26일〉

■김구 주석 이승만 박사 방문 당면문제 요담

김구 주석은 25일에는 오후 2시 20분 이승만 박사를 돈암장으로 방문하고 저녁이 되도록 단 두 분이 흉금을 풀어놓고 당면문제에 관하여 요담을 하였다는데 복잡 미묘한 국내 정국의 작금 동향에 비추어 그 회담내용은 극히 주목되는 바이다.

회담내용은 아직 확실히 알 수는 없으나 이승만 박사로부터 과거 월여에 직한 그 중심의 정치활동과 정계 동향의 설명과 의견의 전개가 있었을 것이고 김구 주석으로부터 통일에 관한 의견과 14개조의 당면정책 실천에 관한 의견을 피력한 모양인데 양兩 거두巨頭 간에는 환국 전에 임시정부와 연합국 당국과의 교섭결과를 기초로 하여 연합국의 동정과 원조 하에 국내 현세를 충분히 참작하여서 급속히 독립완성을 실현할 방법과 도리에 관하여 숙의를 한 것으로 보인다. 임시정부는 실천제일주의를 표방하는 만큼 이 양 거두의 회담이 있은 다음 각 정당과의 절충을 거쳐 충분한 준비를 한 다음 정국통일은 급속히 실현될 것으로 보인다.

〈중앙신문 1945년 11월 26일〉

■개선용사 귀환 27년간 혈투의 승리

상해에서 발행하는 영자신문 「차이나·프레스」는 지난 10일부 지면에 1면 톱의 기사로 우리 김구 주석에 관한 기사를 대대적으로 취급 보도하였는데 그 내용은 다음과 같다.

이 기사는 우선 70세의 노老혁명가가 원기왕성하게 지난 5일 중경으로부터 상해에 전前 복단대학 교수였던 김규식 박사 이하 각원 기타 30명을 거느리고 무사도착하시었다는 것을 보도한 다음 「27년간의 길고도 애끊는 고난 끝에 그리운 조국으로 귀환하는 용사」라고 찬양하고 김 주석이 피력披瀝한 소신 칙則 1. 우리 힘으로 우리나라를 재건해야 할 것. 1. 조선이 남북으로 양분하여 미국과 소련에게 분할 점령된 것은 일시적인 것으로 곧 철폐될 것을 확신한다는 것. 1. 완전독립을 위해서는 무엇보다도 국민적 통일이 있어야 한다는 것. 1. 조선은 외국의 기술과 자본의 원조를 환영한다는 것을 들어 김 주석 환영기사의 결미를 맺었다.

〈자유신문 1945년 11월 26일〉

■김규식 박사 과거의 일면, 이선신 여사가 말하는 일화편편

귀국 이후로 분망한 중에도 김규식 박사는 25일 오전 11시 새문안(新門內) 예배당에 나타나서 약 2시간 동안이나 예배를 보고 돌아갔는데 망명 전부터 박사와 친분이 두텁고 현재 동 예배당에서 일을 보고 있는 이선신 여사는 반가움을 못 이기는 어조로 다음과 같이 말한다.

「어디서부터 말을 해야 옳을지 모르겠습니다. 김 박사와는 전에 박사께서 교장으로 계실 때 내가 교편을 잡고 있었고, 또 같은 교회 일을 보았던 관계상 잘 압니다. 새문안 예배당 역시 박사의 손으로 설계된 것입니다. 첫째 나로서 가슴 아프게 생각한 것은 망명 전 박사의 그 청아하시던 모습이 연세年歲 관계도 있겠지만 해외풍상을 겪으시며 예상외로 노쇠하신 것입니다. 이는 옛날이야기지만 교회 사람들이 연극을 한 적이 있었는데 그때 박사께서는 여자로 분장하시고 출연하시어 관중은 물론 미국인 선교사까지도 꼭 서양부인으로 속은 일도 있습니다. 단지 선생님에게 옛 모습을 찾는다면 총명한 두 눈과 명쾌한 음성뿐입니다.

그동안 여러 곳 소식으로 많은 고생을 하고 계신 줄로 알았지만 오늘 예배식장에서 말씀하시는 중에 일본 관헌의 눈을 속이기 위해 자신도 본성을 잊으실 만치 변성명變姓名을 하시고 다니셨다는데 특히 김金자와 비슷한 여余자 혹은 왕王자로 많이 칭호하셨답니다. 중국에는 김씨가 적은 관계상 본 성함으로는 운동하시기가 어려우시였다는군요. 예배당이 선생님 계실 때 설계하여 만든 그 모습대로 있고 조금도 발전 못한 것을 보시고 종교계에까지 미친 일본인들의 탄압을 분개하십디다. 그리고 또 선생님은 열정적이십니다. 북경 모 대학에서 교편을 잡으셨을 적에도 몸이 피로하심을 불구하시고 끝까지 교단에 서시다가 졸도하신 적도 있었다더군요.」

〈자유신문 1945년 11월 26일〉

■생활전부가 독서와 연구, 불원 영시집 「양자강의 유혹」 상재

●그 애식愛息이 말하는 부군父君 김 부주석

이 아버지에 이 아드님 – 이번 30여 년 만에 고국에 돌아온 우리의 지도자의 한 사람 김규식 박사에게는 훌륭한 비서 겸 심부름꾼인 둘째아들 김진동씨가 있다. 상해 중경 등 각지로 아버님을 모시고 다니기에 바빴고 아버님과 함께 고난의 길을 걸어온 그의 책임 또한 가벼운 것이 아니다. 입경한 지 사흘째인 25일의 일요일 바쁜 중의 틈을 타서 독실한 기독교의 신자이신 아버님을 안내하고 정동예배당을 들러 새문안 예배당에서 예배를 보고 수많은 교인과 반가운 대면을 한 것인데 아버지의 지팡이 노릇을 하는 김진동씨는 다음과 같이 아버님을 소개하였다.

「별로 말씀드릴 것이 없으나 늘 모시고 있는 만큼 부주석으로 계시는 하루하루는 대단히 바쁘십니다. 이곳에 오셔서는 불과 사흘밖에 안 되니까. 밤낮으로 손님을 대하기에 바쁘실 뿐 아직 정식으로 정무政務는 보시지 않습니다마는, 중경과 상해에 계실 때에는 아침 6시부터 독서와 내외 각 신문을 정독하시는 것으로 그날의 일과가 시작됩니다. 특히 내가 신문관계를 하고 있는 만큼 해외와 특보 같은 것에 많은 관심을 가지고 계십니다. 부주석으로 취임하시기 전에는 주로 학교일을 많이 보셨는데 사천泗川에 있는 국립대학과 북양대학, 복단대학 또 장개석 장군이 직접 관계하던 남경 중앙정치학교 등 교육방면에 바쁘셨던 만큼 생활의 전부는 독서와 연구뿐이었습니다. 그 후 정부 일을 보시게 된 후 학교일을 보시던 이상으로 바빠지셨는데 이번에 이곳에 오실 때는 특히 영국의 유명한 시인 「롱펠로우」의 시집 한 권을 들고 오셨습니다. 그간 고국의 해방과 광복을 위하여 싸워 오시면서도 늘 문화 방면에도 활동이 많아서 영문으로 된 시집 「양시강의 유혹」을 탈고하시어 방금 미국서 인쇄 중임으로 머지않아 나올 것입니다.」

이렇게 말하는 김진동씨는 일찍이 상해에 있는 영자신문 「이브닝포스트」의 기자로 있었으며 최근에는 I·N·S(국제통신)를 거쳐 「크리스찬·싸이엔스머니터·쇼스」의 특파원으로 중경에서 활약하였고 앞으로는 서울 주재의 특파원으로 활약하리라고 한다.

〈자유신문 1945년 11월 26일〉

■전민족 관심의 초점이 된 주석, 수일간의 동정

● 통일전선의 중대 기회

김구 주석은 과연 어떠한 구상과 실천으로 이 다난한 정국을 수습할 것인가 각당 각파가 모두 독자적 정치활동을 전개하면서도 대동단결만이 조선의 완전독립을 획득하는 유일한 길임을 깨닫고 있기 때문에 그 단결의 중심이 하루바삐 출현하기를 기다리고 있는 중이며 일반 민중은 더욱 그것을 갈망하고 있는 이때에 김구 주석의 출현은 전민중의 열광적 환호를 받고 있으며 한편 주석의 일거수일투족은 전민족의 관심의 초점이 되어 있다. 이러한 민족의 절절한 기대를 심찰하는 주석은 착경 이래 신중한 태도로 일절의 정견의 발표를 피하고 구상을 짜고 있던 중 우선 각계각층의 의견을 겸허하게 청취하여 통일전선 구성의 구체적 단안에 대하고자 24일은 하지 중장 아놀드 장관과 협의한 바 있었고 다시 25일은 이승만 박사와 독립촉진중앙협의회를 중심으로 움직이는 당면한 제문제에 대하여 숙의하였고 26일은 민족의 원로 오세창, 권동진, 함태영, 김창숙 제씨를 예방하였고 다시 27일은 오전에 국민당 안재홍, 한국민주당 송진우, 오후에 인민당 여운형, 인민공화국 허헌 제씨와 중요회견이 있을 터인데 이리하여 김구 선생을 중심으로 정국은 점차 긴장미를 가해가고 있으며 금후 수일의 동간動間은 통일전선 결성을 위하여 중대한 계기를 지을 것으로 주목된다.

〈자유신문 1945년 11월 27일〉

■거인의 음성, 각계 의견 종합한 뒤 구체적인 의견 표명 작昨 김구 주석, 기자단 회견

26일 오전 10시 군정청 제1회의실 넓은 방안은 우리들의 위대한 지도자를 맞이하는 감격에 가득 차 있었다. 40여 명의 신문기자와 사진반원이 자리에 착석하자 미주둔군 사령관 하지 중장의 안내로 드디어 김구 선생은 선전부장 엄항섭씨를 대동하고 들어섰다.

방안은 물을 뿌린 듯 조용해지고 사진반들의 셔터 소리가 일어났다. 6척에 가까운 신장 그리고 비대하지 않은 몸집! 태산 같은 무게가 그 몸안에 들어 앉은 듯 한없이 미더운 마음을 뭇사람에게 주는 김구 선생!

그러한 가운데도 강렬한 지조를 웅변하는 듯한 광대뼈와 날카로운 용맹을 말하는 이마 그리고 항시 불타는 투지력과 구국의 정열을 내포한 두 눈이 넓은 장내에 말없는 위엄을 주는 것이다. 나이 70이라 건만 해외풍상 30년 혈투의 자취조차 엿볼 수 없으리만치 30대의 건강이 넘치는 그 체취는 우리 건국대업에 모든 난관을 돌파해나갈 듯 느끼게 한다. 그러나 한 말로 말하면 혁명투사나 정치가라기보다 시골농부의 인상을 느끼게 하는 것이 더욱 다정한 맛을 준다.

먼저 하지 중장이 일어섰다.

「오늘 아침 나는 조선의 위대한 지도자 김구 선생을 여러분에게 소개하는 광영을 가졌다. 김구 선생은 일생을 조선을 위해 헌신하여 왔다. 혹은 해외에서 각 방면으로 조국의 독립을 위하여 활동하여 왔다. 이제야 선생은 해방된 조국에 개인의 자격으로 귀국하였는데 조선의 완전독립을 위하여 최대의 노력을 할 것이다. 조국애에 불타는 위대한 애국자 김구 선생을 나는 재조선 주둔군을 대표해서 여러분에게 소개하는 것이다.」

하고 소개의 말이 끝나자 김구 선생은 통역 김진동씨와 함께 일어섰다.

「오늘 이 자리에 와서 그리웁던 여러분과 대면하고 말하게 된 것은 크게 유쾌하고 감사한 일이다. 지금 여러분이 본인에게서 알고 싶은 하지 중장의 말대로 조선의 건국사업에 있어서 그 정책이 무엇인가일 것이다. 그러나 유감스러운 일은 본인이 환국한 지 며칠 안 될 뿐만 아니라 우리 정부 각원들도 다 모이지 않으므로 본인으로서는 지금 장래에 대한 계책을 말하기에는 충분치 못하다. 지금 여러분에게 나의 뜻을 충분히 표시 못하는 것은 매우 유감스러운 일이다. 그러나 앞으로는 국내에 숨어서 애쓰고 국사를 위하여 활동한 여러 선배들과 대표자들을 혹은 방문하고 혹은 소집해서 의논해갈 터이며 우리나라에 주둔하고 있는 미군 당국과도 깊이 의논한 후에 우리의 할 일을 알려 드리겠다. 거기에 비로소 본인의 정책이 나올 줄 믿는다.」

무겁고 걸걸한 김구 선생의 말소리는 이것으로써 끝났다. 그리고 이날의 회견도 일절의 질문에 응하지 않기로 하고 자리를 일어선 것이다.

〈서울신문 1945년 11월 27일〉

■이 박사와 회담

임시정부주석 김구씨는 26일 오전 10시 10분에 군정청 제1회의실에서 기자단과 회견한 뒤 11시부터 약 30분간 조선호텔에서 이승만 박사·하지 중장과 요담한 다음 이 박사와 함께 돈암장에서 요담하였다.

금차 회담의 중심 과제는 지난 25일 제1차 회담에 이어서 구체적 국내 제1책으로 예측되는 데 회담은 순조로이 진전되고 있어 그 결과는 크게 기대된다.

〈서울신문 1945년 11월 27일〉

■각 도대표 인민위원이 개인자격으로 임정요인과 회견

전국인민위원회대표자대회에 참가하였던 위원 가운데 서울·경기·충북·충남·전북·경남·함남·황해 등 각各 도道대표는 개인의 자격으로 26일 오전 11시 김구 주석의 죽첨정 숙사를 방문하고 그 일행의 환국을 환영하는 동시에 여러 가지로 의견을 바꾸려 하였는데 이때 김 주석은 외출하고 없어 김규식·유동열·엄항섭 선생과 회견하였다.

그리하여 대표들로부터 선생 일행의 귀국을 충심으로 환영하는 동시에 선생들의 고투에 경의를 표한다. 현하 긴급한 문제는 우리 민족의 총역량을 집결 통일하는 데 있다. 민족통일을 확립함에는 우선 친일파와 민족반역자를 제외할 것을 원칙적으로 해야 된다. 그리고 통일정부는 반드시 전국 각지의 인민대중의 요망을 토대로 출발되어야 한다는 것을 역설하였다. 특히 이 자리에서 38도 이북의 실정보고는 요인要人 측에 커다란 관심을 갖게 하였고 각 대표의 성의에 감사하는 동시에 장차 국내 실정조사에 있어서 지방인민대표와 긴밀한 연락을 취하자고 약속을 한 다음 극히 원만한 가운데 회담은 끝났다. 그리고 이날 방문한 대표는 다음과 같다.

서울 : 서중석徐重錫 김광수金光洙	**경기** : 박형병朴衡秉
충북 : 장준張俊	**충남** : 권영민權寧珉
전북 : 최홍렬崔鴻烈	**경남** : 윤일尹一
함남 : 황홍정黃鴻霆	**황해** : 송언필宋彦弼

〈서울신문 1945년 11월 27일〉

■김구 주석, 오세창 · 권동진 선생 등 방문

▲ 오세창 선생(좌), 권동진 선생(우)

오매불망의 고국에 돌아오신 우리 임시정부주석 김구 선생은 26일 오후 3시에 광복군 국내지대 사령 오광선 소장과 동 선전부장 조각산 양씨의 안내로 동대문 밖 광복군 사령부에 가셔서 동 사령부 직원일동과 국인을 제1차로 검열한 후 간단한 환국 후 처음 훈시를 마치고 네 시 반경에는 유동열·엄항섭 양씨를 대동하고 조선의 지사요 삼일운동 시 독립선언문을 국외 국내에 발표한 33인 중의 한 분인 오세창씨 집을 방문하고 27년간 서로 적조하였던 회포를 풀었다.

오씨 댁에는 33인 중의 권동진씨도 미리 와서 일행을 기다리고 있을 때 김구 주석은 남색외투에 스틱을 짚고 수원隨員과 같이 들어오자 주인측인 권, 오 양씨는 뜰앞에 나아가서 서로 보지도 못하고 만나랴 만나지도 못한 사이지만은 마음만은 오늘을 위하여 해내와 해외에서 싸워오신 터이라 초대면이여도 불구하고

▲ 김구 주석을 맞이하는 오세창, 권동진 선생.
(김기창화백 삽화)

옛 벗을 맞이하는 은근한 태도였고, 옛 동지를 찾아온 손님 사이 같았다. 힘찬 악수를 바꾸고 주인의 안내로 한 간이 조금 넘을 듯한 건넛방의 재로 모셔 들인 후 한참동안 말이 없이 서로 미소를 하면서 묵배를 한 후 오세창씨로부터 "오래 동안 해외에서 조국해방에 노력하시던 선생이 성사하시고, 빛나게 돌아오시니 참으로 반갑습니다." 하고 인사를 드리니 김구 주석은 "그동안 고국이 그리웠고 고국에 계시는 동지들과 만나고 싶었소."

남행 집 밀창을 통하여 청 겨울 부드러운 태양의 빛을 받아가면서 화기가 만당한 가운데서 종종 들리는 웃음소리는 참으로 평화스러웠다. 김구 선생은 27년 전 기미운동을 돌이켜 생각하면서 「기미운동 때 나는 안악에 있었소. 서울에서 여러분이 만세를 부르셨다는 말을 듣고 나는 사흘 후에 아무리 생각하여도 이 땅 안에서는 일이 될 것 같지 않아서 봇짐을 싸가지고 상해로 도망을 갔었소.」 이렇게 옛이야기를 저물어가는 줄도 모르고 하다가 주인 측에서 준비하였던 지필묵을 내놓고 한방에 모인 동지들은 서로 일러가면서 검은 묵 흔적도 똑똑하게 김구, 춘교春郊(유동열), 엄항섭, 권동진, 위창(오세창)의 순서로 희고 흰 화선지를 글씨로 먹물 들여간다.

간단한 차 대접을 받은 후에 다섯 시가 지난 후 김구 선생 일행은 후일의 상봉을 약속하고 주인 측 위창葦滄 오세창씨의 정중한 전송을 받으면서 김창숙, 함태영 양씨 댁으로 자동차를 몰아 행하였다. 〈자유신문 1945년 11월 27일〉

■김규식 부주석 미주한인대표 요담

미주米洲 한인동포대표 한시대씨 외外 5명은 26일 오후 2시 임시정부 숙사를 찾아와 부주석 김규식 박사를 만나서 요담하였다. 〈조선일보 1945년 11월 27일〉

■통일공작 급전개 금일, 각당 수뇌와 회견

지난 23일 환국하신 대한민국 임시정부 김구 주석이하 요인들은 24, 5, 6의 3일간 오래 동안 그립던 고향산천에 돌아와서 인사 겸 감격 깊은 다망한 일정을 보내고 있었는데 제일 시급한 완전독립촉성은 시각을 다투는 것으로 이렇게 가슴 벅찬 감격 속에서도 곧 독립촉성공작에 나아가서 27일에는 다음과 같이 주요정당 대표들과 정식회담을 하기로 되어 자주독립도 이에 본궤도에 오르게 될 것이다.

- 오전 9시 반 광복군 사령 오광선씨
- 동 10시 반 안재홍씨, 송신우씨
- 오후 3시 반 여운형씨, 허헌씨 이상 정당수뇌자급 요인과의 정식회견으로 활발한 정치활동에 착수할 터이다. 〈조선일보 1945년 11월 27일〉

■김구 주석 각 정당수뇌와 요담

대한임시정부주석 김구 선생 이하 영수일행의 환국은 정계수습에 아연 명랑성을 재래齎來하여 금후 정세 전개에 자못 기대하는 바 큰데 27일에 김구 주석의 각 당대표와 인민공화국대표 정식회견은 환국 이래의 동정과 아울러 살펴볼 때 국내 정세의 공정한 파악을 위한 구체적이요 현실적인 시책의 제1차적 발현으로 그 성과가 크게 기대되고 있는데 회견을 마친 국민당 대표 안재홍, 한국민주당 대표 송진우, 인민당 대표 여운형, 인민공화국 대표 허헌 제씨는 대략 다음과 같이 회담내용에 관하여 말하였다.

- **안재홍安在鴻 담談** : 나로서는 정식회견이 처음인 만큼 국내정세의 상세한 보고를 하였는데 구체적으로 무엇을 보고했다는 점에 대해서는 지금 발표할 수 없다. 김구 선생은 시종 열심히 보고를 청취하였을 뿐으로 그에 대한 의사발표는 별로 없었다. 요컨대 현하 국내정국 수습은 선생을 중심으로 우리가 심아心我를 버리는 허심탄회하게 협력하는 것만이 당면의 과제라고 믿는다.
- **송진우宋鎭禹 담談** : 나는 국내정세를 보고한 뒤에 3천만 민중은 김구 선생을 무조건 지지하고 있으니 민중에 대한 기우를 말으시고 아무것도 거리낌없이 정국수습에 전심전력해 주시라고 말씀했던 바 구체적으로는 아무 말씀

도 하지 않았다.

- 여운형呂運亨 담담 : 인민공화국에 해한 이야기는 허헌씨가 상세 보고하였으므로 나로서는 그 점은 생략하고 해외에서 다년간 동일한 목적 아래 싸워오던 구의舊誼로 보아 정담 이외에도 할 말이 많았기 때문에 주로 회고담을 하였는데 금후에 기회 있는 대로 구체적인 협의를 하기로 하였다.
- 허헌許憲 담談 : 먼저 인민공화국의 유래를 설명했는데 해방 이래 국내정세의 혼돈을 수습하기 위해서 인민공화국을 조직 안 할 수 없었던 것과 재외在外 임시정부의 환국 또한 여러 가지 사정으로 상당히 지연될 것 같아서 감행한 바라고 보고한 결과 김 선생은 충분한 이해를 한 후 전국적으로 지방조직까지 완료했다는 것은 훌륭한 성과라고 찬양해 주셨다. 그리고 국외 국내에서 서로 해방을 위해 싸워온 우리가 굳게 제휴하여 나아가자고 말씀하였다. 나는 종시일관하여 인민공화국의 조직의도가 독단적으로 한 것이 아니라는 점을 강조했고 따라서 금후 완전통일을 위해서는 전력을 다하여 국내 민심수습에 당當하겠으나 김 선생의 각별한 지도를 청했던 바 김 선생은 임시정부의 남은 각료 전원이 환국하는 날을 기다려 결정적으로 태도를 표명하겠으니 전폭적으로 협력해 나가자고 자못 열렬하게 부탁하셨다.

이날의 회담은 임시정부요인들이 환국한 후 첫 공식 회담인 점에서는 주목되거니와 전기前記 4씨로부터 여러 가지로 의견을 청취할 뿐 임시정부요인 측으로부터는 별반 의견진술이 없었던 것으로 보아 국내의 실정을 가장 공평하고 정확하게 파악하려는 의도를 보여준 것도 주목되는 점이다. 이 같은 회담은 금후에도 계속될 것이요, 또 정치단체에만 국한하지 않고 종교 문화 등 제諸단체의 중요한 대표자와도 회견하게 될 것이 예상되는 터인데 이렇게 국내의 실정을 정확하게 파악한 후 이것을 기반으로 하여 적절한 정국수습의 단안이 내려질 것으로 촉망되는 바 크다. 이 같은 경향은 이날 오후 1시부터 죽첨정 요인 숙소에서 열린 기자단과의 정례회견 석상에서 임시정부 선전부장 엄항섭이 국내실정을 알 수 있을 만한 자료의 제공을 요망한 데서도 그 일단을 짐작할 수 있었거니와 복잡 미묘한 현하의 국내정국을 그들이 어떻게 판단하고 또 이에 대한 대책을 세워나가게 될지 주목되는 바이다. 그런데 그동안 이승만을 중심으로 민족통일전선을 결성하기 위하여 조직된 독립촉성중앙협의회는 통일에 대한 원칙문제인 친일파와 민족반역자 처치를 중심으로 완전한 의견일치를 보지 못한 채로 연합국에 결의서만 전송하고 그 총본부의 위원구성은 김구 주석이하 임시정부 요인들의 환국을 기다려 결정되고 그 활동이 적극화할 것으로 보이던 것이 요인이 환국한 지 이미 5일이 된 김구 주석과 이승만 박사의 회담이 그동안에 3차나 있었음에도 불구하고 하등의 진전이 없는 것도 주목되는 바이다. 국내國內 정형政形의 신중한 파악이 임시정부 요인들의 당면한 급무로 되어 있는 현황으로 보면 차라리 당연한 귀결이라고도 할 수 있겠지만 중앙협의회의 금후에 관하여 관계방면에서 일체로 언급하지 않고 있는 점으로 보아 금후 국내의 민족통일전선은 어느 때에 어떠한 형태와 방향을 가지게 될지 관심되는 바 실로 큰 터인데 여하간 방금 상해에 체류 중中인 임시정부 요인들도 월말月末까지에는 환국하게 될 것이므로 국내정국은 금후 역사적인 건설단계로 급속한 진전이 있을 것이다. 〈중앙신문 1945년 11월 28일〉

■일본과 대전 못한 것이 유감

재 중경 광복군은 맹훈련 쌓아왔다

역사적 해방의 날 8월 15일 삼천리강산 곳곳마다 환희와 감격의 선풍속에 쌓여 있었을 때 재외동포들 중 다년간 피투성이의 반생을 보낸 혁명지사들의 일본군의 무조건 항복이란 희소식이 조선에 전하기는 바로 8월 15일이었으나 중경에 계셨던 분들에게는 13일에 알려졌다 한다. 그때에 김구 주석께서는 선전부장 엄항섭, 광복군 총사령관 이청천 장군을 동반하여 서안에 있는 광복군 잠편대의 시찰을 갔었다. 비단 서안만 아니라 그 외 각지 잠편대원들은 미군 사관의 지도하에 중국 국민군과 합쳐 일본군 격파, 타도의 맹훈련을 하고 있었던 것이다. 또 서안 잠편대에서도 정보유격대를 꾸려 열화의 맹훈련을 쌓고 있었던 것이다. 그 후 얼마 되지 않아 미군 잠수함에 분승하여 조선에 잠복 침입하여 일본군 전선에 대한 교란, 고국청년들의 대동단합 등의 눈부시는 대계획을 세워 며칠만 더 지났다면 애국 열혈청년들의 지성을 폭발시키려던 무렵에 아깝게도 한 번 싸워 보지도 못하고 일본군의 무조건 항복의 전파를 들었던 것이다. 열혈의 의지와 투지로 조선남아의 의기를 발휘하려다가 그 뜻을 이루어 보지도 못하고 일본군의 항복을 보아 비분의 눈물을 흘렸다 한다. 〈조선일보 1945년 11월 28일〉

宣誓文

나는 赤誠으로써 祖國의 獨立과 自由를 回復하기 爲하야 韓人愛國團의 一員이 되야 敵國의 首魁를 屠戮하기로 盟誓하나이다.

大韓民國十三年十二月 日

宣誓人 李奉昌

韓人愛國團 앞

宣誓文

나는 赤誠으로써 祖國의 獨立과 自由를 回復하기 爲하야 韓人愛國團의 一員이 되야 中國을 侵略하는 敵의 將校를 屠戮하기로 盟誓하나이다

大韓民國十四年四月二十六日 宣誓人 尹奉吉

韓人愛國團 앞

▲ 선서문과 이봉창 의사
(1931년 12월 13일 안공근 집에서 기념촬영)

▲ 선서문과 윤봉길 의사의거 3일전 서약식을 마치고 백범과 기념촬영
(1932년 4월 26일)

■의사의 유가족 어디들 계시오?

27일 임시정부와의 정례회견 석상에서 엄항섭 선전부장은 특히 김구 주석의 말씀이라 하고, 그동안 조국광복을 위하여 희생된 의사義士들의 유족을 찾고자 원한다는 말이 있었는데 더욱 윤봉길·이봉창 두 의사의 유가족이 있으면 속히 알려 주기를 희망하였다. 윤·이 두 의사義士의 의거가 한韓·중中 양국 혁명사상

에 특서대필할 것은 더 말할 것 없거니와 조선 민족의 성가를 세계에 떨치게 한 우리 국사상國史上 불멸의 위훈인 것이다. 두 의사의 역사는 중일전쟁(일인日人들은 만주사변이라 한다)과 상해사변의 인과가 되는 것이다.

고국의 해방이란 큰 기쁨 속에 고토를 밟으니 생각나는 것은 선배열사들이 아닌가? 김구 주석은 이 같은 취지에서 이미 지난 26일에 33인 중의 생존한 오세창·권동진 두 분과 김창숙씨를 방문하였거니와 이번에는 다시 국사를 위하여 같이 고생하던 이의 유족을 찾기로 되었는데 그들의 주소를 아는 이는 죽첨정(최창학 저邸) 엄항섭 선전부장에게로 알려주기 바란다고 한다. 〈자유신문 1945년 11월 28일〉

■전적 협력표명, 김구 주석께 17정치단체대표

27일 오후에 김려식씨는 17정치단체를 대표하여 김구 주석과 회견하고 17단체가 종래의 소이小異를 버리고 대동단결하여 임시정부 지지와 민족통일전선에 노력할 것을 맹서하고 간담 후 퇴거하였다. 〈자유신문 1945년 11월 29일〉

■김규식 박사 3장로 방문

대한민국 임시정부 부주석 김규식 박사는 작27일 오후3시 기미운동 33인 중의 선배 오세창·권동진씨와 김창숙씨 댁宅을 방문하고 환국의 인사를 하였다.

〈자유신문 1945년 11월 29일〉

■김창숙씨 애식 찬기군, 중경서 별세

김구 주석이 김창숙씨를 방문했던 26일 두 분의 이야기 중에서 김창숙씨의 둘째아드님 찬기(32) 군이 지난 9월 12일 중경에서 세상을 떠나 동지장을 지낸 것이 판명되었다. 찬기군은 광주학생사건으로 8년 동안 옥중에서 고생을 한 후에 재작년 중경으로 탈출하여 조국광복 운동에 헌신하던 장래가 촉망되던 청년이다.

〈자유신문 1945년 11월 29일〉

■임시정부를 지지, 한국애부서 성명

한국애국부인회에서는 27일 성명서를 발표하여 대한임시정부를 절대로 지지하고, 김구, 이승만 두 선생의 지도에 따라가겠다는 뜻을 밝히었다.

〈자유신문 1945년 11월 29일〉

■임시정부 당면의 정책 포스타 배포

대한 임시정부 당면정책 포스타를 황금정 2정목 199에 있는 대한독립협회에서 무료로 배부하리라는 바 각 단체와 관공서에서는 곧 신청하기를 바란다고 한다. 〈자유신문 1945년 11월 29일〉

■의암·도산 두 동지 묘전에 광복의 감격을 보고

김구 주석은 28일 상오 11시 비서 안미생 여사를 대동하고 부주석 김규식·선전부장 엄항섭·참모장 유동열·문화부장 김상덕·국무위원 이시영 선생과 같이 삼각영봉 및 소귀(우이동)로 지난날의 우국동지로 지금은 저세상에 고이 잠들어 있는 의암 손병희 선생의 묘지를 찾았다. 천도교 김기전씨의 안내로 산상山上에 올라 먼저 와서 기다리는 오세창·권동진 양 선생과 망인의 부인 주옥경 여사와 인사를 나눈 후 김구 선생은 친히 꽃다발을 묘전에 바치고 분향한 다음 요인들과 함께 재배를 하시었다. 그리고 선생은 말없는 비각 앞에서 옛날의 동고同苦를 더듬어서 명상에 잠기듯 힘없이 눈을 내리감으면서 오늘 광복의 이 기쁨을 서로 나누지 못하는 서글픔을 억누르지 못하는 듯 머리를 숙인다.

선생은 요인과 함께 묘막 봉황각에 들러 피로를 휴식할 때 선전부장 엄항섭씨는 강선루降仙樓에서 기자단을 인견하고 다음과 같이 말했다. 「우리 일행은 우리 민족의 영웅 의암 선생의 묘지를 성묘하는 뜻이 천도교에 헌신하신데 있다고만 생각하면 큰 오해입니다. 민족의 투사인 선생의 영혼을 위로하지 않을 수 없으며 그 근원의 물을 우리들이 마시어 이 강산을 지키지 못하고 환국한 오늘」하고 복바쳐 오르는 슬픔을 참지 못하여 목메어 말을 끊은 엄 선전부장의 흐르는 눈물은 해말쑥한 뺨으로 두 줄기 선을 긋는다. 「여러분 무엇 때문에 우리들끼리 죽이느냐 살리느냐 합니까. 아직도 우리 머리 위에는 외국의 덩치가 있습니다. 우리는 한 덩어리로 뭉쳐야 합니다. 사회의 질서와 웃어른에게 경의와 존경을 잊어서는 안 됩니다. 이 강산을 밟을 때 이렇게 난립되었을 줄은 생각지 않았습니다.」

말끝을 맺자 김구 선생을 모신 일행은 망우리 고개 언덕 한강 상류를 바라보는 도산 안창호 선생의 묘지를 다시 찾아서 원행의 피로도 잊은 듯 원기 왕성히 성묘를 마치고 하오 2시 반 숙사로 돌아갔다. 〈자유신문 1945년 11월 29일〉

■김구 주석·김규식 부주석, 인공 입각설 부인

28일 오후 1시에 죽첨정竹添町 임시정부요인 숙사에서 열린 기자단과의 정례회견에서는 엄항섭 선전부장을 대리하여 김진동이 기자단과 회견하였는데 김은 작일昨日 오후의 김구 주석, 김규식 부주석과 인민공화국대표 허헌과의 회담 내용이 일부 신문지상에 오보되었다고 언명한 후 동 회담 석상에서 김구 주석과 김규식 부주석으로부터 조선인민공화국 내각 각원으로 피선된 것을 부인하였다고 다음과 같이 말하였다.

「작일 김구 주석, 김규식 부주석과 허헌과의 회담 석상에서 김규식 부주석은 "미국과 같은 민주주의국가에 있어서도 내각을 조직하려면 당자의 승인을 맡아야 할 것인데 나는 인민공화국 내각조직에 관하여 하등의 의사교환도 없었고 내가 각원으로 된 것은 비법적非法的이다. 그런고로 나는 이 내각에 입각할 것을 인정할 수 없다"고 말하였고, 이어서 김구 주석은 "나도 동감이다"라고 말하였다. 이어서 대한민국大韓民國 군법집행부軍法執行部, 김구특무대金九特務隊 등의 단체가 활동을 하고 있는데 이에 대하여 어떻게 생각하는가 하는 질문에 대하여 金은 다음과 같이 말하였다.

"이런 이야기를 나도 오늘 들었는데 임시정부로서 관계할 이유도 없고 하등 이와 관계가 없다." 주석主席은 널리 포용하여 통일을 성취하기 위하여 힘쓰고 있다.」

〈중앙신문 1945년 11월 29일〉

■임정, 잔류요인들 곧 환국을 위해 미군 수송기 서울 출발

조소앙, 김원봉 이하 현재 상해에 잔류하고 있는 임시정부 영수들의 환국은 국내 민중이 학수고대하고 있을 뿐만 아니라 먼저 입경한 김구 주석일행의 이들을 기다리는 마음은 더 한층 큰 것이 있는 이때, 이들 잔류 영수들을 맞이하기 위하여 미군수송기는 27일 정오경 김포비행장을 떠나 상해로 향하였으므로 29일 혹은 늦어도 30일 내로는 환국할 것이 틀림없을 것으로 보인다.

김구 주석은 국내 정계인사들과 회견會見 시에 상해에 있는 잔류 영수들의 환국을 기다려서 구체적인 정견과 방침을 세우겠다고 언명한 바임에 비추어 보아도 이들의 환국으로 말미암아 미묘한 정국수습은 거의 결정적 단계로 들어갈 것으로 기대되는 바이다.

〈서울신문 1945년 11월 29일〉

■임시정부 요인 기독교서 환영회

▲교회지도자들과 함께한 김규식·김구·이승만 (1945.11.28)

조선 기독교 남부대회는 28일 시내 정동예배당에서 개최되었는데 먼저 오후 2시 미군과 임시정부 환영회를 김영주 목사 사회로 개회하였다. 내빈석에는 미군 대표로 「아놀드」 군정장관 등이 참석하고 임시정부 측으로는 이승만 박사가 먼저 윤 비서를 대동하여 참석하고 다시 2시 반경이 되어 김구 주석·김규식 부주석·엄항섭 선전부장·안미생 여사 등이 참석한 후 이인범씨 독창에 이어 김관식 목사와 강태희 목사의 미군과 임시정부 요인에 대한 환영사가 있은 후 예물증정과 김천애 양 독창이 있고 답사에 들어가 아놀드 군정장관을 필두로 김구 주석·이승만 박사·김규식 부주석·엄항섭 선전부장의 순서로 열렬한 답사가 있은 후 김구 주석 선창으로 대한 해방 만세를 삼창하고 임시정부 절대지지와 이 운동전개를 결의한 후 동 4시 반경 폐회하였다. 〈자유신문 1945년 11월 29일〉

■완전독립에 총결집, 침묵 깨트린 천도교도

아등我等은 8월15일부터 조선해방의 대감격을 품은 이래 백여 일간 굳게 지켜오던 침묵을 비로소 깨뜨린다. 11월 23일 3천만 민중이 다 같이 갈망하던 김구 주석 이하 재외 대한민국 임시정부의 영수일행의 환국은 진실로 세기적 대성사

大盛事이다. 이를 맞이하는 우리의 기쁨 어찌 그 한이 있으랴. 생각건대 해외풍상 30년, 구구 일념이 오직 조국의 광복과 왜적의 궤멸潰滅을 위하여 도산소수刀山疏水 최대의 헌고를 맛보면서 악전고투. 내內로 3천만 동포의 진로를 바르게 향도해 주고 외外로 조선민족의 존재를 세계공안世界公眼에 비추이게 하여 금일의 해방과 자유를 결과하게 한 그 위대한 공로는 민족사와 한가지로 영원불멸할 것을 찬양명기讚揚銘記한다.

만사는 때가 있다. 3천만의 일구동성으로 요청하던 독립완성은 정히 이때이다. 참으로 난재득難再得의 절호한 기회이다. 이제 환국한 임시정부 영수들을 중심으로 전 민족적 총역량을 집중통일하여 민족자주의 완전한 정권을 수립하도록 하자. 이것은 민족총의의 지상명령이다. 차此를 거부할 자 그 누구이랴. 이등我等은 지난 9월 3일 김구 주석으로부터 발표한 임시정부 당면정책 14개조를 상람詳覽한 바 있거니와 그 내용은 진실로 현 단계에 있어서 최적의最適依한 건국이념이요 통일정부수립에 대한 최대정안最大正案임을 믿어 의심치 않는 동시에 그 겸허한 금도와 주도한 용의에 놀랍고 감격함을 마지 못 하였다. 그러함에도 불구하고 국내정세는 아직도 민족주의 진영과 계급주의 진영의 대립길항對立拮抗은 상尙오라 막론하고 동일한 주의 정낭 간에도 파벌적 대립상태가 의연 상존한 것은 일대유감이 아니라 할 수 없다.

원컨대 금일에 있어서 각 정당 각 단체에서는 각자의 주의주장을 당분간 초월하고 독립완성의 일선에 총결집하기를 바란다. 일은 경중이 없고 때는 완급이 있다. 주의의 대립 정책의 상위는 민족혁명의 현 단계에서는 피치 못할 사실이다. 그러나 금일은 그것에 대한 투쟁을 일삼을 때가 아니다. 주의정책의 싸움보다는 강토회복, 국권확립 그 일이 더 중하고 급한 까닭이다. 중重을 급急히 하고 경輕을 완緩하게 함은 지켜야 할 순서이다.

아我 천도교회는 먼 과거는 차치하고라도 기미 3·1운동 이래 국권회복과 민족해방을 위하여 다대한 희생을 바쳐온 역사가 자재自在하니만큼 독립수행의 금일에 있어서 국민 된 권리와 의무보다도 자부한 책임과 사명을 다하기 위하여 3천만 신도의 총의로써 이에 성명한다.

단기 4278년 11월 28일

천도교회

〈1945년 11월 29일자 성명서〉

■임시정부 요인 제2진, 천후관계로 환국지연

상해에 체류하고 있는 의정원 의장 홍진씨 이하 23인의 임시정부 요인일행 제2진은 미군 수송기 2대에 분승하고 28일 하오 4시경 김포공항착着 귀국할 예정이었던 바 천후관계로 상해출발을 연기하였음으로 예정대로 귀국치 못하였다. 동 일행은 금후 천후가 회복되는 대로 즉시 상해발 입경할 터이다.

〈자유신문 1945년 11월 30일〉

■이승만 박사, 건국의 성공을 확신한다는 주례방송

이승만 박사는 28일 야夜 7시 20분부터 주례방송으로 서울 중앙방송국을 통하여 다음과 같은 요지의 방송을 하였다.

「임시정부의 김구 주석 이하 김규식·이시영·유동열 등, 요인 15인이 지난 23일 상해로부터 미국군용기로 경성에 도착하였다. 임시정부는 기미년 만세 때 애국심에 불타는 남녀들의 손으로 세워진 것이다. 만세운동의 역사는 세계역사상 처음 된 사실이고 각국의 신문 잡지에는 이 사실이 쓰여진 것이 많습니다. 기미년 3월 1일을 기하여 33인이 경성 명월관에 모여 독립성명서에 서명하고 독립선언을 목판에 인쇄하여 비밀히 전국에 전달하여 3월 1일 경성 탑동공원에 수만명을 모아 선언서를 낭독하였다. 이때 한편 4월 16일 13도 대표가 경성에 비밀히 모여 국민대회를 열고 임시정부를 조직하여 전문을 인쇄하여 세계에 발표하니 이로써 임시정부는 귀한 피로 만들어진 것이다. 그런데 오늘날 해방된 후 아직 연합국의 양해가 충분치 않으므로 우리가 단결하여 한인이 독립을 바란다는 것을 표명하면 첫째 38도 문제 등은 해결되리라고 믿는다. 임시정부가 지금까지 유지하여 온 것은 모두 김구 주석의 공로가 많았다고 생각한다. 나는 우리 정부의 주석은 찬란한 영예를 바라지 않고 오로지 애愛와 열성으로 사리사욕을 초월하여 나라의 독립을 위하여 끝까지 싸워온 분입니다. 우리는 이들 지도자와 함께 머지 않아 건국에 성공하리라고 믿는다.」

〈서울신문 1945년 11월 30일〉

■그립던 고토서 두 동지 감격의 환담

고국에 돌아온 후 연일 바쁘게 지내는 임시정부 부주석 김규식 박사는 추수감사의 좋은 날을 택하여 29일 하오 2시쯤 문화부장 김상덕씨와 아들 진동씨를 거느리고 돈암장으로 몇 해만의 그립던 동지 이승만 박사를 찾았다. 두 박사는 해외에서 한 분은 미국에서 한 분은 중국에서 서로 고국을 위하여 가며 분투하여 오다가 마침내 뜻을 이루어 고국에 돌아온 기쁨을 이날 마음껏 나누어 누리었을 것이다. 조선의복을 입은 이 박사와 양복의 스타일도 깨끗한 김 박사 두 분이 나란히 사이좋게 소파에 걸터앉아서 주거니 받거니 하는 모양은 평화로워 보이는 가운데도 마음 깊이 생각을 하는 새나라 건설에 대한 중대한 말씀이 있었을 것이다. 한 시간 반쯤 지난 후 김 박사는 미소를 띠며 만족한 표정으로 돈암장을 나섰나.

▲ 김규식 부주석(왼쪽)과 이승만 박사

■엄, 허 양씨 중요회담

김구 주석과 각 정당요인과의 중요회담이 있었던 이후 임시정부로서의 국내 정치전선 통일에 관한 태도 표명이 기대되고 있는 터인데 허헌씨, 김 주석 회담과 관련하여 인민공화국문제를 중심으로 다시 각 방면에 파문을 일으키고 있다. 그 결과가 주목되고 있다. 즉 작 28일 엄항섭 선전부장은 허헌씨를 죽첨정 요인 숙사로 초청하였던 바 허헌씨가 내방하지 않아 금 29일 오후 1시 반 다시 자동차를 보내어 초청하여 전후 2시간에 걸쳐 요담을 하였는데 양씨 회담의 결과 여하는 금후 전선통일 문제에 신국면을 재래할 것으로 주목된다.

〈자유신문 1945년 11월 30일〉

■이청천 장군, 장개석 주석의 원조 하에 광복군을 개편 훈련할 계획

임시정부 상해잔류 요인의 환국이 금명일이라 함은 기보旣報한 바와 같이 결정적 사실이나 다만 총사령 이청천 장군은 명춘明春 경에 환국하리라고 한다.

즉 이 장군은 현재 중경에 잔류하여 광복군 규합에 분망 중이고 또 재화일군在華日軍 측으로부터 중경정부에 보고한 바에 의하면 일군에 재적한 조선인 장정이 약 15만 명인데 특히 장 주석에 대하여 이 15만 명을 무조건으로 인도하는 동시에 일군에게서 몰수하고 제한 무기까지도 양도하겠다고 굳게 약속한 바 있어서 일군의 무장해제 완료를 기다려 전원을 광복군으로 개편 훈련하리라 하며 따라서 모든 수속과 준비의 완료는 일러도 명춘明春까지는 걸릴 것으로 예상된다. 그리고 현재 미소 양국 진주 하에 있어서 무장군인을 환국시키는 데 대하여는 국제적으로도 난색이 있고 일방 이 장군 자신도 무인의 몸으로 결단히 공수空手로는 환국하지 않는다고 언명하였다 한다. 〈중앙신문 1945년 11월 30일〉

■임정 특파사무국 해체

대한민국 임시정부 특파사무국은 그간 시내 계동정에 사무소를 설치한 후 중경 임시정부 영수들의 환국준비에 활동하여 오던 바 23일 김구 주석이하 요인 일행 14씨가 환국하였음으로 동同 사무국은 대체의 임무를 완수하였다는 견지에서 김구 주석의 지시에 따라 11월 24일에 동 특파사무국은 발전적 해소를 하였다. 〈서울신문 1945년 11월 30일〉

■총사령은 이청천 장군, 광복군 현세 오광선 장군 담

중국으로부터 임시정부의 김구 주석을 비롯한 요인들의 환국으로 우리의 자주독립은 멀지 않은 것 같이 생각되고 있는데 우리나라를 지키고 그 방비를 철저히 함에는 군사의 배치가 필요한데 이번 김구 주석이 바쁜 일정을 틈타서 친히 찾아보고 사열한 광복군은 어떠한가를 국내 사령 오광선씨에게서 듣기로 한다.

「광복군의 총사령은 이청천 장군으로 만주사변 때부터 활동하던 분들이 지도하고 계시며 지난번 진주만 사건 즉 일인이 말하는 대동아전쟁에 있어 한국임시정부가 선전포고를 하자 광복군은 단연 참전을 한 것이다.

그러므로 연합군에서는 우리 광복군을 인정하고 있으나 우리 임시정부가 전면적으로 인정되지 않은 것과 같이 전국적으로 인정되지 않은 것만은 사실이나 전우로서 긴밀히 연락은 있다. 그리고 중지 이남에 있는 일본군인으로 출정하였던 우리 학병이라든지 징병으로 나갔던 장정은 전부 광복군으로 재편하는 중에 있으며 그 수효는 약 15만 명에 달하고 있다. 현재의 구성과 지휘관은 다음과 같다. 제1대 중경重慶 이집중· 제2대 연안延安, 서안西安 이범석·제3대 남경南京 상경上海 김학규·제4대 뻘마 방면·제5대 조선朝鮮 오광선, 기타 북경 천진은 제2지대에 관할하여 두고 약 5천 명, 조선 안에 약 3만 명에 달하고 있는데 광복군

▲ 한국광복군 성립전례식(1940. 9. 17)

▲ 전례식 오찬장에서 조소앙 · 김구 · 엄항섭

이란 명칭을 붙이게 된 것은 최근의 일이다.

즉 그동안 만주로부터 박용선 소장이 들어와 학병동맹, 국군준비대, 대한국군준비위원회 등 각 관계 단체와 합동을 전제로 협의가 있었으나 결국 결렬이 나고 국내의 제반사정은 지난 10월 29일 이청천 장군에게 보고를 하러 갔을 때 광복군으로 통일하라는 지령을 받아가지고 11월 5일에 돌아와 우리는 광복군으로 현재의 조직을 가지고 있는 것이다. 앞으로도 현재의 조직을 확충하는 동시 중국 군사위원의 한 사람인 이청천 총사령의 지휘에 의하여 활동할 것이고 지난번 김구 주석의 내방과 사열을 받는 것도 이러한 조직과 구성을 가진 까닭이다.」

〈자유신문 1945년 11월 30일〉

■대한민국 임시정부 청사

고대하던 대한민국 임시정부 요인들은 거의 환국하였으나 이들이 27년 간 혈토의 기록을 남긴 임시정부의 사옥은 의연 중국에 남아 있다. 1941년 진주만 사건이 발생하자 일·독·이 3국에게 선전포고를 한 것도 이 집이요 광복군 참전의 지령을 내린 곳도 이 집이다. 앞으로 청사는 주화대표단 주임 박찬익씨가 주해해 있을 것이다. 〈자유신문 1945년 11월 30일〉

▲ 중경 임시정부 청사

■김구 주석, 소위 김구특무대의 해산을 요구

대한임시정부 선전부장 엄항섭은 30일 오후 기자단회견에서 김구특무대 대표 수 명은 29일 죽첨정竹添町 숙사로 대한민국 임시정부주석 김구 선생을 방문하였는데 주석은 그들에게 이러한 단체의 조직이 불가하므로 그 해산을 요구하였다고 다음과 같이 발표하였다.

「작일 김구특무대 대표 수명이 김구 주석을 방문하였는데 주석은 그가 낸 격문의 가당 부당은 별문제로 하더라도 이러한 조직은 있을 수 없으니 이 단체를 해산하라고 말하였다. 지방이나 거리에서 이러한 주석의 이름을 끼워서 어떠한 단체를 만들 수 없는 것이다. 그러므로 이러한 단체는 근본적으로 인정하지 않는다. 이러한 조직은 아무 근거도 없는 것이다. 우리가 이번 올 때에 이들에게 무슨 사명을 준 일도 없고 또 이렇게 이름을 사용하는 것을 허락하지도 않았다.」

〈중앙신문 1945년 12월 1일〉

■환국한 우리 대한임시정부, 해외풍상 27년 조국광복에 일로직진

● 한말의 애국지사 실국하자 해외로

1910년 8월 22일에 체결된 한일 합병조약은 조선을 탈취의 대상으로 삼고자 사기와 협박을 다하여 일본이 감행한 1904년의 한일동맹 조약 뒤에 숨은 복선의 완전 노출이었다. 허울 좋은 한·일정부 동맹조약으로서 조선의 독립과 보전을 보호한다는 것은 독소를 품은 일본의 한계 정치 제스추어이고 마침내 합병이란 명목아래 우리의 영토는 물론 인민과 주권을 넣고야 만 것이다.

한 말의 풍운은 독립주권이 왜노의 침범으로 말미암아 송두리째 빼앗기자 이 강산 이 강토는 마음대로 짓밟히고 국민은 헐벗은 가운데 고뇌와 굶주림에 허덕이었다. 이런 가운데 해외로 망명한 애국지사들은 일념으로 광복의 날만 기다리고 애를 쓰고 왔었다. 일본은 왕실 보호제도로써, 일반에는 오직 무단정치로써 10여 년을 못 쉬게 하였던 것이다.(그 뒤에는 더 간악한 정치수단을 썼다) 당시 도탄에 빠진 1천 5백만의 민중은 질식할 탄압정치의 노예화를 거부하며 크게 숨쉴 배출구만을 희원했던 것이다.

● 기미년 만세에 정부를 공식 조직

1918년 제1차 세계대전이 끝난 후 미국 윌슨 대통령이 제창한「약소민족자결」은 이 강산동포에 가장 큰 충격을 가져왔다. 1919년 3월 1일 조선혁명사의 첫 페이지를 장식하는 기미 3·1운동은 조선의 완전 자주독립의 기치도 높이 해내외 동포가 호응하여 힘 있게 세계사에 거탄을 던졌다. 이 거탄이 적중하여 조선이 이내 자주국가가 되었던들 그 지긋지긋한 전쟁의 참화는 제2차 대전이란 명목으로 나타나지 않았을 것이다. 이 3·1운동이야말로 국민이 한데 뭉쳐 33인의 각계각층 대표가 독립선언에 서명을 하였고 삼천리 방방곡곡은 독립시위로 민중은 열광하다. 그러나 국내에서 완전한 뜻을 이루지 못한 지사들은 해외망명으로서 일본 제국주의에 정의의 항쟁을 계속하고 세계 각 국가와 우호를 유지하기에 피의 투쟁사를 엮기 시작한 것이다. 이리하여 삼천리 방방곡곡은 독립시위로 민중은 열광하였다. 동년 4월17일 경성에서 조직된 임시정부는 임시헌장을 제정 임시헌법을 제정하여 56개조에 긍亘한 강령 등 세칙을 내외에 선포하여 아국이 독립국인 것과 우리 인민이 자유민임을 밝히었다.

즉「오인吾人은 세계 개조주의 상에 오인의 독립을 구하여 오인의 자손으로 하여금 영원한 자유를 유여遺與하여 천대만대 자손에게 고통과 치욕의 유신을 유여有餘치 않으려는 것은 오인의 신성한 의무이다」라는 취지를 가진 3·1운동은 당연한 성과를 거둔 것이다. 년호까지 대한민국 원년으로 정하고 사용하였다. 그러나 간악한 일본의 마수에 걸린 강토와 인민의 대부분은 무력 앞에 할 수 없이 위정의 제물이 되고 다만 우리의 정부만이 풍찬노숙 이역에서 27여 성상을 하루같이 광복에의 투쟁을 계속하였다.

● 각원閣員과 국무위원國務委員

- **주 석** 김구
- **부주석** 김규식
- **내무부장** 신익희
- **외무부장** 조소항
- **재무부장** 조완구
- **문화부장** 김상덕
- **선전부장** 엄항섭
- **군무부장** 김원봉
- **법무부장** 최동오
- **참모총장** 유동열
- **의정원의장** 홍진
- **국무위원회** 김구 김규식 이시영 조성환 황학수 조완구 조소항 김붕준 성주식 김원봉 조경한 유 림 김성숙

• 구미 외교위원회 위원장 이승만 • 주화 중경대표단 주임 박찬익
• 광복군 총사령 이청천 〈동아일보 1945년 12월 1일〉

■ 태평양전 호응, 대일 선전포고

상해, 남경, 항주, 무한, 장사로 정부는 왜적의 단말마적인 중지 침략으로 인하여…의 길을 걸으며 전전하며 초지를 버리지 않고 흩어진 힘을 합치고 제2차 세계대전이 되자 장 주석과 함께 중경에서 광복을 위하여 대일전에 전력을 다하였다.

우리는 이미 기미년 3·1운동과 동시에 일본에 선전포고하였고 원래 임시정부는 우리 겨레의 뜻을 받아 중지中支를 근위으로 하여 일본에 내한 대적공삭을 적극적으로 하였다. 이는 시위운동, 납세거부, 관공리官公吏 퇴직, 일본 년호 폐지, 일본 법령거절 … 국내 국외 결사조직, 대일항전을 주안으로 한 것이다. 총독 암살계획을 비롯한 대소사건을 위시하여 1931년 10월 남경에서 내전 총재 암살계획, 1932년 1월 8일 이봉창 의사에 의한 일황日皇 암살미수, 다시 1933년 4월 29일 윤봉길 의사에 의한 상해 신공원 사건으로 중국과의 친선을 두텁게 하였다.

1941년 2월 13일에는 재차 일본에 선전을 포고하고 예의銳意 조국광복에 열과 힘의 항전을 하여 마침내 중·미·영·소 연합국의 우호 깊은 「카이로」선언으로 신생 조선은 새로운 광명을 맞이한 것이다. 이어 광복의 환희 속에서 정부 각원閣員들은 환국還國 하였다. 이에 우리는 감사적인 언사를 떠나 임시정부를 인민의 총의에 의한 조선의 유일한 정부로서 인식 않을 수 없다. 〈동아일보 1945년 12월 1일〉

■ 각자직역을 견수堅守 최대직능 발휘하라, 국내사정은 대강 파악했다

● 국민에게 보내는 주석主席 김구金九 각하閣下의 말씀

29일 하오4시 반 죽첨정竹添町 숙소에서 우리의 임시정부주석 김구 각하와 본보 주간과의 회견이 있었는데 동아일보를 통하여 국민에게 보내는 말씀의 요령은 다음과 같다.

1. 우리를 신뢰하여 주는 국민의 뜻을 고맙게 또 든든하게 생각한다.
1. 환국한 지 얼마 되지 않으므로 국내 사정의 세밀한 부분은 잘 모르나 대체는 이미 파악하고 있다.

1. 지금 우리나라는 특수한 정치형태의 치하에 있음으로 우리의 소신과 시책을 선명하게 알리지 못하는 것은 유감이다. 그러나 이것은 시일이 해결할 것이니 국민은 안심하고 각자의 직역에서 각자의 직능을 최대한으로 발휘하기를 바란다.
1. 과도기의 혼란이란 의례히 있는 법이다. 오히려 이 과정을 밟아야만 비로소 보다 완전한 질서와 단결과 일치를 얻을 것이다. 국정 만반이 국민의 총력집결에 있음을 국민이 통감하고 있는 이상, 또 우리의 소신과 일치하는 이상 통일된 정치력의 육성에 대해서 낙관을 가진다.
1. 국가주권의 존엄을 유지하기에 치안 확보가 선결 조건인 것은 두말할 것도 없다. 지금 우방 중국의 원조로 우리 이청천 장군이 광복군을 확대편성 중이고 또 국내에서도 군정 당국과 협의해서 국군 편성의 토대를 세우려 한다. 지금 국내에는 국군을 목표로 하는 여러 단체가 있는 모양이나 우리의 명령계통을 받는 것은 오광선 사령 하에 있는 광복군 하나뿐 이다.
1. 중국에 남아 있는 분들도 수일 내로 귀국할 터인데 모든 시책은 그 후로 미룬다. 일마 남지 않은 여생을 나는 오로지 국가와 민족의 번영을 위해서 심신의 전부를 바치려고 생각할 뿐이다. 〈동아일보 1945년 12월 1일〉

■기미독립운동 후 총의로 임시정부 절대 지지하자

제1차 세계대전 후 민족자결주의가 세계주조가 됨에 이르러 전 세계의 피압박 민족은 강국의 침략을 당하여 국가를 잃었던 약소민족은 동서의 별별이 없이 자유의 횃불을 들고 분연히 일어섰었다. 유구 5천 년의 역사를 가진 우리 민족도 이 기회를 놓칠 리 없어서 손에 촌철寸鐵이 없을망정 삼천만의 총의와 총력과 총혈을 무기로 강도 폭정의 총칼 앞에 일어섰던 것이니 이것이 이른바 기미독립운동이었다.

즉 1919년 3월 1일 세계를 향하여 당당 조선민족의 자주독립을 선언하는 동시에 최후의 1인 최후의 1루淚까지 싸운다는 결의를 표명하고 이래以來 삼천만 방방곡곡坊坊曲曲 진진포포津津浦浦에서 일군경日軍警과의 투쟁을 시작하였다. 원래 승패의 관념을 초월한 자불능파自不能巴와 싸움이 있을 뿐 아니라 문자 그대로 적수공권의 혈전이었으므로 가지가지의 희생을 남긴 채 조직적 투쟁은 시일의 경과를 따라서 제압되고 말았다. 그러나 일단 폭발된 투쟁의식은 삼천만 민족혈관 속에 잠류하여 쉬지 않고 생동하고 있었다. 국내에서는 지하로 잠입하여 이심전심의 전법으로 부절不絕히 투쟁은 계속하였고 또 국혼을 등에 지고 풍찬노숙 30년간 해외에 망명하여 오직 조국재흥을 단심 축원하였던 것이다. 이와 같이 국내 국외가 서로 호응하여 동일한 국혼을 가지고 오늘까지 싸워왔던 것이다. 그리하여 1919년 4월 17일에는 중국 상해에서 이승만씨, 김규식씨, 안창호씨 등을 중심으로 대한 임시정부를 조직하고 년호를 대한민국 원년으로 작정하였었다. 이것은 기미만세운동 후 즉 동년 4월 16일에 민의를 대표한 조선13도 대표들이 서울에 모여서 국민대회를 열고 정부를 수립하였었는데 이와 연락하여 해외에서도 임시정부를 수립한 것이다. 임시정부는 곧 조선민족의 총의에 의하여 성립된 것인 바…….

일본관헌의 탄압을 피해서 해외로 국혼을 등에 지고 나간 망명정부인 것이다. 과거 27년간 형극의 길을 걸어온 임시정부는 우리의 최고 존엄인 동시에, 그 지도에 복종하여야 할 조선의 정통정부이다. 특히 「카이로」 회담 시에는 장개석 주석이 조선의 자주독립을 제안하였다는 사실은 이미 다 공인된 바 있는데 이것은 오로지 김구 주석이하 임시정부 요인들이 심혈을 경주한 노력과 분투의 결과라고 아니 할 수 없다. 「카이로」선언은 미·영·중 3국이 세계에 공약한 것으로서 국제공약에 조선 문제가 정식으로 등장하게 된 것은 아마 이것이 처음일 것이다. 미국에서 이승만 박사의 불굴불요不屈不撓의 노력과 중경에 있는 우리 임정요인들이 없었다면 과연 우리에게 「카이로」선언이란 절호의 기회가 간단히 도래하였을 수 있을까? 임시정부가 국제적으로 중中, 불佛, 미美의 비공식 승인을 받게 된 것 역시 해외에 계시는 임시정부 요인들의 활동에 의한 것이라고 아니 할 수 없다. 이와 같이 기미만세운동을 계기로 국내 국외에서 서로 호응하여 국혼을 지고 해외에 망명한 임시정부는 우리 민의에 의한 정부이니 우리는 이를 절대 지지하는 동시에 여기에 대립 혹은 배타되는 정부나 단체가 있다면 그것은 배격하지 않으면 안 된다.

「카이로」선언에 약속된 조선의 자유 독립국가 수립은 임시정부를 토대로 한 정치세력의 집결이 아니면 안 될 줄 안다. 출발이 민의에 의하지 않으면 안 되나니 삼천만 민족은 모름지기 임시정부에 귀의하지 않으면 안 된다.

〈동아일보 1945년 12월 1일〉

■ 정부산하로 통합, 재경 19청년단체, 김구 주석 임장 열렬하게 격려

8월 15일 이후 해방조선은 표출하는 각 단체의 난립으로 통합을 잃고 분열의 현상에 있는 정세에서 지난번 대한민국 임시정부 김구 주석 일행의 환국을 계기로 통합의 기운을 띠고 있는 차제에 금 30일 하오 2시 반 조선청년대동 단결본부를 위시한 19청년단체가 통합하여 독립촉성중앙청년회를 결성하고 대표자 김창씨 외 25명이 임시정부 엄 선전부장을 통하여 김구 주석을 방문하였다. 이 단체는 해방 이래 그릇된 주의나 정파에 가담치 않고 오직 대한민국 임시정부를 절대지지 하여 오던 바인데 목적이 동일하므로 통합하였다 한 데 대하여 김구 주석은 하오 3시에서 약 20분간에 걸쳐 다음과 같은 열렬한 격려를 주었다.

「내가 해외에서 조선에 발을 들여놓은 후 금일이 가장 기쁜 날이다. 이는 다름이 아니라 우리가 해방되었다 하나 우리의 배후에는 … 할 보이지 않는 손이 내밀고 있다. 해외에서는 우리 한인은 통합과 단결을 모르는 국민이므로 몇 년간의 정치지도가 필요하느니 혹은 위임이니 관리니 하는 말을 하게 된다. 그럼으로 해외에서도 수십 년 열혈의 투쟁을 계속하여온 여러 단체가 있었으나 내가 환국 때에 전부로 한 개의 보재기로 싸가지고 한 덩어리가 되어 환국하였다. 와서 보니 해외에서 듣는 바와 같이 과연 40여 단체가 있음으로 국내는 혼란되어 있는 차세에 제원의 통합은 우리의 자주독립을 위한 통일선상에 있어서 당연한 길이요 광영스런 사실이다. 우리 삼천만 동포가 단결하여 한 덩어리가 되어서 임시정부를 지지한다면 열국의 승인은 문제없는 일이다.」

이상의 격려사가 끝난 후 대표 김창씨로부터 김구 주석에게 드리는 결의문을 낭독한 후 오후 3시 30분에 빛나게 만들어질 우리 역사의 한 걸음인 회담이 끝났다.

● 결 의 문

우리는 피 끓는 대한의 청년인만치 참다운 정신으로 삼천만 동포를 위하여 그릇된 주의나 당파에 가감치 않고 오로지 대한민국 임시정부의 환국을 일일천추一日千秋의 감感으로 고대苦待하였습니다. 우리 의기는 이에 넘치지 않았고 우리의 목표는 명료하였습니다. 다만 임시정부의 정강정책을 사수 실시하기에 노력하여 김구 주석각하 이하 요인 제諸 선생을 우리의 진정한 지도자로 확신하고 여하한 명령과 지도에도 절대 복종하여 일일 속히 완전 자주독립을 위하여 헌신

적으로 매진함을 굳게 맹서하는 바입니다. 우리 청년은 이것이 진리고 이것이 사명임을 확인하고 참다운 죽음의 자리를 무쌍無雙 행복으로 생각합니다.

끝으로 대한민국 임시정부의 초지관철을 확립할 혁신적 정책에 매진하심을 갈망합니다.

대한민국 임시정부 27년 11월 30일
독립촉진중앙청년회
김구 주석각하

• 합동참가 단체명

조선청년 대동단결본부. 상록회. 유학생동맹. 조선청년회. 조선청년 건국단. 조선군인동맹. 건설청년동맹. 정의청년회. 무궁회. 만주동지회. 자유청년동맹. 동광청년회. 남화한인청년동맹. 조선청년동지회. 고려청년당. 애국동지회. 양호단. 국민당청년부. 북선청년회 〈동아일보 1945년 12월 1일자 기사〉

■ 신국가건설의 새로운 구상 「심적무비」가 필요, 정신만 단합되면 그만

● 임시정부참모총장 유동열씨 담

「해방된 기쁨을 안고서 세계의 큰 무대에 등장한 조선이야말로 우리는 사랑하는 조국을 다시 건설할 수 있는 자유를 가졌다. 여기에 좋은 구상 좋은 설계는 백년대계를 위함이니 신 국가건설에 기초가 되는 군사 교육 통신 교통 등 각 부문에 걸쳐 우리 임시정부 요인들이 평소부터 포회하고 있는 새로운 구상을 여기에 엮어 보려고 한다. 모든 자유와 정의가 오로지 힘으로 유지된다. 이 철칙이야말로 이번 전쟁의 결과가 우리에게 또 한 번 뚜렷이 보여주는 교훈이다. 힘이 없기 때문에 우리는 40년 동안 국가로서는 너무도 모욕적인 을사조약과 동시에 우리의 군대가 해산된 이래 우리 동포들의 생명과 재산은 완전히 악독한 제국주의 일본에게 멋대로 맡겨지지 않았던가, 해방된 우리는 우리의 조국을 방위하고 우리가 사랑하는 자유와 평화를 유지하기 위하여 한 걸음 나아가서는 「세계평화」에 협력할 수 있는 군사력을 확보하여야 할 것이니 일찍부터 용감 용장한 우리 광복군(光復軍)을 거느리고 이번 중일中日전쟁에 혁혁한 무훈을 세우고 환국한 임시정부 참모총장 유동열 장군은 지금 어떠한 새로운 구상을 가다듬고 있던고, 「하루빨리 국내의 질서를 우리의 손으로, 나라를 세우는 기초의 힘이 되려면 시급히 군사력을 가져야 하겠다. 이미 전쟁이 다 끝난 오늘 일본군을 모조리 보내어 주기 위하여 진주하여 온 우리 동맹군 미군과 소련군 장병들에게 이 이상 더 괴로움과 수고를 끼쳐서는 너무 미안한 일이다. 이번 전쟁에서 여러 가지 무훈을 세운 우리 광복군은 편대가 끝나고 교통이 허락되는 대로 곧 돌아올 터인데 일본군대에 징병되었던 병사를 합친 총 세력은 약 20만에 이를 것으로 이게 우리국군의 기초가 될 줄로 생각한다.」

이렇게 서두를 내민 유 참모총장은 군인이 가진 엄격과 함께 온화한 미소를 띠우며 말을 계속한다. 「그러나 국가를 재건하는 입장에서 말하자면 우리나라는 중국과 소련에 인접되어 있고 또한 일본과 가까운 거리에서 늘 관계성을 띠우고 있음으로, 모두 육군을 주로 하느냐 해군을 주로 하느냐는 것이므로 환경의 지배를 받지 않을 수 없는 것이다. 천태만상으로 변화하는 국제관계를 늘 머리에 넣고 국방을 구상할 것이매 지금 무어라고 단안을 내리기는 어려웁다.

어찌 되었든 금후에 항공 병력에도 치중하여야 하지 않을까. 그러나 나는 이러한 원칙을 세우기 전에 먼저 비행기니 탕크니 함선이니 하는 것을 무엇으로 만들어 내느냐는 것을 생각할 적에 한심스럽기 짝이 없다. 이뿐만 아니라 많은 병원兵員을 보유하여 두자면 경비를 염출하고 국가의 지출을 많이 내이도록 하여야 할 것이니 우리가 그 경비를 능히 부담할 수 있어야 할 것은 물론이요 비행기니 병기 군함 제조에 필요한 물자를 많이 생산하여야 할 것이다. 전부터 원체 가난한 우리나라가 장구한 시일에 걸쳐 일본의 착취로 말미암아 이제 비인 쑥대만 남아 있는데 쓰러져가는 초가집에서라도 화기를 띄우고 꿋꿋이 살아갈 수 있는 것이니 우리는 먼저 일심단합 하여야 하겠다.」 단합하는 정신이야말로 국군확립의 기초가 될 것이며 우리민족을 영구히 살리고 빛나게 할 것이 아닐까.

〈동아일보 1945년 12월 1일〉

■무전기를 설비코 대외연락을 개시, 우리 임시정부 본격적으로 활동

해외 풍상 30여 성상을 오로지 조국의 해방을 위하여 거룩하고 용감하게 싸워 오신 이승만 박사의 환국을 뒤이어 지난 11월 23일에는 김구 주석을 비롯한 여섯 분의 요인이 금의 환국하시어 과도 정부조직에 대한 준비공작이 착착 진척되고 있다. 금명간에는 또다시 나머지 요인도 전부 돌아오신다. 정부 영수領首가

전부 환국하신 날부터 임시정부로서 정식으로 국제적인 활동을 개시할 것으로 이미 중경에는 출장소를 설치하였는데 임시정부 청사가 결정되는 대로 무전대 3대를 설치하고 중화민국과 매일 무선전신 연락을 취하기로 되어 이번 돌아오실 정부요인과 같이 중국인 무전기사 3명을 초빙해온다.

이것이 환국 후 우리 임시정부의 첫 국제적 활동이 될 터인데 앞으로 계속하여 워싱톤· 모스코-바·런던 등에도 출장소를 두고 무전대를 설치하여 외교 교섭 기타에 직접 긴밀한 연락을 취하며 활발한 외교적 활동을 할 터이다. 그런데 이번 설치할 중화민국과의 무전대는 정부가 사용하는 시간외에는 서울국제통신과 중국 중앙통신 사이의 정보교환용으로 세공할 터이므로 이로써 국제통신사도 비로소 국제무대에 등장하게 되었다. 〈동아일보 1945년 12월 1일〉

■개선 봉축행사, 금일 십만 시민기 행렬

36년 만에 도로 찾은 태극기 아래에 우리는 성스러운 국가적 성전을 오늘 맞이한다. 온갖 고난과 풍상을 겪으며 오로지 조국의 광복만을 염원하며 혈투하여 기어코 뜻을 이루어 가지고 환국한 김구 주석각하 정부요인들을 맞이하여 오늘 오후 1시부터 시내 경성운동장에서 환영회를 성대히 개최하게 된 것이다. 더욱이 이날은 우리의 해방을 위하여 진주하여온 연합군의 환영도 겸하는 것으로 각 단체 중 등급 전문대학생 각 정회町會 기타 각 기관의 대표자 약 십만 명이 식장 서울운동장에 참집하여 우리 임시정부 김구 주석에게 봉영문을 올린다. 그리고 태극기와 악대를 선두로 국군 학생대 등 식장을 출발하여 가두행진을 한다. 순로는 동대문을 거처 군정청 앞을 지나 남대문 통으로 빠질 예정인데 이날을 경축하기 위해 집집마다 우리의 태극기를 올리기로 되었다. 〈동아일보 1945년 12월1일〉

■임시정부 봉영 성식, 작일 훈련원에서 장행

조선의 심장인 서울시의 백만 민중은 감격과 흥분에 쌓여 12월 1일을 맞이하고 있다. 이날은 36년 만에 연합국의 영웅적 승리에 호응하여 만리 이역에서 7전 8기의 곤경에서의 혈투로 우리 강토를 찾아 삼천만의 민중과 함께 기념하려는 대한민국 임시정부를 환영하게 된 성스러운 서울시민의 향연일이다.

오전 11시를 알리는 싸이렌이 울자 시내 남녀 중등이상 전문대학생,조선 건국

군급 시민일반의 훈련원두 참집은 순식간에 10만을 넘게 되었는데 장엄한 악대에 맞추어 오후 1시 반에 시민 주최로 대한민국 임시정부 봉영식이 서울그라운드에서 윤보선씨 사회로 개막되었다. 이어서 오세창씨의 개회사, 이인씨의 봉영문 낭독, 권동진씨의 만세삼창으로 막을 닫았다. 봉영문은 권동진씨, 김성수씨, 이인씨를 통하여 김구 주석께 증정하기로 하고 건국군을 선두하여 역사적 성전인 가두행진으로 끝났다. 〈동아일보 1945년 12월2일〉

■백만 시민을 대표, 김구 주석에게 봉영문 증정

건국군의 우렁찬 건국가는 서울시를 진동시키며 행렬의 장사진은 안국정安國町 4거리를 향진하였는데 창공을 난무하는 6화는 마치도 실국失國하사 방낭하여 해외 도처에서 혈투로 27여 성상을 하루같이 투쟁하여온 임시정부 각원의 과거를 상징하는 듯하였다.

하오 2시 20분경 안국정 4거리 북악을 등진 자그마한 빌딩, 조선생명회사 2층에는 김구 주석을 중심하여 좌우로 이승만 박사, 이시영씨, 김규식씨, 엄항섭씨, 유동열 장군이 창을 열고 건국군을 선두로 지나는 남녀의 환영행렬을 천지를 흔드는 만세소리에서 감개무량하며 환희에 넘치는 표정으로 맞이하였다.

〈동아일보 1945년 12월 2일〉

■임시정부 봉영문

잔인하기 비할 데 없으며 포악하기 짝이 없는 왜적의 통치하에 신음하는 조국을 해방시키기 위하여 춘풍추우春風秋雨 30여 성상을 남전북이南轉北移 하며 온갖 고초와 갖은 곤란을 조금도 개의치 않고 혈전血戰 간투하여 마침내 초지 위업을 달성하고 개선하신 대한민국 임시정부를 봉영함에 당하여 우리는 최대의 경의를 표하나이다.

8월 15일 해방의 기쁜 소식을 듣게 되자 우리 삼천만 동포는 모두 광희를 금치 못하게 되는 한편 일부 돌출행동으로 난무하여 일반대중은 목자 없는 양의 떼처럼 의지할 바를 모르고 헤매면서 우리 정부의 환도만 고대하던 중 뜻밖에 우리 최고지도자의 한 분이신 이승만 박사의 귀국을 듣게 되자 우리는 마치 목자의 소리를 듣는 것처럼 기쁨에 넘치어 눈물을 금치 못하며 아울러 한 팔의 힘을 얻게는 되었으나 한편으로 중경에 체류하는 우리 정부가 한시라도 빨리 돌아오시기를 손꼽아 기다리며 아침저녁으로 서천西天만 바라보던 우리로서 오늘날 우리 임시정부의 환국과 김구 주석이하 각원 제위를 봉영하게 되매 그 형용할 수 없는 기쁜 감격으로 삼천만 동포가 다같이 눈물겨운 바입니다. 그러나 이제 우리의 앞에는 아직 건국의 큰 사업이 있으니 어서 우리 조국의 완전한 독립국가를 하루라도 빨리 실현하도록 더 맹진노력 하시기를 간절히 바라며 끝으로 우리는 임시정부의 모든 명령과 지도에 절대 복종할 것을 굳게 맹서하나이다.

단기 4278년 12월 1일

임시정부 봉영회奉迎會 일동 〈동아일보 1945년 12월 2일〉

■김구 주석각하 이 박사 회견

환국 후 연일 공사로 분망 중이신 김구 주석은 1일 이승만 박사의 초청을 받아 부주석 김규식 박사와 함께 상오 11부터 약 2시간에 긍亘하야 돈암장에서 요담하였다. 〈동아일보 1945년 12월 2일자 기사〉

■30년 기다리는 님, 홍진 선생을 고대하는 김 여사

27년 전에 국사를 위하여 홀연히 떠나간 남편을 맞으러 여관에서 벌써 한 달이나 대기자세를 취하고 있는 70노인이 한 분이 있다. 이 노인은 시내 수은정町 금옥여관에 체재 중인 남상복 여사로 임시정부 의정원 의장인 홍진 선생의 부인이다. 금년 70이 되고 은빛 머리를 이고 있으나 27년간 해외에서 고생하는 홍 선생의 성공만을 위하여 고생을 낙으로 알고 투쟁의 생활을 해온 만큼 아직도 정정하시다. 여관으로 부인을 찾으니 다음과 같이 감격에 넘치는 말을 한다.

「홍 선생의 본 이름은 면희(冕喜)씨로 집의 애-큰 아드님 기택씨-가 열네 살 때 즉 기미년에 바로 상해로 망명의 길을 떠나신 것입니다. 떠나신 후 몇 번 서신 왕래가 있었으나 최근에는 도무지 소식이 없다가 드디어 이번 임시정부와 함께 오신다는 소식을 듣고 기택이 하고 한 달 전부터 올라와서 기다리고 있습니다. 금년 69세로 나보다 한 살이 적으시나 건강에는 별 지장이 없으시다 하며 귀국 후에라도 우리의 건국을 위하여 애써주시리라고 믿습니다. 오시는 대로 고향인 영동에 한 번 가서 선영에라도 전묘를 하실까 합니다.」

이같이 말하는 부인은 그간 아드님과 며느님 또 손자 한 분을 데리고 근근이 생활을 해오는 중 오늘 홍 선생의 귀국을 맞이한 것인데 홍 선생은 구 한국시대에 검사와 변호사를 지내고 상해로 망명하여 임시정부의 사법부장·국무령 그 후 만주에서 독립당 군을 조직해서 활동했고 최근 의정원 의장으로 이번 귀국하게 된 것이다. 〈자유신문 1945년 12월 2일〉

■임시정부 23요인, 작일 군산에 착륙, 혈투 30년! 금일 서울에 개선

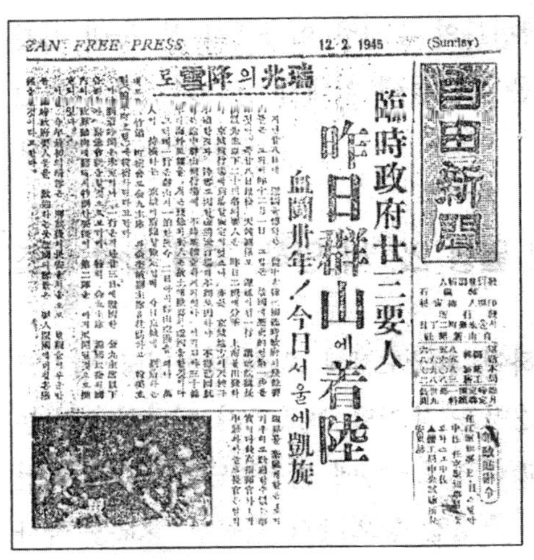

EAN FREE PRESS 12. 2. 1945 (Sunday)

自由新聞

臨時政府廿三要人
昨日群山에着陸
血鬪卅年! 今日서울에凱旋

瑞光의降雪로

지난 달 8일에 환국을 전하는 유중留中 대한민국 임시정부의 잔여요인들은 드디어 12월 1일 그립던 고국에 역사적인 제1보를 디뎠다. 즉 28일 이후 천후 관계로 지연이 된 일행 의정원의장 홍진 선생 이하 23명의 요인은 작일 2기에 분승 상해를 출발하여 경성비행장에 도착할 예정이었으나 역시 경성지방의 천후가 불순한 것과 강설로 인한 김포비행장의 부조不調로 인하여 부득이 회항하던 도중 군산비행장에 불시착륙하게 되었다. 이리하여 30여 년의 해외풍상을 겪은 잔여의 요인은 고토에 환희의 환국을 한 것이다. 그런데 일행은 군산에서 일박한 후 2일 다시 군산공항을 떠나 만인이 대기하는 경성에 착륙할 예정인데 금일 경성에 도착하는 대로 곧 죽첨정 숙사로 김구 주석과 김규식 부주석을 왕방하고 한미호텔에 투숙하리라고 한다. 이날의 도착시간은 미정이나 일행은 지난 23일에 환국한 김구 주석이하 각요인과 긴급회담을 할 것으로 보이며 특히 김구 주석 환국 이후의 국내의 정계동향에 관해서 특별한 요담이 제2진을 맞아 전개될 것으로 추정되고 있다. 이날 금년 최초의 서설은 해방이후 장안을 처음으로 경관을 이룬 만큼 임시정부 요인들을 환영하는 고국의 설경은 요인환국에 더 깊은 감명을 줄 것이라고 한다. 〈자유신문 1945년 12월 2일〉

■청년대표들과 흉금 털고 의견교환, 젊은이들 순정에 노 주석 감격

진보적 45개 청년단체 통합체인 전국청년단체 총연맹 서울시 연맹에서는 김구 선생의 초청을 받아 2일 오전 8시부터 위원장 김여옥 군 이하 연맹 각 단체의 대표 두 명씩 약 백 명이 죽첨정 숙사에서 김구 선생과 회견을 하였는데 최초 약속은 30분간의 예정이었으나 청년들의 열렬한 애국지성의 부르짖음에 김구 선생은 크게 감명을 받아 아뢰는 청년 측도 듣는 김구 선생도 모두 감격에 복받친 눈물을 흘리며 회견은 두 시간이나 계속되었다. 이날 청년 측에서는 해방 후의 활동경과와 청년들의 순결한 입장에서 본 국내 사정을 솔직하게 읍소하였는데 김구 선생은 청년들에 기대가 큰 바를 강조하였다. 〈자유신문 1945년 12월 3일〉

■임시정부 잔류요인 작석 입경 전일행 22씨 안착, 각원 합석 금조초 각의

한외풍상 27년 만에 새 날을 맞이하여 환국도정에 오른 대한민국 임시정부 제2진 일행 홍진 의정원장 이하 22명은 작 2일 하오 5시 때마침 나리는 눈 속에 은세계를 이룬 오매불망의 고국 김포공항에 안착하였다. 이로서 전 각원은 전부 입성하였는데 정부에서는 금 3일 상오 11시 전원이 경교동 숙사에 모이어 초 각의를 개최할 예정으로 그 내용은 자못 기대된다. 그리고 제2진은 각원이 14명 수원 5명과 중국 무전기사 3명인데 씨명은 아래와 같다.

의정원장 : 홍 진

국무위원 : 조성환, 황학수, 장건상, 김붕준, 성주식, 유 림, 김성숙, 조경한

겸임 국무위원 재정부장 : 조완구 **외무부장** : 조소앙 **군무부장** : 김원봉

법무부장 : 최동오 **내무부장** : 신익희 **비서** : 안우생

경위대 : 서상렬 **비서** : 이계현, 노능서, 윤재현 등 22명

〈동아일보 1945년 12월 3일〉

■요인들의 귀국 제1성 총력 집결하자, 홍진 원장 담

● 가슴이 막히어 무어라 말하였으면 좋을지 모르겠다.

나는 3·1운동 직후 전 민족의 의사를 대표하여 일본 정치기구와 대립하는 우리 정치기구를 확립하기 위하여 임시정부를 조직코자 상해로 건너가 거기 있는 애국의 지사들에게 임시정부조직을 선포하였다. 그 후 여러 지사와 통일하여 우리의 민의를 대표한 임시정부를 수립 또 민의 기구를 확립하기 위하여 임정 헌법제도를 세웠다. 내가 본국을 떠나던 최초의 일은 전 민족의 유일한 정치집단을 만드는 데 있었다. 해내 해외의 전 민족을 대표한 집단이 있어야만 그 토대 위에서 임시정부가 활동할 수 있기 때문에 다년간 이 사람의 통일단체에 대한 감정은 식을 때가 없어서 동무들이 통일광狂이라고까지 말하였다. 여하간 각 단체의 분산된 역량을 결집하는 것이 급선무다. 〈동아일보 1945년 12월 3일〉

■대한 위해 합심노력, 조 외무부장 담

무슨 말부터 하여야 좋을지 모르겠다. 도중에서 눈 나리는 것을 보니 이제야 말로 우리는 결심하고 의기로 새 국가건설에 노력할 것을 다시 한번 맹서하였다. 1일 군산에 내렸을 때 우리 일행은 근 30년 만에 잊지 못하던 고토를 밟고 한동안 손바닥에 비행장을 흙을 쥐어보고 감격에 잠겼었다. 도중에 보니 일본이 있던 동안 산림은 예대로 푸르지 못하고 헐벗은 채로 있는 것 같았다.

〈동아일보 1945년 12월 3일〉

■독립 위해 진력, 조 재무부장 담

31년 만에 돌아오니 참으로 처참하기 짝이 없다. 내가 해외로 건너간 것도 우리 조선을 독립하려는 것이고 이번에 돌아온 것도 또한 독립운동을 하려는 것이다. 우리 삼천만은 한데 뭉쳐 하루바삐 완전독립을 기하지 않으면 안 될 것이다.

〈동아일보 1945년 12월 3일〉

■자유평등의 정치, 김 군무부장 담

해방된 오늘날 이 자리에서 씩씩한 여러분과 대면하게 되니 즐겁기 할양 없다. 포부에 대하여서는 동일한 목적 동일한 방법으로 달성하려고 귀국한 정부의 대표자가 스태트-멘트를 발표하였으니 더 할 말은 없으나 다만 금후 정치는 인민을 행복스럽게 자유스럽게 하기에 힘쓸 것은 물론이다. 오는 도중에 눈에 띈 것은 발을 벗고 남루한 의복을 입은 우리 동포들을 보니 잔악한 일본 침략정치 하에서 얼마나 신음하였는가를 알 수 있으며 해외에서 오히려 자유스럽게 지내온 우리들은 오히려 편안하였다고 할 수 있다. 해외에서 28년간 풍상을 겪으며 투쟁하여 오던 동지가 많이 세상을 떠났고 우리들만 환국하게 된 것은 여러 가지 감회가 착잡하여 목을 메이게 합니다. 〈동아일보 1945년 12월 3일〉

■앞으로 건투, 최동오 법무부장 담

기미년을 계기하여 망명한 개선정객의 군웅이 일당에 모인 경교정京橋町 숙소에 모여든 기자단과 첫손을 잡은 선생은 최동오 선생이시다. 반백이 넘은 수염은 해외풍상을 겪은 듯싶고 붉은 얼굴에는 투기가 충만하여 보인다. 기자가 손을 잡자 선생은 내가 해외에서 동아일보가 사라졌단 말을 듣고 슬퍼했는데 오는 도중에서 중간 되었단 소식을 들었습니다. 얼마나 반가운지 모르겠습니다. 앞으로 힘 있게 건투하여 갑시다. 〈동아일보 1945년 12월 3일〉

■광복에 힘쓰자. 신익희 내무부장 담

개인의 입장에서 감상을 말하자면 밖에서 독립운동을 하였지만 동지들 중에는 십년 내지 삼십여 년을 하루같이 광복에 힘써온 것이다. 우리나라는 외국으로 말미암아 돌연히 되었으나 국내에서 대중과 함께 본격적으로 자주독립을 위하여야겠다. 전체는 전 민족이 원하고 실행하는 데 달렸다. 흘러가는 물은 흘러서도 한 곳으로 모이는 것은 물리학의 원칙이다. 나는 고토를 밟으며 옛 동지 도산 안창호 선생을 소개하고자 한다. 〈동아일보 1945년 12월 3일〉

■광복군사령부 남경으로 이주

정부 각원 제씨는 2일 환국으로써 전부 입성하였는데 상해까지 동행한 김준엽 씨는 정무를 띄고 중경으로 되돌아가고 광복군 총사령 이청천 장군은 중경에 있는 사령부를 남경에 옮 기고자 역시 중경과 남경을 거처 입경 예정이다.

〈동아일보 1945년 12월 3일〉

■청춘이국 백발환, 가족들과 감격의 상면 강산도 의구. 개선의 환희

▲ 한국광복군 총사령부(서안) 총무처 일동 (1940. 12. 26)

망명한 지 30여 년 만에 개선하여 돌아오는 우리의 영예로운 투사들을 맞이하는 이날 임시정부 잔류영수를 초조히 기다리는 군웅의 유족들은 급한 듯이 먼저 돌아온 트렁크에 붙어서 나부끼는 꼬리표를 쳐다보고 벽 위에 걸린 시계의 지침을 바라보면서 가슴을 조이고 있다. 이윽고 개선 군웅을 싣고 자동차가 시내 경교동京橋洞 숙소의 문 앞에 멈추자 30여 년만의 해후에 눈물겨운 박수와 포옹의 순간에 희비喜悲의 교류곡交流曲이 소리 없이 장내에 흐르고 있다. 불과 며칠 동안 서로 떨어진 동지 건만은 10년 해후와 같이 환희와 흥분에 넘쳐서 우리 김구 주석은 2층에서 마고자 바람으로 황망히 현관에 나와 안미생 여사와 김진동씨의 안내로 들어오는 동지들과 「풍우 속에서 무사히 오는구려」 하는 말과 아울러 손을 잡자 각원閣員은 화기애애한 분위기에 싸여 장내는 긴장되고 흥분되었다.

그런가 하면 한편에는 단지 하나밖에 없는 어린 아들을 두고 떠날 때에 최후의 어머니의 얼굴을 읽으면서 흐르는 눈물을 금치 못하며 해외로 발을 옮긴 의정원 의장 홍진洪震 선생과 선생이 빨가숭이 때 보시고 17년 전에 길림吉林서 잠시 얼굴을 본 후 조선으로 돌려보낸 후에는 살었는지 죽었는지 모르는 단지 하나인 아들 기택起澤씨와의 첫 상면의 순간이다.

묵묵히 말이 없이 바라보는 기택씨와 엄친 홍진 선생은 「해외풍상과 싸우신 고초가 얼마나 극하였습니까」 「네가 이렇게 망명한 나를 만나게 되었구나」하는 말을 무언으로 표현할 뿐이었다. 또 한편에서 연달아 30년 만에 만나는 신익희씨의 종손인 신창현군은 「할아버지 제가 창현이올시다」 하고 가슴에 안기자 등을 만지는 애손愛孫의 눈물이 순간에 흐르는 듯 긴장된 순간의 선생의 눈은 전등 아래 더욱 빛나고 있다. 이어서 모여든 기자단에게 아버지, 할아버지를 모시고 더

이야기를 못하고 자리를 사양하였다. 〈동아일보 1945년 12월 3일〉

■주석을 중심, 전원이 화기어린 따뜻한 식탁

●감회 넘치는 중에 주고받는 정담

고국의 해방을 위하여 해외에서 모진 고난의 길을 걸어온 지 30여 년!

어제 2일 오후 중경임시정부 요인 제2진이 서울에 내려서자 내일의 건국을 축복하는 듯 상서로운 백설白雪로 푸근한 서울 장안은 이들에게 형언 못할 감격을 주었으리라. 눈 속으로 서울거리를 김포로부터 먼저 김구 주석의 숙사를 찾아 상해에서 헤어진 지 열흘 만에 자리를 같이하여 고국에서의 구수한 맛을 보는 저녁상을 함께 받았다. 특히 이 자리에는 옛날 누구보다도 친하던 벗인 벽초 홍명희씨가 식당 중앙에 앉은 김구 주석의 바른 편에 조소앙씨와 나란히 앉아 오래간만에 구회舊懷를 이야기하며 마련해 두었던 맥주로서 오늘의 해방과 오늘의 환희를 이야기 하며 한 잔씩만 권한다.

김구 주석이 긴 테이블 중앙에 앉고 바른편으로 홍명희·조소앙·성주식·안훈(조경한)·조성환·유림·김성숙·김약산(원봉)의 제 선생이 이웃해 앉았고 다시 그 건너편으로 즉 김구 주석 왼편으로 신익희·황학수· 김붕준·조완구·장건상·최동오·홍진 이렇게 좌우 쪽으로 늘어앉아 받은 저녁상을 가운데 놓고 고국에 돌아와 한자리에 앉은 감회는 한 번 들고 놓는 젓가락에 맺어지는 것 같다. 이때 2층으로부터 이시영 노인이 두루마기도 벗고 마고자에 장죽을 들고 내려와서 「나는 저녁을 먼저 먹었소이다마는 천천히 많이들 자시오.」 하고 노인의 한 말씀이 좌중에 쟁쟁히 들리건만 신익희 내무부장은 부지런히 식사를 한다. 이시영 노인은 다시 신익희씨를 보고 「좀 천천히 자시지 그래.」하니 「이틀을 굶었습니다.」고 대답한다. 해외고생에 이틀뿐 아니라 20일이라도 굶어가며 국가를 위해서 침식을 잊은 때도 한두 번이 아니었으리라는 것이 그의 주름잡힌 얼굴에서 엿보인다. 테이블 저쪽 바른편 끝으로 우리 광복군을 질타하던 김원봉(약산) 장군과 의정원 의장인 홍진 선생이 마주 앉아 무엇인가 이야기가 길다.

내일부터 건국의 구상을 이렇게 하면 어떻고 저렇게 하면 어떠냐는 「식사중의 경륜」이 주고 받어지는 것이 아닌가 하고 이 식당을 엿보는 이의 주목을 이끌고 있다. 간소하지만 고국에서 처음 입맛을 놀래이는 저녁상을 내어 밀고 그들의 걸음걸이는 응접실에서 기다리고 있는 가족들에게로 바빠진다.

〈자유신문 1945년 12월 3일〉

■부녀감격 대면, 조완구씨 만나는 따님 규은 여사

이날 밤 응접실에는 일행의 도착을 초조히 기다리는 젊은 부인이 있었다. 그는 재정부장 조완구씨의 따님 조규은(34) 여사이었다. 「내가 여섯 살 때 온 집안이 만주로 옮겨 살게 되었는데 기미년 만세 때 아버님께서는 만주서 상해로 가시었습니다. 그 후 남은 식구들은 어머님 홍정식 여사를 모시고 다시 고국에 돌아온 후 어머님께서는 영영 아버님의 돌아오심을 못 보시고 올 2월에 돌아가셨습니다.」 3년 만에 노老혁명가와 그 따님은 감격의 해후를 하였다.

〈자유신문 1945년 12월 3일〉

■17년 만에 보는 부친, 홍기택씨 담

홍진씨의 장남 기택씨는 다음과 같이 감격 담을 이야기한다.

「17년 만에 다시 보니 이 감격을 무엇이라 말씀하겠습니까. 오직 국가와 민족을 위하여 온갖 곤란과 분투 끝에 오늘을 맞이하신 부친을 보니 국내에 있으면서 이렇다 해놓은 일 하나 없는 내가 끝없이 부끄럽습니다. 이제까지의 속죄로라도 부친을 위하여 사력을 다하겠습니다.」

〈자유신문 1945년 12월 3일〉

■담담한 중에 반가움 27년 만에 부군 맞은 조 여사

의정원 의원 조성환씨의 부인인 조성구씨에게 원서정苑西町 25번지 댁으로 반가운 소식을 전하니 70노인의 부인은 담담한 표정으로 「네, 그렇소」 하고 한참 동안 말씀이 없다가 다음과 같이 조용히 말씀한다. 지금부터 아홉 해 전인 중일中日사변이 일어나던 해에 나는 먼저 돌아왔는데 그 후 근 10년 동안 하도 세상이 소요스러워서 매우 걱정이 되었군요. 70노인으로 그 안부가 매우 염려되었는데 다행히 무사하게 돌아오셨으니 하늘이 도우신 덕분이 아닌가 하나이다.

〈자유신문 1945년 12월 3일〉

■윤 의사 유아 종 군, 김구 선생과 마침내 대면

김구 선생이 고토를 밟으며 누구보다도 먼저 만나고 싶은 이가 윤봉길씨의 유가족이었다. 김구 선생의 명령을 받아 상해 신공원에서 백천白川 대장을 즉사시키고 전前 일본외상 중광重光의 다리를 꺾은 우리의 열사 윤봉길씨의 유족은 어디서 어떻게 지내고 있는가. 그 유족 윤봉길씨의 장남 서산농림학교 3년생 종淙군君(18)과 봉길씨의 아우 기선璣宣(30)씨가 항상 흠앙하는 김구 선생을 만나 뵈오려 충남 예산군 덕산면 시량리柿梁里 자택으로부터 2일 상경하여 오전 11시 반에 죽첨정 숙소로 김구 선생을 찾았다. 열사의 모습을 많이 타고 난 씩씩한 종淙 군의 손을 잡고 김구 선생은 지난날의 감회가 자못 새로운 듯 유족의 상황을 자세히 묻고 격려하였다. 김구 선생을 만나고 나온 종淙군은 다음과 같이 이야기한다.

「웬일인지 가슴이 터지는 것 같아서 김구 선생을 바로 뵈옵지도 못했습니다. 소학교 때 세곡細谷이란 일인日人 교원은 나를 이 세상에서 제일 나쁜 아이라고 전교에 선전을 하고 구박을 받던 생각을 하면 이가 갈립니다.」

〈자유신문 1945년 12월 3일〉

■제 선생은 원기왕성 경호수행원 서상열 군 담

눈 내리는 고국의 환호를 들으며 감회와 눈물로서 역사적인 환국을 한 대한민국 임시정부 요인들의 제2진은 숙사인 본정 한미호텔에서 귀국 제2야를 보냈거니와 일행의 경호책임자이었던 서상열(25) 군은 광복군의 복장도 늠름하게 무거운 짐을 내려놓은 듯 다음과 같이 말하였다. 1일 오전 열시 반 상해에서 비행기 두 대를 타고 일행 스물두 명이 왔으나 도중 기류가 좋지 않아 두 시간쯤 해서 경성상공을 떠돌다가 남선 지방 다른 비행장을 찾은 것이 군산비행장이었다.

비행장에 내리자 남조선의 깨끗하고 명랑한 공기와 맑은 하늘은 일행 여러 선생님께 깊은 느낌을 주었는 듯 여러 선생님들은 이구동성으로 「아-공기가 상쾌하기도 하다」 「맑은 하늘이 깨끗하기도 하다」고 고국에서의 맑은 공기를 가슴 깊이 흠뻑 호흡하실 것 같았다. 군산서 바로 논산으로 자동차를 달리어 하룻밤을 지내고 어제 아침 유성온천까지 오자 다시 눈이 오고 일기가 차서 미군과 연락을 하여 유성비행장에서 다시 비행기로 바꾸어 타고 오후 5시 50분경 비행장에 내리었는데 노령에 계신 여러 선생님들은 조금도 피로한 빛이 없으신 것으로 보아 내일부터 곧 국사國事를 위하여 애쓰실 것이다. 〈자유신문 1945년 12월 3일〉

■동경턴 고국서 역사적 국무회의, 주석 김구 각하 통제하 국무위원 초 회합

● 이승만 박사 선착先着으로 등청登廳

……작석昨夕 한양에 안착한 임시정부 잔류요인 일행은 한미호텔에서 일야一夜 안식하고 백발노령임에도 애국 정열에 넘치어 피로도 모르는 듯 조선의 장래를 축복하는 듯이 12월 3일 이날 상오 11시 경교동 정부주석 숙소의 문전에는 다단한 국내의 정세를 살펴가며 통일하려 노력하여온 이승만 박사의 등청을 비롯하여 장남을 대동한 의정원 원장 홍진 선생, 조소앙, 유동열, 신익희, 유림 제諸 선생 일행은 전후하여 등청 하였다. 상오 11시가 지나서 역사적인 국무회의國務會議가 개최되었는데 이 회담에서 가르칠 조선의 방향을 듣고자 기대하고 있는 기자들은 벽에 걸린 시계만을 쳐다보며 초조하게 대기하고 있다.

〈동아일보 1945년 12월 4일〉

■전각료 일당에 회합 건국의 본격적 공작, 작일 환국 후 최초의 국무회의

1945_12_04_01

THE KOREAN FREE PRESS 12. 4. 1945 (Tuesday)

自由新聞

全閣僚一黨에會合

建國의本格的工作

昨日還國後最初의國務會議

三要人

알기願하는國內事情

趙外務部長記者團에發表

進步的政治

의정원의장 홍신씨 이하 14명의 도착으로 마침내 중경임시정부의 전각료는 입국하였다. 김구 주석 외 각 요인이 이른바 「개인의 자격」의 환국을 하였느냐 또는 정부로서이냐는 큰 관심사이었다. 그래서 결국 이에 대한 견해는 김구 선생 자신의 「내가 왔으니 정부도 왔소」라고도 하였고 또 엄 선전부장을 통해서 대외적 국제관계에 있어서는 개인자격이겠지만 국내에 있어서는 정부자격으로 해석하여야 될 것이라고 밝힌 바 있었다. 건국의 기대가 임시정부에 집중되어 있고 그들이 과거에도 그러하였지만 지금부터도 조국의 완전독립을 위하여서 할 노력에 의해서 시급한 완전독립이 획득되기를 희망하고 있는 것은 물론이다.

입국 제1야를 한미호텔에서 보낸 홍진씨 이하 14요인은 3일 오전에 죽첨정 김구 선생 숙사에 나타나서 이승만 박사까지 일석에 참석하여 국무회의를 열고 오찬 후 오후에도 속개되었다. 아직 그 회의내용은 알 바 없으나 아연 긴장해진 정국의 동향은 3천만 민중의 주목을 끌어 건국의 본격공장이 바야흐로 진전되려는 이때 민중은 최대의 관심으로 지도자의 일거일동을 주시하고 있으니 3일의 국무회의가 어떻게 민중의 참된 의사를 반영하였고 국내 정치 동향의 정당한 노선을 파악하였느냐는 실로 중대한 문제일 것이다. 해방 이후의 민중운동의 정당한 비판을 통해서 그들의 요구를 부를 것이오. 시급한 민족통일전선의 결성에 있어서도 이 민의에 좇아서 해야 될 것이다. 38도의 해결 등에 대한 군정청과의 교섭 대중생활의 안정 확보를 위해서의 물가경제대책 등 긴급히 요청되는 문제의 해결도 적지 않으니 국무회의의 결과가 3천만 민중에게 속히 알려지기를 기대함이 크다.

〈자유신문 1945년 12월 4일〉

■임정 조소앙 외무부장 회견

2일에 무사히 입경한 임시정부 영수 제2진 일행 의정원 의장 홍진 선생이하 22인은 환국의 제1야夜를 한미호텔에서 보내었는데 조소앙 외무부장은 3일 오후 2시경에 김구 선생 숙사인 죽첨정에서 기자단과 공동회견하고 대요 다음과 같이 말하였다.

「수십 년 해외생활하는 데 따라 외국신문 기자단과 자주 회견하였는데 유감으로 생각하는 점 두 가지를 절실히 느꼈다. 첫째는 외국기자단과 회견할 때 하루 빨리 환국하여 우리 동포로 된 조선인기자단과 회견 못하는 것과, 둘째는 임시정부의 존재를 국내에 있는 동포 전부가 알고 있으며 또 옹호 지지하는가 하는 질문에 대하여 확실한 대답을 못한 것이 큰 유감이었다. 감상은 30여 년 만에 환국하여 말할 수 있게 된 것을 무엇보다도 기쁘게 생각한다. 정치문제에 대하여 궁금히 생각하실 줄 아나 아직은 말할 수 없다. 그것은 먼저 환국한 분들과 아직 상세한 이야기가 없을 뿐만 아니라 국내 사정을 전연 모르기 때문이다. 언론보도의 사명은 국내는 물론이요 국제적으로도 큼으로 앞으로는 여러분들이 서로 손을 맞잡고 정확한 보도를 해 주기를 기대하며 일반민중의 지침이 되며 등대가 되어 주기를 바란다. 〈서울신문 1945년 12월 4일〉

■국정의논은 안했다, 국무회의 직후 조趙 외교부장 담

오후 2시가 지나서 회의는 일단 끝나게 되여 2시 반에 조 외무부장이 정부를 대표하여 다음과 같은 담화를 발표하였다.

–내가 해외에 있을 때에 외국 기자와 문답에 있어서 유감 되는 바가 두 가지 있었다. 조선 국가를 위하여 선생과 문답할 시기가 어느 때에 올 것인가 하는 경우나. 또 하나는 조선 국내에서 국내정세가 다단한 차제 중요한 자리에 앉은 문화계 ○○○씨가 우리 일행을 성대히 환영하여 주고 금일 또 여하히 찾아주니 망명생활 30년 이래 제일 유쾌히 생각하는 바이다.

오전에 국무회의가 개최 되었으나 김구 주석이하 선착한 일행이 지난 10일간 국내정세와 지나온 40년간 국내의 역사를 읽었는데 작일昨日 들어 온 우리 일행은 아직 국내역사를 읽지 못하고 방금 첫 페이지를 열어 놓았을 뿐이다. 그러하므로 기자 제諸씨가 궁금히 알고 듣고자 하는 정치적 문제에 대해서는 언급치 못하겠다. 이밖에 있어서는 우리가 전부 독파한 후 들어 주기 바란다. 그리고 여러분은 민중을 대표하여 정확하고 진지하게 정세를 파악하여 주면 우리도 합리적으로 합법적으로 의견을 실행하여 나가겠다. 〈동아일보 1945년 12월 4일〉

■휴회 후 군정부 방문, 김 부주석 정부를 대표

기자단과의 회견을 끝마친 조소앙씨는 부주석 김규식씨와 같이 군정청 하지 장군과 아놀드 군정장관을 방문하여 환국하였다는 인사를 하고 돌아온 즉후 오후 3시에 본격적인 국무회의는 속개되었다. 〈동아일보 1945년 12월 4일〉

■한중합작으로 독립촉성 초빙하여온 중국 무선기사 담

우리 임시정부의 초빙을 받아 2일 환국한 우리요인 일행 중에는 오로지 조선의 자주독립을 기원하는 해방중화민국의 씩씩한 3청년의 진객도 보이어 한·중친선을 약속하고 있다. 이번에 초빙을 받아 조선을 찾아온 중화민국의 세 청년은 왕용성, 류용치, 륙사행의 3씨인데 왕씨는 오랫동안 김구 주석의 친구로서 김구 주석의 이역 수만리의 역경생활을 표리로 위로하고 성원한 임시정부의 은인이요, 조선의 은인인데 우리 한글도 통하여 조선에 대한 지식이 풍부하다. 그리고 류씨와 륙씨는 우리 임시정부가 환국하신 날부터 임시정부로서 정식으로 국제적인 활동을 개시할 무전기사로서 건국대업에 대한 역할로 온 것이어서 양씨의 활약은 자못 기대된다. 그런데 요인일행과 같이 경교동 숙사에 여장을 풀은 중국 세 청년은 다음과 같이 말했다. 「우방조선이 해방되여 오늘날 이같이 기쁨을 나누게 된 것은 무한한 행복이다. 조선을 위하고 동아를 위하여 있는 힘을 다 바치겠으니 여러분도 다같이 힘을 합하여 하루바삐 완전독립을 위하여 싸워주기 바란다.」

〈동아일보 1945년 12월 4일〉

■정규 국방군 새로 편제 미 군정 양해로 육군만 십개사

●해병, 공군도 발마추어 행진 –병력없이 독립없다–

해방된 우리 조선은 당당히 세계연합국과 어깨를 겨누며 국제무대에 등장할 추진력이 되는 국방군을 조직하고자 광복군과 군정청 사이에는 원만한 타협이 성립되여 벌써부터 착착 준비를 진행시키고 있다.

앞서 군정청에서는 조선의 자주독립과 주권을 보호 방비하기 위하여 필요한 병력을 점차 준비하려고 육·해군을 포함한 군사력을 정비하려고 군사국을 설치하였는데 우리 임시정부의 직속정통인 광복군과 긴밀한 연락을 취하여 국방군 편성에 대하여 입안立案을 보았다. 즉 조선이 자주독립하는 날에는 정예 육해공군에 편성하여 당당히 그 위훈을 떨치기로 되었는데 우선 중국 각지에서 무장해제를 당한 일본군의 병기를 전부 사용할 방침이다.

그리고 조선 국방군은 대의명분을 분별할 질質에 중점을 두어 국군에는 평시 편대로서 광복군 20여 만 중, 10만 10개 사단의 상시병을 상비할 터이고 해군은 벌써 1만의 정예부대가 진해에서 맹훈련을 실시하고 있으며 항공군은 일본군적에 편입되었던 1천5백이 활동을 개시하고 있어 조선의 앞날에 무한한 신뢰감을 갖게 한다. 강약을 불구하고 국가의 절대구성 조건이 국토, 인민, 주권의 3대 요소임이 고금동서를 통하여 변함없는 진리임으로 이들 3대요소를 보호하고 옹호하기 위한 군대도 또한 이에 따라 없어서는 아니 될 것이어서 미군정당국과 광복군과의 협력적인 군대 편입은 명일 조선에 큰 힘이 될 것을 약속하고 있다. 〈동아일보 1945년 12월 4일〉

■김구 주석 봉영회 김 부장 임장, 인천서 거행

임시정부 김구 주석과 인연 깊은 인천에서는 금번 김구 주석의 환국을 환영하려고 금일 초청하였는데 잔류殘留 요인의 작석昨夕 환국으로 금일 국무회의國務會議가 열리게 되어 다망하시어 유감스러우나 참석하지 못하게 되어서 문화부장으로 있는 김상덕씨가 대신하여 참석하게 되었다.(인천)

〈동아일보 1945년 12월 4일〉

■울연집중하는 민의, 각 단이 내방, 신봉표명

임시정부의 표명될 태도에 대하여 세인의 이목을 집중시키고 있는 차제에 작금, 각 단체에서는 생신事先하여 김구 주석을 방문하고 임시정부 절대 지지의 결의문 또는 환영사를 올리고 있다. 작 3일 하오 4시경에 3·1운동을 기념하기 위하여 3·1운동지회라는 명칭으로 조직된 단체의 이종대씨 외 22인과 불법佛法연구회대표는 김구 주석을 방문하고 절대 임시정부를 지지하겠다는 의사를 표명하였다. 4일 경남의 대표 8명이 상경하여 동일한 방문을 하였는데 연일 강토 안에 있는 각 단체는 임시정부를 절대 지지하며 임시정부만이 우리의 진정한 정부라고 생각한다는 결의의 표명이 답지하고 있다. 〈동아일보 1945년 12월 4일〉

■아버지산소 그리는 효심, 아우 만나보는 김구 주석의 첫 말씀

4일 오전 10시 죽첨정(竹添町) 김구 주석실(主席室)에는 소박해 보이는 농촌 노인과 검정양복을 입은 젊은 손님이 있었다. 간밤의 비바람은 맑게 개인 고은 하늘이 커텐을 걷은 유리창으로 훤하게 내다보이는 양실-안경을 벗으신 김 주석께서는 그 엄격한 모습에 가끔 미소를 띠우시면서 이 두 분과 더불어 황해도 사투리를 그대로 뱉으시며 이야기를 주고받으셨다. 이 노인은 김태훈(金泰勳)씨로 김구 선생에게는 제일 가까운 육촌 동생이 되시는 분이며 젊은 청년은 홍두씨로 조카님이 되는 분이다. 두 분은 황해도(黃海道) 해주(海州)에서 선생을 뵈오러 올라온 것이다. 한복 두루마기를 단정히 감싸고 쑈파에 앉은 노인은 가끔 유난히 빛나는 눈을 곱게 모둔 하얀 수묵 보선 위에 떨어뜨리며 묵었던 이야기의 실마리를 푼다.

「아버지 산소의 잣나무가 얼마나 자랐어?」 정성이 지극하신 주석은 아버님의 산소에 대해 물어보신다. 밖에서 고투하시는 동안 국내의 일가친척의 고난의 길도 탄탄한 것은 아니었든 것 같다. 혁명가를 낸 일문이라 해서 포악한 왜놈에게 얼마나 시달림을 받았으며 상해에 있다, 중경에 있다는 등 정확한 소식도 들을 길을 못 가진 채 밤이면 찬 하늘아래 별을 쳐다보며 망명한 형님을 생각한 적이 몇 번이며 햇곡식을 걷어놓고 음식을 대하며 목메어 한 적은 그 몇 차례였던고, 지금으로부터 30년 전 김구 선생이 안악(安岳) 동산에서 상해로 떠나실 때 작별을 하고는 이것이 처음 상봉이라 한다.

쌓인 이야기인들 얼마나 많으며 이야기가 없이 바라다보고만이라도 있고 싶은 정(情)인들 한이 있으랴만. 내 형님이라는 것보다 지금은 건국도정의 국사 다단한 사무를 가지신 나라의 어른이시오. 전 민족의 중한 운명을 지신 분이다. 따사로운 오전의 햇빛이 역사적인 이 상봉의 날을 축복하는 듯 내려서는 두 분의 어깨에 눈부시게 내렸다. 〈서울신문 1945년 12월 5일〉

■전全인천의 봉영식 성황, 김구 주석 대리임장 격려

지난 12월 3일 전 인천시민 주최로 대한민국 임시정부 환국봉영대회를 개최하였던바 전날은 올해 겨울에 처음 내리는 눈이 삭풍에 휘날리며 우리민족에 지나간 36년간의 고난사를 상징하는 것 같이 춥고 음산하였으나 동일 아침은 뜻밖에 온화한 일기는 신흥국가의 장래를 축복하는 듯 평화스럽고 태극기를 비롯하여 연합 5개 국기는 맑게 개인 창공에 휘날이여 경축기분을 새롭게 하였다. 봉영식장인 공설운동장에는 시장市長을 비롯하여 대회위원이 도열한 가운데 일지출정과 화정을 정회를 선두로 각 단체의 행렬이 농악의 풍물소리로 입장을 하자 대회위원장 하상훈씨의 개회사, 임홍재 시장의 환영사가 있은 다음에 임시정부를 절대 지지한다는 결의문을 만장일치로 가결하고 성대한 가운데에도 엄숙한 식을 마치고 시가지 행렬에 들어가자 가두에 운집한 군주의 만세성은 천지를 진동하고 무려 2만 명이 넘는 행렬의 장사진은 굽이굽이 임시정부 절대지지의 슬로간을 선두에 내세우고 시가지를 일순한 다음 상인천역에 이르러 임시정부 수석대리 김상덕 문화부장의 뜨거운 격려의 일장연설에 시민은 우리정부를 중심으로 완전독립국가 건설에 일로매진할 각오를 굳게 하고 산회하였다.

〈동아일보 1945년 12월 5일〉

■정부산하로 백만 기독교도단합 신민회조직 활동개시

8월 15일 이래 백만 교도를 포용한 조선기독교회는 그동안 침묵한 중에 있더니 지난 11월 27일 남부대회에서 교파합동이 있었고 28일 오후에는 임시정부환영회가 있어 자못 성황을 이루었는데 지난 1일 오후 2시에는 정동 제일예배당에서 전국적으로 연락하여 태동 중이던 기독신민회의 발기총회를 열고 이 자리에서 우리 임시정부를 지지할 것을 결의하고 역원을 선출하였다. 동 교회는 교파나 교회정치를 초월하여 전 조선민족의 정신생활과 생활의 향상을 위하여 위선 교회를 토대로 하고 헌신적인 활동을 개시하기로 되었는데 결의문 내용은 다음과 같다.

● 결의문

1. 우리는 김구 주석을 수반으로 한 대한민국 임시정부를 절대지지하여 대중완성을 위하여 십자가의 정신을 헌신할 것
1. 우리는 현존교회의 발전과 전국적으로 억압 폐쇄된 교회들의 재건을 위하여 적극 노력할 것

〈동아일보 1945년 12월 5일〉

■가두의 민의, 내가 왔으니 우리 정부도 왔다

삐라‥‥삐라‥‥삐라

자유 들어 가두에 빗발치는 삐라

그 소연한 잡음 속에 한줄기 엄숙한 민의民意가 약동하나니 바른 건설적인 것만을 손에 잡히는 대로 눈에 띄는 데로 여기에 재록하여 보자.

▲ 우리의 임시정부는 절대적으로 지지하자는 전 조선순국학생동맹, 조선유학생동맹총본부에서 삼천만 동포에게 외치는 젊은 학도의 순수한 부르짖음이다.

들으라!

삼천만 동포여! 천지가 떠나도록 만세를 불러 우리 정부를 절대 지지하자.

우리가 우리의 정부를 지지하지 않는다면 우리의 삼천리강산은 영영신탁관리로 되고 만다.

아! 삼천만동포여 우리가 열망하든 자주독립의 정부는 환국했다.

『민중의 피로 생긴 우리의 정부』

문 : 선생이하 임시정부요인이 개인자격으로 환국했습니까?

답 : 내가 왔으니 우리 정부도 온 것이다.

문 : 임시정부는 중국과 불국佛國이 승인하였다는데?

답 : 그렇다 국제법상으로는 미비한 점이 있다. 그러나 사실상 승인을 받았고 사실상 국제 간의 교섭대상으로 되어왔다.

문 : 일본에 대하여 선전포고를 한 것은 언제나?

답 : 우리는 3·1운동과 동시에 선전을 포고하였다. 1941년 12월 7일 일본이 대미전對美戰을 개시하자 동년 12월 12일에 우리는 과거의 선전포고를 재확인한 것이다.

들었느냐 삼천만동포여! 우리정부는 27년 전에 삼천만동포의 총의를 모아 피로 생긴 정부이다. 동포여! 우리의 유일정부 대한민국 임시정부를 절대 지지하라!

대한민국 임시정부 만세! 김구 주석 만세! – 전조선순국학생동맹. 조선유학생동맹총본부

〈동아일보 1945년 12월 5일〉

■작일 국무회의 휴회 각 단체명사와 접견

활동타가 먼저 입국한 지우, 기타 각 정치적 단체의 내방만으로 휴회하고 숙소인 한미호텔에서 굶주렸던 국내의 소식을 들으면서 1일을 경과하게 되었다.

작일昨日 회담에서는 과연 삼천만 민중이 궁금해하는 정치적 구체안을 귀국이래 김구 주석이 파악한 내외정세를 중심하여 중대한 의견교환이 있었으리라고 추찰되나 내용에 있어서는 엄비嚴秘에 붙여 30여 년 동안 처음으로 동경 턴 고국에서 전원의 일석회동을 얻게 된 임시정부는 작일 오후 6시까지 국무회의를 개최하였었는데 4일은 오랫동안 막혔던 국내의 지우知友와 해외에서 동지로 하므로 알 수 없으며 엄 선전부장은 작일昨日 회담에는 입국한 후의 상황을 말하였을 뿐으로 정치적 문제에는 언급치 못 하였고 5일 계속해서 국무회의가 열릴는지는 아직 미정이라 한다.

〈동아일보 1945년 12월 5일〉

■필진을 통일, 조소앙씨 부탁

임시정부 외교부장 조소앙씨는 4일 내방한 기자에 대하여 다음과 같이 말하였다.

내가 상해에 있을 때 외국기자들은 조선의 군정이 우익만 받들음으로 장차 조선엔 유혈의 혁명투쟁이 발생하리라고 말하고 있었다. 나는 그런 일은 절대로 없을 것이라고 확신한다. 또 그런 불상사가 절대 없도록 우리는 모두 협력하여 건국에 힘써야겠다. 더욱 기자들의 보도와 필진도 완전통일의 원활화를 도모하기 바란다. 〈동아일보 1945년 12월 5일〉

■조중 양족 친선, 이청천 장군 화남서 활약

해외망명 30년 만에 귀국한 임시정부요인들은 편안하게 쉴 틈도 없이 연일 국무國務에 분망 중인데 국무원 위원 조성환씨는 국내통일을 역설하며 우리가 단결만 한다면 언제든지 독립할 수 있고 힘도 강대해질 수도 있다고 말하였다. 화남華南에는 이청천 장군, 북중화北中華는 김혜춘씨, 화북華北에는 이광씨가 각각 선무단장이 되여 중국 각지에서 여러 가지 충돌과 마찰이 있는 한중 양 민족간의 감정을 완화시키고자 노력하고 있다. 만보산사건을 비롯하여 한중韓中 양 민족의 이간을 꾀하든 왜적의 모략에 빠져 가끔 불상사가 있었던 것은 사실이다.

일본항복 후 중국 각지에서 본의 아닌 오해가 있음으로 이것을 우리는 경시할 수 없어 이청천 사령관 등이 솔선하여 양국 민족감정 융화에 적극 노력하고 있다.

〈동아일보 1945년 12월 5일〉

■화교대표 김구 주석 방문

지난 3일 오후에 재경화교在京華僑중의 대표 정가현, 왕동명 외 2인이 김구 주석을 찾아 잠시 간담을 하였다. 〈동아일보 1945년 12월 5일〉

■국내외 각층을 망라 진보적 민주정부수립이 급무, 국무위원 김성숙씨 담

임시정부를 맞아 아연俄然 전 국민은 자주독립을 향하여 일로매진하고 있는 이때 임시정부와 연합제국과의 관계, 또한 중국공산당과 연안독립동맹과의 관계는 어떠한가 여기에 대하여 금반 환국한 임시정부 국무위원國務委員 김성숙씨는 대요大要 다음과 같이 말하였다.

「임시정부는 기미년에 탄생되었으나 그 후 얼마 되지 않아 국제적 국내적 불리한 조건의 전개에 따라 사실상 그 활동은 중지되었으며 그 외 망명동포들로서 독립당 민족혁명당 상해의 조선공산주의자동맹 무정부주의자등 각기 주장을 고집하여 서로서로 공격을 해왔다. 그러는 동안 각국에서 인민전선운동이 팽배澎湃해지고 또한 중일전쟁이 급박해지는 기운이 보이자 우리들은 차차 한 개의 깃발 아래에 모이자는 운동이 대두擡頭되었다.

이 단적 표현으로는 조선공산주의자동맹이 민족전선연맹 민족해방동맹 등으로 간판과 전술을 갈고 오로지 민족해방을 위하여 적극적으로 행동의 통일을 제의해 왔던 것이다. 국내민족의 통일을 위하여 우리부터 합작하자 라는 소리는 높아갔고 또 중국국민당의 편달鞭撻과 국공합작이 커다란 힘을 주게 되어 우리들은 굳게 합작통일을 하기 시작하였다. 이러는 일면 우리는 의용군을 편성하여 대일전선에 파유하는 동시에 오랫동안 잊었던 임시정부의 정치활동을 개시하려 하였다. 그러나 태평양전이 발발할 때까지 중국은 대일선전포고를 하지 않았던 관계로 우리 임시정부가 정부로서 표면에서 활동하지 말기를 요구하였다. 그러나 태평양 풍운이 급박해지고 따라서 일본의 패망이 약속되자 우리는 과감히 정부로서 활동을 전개하였다. 이러는 동안 태평양 전쟁이 터져 세계의 민주주의 국가군의 일익에 가담하여 우리의 활동은 비약적으로 발전하여 금일에 이르렀다.

그동안 연안의 독립동맹과의 관계로 말하면 독립동맹은 대일전선에 적극적으로 참가하는 동시에 임시정부의 태도에 대하여 때로는 공격도 해왔으나 중국의 국공합작이 보여준 바와 같이 전국적으로 합작의 세를 취하였다. 이리하여 정치적 활동은 임시정부에 맡기고 오직 실제적 행동에 힘을 다해 왔던 것이다. 이미 그 일부가 독립동맹이라는 이름을 갈고 국내에 들어갔다는 소식을 듣고 왔는데 앞으로도 무난히 손잡고 일할 것이다. 그리고 중국공산당과의 관계를 말하면 동당은 우리에게 늘 비상한 관심을 가져오고 있었는데 그동안 몇 번이나 그 기관지인 신화지新華紙를 통하여 우리 임시정부의 진보적 성격을 크게 취급해 주었다. 전쟁에 승리를 얻은 후 모택동, 주덕 양씨가 중경을 방문했을 때 우리들을 초대하여 성대한 자리를 베풀어 주었고 출발에 당하여는 국민당에 앞서 중국공산당에서 또한 성대히 베풀어 주는 등 감격이 깊었다. 과거 오래 동안 중미제국이 우리에게 보여준 그 우호적 정신은 참으로 감격할 바이며 사실에 있어서 정부로서의 관계를 해왔기 때문에 우리가 오늘날 통일단결 한다면 완전한 독립국가로서의 승인은 확정적이며 소련 역시 우리들이 진보적 민주주의 정부를 수립하는 이상 반가이 승인할 것은 틀림없다. 최근 중국 각지에서 국공의 무력충돌이 전해지고 있으나 중공이 내걸고 있는 신민주주의라든가 국민당과 소련과의 관계로 보아 멀지 않은 장래에 해결될 줄 믿는다. 중국에 있어서의 공산당의 국가에 대한 정책, 소련의 세계적 지위와 정책 등으로 보아 우리는 민족 전체의 이익을 위하여 하루 속히 통일해야 할 것이다. 오늘의 조선에 있어서는 계급의 이익이 그냥 그대로 민족 전체의 이익은 아니더라 하더라도 계급의 이익과 민족의 이해를 엄연히 구별해서 생각할 때는 천만 아니라는 것을 알아야 할 것이다. 우리에게 제기된 문제는 시야를 항상 역사의 진보성과 국내국제관계로 돌려야 한다는 것이다. 이리하여 임시정부를 토대로 국내의 혁명적 각 계층을 망라한 혁명적 임시정부를 조직하여 우리에게 약속된 완전독립을 전취하여야 한다.」

〈자유신문 1945년 12월 5일〉

■이강공, 임시정부 내방

경교정 임시정부 숙사에는 각 정객을 위시하여 출입이 빈번한 가운데 오후 3시에 이강 공公이 김구 주석을 예방하고 요담을 한 후 사거辭去하였다.

〈동아일보 1945년 12월 6일〉

■요인의 왕래 빈번 신, 조 내외 양 부장 이 박사와 중요 회담 국무회의의 재개 전일

임시정부 각 요인이 귀국 후 각계 대표와 요담은 연일 계속하고 있는데 5일 오전에는 조소앙 외교부장, 신익희 내무부장이 돈암장의 이승만 박사를 방문하여 중요한 요담을 하였는데 6일 개최 예정인 국무원회의를 앞두고 극히 주목을 끌고 있다. 4일에는 각 종교단체 대표 학생 단체대표 등 각 방면으로부터 절대 신봉과 맹서를 받고 있는 임시정부로서는 금후 어떠한 태도를 표명할는지 삼천만 민중의 관심이 모두 이 점에 집중되고 있는데 임시정부 각 요인의 담화를 보더라도 오직 한 가지 예정할 수 있는 것은 국내 혁명투사들의 협력을 얻어 건국대업에 매진하자는 것이다. 즉 임시정부를 토대로 하여 정치력을 결집함으로써 완전히 자주독립의 길을 밟으며 따라서 우리는 총력을 집중할 수 있다. 민의에 의하여 탄생한 임시정부이니 민의에 의하여 육성하지 않으면 안 된다는 것은 재언을 불요하는 바이다. 〈동아일보 1945년 12월 6일〉

■김 군무부장은 별개로 군정청에

이와 따로 군무부장 김원봉씨는 5일 오전 10시에 극비밀리에 군정청을 방문하여 오후 3시가 지나도록 장시간의 요담을 하였는데 그 내용은 알 수 없으나 금 6일의 국무회의를 앞두고 매우 주목되는 바이다. 〈동아일보 1945년 12월 6일〉

■연안과도 충분 연락, 안비서와 일문일답

5일 오후 1시 반 경교정町 숙소에서 임시정부 선전부 비서로 있는 안우생씨는 기자단과의 회견석상에서 다음과 여한 문답을 하여 국내에서 삼천만 동포가 듣고자 하는 연안문제를 위시하여 중국 내의 사정을 전하였다.

문 : 연안에 대하여 국내에서는 일반이 알고자 하는데 운동은 어느 정도에 달하였으며 모택동씨의 활동은 어떠한지?

답 : 연안서는 지금 취하고 있는 정책은 대기업은 주로 국영을 주장하고 토지문제에 있어서는 토지개량주의라고나 할는지 적극성을 띤 정책은 피하고 지주와 작인과의 과도한 갈취를 방지하는 정도로 지도하고 있으며 모택동씨는 최근에 와서 절대 지지를 얻어 주석으로서 우상화한다고 하리만치 지지되고 있다.

문 : 임시정부와 연안과 연락이 있었으며 연안서 조선동포가 독소전에 출전하였단 소식이 전문 되었는데 그는 사실인가?

답 : 연안과 임시정부와는 연락이 있었으며 모택동씨로부터 조소앙씨, 유림씨가 초청을 받아서 여러 가지 의견교환과 조선독립에 대하여 많은 원조도 받았다. 그리고 연안서 조선인의 독소전 출전한 사실은 없고 소련蘇聯 내內의 조선동포가 출전한 사실은 있다. 그리고 연안과 임시정부의 연락은 주로 장건상씨가 하여 왔다. 〈동아일보 1945년 12월 6일〉

■의암, 도산 양 선생 묘소에 요인 참배

임시정부 의정원 의장 홍진 선생, 법무부장 최동오 선생, 국무위원 김붕준 선생 일행은 4일 오후 2시 망우리에 있는 도산 선생의 묘소를 찾아 성묘한 다음 곧 우이동으로 손의암 선생의 묘소를 찾아 향하였다. 미리 와서 기다리는 정광조, 리군오, 마기상씨와 선생의 미망인 주옥경 여사와 기타 여러분과 인사를 한 후 천도교 교무원장 리단씨의 안내로 의암 선생 묘전에 나아가 청수봉전하고 경례와 묵도로서 참배식을 봉행하였다. 회고에 잠긴 더운 눈물을 참을 수 없었다. 곧 봉황각에 들어가 잠깐 쉬이며 미리 준비하였던 만찬을 끝내고 동 6시 숙사로 오셨다. 〈동아일보 1945년 12월 6일〉

■강제출전한 청년은 일군에서 제대 광복군에 개편 귀국 앞두고 맹훈련 중, 광복군 대륙에 건재

● 한국광복군 제1지대선견대 사령부 발표

광복의 영광을 받은 조국으로 우리가 기다리는 광복군도 수송기관과 교통이 허락하는 대로 귀국하여 올 것이며 모두 건재하여 맹렬한 훈련을 쌓고 있다고 일찍부터 조선에 파견되어와 있는 한국광복군 제1지대 사령부에서는 5일 아침 그 명부를 정식으로 발표하였다. 소위 지나사변 중일전쟁과 대동아전에 조선청년을 학병으로 지원병으로 혹은 징병으로 강제 출전하게 하였던 것은 아직도 우리의 의분을 돋구고 있거니와 일본의 무조건 항복 후 각지에 흩어져 있는 우리 청년장병은 어떻게 되었나? 국내에서는 그 가족이 그들의 생사에 대하여 밤낮으로 초조히 생각하고 있는데 이번 임시정부요인이 귀국하게 되자 그 생존자씨명이 판명되었다.

그들은 현재 상해에서 광복군으로 편입되어 환국을 앞두고 맹훈련을 받고 있는데 선견부대사령부에서는 5일 대원명부를 발표하고 고국의 부모 형제들에게 안도의 감을 주게 되는 동시에 조선재건에 마음 든든한 소식을 주고 있다.

〈동아일보 1945년 12월 6일〉

■질서 있게 생활 무한방면의 동포근황

우리정부 제2진이 가져온 소식 중 우리겨레가 상해에서 발행되는 11월 20일부 신한일보에는 광복군 제5지대장 권양무 장군이 전한 교포와 광복군의 소식이 실려 있는데 그 대강은다음과 같다.

9월 14일 중국 중앙군을 따라서 한구에 왔었는데 이미 교민단동지회 청년회가 성립되고 광복군이 수비하여 2천의 동포들의 생활은 질서 정연하게 유지되고 있다. 무창에는 7천 명이 있는데 이복형씨를 민단장民團長으로 하여 일본군에 편입되었던 동포 장정 5백 명이 광복군 지대를 편성하였는데 현재는 7백 명이나 된다. 그 중 강원도, 황해도출신 학도병이 20명이다. 그러나 아직도 이 지역에 있는 동同 포병胞兵이 4천 명이나 있는데 생명은 안전하다.

〈동아일보 1945년 12월 6일〉

■리-더는 곽말약씨, 안 임정 선전부 비서 담

임시정부 선전부 비서로 요인 제諸 선생과 함께 제2진으로 입경한 안우생安偶生(39)씨는 엄항섭씨의 소개로 5일 기자단과 만났는데 곽말약씨는 중국에서 저명한「에스페란토」학자로 알려져 있고 문화인과의 접촉이 많았던 만큼 중국 문화계의 동향을 대략 다음과 같이 이야기 하였다.

중국 문화계의「리-더」는 조선에도 잘 알려진 곽말약씨다. 곽씨는 지식계급의 절대한 인기를 집중하고 있는데 그는 그동안 희곡을 여러 편 써서 발표하였다. 작가로는 파금琶金·노사老舍 같은 이들이 인기도 있고 작품도 많이 발표하고 있다. 조선 사람으로 예술 활동을 하고 있는 이는 다 연안延安에 있는데 신군申君(신익희씨 조카)과 장도제씨가 화가로 이름이 높고 음악가로 정율성씨는 연안서 제일가는 지도자요 작곡가라고 한다. 중경에는 현재 중앙·복단· 교통·중경의 네 대학이 있고 신문으로 국민당 기관지 대공보大公報와 공산당 기관지 신화일보新華日報가 가장 큰 신문이다. 그리고 기자단의 질문에 다음과 같이 대답하였다.

문 : 중국의 문화인과 지식층은 대개 연안을 지지하던지 또는 동정하고 있다는데?

답 : 그것이 사실이다.

문 : 청년운동의 동향은 어떤가?

답 : 청년들은 국민당 독재를 배격하는데 국공의 분쟁을 그만두고 통일된 민주

주의 국가를 설립하도록 바라고 있다. 〈자유신문 1945년 12월 6일〉

■현익철씨 순직은 일日 밀정의 행위

그동안 비밀에 붙여 전연 알려지지 않은 소식이 많은데 해외망명 30년 동안에 모든 파란과 역경의 연속인바 특히 1937년 즉 중일전쟁이 시작된 후 얼마 안 되어서 김구 주석 탄생일 축하를 임시정부 각 요인 출석 하에 남경에서 개최되었는데 그때 일본영사관 밀정 이운환의 쏜 권총 흉탄에 맞아 동석하였던 현익철씨는 작고하셨고 김구 주석께서도 탄환을 맞아 지금도 총알이 박혀서 행동에 부자유하신 점이 있다고 한다. 흉수 이운태는 중국 관병에게 체포되어 장사에 투옥되었다가 일본군이 장사점령을 하게 되자 바로 이운태를 석방시켰다고 한다.

〈동아일보 1945년 12월 6일〉

■임정은 건국의 공구, 민족 주권은 한민족이 가진 권리 각의 후 조 외무부장 언명

오후 1시 국무회의를 마치고 난 조 외무부장은 기자단과의 회견석상에서 다음과 같은 요지의 담화를 하였다.

임시정부가 해외에서 투쟁하여온 바는 한국민족의 주권은 우리 한국민족만이 가질 수 있는 권리이므로 이를 약탈한 일본에 대항하여 독립운동을 전개하기 위해서 민족운동의 공구요 건국운동의 공구로서 국내 인민과 합작하기 위하여 임시정부를 수립하였으며 특히 명칭에 있어서도 중국서 기자조선이라고 하여 이태조의 중국 주원장에게서 얻은 식민지적 명칭을 버리고 대한大韓이란 명칭을 취한 것이다. 그리하여 민족의 주권을 한국민족에게 상속시키기 위하여 독립운동을 전개하는 기관으로서 세계각지에 흩어져 있는 동포를 이 기관의 산하에 넣어서 우리 강토 안에 건국할 책임을 가지고 세계 정치무대에 차지此旨를 전하여 한민족의 우수성이 소개되었고 임시정부는 오직 하나뿐으로 통일되어 있는 것도 알리게 되었다.

임시정부는 여사如斯한 투쟁을 통하여 입국하였으므로 국내에 자본주의 정치를 옮겨 놓으려는 것도 아니고 보수정권의 수립을 목적한 것도 아니다. 오직 우리 민중이 요망하는 정부를 수립하여 여러분이 이끌고 나가는데 불합리한 점이 없는 정권의 수립을 할 것인데 세칭 임시정부는 정치의 낙오자가 아닌가. 우又는 구성인물이 노령인물인데 부적운운不適云云하는 경향도 있는 듯하나 이는 인식착오로 안다. 정부는 개인 신경이 아니고 한 집체적 신경인 것이다. 즉 정치기관으로써 활동하는 것이요 구성인물이 개인으로써 활동하는 바가 아닐 것이다. 오직 발표되는 정강정책의 문자를 통한 분석이라야 할 것이요 인물을 통할 바는 아니다. 우리가 수립하려는 정강정책은 영국의 「애들리」의 그것보다는 우수할 줄로 안다.

영국의 「애들리」의 정치운동이 1차대전 당시에 있어서 당시의 영국에 있어서는 적합지 못하다는 것이 민중의 소리였음으로 실각하게 되었으나 50년간의 세월이 흐르는 동안 영국내 사정의 변동과 발전으로 금번 2차대전이 종막을 告한 금일에 있어서는 실각하였던 애들리의 정책이 등장하여 승리하게 되지 않았는가. 그리하여 미국과의 마찰은 다소 있었으나 영국내의 사정이 이 정책이 아니면 될 수 없다는 바를 강조하여 영미英美 간에서는 원만히 진척進陟되었다.

〈동아일보 1945년 12월 7일〉

■임정 조소앙 외무부장 기자회견

임시정부 외무부장 조소앙 선생은 6일 오후 신문기자단과 회견하고 대략 다음과 같이 임시정부의 성격을 규명하는 동시에 자기의 소신을 피력하였다.

「나는 임시정부의 일원인 동시에 임시정부를 지금까지 지지하고 지켜온 사람이니만큼 임시정부의 성격을 간단히 설명하겠다. 우리가 대한이란 용어에 애착을 가지고 상용하는 까닭은 한韓이란 자주독립을 상징하는 문자인 까닭이다. 이것은 역사적 사실을 고찰하면 명백하거니와 자주독립의 기상을 표시하기 위하여 일본이 고의로 말살한 한韓이란 글자를 우리는 지켜온 것이다. 그리하여 독립운동의 공구로서 독립운동을 하는 사람들의 집결체로써 우리 국토 위에 정권을 세우기까지의 접속제로서 우리는 임시정부를 붙들고 내려왔다.

일본인이 우리들의 민족의식을 말살하고 국가의식을 망각시키게 하기 위하여 가진 악랄한 탄압을 가했음에도 불구하고 3천만 대중의 가슴속에 독립의 정신은 꺼지지 않았던 것은 세계가 다 아는 일이다. 우리는 국내 여러분의 이러한 독립정신의 상징으로서 내지에 계신 동포들이 흘린 피밭 위에 핀 꽃으로써 우리는 임시정부를 지켜왔던 것이다.

세계가 다 일본의 조선합방을 30여 년 묵인하고 있을 때 이것을 부인하는 구체적인 증거로써 존재한 한국임시정부는 일본의 항복 전후에야 비로소 결실을 맺었던 것이다. 이것은 우리 몇몇 사람의 공도 아니요 자랑도 아니다. 3천만 전체의 불타는 항일정신의 결과이다. 그렇다고 우리는 지금 그 대가로 권력을 잡으려는 것도 아니요 명단을 얻자는 것도 결코 아니다. 민족 전체의 공구로서 독립운동의 공구로서 존재했던 우리는 최후까지 민족 전체의 공구 노릇을 할 것을 자임하는 바이다. 정부는 몇몇 개인의 정부가 아니요 인민의 정부이다. 정부의 주인은 민중이다. 민중을 위한 정부이어야 할 것이요 민중 전체가 지지하는 정부이어야 한다. 흔히 임시정부의 사상체계는 무엇이냐는 질문을 받는다. 그러나 정부의 사상은 개인의 심경이 아니요 집체적인 심경인 것이다. 이것은 정책으로서 문자로서 표현한다. 그러므로 우리의 정강발표를 본 사람이면 임시정부의 성격을 알 것이다. 우리는 봉건제도를 지키려는 것도 아니요 자본주의를 고수하려는 것도 아니며 오직 인민대중에게 기초를 둔 정부를 조직하려는 것이다. 우리의 정치포부는 영국의 노동당보다 더 진보적인 정치포부를 가졌음을 말해 둔다.

영국 노동당의 주장은 50년 동안 영국민英國民에게 배척을 받아 오다 이제야 대다수 민중의 지지를 받아 애들리가 수상이 된 것이 아닌가. 우리는 지금 음식을 만드는 숙수로 자임한다. 우리가 만드는 음식이 민중의 입맛에 맞지 않으면 숙수는 물러갈 수밖에 없다. 우리가 만드는 음식은 문자를 통하여 정책과 정강으로 나타난다. 그러므로 우리는 임시정부요인 개인의 이력 소개를 바라지 않고 우리의 주장과 정책의 소개를 바란다. 동시에 국내현실의 생생한 동태로 산 재료를 솔직하게 제공해 줌을 절망해 마지않는 바이다.」 〈자유신문 1945년 12월 7일〉

■중요정무를 심의, 회의는 종일, 내용은 비밀, 작일昨日 국무회의 재개

환국한 후 국내정세를 정확히 파악하고자 각계 인물과 요담을 거듭하고 있는 임시정부 각 요인들은 6일 오전에 경교동 숙사에서 김구 주석이하 전원이 참집(엄 선전부장 결석)하여 국무회의를 개최하였는데 특히 이승만 박사는 연일 계속해서 군정청 당국과 접촉하고 있으니만치 이날의 국무회의는 주목을 끌고 있다. 오후에도 회의는 계속되었는데 정식발표는 없고 임시정부로서 금후 취할 태도와 군정청과의 관계 등에 대하여 극히 신중한 태도를 취하고 있다. 회의 내용은 극비밀에 부치고 있는데 수일 동안의 동향 등 여러 가지로 주목을 끌고 있다.

〈동아일보 1945년 12월 7일〉

■정부지지의 국민운동전개 결의, 한민당 각 방면의 건의 진언

한국 민주당에서는 지난 6일 오후 2시부터 동당 회의실에서 중앙집행위원회를 개최하고 좌기 결의안 급 건의안을 가결하고 즉시 실행에 착수키로 하였다.

1. 국민운동에 관한 토의

   우리 임시정부를 절대지지하는 전 국민운동을 전개하여 국제승인을 촉진할 것.

2. 군정청에 대한 요청

   내정에 대한 모든 기관을 임시정부에 위양하여 정부의 위신을 보지케 하고 치안유지와 경제조정의 근본방책을 급속 수립케 할 것.

   조선 내에 존재한 일본의 재산은 공 사유를 막론하고 조선의 독립국가 건설을 위하여 전반적으로 조선정부에 귀속케 할 것.

3. 임시정부에 대한 건의

   현하 정세에 감鑑하여 정부의 개조는 혼란을 초래할 우려가 있음으로 현상대로 추진하여 국제승인을 촉진할 시책에 매진할 일.

   독립완성을 방해하는 조선 인민공화국에 대하여 즉시 해산명령을 발發할 것.

   국방과 치안을 확보하기 위하여 광복군을 급속 정비 강화强化할 것.

   연합제국에 외교사절을 파유하여 감사의 의를 표하고 정식승인을 촉진할 것.

   정부의 재정을 확보하기 위하여 애국공채를 발행할 것.

4. 장개석 주석과 군정청軍政廳에 감사결의

   장 주석에 대한 감사결의

   우리는 대한민국 임시정부의 수립 이래 종시일관한 귀貴정부 급及 귀貴국민의 절대한 지지와 후원을 감사하고 특히 금차 환국에 제際하여 무한한 경의와 편의를 도한데 대하여 충심으로 사의를 표함.

5. 군정청에 대한 감사결의

대한민국 임시정부의 환국에 대한 군정당국의 호의를 감사함.

〈동아일보 1945년 12월 7일〉

■회의 진행 도중에 정부주석 군정청 방문, 국무회의 속개 정정 긴장

2일간에 걸쳐서 국내 각계각층의 인사와 회담을 거듭하고 여론의 동향을 파악한 임시정부에서는 지난 6일 오전 오후에 긍亘하여 회의를 속개하였는바 7일까지 회의는 긴장리에 계속되고 있으며 이승만 박사는 돈암장에서 연일 회의를 하여 통일운동에 박차를 가하는 일편 군정당국과 절충을 거듭하고 있다. 속개된 회의 노중 오후 2시 반 김구 수석은 부주석 김규식씨를 대동하여 군정청을 방문하고 국민당 안재홍씨는 오후 3시에 엄 선전부장과 요담을 하는 등 임시정부 요인과 각계인사의 출입이 빈번한 것으로 보아 회의는 어느 정도의 결정적 단계에 도달한 듯하다.

〈동아일보 1945년 12월 7일〉

■정의를 씩씩히 실행하라, 조소앙 외무부장 담

「해외생활 수십 년에 여러 가지 고통도 많았지만 가장 큰 고통은 조국의 중심이며 맥박인 청년에 주렸었다, 이제 청년 앞에 오게 되니 수십 년의 주림이 풀리는 것 같다. 한국사상에도 당파가 있었으나 알맹이가 빠졌었기 때문에 공연한 피만 흘렸었다. 임시정부는 최초에는 반일동지들이 덮어놓고 뭉치었으나 그 후 정부의 정강을 내걸게 되었다.

기其정강은 신민주주의이다. 교육의 개방정치(투표)적 민주주의 일인소유와 반역자 친일파의 토지를 무조건 몰수하여 농민의 생활향상을 꾀하고 자본의 국유를 도모하는 경제의 개방이 세 가지를 기본으로 한 것이다. 사람마다 살게 하고 투표하게 하고 공부하게 하는 데에는 반역자를 제외한 유능한 인재가 위정자가 되어야 한다. 따라서 공산당이니 민주당이니 그러한 것을 생각지 말고 국내 각층의 영수와 의론하여 나가 중대 난관을 돌파하여야 할 것이다. 청년은 정의를 씩씩하게 실행하라.」

〈자유신문 1945년 12월 8일〉

■반역자는 꼭 복수한다, 김약산 장군 담

「아직 통일되지 못한 조국을 볼 때 청년들과 같이 마음이 탄다. 청년은 강해야 한다. 방금 국내가 아직 통일되지 못하였음은 청년이 약한 까닭이 아니라 지도자가 적은 관계다. 민족반역자 처단은 청년들과 동감이다. 우리 지사 청년을 잡아 죽인 자가 지금 애국자인 척하고 있으니 희생한 지사를 위하여서만이라도 어찌 복수하지 않겠는가 청년은 혁명의 주인공이며 국가 흥망의 책임자이다. 따라서 청년은 끓기 쉬운 정열을 억눌러 냉정한 이성을 살려서 시간과 공간을 넓게 보고 돌진해야 할 것이다.」 〈자유신문 1945년 12월 8일〉

■오족통일은 용이, 신 내무부장 기자단과 회견

임시정부 내무부장은 요인 숙사(경교장)에서 신문기자단과 회견하고 다음의 일문일답을 하였다.

문 : 친일파, 민족반역자 문제에 대한 의견여意見如

답 : 우리 독립운동은 즉 배일운동이었고 배일운동은 즉 독립운동이었다. 친일파 민족반역자의 문제는 이 입장으로 본다면 자연 명백할 것이다. 그들을 처치하지 않으면 우리 독립운동자가 처치된다는 것을 우리 동포는 다 알았고 임시정부 요인 역시 이에 대한 충분한 각오가 있다. 특히 독립운동의 저조기에 있어서의 준열 가혹한 태도를 금일의 고조기에 적용할 것이 아니라는 점을 잘 생각하기를 바란다.

『적에 대한 관대한 자비는 동포에 대한 가혹苛酷이다』라는 원칙을 순간도 잊지 않는다.

문 : 국내에 있어서의 분열과 통일에 대한 견해 여하

답 : 우리 민족은 단일 민족이니 구라파와 같은 복잡한 분열은 없을 것이고 나머지 사상분열 특히 38도 장벽에 견고한 문제 등은 국제관계가 반드시 호전될 것이고 이에 따라 국내 문제도 그 연속적 규율로 해결될 것이니 나는 전체로 보아 낙관한다.

문 : 임시정부가 정식으로 정권을 인계할 때 내무부장으로서 선착 수手할 시책은 무엇인가

답 : 국민조직공작이다. 〈동아일보 1945년 12월 8일〉

■신 내무부장 기자회견

임시정부 신익희 내무부장은 7일 오후 1시 30분부터 죽첨정町 숙사에서 신문 기자단과 회견하고 대개 다음과 같이 말하였다.

- 국기의 정확성

  우선 국기 국호 애국가의 문제인데 우리의 독립운동이 광복인 이상 다소 결함이 있더라도 정식 결정되기까지에는 그것을 그대로 쓰는 수밖에 없다. 그리고 국기는 우리의 상징이므로 정확하게 만들어야 할 것이다.

- 친일파와 반역자에 대하여

  우리의 독립운동은 일본 제국주의에 대한 싸움이요 일본 제국주의에 대한 싸움은 결코 우리 독립운동이었다. 이들은 명칭은 달라도 본질에 있어서 일치되는 바이다. 따라서 이 동안에 있어 민족을 팔아먹고 양심을 집어치우고서 자발적으로 일본에 협력한 자, 도적놈을 주인으로 섬기던 자들은 여지없이 제외되어야 될 줄로 안다. "적에게 대한 관대한 자비는 3천만 동포에게 참혹하다"는 것을 강조한다. 그러나 여기에도 '식정거괴殖政巨魁 협종망치脅從罔治'라는 것을 잊어서는 안 된다.

- 국내분열 운운에 대하여

  조선 국내가 분열되어 있다는 것은 내가 외국 있을 때부터 국제적으로 부인하여 온 사실이다. 우리민족은 세계에서도 우수한 단일민족이다. 우리 중에는 왜국과 같이 '아이누' 도 '에비스' 도 아무것도 없다. 그러므로 분열이라는 것은 도저히 생각조차 할 수 없는 것이다.

  다만 각자에게 다소 의견의 차이가 있을 뿐이라고 생각한다.

〈서울신문 1945년 12월 8일〉

■김구 · 이승만 · 여운형 하지, 극비 중요회담

11월 30일 하지 중장과 여운형 선생과의 중요 회담석상에서 하지 중장으로부터 민족통일전선 결성에 대한 복안이 있다는 말에 대하여 여씨로부터 그와 같은 복안이라면 적극 협력하겠다는 약속이 있었거니와 우리는 과연 하지 중장의 그 복안이 뭣인가 하는 데 대하여 적지 않는 관심을 가지고 그 후의 추이를 주시하고 있었던바, 12월 6일에는 하지 중장을 중심으로 김구, 이승만, 여운형씨 등이 군정청에서 극비리에 중요회담을 하였다는 사실은 최근의 정치운동에 비추어 극히 주목되는 바이다. 이날 연락관계로 회합에 시간상 차이는 있었다고 하나 4씨 회담은 민족통일에 관한 구체적 방안에 대하여 신중 토의되지 않았다고 추상되는 바이다. 그리고 이와 함께 7일 오전 중에는 국민당 안재홍 위원장이 하지 중장의 초청으로 역시 군정청에서 요담하였던바 이것은 전자와의 관련성을 가지고 있을 것이라고 규측窺測되는 바 작금의 민족통일전선이 하지 중장을 중심으로 점차 농숙濃熟 해가고 있다는 것은 매우 주목되는 바이다.

〈서울신문 1945년 12월 8일〉

■대한민국 임시헌장 제정의 기본정신은 자유 · 평등 · 진보

● 第36회 의회에서 개수

완전 독립이 달성한 후에는 합법적 헌법이 결정되어 공포되겠지만 방금 서울에 귀환한 대한민국 임시정부에서는 작금 4월 중경에서 의정원 제36회 임시의회를 소집하여 종래의 대한민국 임시헌장을 다소 개수하여 대한민국 26년 4월 22일부로 공포한 바 있었는데 당시의 국무위원과 개수한 헌장의 전문은 다음과 같다.

대한민국 임시정부 국무위원회

주 석 : 김구

국무위원 : 김규식 유동열 이시영 박찬익 장건상 조성환 조완구 조소항 차이석 황학수

● 대한민국 임시헌장

우리 민족은 우수한 전통을 가지고 스스로 개척한 강토에서 유구한 역사를 통하여 국가생활을 하면서 인류의 문명과 진보에 위대한 공헌을 하였다.

우리 국가가 강도 일본에게 패망된 뒤에 전 민족은 국가의 독립을 갈망하였고 무수한 선열들은 피와 눈물로써 민족 자주의 회복에 노력하여 3·1 대혁명에 이르러 전 민족의 요구와 시대의 요구에 응하여 정치·경제·문화 기타 일체一切 제도에 자유·평등·진보를 기본정신으로 한 새로운 대한민국과 임시의정원과 임시정부가 건립되었고 아울러 임시헌장이 제정되었다. 이에 본원은 25년의 경험

을 적하여 제36회 의회에서 대한민국 임시헌장을 범 7장 공 62조로 수개修改하였다.

〈동아일보 1945년 12월 8일〉

■38선을 제거, 우리만 통일되면 미소 철병 가능 의원 김붕준씨 담

27년 만에 귀국하였고 또 대한민국 의정원 의원으로 27년 동안 활동하고 계시는 김붕준씨는 방문 기자에게 다음과 같이 일문일답을 하였다.

문 : 임시정부로서 정식태도는 언제 발표되는가?

답 : 수일 내로 발표할 줄 안다. 해외에서 오랫동안 있다가 처음으로 귀국하였으니만치 국내 정세를 정확히 파악하지 않고는 무어라고 말하기는 어려울 줄 안다. 오직 움직일 수 없는 사실은 한 나라에 두 정부가 있을 수 없다는 것이다.

문 : 국내에 여러 가지 단체와 정당과 절충하신 결과는 호전합니까?

답 : 물론 호전한다. 우리나라 독립을 위해서는 누구나 반대가 없을 것이니 다소 주관이 다를 뿐이다. 엄연한 대의를 따라가는 것이 우리들이 취할 태도인 줄 안다.

문 : 자주 독립국가로서 국제승인은 언제 될까요?

답 : 이것은 그렇게 어려운 문제가 아니다. 우리가 완전통일하여 일민족一民族 일국가로서 세계에 당당히 주장한다면 용이하게 해결될 문제라고 생각한다. 조선 미군 주둔군으로부터의 보고에 의하여 미국정부에서 결정할 것이다. 조선내 통일전선에 대한 보고는 아직 미국정부에 보고되어 있질 않은 줄 안다.

문 : 38도 문제는 언제나 철폐됩니까?

답 : 38도 철폐는 미소 양군이 동시에 철퇴하여 가능할 줄 안다. 이 문제도 결국 우리들이 통일되면 비교적 단기간에 실현될 줄 안다. 국내 정세에 대하여 여러 가지 기초자료를 제공해주기 바란다.

문 : 외교사절단 파유 문제는 임시정부로서 어떻게 생각합니까?

답 : 물론 필요하다. 우리정부로서 국사를 취급할 때에는 적어도 미·영·중·소 4개국에는 외교사절단을 파유하여야 할 줄 안다. 그러지 않고는 우리의 주

장을 세계에 당당히 주장할 수가 없는 것이다. 〈동아일보 1945년 12월 9일〉

■임정 조완구 재정부장, 현하 조선경제 등에 관한 기자회견

임시정부 조완구 재정부장과 함께 금후의 포부와 재외동포문제 및 경제문제에 대하여 일문일답이 있었는데 그 요지는 다음과 같다.

문 : 임시정부로서 국내문제에 대하여 금후 어떻게 할 방침인가요?

답 : 망명 30년 만에 귀국하였을 뿐이니 국내문제에 대하여서는 아는 것이 없다. 그러므로 정부로서는 아직 방침을 세울 수 없다. 우리 임시정부는 나가는 방침에 대하여 국내 혁명투사들은 적극 협력이 있기를 바란다

문 : 재무부장으로서 현하 조선의 경제대책에 대한 포부는?

답 : 재무부장이라고 하지만 실제문제는 아직 생각해 온 일이 없다. 따라서 그렇게 책임 있는 포부와 정책이라고 말할 것은 아직 없다.

문 : 재중 동포문제는 어떻게 되나요?

답 : 중국에 있는 우리 교민이 약 4백만이 있다. 그 중 약 3백 만이 산해관 이외 즉 동삼성에 있는데 간도에 있는 백만 교민은 오래 동안 있어서 거기에서 토지소유권까지 인정을 받고 있는바 아마 이것은 소수민족으로서 해결될 줄 믿는다. 그리고 그 외의 교민들은 일군의 제1선 공작을 담당하였고 또 거기에 협력하여 왔으니 중국정부로서는 결국 방수放逐하게 될 줄 압니다. 산해관山海關 이내 즉 북경, 천진 방면에 45만 가량이 있는데 이것도 결국 방수放逐하지 않을까 생각한다. 그러나 장개석 주석의 의견이 일병日兵도 우리는 일정한 구역 내에만 제한하여 관대히 취급하는데 황차 한민족에 대해서야 하고 말하였다.

문 : 그들의 생활문제는?

답 : 글쎄 그것이 큰 문제이다. 내가 있던 사천에도 금년 대풍작이다. 사천에는 옛부터 1년이 풍년들면 3년간 식량은 걱정 없는 곳이다. 그런데 난관은 수송문제이다. 아마 이 교통문제로 인하여 식량부족이 있어 수십만의 아사자가 있을 줄 안다. 구라파에서 7백만 인구밖에 안 되는 희국希國에서는 이번 전쟁 종료 후 식량 기근으로 2백 만이 아사하였다는 사실을 생각한다면 실로 중대문제이다. 〈동아일보 1945년 12월 9일〉

■김구 주석 임석하, 독립미사제 거행

뜻깊은 12월 8일을 기하여 시내 명치정明治町 가톨릭교에서는 오전 10시 반 대성당에서 우리 독립을 기원하는 노기남(盧基南) 주교 집정 하에 대미사를 성대히 거행하였다. 이 미사에는 우리 임시정부 김구 주석·김규식 부주석을 비롯하여 다수 정부 요인들이 경건히 참여한 가운데 미사를 집행한 후 동同 교회의 강당 내에 운집한 신도들은 임시정부 요인 환국에 대한 환영회를 개최하였다. 즉 애국가 제창, 노 주교의 환영사, 정지용씨의 환영시 낭독, 생화증정, 김구 주석, 김규식 부주석, 의정원의장 홍진 선생의 답사가 있은 후 만세삼창으로 폐회하였는데 요인일동은 뒤이어 수녀원에서 개최된 환영오찬에 참석하였다.

〈동아일보 1945년 12월 9일〉

■38이북도 망라, 임시정부를 봉영

오는 19일 대한임시정부개선 전국환영회를 임시정부 환영회에서 개최하게 되었는데 금번 환영회는 38도 이남 이북을 망라하여 전국적으로 대규모의 환영회를 하기로 되었다 한다.

38도 이북에는 파견원을 보내고 이남에 있어서는 비행기로 선전 삐라를 뿌려서 이 보도를 우리 강토 전역에 전해서 각 지방단체를 참석하도록 하고 서울 시내에는 각 정당대표를 비롯하여 각계각층 인사를 망라할 것은 물론이요 군정청을 통해서 각국 영사의 참석을 초청하여 임시정부 요인 전원의 참석 하에 경성 그라운드에서 당일 10시에 환영식을 거행하여 시가지의 장엄한 기행렬을 마친 후 오후 6시에 덕수궁 석조전에서 연회를 하기로 되었다. 〈동아일보 1945년 12월 9일〉

■학술원 등 8개 단체 대표 임정에, "임시정부 제위에게" 메시지 전달

대한임시정부 영수의 환국을 기회로 자주독립과 민족통일 촉진을 목표로 하는 국내정국의 동향은 상당히 활발화하고 있는 터인데 4일 오후 3시에는 조선의 저명한 학자, 과학자, 작가, 미술가들을 망라한 조선학술원, 진단학회, 조선과학자동맹, 조선사회과학연구소, 조선문화건설중앙협의회, 조선산업노동조사소, 조선교육혁신동맹, 조선프로예술동맹 등 단체의 대표가 죽첨정의 숙소로 임시정부 요인들을 방문하고 경의를 표하는 동시에 「임시정부 영수제위」에게라는 다음과 같은 내용의 메시지를 전달하였다.

빛나는 역사가 그 마지막 장을 덮고 아름다운 강토와 수많은 생령이 도이島夷의 발밑에 유린되자 함분여통含憤茹痛 투채 수려한 혈루를 뿌리고 표연히 거국去國한 지 이미 30년 천애이역의 갖은 고비苦悲와 풍로風露 가운데 악전고투를 하면서도 다만 조국을 위한 단단고애斷斷苦哀 때문에 이미 백발은 성성해 그 빛깔을 달리했으나 오히려 나라를 위한 단심과 열혈은 떠나던 그때나 돌아온 오늘이나 변함이 없을 것을 깊이 믿으며 이에 삼가 감격에 넘치는 인사를 드리는 바입니다. 생각건대 이번 8월 15일의 우리 민족해방이 가령 우리의 손으로 적을 물리치고 여러분을 맞아 들였다고 하더라도 우리는 여러분의 옷깃을 이끌어 서로 무량한 감회가 새로웠을 것이고 그렇지 않으면 여러분이 장구매진長驅邁進해 들어와 사멸의 지옥에 빠졌던 우리를 건져주었다고 하더라도 우리는 여러분의 말머리를 붙잡고 또 하나 그러하였을 것인데 불행히 그렇지 못하였으므로 해방된 지 백 일이 넘는 오늘에도 국정은 날마다 혼란의 와중으로 들어가 미묘하고 복잡한 채 가장 다사다난한 이때에 여러분을 맞이하게 되었으니 우리는 차라리 감상이니 예의로 여러분을 대하는 것보다는 도리어 우리 문화인이 긍지로 하는 냉철한 이지理智로 판단하고 불타는 정열로 의결疑結된 순수한 애국심의 일단을 토로해 여러분의 건국구상에 일고一考가 되기를 기하는 바입니다.

돌아보건대 8월 15일 이후 우리의 완전독립을 위해서는 먼저 우리 민족통일전선을 공고히 해야 하겠다는 것이 각당 각파의 동일한 구호였습니다. 그러나 말로 통일이었지 정당의 수는 날마다 늘어 갔습니다. 그것은 왜 그러냐 하면 우리가 통일전선을 완전히 해서 자주독립이 되면 일찍이 우리와 피를 같이한 동족이면서 우리의 흡혈귀인 친일파 민족반역자들은 당연히 처단되어야 할 운명이므로 혹은 친분으로 혹은 금력으로 정당에 잠입하고 정치단체를 조종하여 갖은 혼란을 일으켜 그 틈에 다만 하루라도 죄악의 여일餘日을 보전하려 하였던 것입니다. 그런 것이 갑자기 덮어놓고 뭉치자는 무원칙 통일론이 나오게 되자 이것은 확실히 불순분자에게는 최종의 활명수이어서 그래도 이때까지는 잠행적이요, 복면적이던 것이 전면에 나와 도량跳梁되게 되었습니다. 이럴 때에 우리 자신은 차라리 조선민족이 아니기를 원했습니다. 그러나 이번 여러분이 돌아오시면서 여러 방면으로 실정과 의견을 채취하고 또한 친일파 민족반역자에게는 늠연한 태세를 보였으므로 다소간 위축하는 기운도 보이나 그 비루하고 악독한 갖은 간계와 흉계가 또 무슨 틈을 타서 여러분의 시청을 현혹시키지 않을 런지는 누가 보장하겠습니까. 친일파 민족반역자를 처단하는 것은 오늘날 우리 민중의 여론에만 영향하는 것이 아니라 실로 우리 민족의 백년운명에 지대한 관계가 있는 것이니 일찍이 해아회의에서 파리회의에서 그리고 이번 모든 연합국에 대해서 우리 자주해방을 위해 일본제국주의의 폭악한 악정을 호소하던 여러분의 그 슬프고 쓰라린 경험을 돌이켜 생각한다면 오늘날 우리가 여러분에게 통일전선에서 친일파 민족반역자의 제외를 요구하는 심정을 넉넉히 생각하실 줄 압니다.

그러므로 통일전선에 있어 친일파 민족반역자의 제외란 원칙적인 대경법大經法일 뿐 아니라 기술상으로도 그다지 어렵지 않을 것을 믿기 때문에 우리의 희구하는 통일전선은 친일파 민족반역자를 제외한 뒤 국내와 해외 좌파와 우파를 물론하고 가장 진보적 민주주의자와 혁명가의 총집결체인 것이며 이러한 진보적인 민주주의원칙에서 여러분이 약속한 과도기정부를 수립해 주기를 바라는 바입니다.

그러나 세간에는 인민공화국과 임시정부가 수립되는 것처럼 말하는 이도 있는 모양이나 우리가 생각건대 인민공화국이란 우리 인민의 국가이념의 표현일 따름이요 그 인적 구성은 호말毫末의 개의하는 바도 아닌 만큼 다만 우리의 국가이념을 살려주기만 바라는 것이며 또는 인민공화국은 남북통일의 유일한 유대인 각도 인민위원대표의 지지하는 바이니 인민의 소리를 듣고 인민의 요구를 만족시키는 정부를 수립하려 한다면 인민공화국과 임시정부 사이에는 추호라도 주종적인 감정적 대립이 있을 리가 만무할 것이고 더구나 치권락세하는 불순한 태도란 우리 경앙敬仰하는 혁명선배에게는 결코 없을 것으로 믿기 때문에 도리어 겸허와 호양互讓을 바라는 것보담 서로 적극적으로 우리 인민이 희구하고 치원하고 요청하는 국가이념을 살리는데 노력한 일이거니와 다만 오늘날 우리 자주독립이란 비록 사무에 의한 과도기정부의 수립이라고 하더라도 이것은 결코 일시적 정국수습이 아니고 사실로 우리 만년대계의 국기를 닦는 공작이니만큼 다만 정당대표나 혁명가 지사만이 어렵고 신중한 일을 맡을 것이 아니라 적어도 노동, 농민, 청년, 부녀, 학술, 문화, 종교 각 정치단체의 광범한 포섭 하에서 그 순진하고 열렬한 애국의 지성이 우리 독립국가의 기초를 닦는데 하나도 빠짐없이 곳곳에 스며들게 하여 주기를 바라는 바이다. 〈중앙신문 1945년 12월 9일〉

■송진우 한민당 총무 인공해산을 강조

한국민주당에서는 7일 오후 4시 동당 수석 송진우 총무가 죽첨정의 임시정부 김구 주석을 방문하고 결의문을 제출하는 동시에 독립 완성을 방해하는 인민공화국에 즉시 해산명령을 내릴 것, 광복군을 급속 강화시킬 것, 외교사절단을 외국에 파견시킬 것 등을 약 2시간에 긍亘하여 강조하였다. 〈서울신문 1945년 12월 10일〉

■선열들을 추모, 요인들과 감회 깊은 환영회

조국의 독립운동사 편찬을 계획하여 준비 중인 충의사에서는 7일 오후 5시부터 시내 계동정 146번지 그 사무소에서 우리 임시정부 요인들을 맞이하여 뜻 깊은 환영이 있었다. 이 자리에는 임시정부로부터 국무위원장 홍진, 외무부장 조소앙, 참모총장 유동열, 국무위원 장건상, 황학수, 조성환 제씨가 참석하였는데 일찍이 조국의 해방을 위하여 혹은 중국 천지에서 혹은 시베리아 또는 미주 등에서 손을 마주잡고 혈투하여 오던 동지들을 추모하여 감격 깊은 가지가지 추억담이 교환되고 있다. 그리고 요인들은 동同 충의사에서 계획 중인 조선독립사를 완전히 이루게 하기 위하여 임시정부에서 수집한 여러 선열들의 독립운동 사적을 특히 제공하여 주기를 약속하였다. 〈동아일보 1945년 12월 10일〉

■통일의 구체안 토의, 작일 임시정부 국무회의

통일선상에 있는 해방조선의 작금 정국은 내포된 혼란한 정세 하에 임시정부를 주축으로 점차 통일의 기운을 보이고 있거니와 그동안 임시정부에서는 수차 국무회의를 개최하고 부내적部內的 의견교환을 마친 후 활동무대는 각계각층에 긍亘하여 광대한 접촉면을 전개시키고 있다.

지난 주말로 국내정세 보고를 완료하고 7일 오전 9시부터 경교동京橋洞 숙사에서 본격적 국무회의를 개최하여 미묘 조잡한 현 단계를 타개할 구체안을 토의 중인바 회의는 종일 계속되었다. 그동안 국내정세는 38도 남북을 망라하여 전국적 실정을 수집하였으며 공정한 비판과 냉정한 객관적 비판아래 역사적 진보성을 가진 민중적 무장으로서 표명될 임시정부의 태도는 자못 주목된다.

〈동아일보 1945년 12월 10일〉

■김 군무부장 담

국무회의 중 오후 2시 반 군무부장 김약산씨는 기자단과 회견하고 다음과 같이 말하였다.

금일 개최된 국무회의에서 토의하는 중심문제는 여하히 하여 전 민족의 역량을 총 단결할까 하는 문제와 독립을 완성하기 위하여는 임시정부로서 대외 대내에 대한 구체적 방침을 여하히 수립할 것인가 하는 문제다. 즉 말하자면 우리 독립완성의 기본수단으로서 전 민족적 통일전선을 신속히 전개하는 데 있다.

이 통일전선은 남북 전민족 각계각층의 역량을 통일 단결할 것이며 이것이 없이는 우리의 독립은 단기간 내에 할 수 없을 것이다.

그리고 민주적 정신하에서만 통일전선은 편성될 것이요 화평和平리에 되여야 할 것이다. 우리의 현 단계는 민주의 방식으로서 평화리에 편성되는 통일이어야 하겠다. 현 단계에 있어서 만일 평화를 상실한다면 전 민족의 역량은 파괴의 경향으로 인입될 뿐만 아니라 분열 대립을 초래시켜서 긴급히 요구되는 미, 영, 중, 소 등의 연합국의 원조가 곤란하게 될 것이다. 강압적이 아니요 민주적인 방식과 무력적 투쟁을 피한 화평 전술이 우리의 진정한 현 단계이다.

〈동아일보 1945년 12월 11일〉

■선결하자 평화통일 김약산씨 담

임시정부의 요인 전체회의는 10일 오전 9시부터 그 제 3회의 회의會議를 죽첨정竹添町 숙사에서 개최하였는데 군무부장軍務部長 김약산씨는 요인要人전체를 대표하여 회의의 경과와 그 토의내용을 개괄하여 대요大要 다음과 같이 담화하였다.

전 민족의 역량을 총總단결하여 독립완성을 신속히 실현하기 위해서 본 정부가 대내대외에 대할 구체적 방침을 여하히 수립할 것이냐 즉 조선민족 전체에 대한 정부政府의 사명을 시급히 수행하기 위해서 토의하고 있다. 독립완성의 기본 방책은 민족통일전선을 빨리 편성하는 데 있는데 그 방침은 먼저 본本 정부政府가 발표한 당면정책에 표현한 바같이 남북 전민족의 각계각층의 역량을 실질적

▲ 조선의용대 창립식(한커우)왼쪽 세번째가 김원봉, 뒤에 김구 주석의 장남 김인.(1938.10.10)

으로 통일 단결하는 데 있다. 그 후에 미·소 양국에 대하여 민주주의 국가건설에의 협력을 바랄 것인데 그들은 반드시 우리의 독립완성에 대하여 원조해주리라고 확신한다. 만일 전민족의 통일단결이 빨리 안 되면 우리의 독립은 신속한 기간 내에 구현하기 곤란할 뿐 아니라 건국에의 민족전체, 일치한 노력을 기하기도 곤란할 것이다.

무엇보다도 먼저 평화통일해서 민주단결 정신아래 남북전민족의 통일전선을 결성해서 연합제국의 원조로 독립·자유·민주·행복의 생활을 실현해야 할 것이다.

오직 화평이 있어야만 건설할 수 있고 민주의 방식으로만 진정한 단결을 할 수 있다. 만약 화평이 없으면 우리는 전 국민의 역량을 파괴의 경향으로 인입할 뿐 아니라 대립분열을 초치하여 통일전선의 편성을 신속히 기성할 수 없다. 이는 조선민족 전체에 대한 큰 손실을 초래할 것이다. 따라서 원동遠東의 안정과 평화에까지 손실이 될 것이다. 그러므로 조선의 이익과 원동의 안전을 위해서 신속히 화평 통일해야겠다. 다시 강조하거니와 이 단결은 민주적 방식이 아닌 강압적 방식으로는 절대로 실현될 수 없을 것이다. 오직 현실정세에 입각해서 고집과 편견이 없이 민주적 방식으로서만 진정한 단결은 형성할 수 있을 것이다. 신속히 전국에 전개되어 있는 모든 문제를 정리하고 통일하여 민족의 번영과 부강을 위해 나라를 세워야 될 것이다. 당면한 문제의 중심은 여하히 해서 전 인민의 생활을 안정시키고 정치경제 문화 각 방면의 신속한 발전을 기할 것이냐에 있다고 생각한다.

〈자유신문 1945년 12월 11일〉

■조국광복의 일편심 구적을 멸하고저 산전수전 의열단 27년 투쟁사

우리 민족의 해방을 위하여 망명 28년간 때로는 포연탄우 속에서 왜적을 쳐 물리치며 민족운동의 원동력으로 또는 추진부대로서 활동하여온 의열단을 이끌고 나온 의열단장 약산 김원봉 선생을 왕방하여 그동안의 지내온 내력을 들어 독자 여러분과 함께 궁금한 가슴을 풀기로 하자.

듣기에도 어마어마한 총독부에 폭탄을 던져서 폭파시킨 김상옥, 김익상 사건과 김지섭의 2중교 사건은 아직 우리 머리에서 사라지지 아니하였거니와 왜놈의 앞잡이로 진군한 밀양경찰서장을 폭탄으로서 단번에 폭살사건을 회상할 때 무엇이라 형용할 수 없는 감격을 가슴 깊이 느끼게 된다. 그러면 우리 민족의 꽃이요, 자랑인 의혈단의 혈투로 점철된 27년사는 어떠한 것인가?

● 기미년에 결단 일인 암살결행

의열단이 조직되기는 1919년(기미년) 11월 11일 길림吉林에서 조직되었다. 조직 후 첫 활동은 일본의 정계와 군부의 요인 암살을 계획하여 일본 제국주의 활동노선을 교란시키는 것으로 일삼았다. 이 일을 4, 5년 동안 계속하여 왔는데 이러한 개인적 암살만으로는 조선독립 운동선상의 한 충격을 주는 자극제에 지나지 못하고 우리 민족해방의 근본문제는 해결할 수 없음을 느끼게 되자 개인적 분산적 활동보다도 조직적 체계를 갖춘 진보적 투쟁을 하지 않으면 아니 되게 되어 전술을 바꾸어서 결사적인 항일군대 편성을 하였던 것이다. 이것이 1924년의 일인데 먼저 진보적이요 과학적인 전투의 기술과 군사교육의 실체적 힘을 받기 위하여 동지들은 황포 군관학교에 입학을 하였다.

● 신 중국中國에 협력 북벌전北伐戰에 참가

그 다음에는 중국의 건전한 성장이 있어야 하겠고 공통된 적을 가졌으며 항일이라는 투쟁노선이 동일한 중국과 손을 잡는 것이 첩경임을 알고 중국의 북벌 혁명에 참가하여 10여 인의 동지가 화북華北에서 빛나는 나라의 꽃으로 사라졌다.

북벌이 완성된 후 조선 혁명운동은 본격적 궤도 위에 올랐으며 우리 동지는 과학적 교육과 북벌에 참가해서 얻은 실천적 경험을 가진 투사로서의 자격을 갖추게 되었다. 이리하여 활동무대를 만주로 확대시켜서 조선독립군으로서 일본의 침략의 마수가 뻗치는 만주벌판을 휩쓸 때에 부닥치는 곳곳마다 이를 격멸하였다.

6·18사변(만주사변)이 끝난 후 필연적으로 일어날 중일전쟁이 있을 것을 예상하고 이 전쟁을 계기로 하여 중국과 적극적 제휴를 하지 않으면 안 되겠다는 판단아래 미구에 목도할 전투에 대비코자 자리를 남경으로 옮겼다.

● 중일전쟁에 가담 항일의용대의 무용담, 세계에 전파

우리가 남경으로 간 뒤에 장개석 주석을 방문하고 의열단의 지나온 역사를 설명한 후 조선독립에 적극적 원조를 청하였다. 이리하여 항일이란 동일한 궤도에 있는 한중韓中이 굳은 악수를 하게 된 것도 이때부터이며 장개석 주석의 적극적 원조를 받게 된 것도 이때부터다.

먼저 장개석 주석의 원조로 우리가 착수한 것은 조선혁명 간부양성학교의 창립인데 우리의 손으로 황룡산중黃龍山中을 개척하여 산중에 막을 치고서 수화水火를 가리지 않는 맹훈련을 개시하는 일방一方 동지를 만주 국내로 파견하였고 일본 내부 파괴공작을 꾀하여 왔었다.

● 5단체와 통합 단일전선 형성

운동은 진일보하여 정치적 중심을 목표로 전 민족의 역량을 통일하는 통일전선을 전개하여 중국 안에 있는 신한독립당, 조선혁명당, 한국독립당, 의열단과 미주에 있는 대한독립당의 5개 단체가 자동으로 통일되어서 대일전선 통일동맹을 조직하게 되었으니 이것이 해외에 있는 동지와의 처음 보는 통일 조직이었다.

그러나 각 단체를 그대로 두고 통합하는 것은 전력을 분산시킬 우려가 있음으로 한 개에 뭉쳐서 단일당으로 통합하여 민족혁명당이란 명칭으로 일원화시켰는데 이것이 1935년의 일이며 이것으로 우리의 민족운동은 완전히 통일선상에 놓이게 되었다. 이에 비로소 의열단은 분산적 개인적 활동에서 조직적인 체계를 갖춘 항일 군대편성의 과정을 지내서 통일전선을 열었으며 동아천지를 엄습하여올 중일전쟁에 대비하였다. 〈동아일보 1945년 12월 11일〉

■대한독립애국금헌성회, 건국자금은 우리 손으로 만들자

새나라 건설에 없어서는 안 될 건설자금은 우리 3천만 동포가 자력으로 만들어 내야 된다고 홍명희·최창학·오세창씨 등 유지 133명이 발기인이 되어 시내 죽첨정竹添町 1정목 1번지에 본부를 두고 각도 군 면에 지부를 둔 대한독립 애국금헌성회를 조직하고 서울시에서 9천만 원 지방에서 9천만 원을 목표로 애국심에 불타는 동포들의 발분發奮을 바라고 있으며 기일은 이달 10일부터 동 말일末日까지로 하고 각 애국반을 단위로 하여 정회町會를 대표 입금단入金團으로 한다. 그리고 애국금 사용과 처리 일체권리를 대한민국 임시정부에 일임한다.

〈자유신문 1945년 12월 11일〉

■고 김주경씨의 영식, 아는 분은 연락하라

김구 주석이 찾는 김주경(경택)씨는 이미 고인이 되었고 다만 그의 아드님이 되는 윤태씨와 윤명씨가 있는데 최근 북조선 지방에 있다 하여 그의 사촌 되는 부평역전 김종서씨는 각 방면으로 수배를 하고 찾는 중인바 혹 그의 거처를 아는 분이 있으면 곧 알려 주기를 바란다 한다.

〈자유신문 1945년 12월 11일〉

■민족총의로 출발한 정부 정도를 발견, 유림柳林 국무위원 소신피력

임시정부 요인 중 특이한 존재로 이채를 띠고 있는 유림씨는 30년 동안『아나키스트』로 활동하였고 이번 환국하면서『아나키스트는 소위 무정부주의자가 아니다. 그것은 오해이다. 진정한 아나키스트는 독점적 강권을 배격하고 균등한 민주주의란 말이다』라고 하여 적지 않은 센세이숀을 일으키고 있는데 기자와 다음과 같은 일문일답을 하였다.

문 : 오늘 어느 신문에 의하면 모 정당에서는 임시정부에 협력할 수 없다고 언명했는데 이 점을 어떻게 생각하십니까?

답 : 아직 신문도 자세히 읽지 못하였다. 정치의 정도를 밟아 나가면 그만이다. 아무리 선전을 하고 민의의 지지를 획득하였다고 하여도 그것이 무원칙한 일시의 충격이었고 감격이었다면 영구한 정도는 못되는 것이다. 어느 정당에서 왔기에 인민공화국이라는 국國을 떼고 와서 이야기하자 했다. 기미운동 때 민족의 총의로서 출발한 임시정부이니 그 정부가 해외에서 망명했다

가 환국한 것뿐이다.

문 : 『아나키스트』로서는 국내 통일문제에 어떻게 행동을 전개하시렵니까?

답 : 『뽈세비즘』과 『아나키즘』은 정치사상으로 일치되지 않는다는 것은 일반이 안다. 나는 뽈세비즘과 정부가 반드시 합작할 수가 없으리라고 생각한다. 그래서 나는 정치활동으로 제3자의 입장에서 합작의 역할을 하려고 생각한다.

문 : 민족반역자의 한계는 어떻게 결정합니까?

답 : 일본 제국주의치하의 반역자는 물론이려니와 적어도 건국사업에 직접 간접으로 방해하는 자는 민족반역자라고 아니 할 수 없다.

문 : 임시정부로서 속히 천하에 태도를 표명하는 것이 좋지 않습니까?

답 : 임시정부로서 취할 정도는 발표되었다고 할 수 있는데 불원不遠 여러분을 만족케 할 수 있는 것을 발표할 줄 안다. 태도표명 같은 것은 그다지 문제가 안된다. 민중이 잘못되여 혹은 혼란 상태에 빠지는 수는 있다. 인민공화국의 행동이 정당한지 임시정부가 취하는 길이 정도인가 하는 문제는 엄정한 비판을 하려 한다. 엄정한 정치비판이 없이는 천하에 정도를 걸어갈 수가 없는 것이다.

만일 인민공화국을 삼천만 민중이 절대로 지지하는 것이 사실이라면 그것은 아마 문패를 잘못 본 것인 줄 안다. 임시정부라는 정당한 『문패』가 나타나면 우리 삼천만 민중은 전부 임시정부를 지지할 줄 안다. 그러니 결국은 엄정한 비판을 해서 민의에 따라서 정치의 정도를 밟아 나가자는 말이다.

〈동아일보 1945년 12월 12일〉

■덕수궁을 임정 임시 정무처로 결정

조국의 해방을 위하여 고난의 30여 년을 해외에서 지내고 자주독립의 큰 경륜을 가지고 돌아온 중경의 대한민국 임시정부주석 김구 선생이하 요인은 지난달 23일과 또 지난 2일 두 차례에 나누어 꿈에도 잊지 않고 있던 고토를 밟았거니와 앞으로 일시적이나마 정무를 볼 사무소를 덕수궁으로 정하리라고 들려지고 있다.

즉 군정청은 방금 그전 총독부에 자리 잡고 있거니와 임시정부와 기타 각 정당과 건국에 대한 모든 경륜을 심의하는 데는 현재의 숙소인 죽첨정과 진고개 한미호텔로는 도저히 협착하므로 특별한 방면의 후의로써 대한문 안 덕수궁을 임시 정무처로 쓰기로 결정하고 방금 수리를 급히 하고 있는 중이다.

〈자유신문 1945년 12월 12일〉

■전국 청총대회 제1일 각지대표 7백 명 일당에

해방 후 진정한 조선의 청년운동을 일으키어 국가 건설의 초석이 되며 자주독립의 추진력이 되려고 오래전부터 전체적인 통일을 꾀하는 전국 청년총동맹결성 준비위원회에서는 11일 상오 11시부터 시내 천도교 대강당에서 조선청년총동맹대회를 개최하였다. 장내는 전국각지에서 회집한 청년대표 7백여 명과 방청객 5백여 명이 회동한 가운데에 대회는 주악으로서 개시되었다. 먼저 순국혁명투사와 연합군 전몰병사에 대한 묵상을 드린 후 동회 준비위원장 이호제씨의 개회사가 있은 후 임시정부 요인을 비롯하여 각 정당 대표자의 축사가 있고 뒤이어 임시집행부를 선거하고 경과보고가 있은 후 각 지방으로부터 올라온 각 청년단체의 지방 정세의 보고가 있었다. 그런데 계속하여 12일에도 대회를 열고 금후의 활동방침 건의안 등을 토의 할터이다.

〈동아일보 1945년 12월 12일〉

■사후설치死後雪恥 안중근 선생 추모, 이등의 동상 분쇄

한일합방의 괴수 이등박문을 위하여 장충단에 일인日人의 손으로 건설된 박문사博文寺 안에 있는 이등박문의 동상을 파괴하고 우리 순국열사 안중근 선생의 동상을 건설하게 되었다. 민도회民道會에서는 11일 오후 1시부터 눈 내린 장충단에 임시정부 요인 수씨를 비롯하여 각계각층 인사 수백 명이 참석한 가운데 안중근 선생 동상 건립기금 장충단 재건총회를 열고 저 -『하루삔』역두驛頭에서 우리의 원수 이등을 총살하고 우리 골수에 맺힌 원한을 풀어준 안 선생 동상을 인연 깊은 박문사 자리에 건립하기로 되었다.

〈동아일보 1945년 12월 13일〉

■김 주석 일행, 용산 공작소 시찰

환국 후 복잡다단한 정세에 당면하여 그립던 고국산천을 즐길 겨를도 없이 매일같이 분주한 날을 보내고 있는 임시정부 김구 주석은 그 귀중한 시간을 쪼개여

11일 오후 4시 반 엄 선전부장을 대동하고 우리 동포의 손으로 접수되어 기관차, 전차 등을 제작하고 있는 용산 공작소를 방문하여 동 공작소 사장 유재성 박사의 안내로 작업현장을 시찰한 후 「이제는 함마 한 번 드는 것도 오로지 동포를 위하는 것이며 제군이 흘리는 땀 한 방울이 곧 건국에 이바지함」이라고 열렬히 격려를 한 뒤 동 5시 지나 숙소로 돌아갔다. 〈자유신문 1945년 12월 13일〉

■정통의 광복군 산하로 4도 국준군 쾌연 편입

한국광복군 국내지대 선전부 발표에 의하면 지난 12월 4일 충남대전에서 충남, 충북, 전북, 경남 대표들이 모여 조선 국군준비 남선 전체대회를 열고 다음과 같은 결의를 하였다.

1. 우리는 조선 국군준비대 중앙총사령부와의 관련을 단절함.
2. 우리는 대한민국 임시정부 직속 광복군이 조선국군 편성의 주축임을 확신하고 무조건 합류함.
3. 우리는 건국의 성업을 받들어 충성 조국광복에 순함.

〈동아일보 1945년 12월 13일〉

■광복군 모병, 국내지대 사령부서

대한광복군 국내 지대사령부에서는 방금 광복군 입대 지원병을 모집 중인데 그 자격은 초등학교 졸업정도의 학력자, 일군의 지원병, 학도병, 징병에 경험이 있는 자 등인데 수속 기타는 광복군 국내지대로 문의하면 좋다. 그리고 입대가 허가되면 일정한 선언문에 날인 서약하고 입대된다. 〈동아일보 1945년 12월 13일〉

■「군원」 통합! 오광선 장군 통솔하에

하순에 한국광복군후원회, 12월 상순에 한국광복군 군사원호회가 창립되어 지금까지 각 단체가 맹활동을 하여 왔는데 취지와 목적이 서로 같은 단체가 서로 대립하여서는 사업에 적지 않은 장해가 있음으로 광복군 지시에 의하여 12월 9일 광복군사령부에 우리 3단체가 회합하여 오광선 장군의 취지 성명이 있은 후 만장일치로 합동하게 되었다. 그리하여 이 뜻을 한시바삐 대한민국 군사후원회로 통일된 것을 전국에 선포하고자 각 부서를 결정하였다 한다.

〈동아일보 1945년 12월 13일〉

■5인의 책임자 선발, 12일도 국무회의 개최

연일 개최하여 오던 임정의 국무회의는 11, 12일 양일간에 긍亘하여 결정적 태도를 표명할 구체안을 작성할 책임자 5인을 국무위원 중에서 선발하여 축소 회의를 개최하고 토의 중에 있다.

임정으로서 대외에 천명할 구체안은 거의 성안을 얻어서 최후적 작성을 논의하는 모양이며 선발된 5인의 책임위원은 주석, 부주석, 외무부장외 2인으로 추측되며 12일 오전에 발표된 하지 중장의 인민공화국에 대한 중대성명으로 긴장된 정계에 여하한 성안이 대외에 표명될 것인지 동향은 극히 주목되는 바 있다.

〈동아일보 1945년 12월 13일〉

■임시정부 진로에 대한 구체안 작성에 착수

지난달 23일과 금월 2일 양차에 긍亘하여 환국한 임시정부 요인들은 누차屢次에 와하여 요인간에 중요회담이 계속되었고 또 각 정당대표들과도 회동한 바 있었거니와 드디어 구체적인 방도를 구명하기 위하여 조소앙 외무부장을 비롯한 5요인을 지정하여 소위원회를 작성하고 구체안 작성에 착수하였다. 이 소위원회는 11일부터 행동을 개시하여 12일 오전 중에도 계속되었으며 다시금 13일에도 속개되리라고 보인다.

이 소위원회에서 작성된 구체안은 요인전체회의에 다시 상정되어 심의된 후 발표될 것으로 보이는데 인민공화국뿐 아니라 일체의 정부를 인정치 않는다는 하지 중장의 성명이 발표된 이때 임시정부의 소위원회와 전 요인들의 최종적 심의에 의한 구체안작성 발표는 통일전선결성에 지대한 영향을 가질 것으로 2·3일 중의 임시정부의 태도는 자못 주목되고 있다. 〈자유신문 1945년 12월 13일〉

■언론이나 행동으로써 불일중 표시 있을 터

● 하지 중장 성명에 언명회피, 엄 선전부장 기자단과 회견

인민공화국에 대한 하지 장군의 성명은 정계에 큰 파문을 일으키고 있는데 이 문제에 대하여 12일 오후 임시정부 엄항섭씨와 출입기자단은 죽첨정 숙사에서 다음과 같은 문답을 하였다.

문 : 오전 10시 라디오를 통하여 하지 중장으로부터 일체의 정부를 인정치 않는다는 성명을 발發했는데 이것을 들었는가?

답 : 이 숙사에는 라디오가 없어 듣지 못했다.

문 : 이 문제는 인민공화국에만 한한 문제라고 볼 수 없는데 임시정부로써는 어떻게 보는가?

답 : 주석 이하 여러분 책임자가 계시니까 나로서는 말할 수 없다.

문 : 주석이 외출로부터 돌아오면 이 문제에 대하여 요인 전부가 회동하고 이 문제를 토의할 방침인가?

문 : 그것도 말할 수 없다.

답 : 문제는 다르지만 임시정부요인의 환국 후 침묵의 기간이 너무 길다고 보는데…….

답 : 길면 길수록 그만큼 신중을 기하고 있는 만큼 불일不日간에 행동으로 혹은 언론으로 하등의 발표가 있을 것이다.

문 : 공산당 금일 발표에 의하면 통일전선을 결성하기 위하여 5대5의 비율로 좌우익이 합치자는 것과 대중위에 토대를 갖지 않은 통일전선은 그만큼 지연된다고 했는데 여하

답 : 통일전선결성은 원칙적으로 찬성이나 숫자적 비율에 대한 것은 생각한 일이 없다.

문 : 정무청政務廳으로 덕수궁 안으로 옮긴다니 사실인가?

답 : 확언키 어려우며 옮기는 것은 가능하다. 〈자유신문 1945년 12월 13일〉

■임정 조소앙 부장, 혁명운동과 통일단결에 관한 회견

임시정부 조소앙 외무부장은 12일 오후 2시 죽첨정 숙사에서 출입기자단과 정례회견을 하고 다음과 같이 혁명운동에 대한 개념을 말하고 결론으로 통일단결을 주장하였는데 그 요지는 다음과 같다.

해외에 나가 있는 동안 우리의 운동이 혁명운동이냐 독립운동이냐 하는 그 정의에 대한 물음이 많아서 어떤 때는 동지들 간에 충돌도 하였으며 또는 광복운동이라고도 하였으나 하여간 혁명이든 독립이든 광복이든 일치되고 공통된 개념이란 조국의 광복이 위주였다. 이제 우리들의 운동을 혁명운동이라고 그 정의를 말해보면 다음과 같다.

1. 혁명의 내용

일치된 정견으로 결속된 집결이 주체가 되어 그 목적을 달성하고자 자기 옆에 놓여 있는 정견 기타를 화평의 수단을 취하지 않고 타도 전이시킬 것을 혁명이라 하겠다. 그러므로 정치 경제 문화 교통 등 일체의 존재를 파괴하고 새 것을 수립하기 위하여 동지들이 한 목적으로 나가는 것이 혁명의 행동이며 갑신정변, 동학란, 기미운동 등은 전부 혁명운동이었으며 이 운동은 주지를 관철하고 성취하기 위하여 부절히 노력해야 하는 것으로 우리 임시정부의 운동도 이러하였다.

1. 혁명자의 자격일반

3천만 대중이 전부 혁명가라고는 할 수 없다. 혁명운동의 핵심분자核心分子의 지도가 필요한 것이며 혁명집단의 구성이 동지적 자격이어야 하므로 단순한 희망자, 즉 혁명을 희망 만에 해서는 그 운동을 추진시킬 수 없는 것이다.

그러므로 이 운동자는 행동이 일관해야 하며 물 흐르듯 낙엽 밑에까지 흐르도록 암석을 걷어차고 대하같이 흐르듯 그 운동에 부절不絕한 노력을 하는 것이 혁명운동자이라 하겠고 직업적으로 나선 이가 또한 혁명가라 하겠다.

1. 혁명운동의 형식

내지에서 혁명운동을 했느니 상해에서 했느니 노령에서 했느니 하는 일체의 지역적 형식은 있을 수 없다. 내외 일체를 통하여 우리 흙덩어리 위에 혁명운동의 공간적 조건을 엽탕하고 나서야 이 혁명운동은 완성되는 것이라고 하겠다. 그리고 강령 같은 것을 작문 짓듯 내걸고 새로운 정당이니 새로운 혁명운동이니 하는 것은 양심적인 혁명은 못된다.

1. 혁명세력의 통일

각정당 혹은 각 혁명운동이 집결될 때 비로소 통일되는 것이다. 좌우익이 함께 모여 거기에 헤게모니를 누가 잡느냐 하는 문제가 대두될 때는 과거 신간회新幹會 모양으로 통일에 실패될까 염려되는 바이다.

더욱이 우리 민족은 역사적으로 통일되었으며 자연과정으로 4천년 전부터 통일되었다고 볼 수 있다. 그러나 국내통일이 시급 절실히 요구되는 이때 또한 국호의 통일도 필요하다. 한 가정에 한 개의 가호家號가 있듯이 우리나라에도 한 국호만이 있을 수 있으며 민족단결의 표준으로 이 국호의 통일 역시 하나밖에는 있을 수 없다. 그리고 국기 역시 하나밖에는 있을 수 없다. 그리고 국기 역시 태극기로 통일되어야 할 것은 물론이며 따라서 연호도 통일되어야만 하겠다. 그러므로 우리는 해내외에 우리 민족의 통일을 보여야 하며 특히 우리 임시정부는 이미 노국露國의 레닌 자신이 절대지지를 했으며 또 중국의 장蔣 위원장 기타 미美·불佛도 인정을 하고 있는 만큼 국내에서도 이를 지지는 못할지언정 이를 부인한다는 것은 안 될 말이다. 그러므로 우리는 일치통일을 위하여 또는 국제형세에 조화되기 위하여 허심탄회로 임하여야 하며 밥이 되기 전 솥 가지고 싸움하는 것은 부당한 동시 기계적인 평등 즉 5대5의 세력을 가지라는 것보다 나 자신더러 말하라면 나는 넷으로 가지고 싶으며 상대방에는 여섯을 가지라고 하고 싶다.

〈자유신문 1945년 12월 14일〉

■연안은 임정을 지지, 장건상 국무위원 견해피력

각 정당의 연합정권인 임시정부 요인 중에 있어서 공산당 측인 국무위원 장건상씨와 일문일답을 하였는데 그 요지는 다음과 같다.

문 : 공산당에서 임시정부에 대한 비난을 한 기사가 있는데 이 점에 대하여 어떻게 생각하는가?

답 : 금조 신문에 처음으로 그 기사를 알았다. 그러나 조선민중 전체가 임시정부를 반대한다는 소리는 듣지 못했다. 즉 도시나 지방에나 정말로 임시정부를 반대하고 소위 인민공화국만을 지지하는 것이 현실적 사실이라면 국내적으로나 국제적으로나 당연히 승인하여야 하는 것이다. 우리들이 환국한 지 불과 10여 일밖에 안 됨으로 국내의 현실을 잘 알 수가 없다. 따라서 우리는 행동도 할 수 없는 것이다. 대중의 생활이 이와 같이 무자비하게 혼란상태에 빠져 있으니 그 원인이 어디 있으며 또 대책은 어떻게 할 것인지 현실을 정확히 파악해서 적절한 조치를 단행하지 않으면 안 된다.

스탈린이나 모택동도 이러한 현실을 잘 파악하였기 때문에 성공하였고 국제적으로 유명하여진 것이다. 현실을 떠나서는 과학적 혁명은 불가능하다. 인민공화국이나 임시정부나 법으로는 다같이 승인되어 있지 않은 것이니 대중의 지지와 지반을 가진 편이 승인될 것은 당연하다.

문 : 임시정부에서 태도를 급속히 천명해서 민중에게 지침을 가르쳐 주는 것이 당면의 급무가 아닌가요?

답 : 불원 발표할 줄 안다. 내 생각으로는 임시정부를 아직 반대한다는 소리는 듣지 못하였고 또 국제적으로 존재를 충분히 인정하고 있다는 유리한 조건

이 있으나 이로써 대중의 생활안정을 도하고 국내통일을 달성시키도록 하는 것이 좋을 것이다.

문 : 임시정부와 연안측과는 충분한 연락이 있습니까?

답 : 내가 대표로 연안까지 갔다 왔다. 임시정부의 취하는 길에 대하여 반대나 파괴하지 않고 성공을 축복한다는 공문서를 연안서 중경 각 정당에 발송까지 하였다. 이것은 오로지 임시정부가 국제적으로나 국내적으로 유리한 조건을 가지고 있다는 사실을 파악한 까닭에 임시정부에 반대하지 않고 발전을 축원한다는 것이다. 〈동아일보 1945년 12월 14일〉

■춘천 청년대표들, 전선통일을 제의

강원도 춘천청년회 대표 박기병 군 외 6명은 13일 김구 주석과 여운형씨를 방문하고 현하의 국내와 국제정세에 비추어 보아 민족진영과 계급진영이 대립 분열 하였다가는 조선의 주권회복이 늦어 가기만 할 터이니 급속히 민족전선을 통일해 달라는 의미의 탄원서를 제출하였다. 동 청년대표 박 군은 다음과 같이 이야기한다.

「우리 춘천에는 청년회가 단 하나 뿐이올시다. 우리의 국권회복이 될 때까지에는 좌우익 청년이 주의 주장을 버리고 한데 뭉치기로 하였습니다. 우리는 이런 통일만이 국권을 빨리 찾아오는 유일한 길이라고 믿습니다.」 〈자유신문 1945년 12월 14일〉

■망명객 집단이란 부당, 공산당 성명에 조소앙씨 담

13일 기자단과의 회견석상에서 임정 외무부장 조소앙씨는 공산당에서 임시정부에 대하여 발표한 내용에 대해서 다음과 같은 견해를 피력하였다.

「대중과 임정이 접하라는 점에 있어서는 쌍수환영이다. 임정에서 대중과 분리되는 듯한 경향이 있다면 물론 방향을 돌려서 대중의 가운데로 들어가야 할 것이다.

그러나 임시정부를 망명정부라 하여 부인하는 것은 불가하다고 생각한다. 임시정부는 기미년 당시에 대중의 기초 위에서 대중지지 하에 탄생된 것이 사실이고 1920년 소련의 레닌도 경제적·문화적·정치적으로 절대원조를 하여 왔었으며 병력으로까지 원조하였었다. 뿐만 아니라 작금에서는 불佛·미美·중中 제열국諸列國의 국제간에 충분히 대한민국 임시정부라는 존재를 인정한 것이 엄연한 사실이다. 그리고 임시정부에서 레닌과 제휴할 때에 있어서 임시정부가 친소파라는 평까지도 있었다. 이와 같이 소련을 위시하여 각 열강과의 역사적 사실을 공산당에서는 스스로 망각치 말기를 바라는 바이다.」 〈동아일보 1945년 12월 15일〉

■일본색 잔재 일소하자

「해방된 조선에 아직도 일본색이 남아 있는 것처럼 불쾌한 것은 없다」고 임시정부 외교부장 조소앙씨는 다음과 같이 말하였다.

그간 서울 시내를 여기저기 다녀 보았는데 간판 가운데는 일본식인 문구가 많이 있고 또 문패 같은 데도 일본이름이 아직도 남아 있으니 이에서 더 불쾌한 것은 없다. 몹쓸 압박과 착취로 우리 민족을 못살게 굴던 일본의 색채가 이렇게 아직도 남아있고, 일본색을 싹쓸어 버리지 못한 것은 이상한 일이며 하루바삐 왜놈들을 다 몰아내야 할 것과 우리들의 주위에서 일본색을 깨끗이 씻어내고 몰아내고 우리의 생활환경에서 이러한 그림자도 비치지 않도록 노력하여 우리의 참된 문화와 참되고 청신한 생활체계를 세워야 하겠다. 특히 그 생각하는 것과 머리속에 일본색이 들어 있다든지 혹은 친일적인 색채가 들어 있다면 일본주의에 몸을 바치는 것을 자명하는 것임으로 이 점을 각별히 주의하고 경계하지 않으면 안될 것이다. 〈자유신문 1945년 12월 15일〉

■세전학생대회 임시정부지지 결의

학창에 잠겨 오로지 진리탐구에 전념을 다하고 있었으나 끝칠 줄 모르는 당파싸움과 사리사욕을 위한 모리배들이 날로 격심하여 가서 인민은 도탄에서 헤매며 해방의 기쁨은 암운으로 바뀌려 하는데 순결한 학도로서 이 혼란한 상태에 빠진 동포들을 구하고자 시내 세브란스 의학전문학교에서는 지난 11일 정오부터 약 5시간에 긍하여 제3회 학생대회를 열고 현하 복잡한 정세를 토의한 결과 80% 이상의 찬의로 대한민국 임시정부 절대 지지를 결의한 후 금후 실질적 학생운동을 전개한다고 한다. 〈자유신문 1945년 12월 15일〉

■정치통일을 방해, 철폐하라 38선 장벽 외인기자가 본 해방조선

【동경 14일발 국제】지난 11일 중순 한성을 시찰한 외인기자는 조선 사정을 다

음과 같이 전하고 있다.

소개로 파괴된 한성시가에는 일본과 만주에서 온 피난민들이 많다. 지방에 숨어있던 정치가들도 정치활동을 개시하였다. 지난 11월을 전후하여 환국한 이승만 박사와 한국 임시정부 주석 김구씨는 민중에게 환영을 받았다. 현재 활약하는 정당은 송진우씨를 당수로 하는 한국민주당, 안재홍씨의 국민당, 여운형씨의 인민당, 박헌영씨의 공산당의 4당이다. 여하간 조선이 미소 점령군에 의하여 분단되어 있는 동안에는 이 나라의 정치는 확고한 동향은 볼 수 없다고 하여도 좋을 것이다. 현재 조선 분단문제에 대하여서는 목하目下 하리만 대사를 통하여 소련정부와 회담중이라고 한다. 이 문제가 해결되면 미·소 간의 적극적 협력도 가능하게 되며 북위 38도 문제도 해결될 것으로 보인다. 이 경계선을 경계로 남북의 미와 소는 오직 일본의 전화선으로 연락을 취하고 있다. 미 점령구역은 비교적 미곡 기타 주식물에는 혜택을 받고 있으나 석탄은 전혀 없고 외국으로부터의 수입도 곤란시 되어 절박한 엄동과 싸우고 있다. 한성 일류호텔에서도 야간만 난방장치를 하고 있는 형편이다.

이와 반대로 소련점령치하의 북부에서는 다량의 탄광이 있으나 미곡 기타는 부자유하다고 전한다. 최근 정보에 의하면 재조선 미 군정장관은 북위 38도 이북의 물자교환협정이 성립되었다고 하는데 이것은 「상부기관이 체결한 것으로 맥아더 사령부에서 체결한 것인지 미국정부에서 체결한 것인지는 발표할 수 없다」고 말한다. 정치운동과 병행하여 활발히 움직이고 있는 것은 종교운동이다. 전시중 미·영을 비롯하여 외국의 카토릭 선교사는 일본관헌에 의하여 체포되었었고 이 대신에 일본인 목사가 교회를 조직하고 있었다. 그런데 종전과 동시에 조선인은 일본인 목사 배척운동을 일으켰다. 일본인들은 제한된 돈을 가지고 귀국선을 고대하여 부산항에 장사의 열列을 보이고 있다. 패전한 조국이라고는 하지만 그들은 귀국할 수 있는데 소련 점령하의 일본인은 아직 귀국치 못하고 도로 회복공사에 종사한다고 한다. 일본은 그야말로 완전히 패망하였다. 그러나 조선은 해방될 것이다. 오락방면에는 극장이며, 주장酒場, 사교 무도장이 있어서 「째즈」의 성황을 이루고 있다.

〈동아일보 1945년 12월 16일〉

▲ 김구 주석과 함께 서대문형무소를 방문한 우덕순 의사(뒷줄 네 번째)

■안중근 선생동지 우덕순 노의사 수일전 입경

● 일생을 철창에서 조국위해 신음

「만났 도다 원수를 만났 도다」라는 사세의 시를 남기고 안중근 국사國師와 함께 36년 전 대한의 원수 이등박문을 조격하였던 열사 한 분이 만주 벌판에서 60평생을 왜적 만났도다 물리치기와 감옥살이로 지내다가 그 누구보다도 더 해방의 기쁨을 안고 그리던 서울에 나타났다. 그는 바로 우덕순禹德淳 열사로 「지지하루」감옥의 고혼이 될 뻔하다가 부인 박소사朴召史와 장남 영榮(31)씨 부처와 함께 동포 백여 명을 인솔하고 수일 전에 돌아와 방금 종로 한성여관에 묶고 있다.

우 열사는 27세 때 일본과 맺어진 을사조약 후 점점 기울어지는 한국의 국운을 회복하고자 해삼위海參威로 망명하여 의병을 일으켜 왜병과 수차의 접전을 하였다. 한편 해아海牙에서 밀사를 파견하는데 기금을 모아내는 등 광복운동에 직접 간접으로 활동하였다. 31세 되는 단기4242년 가을 독아를 품은 일본이 아라사의 힘을 억누르고자 아라사 탁지부대신과 「하루빈」역에서 맞이하고 우 열사는 「하루빈」역 세 정거장 전인 채가구蔡家溝에서 잠복하였다. 안 의사는 마침내 그날 오전 10시 뜻을 이루어 「코레아스키우라」(대한독립만세)를 부르고 우 열사는 뜻을 당신 손으로는 못 이루었으나 안 의사와 함께 여순 감옥에서 3년형을 겪고 한일합방 후 만주로 건너가 이제껏 한달에 반식은 왜 헌병대에 갇히는 것을 세월로 지내다가 돌아오게 된 것이다. 〈동아일보 1945년 12월 17일〉

■단군천진봉안식 임시정부 요인 참배

16일 하오 2시부터 시내 사직공원 내에 있는 대종교강당에서 단군성조 친전 봉안식을 거행하였다. 이날 임시정부의 조소앙, 홍진 두 선생을 비롯하여 일반인도 강당에 모두 참석하여 다음과 같이 예식을 거행하였다. 〈동아일보 1945년 12월 17일〉

■중국 공산당영수 임정에 절대호의

● 김 주석 일행 상해 임발臨發 시에 모毛, 주朱 양씨兩氏 성공을 격동激動

국내에서는 민족전선 통일문제를 싸들고 암운이 저미低迷가고 있는데 우리들은 해외에서 이시정부에 대한 태도 등을 간접으로 탐지探知함으로써 임시정부의 국제적 성격을 추찰할 수 있을 줄 안다. 이번 임시정부 요인 중에 모씨는 다음과 같이 중경에서의 이야기를 하였다. 국내에 돌아오니 의외로 혼란과 대립이 있으니 실로 유감이올시다. 우리가 중국을 출발하여 귀국에 제際해서 중국 요인들이 송별연을 베풀어 줄 때에 모택동, 주덕씨 등은 우리 임시정부에게 조선에 환국해서 반드시 성공하여 독립국가 수립에 유종의 미를 얻도록 노력하기 바란다고 격려 하였습니다. 중국에서 국공관계는 여러분이 조선 안에서 상상하는 것과는 전연 다릅니다. 중국 공산당 측에서도 개인적으로 이야기할 때에는 우리 공산당도 결국 중앙 정부에 흡수될 것이라고까지 이야기 하였습니다. 정치는 감정적 체면 유지로만 나가는 것이 아니라 정대한 비판하에 이지적으로 나가야 현실에 적절합니다. 〈동아일보 1945년 12월 19일〉

■단결되는 청년의 힘, 임정 신봉의 50여 청년단체 독립촉성 전국청련 결성

임시정부 절대 지지하에 규합된 시내 50여개 청년단체는 21일 상오 10시부터 시내 천도교 대강당에서 대한독립촉성전국청년총연맹 결성식을 거행하기로 되었다.

이날 참가할 전국 각 청년단체는 대표자 3명씩을 파견할 것과 각 단체의 회의 임원 명부 1부씩을 수송정壽松町 태고사太古寺내 조선건국청년회 본부에 있는 결성준비위원회로 제출하기 바란다고 한다. 〈동아일보 1945년 12월 19일〉

■삼천만 일심으로 봉영 가가호호에 태극기 달고 기쁘게

● 금일 임정개선 봉축전

오늘 19일은 해외풍상 30여 년의 갖은 고초를 겪다가 앞서 개선한 우리임시정부 요인의 환국을 3천만 민중이 다같이 경건히 맞이하는 민족성전의 날이다. 이날 3천리 방방곡곡 가가호호에는 우리의 태극기를 높이 달고 해방조선을 경축하며 하루 바삐 자주독립하기를 기원하며 마지않을 것이니 이 얼마나 경사로운 날인가 서울에서는 임시정부 환국환영대회 주최로 오전 9시부터 서울운동장에서 우리 임시정부를 맞아 군정장관, 군사령관, 각 정당대표, 각 남녀 대학, 전문, 중·초등학생생도 각 정회町會와 각 단체의 대표, 그리고 각도 지방대표. 십 수만이 참열한 가운데 성대히 환영식을 거행하고 축하 비행기만은 사정으로 중지되나 각 극장, 흥행단에서는 기념행사를 거행하고 한편 이날을 전후하여 사흘 동안 꽃전차를 운행하여 환영대회를 한층 장식할 터이다. 그리고 오후 3시부터는 덕수궁 석조전에서 성대한 환영연회가 벌어진다. 〈동아일보 1945년 12월 19일〉

■장내 장외에 초만원 공전의 성황리 종료

● 본사 주최 요인환국 대강연회

본사 주최의 임시정부요인 환국 대강연회는 작 18일 오후 2시 예정대로 경운정町 천도교 대강당에서 개최되었다. 요인들이 환국 후 민중에게 첫 번으로 외치는 소리를 들으려는 군중은 장내는 물론이요 회장 밖 운동장으로 넘치어 공전의 성황 가운데 오후 5시 지나 강연회를 마치었는데 이날 선전부장 엄항섭, 외무부장 조소앙 양 선생의 강연요지는 다음과 같다.

● 세력과 부력과 지력이 자주독립의 절대조건이다.

조소앙 : 청중제군과 더구나 내가 가장 존애尊愛하는 청년제군을 대하니 반가움과 기쁨을 무어라 표현해야 좋을지 모르겠다. 청년의 현하의 임무는 무엇이냐 나는 이렇게 생각한다. 개인이나 국가의 기본적 요구는 세력과 부력과 지력의 요구가 아닌가 한다. 우리는 세력을 뺏겼으니 이것을 회복해야 되겠고 우리는 부력을 잃었으니 이것을 찾아야 하겠고 우리는 지력을 위축萎縮당했으니 이것을 신장해야 하겠다. 이것이다. 청년의 당면한 임무다. 세력을 회복하여

가지고 우리는 정치상 평등한 권리를 분배하겠고, 부력을 찾아 가지고 차별없는 생활을 해야겠고 지력을 신장하여 가지고는 우리나라와 세계문화에 공헌해야 되겠다. 그러면 이 임무는 어떠한 단계를 밟아 수행될 것인가. 우리나라는 해방은 되었으나 아직 독립은 되지 않았다. 그러니까 제1단계는 우선 주권의 회복 즉 복국複國에 있다. 무엇보다도 좌우가 협력하고 남북이 통일되어야 복국은 성립된다. 좌우가 싸우고 남북이 합하지 않으면 외국은 나가지 않을 것이다. 임시정부도 들어오고 하였으니 전국은 열정으로 합하고 뭉쳐서 우선 나라를 찾아 복국이 완성되면 다음의 단계는 건국이다. 건국의 수단은 사회의 공동한 요구를 파악하여 이것을 만족시킬 시책을 세우고 과거의 결함을 제거하는 데 있다. 이리하여 우리의 합친 힘으로 복국과 건국이 실현되면 비로소 우리나라는 국제적으로 발언권이 생기고 완전한 독립이 오는 것이다.

● 대중 본위의 정치를, 이러지 않고는 광복도 무의미

엄항섭 : 변설의 재주 없는 나더러 강연을 하라는 요구는 자유를 구속하는 일이라고 생각했으나 공공을 위하여서는 개인의 자유를 희생하는 것이 진정한 자유라고 생각하여 이 자리에 나온 것이다. 신국가의 건설과 전민족의 발전을 위한 자유만이 진정한 자유이니 전민족과 국가의 자유를 위하여서는 개인의 자유는 희생하지 않으면 안 될 것이다. 우리 임시정부는 3·1운동 당시 33인의 지도자들이 우리가 자유민임을 세계에 선언하고 자유민인 동시에 우리 자신의 정부가 필요하다는 뜻에서 또한 왜적의 총독부와 대항하기 위하여서는 우리 자신의 정부가 마땅히 있어야 하겠다는 뜻에서 국내에 있을 사정이 못되자 가까운 국외인 상해에 자리를 잡고 앉아 외국인이 우리를 가리켜 그들은 일본과 완전히 동화되었다. 그들은 정치능력을 상실하였다는 평이 있을 때마다 절대로 그렇지 않음을 구체적으로 표시하고 주장해온 것이다. 이것이 임시정부의 존재이유이다. 연합군은 「카이로」 선언에서 조선의 독립을 확약하면서도 「적당한 시기」에 독립을 허許하겠다는 것을 부쳐놓았다. 그 적당한 시기가 언제라는 것은 애매한 것이다. 그들이 독립할 능력이 있다고 인정하는 적당한 시기가 언제냐? 이것은 우리 자신이 해결할 문제이다.

우리가 정치능력을 상실치 않고 전민족이 독립을 요구한다는 한마음 한뜻을 표현할 때, 일치단결을 표시할 때, 적당한 시기는 도래할 것이다. 지금 막사과莫斯科에 결정되지 않는다고 누가 보장하랴. 이때에 단결을 일삼지 않고 여기저기 모여 싸움과 분열을 일삼으면 어찌될 것인가? 외국인들은 흔히 우리를 보고 너희들은 개인으로는 어느 민족에게나 떨어지지 않는 우수한 사람들이면서 어찌하여 한데 모이기만 하면 싸우느냐고 한다. 일리가 있는 말이다 우리는 남을 깎고, 흠잡고, 잡아당기는 악습을 버리고 남을 사랑하고 칭찬할 줄 아는 습성을 길러야 할 것이다. 우리는 왜적에 망하였던 역사적 사실을 냉정하게 회고하여야 할 필요가 있다. 친아파, 친미파, 친청파가 서로 분열하여 싸우다 일청전戰 끝에 청이 물러나고 일로전戰 끝에 아俄가 물러서고 미美가 동양에서 손을 떼자 그대로 고스란히 왜적에게 먹히고만 것이 아니었던가? 임시정부는 우리 전체가 잘살기 위하여 어떻게 하려고 하는 것인가? 첫째로 자유독립한 민주주의 국가를 세우기를 주장한다. 그러기 위해서는 삼천만 대중에게 정정당당하게 호소하는 정치가 되어야 할 것이다. 여기저기서 수군수군하고 꾹꾹 찌르는 사랑방 정치나 협잡정치는 용인되지 못할 것이다. 친일파 민족반역자는 마땅히 처단해야 한다. 그러나 무슨 일이든지 표준이 있어야 한다. 요컨대 큰 것만을 고르고 적은 것은 용서하자는 것이다. 맹자는 「온 나라가 다 죽이기를 원하면 죽이라」고 하였지만 친일파나 민족반역자의 처단은 민중 전체의 의사에 따라 행해야 할 것이다. 친일파, 민족반역협작정치군政治軍을 배제하고 통일한 뒤에는 무엇을 할 것인가? 삼천만이 골고루 잘사는 법은 무엇인가? 삼천만이 다같이 정치에 참여하기 위해서는 보통선거법에 의하여 투표를 함으로 자기의 원하는 정치인을 택하도록 하자는 것이다. 과거 남의 나라의 예를 보아도 경제기구의 잘못으로 빈부의 차가 생기고 불평등한 사회가 되는 것이다. 그러므로 우리는 토지의 국유와 대생산기관의 국유를 주장한다.

우리의 선열은 돈 많은 극소수의 사람이나 일부계급을 위해 피를 흘렸을 리 만무하다. 노동자와 농민을 필두로 민족 전체를 위해 목숨을 바쳤으며 피를 흘렸을 것이다. 그러므로 전 민중을 위해서는 토지국유와 대산업의 국유는 단행하지 않으면 아니될 일이다. 다음에는 의무교육의 실시이다. 의무교육을 국비로 실시해야만 보통선거로 진정한 선거가 될 수 있고 교육의 기회균등이 달성되어야만 전민족의 진보, 발전이 있는 것이다. 끝으로 국군의 양성을 주장한다. 조선 같은 적은 나라로 남을 침략하고 침범하자는 것이 아니라 최소한의 국방을 지키기 위한 국방군의 편성은 필요한 것이다. 군벌국이나 파시스트 국가를 만들려는 줄로 오해 말라. 세계라는 대가정에서 화평한 가운데 당당한 일원으로 국제적 질서를 유지하려면 군의 존재는 절대로 필요한 것이다.

〈자유신문 1945년 12월 19일〉

■전 민족의 환호충천 한풍의 훈련원두 열광의 봉영

● 장중 임정환영의 성전

▲ 대한민국 임시정부 전국환영대회(김기창 화백 삽화)

3천만 민족의 총의로 조국애에 타오르는 의열사義烈士가 중심되어 조직된 우리 임시정부의 개선을 환영하는 민족적 성전이 19일 오전 11시에 서울운동장에서 개최되었다. 36년간 폭학 일본의 압박 하에서 해방된 우리 3천만 민중은 과거의 혈투를 회고할 때에 형언키 어려운 감격과 흥분에 충격되어 엄한을 무릅쓰고 물밀 듯이 조조부터 훈련원에 쇄도, 광복군 조선국군을 선두로 유학생동맹 각 남녀학생 기타 일반시민의 입장이 엄숙하게 거행되었는데 순식간에 장내는 15만 군중으로 입추의 여지가 없었으며 빈번하는 임시정부 지지의 깃발은 우리 3천만의 총의가 임시정부 지지의 일점에 집중되어 건국일로로 매진한다는 것을 소리치는 듯하였다.

11시 정각이 가까워오자 김구 주석이하 요인일동의 입장에 뒤이어서 각 정당대표 기타 인사의 입장이 있었고 대비되었던 장엄한 취주악에 맞추어 일동 총기립으로 역사적 성전이 개막되었다. 일동은 북향하여 36년간 잊었던 우리의 태극기를 올렸다. 깃발은 서서히 창공을 향하여 나부꼈고 엄숙한 장내에는 희비의 교류곡이 소리없이 흘렀다. 일동의 애국가 제창, 이화여전의 환영가 제창이 끝난 후 홍명희 선생의 환영사가 있었고 러치 군정장관의 축사와 김구 주석의 열렬한 답사 및 이승만 박사의 답사가 있은 후 천지를 진동하는 만세삼창으로 환영회는 폐회되었다.

● 유일唯一의 우리정부 – 홍명희씨의 환영사 –

대한민국 임시정부 요인을 이 자리에 맞이하여 감격해 마지않는 바 있습니다. 더욱이 영수 여러분을 한자리에 모시게 되었으니 우리들의 기쁨은 이 위에 없습니다. 조선은 임시정부 요인이 가 계시던 중국과 연합국의 원조로 해방되었습니다. 그런데 연합국은 우리의 평화와 독립을 약속하였으니 어찌 평민의 자격으로 맞아들이겠습니까. 이제 우리 3천만 동포는 우리의 유일무이한 우리 임시정부를 봉대하고 일치단결하여 조국독립에 분투하기를 맹서하는 바입니다.

● 건국완수를 축원 – 러치 군정장관의 축시 –

나는 미국인의 일인으로서 자주독립을 원하는 대한 여러분 앞에 서게 된 것을 무상의 광영으로 생각합니다. 나는 최근 전쟁을 마친 독·법·이국 등 구아 각국을 보았는데 전후의 가장 중요한 과제는 산업부문의 재흥임을 통절히 느끼었습니다. 이에 비추어 볼 때 여러분의 가장 중요한 임무는 한국의 산업재건이라고 믿습니다. 그런데 이 산업의 재건은 단기간에 실현되는 것이 아니므로 여러분은 직장을 고수하고 서로 싸우지 말고 힘을 합하여 거룩한 사업완수에 돌진하여야 합니다. 그리하여 나라를 위하는 애국심으로 하루바삐 건국의 대업을 성취하기를 원합니다.

● 임시정부 환영사 – 송진우

오늘 대한민국 임시정부 제위諸位를 맞이하여 환영회를 개최하게 된 것은 우리 삼천만 민중의 무한한 감격으로 여기는 바이며 또한 이 자리에서 환영의 사辭를 올리는 본인의 무쌍한 광영으로 생각하는 바입니다. 생각컨대 경술 이래 왜적은 이 땅을 유린하고 이 백성을 가압苛壓한지라 정부 제위는 사선을 뚫고 원루를 머금은 채 해외로 망명한 지 36성상, 비우참풍悲雨慘風 중에도 일의초일념一意初一念을 굽히지 않고 오직 조국의 광복을 위하여 의연히 혈투용전血鬪勇戰하여 왔습니다. 특히 1919년 민족자결의 시조時潮에 따라서 3천리 방방곡곡에 방

양傍樣한 독립만세소리에 호응하여 이승만 박사를 초대 대통령으로 추대한 대한민국 임시정부의 수립은 세계에 우리 민족의 존립을 선양하였고 1932년 4월 28일 상해사변이 종국을 고할 즈음 김구주석의 용의주도한 지도하에 의사 윤봉길 선생의 통격痛擊은 왜장 백천을 위시하여 문무文武 거두巨頭를 폭사 혹은 중상케 함으로써 우리 민족의 성가를 천하에 주지시켰습니다. 어찌 그것뿐이셨습니까. 용약무비勇躍武備한 의혈단의 활동을 비롯하여 허다한 혁명적 사실은 마디마디 민족투쟁의 역사이었습니다. 우리가 이러한 점들을 상기할 때 김구주석 이승만 박사를 위시하여 정부 제위의 우리에게 준 공헌이야말로 실로 절대하다 하지 않을 수 없는 것이며 오늘 삼천만 민중이 정부 제위를 맞아 환호하는 것은 결코 우연한 일이 아니다고 생각합니다.

그러나 내외정세를 환시하건대 우리나라는 8월 해방된 이래 독립이 약속된 채 강토는 단절되고 사상은 분열하여 통일이 될 기운이 간취되지 않을 뿐더러 연합국의 분할 군정은 국제적으로 미묘한 동향을 시하여 완전한 자주독립의 달성에는 아직도 전도가 요원한 감이 없지 않나니 정부제위를 맞이하여 환영하는 이날에 있어서 이러한 보고를 하지 아니할 수 없는 우리는 진실로 유감스럽게 생각합니다. 그러나 사태는 시급한 해결을 요하나니 그 해결방법은 오직 한 가지가 있다고 믿습니다.

1919년 이래 우리 민족의 정치력의 본류로서 신념해왔던 임시정부가 중핵이 되어서 모든 아류 지파를 구심력적으로 응집凝集함으로써 국내통일에 절대의 영도를 발휘하는 동시에 우리의 자주독립의 능력을 국외에 선시宣視하여 급속히 연합국의 승인을 요청하지 않으면 아니될 것입니다. 이에 우리는 정부 제위의 정치적 역량과 수완에 기대하는 바 크다 하겠거니와 우리도 정부 제위의 현명한 지도에 협력함으로써 국민으로서 당부하여야 할 책무에 절대로 충실할 것을 맹서하는 바입니다. 무사蕪辭로서 환영의 사辭에 대신합니다.

대한민국 27년 12월 19일 〈동아일보 1945년 12월 19일〉

■ 김구주석 답사

친애하는 동포제군!

나는 오늘 이 성대한 환영을 받을 때에 무엇보다도 먼저 임시정부를 대표해서 오랫동안 왜적의 통치하에서 갖은 고난을 당하여 온 국내 동포형제에게 가장 친절한 위문을 드립니다. 나와 임시정부 동인들이 오늘 이 자리에서 동포들의 이와 같은 열렬한 환영을 받게 될 때에 과연 형용할 수 없는 감격이 있고 흥분이 있습니다. 수십 년간 해외에서 유리전패流離顚沛하던 우리들로서 그립던 조국의 땅을 밟게 되고 사랑하는 동포들의 품에 안기게 된 것은 참으로 무상한 영광이외다. 여러분은 여러분도 아시는 바와 같이 우리 임시정부는 3·1 대혁명의 민족적 대유혈 투쟁 중에서 산출한 유일무이한 정부이었습니다. 그야말로 전 민족의 총의로 조직된 정부이었고 동시에 왜적의 조선통치에 대한 유일한 적대적 존재이었습니다. 그러므로 우리 임시정부는 과거 27년간 일대 혁명의 정신을 계승하여 전 민족 총 단결의 입장과 민주주의 원칙을 일관하게 고수하여 왔습니다. 다시 말하면 우리 임시정부는 결코 모 일계급 모 일파의 정부가 아니라 전 민족 각 계급 각 당파의 공동한 이해입장에 입각한 민주단결의 정부이었습니다.

그러므로 우리 정부의 유일한 목적은 오직 전 민족이 총 단결하여 일본 제국주의를 타도하고 한국에 진정한 민주공화국을 건립하자는 데 있습니다. 그러나 우리들의 분투한 결과는 즉시 완전한 독립을 취득하지 못하고 소위 상당 시기의 독립을 보증한다는 동맹국의 일지(一紙) 성명서를 얻어 가지고 입국하였습니다. 이것은 실로 유감천만인 동시에 금일 우리가 이 성대한 환영을 받기에 너무도 부끄러운 점이외다.

사랑하는 동포 제군!

금차 반파시즘 세계대전의 승리의 결과로 우리의 국토와 인민은 해방되었습니다. 그러나 이 해방은 무수한 동맹국 인민과 전사들의 보귀한 피와 땀의 대가로 된 것이며, 또 망국 이래 수십 년간 우리 독립운동자들의 계산할 수 없는 유혈 희생의 대가로 된 것임을 잊어서는 아니 됩니다.

지금 우리는 국토와 인민이 해방된 이 기초 위에서 우리의 독립주권을 창조하는 것이 무엇보다도 긴급하고 중대한 임무이외다. 우리들이 임무를 달성하자면 오직 3·1 대혁명의 민주 단결정신을 계속 발양해야 됩니다. 남북조선의 동포가 단결해야 하고, 좌파 우파가 단결해야 하고, 남녀노소가 단결해야 합니다. 우리 민족 개개인의 혈관 속에는 다같이 단군 성조의 성혈이 흐르고 있습니다. 극소의 친일파 민족반도(民族叛徒)를 제한 외에 무릇 한국 동포는 마치 한 사람같이 단결해야 합니다. 오직 이러한 단결이 있은 후에야 우리의 독립주권을 창조할 수 있고 소위 38도선을 물리쳐 없앨 수 있고 친일파 민족반도들을 숙청할 수 있습니다.

나는 확신 불의(不疑)합니다. 유구한 문화 역사를 가진 우수한 우리 민족은 이 시기에 있어서 반드시 단결될 것입니다. 그러므로 나와 및 정부 동인들은 보다 더 많은 자신과 용기를 가지고 전 민족 각계 당파의 철 같은 단결을 완성하기 위하여 분투하려 합니다.

친애하는 동포 제군!

지금 우리 국토를 구분점령하고 있는 미·소 양국 군대는 우리 민족을 해방하여준 은혜 깊은 우군입니다. 우리는 반드시 그들을 잘 협조하여 왜적의 잔세력을 철저히 숙청하는 동시에 그들이 회국하는 날까지 모든 편리와 수요를 제공해야 합니다. 또 우리는 미·소·중·영·불 등 동맹국과의 다 같은 친밀한 관계를 세워야 합니다. 더욱이 우리나라와 밀접한 관계를 가진 중·미·소 삼국의 밀접한 합작을 위하여 노력해야 합니다. 우리는 오직 이 삼국의 친밀한 합작 기초 위에서만 우리의 자유 독립을 신속히 가져올 수 있습니다.

나는 확신합니다. 우리 민족 내부가 철같이 단결될 때에 동맹 각국은 다같이 우리 독립 주권을 승인하여 줄 것이며, 우리의 신생국가 건설을 위하여 적극 원조할 것입니다.

사랑하는 동포 형제 자매들이여!

우리 국가의 즉시 완전한 독립은 정히 이때입니다. 우리 동포들은 3·1 대혁명의 전민족 총단결 총궐기의 정신을 다시 한 번 발양해서 우리의 독립 주권을 찾고 자주 평등 행복의 신한국을 건설합시다. 이것으로 나의 답사는 그칩니다.

대한민국 27년 12월 19일

대한민국 임시정부 국무위원회 주석 김구

〈동아일보 1945년 12월 20일〉

■이승만 박사 답사

대한반도 3천리 강산에 한 자나 한 치 땅도 우리의 물건 아닌 것이 없다. 우리 부여민족 3천만 남녀 중에 하나도 이 땅에 주인 아닌 사람이 없다. 지금 밖에서는 우리를 넘겨다보는 나라들도 있고 안에는 이 나라를 팔아먹으려는 분자들이 있어 우리 민족의 운명은 조석에 달렸다. 그러나 우리 민중이 한 몸 한 뜻으로 한 뭉치를 이루어 죽으나 사나 동진 동퇴만 하면 타국 정부들이 무슨 작정을 하든지 아무 걱정이 없을 것이다. 임시정부 요인을 맞이하여 더욱 일치단결하여야 한다.

19일 열린 임시정부개선환영전국대회에서 조선을 해방시켜준 연합군에 감사를 표시하는 동시에 조선의 자주독립을 하루라도 빨리 실천시켜 달라는 결의문을 미·소·중·영 4개국에 보내기로 되었는데 그 내용은 다음과 같다.

● 결의문

우리들 전 한국 남북 각지로부터 회동한 각 정당과 실업 기술·문화·종교 및 직업관계의 제집단을 종합한 670여 단체의 대표자들은 3천만 민중의 총의의 집결로서 미·소·중·영 등 연합국과 불국 및 그 모든 국민에게 공동 성명서를 보내는 광영을 갖는다.

우리들은 41년간 피被예속의 밑에 일본제국주의의 폭학한 억압착취를 받으면서 해내 해외에서 부단한 반항을 계속하던 중 연합국의 민주주의 옹호를 위한 거대한 희생을 아끼지 않는 영웅적인 전쟁이 일독 등 국제파쇼의 세력을 철저히 타도하고 우리 한국민족에게도 해방을 약속하는 우호적인 원조를 주는 데 대하여 다시금 최대의 감사와 최고의 경의를 표한다. 우리들은 이러한 연합국의 원조에 인하여 중경에 있는 대한민국 임시정부의 주석과 전 각원들을 환영하는 이러한 공전의 성전을 중심으로 일로매진 一路邁進하려는 한국 민족의 총의를 표명함이 타당함을 확신하고 겸하여 좌기左記의 제諸사항의 요령要領을 제시키로 한다.

1) 우리들은 한국민족의 철저 해방과 독립과 완전한 자주독립국가 됨을 요청하고 그에 대한 모든 지장의 시급한 철폐를 강조한다. 강토와 인민과 주권과 기타의 행정의 특권을 회복하는 것이 우리 국민의 자유에 의한 통일된 독립국가 건설에 절대 필수의 요건인 것은 이에 특히 지적함을 요치 안할 바이다. 북위 38도선을 경계선 삼아 한국을 남북으로 양단 점령은 그것이 8·15 이전에 있어 전략적 필요에 기인한 바이라 치더라도 4개월이 넘어간 오늘날에 오히려 이를 답습하는 것은 우리 한국으로 정치적, 경제적 및 사상적인 방면과 따라서 민중의 전 생활 부면에 걸쳐서 심대한 해악을 입히고 통일된 민족국가 건설에 막대한 지장으로 된다. 이러한 감내키 어려운 지장의 계속은 우호국에 대한 의외의 오해와 소리의 감정을 자아낼 수 있으므로 정당한

우리들 3천만의 총의를 돌아보아 신속 철폐의 처단 있기를 요구한다.

2) 우리 한국민족은 태평양안太平洋岸에 입국한 지 40 수세기에 독립과 평화와 정의 때문에 분전한 역사로서 연속되었다. 상대上代에서는 장성長城을 넘어 남진하는 침략군을 방지하기에 수세기를 싸웠고 중세에서는 몽고의 남침을 저해하기에 백년의 항쟁을 계속하였고 근세에는 일본의 대륙침략을 방지하기에 거대한 민족적 정력을 소모하였다. 이처럼 해륙의 요충에 있어 침략, 방해자로 허구 혈전한 공로는 국제사상 그 유례가 드물다. 이는 금후에도 우리에게 부과된 사명이요 우리에게는 자유됨을 요청할 권리가 있다. 고도의 문화전통을 가진 우리 3천만 민중에게 자유와 독립을 허여치 않는 것은 우리 자체의 부단不斷한 반항을 일으키게 할 뿐 아니라 어느 일국으로 하여금 한국에서 세력을 독립케 하는 것이 즉 전全 동방의 평화를 파괴하고 따라서 세계의 전란을 야기하는 화근으로 되는 사유는 1910년의 한일합병 이래 1941년의 태평양전쟁까지의 경험을 회고함으로써 족히 입증된다. 우리는 연합국이 국제파쇼를 공동으로 파쇄하고 침략주의 국가를 영원히 근절하려는 숭고한 본래의 의도를 돌아보아 하루바삐 우리에게 그 공약한 철저한 해방과 독립국가의 완성과 및 그 주권국가로서의 승인을 주려고 하는 용의 있는 것을 신뢰하여 의심치 않으려고 한다.

3) 우리들은 강토와 인민과의 완전통일을 촉진한 후 거기에 열렬한 민족애와 조국애에 입각한 각층 가계의 집결된 세력으로서 계급적 대립모순을 지양, 회통시킨 만민공화의 민주적 국가의 주권을 재건하여 국제평화에 공헌할 만한 독립국가로 발전하여야 할 것을 기획 염원하고 있다. 그러나 이것은 명확한 국제정의의 이념에서 마땅히 우리의 민족자결의 수단에 맡길 것이고 어떠한 형태로써의 외국의 간섭과 강제는 허許치 않는 바이다.

4) 한국의 국내정세는 하루바삐 견고한 통일정권을 내세워서 독자적으로 시국수습 임무에 당當케 함을 강렬히 요청되고 있다. 한국으로 하여금 목하와 같은 반신불수적 형태로써 지속하게 하는 것은 모든 실업 실직군의 범람을 강대케 하고 민중으로 하여금 실망과 불안을 증대케 하는 결과로 되어 전全 동방의 사회적 동요의 인소因素를 짓게 하는 바이다. 한국의 완전독립 없이는 인접국가의 안전도 있을 수 없고 한국의 사회적 불안정은 인접국의 국정

의 불안정에도 지대한 영향이 있을 것이다. 한국문제를 과소평가하고 과오를 새로이 하면 전소 동방 및 전소 세계평화에도 거대한 위협이 있을 뿐 아니라 미美·중中·소蘇·영英·법法 등의 적년혈투積年血鬪로 혹은 그 대부분의 가치를 손모損耗치 아니함을 누가 보장하랴? 이 위기를 신속 해소하는 것은 오직 한국으로 하여금 완전 통일정권을 가지기에 아무런 지장도 없게 하는 것이다. 우리는 대망하는 우리의 자유를 위하여 전 생명으로써 관철키로 하고 이에 새로운 결의를 굳게 한다. 우리는 우정과 신뢰와 경의로써 귀貴 열국列國의 명료한 회담을 고대키로 한다.

대한민국 27년 12월 19일
대한민국임시정부개선 전국환영대회

〈서울신문 1945년 12월 20일〉

■감격도 새로운 애국가, 장안에 구비치는 태극기물결 환호에 넘친 봉축행렬

삼천만 겨레의 『환희의 성전』은 마침내 벌어졌다. 오랜 적막을 깨치고 우리의 자유와 해방의 외침은 우리 임시정부를 맞이하여 더욱 힘차게 이 강산을 진동케 할 수 있게 된 것이다. 손꼽아 기다리던 이날 19일 아침 서울에서는 임시정부 개선 환영식에 이어 훈련원두를 진동시키는 『대한민국』 소리를 봉영의 성전이 우렁차게 시작되었다. 아침부터 장안의 가가호호는 국기를 내걸고 거리를 소제하여 임시정부의 빛나는 환국을 축복하였다. 이날 상오 11시를 기하여 각 교회 각 사원 각 학교에서는 『광복』의 기꺼움을 상징하는 뜻의 종소리도 드높게 울리어 이날의 성사가 시작됨을 고한다. 상오 1시 깃발 깃발 태극기의 물결 『백두산이 밝고……』의 애국가는 힘차게 연도에 늘어선 수만의 시민 감격도 새로운 임시정부 환국의 기쁨을 안은 채 행렬에 호응하여 만세를 부른다. 환영의 꽃전차와 이화대생을 선두로 학병군, 각 정당단체의 대표, 초등학교 학동들의 순서로 동대문 종로를 지나 광화문통에 이르기까지 완전히 장사진을 이루었다. 장사진은 끝간데를 모르게 계속된다. 행렬은 다시 서대문 임시정부 숙사 앞에서 요인 전원을 맞아 환영만세를 봉창하고 서울역 정거장 남대문을 거쳐 대한문 앞에서 동 4시 10분경 살을 에는 한파를 무릅쓰고 봉영 환영행렬을 마치었다. 〈동아일보 1945년 12월 20일〉

■조국광복의 선구일당에 지성과 감사, 역사적 향연

● 고궁 대회장에 창일한 애국의 분류

대한문 붉은 네 기둥에 「대한민국 임시정부 개선」의 호화한 장식이 통행인의 이목을 이끌고 덕수궁 석조전 안은 임시정부 요인들을 환영하는 제2의 회장으로 되어 있다. 19일 오후 3시 정각 전부터 환영연회의 식장인 이 덕수궁으로 모여드는 3백여 명의 내빈에 뒤이어 자동차로 입장한 김구 주석이하 각 요인들은 환국 후 처음으로 발길을 들여놓는 감회도 새로운 듯 금잔디 넓은 마당과 낙엽으로 덮인 섬돌을 천천히 디디면서 석조전으로 들어선다. 정각보다 늦게 3시 40분 식장으로 김구 선생은 비서 안미생 여사를 대동하고 그 뒤로 김규식 부주석, 홍진 의정원이장의 순서로 들어서서 메인테이블에 자리잡고 그 바른 편으로 신임한 「아처·엘·러처」군정장관, 「뉴먼」공보과장이 앉자 이들의 맞은편에는 오세창, 권동진, 홍명희씨 등 노인들이 각각 참석하였다.

이리하여 환영준비위원회 위원장 김석황씨의 사회로 애국가 기타 각국국가의 연주가 있은 후 오세창씨로부터 「연일 날씨가 춥다가 오늘 환영회날 온화해진 것은 3천리 조국강산이 임시정부 여러분을 환영하고 축복하는 듯하다. 늙은 이 몸이 죽지 않고 아직도 살아 있어 오늘의 이 자리에 참석하여 김구 선생이하 독립해방에 있는 여러분과 같이 술잔을 들게 돼 이제 죽어도 한이 없겠다.」고 환영사를 하자 홍진씨로부터 「눈바람이 찬 저녁에 망명의 길을 걷던 우리들을 이 같이 성대하게 맞아 주심에 다만 부끄러움과 황송함을 금키 어렵다. 이렇다 할 업적도 없이 돌아온 것과 38도선이 막힌 중에 임시정부 하나 세우지 못하고 이러한 자리에 나선 것을 부끄럽고 황송하게 여기는 바이다. 그러나 3천만 동포에게 드릴 선물은 우리의 민족정신을 잃지 않은 것과 민족통일로서 새 나라를 건설할 자신을 가지고 온 것이다. 미국이 독립되던 그 당시 자유를 주지 않으려거든 죽음을 달라 한 그 정신과 불란서혁명에 인권을 선언한 그 두 가지를 우리의 실천으로 옮기지 않으면 안 될 것이라는 것을 답사에 대신한다.」고 하자 다시 조소앙 외교부장은 환국 후 처음으로 입은 두루마기에 풍채도 늠름히 일어서서 「오늘 이 환영회를 베풀기에 노력하신 여러분에게 먼저 충심으로 감사의 뜻을 표하며 오늘 이러한 자리를 만들기에 우리는 40여 년의 긴 세월이 지난 것과 무수한 선열의 뼈와 우리의 발자취가 간 곳마다 묻힌 것을 명심치 않을 수 없다. 이 자리에

서게 되니 서대문, 신의주 각 옥창에서 희생이 된 선열과 동지들의 추억으로 내 옷깃이 젖는 것 같고 또한 우리의 해방을 위하여 연합국 장병 5천만 명의 희생자에게 또한 이 상에 놓인 술잔을 높이 들어 그들의 유혼에 머리를 숙이는 바이다. 우연이라 할지 5백년 독립국가가 그 국정을 보던 적막한 이 고궁에서 이러한 자리를 갖게 되는 비분감개한 생각과 광명이 있을 우리 앞길에 대한 무한한 희망을 금키 어렵다. 역사를 돌이켜 보건대 벨사이유궁전과 크레물린 고궁에서 혁명가 동지들이 회합하고 국사를 논의하던 그것과 같이 오늘 우리는 덕수궁 이 자리에서 회동을 하니 이것 또한 역사에 길이 남아 있을 한 페이지를 꿈꾸는 그 무엇이 있지 않은가 생각된다. 우리는 이러한 역사상에 비추어 40년간 피흘린 동지들의 유지를 살리고 연합국 5천만 장병의 피 흘린 그것이 값싸지 않도록 우리는 손잡고 한 데 뭉쳐 민족운동을 완성시켜야만 하겠다」고 열렬히 답사를 하자 말이 없고 침묵 중에 잠겼던 이 고궁도 만뢰와 같은 대박수 소리에 진동되었다. 이어서 연회로 들어가 임시정부와 건국촉진을 위하여 축배를 들고 이관옥 양의 독창, 이왕직 아악부, 이화여대 합창 등 진진한 여흥으로 화기애애한 중에 다섯 시 지나 식을 마쳤다.

〈자유신문 1945년 12월 20일〉

■선열추도의 종성 상오 11시 전국묵상

개선의 기쁨에 찬 환희와 광복을 위하여 희생된 선열을 추모하는 『종소리』는 이날 상오 11시를 기하여 시내의 각 교회와 각 사원 학교에 일제히 울렸다. 이 종소리의 울림이 한동안 계속되는 동안 백만 시민은 다함께 머리를 조아리고 묵상을 올렸다.

〈동아일보 1945년 12월 20일〉

■임정에 7백만 원, 경방에서 헌납금

건국대업의 자금으로 써달라고 경성방직회사에서는 합승 7백만 원을 16일 하오 1시 임시정부 재무부장 조완구씨를 죽첨장 기숙사로 방문하고 공납하였다.

〈동아일보 1945년 12월 20일〉

■고궁古宮에 환희 만만, 석조전에 환영대연

임시정부 개선 환영회에 이어 이날 하오 3시 덕수궁 안 석조전에서는 김구 주석을 비롯하여 각 요원『러취』군정장관,『스타우드』헌병사령관, 이밖에 소련, 중국, 불국의 영사와 내외 손님들 3백여 명이 모인 가운데 이 땅에서 처음인 잔치가 벌어졌다. 단아한 아악 연주, 국가 환영가를 합창하고 순국지사를 추도하는 묵념을 올린 다음 화기애애한 가운데 환영사, 내빈 축사, 화환 증정 등의 순서로 잔치는 동同 다섯 시 넘어 끝났다. 〈동아일보 1945년 12월 20일〉

■순국선열추념대회 23일 서울운동장에서 거행

소위 을사보호조약 이래 민족의 해방과 국가광복을 위하여 열렬한 투쟁을 계속하여 8월 15일까지 순국한 유명 무명의 애국열사를 추도하고자 그간 신익희 씨를 중심으로 각 정당 각 방면 관계지사 다수가 협의 중에 있는데 오는 23일 오후 2시부터는 서울운동장(혹은 장충단)에서 전국적인 추념대회를 열게 되었다. 대회위원은 다음과 같다.

- **총재** : 김구
- **위원장** : 신익희
- **부위원장** : 권동진, 김창숙, 함태영
- **위원** : 정인보, 홍명희, 정광조, 안재홍, 여운형, 방응모, 송진우

〈동아일보 1945년 12월 20일〉

■독립촉성은 신앙으로, 김구 주석 임석하, 감사와 성명 결의

● 6대 종교 결속회의

이제야말로 하루빨리 대동단결하여 독립을 달성해야 할 중대시기에 달하였음으로 기독교·불교·유교·천주교·대종교 교도들은 이에 단합 궐기하여 우리 임시정부를 절대 지지함으로서 자주독립의 한 길로 돌진할 바를 굳게 하였다. 6대 종교단체가 준비하여 오던 조선독립촉성종교단체연합대회(朝鮮獨立促成宗敎團體聯合大會)는 20일 오후 2시 반부터 시내 천도교 강당에서 임시정부 김구 주석 이하 다수 요인과 하지 중장대리 임석 하에 7백 종교도가 참석한 가운데 성대히 열리었다. 이날 대회는 기독교 대표 김관식(金觀植)씨를 개회사로 시작되어 먼저 연합국에 보내는 감사문과 임시정부에 올릴 감사문에 대한 결의를 하고 6대교 일천오백만 교도의 결의를 한데 뭉쳐 하루빨리 38도선을 철폐케 하여 독립을 달

성하여야 할 것이란 성명서를 낭독하여 만장일치로 체결하였다. 그리고 내빈 축사가 있고 동 연합회 안案을 심의 채택하고 동 4시경 산회하였다.

〈동아일보 1945년 12월 21일〉

■조선독립촉성 종교단체연합대회 개최

27년간 의義로서 싸워 온 임시정부에 대하여 최대의 경의로서 그 지지를 표명하고 아울러 민족통일전선을 결성함으로서 조선독립의 완성을 촉진하자는 의미로 기독교를 비롯하여 대종교, 불교, 천도교, 유교, 천주교 등 6개 종교단체로 된 조선독립촉성종교단체연합대회는 작 20일 오후 2시부터 천도교대강당에서 2천여 명이 각 종교단체대표와 임시정부로부터 김구 주석 등 요인과 각계 내빈이 참석한 가운데 성대히 열리었다. 식순에 따라 기독교의 김관식씨의 개회사가 있고 경과보고가 있은 다음 별기와 같이 회장 이하 임원의 선거가 있었다. 그리고 연합군최고지휘관과 임시정부에 보내는 감사문의 결의가 있은 다음 성명서 발표가 있고 결의사항으로 들어가 본회는 조선독립촉성을 위한 사항을 명년 1월 중에 개최될 상항桑港연합국회의에 진정키로 되어 이를 만장일치로 결의하고 내빈축사로 들어갔다. 먼저 하지 사령관(대리)과 아놀드 소장의 축사가 있고 그 다음 김구 주석의 "6대 종교가 이같이 합하는 것은 세계에서 처음 있는 일이다. 교리가 다른 종교가 국가대업을 위하여 연합한 것으로 그 의의는 실로 크다"는 요지의 축사에 이어서 이승만李承晩(대리)의 축사가 있었다. 그리하여 김구 주석의 선창으로 대한독립만세 3창이 있고 동 3시 반경에 역사적인 대회를 끝마쳤다.

- **회장** : 김관식(基督教)
- **총무부장** : 이단
- **조사부장** : 이극로
- **기획부방** : 박영희
- **재무부장** : 조종국
- **연락부장** : 김정협
- **선전부장** : 김영주 외 각부부원 5명

〈서울신문 1945년 12월 21일〉

■고아들의 행렬

19일의 임시정부 개선 환영행렬에서 주목을 이끈 것은 무의무탁한 고아들의 집단인 향린원의 행렬이었다. 선두에는 방方단장이 섰고 남루한 의복대신에 정연한 제복을 입은 남녀원생들은 가두에 도열한 군중들의 환호와 박수를 받았다.

▲남산의 향린원을 방문해 고아들과 한때를 보내는 김구 선생.(1946.3)

측은해 보이는 이 고아들이었지만 해방독립의 환희 속에 태극기를 들고 씩씩하게 전진하는 그 개개의 모자에는 장래 한 혁명투사가 투사가 되리라는 신념조차 보여지는 것 같았으며 특히 현재의 단장은 십수 년이 사업에 헌신해오는 정열과 신념의 인人으로 알려진 실천가이다. 공연한 사랑방정치에 광분하고 아무런 신념도 없이 정당에 참여하는 허영의 인사들에게 이러한 신념과 실천은 교재로 제공하고 싶다. 〈자유신문 1945년 12월 21일〉

■대한독립촉성전국청년총연맹 결성됨

젊은 청년들은 마침내 궐기하였다. 그 순진성 그 정열을 한데 뭉쳐 조국재건에 바치려는 젊은 조선청년들의 총의는 이에 결속을 보았다.

즉 전국의 수많은 청년단체를 통일 결속하기를 염원하는 대한독립촉성전국청년총연맹의 결성대회는 21일 성대히 막을 열었는데 착잡한 현 정국밑에 우리 임시정부를 봉대하여 독립달성을 촉진할 것과 민족적 비극으로 지금 3천만동포가 다 함께 철폐를 요망하는 소위 38도선을 급속히 제거하여야 할 것 등을 결의하였다.

21일 오전 10시 대회장인 천도교회당에는 임시정부 대표 엄항섭, 이승만, 하지중장(대리)등 내빈 다수 첨석아래 건설청년동맹, 고려청년단, 기독청년동맹, 조선건국여자청년대, 조선여자국민당부녀부 등 조선 43 남녀 청년단체 500여 대표 및 일반 방청자 2,000여명이 모여 독립촉성에 불타는 건국청년들이 합동한 가운데 막이 열리었다. 대회는 김산金山의 개회사가 있고 개회벽두 긴급동의로 김구, 이승만 외 몇분을 명예회장으로 추대할 것을 가결한 다음 하지중장의 축사(니스트 대좌대독), 이승만박사 축사(윤치영대독), 임시정부를 대표한 엄항섭을 비롯하여 한국민주당, 자유사회건설연맹측의 축사에 이어 동총연맹대표 신균申均으로부터 우리는 무엇보다 먼저 전조선의 남녀청년이 조국을 찾고자 하는 대한임시정부의 전민족적인 노선에 따라 한덩어리가 되어 조국광복의 대업을 완수하기를 맹서한다는 답사가 있은 후 장주석, 트루만대통령, 스탈린원수에게 보내는 감사결의문을 긴급동의로 가결하였다. 이어 경과보고, 국내 국외 정세보고가 있고 오후 1시반 일단 휴회하였다가 동 2시 재개하여 선언, 강령, 규약의 통과, 중앙집행위원 선거가 있고 지방정세보고 등이 있고 동 3시 지나 마치었다.

◇ 건의문

1) 우리 3천만 민중은 완전자주독립을 촉진시키기 위한 전민족의 통일이 하루바삐 달성됨을 염원하는 이때 우리 정부는 모든 착잡한 정세속에 온갖 모략을 극복하여 오로지 통일전선결성을 위하여 종시일관 강력히 전개하심을 요망함.

2) 북위 38도가 가져온 민족적 비애悲哀는 이 참혹한 일선一線이 시급히 철거됨을 모든 민중이 갈망하고 있는 바 우리 정부는 이것을 위하여 필요한 최대한의 노력을 불사하시기 바람.

물가의 기하급수적 앙등은 전민족의 생활면에 중대한 불안과 암영을 던져 건국을 앞두고 민중의 길흉에 지대한 악영향을 끼치는데 감鑑하여 우리 정부는 여기에 관한 적절한 대책을 시급히 수립하시어 국가백년의 대계에 유감없음을 기하기를 요망함.

대한민국 27년 12월 21일

대한독립촉성전국청년총동맹

대한민국 임시정부 김구 주석 각하

〈동아일보 1945년 12월 22일〉

■통합회의 근간소집, 남북통일 좌우 협력의 구체안을 임시정부 표명할 터

21일 하오 경교정 임정숙사에서 국무위원 성주식씨는 기자단과 회견석상 임시정부로서 19일 환영회 김구 주석의 답사로 천명된 임정의 남북통일, 좌우양익의 단결, 친일파 민족반역도의 숙청 등 문제를 여하히 실행에 옮길 것인가 하는 질문에 대하여 좌左와 여如한 요지의 담화를 발표하였다.

「모든 문제는 임정으로서 이미 발표한 14개조의 원칙이 있으니 이 원칙하에 해결될 것이다. 통일은 용이한 문제다. 먼저 고집을 버리고 상호 양보하면 속히 실현할 수 있는데 그동안 반공반사半公半私식으로 남북에 기개인사幾個人士를 파견하여 내사한 바도 있는데 좌우 양익과 각당 각파를 통일시키는 구체적 방법으로는 주의 여하를 불문하고 조선 해방운동선상에서 투쟁하여 철창의 고난을 당한 인사와 기타 민중의 인망을 얻은 의혈지사를 전국적으로 총망라 하여 통합회의를 개최하여 통일문제를 의논할 것이다. 그리고 임정은 해외인사로만 구성 되었으니 국내인사도 통일되게 되면 물론 합작할 것이다. 친일파, 민족 반역도배 처리문제는 우리의 정권이 수립된 후 처단될 것이나 어느 정도의 선을 그어서 참정은 절대 불허한다. 단지 처단만이 정권수립 후의 일이고 합작은 물론 불허하는 바이다. 임정으로서 공식발표는 2, 3일후 정식 표명하겠다. 금번의 회의 명칭도 민주적으로 민의에서 결정하려 한다.」 〈동아일보 1945년 12월 22일〉

■지방 단신

부산서도 독립촉성경남협의회와 건준부산위원회는 32개 단체가 대한민국 임시정부개선 환영을 준비 중인데 환영식은 23일 오전 11시부터 부산운동장에서 임시정부 요인 임석 하에 거행하기로 되었다.

19일을 기하여 전국적으로 거행된 임시정부 요인 환영회에 발맞추어 경기도 양평에서도 의정부읍민 주최로 이날 정오부터 수만 명이 동원되어 환영회를 성대히 거행 하였다. 〈동아일보 1945년 12월 22일〉

■혁명동지의 단결로 매진, 국제안과 국내안을 가지고 나가자

● 연안延安 동지 맞으며, 조소앙씨 담

국내단결을 중심으로 좌우협력 하자는 논의가 임정을 비롯하여 각계에서 활발히 전개되고 있는데, 특히 근일에 연안 독립동맹영수의 환국을 계기로 하여 여러 가지로 각 방면에 주목을 끌고 있는데 21일 조소앙씨는 다음과 같은 담화를 발표하였다.

「연안 측에서 중경 각당에로 통전을 발하였고 특히 김두봉씨는 상해, 남경에서 같이 독립운동하던 동지로서 이번에 귀국한다니 물론 우리 혁명동지가 상호 단결하여 독립완수에 일로매진할 줄 안다. 나는 항상 주장하기를 조선사람은 두 개의 눈을 바꿔어 넣어야 한다고 생각한다. 즉 국제안國際眼과 국내안을 가지고 나간다면 현하現下와 같은 민족의 착오는 감소할 줄 안다. 어느 단체나 정당에서 고집하고 자파의 주장만 하면 단결은 어렵다. 그것은 마치 반신불수이다. 전신경이 일맥전통 하여야지 어느 편 신경이 불통하면 완전한 사람이 못된다. 중국 공산당은 삼민주의를 신봉한다. 삼민주의는 국민당의 강령이 아닌가? 이와 같이 외국의 실태를 정시하지 않고는 조선현하의 국내 단결문제도 이해할 수 없다. 김두봉씨도 마땅히 우리와 지향의 동일보조를 취할 줄 안다. 특히 그이는 온후한 분으로서 무리는 없을 줄 안다.」 〈동아일보 1945년 12월 22일〉

● 독립동맹은 임정과 협조, 조선의 짠타크 현대의 부낭인 연안서온 김명시 여장군 담

연안독립동맹延安獨立同盟 영수의 환국을 맞이하여 국내통일문제는 아연 활기를 띄고 있는데 무정武亭장군 직속지휘관으로 부하 2,000명을 가지고 항일전에 활동하여 무훈을 세운 우리 조선의 「짠타크」요 현대의 부랑夫娘인 연안독립동맹의 여장군 김명시金命時는 수일전에 개선 귀국하였는데 연안延安 소식을 다음과 같이 전하고 있다.

「무정武亭 동지와는 1929년 상해시대부터 교류가 있었는데 그후 국민군에 참가 전사의 소식을 듣고 추도까지 하였더니 어느새 팔로군八路軍에 참가하여 포병단장으로 활동하고 있었다. 동시에 독립동맹獨立同盟을 결성 연안에 본거를 두고 군정학교를 설치 그 학교에서 양성을 받은 동지로 하여금 적구敵區에 나가 천진天津, 봉천奉天 등지에 분맹分盟을 두고 지하운동을 하게 하였는데 주로 한 일은 지원병, 학병을 맞아들여 재교육하는 일이었다. 독립동맹 제3차대회를 8월 29일에 소집 국제정세에 즉응卽應한 전술전략을 결정하려던 것이 일군의 투항이 의외에도 빨랐기 때문에 주덕朱德동지의 동원명령으로 3천리를 걸어 11월 3일 선발부대는 봉천奉天에 도착하였다. 조선 사람은 친일파나 민족반역자를 제외하고 다 통일전선에 참가하여 한 뭉치가 되어야 한다. 독립동맹측에서도 특별히 모나게 활동하려는 것이 아니다. 그동안 중경에 있던 임정과의 연결은 장건

상張建相이 하였고 또 우리가 김구 주석을 초청한 일도 있었다. 일군 투항이 예상외로 빨랐기 때문에 그 후에는 연락이 두절되었다. 독립동맹 제3차 대회를 열게 되었더라면 임시정부에 대한 협조결의까지 표명되었을 것이다.」

〈동아일보 1945년 12월 23일〉

■부녀총동맹 대회 제1일

조선부녀총동맹결성대회는 22일 오전11시 안국정 풍문여고 강당에서 개최되었는데 먼저 조선혁명운동에 희생된 선열에 대한 묵상이 있은 다음 연합국 부녀에게 감사 메시지의 결의가 있었고 김구 주석 자부子婦 안미생 여사의 격려의 말이 있었다. 본회는 23일까지 계속된다. 〈동아일보 1945년 12월 23일〉

■임정을 환영하여 해방 후 첫 대회

해방 후 처음 거행한 우리의 자랑인 마라톤경기인 임시정부환국 환영마라톤대회는 조선육상경기연맹 주최로 23일 오후 1시 40분 80여명의 선수 참집하에 서울시청앞에서 김은배金恩培의 개회사, 육상연맹회장 김승식金承植의 축사로 개회 임시정부 엄嚴선전부장으로부터 「씩씩한 여러분을 대하여 비로소 산 조선을 본 것 같다. 건전한 신체를 가진 나라야만 그 국가는 강할 수 있고 또한 문화가 발달한다. 여러분의 선배 손기정孫基禎군의 노력으로 한국에도 스포츠가 있다는 것을 외국에서 알게 되었으며 태극기를 못 올리고 원수인 왜적의 기를 올린 것은 유감천만이다. 앞으로 2개년 후면 올림픽이 열리니 그때는 여러분의 힘으로 우리 국기를 휘날려 보자」는 훈사가 있은 다음 전장 8마일(12킬로 730미터)의 경기를 개시하였다. 일반부와 중등부의 기록은 다음과 같다.

일반부		중등부	
1등	김혁진(아구俱)46분35초	1등	이덕제(도상)50분36초
2등	서윤복(아구俱)46분44초	2등	김근식(경공)51분16초
3등	이영제(보전)48분8초	3등	장석민 51분23초

〈자유신문 1945년 12월 24일〉

■순국선열추념대회, 서울운동장에서 거행

을사년 이후 왜국의 침략이 우리의 국권을 범하자 충정공 민영환 선생을 비롯하여 이준, 박승환, 안중근, 손병희, 강유규, 윤봉길 등 선열의 순국선열의 반반점점이 청사를 물들여 왔으니 오늘 해방된 기쁨이 크면 클수록 그들 선열의 추모경

앙하는 마음이 한층 더 깊다. 이때에 방응모, 정인보, 홍명희등 위원의 준비로 23일 오후 2시를 기하여 순국선열추념대회殉國先烈追念大會를 서울운동장에서 거행하였다.

단상 높이 흰 장막을 친 제단에서는 선열의 신위가 모시어졌고 제단 좌편으로 이날 대회의 총재인 임시정부주석 김구, 위원장 임시정부 신익희 내무부장을 위시하여 홍진, 조소앙, 김약산, 조완구 등 요인과 위원들이 착석하고 우편에는 군정청 기타 각계의 내빈과 유가족들이 참석한 가운데 함태영의 개회선언으로 의식은 진행되었다. 국기게양, 애국가 제창, 묵상에 뒤어어 은은장중한 아악이 연주되어 장내는 일층 경건한 가운데 김구 총재의 비분강개하고 폐부를 찌르는 듯한 추념문을 정인보가 대독하니 장내는 숙연하였다.

낭독후 추념문을 김구 주석이 손수 제단에 바치고 배례하니 광복군, 소년군, 각학교 등의 단체와 일반 개인참열자 등 수천군중도 이에 따라 경건배례를 올렸다. 다음에 신익희 위원장의 추념사가 있었고 이화여자대학 합창단의 추념과 제창이 있은 후 각 단체 대표의 추념문 낭독과 내빈 내사가 있었는데 이날 충정공 민영환의 셋째 아들 되는 민광식이 유족을 대표해서 답사를 하고 다시 아악의 주악으로 대회를 마치었다.

이날 정인보가 대독한 김구 임시정부주석의 추념문은 다음과 같다.

「대한민국 27년 12월 23일 임시정부주석 김구는 순국선열 영령의 앞에 고하나이다. 우리 국조國祖 형극荊棘을 개제開除하시고 정교政敎를 베푸신 뒤로 면연綿延함이 거의 5천년에 미치는 그동안 흥폐興廢의 고故가 어찌 한두번이리요마는 실상은 한 족류族類로서의 대승代承이요 혹 외구外寇의 침탈함이 있었다 할지라도 그 지역이 일구一區에 그쳐 환해고윤桓解古胤의 내려 온 통서統緖는 언제나 엄연하였었나니 우리 몸소 당한 바 변란이야말로 사상史上에서 보지 못하던 초유의 참慘이라. 광무을사光武乙巳로 비롯하여 정미丁未를 지나 융희경술隆熙庚戌에 와서 드디어 언어 그치니 그 참慘됨은 오히려 둘째라 기치와 대욕大辱이 이에 극極함을 무엇으로 견딘다 하리오. 이러한 가운데 일도찬란一道燦爛한 국광國光을 일으켜 이 민중으로 하여금 치욕의 일日이 찬부燦負와 비참의 기期에 분발을 끊임없이 가지게 함이 과연 누구의 주심이뇨. 우리는 이어서 을사乙巳 이후 순국하신 선열제위를 오매간에 잊지 못하나이다.

그동안 일구日寇-차토此土에서 도량跳梁함이 오래라 감監이라 독督이라 하여 패퇴하던 날까지 강산민인江山民人을 피彼는 피彼의 점제占制하에 두었던듯이 알았을줄 아니 우리 선열의 피로서 적과 싸워온 거룩한 진세陣勢 41년의 일월日月을 관철하여 몸은 쓰러져도 혼은 나라를 놓지 않고 숨은 끊어져도 뜻은 겨레와 얽매여 그 장하고 매움을 말한진대 어느 분의 최후 천읍지애天泣地哀할 거적巨迹이 아니시리오 인刃에 절絕하였거나 약藥에 운殞하였거나 다 같은 국가독립에 발발勃發한 탱주撑柱요 쌍수雙手의 격擊이나 일족一族의 전戰이나 모두가 광복달성의 열렬한 매진이오. 성중城中에서 기구崎嶇하다가 맹지猛志를 뇌옥牢獄에 묻었거나 해외에 표전漂轉하면서 고심苦心을 노봉虜鋒에 끝마치었거나 다 항적필사抗敵必死의 강과剛果한 결정이니 개인과 단체 자살自殺과 피해가 불일不一한 대로 내어 뿜은 민족적 망릉芒稜은 일찍이 간헐間歇됨을 보지 못한 즉 이 피가 마르지 아니하매 적과 싸움이 쉬신 적 없고 싸움이 쉬시지 아니하매 차토此土 마침내 적敵의 전거全據로 돌아갔다 이르지 못할 것이라.

그러므로 우리 과거 41년을 통틀어 일구日寇의 역役이라 할지언정 하루라도 피彼의 시대라 일컬을 수 없음은 오직 순국선열들의 끼치신 피향내가 항상 이곳의 주기主氣되어 온 연고이니 이 여러분 선열이 아니런들 우리가 무엇으로써 서리오. 3천리 토양 알알 그대로 가히 여러분 열혈의 응체凝體임을 생각하면서 이 땅을 디딜 때 구한신감舊恨新感이 가슴에 막혀서 어찌할 줄을 몰랐었나이다.」

〈자유신문 1945년 12월 24일〉

■소년군 진용을 강화, 총재에 김구 주석을 추대

지하에 뭉치어 있다가 8월 15일 해방이후로 급속히 재건되어 서울시내에만도 2만의 대원을 포용하여 시가지청소, 교통정리, 강절도방지 등 여러 가지 헌신적인 활동을 하고 있는 조선 소년군총본부에서는 대세를 더욱 확충 강화하고자 이번 임시정부 요인을 맞이하여 진용을 강화하였다. 즉 김구 주석을 총재로 부주석 김규식 박사를 부총재로 또한 이승만 박사와 홍진 선생, 김창숙 선생과 김상덕 선생 등 네 분을 고문으로 추대하고 선전부장 엄항섭 선생이 이사장으로 취임하게 되었는데 소년군 총본부의 진용은 다음과 같다.

• 총재 : 김구 주석 • 부총재 : 김규식 부주석
• 고문 : 이승만 박사, 홍진 선생, 김창숙 선생, 김상덕 선생
• 이사장 : 엄항섭 • 부이사장 : 최선익 • 전무이사 : 김웅권

● 엄이사장 담 : 금후 소년군의 운영방침에 대하여 엄항섭 이사장은 다음과 같이 말한다.

「우리 소년군을 오늘과 같이 길러온 유지들을 중심으로 진행할 방침인데 일반 사회에서도 많은 원조를 해주기 바란다.」 〈동아일보 1945년 12월 24일〉

■ 애민의 지정 김 주석 세민위문 - 이 혹독한 추위에 얼마나 고생들을 하는지 -

정무에 여념이 없는 김구 주석은 25일 크리스마스의 휴일을 타서 세민의 생활상태를 시찰하고자 시종 의무주임 유진동씨를 대동하고 작일 정오 돈암정 산기슭에 흩어진 토막에 이르러 그들을 위문 격려하였는데 이로써 만민을 사랑하는 주석의 거룩한 심정을 드러내고 있다. 〈동아일보 1945년 12월 26일〉

■ 임정 집무시간

상오 9시 - 하오 5시

금반 임시정부에서는 사무의 질서와 신속을 위하여 집무시간을 상오 9시부터 하오 5시까지로 하고 일요일은 휴일로 결정하였는데 일반 면회인 기타 내청인來請人은 시간외를 이용하여 주시기를 요망하고 있다. 〈동아일보 1945년 12월 26일〉

■ 애국금 헌성회 결성

조선의 광복을 위하여 애국금을 모으려는 일반의 열의가 이미 대두되고 있는 이때 임시정부 재정부장 조완구 선생의 요청한 바도 있어 송진우, 김성수, 김동원, 장택상 등은 이 운동을 구체화하기 위하여 23일 오전 11시 서울시내 광화문통 국민대회강당에서 발기인 70여명이 참집하고 애국헌금회를 결성 이날 임석한 임시정부 재정부장 조완구는 임시정부의 과거 20여 년간의 재정상태와 금후의 재정상황을 세밀히 설명하여 이 헌금회의 적극적인 활동을 힘있게 격려하여

주었다. 이렇게 헌금회가 결성된다는 소식을 들은 대한독립애국금헌금회大韓獨立愛國金獻金會에서는 동일한 목적을 가진 이 운동을 가장 효과적으로 추진시키기 위하여 애국적 견지에서 결합하여야 할 것을 이 자리에서 요망하였으므로 당일 오후 3시 쌍방의 대표위원이 다시 회합 절충한 결과 의견의 일치를 보게 되어 애국금헌성회愛國金獻誠會라는 명칭으로 하고 그 중앙총본부를 시내 광화문통 국민대회준비회 내에 두어 금후 이 운동을 강력하고 광대하게 전개하기로 하였다. 〈동아일보 1945년 12월 26일〉

■발로되는 헌금열, 안성유지 임정에 만오천 원

우리의 건국사업에 이바지하고자 중앙에는 벌써 애국금 헌성회가 설치되어 삼천만 동포로부터 조국광복을 위한 정성의 애국금 헌성의 기운이 짙어가고 있는 이때 안성군 대한광복덕봉추진회 3백여 회원은 1만5천원을 모아 25일 오성환, 김세기 양兩씨외 3씨가 입경하여 시내 경교동 임시정부 요인 숙사로 김구 주석을 찾아 건국대업에 유용하게 써달라고 내놓아 요인들을 감격케 하였다. 동회는 이신제씨를 회장으로 임시정부를 절대지지하여 독립촉성에 이바지하기로 되어 금후의 활동이 주목되고 있다. 〈동아일보 1945년 12월 27일〉

■우리국토를 수호하자 요인들 격려에 만당 감분 조선국군준비대 전국대표대회

조선국군준비대 전국대표대회는 26일 오전 10시 중앙중학서 서울 사령부원과 남선 8개사령부 대표가 참집하여 총사령 이혁기씨로부터 대기 수여와 사열분열식을 마치고 동 중학강당에서 이영석씨의 사회로 개회하였다. 먼저 굴욕의 역사를 벗어나 장래의 국사를 바른 길로 빛내자는 개회사에 이어 김원봉 장군과 김명시 여장군의 입장을 박수로 환영한 후 충북 대표의 제의로 김일성, 김원봉, 이청천, 무정 제 장군을 명예의장으로 또 충남대표의 제의로 연합군과 해내외 투사에 대한 메시지를 보내기로 만장일치 가결하고 축사로 들어가 먼저 임시정부 김구 주석이 등단하여 「고국에 돌아와 보니 군사단체가 많다. 그러나 군사단체는 사립으로 할 것이 아니고 일국 일군의 정신에서 나와야 할 것이다. 현재 각 지방에 발생을 본 군사단체의 성의에 대하여는 감사의 뜻을 표한다. 그러나 지금 규율 있게, 질서 있게 나가지 않으면 도리어 동포를 위한 군인이 동포를 해하게 된다」는 요지로 격려사를 하였다. 이어 국군준비대 사령부 박승환씨가 등단하여 「우리단체는 이익을 바라는 주식회사도 아니며 방방곡곡에 일어나는 군사 뿌로카도 아니다. 우리는 단지 조국을 찾으려 하는 동지가 모인 단체」라는 답사가 끝난 후 중앙인민위원회 정진태씨와 공산당 대표 이현상씨 다음 뒤이어 김원봉 장군이 우레와 같은 박수를 받으며 등단하여 「우리가 다 알다시피 아직 독립을 완성치 못하였다. 독립의 완성은 미소의 양군이 완전히 우리 국토에서 나가야만 된다. 그러면 미소 양군은 언제 나가느냐? 우리 국방군이 완전히 편성될 때이다. 금후 우리 군은 특수계급을 보호하며 그 노예가 되는 군대가 되어서는 안 된다. 나는 군사훈련에 있어서 정치, 체격, 기술의 훈련이 삼위일체가 되어야 한다고 믿는다. 여러분이 잘 알다시피 의용군과 광복군은 모두다 조선을 위한 군대다. 여러분은 독립·자유·민주 3대 정신아래 신속히 인민의 군대를 세워주기 바란다」고 말을 마치고 임시정부 국무위원 성주식씨와 이날 석상에서 가장 이채를 띠고 있는 연안서 직접 총을 메고 피의 투쟁을 하여온 여장군 김명시 여사로부터 별항과 같은 축사와 안재홍씨 이하 여러 단체대표의 축사가 있은 후 대회 제1일을 맞았다.

〈동아일보 1945년 12월 27일〉

● 우리의 피로 조선을 찾자! 이채 띤 김명시 장군의 축사

「연안에서 고국까지 7천리를 걸어온 꿋꿋하고 씩씩한 여러 오빠 동생을 만나보니 반가움을 무어라 형용할 수 없습니다. 여러분께서는 조선의 국군이 되려고 댁에서 나올 때 여러분의 어머님과 누님께서는 반드시 여러분의 손을 잡고 부탁함이 있었을 것입니다. 이는 우리가 총을 메고 일선에 나갈 때에 비는 부탁과 같을 것입니다. 그는 바로 인민을 구하라 나라를 지켜라는 부탁입니다. 여러 동무여 진리를 파악한 우리는 그 진리를 위하여 충성을 다 바치고 그 진리를 위하여 싸워야 할 것입니다. 여러분 우리가 총을 닦을 적에는 누구를 위하여 닦겠습니까. 우리가 나갈 길은 이미 결정되었습니다.

이는 삼천만 동포가 정해 준 것입니다. 그런 만큼 우리는 이 길로 매진하여야 합니다. 해외의 우리 동지가 적탄을 맞아 조선을 부르며 죽을 적엔 반드시 조선의 오빠여 동포여 앞으로는 이런 일이 없게 하여 주기 바라오. 하고 감기 어려운 눈을 감았습니다. 혁명은 피 없이 아니 됩니다. 혁명에는 타협이 없습니다. 혁명에는 적과 나밖에 없습니다. 동무들 조금도 어려워하지 말고 주저하지 말고 나가주시오 동무들 뒤에는 우리 무정 동무와 김일성 동무 그리고 김원봉 장군이 있습니다. 동무들이여 남에게 의뢰말고 우리 피로 조선을 찾읍시다. 끝으로 건국부녀동맹 여러 동무들이 부탁하는 말을 전하겠습니다. 국군 준비대의 오빠 여러분 여러분의 분투를 감사하며 전 조선의 여자동무를 동원시키어 여러분을 도와주려고 합니다.」 〈자유신문 1945년 12월 27일〉

■소련은 신탁통치 주장, 소련의 구실은 38선 분할 점령 미국은 즉시 독립주장, 외상회의에 논의된 조선독립문제

【화성돈華盛頓 25일발 합동지합同至 급보】 막사과莫斯科에서 개최된 3국 외상회의를 계기로 조선독립문제가 표면화 하지 않는가 하는 관측이 농후하여 가고 있다.

즉 「반스」미국무장관은 출발 당시에 소련의 신탁통치안에 반대하여 즉시 독립을 주장하도록 훈령을 받았다고 하는데 3군 간에 어떠한 협정이 있었는지 없었는지는 불명하나 미국의 태도는 카이로 선언에 의하여 조선은 국민투표로서 그 정부의 형태를 결정할 것을 약속한 점에 있는데 소련은 남북 양兩지역을 일괄한 1국 신탁통치를 주장하여 38도선에 의한 분할이 계속되는 한 국민투표는 불가능하다고 하고 있다. 〈동아일보 1945년 12월 27일〉

■조선의 분점은 부당, 미美 여론에 속출되는 38선

조선의 38도선에 대하여 미국 내의 여론은 자못 높아가고 있는데 「오랜스벌그끼–날」지紙는 「이즈음 철벽이 갖어 온 비애」라는 표제로 38도에 관하여 다음과 같은 요지의 보도를 하였다.

구주가 분할되어 철벽이 있는 것과 같이 소국小國 조선도 분할되어 철벽이 있다. 즉 철벽은 38도 이북은 소군이 점령하고 이남은 미군이 점령하고 있다. 이 부자연한 분할 점령으로 인하여 조선의 경제는 분립되어 일대위난에 직면하고 있는데 독일이 이러한 상태에 빠져 있다면 그것은 당연하다고 보겠으나 조선에 있어서의 이러한 상태는 정당하다고 할 수 없다. 카이로회의에서 장개석씨와 서구

연합국은 당연한 조선독립을 선언하였다, 그러나 38도선의 분할 점령은 「테헤란」, 「얄타」, 「포스담」 각 회의에 있어서 아무도 승인한 것은 아니다. 조선의 각 정당은 누가 38도선을 결정하였는가를 알고자 하며 또한 조선의 급속한 독립을 요구하고 있는데 이것은 당연한 요구이다. 조선의 독립은 미국과 중국이 약속한 것이다.

〈동아일보 1945년 12월 27일〉

■미 · 소 · 중 · 영 4개국에 의한 최고 5년의 신탁통치

● 3국 외상外相회의에서 결정으로 관측

【마사과莫斯科 27일발 AP통신】 27일로서 종결을 본 3국 외상회의에서 다음의 예정을 보았다고 관측되고 있다.

1. 소련·미국·영국 급及 중국에 의한 일본관리제의 실시 4개국 이사회는 전원 일치제를 채용하는 최종결정권을 이사회가 가지는지 맥아더 장군에게 그 이상의 권한이 부여되는지는 불명이다.
1. 원자력관리문제에 관하여는 1월 개최와 국제연합총회에서 토의될 제안이 채택되었다고 한다.

조선에 미·소·영·중의 4개국의 신탁통치위원회가 설치된다. 동 위원회에는 5년 후에는 조선이 독립할 수 있다는 관측하에 5년이라는 년한을 미·소 양국은 남북조선 행정의 통일을 도모하기 위하여 양 지부附한다. 구 군정당국의 회의를 개최한다.

【화성돈華盛頓 28일 UP발 조선】 4개국에 의한 최고 5개년 조선신탁통치 협정에 관한 3국외상의 제의에 대하여 작일 외교계에서는 이는 결과에 있어서 통일된 경제적 안정을 기초로 하는 국가의 실현을 의미하는 것이라고 말하였다. 앞으로 2주간 이내에 소·미 회담에서 조선의 긴급한 문제를 토의하기로 결정하였다는 막사과莫斯科콤뮤니케에 대하여 이로써 38도 경계선으로 인하여 양성된 경제적 기타 제 장해를 제거하게 될 것을 동 방면에서는 기대하고 있다.

【합동특별보合同特別報】 막사과莫斯科 3국 외상회의에서는 신탁통치와 아울러 조선 내에 민주주의임시정부수립의 제1보로 미·소 양국간에 위원회를 설치하기로 하였다.

〈자유신문 1945년 12월 29일〉

■지난 10월에 내정된 듯 운영여하론 단축가능

● 재미한족在美韓族위원단 전경무씨 담

신탁통치문제에 관하여 재미한족연합위원회 대표 전경무田耕武씨는 다음과 같이 말하였다.

「지난 7월 전쟁이 끝나기 전 미국의 외교문제의 권위자로 극동부장인 「쩐카터·빈센트」씨가 조선에 만일 신탁통치를 실시하면 어떻겠느냐는 것을 나에게 물을 때 나는 3천만을 대표한 것은 아니다. 절대 반대한다는 것을 주장한 일이 있다. 그리고 전쟁이 끝난후 9월 불란서에서 또 10월 뉴육(紐育)에서 정치 외교문제 중 조선에 관해서 강연한 것이 있는데 「조선이 일본으로부터 해방은 된다 하더라도 곧 독립된 정부를 수립할 수 없는 것임으로 한동안 신탁통치를 실시하되 그 기간은 우리로서는 전연 알 수 없다」고 말한 것을 나는 기억하고 있다. 여하간 4개국 간에 신탁통치의 위원회를 조직하고 모든 행정을 조선인에게 주기는 주되 이 위원회에서 지정된 일국이 이를 주관하게 될 것이다. 그러므로 이 기간을 최고 5개년간이라고는 했지만 그 안에 우리가 행정에 대한 모든 실권을 잘 운영해간다면 그 이내에 신탁통치는 단축될 것이라고 믿는다.」 〈자유신문 1945년 12월 29일〉

▲ 신탁통치 결정 벽보를 바라보는 서울시민들 (1945.12.29)

■외상회의 협의사항 28일석 공표

【상항桑港】 3국 외상회의의 협의사항은 28일 저녁 화성돈華盛頓·륜돈倫敦·막사과莫斯科에서 동시에 발표하기로 되었다. 〈자유신문 1945년 12월 29일〉

■최악의 국제과오, 국민당 안재홍씨 담

조선신탁통치위원회 성립의 보를 접하고 국내각계에서는 다음과 같이 최악한 국제과오라고 지적하여 절대반대의 의사를 표명하였다.

「조선이 연합4국에 의하여 해방된 것은 감사한 사실이나 현하 조선이 다소 불통일의 인상을 주게 되는 것은 주로 남북양단 점령에 인한 악조건에 인한 바로 우리 조선인의 책임이 아니다. 5개년 운운의 신탁통치라는 것은 최악한 국제과오로서 우리 3천만 대중이 도저히 승인할 수 없는 바이다. 5개월 미만의 반신불수적인 양단점령의 치하에서도 허다한 정치적 사회적 현상이 만들어지고 있는데 5개년의 신탁통치라는 것은 조선인의 민족의 분열과 사회적 파괴를 조장 촉성하여 불측의 심연으로 몰아넣는 것이다. 이 인내할 수 없는 과오의 처치處置에는 3천만이 한 사람의 이의도 없이 초당파적으로 결속하여 최후까지 반대하고 단연 독립을 전취하여야 한다.」 〈자유신문 1945년 12월 29일〉

■안재홍씨, 김구 주석 방문 전경무씨, 하지중장 방문

국민당 위원장 안재홍씨는 28일 오후 2시 반, 임정臨政으로 김구 주석을 방문하였고. 또 미한족美韓族연합회 위원회 대표단 전경무씨와 여자국민당 임영신任永信씨는 동일 오후 3시반 반도호텔로 하지 중장을 방문하고 각각 요담하였다.

〈자유신문 1945년 12월 29일〉

■먼저 알아두어야 할 소의 대 약소민족정책

조선공산당 정태식씨는 신탁통치설에 대하여 다음과 같이 말한다.

『내 개인의 입장에서 말하는 의견임을 전제한다. 소련이 신탁통치를 주장했다는 통신은 일종의 모략으로 볼 수 있는데 소련의 전통적인 민족정책과 대對약소민족 정책이 어떠타는 것을 알 때에 우리는 소련의 진의가 나변에 있다는 것을 알 수 있다. 소련은 어느 나라보다도 약소민족의 해방을 주장하고 또 실행해왔으며 그를 위해 존중한 피를 흘려 싸워 온 것은 현재 「폴란드」, 「체코」, 「루마니아」, 「불가리아」 등 제국에서 인민의 자유에 의한 민주주의적 공화국이 수립되고 있음을 보아 알 수 있으며 또 소연방蘇聯邦 내의 각 약소민족이 파시스트들의 예상에 반하여 문자 그대로 일심협력하여 이번 대전大戰을 싸워 이겼다는 구체적 사실로서 소련의 민족정책이 어떠타는 것을 웅변으로 증명하는 것이다. 소련은 조선의 절대 독립과 진정한 인민의 총의에 의한 자주정부의 수립을 원조할 것은 믿어 의심치 아니하며 조선인에게 자주 능력이 있다는 사실을 소련이 인정하고 있다는 것은 38도 이북에서 행정권을 전부 조선 사람에게 넘겨준 것을 보아 알 수 있다. 좌우간 카이로 기타 국제회의에서 연합국이 약속한 조선의 독립을 자꾸 의심하고 신뢰하지 않는 것은 조선의 해방을 위하여 수없는 피를 흘린 연합국에 대한 예禮가 아니며 신탁통치는 있을 수 없는 것으로 안다.』

〈자유신문 1945년 12월 29일〉

■조국 위해 백사불석 한인은 한인의 정부로 통치 – 김구 주석 방송요지 –

대한민국 임시정부 주석 김구 각하는 엄 선전부장으로 하여 27일 하오 8시부터 15분간 서울 중앙방송국 마이크를 통하여 「3천만 동포에게 고함」이란 제목으로 다음과 같이 방송하였다.

◇ 3천만 동포에게 고함

나의 친애하는 3천만 부로父老 자매 형제 여러분. 내가 입국한 지 벌써 1월이 넘었습니다.

나는 서울에 있어서는 직접 간접으로 나의 의사를 표시한 일도 있습니다. 그러나 지방에 계신 여러분에게 말씀한 일은 거의 없습니다. 그러므로 오늘 저녁 방송은 전혀 지방에 계신 여러분을 위하여 하는 것입니다.

그리고 또 나는 그 동안에 직접 간접으로 여러분의 과분한 애호와 환영을 받았고 아울러 허다한 가르침도 입었습니다. 시간의 제한과 체력의 쇠약으로 인하여 여러분을 방문하고 일일이 사의를 표하지 못함은 지극히 죄송한 바이지만 어찌 감격의 눈물이야 금할 길이 있겠습니까.

나와 나의 동료는 개인의 자격으로 입국하였습니다. 그러나 나의 친애하는 3천만 동포는 도리어 최고도의 열렬한 애국정서로써 우리를 환영하여 주시니 송구함을 느낍니다.

더욱 내가 38도 이북의 동포를 간절히 그리고 있는 것과 같이 그 곳의 동포들도 우리를 환영하는 마음은 더욱 불같으리라고 믿습니다.

임시정부는 과거 27년간에 있어 정의를 옹호하며 평화를 애호하는 지나支那의 열렬한 동정을 받았습니다. 소비에트연방의 국부 레닌 선생은 제일 먼저 이 정부와 손을 잡고 거액의 차관을 주었습니다. 미국 국회에서도 두 번이나 이 정부승인문제를 토론하였습니다. 영국 국회에서도 동양同樣의 일이 있었습니다. 법국法國은 사실상의 승인을 하였습니다. 그리고 중국은 일찍이 손중산孫中山 선생이 비상총통으로 재임시에 이 정부를 승인한 이래 국민정부는 사실상 이 정부를 승인하였을 뿐 아니라 특별히 본년 11월 4일에 장개석 장군은 중경에서 본정부를 환영할 때에 이 정부로 하여금 한국의 독립을 완성하게 하기 위하여 끝까지 철저히 원조하겠다고 명언明言하였습니다.

그러나 과거부터 최근까지 시종일관하게 이 정부를 부인하며 파괴하려 한 자가 있었으니 그것은 곧 왜적과 및 그의 주구를 감작(甘作)하는 친일파와 민족반역자들이었습니다. 임시정부는 이와 같이 안으로 독립과 자유를 열망하는 3천만 동포의 옹호를 받았으며 밖으로 정의와 평화를 신장하는 세계우방의 동정을 얻고 있습니다. 이것이 어찌 우연함이겠읍니까. 이것은 다 과거 5~60년래의 조국의 영화와 동포의 행복을 위하여 분투노력한 선열 선현의 은우隱佑이며 더구나 3·1 대독립운동 이래로 3천리 근역으로부터 멀리 자유흑수自由黑水와 중국대륙까지 대량적으로 물들인 무수한 선열들이 우리에게 준 것입니다. 선열과 선현이 우리에게 끼쳐 준 독립과 자유의 싹은 3천만 각개의 방촌중方寸中에서 무럭무럭 자라고 있었습니다. 그리하여 36년의 긴 세월을 야수와 같이 왜적의 유린 중에서도 조국의 산하가 의구한 것과 같이 아름다운 싹만은 일추일각一秋一刻도 변함이 없이 자랐습니다. 만일 우리 동포들의 열렬한 애국심이 우리를 중심으로 도와주는 동맹군의 노력과 배합이 되지 아니하였던들 우리는 금일과 같이 광명한 전도를 가질 수 없었을 것입니다. 이것을 생각하면 분투 34년에 큰 성공을 세우지 못하고 초초히 귀국한 우리로서는 무슨 말로써 우리의 동포와 우리의 맹군에 대하여 위문과 사의를 표할런지 도리어 송구할 뿐입니다. 심중에 송구함을 느낄 때마다 나의 여생을 오직 조국의 통일과 또 그의 완전한 독립과 전 세계 인류의 평화의 달성을 위하여 바칠 결심이 더욱 강렬한 뿐입니다. 이것을 위하여는 백사百死라도 불사하겠습니다. 나는 이에 이 목적을 달성하기 위하여 우선 좌

左의 제 원칙만이라도 친애하는 3천만 자매형제께 제기하고 공동분투하기를 간망합니다. 만일 여러분이 이것을 접수하고 나와 나의 동료를 편달하며 독려하여 준다면 나의 광영은 이에서 더 지날 것이 없을 것입니다.

1) 완전히 독립 자주하는 통일된 조국을 건설합시다. 우리는 완전히 독립자주하는 또는 남북이 통일된 조국을 건설하기 위하여 자리적自利的 입장을 버리고 오직 국가지상 민족지상 독립제일의 길로 매진합시다. 네 당 내 당도 국가가 있은 뒤에야 존재할 가치가 있는 것입니다. 존재할 여지도 있는 것입니다.

2) 정치, 경제, 교육의 균등을 기초로 한 신민주국을 건설합시다. 국민 각개의 균등한 생활을 확보하지 못하면 신민주국을 건설할 수는 없는 것입니다. 그러므로 우리는 가장 진보된 민주주의를 실현하기 위하여 정치, 경제, 교육의 균등을 주장합시다. 정치의 균등을 확보하기 위해서는 보선제普選制를 실시하지 아니하면 아니됩니다. 그러나 모某 일부분 모某 일계급의 독재는 반대합니다. 경제의 균등을 확보하기 위해서는 토지와 대 생산기관을 국유로 하지 아니하면 아니됩니다. 그러나 정권이 우리 정부로 옮겨 오는 때에 적산과 한인의 토지를 제한 외에는 실정을 참작하여 점진적으로 실행함이 타당하다고 인정합니다. 교육의 균등을 실시하기 위해서는 조속히 의무교육을 국비로써 실시하지 아니하면 아니 된다고 생각합니다. 그러므로 우리는 마땅히 먼저 조국의 완전한 독립을 획득하기 위하여 전력을 경주하여야겠습니다. 그 다음에는 불소不少한 협잡정객과 또 친일분자 민족반역자들을 숙청하여야겠습니다. 그것은 대의명분상으로만 그럴 것이 아니라 실제에 있어서 그들이 통일을 방해하고 있는 사실이 다대한 까닭입니다. 그러므로 우리는 최소한도라도 죄악이 만만하여 용서할 수 없는 불량분자만은 엄징하지 아니하면 아니될 것입니다.

3) 세계적 대가정을 건립합시다. 세계의 평화를 유지하고 인류의 행복을 증진하려면 단결한 세계의 대가정을 조속히 건립해야 합니다. 이 목적을 달하는 유일한 도경途徑은 민족과 민족, 국가와 국가간에 평등을 확보하는 것입니다. 피차간에 주관적 우월감으로써 타 민족이나 타 국가를 모시侮視하며 혹은 독자의 이익을 위하여 타방의 이익을 무시하면 아니됩니다. 제2차 세계대전 중의 동맹국의 작전목표도 민주를 실현함에 있었습니다. 진정한 민주

도 오직 개인과 개인, 민족과 민족, 국가간에 균등을 유지한다는 데서만 실현될 것입니다. 우리는 특별히 우리 조국을 해방하여 준 동맹국에 감사합니다. 현금에만 감사할 뿐 아니라 영원히 감사할 것입니다. 우리는 우리나라에 대한 우방의 투자를 환영합니다. 각 방면에 있어서 기술적으로 원조하여 주는 것을 간망합니다. 또 우리 조국의 신건설을 위하여 우리에게 차관하여 주기를 고대합니다. 그러나 이것이 절대로 우방 단독적이나 공동적으로 우리를 통치하는 것을 환영한다는 의미는 아닙니다. 한인은 마땅히 한인의 정부가 통치하여야 할 것입니다.

4) 강고한 국방군을 건립합시다. 우리는 강고한 국방군을 요합니다. 우리 국가의 질서와 세계의 평화를 지지하기 위하여 강고한 국방군을 요합니다. 이것은 과거의 망국사와 또는 세계 제2차대전에서 우리에게 주는 바 큰 교훈이니 다언多言을 서술敍述할 필요가 없다고 생각합니다.

〈동아일보 1945년 12월 30일〉

■전 민족이 투쟁하자, 김구 임정주석 담

▲ 신탁통치 반대 거리시위에 나선 사람들

『개인의 자격으로서도 나는 이 탁치문제에 대하여 이야기할 수 없다. 내가 말하는 것은 개인의 자격이라 하여도 정부를 대표하는 일이 될 터이니까 즉금 말할 수 없다. 그러나 문제가 조선의 운명을 좌우하는 중대문제인 만큼 금일 긴급 국무회의를 개최하고 정부로서의 방침과 태도를 결정하여 내일 29일 아침에 발표하도록 하겠고 다만 한 가지 말할 수 있는 것은 이것이 결정적이라면 전 민족을 통한 투쟁의 길만이 있다는 것이다.』

〈동아일보 1945년 12월 29일〉

■국무위원회 긴급개최

조선에 5개년 신탁통치를 실시하게 되었다는 중대보도에 접한 대한민국 임시정부에서는 28일 하오 7시 경교동京橋洞 숙사에서 김구 주석, 김규식 부주석 이하, 정부요인이 참집하여 긴급 국무회의를 개최하고 신탁통치제에 관한 임시정부의 태도와 이에 대처하는 방침에 관하여 신중토의를 개최하였다. 그리고 이 토의 결정된 방침과 태도는 29일 정식 발표할 터이다. 〈동아일보 1945년 12월 29일〉

■조선독립 공약에 숨은 은인 우빈 주교

● 장蔣 주석고문으로 「포스담」서 활약 김구 주석이 술회

▲ 왼쪽부터 레빈 주교, 지청천 장군, 김구 주석, 이범석 장군, 우빈 주교(1945.11)

5년 후 독립이니 조선 신탁관리니 하는 외전이 우리의 가슴을 아프게 울리는데 일찍이 「포스담」회담 석상에서 조선의 독립을 적극적으로 주장한 중국 천주교 주교의 활약한 소식이다.

김 주석의 말하는 바에 의하면 내가 중국에서 우빈 주교와 처음 만났을 때 우 주교는 임시정부를 격려하여 주더니 재차 만났을 때는 「요새 세론이 대한민국 임시정부를 퍽 옹호하는 논제가 가끔 신문에서 보게 되니 아주 반갑습니다.」 하고 축하의 말을 하더니 3차 만날 때는 「최근 임시정부 문제를 적극적 취급하며 후원지지하는 여론이 농후해지니 큰 힘을 내서 매진하시오.」라고 축하와 격려를 하여 주었다.

그러다가 「포스담」회의가 열리자 우 주교는 장 주석의 고문으로 참석하여 조선독립 문제를 내세우고 단에 올라서자 「5천년 역사와 우수한 문화를 가진 조선

민족에게 독립을 주어야 한다.」라고 외쳤다 한다. 그리하여 카이로 회담에서 약속한 조선의 독립문제는 다시 결론을 얻게 되었던 것이다. 우리의 해방 뒤에 숨은 은인인 우빈 주교는 1901년 흑룡강성 태생으로 일찍이 상해 진단대학을 졸업하고 로마에 유학하여 철학, 신학, 정치학의 박사학위를 얻고 북평 보인대학장으로 임명되었다가 1936년 주교에 서품되었다. 중국을 위하여 미국에서 강연 등으로 항일전에 힘쓰다가 최근 귀국하였다고 한다. 〈동아일보 1945년 12월 29일〉

■결사보국을 결심 광복군 국내지대 성명

우리는 경술년 합방 당시보다 더 가슴이 아프다.

우리 광복군은 미일전쟁 개시이후 참전의 일원으로 연합국과 협력하여 각시 전선에서 승전하며 훈공도 많았다. 그런고로 카이로회담, 포스담회담 등 연합국회의에 수차 조선독립을 성명한 바 있음으로 우리는 미·소 양군兩軍이 조선에 진주한 후로도 우리는 일군 철퇴 후는 미·소 양군도 철퇴를 할 줄로 믿고 이제까지 국제신의를 믿고 있었다. (약略) 우리 광복군은 과거 30년 간 혈투를 하였고 금후로도 계속하여야 할 것을 우리는 굳게 결심하고 청결하게 국사의 희생이 되려는 것뿐이다. 우리군인의 갈 길은 명확하다.

- 신탁통치 반대
- 결사보국
- 기성독립 이 몸을 바치고 용감히 나아갈 뿐이다.

삼천만 동포여러분 우리의 뒤를 이어 주시기를 바랄 뿐이다.

–한국광복군 국내지대발표– 〈동아일보 1945년 12월 29일〉

■독립전취!! 탁치반대!! 파당을 초월한 삼천만 총의 국제정의와 민족보존 위해 불不합작운동 전개

● 임정지휘로 국민총동원위원회 설치

약소민족의 해방 없이는 세계의 항구적 평화건설은 불가능 하다는 것이 이번 세계대전의 슬로간이었다. 전 세계 제諸 민족이 모두 이렇게 신뢰하였고 열망하였던 것이다. 전후에 열강대표가 집합한 강화회의에서 세계평화를 논의하였던 1차 대전 실패의 전철을 밟지 않기 위하여 이번 전쟁에는 작전과 병행하여 전쟁평화기구가 여러 번 열렸다. 이와 같이 용의주도하게 전쟁을 지도하여 결국 정의의 전승을 누리게 하였던 것이다.

약탈이 아니요. 침략이 아니요. 기만이 아니거든 이번 전쟁 목적은 전 인류 제 민족이 공인하는 바이었다. 그리하여 36년간 노예생활에서 해방된 우리 삼천만 민족도 당연히 민족 자결의 원칙에 의하여 자주독립 국가를 건설할 카이로선서에 약속되었다는 것은 아직도 기억에 생생하다. 이와 같이 희망과 기대에 넘쳐있던 우리 삼천만 민족에는 청천벽력이 내렸으니 이것이 바로 막부회담에서 결정된 미·소·영·중 4국의 조선 신탁통치제信託統治制 실시이다. 두말 할 것 없이 제2차 세계대전의 전쟁목적 위반이요. 민족자결원칙에 위반이요. 약소민족 해방운동에 역행하는 것이나. 공약과 정의에 위반된 소위 신탁통치제信託統治制는 우리에 대한 모독일 뿐 아니라 오천만의 피투성이로 된 연합국헌장에 배반되는 것이니 우리 삼천만 민족은 국제정의와 민족보전을 위하여 최후의 일인까지 혈투의 각오를 굳게 하지 않으면 안 된다. 우리는 비록 촌철이 없을지언정 삼천만의 총역량을 총집결하는 민족혼이 있고 국제정의감이 있는지라 전 민족이 거국적으로 신탁통치제信託統治制에 반대하는 일대 불不합작운동을 전개하는 것이다. 다수 예상은 했지만 천만의외千萬意外의 돌발사태라 임시정부에서도 사태의 중대성을 느끼고 28일 오후 4시경부터 긴급 국무회의를 개최한 후 바로 각 정당(2인) 각 종교단체(1인) 각 언론단체 대표자를 초청하여 비상대책회의를 동일 오후 8시 반부터 개최 심경深更에 이르기까지 백척간두에 서있는 국운을 구출하고저 논의를 거듭한 결과 신탁통치반대 국민총동원위원회를 설치하고 금후 임정臨政 국무위원회國務委員會 지시 하에 일대 민족적 불不합작운동을 전개하기로 결정하였다. 〈동아일보 1945년 12월 29일〉

■ 평화와 안전 파괴, 연합국 숙약에도 위반

임시정부에서는 지난 28일 오후에 경교동 숙사에서 긴급히 국무회의를 개최하고 김구 주석 김규식 부주석 이하 전원이 참집하여 탁치제에 대하여 우리 민족이 대처하는 태도와 방침을 토의하였는데 긴급안건으로서 안건 4항을 결의하였는데 그 내용은 다음과 같다.

1. 본本 정부는 각층 각파 급及 교회 전 국민으로 하여금 신탁제에 대하여 철저

히 반대하고 불합작운동을 단행할 것.

2. 즉시 재경在京 각 정치집단 급及 각 교회대표 2인씩을 소집하여 본 정부의 태도를 표명하고 전도 정책에 대하여 절실히 동의 합작을 요하며 각 신문기자도 열석케 할 것.

3. 신탁제도에 대하여 중·미·소·영 4국에 대하여 반대하는 전문을 급전으로 발송할 것.

4. 즉시로 미·소 군정당국에 향하여 질문하고 우리의 태도를 표명할 것.

● 4국 원수에게 보내는 결의문

우리가 모스크바회의에서 신탁통치제를 적용한다는 의결에 대하여 반대한다.

1. 민족자결의 원칙을 고수하는 한국 민족의 총의에 절대로 위반된다.
2. 제2차대전 중 누차 선언한 귀국의 숙약에 위반된다.
3. 연합국 헌장에 규정한 3종 탁치적용조례의 어느 항에도 한국에는 부합되지 않는다.
4. 한국에 탁치를 실시함은 원동의 안전과 평화를 파괴할 것이다.

이상 이유는 한국의 즉시독립과 세계평화를 위하여 탁치제에 반대하는 철저한 불합작不合作을 미리 성명하고 귀국의 신중한 고려를 촉促한다.

대한민국 27년 12월 28일
대한민국 임시정부 국무위원회
주 석 김 구
외무부장 조소앙 〈동아일보 1945년 12월 29일〉

■ 독립운동 새로 출발, 김구 주석의 중대발언

탁치제 반대에 대한 긴급조치안 4항과 연합국에 발송할 전문과 그 이유 4항을 결의한 후 임정에서는 각 정당에 대표 2인씩과 6대 종교단체의 대표와 각 신문사 기자의 참집을 요청하여 지난 28일 오후 8시에 약 70명의 애국 동지의 모임을 열게 되었다. 8시 반에 김구 주석 이시영 원로를 중심하여 좌우는 요인이 열석한 후 各黨 각계의 대표 70여 명이 일당에 모여 흥분과 울분 속에서 연합회의를 열었다.

긴장된 가운데 김구 주석으로부터 "해외에서 30년 동안 싸우다가 고국의 강토를 밟게 되어 삼천만 동포를 해후케 될 때에 이 사람은 삼천만 동포와 독립운동을 계속하기 위함이라는 것을 언명한 바 있었다. 불행히도 이 사람의 말이 들어맞아서 지금부터 새 출발로서 독립운동을 전개하지 않으면 아니 되게 되었다. 우리가 기대치 않던 탁치라는 문제가 삼천만의 머리위에 덮어씌워졌다. 우리가 이것을 물리치기 위하여 덮어씌우려는 탁치의 보자기를 벗어날 운동을 전개하여야 하겠는데 오늘밤 모인 각 대표의 이 모임으로 만족한 회합이라고는 할 수 없다. 그러나 일이 급하므로 우선 우리의 생각으로는 이만하면 우리 정부의 결정적 의사를 발표하여도 좋겠다 하여 발표하는 바이다"라는 말이 있었다.

한민당 원세훈씨로부터 "우리는 좌우 남북을 막론하고 싸우자. 이 사람도 정당대표로서 이 자리에 참석한 것이 아니고 독립운동자로서 참가했다는 말이 있었고 기타 각 대표의 열렬한 의견이 있은 후 전 국민에게 불합작不合作케 하는 기구가 있어야 하겠고 이런 조직이 있어야겠다"하여 만장일치로 다음과 같은 성명서와 결의안 7항 및 표어를 결의하였다. 그리고 금일 1일간의 잠정행사로서 가무음곡歌舞音曲을 일절 정지하고 대大시위운동을 전개키로 하여 새벽 창공이 밝아질 때에 산회하였다.

● 성명서

우리는 피로써 건립한 독립국과 정부가 이미 존재하였음을 다시 선언한다.

5천년의 주권과 3천만의 자유를 전취하기 위해서는 자기의 정치활동을 옹호하고 외래의 탁치세력을 배격함에 있다. 우리의 혁혁한 혁명을 완성하자면 민족이 일치로써 최후까지 분투할 뿐이다.

일어나자 동포여!

대한민국 27년 12월 28일

● 결의문

1. 신탁통치를 반대하기 위하여 기구를 창립하되 명칭은 탁치반대 국민총동원위원회라 칭함.
2. 탁치반대 국민총동원위원회는 각 정당 각 종료 각 회사 단체 기타 유지인사로 조직함.
3. 탁치반대 국민총동원위원회의 기관은 중앙中央 군郡 면面에 종從으로 분설分設할 것.
4. 탁치반대 국민총동원위원회는 국무위원회의 지도를 수할 것.

5. 탁치반대 국민총동원위원회에는 탁치반대 국민총동원위원회를 지도하는 위원 7인을 선출하여 해외에 대한 지도위원회를 설치함.
6. 재정은 지원자의 희망과 보조로써 충용할 것.
7. 탁치반대 국민총동원위원회의 장정위원 9인을 김구·조소앙·김약산·조경한·유림·김규식·신익희·김붕준·엄항섭·최동오 제諸씨로 선출하여 기초를 제출케 할 것.

〈동아일보 1945년 12월 30일〉

■미군정관공리 총사직하라! 하지 중장에 성명발표

신탁통치설이 들린 28일 오후 4시 대한독립촉성 전국청년총연맹에서는 긴급히 42단체 1백 62명이 모여 신탁통치 반대에 대한 다음과 같은 결의를 하였다.

1. 연합국에 임시정부 승인요구
1. 신탁통치 절대 배격
1. 남녀학교 총 휴학
1. 전국 군정청관공리 총 사직
1. 38도 이북 행정 사법 담임자 총 이탈
1. 일체 정당 즉시 해체 등 기타

그리고 일체의 가무음곡 오락을 정지하여 삼천만동포의 결의를 모아 이 결의 운동을 일으키기로 하였다. 그리고 이와 동시에 하지 중장에게 보내는 성명서와 이 박사에 대한 공산당 대표의 성명을 반박하는 성명서와 군정청관공리에게 보내는 격문을 발표하였다.

〈자유신문 1945년 12월 30일〉

■삼천만시일야 또 방성대곡 민족통일로 자주독립

● 5천년 주권과 자유전취 신탁통치 반대의 항쟁을 전개

신탁통치! 얼마나 분하고 굴욕적인 말이냐! 그 네 글자 뒤에는 「너희는 자립할 능력이 없다.」 「자주독립을 줄 수 없는 민족이다.」라는 모욕과 억압이 숨어있다. 이 참을 수 없는 굴욕에 대하여 3천만의 울분은 드디어 폭발하였다. 절대 반대한다. 절대 반대! 즉시로 독립을 내라는 부르짖음은 이제 한 개의 커다란 민족적 감정의 불덩어리로 변하였다. 끌 수도 없고 막을 수도 없는 이 불길은 민족의 분열을 꾀하고 한갓 사리私利를 위해 당파를 짓던 온갖 잡동사니를 불 살러 버리고 민족통일의 길로 돌진하려 한다.

● 무기 없는 전 민족의 저항, 상가철시 향락 자숙시위의 대 인파 범람

서울거리는 하루아침 주검의 거리로 변하였다. 신탁통치에 절대 반대하는 3천만 민중의 무기 없는 저항의 표현이다. 백화점마다 상점마다 극장마다 일제히 문을 닫고 깨끗이 철시를 하였다. 이 모욕 이 울분을 무엇으로 표현할까! 3천만의 마음과 마음 피와 피는 말없이 서로 통하고 엉키어 강렬한 반항의 뜻을 폭발시켰다. 철시한 거리로는 흥분한 얼굴과 불타는 눈들이 수없이 쏟아져 나왔다. 8월 15일 기쁨과 가미격에 넘쳐 거리로 밀려나왔던 군중은 오늘 다시 비분함과 원통한 가슴을 풀데 없어 거리로 몰려나온 것이다. 군중들은 누가 망할 것도 없이 스스로 시위행렬을 짓고 말았고 이것을 해치려는 M·P와 서로 밀리고 부닥치고 아우성을 친다.

● 극장관중들도 자진해산, 비보일순에 급변된 환락가 모습

28일 밤 「신탁통치」의 비보를 접한 서울의 환락가는 일제히 문을 닫았다. 초만원을 이루었던 각 극장에는, 극장 지배인이 전하는 이 소식에 관객들은 구경하고 있을 때가 아니라고 일제히 일어나 집으로 돌아가 버리었고 29일에는 극장마다 「신탁통치반대 휴관」이라는 패가 나붙었다.

정자옥 4층에 호화스러움을 자랑하던 「땐스-홀」도 28일 밤 지나가는 군중들의 압력으로 문을 닫았고 29일에는 스스로 유업한다는 간판을 내걸었으며 기타 수없이 생겨난 「카페」와 「빠」도 전부 휴업을 하여 한때 환락도시로 변한 느낌이 있던 지저분한 서울의 거리도 숙연한 모양으로 변하였다. 환락장에서 객고를 풀던 연합국 병사들도 갈 곳도 없었거니와 스스로 긴장하여 서울 환락가의 풍모도 하룻밤 사이에 변해 버렸다.

● 비분혈서와 삐라 난무

8·15이후로 서울거리에 범람하던 정치 삐라와 포스터는 최근 잠잠한 듯 하였는데 28일 밤부터 다시 대문마다 판장마다 진열장마다 「포스터」, 「삐라」의 범람이다. 「신탁통치반대」, 「군정청관리는 다 그만두어라」, 「죽어도 반대한다」, 「각당 각파는 일제히 단결하여 반대하자」는 등 격렬한 문구의 삐라가 수 없이 붙어

있다. 여기저기 군중들이 모여선 곳에서는 가두연설로 기세를 올렸는데 신탁절대 반대를 부르짖는 무명의 연사들은 M·P에게 모두 검거되었다.

〈자유신문 1945년 12월 30일〉

■가두경계 삼엄, 군중탄압으로 혼란

29일 아침 종로거리에는 신탁통치 절대반대의 기를 선두로 수천 명 민중의 시위행렬이 있었는데 이것을 제지하려는 M·P들이 곤봉으로 군중을 헤쳐 버리기 때문에 종로는 한때 수라장으로 변하였다. 어제까지 거리로 산보를 즐기던 미병美兵들은 일제히 무장을 하고 「윈체스타」기총을 멘 순라대원들이 둘씩 짝을 지어 삼엄한 경계망을 펴고 종로에서만 10여명을 검거하여 한때 혼란하던 종로거리도 오후에는 약간 조용하여졌다.

●각 서장 결의

4개국 공동관리의 신탁통치 결정에 대하여 29일 오후 2시 종로경찰서에서는 시내 각 경찰서장이 신탁통치 배격 긴급회의를 열고 각 서장의 공동담화를 동대문서장 김정제씨가 대표하여 다음과 같이 발표하였다.

「신탁통치란 우리가 배격할 일이다. 우리는 치안을 확보하는 경찰직에 있는 몸이라 우리로서 중구난방이 될 수는 없다. 그러나 국가 없는 곳에 경찰이 있을 리 없고 민중을 떠난 치안은 허재비의 파수병일 것이다. 우리는 지금 이같이 모여 질의를 했다. 경찰관의 직을 떠나 자주국가로서 완전독립이 올 때까지는 민중과 더불어 치안대원으로서 결사의 사명을 다하겠다. 마음과 마음 피와 피가 순결히 결합될 때는 지금이라고 생각한다.」

〈자유신문 1945년 12월 30일〉

■삼천만 혈탄에 화점한 신탁관리제
의혈뿌리어 독립을 찾자. 전쟁 없이는 자유는 없다.

반만년 역사의 영광을 누리는 우리 대한민족이 다시금 신탁통치의 기막힌 구속을 받게 되는 소식이 어찌된 굴욕이며 어떤 통분이냐? 우리는 경술년 국치를 당한 이후 10년만의 기미 3·1혁명에 우리의 뜻을 세상에 알리어 우리는 오직 완전 독립을 바라고 원한다고 선언하였던 것이다. 기미혁명의 의혈은 3천만 겨레의 맥박을 힘있게 고동시키어 억만년을 통하여 이 땅에 누리도록 쉬지 않고 뛰는 것으로 알고 있다. 때는 바야흐로 급하고도 너무나 무겁다. 우리 3천만 겨레는 8·15 이후의 정치에 맹성하여 이제 온갖 파쟁과 주의 주장을 벗어나 한마음 한 뜻으로 임시정부를 중심으로 하여 온 겨레의 치욕을 피로서 항쟁하여야 하고 태극기 아래 대한독립 만세를 높이 불러 조국의 영원한 광복을 찾아야 하겠다. 시골의 노인도 정당의 지사도 농촌의 농민도 거리의 동무도 다함께 우리의 가진바 3천리 강토를 찾기 위하여 손에 손을 잡고 가슴이 메고 목이 타도록 「독립만세」를 부르며 자주독립을 찾아 싸움으로 돌진하자.

● 태극기 들고 독립만세

전쟁 없는 독립은 없고 피 뿌리지 않은 자유는 단연코 없는 것이다. 나가자 너나없이 싸움 길로~

「카이로」회담의 공약은 어디로 가고 신탁관리를 한다하니 삼천만은 과연 무엇으로 이에 항거할 것인가. 되도록 우리는 이것이 결정적인 것이 아니기를 바라거니와 우리는 전 민족을 통하여 치욕의 이 선언을 철회시키어 어디까지나 조선의 자주 독립을 주장하여 마지않는다. 각당 각파는 주의 주장을 단연 초월하여 일의 자주독립에 매진할 때는 이때이다. 우리는 독립 없는 파생은 논어에 지나지 않는다는 것을 자각하여야겠다. 이에 임시정부 김구 주석을 비롯하여 각계각층의 일치된 투쟁의 진군령進軍令을 듣기로 한다. 〈동아일보 1945년 12월 30일〉

■학생단 궐기 결사보국을 결의

치욕적 신탁관리제 실시의 보도는 순열한 우리의 학도들에게도 비통한 격정을 일으키어 어제 유학생동맹에서는 대표가 경교동京橋洞 임시정부청사臨時政府廳舍로 김구 주석을 찾아 단호히 신탁관리제 실시를 배격한다는 결의를 하였다.

보전학생회 준비위원회에서는 28일 긴급총회를 열고 죽음으로써 신탁관리제 실시를 항거하겠다는 굳은 결의를 하여 마침내 학도의 항쟁의 봉화를 올리었다.

〈동아일보 1945년 12월 29일〉

■요인축사 봉대 국군전국대회

조선국군준비대朝鮮國軍準備隊에서는 8월 15일 이후 새 조선의 국토방위와 민족자위를 표방하여 활동 약진하여 오던바 26일 상오 10시 반부터 전국 각 도 지대 대표 5백여 명과 일반 유지 천여 명이 모인 가운데 시내 중앙중학中央中學 강당에서 국군준비대 전국대회를 개최하였다. 동교 운동장에서 이(李赫基) 총사령의 사열이 있은 다음 혁명운동 순사에 대한 감사의 묵도와 강제 지원병 장병으로 말미암아 아까웁게도 전몰한 동지의 영靈을 추모하는 묵도를 올린 다음 회는 진행하였다. 이어 임시정부 김규식 부주석, 국무부장 김원봉 장군의 축사를 비롯하여 각 정당 대표 30여 씨의 내빈 축사가 있고 국군준비대의 총사령과 각도지대사령부의 보고로 제1일은 엄숙정연하게 마감하였다. 〈동아일보 1945년 12월 30일〉

■대동단결 일대혈투를 전개

● 임정승인 요구, 종파업 등 결의, 작일昨日 신탁 배격대회排擊大會

신탁관리 배격대회는 29일 상오 10시 경성 종로 기독교청년회관에서 각 정당, 각 계층 대표 백여 명이 참집하여 국민운동의 실행방법을 협의 결정하였는데 동회의에서는 임시정부와 각 청년단체와 긴밀한 연락을 취하여 목정이 달성될 때까지 29일부터 즉시 일대혈투를 전개키로 되었다. 그리고 운동 방법은 좌左와 여하 20인의 상무 집행위원회를 선정하고 상무위원이 회합하여 조직적으로 전개키로 하였는데 우선 28일 오후 4시 대한독립촉성 전국 청년총연맹 회의실에서 각 청년단체가 협의 결정한 방법을 실시하기로 되었다. 〈동아일보 1945년 12월 30일〉

■총사직 성명 군정청 조선인 직원

29일 아침부터 총파업을 단호히 결행한 군정청 조선인 직원은 다음과 같은 성명서를 내었다.

● 성명서

작일의 보도에 의하면 막부 3국 외상회담에서 조선에 신탁통치위원회를 설치하고 5년 후에 독립을 준다고 결정됐다는 설이 전해지었다. 그러나 이것은 조선민족이 장구한 역사를 가진 민족이라는 것을 모르는 편견에서 나온 것이고 또 자유 독립을 약속한 국제신의에 배반하는 것이다. 해방 이후 우리들 군정청 조선인 직원은 이 군정청이 조선의 독립을 촉진하는 기관이라는 것을 믿었기 때문에 협력을 해왔던 것이다. 그러나 이 군정청이 조선의 독립을 추진하는 기관이 아니요 신탁통치를 위한 기관으로 전환해지게 된 오늘날 우리들은 더 이상 협력할 수는 없는 것이다. 그럼으로 우리들은 총사직으로서 신탁통치에 대한 절대 반대의사를 표명하며 앞으로 전개될 삼천만 총의에 의한 독립운동에 합류하여 끝까지 싸움하기를 성명한다.

- 12월 29일 군정청 조선인직원 일동 -

〈동아일보 1945년 12월 30일〉

■탁치는 민족을 노예화, 주미 한국 임정 임 구미위원부장

● 화부華府에서 탁치반대 성명

【워싱턴 28일발 AP합동】미국주재 한국임시정부 구미위원부장 임병직 대사는 3상회의에서 결정된 조선 신탁통치제에 대하여 다음과 같은 반대성명을 발표하였다.

이번 전쟁에 연합국이 수백만의 희생을 낸 데는 중대한 이유가 있다. 그는 곧 자유를 위함이다. 그런데 신탁통치라는 것은 절대로 자유가 아니요 일 민족을……구속하고 노예화하는 것이다. 조선은 자주독립 국가인데 일본에 침략을 당하여 40년간 항쟁을 계속하였다. 이상 4개국은 최근까지 일본의 적이었는데 역사와 문화가 찬란한 우리나라에 대하여 어찌 일본의 행동을 답습할 수가 있는 것이냐.

〈동아일보 1945년 12월 30일〉

■주석 방송중지

임시정부 김구 주석은 신탁통치라는 천만의외千萬意外의 외보를 접하고 28일 하오 외국기자단에 반대 성명을 표하는 한편 전 민족적인 반대운동을 전개시키고자 29일 하오 8시 서울 중앙방송국에「우리는 신탁통치를 반대한다」라는 제목으로 방송을 하려 하였으나 사정으로 중지되었다.

〈동아일보 1945년 12월 30일〉

■즉시 주권행사 간망, 좌우 양익 임정에 건의

지난 29일 오후 3시부터 경교동京橋洞 임정 숙사에서 김구 주석이하 국무위원 전원과 각 정당 각 단체 대표가 집합하여 신탁관리 절대 반대기구에 대한 중대 회의가 있고 신탁관리절대반대운동 국민총동원위원회를 결성함에 관하여 임정 측에서 참가할 9명의 지도위원에게 90명의 좌우익과 각계각층을 총망라한 중앙위원을 선정하여 30일에 발표하기로 결정하였다. 중앙위원을 선정하기 위하여 오후 5시에 임정요인이 퇴장한 후 계속하여 신탁관리 절대 반대에 관한 토의가 있었다. 안재홍安在鴻을 임시의장으로 장시간 열렬히 토의한 결과 다음과 같은 건의안이 가결되어 임시정부에 건의하기로 하였다.

우리 임시정부에 즉시 주권행사를 간망할 것.

● 부대조건

일반국민은 국민적 책임을 일체 다할 것.

국민운동은 신탁절대반대 국민총동원위원회의 지령에 복종할 것.

이상의 건의 결과 외에 좌우익이 협력하고 각 정당 각 단체 시민 각계각층을 총 망라하여 신탁관리반대의 일대 시민시위대회를 31일 오후3시 종로에서 집합하여 단행하기로 결정하고 대회 임시사무소는 종로 기독교청년회관 3층 강당에 두었으며 총무, 정보, 행동 3부로 나누어 분격에 불타는 강개를 데모를 통하여 실천하기로 되었다. 〈동아일보 1945년 12월 30일〉

■신탁통치반대 국민총동원위원회, 조직조례 결정 발표

28일 밤 회의에 계속하여 29일 오후 2시부터 임정요인 숙사에는 요인, 국무위원을 비롯하여 각 정당 각 종교단체 사회단체 등 대표자 150여 명이 모여 먼저 김구 주석으로부터 일치 협력하여 평소의 시비곡절을 버리고 나라를 찾자고 인사가 있은 후 조경한 비서장으로부터 전야 회의의 결의사항을 보고하고 이어서 이날 상오 국무회의에서 결정된 별항과 같은 장정을 발표하였다. 이어서 조 외무부장으로부터 군정당국에 대한 질문 답변의 내용을 보고하여 3천만 국민의 정당한 반대의사를 표시하였다고 말하고 이어서 장택상으로부터 군정당국의 면회 경과를 보고하고 신탁통치반대 국민총동원회를 설치하여 문명적이고 강력한 반대운동을 일으킬 것을 만장일치로 결정한 후 중앙, 지방의 총동원위원의 선임은 미리 선정한 9명의 위원에게 일임하고 구체적 행동방침을 숙의한 후 폐회하였다.

● 국민총동원위원회 조직조례

제1조 신탁통치를 반대하기 위하여 국무위원회의 지도 하에 신탁통치반대 국민총동원위원회를 치置함.

제2조 위원회는 전국 각 당파 각 사회 각 종교단체 및 유지인사를 망라하여 조

직함

제3조 위원회의 중앙회는 경성에 치置하고 지방 회會는 각 도 군 면에 치置함.(도부는 군과 동일 하방차下倣此)

제4조 중앙위원의 인수는 60내지 90인으로 도위원은 35인 내지 50인으로 군위원은 20인 내지 30인으로 면 위원은 7인 내지 15인으로 함.

제5조 중앙위원회는 위원장 1인 부위원장 1인 각 도 군 면 위원회에는 위원장 부위원장 각 1인을 선치選置함.

제6조 각급위원 및 위원장 부위원장은 이차로 직속 상급기관에서 지도함.

제7조 각급위원회에는 상무위원 약간 인을 치置함.

제8조 본 회 중앙 및 지방위원회에는 좌열左列 각부를 치置하여 사무를 분장함.

① 총무부 ② 조직동원부 ③ 선전부 ④ 조사연락부

제9조 각부에는 부장 및 부부장 각1인, 부원 약간 인을 각 해당위원회에서 선임하되 상급 기관의 인준을 요함.

제10조 각급 위원회의 공작방침은 중앙위원회의 지정에 의하여 시행함.

제11조 본 회의 경비는 지원자의 헌금과 정부의 보조금으로 함.

제12조 위원회의 세칙은 중앙위원회에서 인정함.

제13조 본 조례는 공포일부터 효력이 생生함. 〈서울신문 1945년 12월 30일〉

■전 국민의 행동강령

잡류雜流의 분동을 박살하자

1. 3천만 일사로 자유를 전취하자
2. 반독립적 언동은 일절로 배격하자
3. 탁치순응자는 반역자로 처단하자
4. 대한임시정부를 절대로 수호하자
5. 임정명령에 복종하여 규율있게 행동하자
6. 친일파 반역분자의 모략을 분쇄하자
7. 왜구를 철저히 구축하자
8. 외국군정의 철폐를 주장하자
9. 탁치정권을 불합작으로 격퇴하자

〈동아일보 1945년 12월 30일〉

■임정 엄항섭 선전부장, 아놀드와 회견하고 반탁 강력주장

신탁통치 절대반대에 관한 협의로 분망 중인 임정 엄항섭 선전부장은 29일 정오 군정청 아놀드 군정장관의 초청을 받고 주석비서 안미생安美生 여사女史를 대동하고 회견하였는데 다음과 같이 말하였다.

「역시 공문에 접하지 못했다는 것을 전제로 하고 이 문제를 아놀드 소장은 말하며 신탁통치에는 양良·불량不良의 두 가지가 있다는 것과 일반 민심 안정에 협력해 달라고 하였으나 그 양부良否는 여하 간에 절대 반대한다는 것을 3천만의 동의로써 강경히 주장하였다. 일반 민심 안정문제는 그 원인이 무엇으로부터 온 것일까는 나보다 군정장관이 더 잘 안다는 것과 우리들의 자연한 요구로서 선량한 주장으로서 이를 반대하는 것이니까 이 문제는 나로서 책임질 수 없다고 말해줄 뿐이다.」

〈자유신문 1945년 12월 30일〉

■군중은 가두시위, 상가는 철시로 저항 탁치반대운동 백열화

완전한 독립이 아니면 우리에게 「주검」을 달라! 우리 삼천만의 일편단심은 오직 자주 독립에 있는 것이라 이제는 내 힘으로 모든 것을 이루어야 한다. 해방이 무슨 해방이냐 한나라의 지배를 받던 우리는 이제 세 나라 네 나라의 종노릇을 하여야 하지 않는가. 유구한 역사와 전통과 문화를 가진 우리에게 다시 5년간의 굴욕을 하는 원인은 어디 있는가. 삼천만은 이제야 새로운 정신으로 피를 흘리는 독립운동을 개시하였다.

보라! 우리의 외침이 무엇인가를 그대들은 듣지 못하였는가. 사형선언과 같은 「신탁관리」를 우리 삼천만은 피로서 항거한다. 보라! 들으라! 거리에 물밀듯하는 동포들의 항거운동을－29일 날은 밝았다. 어제 밤부터 굳게 닫는 회사, 상점, 유흥가는 일제히 문을 닫은 채 우리의 꿋꿋한 민족성을 상징하는 태극기를 높이 내걸고 자숙의 뜻과 자주 독립의 굳은 결의를 나타내었다. 나라 없는 곳에 나 있어 무엇하고 나라 없는 곳에 돈 있어 무엇하리오. 거리거리에는 혹독한 추위에도 무릅쓰고 사나운 꿈자리에서 깨어난 군중은 이른 아침부터 비분과 흥분 그리고 격분에 넘쳐 물밀 듯이 밀려나와 자주 독립만을 원하는 굳은 기세를 올리어 마침내 누구의 말없고 지시 없는 시위행동을 일으키었다. 때는 익어 정오를 기하여 군정청 앞을 비롯하여 종로, 광화문, 서대문 등의 네거리, 조선은행 앞과 정거장 앞 넓은 뜰에는 수만 군중이 모여 굳은 결의는 폭발 되었으나 엠피(M·P)의 제지로 조직적 전체적 행동을 취하지는 못하였으나 끝끝내 조금도 두려운 빛을 보이지 않고 항거하는 군중의 시위는 그칠 줄 몰랐다. 〈동아일보 1945년 12월 30일〉

■법원에서 총파업

법무국 민·형 양과와 3법원 3검사국을 비롯하여 재야 법조계 전 직원은 29일 오후 2시부터 대법원 회의실에 참집하여 긴급회의를 열고 우리 강토의 신탁통치를 절대로 반대한다는 다음과 같은 결의문을 작성하여 미·소·영·중 4개국 원수와「맥아더 원수」,「하-지 중장」,「애-놀드」 군정장관에게 보내는 동시에 총파업을 단행하기로 결의하였다.

1. 우리는 조선에 대하여 미·소·영·중 4개국에 의한 신탁통치제 실시를 절대 배격함.
1. 우리는 1945년 12월 29일 오후 2시부터 총파업을 단행함.
1. 우리는 대한민국 임시정부 명령에 절대 복종함. 〈동아일보 1945년 12월 30일〉

■서울역원 결속

서울역에서는 29일 아침 전 역원의 비장한 각오와 비분에 넘치는 가운데 역장실에서 역驛 간부회의를 열고「우리는 신탁관리라는 모욕을 받고는 살 수 없다. 차라리 죽음으로 싸우자.」라는 결의를 하였는데 구체적 배격운동 방법은 교통국의 지시를 받아서 활발히 전개하기로 되었다. 〈동아일보 1945년 12월 30일〉

■신한민족당 시위 십수 명이 피검

신한민족당에서는 삐라 인쇄와 시위행렬 준비로 중앙위원 50명이 밤을 세워 만반준비를 정제하고 다음날 아침 10시를 기하여 당원 약 천여 명이 5대로 나누어 태극기를 선두로 하고 신탁통치 결사적 반대라는 슬로건을 높이들고 시위행렬을 진행하려고 할 때 엠피(M·P)가 습격하여 김려식씨 이하 간부 10여 명이 검거 당했다. 〈동아일보 1945년 12월 30일〉

■소년 시위준비

소년군에서는 오늘 연대장 긴급회의를 열고 시위운동에 준비공장을 하고 있다. 또 시위운동에는 소년군 청년들을 동원하여 각 단체와 함께 할 예정이라 한다. 〈동아일보 1945년 12월 30일〉

■서울시청 긴급회의

28일 밤 청천벽력의 신탁통치설이 전해지자 전 청원은 흥분상태에 들어있고 29일 아침 시청 간부들이 긴급히 모여 죽음으로 싸우기를 결의 하였는데 이에 대한 구체적 투쟁방법은 금 30일에 신중히 토의하기로 되었다.

〈동아일보 1945년 12월 30일〉

■기무정지, 영화휴관

청천벽력같이 신탁관리의 비보가 이 땅에 찾아든 그 다음날의 국도 서울의 이 거리 저 거리에는 오로지 비장한 분노가 감싸고 돌았다.

경술국치이래 40년 동안 가다듬어진 무언의 항거는 위선 상가의 심장 종로를 비롯하여 전시에 철시를 단행되고 화신, 한일, 동화, 정자옥 등 백화점은 물론 이 땅이 해방된 후 불야성을 이루고 있는 댄스 홀, 요식점, 영화관, 극장 등의 환락가가 모조리 문을 굳게 닫아 말없는 항거의 침묵을 보이고 있다.

〈동아일보 1945년 12월 30일〉

■유흥계 휴업결의

조선 요리업조합에서는 29일에 신탁통치실시 절대반대 결의문을 발표하고 동 조합 소속 종업원 2천여 명이 삼천만 조선 민족의 이름으로서 총파업을 단행할 것을 결정하였다. 〈동아일보 1945년 12월 30일〉

■군정청직원 시위

군정청의 3천여 직원은 29일 정오 각 과 계장이하 직원이 시내 신교정新橋町 맹아학교 뒤뜰에 모이어 「신탁통치」절대반대를 결의하고 정오부터 전원이 시내를 향하여 보무당당한 시위진군을 하여 군정청 앞까지 오자 엠피(M·P)의 제지로 일시 해산하고야 말았다. 그러나 동 직원들로 조직된 신탁통치 반대위원회에서는 이어 모처에서 대책을 강구하고 있다. 〈동아일보 1945년 12월 30일〉

■연전 학생회 소집

연희전문학교 학생회에서는 30일 오전 11시 동교同校에서 긴급총회를 개최하고 신탁관리문제에 대하여 협의한다. 〈동아일보 1945년 12월 30일〉

■임정 조 외무부장, 반탁국민총동원위원회의 성격과 운영방침 천명

30일 임시정부 조 외무부장은 왕방한 기자에게 신탁통치반대 국민총동원위원회의 성격과 운영방침에 대하여 다음과 같이 이야기 하였다.

문 : 총동원위원회는 민족통일전선 성립을 위한 좋은 기회라고 생각하는데 사전에 좌우 양파와 충분한 준비공작이 되어 있었는가?

답 : 원체 급작스러운 일이라 충분한 사전협의가 되었다고 할 수 없으나 공산진영측과 의견교환을 한 결과 신탁통치를 반대하는 점에 있어서 임정과 의견이 일치하였었다.

문 : 29일 회합에서 임시정부안을 만장일치로 가결은 하였으나 출석인원이 우익 측이 훨씬 많았던 관계로 독립총성협의회의 실패와 같은 전철을 밟는 염려가 없을까?

답 : 갑자기 된 일이라 연락불충분으로 출석인원이 그렇게 되었는지도 모르나 금후로 각파와 충분히 연락 협의하겠다.

문 : 조례 제1조를 보면 국무위원회 지도 하에 총동원위원회를 두기로 하였는데 이것이 임정을 위시하여 각당 각파를 망라하여 단일적으로 조직된 민주주의적 구성이 아니라는 점에서 통일전선에 암영을 줄 염려가 없을까?

답 : 탁치반대총동원위원회가 무슨 입법 행정을 의결하던 국내정치적 성격을 가진 것이 아니라 대외적으로 우리 민족의 통합된 의사를 표시 반대하는 민족운동인 이상 누가 지도를 하던지 그것이 문제될 것이라고는 생각하지 않는다. 더욱이 발밑에 불이 붙는 일이라면 언제 준비공장만 하고 있을 때가 아니기 때문에 그렇게 된 것인데 금후라도 방법에 고려할 점이 있다면 얼마든지 각계와 협의 협조 하겠다. 〈자유신문 1945년 12월 31일〉

■탁치가 독립이 아닌 것을 조선민중은 잘 안다

29일 죽첨정 숙사에서 열린 신탁통치반대국민총동원위원회 조직기성회에서 조소앙씨는 신탁통치로 인하여 하지 중장과의 교섭전망을 다음과 같이 보고

하였다.

「하지중장은 신탁통치의 내용이 조선을 독립 국가를 만들기 위하여 연합국이 고문이 되는 것으로 미국은 절대 악의가 없고 5년이라 해도 성적이 좋으면 단축될 것인데 어째서 조선민중이 반대하는지 알 수 없으며 여기서 만일 폭동 같은 것이 있으면 조선을 위하여 해롭다는 것을 강조하였다. 나는 즉시 독립을 요구하는 것은 삼천만의 공동한 열원으로 신탁통치라는 것이 내용 여하를 불구하고 독립이 아닌 것을 아는 민중이 분노하고 그 반대 표시로 어떤 시위운동이 일어나는 것은 어찌 할 수 없는 일」이라고 대답하였다. 〈자유신문 1945년 12월 31일〉

■국난의 비보로 숙연한 장안에

●보라! 국치요 반역인 미상米商들의 폭리행위

신탁통치의 비보가 들리자 3천만의 비분은 3천리 국토에 차고 날 빛도 암담하여 산천초목도 무색하니 정히 이 국난을 당해서 국민의 정기 나타나지 않고 온 겨레의 한 덩어리 뭉친 힘이 국제신의를 무시하는 힘에 항거치 못할진댄 지난날 무수한 선열들의 흘린 피와 선구 동지들의 죽엄에 대하여 무엇으로 대할 것이며 앞으로는 계계승승할 이 나라 자손들에게 무엇이라고 말할 것인가. 그래서 저자는 자신이 문을 닫고 철시를 단행하였고 화려하던 흥행장과 무도장은 불을 끄고 주악을 멈춰 해방 후에 얼마간 생기 돌던 장안은 다시 숙연한 침묵 속에 잠기게 되니 국난에 대처하는 무언의 큰 시위를 보이고 있는 것이다.

그러나 우리는 냉정히 너와 내가 「참으로 부끄럽지 않은 국민인가」를 돌이켜 반성해보자.

아니 보다 더 「동포에 반역하고 나라에 대죄를 범하고 있지 않은가」를 생각해보자. 해방과 풍년을 함께 맞이한 동포들은 조국과 민족의 역사적 행운과 하늘의 혜택까지를 아울러 받았다 기뻐하였으나 그 후에 온 현상은 무엇이었던가. 「풍년의 주림」이라는 역현상이었던 것이다. 나날이 올라가는 쌀값은 동포의 배를 주리게 하여 심지어 「왜정 때의 배급제도」를 적으나마 굶지는 않았었다고까지 하게 되었었다. 그 원인은 간상배奸商輩(동포에게 이 같은 이름을 부르는 슬픔을 누가 가슴 아프나 아니 할 것이냐마는)의 발호이었다. 실정에 어두운 미군정이 소위 자유시장을 개방하자 일신의 사리사욕을 위해서는 민족도 국가도 없는 간상의 무리는 들어온 쌀을 장에 내보내지 않고 마음대로 시가를 폭등시켜 풍년기근의 소동이 일어났었다. 이 소동은 군정에 반영되어 「너희들이 동포를 서로 위할 줄을 일부 고약한 간상들이 사리를 위해서 쌀값은 마음대로 올린다면 할 수 없으니 우리가 법으로 그것을 막을 수 밖에 없다」고 해서 쌀의 최고가격결정 간상에 탄압 – 그래서 쌀값은 약간 머리를 숙이게 되고 명년明年 1월 1일부터는 최고 가격에 의한 배급제를 하게 된다 하여 동포들은 배 주리는 근심은 면하게 되었던 것이다. 그러나 생각해보자 – 이 얼마나 수치였던고 「풍년들었으니 너희들끼리 서로 잘 먹고 지낼 수 있지 않으냐」고 믿었던 외국사람에게 결국 우리는 동포애가 없다고 인정되고 다시 그들의 강압과 탄압 아래서 주림을 면하게 되었으니 이 얼마나 우리의 수치인가 – 그러나 우리는 이 같은 수치를 수치로 모르는 비인간의 모욕까지를 달갑게 받지 않으면 안 될 일부의 동포가 있음을 무엇이라겠는가?

독립불가 신탁관리의 비보가 날린 후 이 부끄러움을 모르는 동포들 – 간상奸商들의 사리욕私利慾은 또 충동되어 가장 간악하게 준동하고 있는 것이다. 「신탁반대 휴업」의 구호를 써 붙이고 비분의 철시를 한 것으로 거짓 꾸민 간상들은 이 가장 애국적인 행동을 빙자하고 절대로 배격해야 된 악덕폭리 행동을 개시한 것이다. 탁치반대의 28일 이래 다시 뛰어 오르는 쌀값은 천정을 모르고 뛰어올라 장안의 쌀 소동은 다시 재현되고 있는 것이다. 「철시 했소」. 「팔지 않소」. 「없소」가 그들의 상투어라. 그리고 「돈만 많이 내면 뒷문으로 들어와서 가져가시오」 이게 간상들의 소행이다. 백만 시민의 이름으로 이 같은 국치적 민족을 반역하는 간상배는 단호 처치하지 않으면 안 될 것이다. 〈자유신문 1945년 12월 31일〉

■나오라, 금일 시위대행진 오후 2시 종로4가서 행진

종로청년회관에 사무소를 둔 신탁통치반대전국대회에서는 신탁통치반대국민총동원위원회 지도 하에 오늘 31일 오후 2시부터 종로네거리로부터 행동을 개시하여 시위행렬을 하기로 되었는데 조국의 운명을 걸고 하는 이 행렬인 만큼 일반의 다수 참여를 바란다고 한다.

그리고 각 기관은 일체로 파업을 단행하나 미곡상, 신탄상 일용품 상점은 종전대로 영업을 하라고 말하고 있다. 〈자유신문 1945년 12월 31일〉

■전국초등교원 반대결의

지난 27일 오후1시부터 시내 수송초등학교 내에서는 전 국내의 대표로 모인 4백 명의 초등학교 교육자대회를 개최하고 뜻하지 않은 신탁통치문제에 있어 절대반대를 주창하고 실천운동을 하기 위하여 1월 6일 각 도에서 대회를 개최하고 1월 8일에는 전체 중앙대회를 서울에서 개최하기로 하는 동시에 아래와 같은 결의를 발표하였다.

1. 3천만이 갈망하는 조선의 자주독립을 위하여 연합국의 신탁통치를 절대 반대함.
1. 우리는 자주독립의 목적이 완수될 때까지 전 민족적이며 조직적인 일대 반대투쟁을 전개하기로 함.
1. 우리의 자주독립을 방해하는 모든 세력을 배격하고 우리 목적이 달성되기까지는 자결적 태도를 취함.
1. 각 정당의 주의주장 여하를 불문하고 대내투쟁을 절대 배격함.

〈자유신문 1945년 12월 31일〉

■하－지 중장에게

각하와 각하의 뜻을 같이하는 분들의 조선독립을 위하여 바치신 선의와 열熱에 대하여서는 우리들은 애심으로 감사의 뜻을 표하는 바이다. 그러나 조선의 전 민족이 희구하여 마지않는 그리고 각하 역시 바라고 애쓰신 크신 노력도 이제 수포로 돌아가려는 위기에 직면하였으니 우리는 애경하는 각하에게 피눈물을 뿌려 애통하는 바입니다. 세계 약소민족해방도 강국의 자의恣意에 의하여선 이처럼 농락되는 것임을 묵과할 것인가. 우리는 이제 각하가 조선 즉시 독립을 1월 이내에 실시치 않으면 본직을 사퇴한다는 본국에의 통전通電을 알고 민족적인 감사를 올리며 동시에 우리가 생명과 피를 뿌려 가면서 신탁통치배격에 민족운동을 전개하려는 결의를 피력하오니 각하도 최후의 노력을 다하여 대한민족의 장래를 위하여 보다 더 정열을 불석不惜하시기를 삼가 바라는 바이다.

대한독립촉성전국청년총연맹 외 전국 각 단체대표 일동

〈자유신문 1945년 12월 31일〉

■동포상쟁의 테러 배격

신탁통치를 절대 반대하는 일대 민족운동은 열화와 같은 정열과 강철과 같은 의지로 전 민족이 한 덩어리가 되어 전개하지 않으면 아니 된다. 그러나 이러한 비상한 때일수록 우리는 조직적인 행동과 냉정한 판단력을 잃어서는 아니 된다. 가장 광범위의 국민대중을 조직적으로 동원하여 일사불란의 태도로 정정당당하게 나아가 3천만의 단결한 힘을 세계에 표시할 때는 바로 지금이다. 위급존망의 이 마당에서 조선 사람끼리 서로 책임을 뒤집어 씌운다던지 민족의 분열을 부채질하는 행동은 절대로 배격해야 한다. 어느 정당을 어느 지도자를 습격하는 개인적 테러행동은 배격해야 한다. 테러 행동이 횡행하는 곳에는 건설이 있을 수 없다. 그 대신 파괴와 자멸이 있을 뿐이다. 테러행동은 전 민족을 파멸의 구렁텅이로 몰아넣을 뿐이다. 저 패망한 왜적을 보라. 소위 5·15, 2·26 사건 등 테러행동의 결과로 결국은 파시즘이 천하를 호령하게 되었고 그 끝에는 패망하고 말지 않았는가. 정론은 정론으로 정책은 정책으로 언론은 언론으로 의견을 말하는 상대편과 싸울 때는 정정당당하게 싸우라. 이것이 참된 민주주의의 첫걸음이다. 바야흐로 3천만의 국민대중과 5천년의 역사가 위급존망의 관두에 서있다. 지도자도 민중도 한 덩어리가 되어 바깥세력과 싸울 때이다.

배격하자! 민중의 힘으로 절대 배격하자! 신탁통치와 개인 테러의 횡행을!

〈자유신문 1945년 12월 31일〉

■조소앙씨 담, 테러는 혼란의 근원될 뿐

간상奸商 발호에 의한 물가폭등과 테러 행위에 대하여 조소앙씨는 다음과 같이 이야기 한다.

「이 민족적 통분의 기회를 악용하여 물가를 올리는 자가 있다면 그것이야말로 국적의 행위로서 단호한 처벌이 있어야 할 것이며 테러행위에 대해서도 모든 정치운동은 합법적으로 해야만 효과를 얻을 수 있는 것으로 테러 행위와 같은 폭행은 혼란과 무질서를 가져오는 것으로 절대로 이래서는 안 된다.」

〈자유신문 1945년 12월 31일〉

■신탁통치반대 국민총동원위원회 중앙위원 선임

신탁통치반대 국민총동원위원회 장정위원章程委員 9인은 중앙위원 76명을 선임하였는데 이들 위원은 31일 오전 11시에 죽첨정 임시정부 요인숙사에 모여 제1차 신탁통치반대행동위원회를 개최하였다.

회의는 임정요인이 회석 전면에 착석하고 부위원장 안재홍이 의장이 되어 먼저 행동의 방법론에 들어가 파시罷市에 관하여 토의가 있자 임정 측에서 그 구체적 행동에 대해 임정의 방침을 설명하고 상임위원 21명을 다음과 같이 선거한 후 앞으로의 구체적인 행동방침 기타 일절은 동일 오후 5시부터 동 장소에서 열리는 상임위원회에 일임하고 12시 반 일단 폐회하였다. 그리고 동회同會의 중앙위원은 하기下記 위원 외에 다시 보선할 터이라고 한다.

위 원 장 : 권동진　　부위원장 : 안재홍 김준연　　비 서 장 : 서충세

위　원 : 오세창 권동진 김창숙 오하영 홍명희 조만식 김동원 김성수 강기덕 양근환 박 열 함태영 이종욱 정광조 김 호 김선양 김석황 서충세 연동호 이규채 한남수 정영택 이득계 손후익 김량수 백인제 안재홍 백남훈 원세훈 명제세 이규갑 김려식 홍남표 박헌영 한 익 김세용 이을규 박현호 김기유 백세명 김두봉 김무정 김진호 김동산 소원규 김창수 김상근 신백익 임영신 한강현 박용의 김인식 김법린 최준모 이군오 이인숙 정인회 김승학 김예진 노기남 박한영 정인권 김활란 최규동 주옥경 이극로 정인보 김상필 방응모 이종영 김과백 김준연 김약수 서정희 박 완 이강훈

〈서울신문 1946년 1월 1일〉

■국민총동원위원회 파업단행과 상무위원 선정

신탁통치반대 국민총동원위원회에서는 30일 임정 측의 지도위원 9명에게 일임하여 90명 (24명은 추후발표)의 중앙위원을 선정하고 31일 오전 9시에 경교동京橋洞 임정숙사에서 구체안을 토의코자 임정 측 지도위원 9명과 90명의 중앙위원이 제1차의 초初회합을 하였는바 김구 주석이 과반수 회원 참집으로 개회선언을 한 후 위원장 권동진 선생의 불不건강으로 부위원장 안재홍·김준연이 회의를 진행키로 하였다. 회의진행에 앞서서 유림 선생으로부터 지난 29일 선정된 전형위원 7인이 국내사정에 정통치 못하므로 90명의 중앙위원 선정이 만족한 선정이라고 할 수 있으므로 금후라도 불합당한 바는 수정할 수 있으며 24명의 공석을 두었으니 양해키 바라며, 군정청 관리 중 경찰부문을 맡은 보안서장들이 임정을 방문하고 우리는 임정의 명령에 복종하여 행동하겠으니 파업을 할 것인지 지도하여 달라는 전언이 있었는데 정부로서는 정부의 명령 하에 행동케 하기

로 할 예정이며, 외무부장 조소앙을 정부에서 군정청에 파견하여 탁치 반대운동으로 구금당한 동지의 즉시 석방과 우리운동에 간섭치 말라는 것을 통고중이라는 보고가 있었고 비서장 조경한으로부터 정부의 결정한 바를 보고하였는데 하기下記와 같다.

1. 철시撤市는 1월 1일까지 단행하고 잠시 중단하였다가 다시 적당히 결정하여 재출발할 것.
2. 1월 1일까지의 철시 중 양미糧米, 신탄薪炭, 수도, 전등, 교통은 종전과 같이 개시 개통케 할 것. 단, 교통 중 전차電車는 파업 단행할 것.
3. 대외적으로 대내적으로 폭력은 절대 금지하여 외인에게 국제적으로 우리의 질서 없다는 구실을 주어서 우리의 운동에 방해로운 바 없이 할 것.

▲ 서울운동장에서 개최된 반탁집회에서 연설하는 김구 주석 (1945. 12. 31)

이상의 정부 측의 보고가 끝난 후 의장 안재홍으로부터 정부 측의 결정한 바를 토대로 하여 공론을 제하고 우리 운동에 책임있는 지도를 할 수 있는 토의를 하자는 말이 있은 후 상무위원 21인의 선정을 위원장, 부위원장, 비서장께 일임키로 만장일치 가결, 별실에서 결정케 되어 임시의장으로 정인보를 선정하여 토의를 잔향하였다. 정부의 결정한 바 그대로 결정하되 가무음곡을 일절 금할 것과 유흥을 목적한 영업은 탁치의 보자기를 벗게 될 때까지 계속키로 하자는 의견이 제의되자 21인의 상무위원 선정이 끝났으므로 다시 안재홍이 회의를 진행하여 만장일치 의견으로 가결되었고 경찰관은 임시정부의 명령으로 행동케 하기로 하고 파업은 중지키로 가결하여 일단 폐회하고 가두로 나서서 일선에서 지도한 후 5시에 다시 회합하여 토의하기로 하였다. 그리고 선정된 상무위원 21명은 다음과 같다.

홍명희 백남훈 양근환 함태영 김석황 한남수 김세용 원세훈 이규체 명제세 김법린 김 채 박용묵 임영신 신백우 홍남표 박헌영 김약수 김활란 박 완

〈동아일보 1946년 1월 1일〉

■주권 획득에 매진, 김구 주석의 연두사

신년을 맞이하여 연합제국의 무궁한 국운과 삼천만 동포의 행복을 빈다.

과거 27년간 외지에서 전민족 총단결의 입장과 민주주의 원칙의 고수 아래서 조국의 완전독립을 위하여 싸워오던 임시정부는 이제 국내 동지들과 함께 손을 잡고 최후의 승리를 획득하기 위하여 고토(故土)를 밟게 된 것이다. 사상의 좌우와 지형의 남북을 가림 없이 함께 자신과 용기를 가지고 단결 분투하며 민족의 총력을 집결하여 주권 반환이란 일 점으로 매진할 때 인류평화와 세계의 안전보장을 위하여 싸워온 동맹제국은 기필코 전폭의 원조와 협력이 있을 것을 믿어왔다.

그러나 구랍舊臘 막부회담幕府會談의 결과는 신탁통치라는 의외의 비보를 전해왔다. 애국과 호민護民의 지정至情으로 상호의 입장을 양보하여 거의 합동의 기운이 난숙하던 때인데 이에 동지들은 다시 이 민족적 비운 앞에서 어찌할 바를 모르고 있다. 그러나 전 민족의 힘을 합하여 이 연합국 특히 미·영·소 3개국의 잘못된 인식을 정정하고 조선의 역량을 표시할 때 분명히 그들의 반성이 있을 줄 안다. 오는 해 동지 각위의 낙망 없는 배전倍前의 분투를 바라마지 않는 바이다.

〈동아일보 1946년 1월 1일〉

■금년엔 통일로 독립전취

●통분 중에 맞는 신정, 3천만의 군호軍號

1946년 정월 초하룻날 우리는 얼마나 이날을 마음껏 축복하려고 마음에 별렀

었느냐? 그러나 우리는 큰 절망과 설움으로 이날을 맞이한다. 36년 동안 절절히 받아오던 압박의 설움을 깨끗이 씻어버리고 희망과 기쁨에 찬 마음으로 이날을 맞이하려 하였더니 신탁통치라는 비보가 웬 말이냐. 우리의 희망이 컸던 만큼 우리의 실망이 더욱 크고 우리의 기쁨이 컷 던 만큼 우리의 설움이 더욱 크다. 거리거리 첩첩이 닫은 문은 이날을 축복하려 함이 아니다. 우리의 비할 수 없는 설움을 안고 무겁게 닫쳐진 것이다. 여기에 제힘으로 제일을 해결치 못하는 약소민족의 설움이 있다. 그러니 우리의 무력을 한탄하고 서러워만 한들 무엇하랴. 같은 설움 같은 슬픔을 같이 가진 같은 겨레이니 새해의 오직 우리의 일은 다만 우리의 힘으로만 해결할 수 있다는 원칙을 깊이 깨달아 굳게 단결하여 민족의 운명을 한 마음 한 뜻으로 개척할 결심을 새로이 하자. 〈자유신문 1946년 1월 1일〉

■결사로 반대운동 지속하자

● 결의문

삼천만 전 국민이 절대지지하는 대한민국 임시정부를 우리의 정부로써 세계에 선포하는 동시에 세계 각국은 우리 정부를 정신으로 승인함을 요구함.

우리는 5천년의 유구한 문화를 가진 민족으로서 도저히 4개국 관리 하에 신탁통치를 받지 못 함을 미·영·중·소국國 원수에게 통고함.

▲ 한국혁명여성동맹 창립기념. (1940. 6.17)

현하 아국我國 남북으로 진주하고 있는 미·소 양군의 즉시 철퇴요구를 연합군에 통고함.

완전한 자주독립을 획득할 때까지 삼천만 전민족을 들여서 탁치반대운동을 결사적으로 계속할 것을 4개국에 통고함. 〈자유신문 1946년 1월 1일〉

■건국도상 중대한 과제인 1천5백만 여성의 나갈 길

1천5백만 여성문제의 해결여하가 진보적 민주주의국가를 건설하고 건국 후에 국가발전상 중대한 관건이 될 것으로 여성문제의 정당한 진보적 해결은 시급히 요청되고 있는 중대한 건국과제인 것이다. 이때 본사에서는 이등박문伊藤博文을 「할빈」역두에서 쓰러뜨린 안중근 선생의 아우님 안정근씨의 따님이오 임시정부 주석 김구 선생의 자부子婦로 일찍이 중국 북경에서 출생하여 그곳 청화淸華대학에서 영문학을 전공하고 중경정부와 중경주재 영국대사관에서 시무하다가 임시정부 환국을 당하여 비서역으로 입국한 안미생安美生씨와 국내에서 오래 동안 여자청년운동에서 항상 진보적인 길을 밟아오고 해방 후 「건국부녀동맹」의 맹원으로 활동하는 고명자高明子씨 두 분을 청하여 구랍 16일 정담회鼎談會를 열어 여성문제의 나아갈 길을 밝히기에 이바지하고자 한 것이다.

본사 : 오늘 저녁은 우중에 이같이 와주셔서 감사합니다. 새삼스러이 말씀할 것 없이 1천5백만 여성여러분의 문제 해결은 지금 가장 중요한 문제이겠습니다.

안미생씨께서는 중국서 출생하시어 그곳서 최고 학부까지 나오시고 또 조중朝中 양국의 정치이면에도 직접간접으로 관계를 가지고 오셨다고 하니까 여성문제에 대해서도 견문이 많으실 줄 알며 또 지금부터는 국내에서 여성운동에 큰 추진적 역할을 하실 수 있을 것으로 믿습니다. 그리고 고명자씨께서는 국내에서 일본제국주의의 무서운 탄압과 꾸준히 싸우면서도 항상 여성운동의 진보적 길을 밟아 싸워오셨고 또 지금은 건국부녀동맹의 맹원으로 활동하고 계시는 터임에 누구보다도 여성들의 요망과 여성들의 나갈 길을 잘 알고 그에 대한 고견도 있을 줄 믿습니다. 오늘 저녁은 흉금을 열고 충분히 말씀해 주십시오.

고 : 먼저 안 선생께 중국여성들의 이야기를 듣고자 합니다.

안 : 첫째로 말씀드릴 것은 우리나라 여성보다 중국의 여성들이 대단히 활발하고 활동적이라는 점을 들 수 있다고 생각합니다. 제가 곤명에 있을 때 이런 일이 있었습니다. 제 이웃에 같이 한 학교에 통학하는 동무가 있었는데 하루는 대단히 분개한 낯으로 이런 말을 했습니다. 우리 어머니는 중랑천랑中郎賤娘 하니까 불공평하고 시대에 뒤떨어진 사람이란 것입니다. 즉 사

내는 중히 알고 여자는 천히 안다는 것입니다. 그래서 그 이유가 무엇인가 고 물으니까, 그 동무의 집에서 닭을 길러 알을 받는데 그 알을 자기의 오랍 동생에게는 날마다 주고 자기(딸)에게는 주지 않는다는 것이었습니다. 이러한 그릇된 사상을 가르친 곡부曲阜의 공자묘를 부숴 없애야 되겠다고 하던 것입니다. 이같이 중국의 여성들은 남녀불평등에 반대하고 실제에 있어서도 남자와 평등하게 활동하려고 노력하고 있습니다.

본사 : 지금 공자묘의 말씀을 하셨으니 말씀입니다. 유교의 가르침이 우리나라에 들어와서 지금까지도 가장 봉건적인 윤리관만이 그대로 남아서 흔히 하는 소리로 남녀칠세부동석이니 따위의 형식만 찾게 되어 이런 인습의 멍에가 지금도 여성을 사로잡고 있는 것이라고 봅니다. 그리고 중국에 있어서는 이런 것을 과감하게 파괴하고 나왔다고 봅니다.

고 : 자꾸 안 선생께만 여쭈어 보아서 미안합니다. 중국의 여성 중 대표적이랄 수 있는 분들은 어떤 이들입니까?

안 : 누구나 다 아는 장개석 부인의 송미령을 먼저 들 수 있겠지요. 그러나 이 분은 국제무대에서 대단히 화려하게 활동하고 있어서 정치적으로 큰 역할을 하는 것으로는 유명하지만 사실 중국의 많은 대중과 부녀들이 존경하고 인기가 좋기는 풍옥상馮玉祥씨의 부인입니다. 이 분은 자기 자신이 대중과 같이 생활하고 대중의 실제 생활문제에 관심을 가지고 그들을 돕고 이해하기에 노력하고 있습니다. 이같이 민중과 같이 민중의 마음을 마음으로 이해하는 이들이 참된 민중의 지도자로 존경받고 있다는 것이 사실인 것 같습니다.

고 : 그 부인의 이름이 무엇이라고 합니까?

안 : 이덕전李德全 부인입니다. 그리고 중경 시장부인 하何 부인 같은 이도 중경정부의 참정원으로 여성을 위해서 활발한 운동을 하고 있습니다. 그런데 대체로 중국에서는 소학교로부터 대학까지 남녀공학입니다. 청년회 같은 단체에도 남녀가 같이 중국의 청년으로 합체가 되어 일하고 있습니다. 이렇게 학교교육과 사회교육이 남녀가 같이 배우고 연마하게 되어 있다는 점도 중국의 여성운동을 활발하게 하는데 큰 도움이 아닌가 생각합니다.

고 : 그렇습니다. 그런 점으로 보아서 아직 우리나라의 여성교육은 지금까지 일본정치 아래서 여러 가지로 불평등한 대접을 받아왔고 가정생활에 있어

서도 항상 여자란 남자보다 천대되었고 천대받는 것을 여자의 미덕인 것 같이 생각하여왔습니다. 이런 점부터 차차 깨뜨려가야겠습니다.

안 : 우리나라의 가정생활도 이번에 조국에 돌아와서 느낀 것은 첫째로 의복개량하고, 식사 범절을 개량해야겠다고 생각하였습니다. 우리 한복은 빨려면 모두 뜯어 고쳐야 되고 자주 빨아야 되고 하니 여간 노력이 아니겠고, 식사도 온 집안이 한 탁자에 앉아서 하도록 하는 것이 좋겠습니다.

고 : 그렇습니다. 적은 문제 같으면서 그런 문제가 모두 큰 것입니다. 가정생활의 번뇌에서 해방되어야만 보다 더 자신의 사회적 지위향상과 남녀평등을 위해서 활동할 수 있을 것입니다.

안 : 고 선생께서 국내의 여성운동에 대하여 가르쳐 주십시오. 사실 국내사정에 대해서 아직 아무것도 모릅니다.

고 : 제가 보기에 지금 국내의 여성운동은 세 개의 조직을 통해서 전개되고 있다고 봅니다. 애국부인회와 여자국민당과 건국부녀동맹의 세 단계라고 봅니다. 이 세 단체 중에서 애국부인회는 가장 역사가 제일 오랜 것인데 기미년 만세운동 때에 여성운동의 유일한 모체로 결성되었다가 일본 정치의 탄압으로 해산되면서 정치 정세의 변천에 따라 민족주의와 사회주의의 두 파로 나누어서 지하운동을 해오다가 그 후 다시 광범한 민족통일전선의 결성의 필요로 근우회槿友會로 통일되었다가 이 역시 탄압으로 해산된 후 지하적 운동을 해왔습니다. 그 한 줄기인 민족주의 색채의 조직이 이번 해방 이후 다시 애국부인회로 나오게 되고 진보적 민주주의를 주장하는 이들이 결합해서 나온 것이 건국부녀동맹입니다. 그리고 임영선씨가 통솔하고 있는 것이 여자국민당입니다.

안 : 임영선씨와는 인사한 일이 있습니다. 그런데 여성운동이 이렇게 갈릴 필요가 어디 있습니까?

본사 : 거기에 대해서 우리는 이렇게 생각하고 있습니다. 물론 원칙적으로 통일되어야 할 것은 근본문제이겠지요. 그러나 통일문제에 있어서의 근본이념의 상위는 있지 않습니까. 덮어 놓고 뭉치자와 먼저 친일파와 민족반역자를 제외하고서 합치자와의 의견의 상위가 원인이 아닙니까?

고 : 그렇습니다. 그것이 근본적으로 대립되는 견해이겠습니다. 그런데 여성운

동에 있어서는 또 한 가지 큰 이유가 있습니다. 그것은 여성은 근본적으로 보아서 분열할 수 없을 것입니다. 왜 그런가 하면 비록 백만장자의 집에 태어났다 하더라도 조선의 여자는 그 재산에 대해서 하등의 권리를 주장할 수 없이 되어있는 것이 지금 조선의 가족제도요 사회제도입니다. 이렇게 1천5백만 우리 여성은 공동된 근본적 이해를 같이 하고 있으니 어떤 계급의 여성을 막론하고 한데 뭉칠 수 있는 것입니다. 그럼에도 불구하고 위에 말씀한 바 같이 세 갈래로 갈라졌다는 것은 여성들이 혹은 그 남편이나 그 부형들의 정치동향에 따라서 남편이나 부형들과 같은 노선을 따른다는 데 큰 원인이 있습니다.

안 : 그 점은 저는 이해할 수 없습니다. 반드시 남편이나 부형을 따를 필요가 어디 있습니까.

고 : 그렇습니다. 그렇지 못한 이유는 그만큼 조선의 부녀가 아직도 봉건사상을 타파하지 못하고 거기에 얽매여서 자주성이 없는 것이니까. 그만큼 조선의 여성들은 약한 것입니다.

안 : 그리고 여성운동을 여성들이 별개로 단체를 모아서 할 필요가 있겠습니까. 중국에서는 아가도 말씀했지만 무슨 운동에서나 남녀가 한데 뭉쳐서 하고 있습니다. 그런 점을 보아서 조선의 여성운동도 남자의 정치운동에 한데 참가해서 될 수 있다고 생각합니다.

본사 : 그 점은 이런 점이 원인이 안 있겠습니까. 말씀한 바같이 남녀칠세부동석이라는 이런 관념이 아직도 남아 있어서 여자 일반이 남자와 한자리에서 교제하는 것을 피하려 하고 만약에 되면 남의 손가락질을 받게 되고 하니까. 자연 피하려 합니다. 또 하나는 아직 여성들의 교육정도가 남성보다 뒤떨어진 관계로 사회적 수준이 얕아서 같은 수준에 설 수 없으니까. 자연 한데 통합할 수가 없겠지요. 이와 같이 비근한 우리의 일상생활에 있어서도 남녀의 차별이 심하고, 뿌리 뽑지 않으면 안 될 일이 허다합니다. 얼마 전에 중국의 중앙 통신사 특파원 증국번曾國蕃씨가 본사에 기고한 일이 있는데 그분도 조선 여성들이 너무 활동치 않는다고 지적하고 여성문제의 해결이 필요함을 말씀하신 일이 있습니다. 그러면 안선생, 임시정부에서는 부녀운동에 대해서 어떤 생각들을 가지고 계신지요?

안 : 네 저는 어려운 정치문제는 모릅니다마는 주석께서나 모든 어른이 모두 부녀운동에 대해서 크게 관심하시고 계신 것만은 사실입니다. 지금 우리 임시정부 안에는 세 분의 부인이 대의사로 참석하고 있습니다. 방순이方順伊씨 강姜 부인 신申 부인(내무부장 신익희씨의 영양令孃)의 세 분이 의정원의 대의사입니다. 이분들이 우리 여성운동을 위해서 앞으로 크게 노력하실 줄 믿습니다. 또 부주석의 부인 순애順愛여사께서도 중국에서 부녀운동에 많은 활동을 하시어 이름이 높으시고 또 일찍이 운남雲南 군관학교를 졸업한 권기옥 양과 같이 여자 비행장교로 중국에서 크게 활동하고 있는 분도 계십니다.

고 : 임시정부에서도 그같이 여성문제에 대해서 크게 관심하시고 또 우리 여성을 대표해서 활동하시는 의정원 대의사까지 계시다니 마음 든든합니다. 그러나 우리 여성들로서 한 가지 큰 각성이 있어야 되겠다는 것을 강조하고자 합니다. 그것은 우리 자신의 해방은 반드시 우리의 힘으로 되는 것이지 주가 해주리라고 믿는 의뢰감이나 또 쉽게 되리라는 안이감을 가져서는 안되겠다는 것입니다. 가장 준엄하게 우리자신을 비판하고 모든 의뢰감, 안이감을 떠나서 스스로 과감하게 싸워서만 우리 여성문제는 완전히 해결되게 된다는 것입니다. 그러므로 우리에게는 우리 1천 5백만 여성의 힘을 한데 모을 강력한 조직이 필요하게 되는 것입니다. 지금 그 조직은 활발하게 진행되어가는 중입니다. 우리는 이 조직을 통해서 우리 여성의 진정한 요구를 주장하고 우리 스스로를 계몽하면서 완전한 해방의 길로 나아가야 될 줄 압니다. 그래서 우리는 먼저 우리나라의 완전독립을 얻어야 하겠는데, 그 완전독립은 진보적 민주주의 정부의 수립으로만 가능하다고 저는 생각하며 이 같은 진보적 민주주의 정부로써만 여성의 완전해방과 남녀의 완전평등이 이루어질 것이라고 생각합니다.

안 : 저도 여성문제 즉 조선의 어머니 무제가 가장 중요하다고 생각하는 것은 처음에도 말씀한 바와 같습니다. 우리가 역사상으로도 위대한 어머니라야만 위대한 아기를 기를 수 있고 큰 인물의 어머니는 반드시 위대한 어머니였다는 것을 배웠습니다. 저희들의 경험으로도 저희들 여러 남매가 부모와 같이 이역에서 여러 가지 곤란한 지경에서 지내는 중에도 어머님의 가르치

심이 큰 것을 잘 알고 있습니다. 우리가 최근에는 그렇지 않았지만 제가 철이 난 후에 기억으로도 산동에서 살 때에도 왜놈들의 눈을 피해서 이리 피하고 저리 숨어가면서 심지어는 변성명變姓名을 하면서 살았습니다. 그런 중에도 어머님은 우리에게 너희는 조선말을 잊어서는 안 된다고 하시고 조선말을 익히도록 가르치셨습니다. 만약 어머니가 그렇게 애쓰시고 가르치시지 않았으면 저는 그곳에서 낳아서 자랐으니만큼 지금 하는 만큼도 우리나라 말을 못했을 것입니다. 또 중국에서도 중국혁명에 많은 여성들이 참가해서 활동한 것을 잘 알고 있습니다.

본사 : 그렇습니다. 여성 여러분의 활동여하가 건국하는 이때에 있어서 참으로 중대한 것입니다. 그러면 1천 5백만 여성들은 한데 뭉쳐서 활동해야 하는데 일부에서는 여성단체는 통일되었다고 하는데 그것은 사실이 아닙니까?

고 : 통일되지 않은 것이 사실입니다. 통일하는 원칙은 처음에도 말씀하신 바와 같이 모든 불순분자를 먼저 제외하고 하자는 주장과 그저 덮어놓고 합치자는 주장이 갈리움에 있습니다. 그런데 제 생각으로는 덮어놓고 합치자는 것은 틀린 소리인 것이 지금도 불순분자들은 뻐젓이 높은 자리에 앉아서 활동하고 있는 것이 실정이니 되겠습니까? 아직도 그런 실례가 얼마라도 있습니다. 이러한 실정을 무시하고 그대로 통일이 되겠습니까? 이런 사실이 있는데도 불구하고 그대로 뭉치자는 이들의 심사를 알 수 없습니다. 그런즉 이런 불순분자를 제외하고 민중의 진정한 요구에 의한 진보적 민주주의 원칙으로써만 통일되겠으니 여성단체의 통일도 이 원칙으로만 될 것입니다.

안 : 그런 불순분자가 있어서는 물론 통일할 수 없겠지요. 만약 그런 불순분자가 지금도 권세를 잡고 있다면 돌아가신 우리 큰아버지(의사義士 안중근 선생)도 지하에서 눈을 감지 못할 것이에요. 임시정부에서도 어떤 자가 불순분자인가를 조사하고 있습니다. 반드시 그런 무리는 처단하여야지요.

고 : 저희도 임시정부에서 반드시 좋은 방침을 세우시고 실행하시리라는 것을 믿습니다. 만약 우리 여성이 완전히 해방되어 활동하는 날이면 세계 어떤 나라의 여성보다 못지않을 것이라는 것을 확신합니다.

안 : 그렇습니다. 이번에 제가 조국에 돌아와서 우리나라 여학교 학생들을 보

고서 참 영리해 보이고 민첩한 것을 볼 때에 그 동안 이 민족의 그런 몹쓸 탄압에서도 이렇게 자라고 있는 것을 보고 우리민족 우리여성의 우월한 것을 느끼고 정말 눈물이 났습니다. 우리 여성들은 조금도 중국여성에게 떨어지지 않는 우수한 소질과 천품이 있다고 저는 확신합니다. 그리고 여기에 대해서 제가 중국에서 이런 이야기를 들었습니다. 곤명에 있는 군관학교에 하루는 곤명성昆明省의 주석되는 용운龍雲 선생이 군관학도들의 사열을 하러 갔었는데 학도들의 행렬 가운데서 제일 눈에 생기가 가득차고 영리해 보이는 사관 3명을 특별히 불러내어 물어보았더니 모두 우리나라의 청년이었다고 합니다. 그래서 용운 주석은 그들을 많이 격려하고 군들과 같은 젊은이가 있는 조선이 일본의 압제를 받고 있다는 것은 믿을 수 없다. 반드시 조선은 자유 독립이 될 것이다. 나는 조선의 독립을 위해서 힘쓰겠다, 하였다는 것입니다. 사실 용운 주석은 많은 원조를 해주신 분입니다.

본사 : 1천5백만 조선여성의 활동여하와 그 동향 여하가 지금 시급한 민족통일전선 결성에도 중대한 결정을 지을 촉매적 역할을 하게 될 것으로 믿습니다. 그리고 앞으로 우리민족의 영원한 발전에 절대한 힘이 될 것입니다. 여성여러분의 활동을 빌면서 그러면 이것으로 이 정담회를 마치겠습니다. 두 분 선생께 감사합니다. 〈자유신문 1946년 1월 1일〉

■임정 탁치에 대한 불합작 단행방침을 결정, 발표

신탁통치에 대한 불합작 단행을 표명한 임정 내무부에서는 지난 날 31일 각 시정기관의 자주운영의 일환으로서 치안 급 기타 관계부문에 대하여 다음과 같이 방침을 결정 발표하였다.

국자國字 제1호

1) 현재 전국행정청 소속의 경찰기관 및 한인 직원은 전부 본本 임시정부 지휘하에 예속케 함.
2) 탁치 반대의 시위 운동은 계통적 질서적으로 행할 것.
3) 폭력 행위와 파괴 행위는 절대 금지함.
4) 국민의 최저생활에 필요한 식량 연료 수도 전기 교통 금융 의료 기관 등의 확보운영에 대한 방해를 금지함.

5) 불량상인의 폭리매점 등은 엄중 취체함.

국자國字 제2호

차此 운동은 반드시 우리의 최후 승리를 취득하기까지 계속함을 요要하며 일반 국민은 금후 우리 정부 지도하에 제반 산업을 부흥하기를 요망한다.

〈동아일보 1946년 1월 2일〉

■술이 무어냐, 떡이 무어냐 비통분노로 침울한 원단

병인의 새해는 슬픔 가운데 밝았다. 희망과 광명에 가득 찬 새해를 맞이하려던 3천만은 침울과 분노로 가득 찬 정월을 맞이하였다. 초하룻날 서울거리는 새 옷도 맛있는 음식도 세배꾼도 자취를 찾아 볼 수 없다. 오직 문을 꽉꽉 닫힌 차디찬 죽엄의 거리에 탁치철폐의 모임으로 걸음을 바삐 하는 흥분된 얼굴들이 있을 뿐이다. 이러한 차디찬 설날이 일찍이 있었던가? 가난한 살림살이나마 어린이를 위하여 새로 다듬은 색동 옷과 따뜻한 한 그릇 떡국을 단란하게 나누어 먹던 설날이 아니더냐. 어린이에게서까지 그나마의 즐거움과 단란을 빼앗아간 자는 누구냐? 분하고 또 분하여라. 신탁통치의 악마의 소식이여! 죽은 듯한 서울의 거리로 바람소리만 휘몰아치는구나.

〈자유신문 1946년 1월 2일〉

■반탁은 평화수단으로 동포여 직장에 복귀하자

◉ 임정 김구주석 방송 요지

김구 주석은 초 1일 야夜 8시 중앙방송국 마이크를 통하여(엄항섭씨 대리) 신탁반대운동에 관하여 우리 동포는 곧 직장으로 돌아가서 작업을 계속하라고 다음과 같이 방송하였다.

「불행히 막사과莫斯科 3국 외상회담에서는 우리나라 장래에 신탁통치를 실시한다고 전하였다. 나는 질서정연한 시위운동에 대하여 십분의 경의를 표하는 바이다. 이것이 신탁통치를 반대하는 데 있고, 연합국의 군정을 반대하는 것이 아니고 또는 우리 동포를 일상생활에 곤란케 하는 것이 아니라고 믿는다. 오늘 화성돈으로부터 온 보도에 의하면 미 국무장관 번즈씨는 우리나라에 신탁통치를 실행치 않을 가능성이 있다고 말하였는데 나도 그렇게 되기를 믿는다. 그러나 만일 신탁통치가 결정될 때에는 또다시 반대운동을 할 것은 물론이니 지금부터는 작업을 계속해서 평화적 수단으로 신탁통치를 배격하는 것이 적당하다고 생각한다. 그런고로 우리 동포는 곧 직장으로 돌아가서 작업을 계속할 것이며 특별히 군정청에 근무하는 직원들은 일제히 복업하고 또 지방에서는 파업을 중지하고 복업하기를 요망한다.」 〈자유신문 1946년 1월 3일〉

■상점, 극장 즉시 개문하라

탁치반대국민총동원위원회는 2일 오전 10시 죽첨정(경교장) 숙사에서 개최하고

1. 각 상점은 즉시 개점할 것
2. 각 극장은 3일 오후부터 개장할 것을 결정하고 다음의 제씨를 인선하여 각 도로 파견지도 하기로 하였는데 피선된 제씨는 2일 밤 각각 출발하기로 되었다. 〈자유신문 1946년 1월 3일〉

■임정 사무국, 덕수궁으로 이전

임정에서는 3일부터 구 덕수궁으로 옮기어 사무일체를 집행하기로 되었다는데 전화는 체신국에서 급설急設키로 되었다는 바 개통은 오는 4일 이후라 한다.

〈자유신문 1946년 1월 3일〉

제2부 최초의 남북협상 산실

단정은 절대배격 김구씨 담
유엔 한위에 보낸 의견서
삼천만 동포에게 읍고함
백연 인형
장덕수 암살사건 1회 공개재판
김구 한독당 중앙집행위원회에서 통일추진
김구 김규식 왕복서신 발표
피를 같이한 동족끼리 조국통일을 논의
김구 38선을 넘어 북행
남북 연석회의 축사
남북협상 수행기(민족자주연맹 송남헌)
남북협상 수행기(합동통신 특파원)

▲ 남북협상 북행길, 38선에서의 백범

▲ UN위원단을 환영하는 아치가 설치된 김포비행장 입구 (1948.1)

■단정은 절대 배격 김구씨 담

UN위원단의 내조來朝를 앞두고 일부 정당에서는 남조선 단독선거계획을 추진시키고 있는데, 11월 22일 김구씨는 남조선의 단정은 여한한 일이 있어도 방지해야 할 것이며 일전 발표된 민족대표단 운운은 통일을 방해하는 것이라고 지적하는 다음과 같은 담화를 발표하여 매우 주목을 끌고 있다.

「우리는 미구未久에 UN으로부터 진귀한 빈객을 맞게 된다. 우리는 그들을 충심으로 환영하는 동시에 그들로 하여금 우리에게 대한 정당한 인식을 가지고 우리가 원하는 바 자주독립의 통일정부를 수립하는 임무를 완수하도록 우리의 최선을 다하여야 한다. 우리가 원하는 바도 자주통일정부요 그들이 우리를 위하여 수립하여 주겠다는 정부도 남북을 통한 총선거에 의한 자주독립의 통일정부다. 그러므로 우리는 여하한 경우에서든지 단독정부는 절대로 반대할 것이다. UN위원단의 임무는 남북총선거를 감시하는 데 있다. 그 감시는 외력外力의 간섭만을 방지함에 목적이 있는 것이 아니라 내부의 여하한 간섭이라도 방지할 것이다. 그러므로 일반 동포는 절대로 자유의사에 의하여 투표를 행할 수 있을 것이다. 우리가 국제적 귀빈을 맞을 때에 그들로 하여금 우리에게 대한 정당한 인식을 가지게 하려면 먼저 우리 민족의 통일적 의사로써 우리가 생각하는 바 우리가 원하는 바를 표현하여야 될 것이다.

그러므로 최근에 합동을 실현하게 된 국의國議와 민대民代의 노력은 주관적 수요에서만 아니라 객관적 정세에 순응하는 적절한 공작이었다. 비록 일시적 외계의 장애로써 절차는 완료하지 못하였을지라도 합동에 대한 결의는 의연히 유효한 것이다. 그런데 일전에 추모의 소위인지 민족대표단 운운과 수백인의 명단까지 발표한 것을 보았다. 이것은 통일에 방해가 될 뿐만 아니라 사전사후에 본인으로서는 문지聞知한 바 없으니 그 현상 위에서는 본인은 여하한 책임이라도 질 수가 없다. 본인은 이 통일공작이 정로正路를 밟아서 신속히 성취되기를 바라거니와, 우리 민족이 전위부대인 청년운동이 이청천·이범석 양 장군의 공동성명에 의하여 통일의 서광을 보이고 있는 것은 오지 공통된 지도이념에서 구할 것이요 결단코 폭력으로 성공할 수 없는 것이다. 이 의미에서 좌우를 막론하고 일체의 테러행위를 감행하는 자와 교사하는 자는 엄벌함이 당연한 것이다. 그러나 감정이 삭지나 법률을 초월하지 아니하도록 깊이 경계하지 아니하면 아니 될 것이다.」

〈새한민보 1948년 1월 송구영신호〉

■유엔 조선임위의 활동에 따른 각 정당단체의 동향

국제연합위원단의 내조來朝를 계기로 국내 정계의 동향은 극히 주목되는 바 현하 태동하고 있는 각계 동향을 개관하는 동시에 그 추이를 전망하면 다음과 같이 관측되는 바 각당 각파에서는 긴장 리에 국련國聯위원단의 사업추진의 귀추만 응시하고 이에 대처하고 있다. 즉 과연 국련 결의에 의한 남북을 통한 총선거로써 통일정부를 수립할 것이냐 또는 이미 국련 결의를 보이코트한 소련측의 고집으로 북조선 선거가 불가능할 것이니 남조선지역에서만 선거를 시행하여 정부를 수립할 것이냐는 상금尙今 하등 결정적 근거가 없으나 각계의 주장과 견해에 의한 현실 동향은 양자 중 기일其一을 전제로 하여 대비하고 있으니 세칭 중간파 일부에서 국련國聯위원단 사업에 의한 통일정부 수립을 기대하고 있음에 대하여 좌·우 각 일부에서는 미·소위원회의 전철을 예상하고 기대치 아니하며 특히 좌파에서는 새로운 미·소 타협의 길을 기대하며 나아가서는 외군의 즉시 철퇴를 주장하여 자주적 입장에서 남북협상으로써 통일정부 수립을 기대하고 있는 바 소위 근민당을 중심한 5당 캄파에서도 이와 통일내도를 표명하고 있는데 대하여 우파 일부에서는 부득이한 경우에는 남조선 선거만으로 정부 수립을 주장함은 주지의 사실이다. 그러나 국련國聯위원단의 임무진척과 시국이 긴박됨에 따라 각당 각파에는 미구에 이합離合이 생겨 정계 분야에는 적지 않는 변동이 있을 것으로 예상된다.

● 우익진영(국의國議와 민대民代)

대한민국 임시정부 법통을 어디까지나 고집하는 동시에 전국 총선거로서 남북통일 정부수립을 주장하는 국민의회와 미소공위 좌우합작 실패 이래 당초로부터 남조선 총선거로써 정부를 수립할 것을 주장하는 독촉국민회를 중심으로 구성한 한국민족대표자대회가 합동으로써 우익진영의 단일화를 기도하고 재삼 합동공작을 추진하였으나 구체적 방법에 이르러서는 역시 영도권문제와 이념의 차이로 상금 원만한 합동을 보지 못하고 교착 상태에 봉착하고 있다. 하여튼 어떠한 형식으로 합동이 된다 하여도 국의측에서 법통을 고집하고 민대측에서 헤게모니를 장악하려 함은 부동한 쌍방의 근본 주장인 만치 전도는 예측난일 것이다.

● 한민과 한독

미군정하 남조선 현상에서 여당화 하고 있는 한민당은 공고한 지반을 배경으로 여하한 형태의 선거를 실행할지라도 적극적으로 호응하여 현 기성세력 유지에 부동한 태도로 임하고 있으나 성격을 달리하는 독촉국민회를 중심으로 한 민대 및 한독 등 우익진영의 재야 각 계열과는 장래 할 선거에 있어 상호 투쟁이 전개될 것으로 예상된다. 한편 남조선 선거를 반대로 남북을 통한 총선거로써 통일정부 수립을 주장하는 일방 대한민국 법통을 절대 지지하는 한독당은 국련 결의를 절대 지지하는 동시 국련 감시하의 남북통일선거에는 물론 북조선 선거가 불가능케 될 때의 남조선 선거에 참가키로 결정한 것을 보아 동당의 의도를 추측할 수 있다. 그러나 자체 내 일부의 정당협의회 추진파의 태도가 주목되는 바이다.

● 중간노선(민련民聯 · 민독民獨 · 근민勤民)

좌파에서는 우로 몰고 우파에서는 좌로 몰아 좌우 견제의 민중의 조직적 세력에 저항치 못한 세칭 중간파는 현 정세 하에서는 적지 않은 난항이 예상된다. 첫째 민족자주연맹에서는 현재는 남북을 통한 총선거로 통일정부 수립을 모토로 하고 있으나 부득이 남조선만이 선거가 시행될 경우에 있어 민련 내의 우익적 일부에서는 이에 호응할 것이라 하며 좌익적 일부에서는 불응할 것이라 한다. 민독당 역시 합당 전 민주통일당 계열에서는 남조선 선거에는 불응할 것이나 신한국민당 및 민중동맹 등의 일부 계열에서 호응할 것이라 하며 근민당에서는 남조선 선거에는 전적으로 불응하는 반면 5당 캄파를 중심으로 과반 실패한 정당협의회 재추진을 기도할 것으로 관측된다.

● 좌익진영

남로당 인민공화당 등을 위시한 민전 산하계열에서는 남조선 선거를 반대하는 동시 남조선 현상하의 국련 사업조차 반대하고 외군 즉시 철퇴를 주장하며 자주적 입장에서 혹은 미소 타협에 의한 통일정부 수립을 기도하고 지하연락을 전개하고 있으나 국련 결의에 의한 남북을 통한 선거가 시행될 경우에는 참가할 것이나 그렇지 못할 경우에는 이를 반대하는 고집을 계속할 것으로 관측된다. 여하튼 국내 정계는 결정적 단계에 직면하였다 할 것이니 속단할 바는 아니나 국련 사업 귀추 여하에 따라 각당 각파의 분리 통합 등으로 정계의 재편성이 예상되는 바이다.

〈조선일보 1948년 1월 16일〉

■ 유엔 한국위원단에 보낸 의견서

▲ 유엔한국위원회에 참석, 단독정부 수립을 반대한 김구, 왼쪽부터 엄항섭, 프란체스카, 윤보선, 이승만, 백관수, 김병로(1948. 1. 16)

유엔 임시 한국위원단에 제출한 나의 의견서를 별항(別項) 서면으로 발표하거니와 금일 모 신문은 "종래(從來) 이 박사와의 행동통일을 취해 온 것으로 보이던 김구씨가 김규식 박사와 견해를 같이하게 된 것이 극히 주목되는 바이라."는 기사를 게재하였다. 나는 26일 조조에 이 박사를 방문하였고 정오에 김 박사를 방문하여 우리 3인의 공동한 견해를 구하기에 노력하였던 것이다. 25일 오후에는 조소앙 선생도 방문하였다. 바라건대 사실을 떠난 구구한 억측으로 사회에 미혹을 끼치지 말라.

1) 우리는 전국을 통한 총선거에 의한 한국의 통일된 완전 자주적 정부만의 수립을 요구한다. 그러므로 현 군정의 연장이나 혹은 현 군정을 확립 강화하게 되는 소위 '남조선 현 정세에 관한 시국 대책 요강'(이것은 현재 군정의 한인 고관들이 작성한 것이다)의 전폭적 실현이나 또는 변상적으로 군정을 연장시킬 우려가 있는 소위 남한 단독정부도 반대하는 것이다.
2) 선거는 인민의 절대 자유의사에 의하여 실현할 수 있게 되기를 요구한다. 북한의 소련 당국자들은 북한의 선거는 가장 민주적으로 되었다 성언하며, 남한의 미 당국자들은 이것을 긍정하지 아니하는 동시에 남한에서는 가장 자유로운 민주선거를 실시할 수 있다고 성언하지마는, 기실 소련 군정의 세력을 등지고 공산당이 비민주적으로 선거를 진행한 것과 같이 남한에서도 미군정 하에 모 일개 정당이 선거를 농단하리라는 것은 거의 남한의 여론이 되어 있다. 그러므로 우리는 현 정세에 대한 하등의 실질적 개선(인민이 자유롭게 선거할 수 있는 자유로운 환경의 건설 등)이 없이 구두로나 문자로만 자유로운 선거를 할 수 있다고 성명하고 이 현상 위에서 그대로 형식적으로만 선거를 진행한다면 이것을 반대하지 아니할 수 없다.
3) 북한에서 소련이 입경을 거절하였다는 구실로써 유엔이 그 임무를 태만히 하지 아니할 것을 요구한다. 북한에서의 소련의 입경 거절로 인하여 완전자주독립의 통일적 한국 정부를 수립할 과업을 유엔이 포기하거나 혹은 그 과업에 사호些毫라도 위반되는 다른 공작을 전개하려 한다면 반드시 여좌한 반향이 발생할 것이다.
   ① 파시스트 일본과 수십 년 동안 혈투를 하였고 그로 인하여 가장 큰 희생을 당한 한국은 일본을 적으로 하는 동맹국의 승리로 인하여 동맹국 중에

서 중요한 지위를 점하고 있는 미·소 양국의 분할점령을 당하고 있으며 도리어 받는 대우와 처한 환경은 일본보다 악렬한 바 있은 즉, 그로 인하여 파시스트 일본을 고무하는 것이 적지 아니할 것이다.

② 강력 통일정신을 배양할 것이니 전 세계의 정의와 평화를 애호하는 자의 분노를 야기할 것이다.

③ 약소국가와 민족에게 실망을 줄 것이다.

④ 한국을 분할하는 책임을 미·소로부터 유엔이 인계하게 될 것이다.

⑤ 유엔의 위신이 타락될 것이며 이로 인하여 세계의 질서는 다시 파괴될 것이다.

4) 현재에 남북한에서 이미 구금되어 있으며 혹은 체포하려는 일체 정치범을 석방하기를 요구한다.(북한에서 연금되어 있는 조만식 선생의 석방도 포함)
우리는 남한에서만이나 북한에서만의 정치범 석방을 요구하는 것이 아니라 양 지역에서 동시에 석방하기를 주장하는 바이다.

5) 미·소 양군은 즉시 철퇴하되 소위 진공 상태로 인한 기간의 치안책임은 유엔에서 일시 부담하기를 요구한다. 한국의 독립적 통일정부를 수립하기 위하여 미·소 양군이 즉시 철퇴하여 한인으로 하여금 자유로운 입장에서 민주적으로 총선거를 실시하여 통일정부를 수립케 하자는 소련의 주장은 원칙적으로 정당한 것이다. 그러나 양군 철수로 인하여 발생할 소위 진공기간에 어떠한 혼란이 야기될 것을 예측하고서 양방 점령군은 한국 정부 수립 후에 철퇴하자는 미국의 주장도 무리한 것은 아니다. 그러나 미·소 양국이 피차에 모순되는 주장을 고집함으로써 한국을 이보다 더 희생한다면 이것은 자못 거대한 과오일 것이다. 그러므로 여기에는 일개의 절충안이 없지 못할 것이다. 그 절충안이야말로 미·소 양군을 즉시 철퇴시키되 잠시의 한국 치안책임을 유엔이 담당하는 것이다.
한국문제의 해결이 미·소 양국으로부터 유엔에 옮긴 이상 유엔이 책임을 지는 것이 합리 할 것이다. 미·소 양군이 철퇴하고 유엔이 치안의 임에 당하는 동시에 남북에 현존한 군대 혹은 반 군사단체의 무장을 전부 해제하여서 일단 평화로운 국면을 조성하면 유엔은 감시의 목적을 달할 것이요, 한인도 자유스러운 선거를 할 수 있게 될 것이다. 이와 같은 민주적 방식에 의하여 수

▲ UN임시위원단 첫 회의. (1948. 1. 16)

립되는 통일정부가 성립되는 대로 즉시 국방군을 조직하게 하고 국방군이 조직되는 대로 유엔이 부담하였던 치안책임은 해제함이 합당할 것이다.

6) 남북한인지도자회의를 소집함을 요구함

한국문제는 결국 한인이 해결할 것이다. 만일 한인 자체가 한국문제 해결에 관하여 공통되는 안을 작성치 못한다면 유엔의 협조도 도로무공일 것이다. 그러므로 하시何時에든지 남북지도자회의가 필요한 것이다. 그러나 현재 같이 악렬한 환경에서는 도저히 이 목적을 달성할 수 없는 것이다. 그러므로 우리는 미·소 양군이 철퇴하는 대로 즉시 평화로운 국면위에 남북지도자회의를 소집하여서 조국의 완전 독립과 민족의 영원 해방의 목적을 관철하기 위하여 공동 노력할 수 있는 방안을 작성하자는 것이다.

〈서울신문 1948년 1월 28일〉

■각 정당, 단체 유엔 조선朝鮮 임위에서 개진한 김구 견해 반박

26일 김구는 유엔 위원단과의 협의에서 남북총선거와 남북 요인회담 그리고 미·소 양군이 철퇴한 후에 남북 총선을 실시하여야 한다고 주장하였다고 기자에게 말한 바 있었는데, 각 정당 단체에서는 이것은 결국 군정을 연장시킬 것이며 공산주의자들의 주장과 동일하다 하여 다음과 같은 담화를 발표하였다.

● 한협韓協 성명서

저 마魔의 38선을 제거하고 남북을 통한 총선거를 행하여 통일정부를 수립하여야 할 것은 우리 삼천만동포 전체의 절실한 요구이다. 유엔 총회의 결의도 이 점에 있어서 우리 민족 전체의 요구에 합치되는 것으로서 우리의 절대 환영하는 바이니 그 실현이 하루라도 속하기를 바라마지 않는 바 있다.

저 공산당 좌익계열에서 앵무새와 같이 소련의 주장을 암송하여 미·소 양군이 동시철병한 후에 남북 요인이 회담하여 정부수립문제를 해결하라고 주장하는 것은 소련을 조국으로 아는 그들로서는 당연한 일이라고 하겠지마는 그렇지 않은 부류의 사람들이 그런 종류의 언설을 행한다는 것은 이해할 수 없는 바로서 그들도 결국 모스크바 방향을 지향하는 것으로밖에 볼 수 없는 것이니 우리는 한 계선을 명백히 하여야 할 것이다.

김구는 신문기자들에게 말하기를 「미·소 양군이 철퇴하지 않고 있는 남북의 현 상태로서는 자유스러운 분위기를 가질 수 없다. 양군이 철퇴한 후 남북요인이 회담을 하여 선거준비를 한 후 총선거를 하여 통일정부를 수립하여야 할 것이다.」라고 하였다.

김구의 이 주장은 유엔총회에 있어서의 소련대표의 주장과 꼭 일치한 것으로서 소련은 조선의 김구에게서 그 충실한 대변인을 발견하였다고 생각할 것이다. 이 소련의 주장은 유엔 총회에 있어서 43대 0으로 패배한 것으로서 조선의 독립 결의와는 정반대되는 것이다. 외국군대의 철퇴 남북요인의 회담 후의 총선거 정부수립은 듣기에 퍽 달콤하고 좋은 듯한 론이다. 그러나 조선의 현실에 비추어 볼 때에 이것은 조선 전체를 소련에 넘겨주는 것이라고 하여서 민족진영에서는 전체적으로 반대하고 또 김구 자신도 반대하고 세계의 민주주의적 제諸국가도 단호히 반대하였던 것이 아니었던가? 그런데 한독당의 위원장인 김구가 가장 중요한 이 시기에 그와 같은 발언을 하였다는 것은 결코 조변석개적 일시적 과오라고는 볼 수 없는 것이고 심사숙고의 결과라고 보지 아니할 수 없는 것이니 그는 그의 자살적 행동으로서 참으로 해괴할 일이라고 하지 아니 할 수 없다.

동 씨가 평소 주장하여 오던 민족주의적 입장과는 판이한 것으로써 결국 조선을 소련의 위성국가화 하려고 하는 의도를 표한 것으로밖에 볼 수 없는 것이다. 우리는 금후에는 김구를 조선민족의 지도자로는 보지 못할 것이고 크레믈린 궁의 한 신자라고 규정하지 아니할 수 없음을 유감으로 생각한다. 우리는 유감으로 생각하지만은 사실은 어디까지든지 사실로 인식하고 그에 대처해 나가지 아니하면 아니 될 것이라고 생각하는 바이다.

● 서북청년회 담談

이 박사와 김구 사이는 언제든지 합치되기를 희망한다. 만약 사실 김구가 이번에 그러한 주장을 하였다면 양면작전으로 본다. 앞으로 이 박사와 김구 사이는 합치되기를 바라며 만일 서북지구가 총선거에 보이코트 하더라도 한 지역의 특수사고에 제약되어 유엔 위원단이 그 사명을 달성치 못한다면 대단히 유감으로 생각된다. 우리는 남한지구에 속히 총선거를 실시하여 조선에 중앙정부를 수립하기 바란다.

● 여자국민당 담談

유엔 총회에서 소련이 조선에서의 미·소 양군 철퇴를 제의하였을 때 그 당시의 국내 여론이 분분하였다고 김구께서는 누구보다 먼저 미·소 양군 즉시 철퇴를 반대하고 우리 정부수립 후에 양군이 철퇴하여야 한다고 주장한 바 있는데 금번에 발표한 바는 전혀 반대되는 것으로 인정되어 이것은 김구의 의도라고는 볼 수 없는 바이다.

● 학련學聯 담談

유엔 위원단의 북조선 입경이 불가능시 되고 있는 이때 국제신의에 반대되는 소련의 탈선적 과오에 주저할 것 없이 남조선만이라도 급속히 총선거를 실시하여 정부를 수립한 후 정부로 하여금 한국의 중앙정부로서 유엔에 참석케 하며 국제여론에 호소하여 북조선의 영토회복을 꾀하여야 할 것이다. 우리가 우리의 영도자로 경앙하여 마지않던 김구께서 이번의 공산당의 주장과 동일한 주장을 하신 것을 심히 유감으로 생각하는 바이며 지도자로서의 이 위신을 자신 스스로 상실케 하는 자멸적 행위이다.

● 국민회청년대 담談

김구가 이번에 그러한 주장을 하였다고는 믿을 수 없는데 만약 사실이라면 우리가 지도자로 모셨던 이념이 상실되고 마는 것이다.

● 오세창 담談

여余는 아직 지세한 것은 모르겠으나 종래 김구는 이승만과 노선이 상위 없다고 주장하여온 것이나 오늘 신문을 본즉 유엔 위원단과의 협의에서 주장한 것이 이승만과 전연 다르다고 생각한다.

● 조민당朝民黨 담談

김구가 주장한 그 이념에 대하여서는 좋은 것인데 지금 국제정세와 조선의 현실로 보아서는 실현 불가능한 사실이다. 가령 이것을 실현시키자면 어느 시기에 가서 이것이 실현될는지 알 수 없다. 그러므로 그러하는 동안에는 현상대로 오랫동안 시일이 걸릴 것이고 현상대로 간다는 것은 결국 군정 연장의 결론이다. 그러니까 말한다면 그 분열과 조선 독립의 천연遷延 등에 결과 될 뿐이다. 우리는 공론보다 가능한 실제에서 현 난국을 타개하지 않으면 안 될 것이다.

● 독촉국민회 담談

미·소 양군을 먼저 철퇴시키고 남북요인회담으로 한국문제를 해결하려는 것은 한국독립을 지연시키려는 공산당의 주장이므로 우리 국민회 부총재이고 소련이 거부하면 남한 총선거로 공공 진취하려는 이념 하에 국의와 민대 합동을 선창한 김구가 그러한 주장을 하였으리라고는 믿어지지 않는다. 그래서 대표를 김구에게 보내어 진상을 물어보기로 되었는데 여하튼 공산당의 모략이란 실로 새삼스럽게 생각된다. 그리고 남북요인회담 운운하는 것은 도대체 문제가 되지 않는 것이니 유엔 위원단은 총선거를 감시하는 순서로부터 유엔의 결의를 실천할 것이니 그 결의에 없는 사실을 요구함은 위원단을 철거하라는 것과 마찬가지로 예의도 되지 않는다.

● 청총靑聰서도 반박

청년 조선총동맹에서는 26일 김구가 유엔 위원단과의 협의에서 주장한 의견에 대하여 다음과 같은 담화를 발표하였다.

「금번 유엔 조위 협의에 김구의 견해와 그 의견서에 다소 복잡성을 띄운 듯하나 국민은 냉정한 비판으로 진정한 지도자와 애국자 그리고 소위 비지도자 비애국자가 판명되는 전민족의 활로가 열린 기회이다.

김구씨의 의견이 사실이라 할지라도 우리 전 민족의 의사와는 관련이 없을 뿐 외外라 현명하신 위원 제공諸公은 개인의 잡음에 미혹치 않을 것을 확신한다. 김구가 소련의 대변을 한 듯함이 우리 애국진영에는 하등의 문제도 아니며 국제공산당이 되었다 하더라도 반면에 수많은 애국자는 돌아올 것이다. 원칙적으로 민족영도자는 일유이무一有二無하고 정당당수政黨黨首는 십수十數도 무방하다.」

〈동아일보 1948년 1월 31일〉

■ 김구, 유엔 조선위朝鮮委에서 개진 의견에 대한 반박의 답변

김구의 유엔조위에 제출한 의견서에 대하여 각계에서 이를 규탄하는 성명이 연발한 것은 기보한 바와 같거니와 이에 대하여 김구는 다음과 같은 담화를 발표하였다.

유엔조위에 제출한 나의 의견에 대하여 몇 가지 점에 곡해가 있는 듯하기로 나의 의견을 분명히 공표하는 바이다.

1) 소위 한협韓協 성명 중中 나의 소련 대변 민족진영 이탈? 운운 등의 신문기사는 민중의 양심적 해석에 맡기고 변명을 필요로 않는다.
2) 정치적 석방요구는 본문에 기보한 바와 같이 방금 북한에 구금되어 있는 조만식, 김병조와 같은 애국자 및 사상범을 지칭함이요 모당의 모략으로 살인방화 폭동 등 파괴분자를 의미하지 않았음은 각자의 상식이 판단할 일이다.
3) 남북요인의 회담은 한족韓族 자유의사의 총선거로 선출한 대표를 의미함이요 일당, 일파의 수령을 말한 것이다.

〈동아일보 1948년 1월 31일〉

■한민당의 모략선전에 불개입

1) 우리는 통일된 자주 독립정부만을 요구한다. 유엔위원단도 우리에게 우리가 요구하는 바 정부를 수립할 사명을 가지고 왔다. 그런데 그들은 소련에

향하여 자기들이 북한을 예빙禮聘하겠다고 간청한 바 아직도 북한으로부터 정식 통지를 받지 못한 까닭에 그 입경을 단념하지도 아니하고 있는 이때에 도리어 한인으로서 소련이 북한에 입경을 거부하니 남한의 단독정부를 조직하여 달라고 먼저 주장하는 것은 결국 한민당의 평소의 주장을 한 번 더 중복하는 것이다. 이것은 본래부터 한민당이 통일정부를 희망한다고 하는 것이 진심에서 나온 것이 아니었다는 것을 대중 앞에 고백하는 것밖에 아무것도 아니다.

2) 금일에 미·소 양군 철퇴를 반대하는 그 사람들은 일찍이 "미·소 양군을 조속히 철퇴함으로써 38선을 철퇴하라."고 열렬히 주장하였던 이들이다. 그러므로 오늘 그들의 언동은 그들의 전일의 주장이 거짓말이었다는 것을 사실로 증명하고 있다. 우리는 그들이 미군정 만세를 희망하고 있다는 것을 더 잘 알 수 있다.

3) 김구 주석의 주장은 미·소 양군 철퇴를 무조건으로 하라는 것이 아니고 유엔이 치안책임을 진 뒤에 철퇴하라는 것이다. 물론 이 책임은 그 철퇴가 종료되는 때에 해제될 것이다. 이 주장은 지난 10월 5일 서울운동장에서 열린 마샬안 지지 국민대회 석상에서 소련보다 앞서서 김 주석이 발표한 것이다. 본래 38선의 교수선(絞首線)이 풀어진다는 것은 미·소 양군의 철퇴로써만 될 것인데 처처處處에서 미·소 대립이 점점 첨예화하고 있으니 양군의 철퇴는 희망이 없고, 따라서 38선의 철퇴도 무망인 것이다. 그러므로 한국의 통일을 성공할 수 있는 첫 조건은 한국을 미·소양국의 세력 범위에서 분리시키는 것이 되지 아니할 수 없다. 지소한도(至小限度) 미·소 양군이 우리의 통일된 독립정부 수립 시까지 계속 주둔할지라도 그 군대들은 유엔의 군대로서 유엔의 절제를 받는 군대가 되어야 하겠다.

4) 남북 정치범의 동시 석방을 요구하는 것을 비방하는 자가 있는 듯하나 이것도 애국자의 태도라고는 볼 수 없을 것이다. 남북을 물론하고 각기 그 당지에서는 정치범이라는 명칭이 없을 것이다. 그러나 정치 관계로 죄명을 쓰고 있는 이들은 정치범이라고 해석할 수 있는 것이다. 우리의 입장으로서는 북에 있는 정치범의 석방에 큰 관심을 가지고 있는 터인 즉, 통일을 꾀하는 이때에 남북의 정치범을 동시에 석방하라는 것이 애국 영수의 정당한 주장이

아니고 무엇이랴!

5) 남북요인의 회담을 주장한 것은 본당으로서는 지난 10월 15일 중집 회의에서 의결한 것이다. 그 결의에 의하여 준비공작으로 정협을 일차 소집하여 보았으며 한민당의 모략 중상과 남로당의 무성의로 인하여 도리어 역효과를 보게 되었던 까닭에 일시 보류하였던 것이다. 이때에 만일 성공이 되었더라면 유엔위원단을 맞을 때에 얼마나 큰 효과가 있었겠는가? 그러면 미·소 양군이 철퇴하고 자유로운 환경이 될 때에 이것을 다시 한 번 소집하는 것이 당연하지 아니하랴. 북쪽에는 김일성, 김두봉씨만이라고 생각하지 말고 조만식, 김병조, 김진수 등 제씨가 있는 것도 생각하라. 외국사람인 유엔위원단이 우리 전체의 통일을 협조하려고 온 것이요, 한민당 산하의 단체만의 통일을 목적으로 온 것은 아니다. 이와 같이 남북의 통일이 분명한 것이라면 누구누구의 통일을 목적하는 것이라는 것도 인식할 수 있지 아니하랴. 그러면 외국인이 남북의 지도자를 한 자리에 붙여 놓을 때를 기다릴 것 없이 우리로서 성의껏 우리의 통일을 먼저 도모하기 위하여 남북요인 회담을 주장하는 것이 과연 애국 영수의 피 끓는 절규라는 것을 이해할 수 있지 아니하랴.

6) 한민당은 자기네가 정권을 장악하기 위하여 종종의 모략을 취위取爲하고 있다. 우리의 영수를 추대하는 것도 모략 일관이었다. 그러므로 미·소 공위 때에는 협의대상 문제로 이 박사, 김 주석을 배반하였다. 김규식 박사를 공산당으로 악선전하였다. 그리고 그들은 조소앙, 엄항섭 양 선생을 음해하려 하더니, 이제는 김 주석께 향하여 민족진영을 이탈하고 모스크바로 향한다고 갖은 모욕을 감위하고 있다. 상술한 한국 영수들이 민족진영을 영도하고 계심으로 민족진영이 건전히 발전하는 것이지 만일에 한민당만이 민족진영을 대표할 수 있다면 우리 인민은 전부 민족진영을 이탈하지 아니할 수 없는 것이다. 이 어찌 위험하지 아니하랴! 우리는 민족진영의 건전한 발전을 위하여 한민당의 모략을 분쇄하지 아니할 수 없다.

7) 김 주석께서 일생을 건국 운동에 바친 까닭에 왜적과 그들의 주구배에게 박해, 후욕詬辱을 당하신 것이다. 그러므로 지금에 있어서도 김 주석은 애국운동을 적극 전개함으로 인하여 모욕을 당하시는 것은 조금도 개의하지 아니하시고 애국동포들의 성의가 있는 것만 기쁘게 생각하시는 것이다. 일반 동포

들은 여하한 반역적 모략이 있더라도 김 주석을 위하여는 안심하기 바란다.

대한민국 30년 1월 31일
한국독립당 〈성명서〉

■한독당, 한민당의 김구에 대한 공격 비난

한독당에서는 김구의 의견서에 대하여 공박한 한민당 선전에 대하여 여좌한 요지의 담화를 발표하였다.

1) 북한으로부터 입경서부의 성식 통시도 없는 이때에 남한의 단독조치를 부르짖는 것은 한민당이 본래부터 통일정부를 희망치 않았음을 대중 앞에 고백하는 바이다.
2) 금일 미소 양군철퇴를 전일의 주장과 모순됨을 성명하고 있다.
3) 김구의 주장은 UN이 치안책임을 진 뒤에 철퇴하라는 것이다. 한국의 통일을 성공할 수 있는 첫 조건은 한국을 미소 양국의 세력범위에서 분리시키는 것이다.
4) 정치관계로 죄명을 쓰고 있는 이들은 정치범이라고 생각한다. 우리의 입장은 북에 있는 정치범 석방에 더 큰 관심을 가지고 있다.
5) 남북요인의 회담을 주장하였으나 한민당의 중상모략과 남로당의 무성의로 인하여 역효과를 보게 되어 일시 보류하였으나 미소 양군이 철퇴할 자유로운 환경이 될 때에는 이것을 다시 한 번 소집하는 것이 당연하다. 우리는 외인의 주장에 앞서 먼저 통일을 도모하는 것이 옳다.
6) 한민당에서는 자기 이해로 타산하여 민족영수를 모략한다. 우리는 민족진영의 건전한 발전을 위하여 이런 모략을 분쇄하여야 한다.
7) 김구는 애국운동을 위하여 모욕당하는 것을 개의하는 바 아니다.

〈경향신문 1948년 2월 1일〉

■김구, 이승만과 김규식과의 의견차이 등에 대해 기자회견

UN조선임시위원단 제2분과위원회의 국내 정계요인과의 협의를 계기로 정계는 아연 긴장을 보이고 있거니와 이승만, 김구, 김규식과 협의 후 발표에 대하여 각 정치 사회단체에서는 각각 자기 입장에서 비판을 가하고 있다. 이상의 분위기는 우리 독립 전도에 암영을 던지는 것이라 하여 우려하는 편도 있음은 사실이라 하겠거니와 김구는 31일 왕방한 기자 질문에 다음과 같이 술회를 피력하였다.

문 : 이승만 김규식과 선생 사이에는 어느 정도의 견해의 차이가 존재하는가?

답 : 이 박사는 현실에 치중하고 있고 나는 원칙적인 주장을 하였음에 불과하며 통일된 조국의 독립을 원하는 마음은 다 같은 것이다. 김 박사는 원칙은 옳다고 생각하나 세부에 있어서는 약간의 차이도 있다.

문 : 그러면 3영수의 행동통일과 의견차를 어떻게 보는가?

답 : 나는 벌써부터 이 문제에 많은 생각을 하여 왔고 특히 UN위원단이 입국한 후 그들에 대한 3영수의 견해통일에 노력하여 왔다. 현재도 3인 사이에는 과히 큰 차이는 발견할 수 없으며 나는 장래에도 이에 대하여 전적으로 노력할 생각이다.

문 : 남북지도자회담에 관하여?

답 : 나는 그 지도자라는 것은 인민의 총의로서 존경을 받고 있는 지도자를 의미한 것이다.

〈서울신문 1948년 2월 1일〉

■ 김구와 김규식, 남북요인회담방안 메논에게 제의

한국 독립당 위원장 김구는 5일 오전 11시 삼청동으로 김규식을 방문하고 약 1시간 회담한 바 있는데, 6일에는 김규식이 오전 9시경 경교장으로 김구를 방문하여 잠시 요담한 후 9시 반경 양씨는 국제호텔로 UN조선위원단 메논의장 호세택 사무총장 잭슨 제2분과위원장을 방문하고 동 11시 반까지 회담하였다.

그런데 소식통에 의하면 UN위원단에서는 앞서 김규식에게 남북요인회담에 관한 구체적 방법을 제시할 것을 요청한 바 있어 민족자주연맹에서는 4일 상무위원회를 소집하여 이 문제를 조상俎上으로 토의하였는데 5일 양 김씨의 회담은 양군 철퇴 남북요인회담 등 동일한 견해를 주장하는 만큼 UN위원단과 회담하기 전 협의한 것이라 하며 6일 UN위원단과의 회담에 있어서도 역시 남북요인회담의 구체적 방안 등을 주로 남북대표 선출 회의시일 장소 등 문제와 남북 정치범 석방 정치지도자 체포령 취소 및 언론, 집회, 자유, 실행 양군 철퇴조건 시일의 협정 등 상당히 상세한 범위에 의한 문제이었었다는 바 그 귀추가 주목되는 바이다.

그리고 김구는 6일 오후 7시 경교장 숙소로 메논 의장과 호세택 등을 초청하여 장시간 회담하였다. 〈조선일보 1948년 2월 7일〉

■김구 임시위원회 대표를 초청

작금의 국내정계는 UN위원단을 싸고 긴장하고 있는데 6일 하오 2시 반경 이승만은 경교장으로 김구를 방문한 바 있었으나 부재중으로 만나지 못하였다 하며, 한편 경교장에서는 동일 하오 7시부터 UN위원단 메논 의장과 호세택 사무총장 유어만(불참석)을 초청하고 김규식(불참석) 이청천·조소앙(사고불참)·엄항섭 등 제씨와 동석하여 환담하였다 한다. 그런데 동 석상에서 김구는 메논 의장과 호 박사에게 조선문제가 소총회에서 회부되는데 특히 조선 사정을 상세히 보고하여 줄 것과 UN위원단 본래의 사명을 달성하기를 요청하였다고 한다. 그리고 9일에는 김구의 의견에 대하여 항간에는 물의가 유하므로 오해 말고 3천만은 대동단결하라는 요지의 성명을 발표하리라 한다. 〈경향신문 1948년 2월 8일〉

■민의民議, 김구와 김규식의 남북요인회담 반박 담화

민주의원에서는 다음과 같은 담화를 발표하였다.

「김구, 김규식 양씨가 메논 유엔위원단 의장 등을 회견하고 소위 남북요인회담을 재청하였다는 것은 전민족의 의사에 배치되는 일이요, 사실 불가능한 일을 주장하는 것으로써 결국 총선거를 거부내지 지연하려는 의도로밖에 해석되지 않는다. 또 정치범 석방과 정치지도자의 체포령 취소를 운운하는 것은 파괴분자의 도량을 재현시키는 결과를 초래하는 것뿐이다.」 〈동아일보 1948년 2월 8일〉

■각 정당협의회, 진용을 개편하고 활동모색

한동안 정치노선이 멀어지고 있던 김구와 김규식 간의 연락이 빈번함과 아울러 양씨가 남북요인회담을 주장한 것을 계기로 한독당과 민독당의 행동유보로 말미암아 그동안 활동을 보류 중이던 소위 각 정당협의회는 금반 그 진용을 개편하여 본격적 활동을 전개할 새로운 기구를 조직하리라 한다.

그리고 6일 하오 5시 김구는 유엔조위 의장 메논과 동 사무총장 호세택을 경교장에 초청 요담하였으며 또 7일 하오에는 김규식을 개인적으로 초청 요담하였다는데 이상 양일간 요담 중에서 양 김씨는 남북요인회담도 강조하였으리라는데 금반 새로 발족할 남북요인협의기구에는 양 김씨와 근민당勤民黨 장건상張建相의 3씨가 중심이 되어 지도적 역할을 할 것으로 보인다.

〈동아일보 1948년 2월 10일〉

■한민당, 김구와 김규식의 남북회담, 정치범석방 요구 비난

김구 김규식 양씨가 유엔의 결의와 우리 3천만의 거국적 요망을 무시한 소련의 비민주적 태도에 대한 책임을 규명치 않고 도리어 총선거를 거부 또는 지연하려는 그 진의가 과연 나변에 있는지 이해가 곤란하다.

민생이 도탄에 빠지고 하루바삐 우리 정부를 세워 우리 힘으로 화급한 민생문제를 해결하여야 할 때임에도 불구하고 일종의 정략과 당리에 사로잡혀 실현성이 없는 남북요인회담과 정치범 석방을 운운하며 심지어 국제 경찰 설치 등을 유엔 조선위원단에게 제안하여 남로당 주장을 대변한 듯한 인상을 주게 된 것은 실로 유감천만이라고 말하지 않을 수 없다.

〈동아일보 1948년 2월 10일〉

■김구와 김규식, 메논에게 남북회담에 관한 서신전달

6일 양 김씨와 조위 메논 의장 호세택 사무총장의 국제호텔 회견 이래 양 김씨의 제안한 바 남북협상방안은 점차 정국의 비약적 발전을 지향하고 활발히 추진되고 있다. 즉 최근 13정당협의회와는 별개로 양 김씨를 중심으로 한 남북통일운동이 민족자주연맹을 중핵체로 전개되고 있거니와 다시 양 김씨는 이 운동의 강력한 추진을 기도하고 9일 오전 11시 메논의장에게 다음과 같은 서신을 송달하였다고 한다.

● 서울 덕수궁 유엔조선위원단 의장 메논 귀하

친애하는 메논

남북지도자회담에 관하여 귀하와 귀 위원단에게 우리의 의견과 각서를 이미 제출한 바이어니와 우리는 가급적 우리 양인의 명으로 남에서 이에 찬동하는 제정당의 대표회담을 소집하여 기위旣爲 제출한 바에 제1차 보조를 하겠습니다. 이 회의에서 남쪽이 대표를 선출하면 남쪽에 연락할 인원과 방법에 대한 것을 결정하겠습니다. 귀 위원단이 이에 대하여 원만하고 적극적인 협조를 직접 간접으로 하여 주시면 대단히 감사하겠으며 우리 양방의 노력으로 하여금 우리가 공동으로 목적하는 바를 이루어지기를 믿습니다. 끝으로 우리의 심각한 경의를 표합니다.

1948년 2월 9일

김 구 김규식

〈동아일보 1948년 2월 11일〉

■이승만 · 김구 · 김규식 3자회담 성과에 대해 언명

UN조위 조선인지도자 협의에 있어서 이승만·김구·김규식·김성수 4씨가 주장한 의견으로 우익진영에는 조선독립에 관한 의견이 2대 조류로 분리되어 있었다. 즉 이승만 김성수 양씨가 소련이 유엔 결의를 보이코트하고 유엔조위의 북조선 입경까지 거부한 이상 유엔의 위신을 위하여서라도 가능한 지역 내에서 총선거를 실시하여 중앙정부를 수립하여야 한다고 주장한데 대하여 김구·김규식 양씨는 남북통일선거·남북요인회담·남북정치범 석방을 주장하였던 것인데, 이 대립된 의견을 수습하기 위하여 유어만 주선으로 이승만·김구·김규식 3씨가 공동으로 메논·호세택 등 유엔 제諸 씨와 회견하고 남북통일정부 수립에 관한 독립문제에 관하여서는 3씨는 원칙적으로 합의를 보았다는 경교장 측근자로부터 유포되고 있는 작금 김구는 11일 12시 반 김규식을 방문하고 이승만을 방문하였으나 새로운 진전을 보지 못하였다 한다.

이리하여 김구는 다시 오후 1시 김 박사를 재차 방문하고 3시 반까지 회담하였으나 양 김씨 회담결과는 자세히 알 수 없으나 동일 기자단에게 김 박사가 3영수 의견 일치설一致說을 부인한 것으로 비추어볼 때 양씨 간에도 완전 의견일치는 보지 못한 것으로 추측된다. 하여튼 이승만은 12일 김구는 불원간 각각 3씨 간의 회담내용을 발표하리라고 한다.

이에 대하여 이승만·김구·김규식은 왕방한 기자에게 다음과 같이 말하였다.

- **이승만 담談** : 여余와 김규식 간에는 한동안 연결이 없었으며 그동안 여러 가지 모략적 보도가 전하여지기에 과반 김규식을 찾아보았는데 하등 여의 정치노선과 별다른 차가 없고 다만 그 일부 방법에 다소 차가 있었을 뿐이다. 이와 동시에 여余와 김구 간도 별 차이가 없는 것인데 그 밑에 있는 사람들이 모략적 허위선전을 하고 있다. 하여간 금명간 자세한 것을 발표하겠다.

- **김구 담談** : 원래 우리 3인 간에 우리조국이 완전 자주독립 달성하려는 것은 차이가 없는 바인데 항간에서 잡음이 많아서 외인에게까지 의혹을 주게 되었던 것이다. 작일 우리 회합은 이 의혹을 풀기 위한 것인데 그 결과는 심히 원만하였다. 자세한 내용은 후일 발표하겠다.
- **김규식 담談** : 유어만으로부터 신년연회의 초청을 받아서 참가하였을 뿐이지 통일정부 수립 등의 정치문제에 관련하여서는 언급되지 않았다.

〈서울신문 1948년 2월 12일〉

■조국의 위기에 임하야 삼천만 동포에게 읍고(泣告)함

친애하는 삼천만 자매 형제여!

우리를 싸고 움직이는 국내 정세는 위기에 임하였다.

제2차 대전에 있어서 동맹국은 민주와 자유와 평화를 위하여 천만의 생령(生靈)을 희생하여서 최후의 승리를 전취(戰取)하였다.

그러나 그 전쟁이 끝나자마자 이 세계는 다시 두 개로 갈리어졌다.

이로 인하여 제3차 전쟁은 성양(醒釀)되고 있다.

보라! 죽은 줄로만 알았던 남편을 다시 만난 아내는, 죽은 줄로만 알고 있던 아들을 다시 만난 어머니는, 그 남편과 그 아들을 다시 전장으로 보내지 아니하면 아니 될 위험이 닥쳐오고 있지 아니한가.

인류의 양심을 가진 자라면 누가 이 지긋지긋한 전쟁을 바랄 것이냐? 과거에 있어서 전쟁을 애호한 자는 파시스트 강도군(强盜群)밖에 없었다. 지금에 있어서도 전쟁이 폭발되기만 기다리고 있는 자는 파시스트 강도 일본뿐일 것이다.

그것은 그놈들이 전쟁만 나면 저희들이 다시 살아날 수 있다고 믿는 까닭이다.

현재 우리나라에 있어서도 남북에서 외력에 아부하는 자만은 혹왈(或曰) 남정(南征) 혹왈(或曰) 북벌北伐하면서 막연하게 전쟁을 희망하고 있지마는 실지에 있어서는 아직 그 실현성도 없을 뿐만 아니라 전쟁이 폭발된다 하여도 그 결과는 세계의 평화를 파괴하는 동시에 동족의 피를 흘려서 왜적을 살릴 것밖에 아무것도 아닐 것이다. 이로써 그들은 새 상전들의 암지(闇志)를 부를 것이요, 옛 상전의 귀염을 다시 받을 수 있을 것이다.

그들은 전쟁이 난다 할지라도 저희들의 자질子姪만은 징병도 징용도 면제될 것으로 믿을 것이다. 왜 그러냐 하면, 왜정 하에서도 그들에게는 그러한 은전이 있었던 까닭이다.

한국은 일본과 수십 년 동안 계속하여 혈투하였다. 그러므로 일본과 전쟁하는 동맹국이 승리할 때에 우리도 자유롭고 행복스러운 날을 보낼 줄 알았다.

그러나 왜인은 도리어 환소 중에 유쾌히 날을 보내고 있으되 우리 한인은 공포 중에서 죄인같이 날을 보내고 있다. 이것이 우리의 말이라면 우리를 배은망덕背恩忘德하는 자라고 질책하는 자도 있을 것이다. 그러나 이것이 미국 신문기자 리처드씨의 입에서 나온 데야 어찌 공정한 말이라 아니 하겠느냐.

우리가 기다리던 해방은 우리 국토를 양분하였으며 안으로는 그것을 영원히 양국의 영토를 만들 위험성을 내포하고 있다. 이로써 한국의 해방이란 사전상에 새 해석을 올리지 아니하면 아니 되게 되었다. 국련(國聯)은 이러한 불합리한 것을 시정하여서 인류의 행복을 증진하며 전쟁의 위기를 방지하여서 세계의 평화를 건설하기 위하여 조직된 것이다. 그러므로 국련國聯은 한국에 대하여도 그 사명을 수행하기 위하여 임시 위원단을 파견하였다.

그 위원단은 신탁 없는, 내정 간섭 없는 여건 하에 그들의 공평한 감시로써 우리들의 자유로운 선거에 의하여 남북통일의 완전 자주 독립의 정부를 수립할 것과 미·소 양군을 철퇴시킬 것을 약속하였다.

이제 불행히 소련의 보이콧으로 그 위원단의 사무 진행에 방해가 불무하나 그 위원단은 국련國聯의 위신을 가강하여서 세계 평화 수립을 유리하게 진전시키기 위하여 또는 그 위원 제공들의 혁혁한 공적을 한국 독립운동사 상에 남김으로써 한인은 물론 일체 약소민족에 있어서 영원한 은의(恩誼)를 맺기 위하여 최선의 노력을 다할 것이다.

만일 자기네의 노력이 그 목적을 관철하기에 부족할 때에는 국련 전체의 역량을 발동하여서라도 기어이 성공할 것을 삼척동자라도 상상할 수 있는 것이다. 우리에게는 이와 같이 서광이 비치고 있는 것이다.

미군 주둔 연장을 자기네의 생명연장으로 인식하는 무지몰각한 도배들은 국가 민족의 이익을 염두에 두지도 아니하고 박테리아가 태양을 싫어함이나 다름이 없이 통일정부 수립을 두려워하는 것이다.

그리하여 그들은 음으로 양으로 유언비어를 조출하여서 단선, 단정의 노선으로 민족을 선동하여 국련 위원단을 미혹하기에 전심력을 경주하고 있다.

미군정의 난익(卵翼) 하에서 육성된 그들은 경찰을 종용하여서 선거를 독점하도록 배치하고 인민의 자유를 유린하고 있다. 그래도 그들은 태연스럽게도 현실을 투철히 인식하고 장래를 명찰하는 선각자로서 자임하고 있다.

그러나 이러한 선각자는 매국족(賣國族)의 일진회식(一進會式) 선각자일 것이다. 왜적이 한국을 합병하던 당시의 국제 정세는 합병을 면치 못하게 되었던 것이다. 아무리 애국지사들이 생명을 도(賭)하여 반항하였지만 합병은 필경 오게 되었던 것이다. 이 현실을 파악한 일진회는 동경까지 가서 합병을 청원하였던 것이다. 그러나 이 자들은 영원히 매국적이 되고 선각자가 되지 못한 것이다.

설령 국련 위원단이 금일에 단정을 꿈꾸는 그들의 원대로 남한 단독정부를 수립한다면 이로써 한국의 실정은 다시 호소할 곳이 없을 것이며, 국련 위원단 제공은 한인과 영원히 불해(不解)의 원(怨)을 맺을 것이요, 한국 분할을 영원히 공고히 만든 새 일진회는 자손만대의 죄인이 될 것이다.

통일하면 살고 분열하면 죽는 것은 고금의 철칙이니 자기의 생명을 연장하기 위하여 남북의 분열을 연장시키는 것은 전 민족을 사갱(死坑)에 넣는 극악 극흉의 위험일 것이다. 이와 같은 위기에 있어서 우리는 우리의 최고 유일의 이념을 재검토하여 국내외에 인식시킬 필요가 있는 것이다. 내가 국련 위원단에 제출한 의견서는 이 필요에서 작성된 것이다.

우리는 첫째로 자주 독립의 통일정부를 수립할 것이며 이것을 달성하기 위하여 먼저 남북 정치범을 동시 석방하며, 미·소 양군을 철퇴시키며 남북 지도자회의를 소집할 것이니 이 철과 같은 원칙은 우리의 목적을 관철할 때까지 변치 못할 것이다.

우리는 이 불변의 원칙으로써 순식만변(瞬息萬變)하는 국내외 정세를 순응, 혹 극복하여야 할 것이다. 이것이 중국 장蔣 주석의 이른바 불변으로 응만변(應萬變)이라는 것이다. 독립이 원칙인 이상 독립이 희망 없다고 자치를 주장할 수 없는 것을 왜정 하에서 충분히 인식한 것과 같이 우리는 통일정부가 가망 없다고 단독정부를 주장할 수 없는 것이다.

단독정부를 중앙정부라고 명명하여 자기 위안을 받으려 하는 것은 군정청을 남조선 과도정부라고 하는 것이나 다름이 없는 것이다. 사은망념(邪恩妄念)은 해인해기(害人害己)할 뿐이니 통일정부 수립만 위하여 노력할 것이다.

삼천만 자매 형제여!

우리가 자주 독립의 통일정부를 수립하려면 먼저 국제의 동정을 쟁취하여야 할 것이요. 이것을 쟁취하려면 전 민족의 공고한 단결로써 그들에게 정당한 인식을 주어야 할 것이다.

그런데 불행히도 미군정의 앞잡이로 인정을 받는 한민당의 영도 하에 있는 소위 한협은 나의 의견서에 대하여 대망소괴(大妄小怪)한 듯이 비애국적 비신사적 태도로써 원칙도 없고 조리도 없이 후욕(詬辱)만 가하였다. 한민당의 후설이 되어 있는 동아일보는 ○○○이란 여사의 이름까지 빌어가지고 나를 모욕하였다.

일찍이 조소앙, 엄항섭 양씨가 수도청에 구인되었다고 허언을 조출하던 그 신문은 이번에 또 애국단체가 제출한 건의서, 김구씨 동의 표명이라는 제목으로 허언을 조출하였다. 이와 같은 비열한 행위는 도리어 애국 동포들의 분노를 야기하여 각 방면에서 토죄(討罪)의 성랑이 높았다.

이리하여 내가 바라던 단결은 실현도 되기 전에 혼란만 더 커졌을 뿐이다. 시비가 없는 사회에는 개량이 없고 진보가 없는 법이니 여론이 환기됨을 방지할 바가 아니나 천재일우(千載一遇)의 호기를 만나서 원방에서 내림한 귀빈을 맞아가지고 우리 국가 민족의 운명을 결정하려는 이 순간에 있어서 이것이 우리의 취할 바 행동은 아니다.

일체 내부 투쟁은 정지하자! 소불인(小不忍)이면 난대모(難大謀)라 하였으니, 우리는 과거를 잊어버리고 용감하게 참아 보자.

삼천만 자매 형제여!

한국이 있고야 한국 사람이 있고 한국 사람이 있고야 민주주의도 공산주의도 또 무슨 단체도 있을 수 있는 것이다.

그러면 우리의 자주 독립적 통일정부를 수립하려는 이때에 있어서 어찌 개인이나 자기의 사리사욕을 탐하여 국가 민족의 백년대계를 그르친 자가 있으랴. 우리는 과거를 잊어버려 보자. 갑은 을을, 을은 갑을 의심하지 말며 타매(唾罵)하지 말고 피차의 진지한 애국심에 호소해 보자!

암살과 파괴와 파공은 외군의 철퇴를 연장시키며 조국의 독립을 방해하는 결과를 조출할 것이다. 악착한 투쟁을 중지하고 관대한 온정으로 임해 보자! 마음

속의 38선이 무너지고야 땅위의 38선도 철폐될 수 있다.

내가 불초하나 일생을 독립운동에 희생하였다. 나의 연령이 이제 칠십유삼(七十有三)인 바 나에게 남은 것은 금일금일(今日今日)하는 여생이 있을 뿐이다. 이에 새삼스럽게 재화를 탐내며 명예를 탐낼 것이냐. 더구나 외국 군정 하에 있는 정권을 탐낼 것이냐. 내가 대한민국 임시정부를 주지(主持)하는 것도, 한독당을 주지하는 것도 일체가 다 조국의 독립과 민족의 해방을 위하는 것뿐이다.

그러므로 내가 국가 민족의 이익을 위하여는 일신이나 일당의 이익에 구애되지 아니할 것이요. 오직 전 민족의 단결을 달성하기 위하여는 삼천만 동포와 공동 분투할 것이다. 이것을 위하여서는 누가 나를 모욕하였다 하여 염두에 두지 아니할 것이다. 나는 이번에 마하트마 간디에게서도 배운 바가 있다.

그는 자기를 저격한 흉적을 용서할 것을 운명하는 그 순간에 있어서도 잊지 아니하고 손을 자기 이마에 대었다고 한다.

내가 사형선고를 당해본 일도 있었지만 그 당시에 있어서는 나의 원수를 용서할 용기가 없었던 것이다. 나는 금일도 이것을 부끄러워한다. 현시에 있어서 나의 유일한 염원은 삼천만 동포와 손을 잡고 통일조국, 독립된 조국의 건설을 위하여 공동 분투하는 것뿐이다.

이 육신을 조국이 수요(需要)한다면 당장에라도 제단에 바치겠다.

나는 통일된 조국을 건설하려다 38선을 베고 쓰러질지언정 일신의 구차한 안일을 취하여 단독정부를 세우는 데는 협력하지 아니하겠다.

나는 내 생전에 38이북에 가고 싶다. 그쪽 동포들도 제 집을 찾아가는 것을 보고서 죽고 싶다. 궂은 날을 당할 때마다 38선을 싸고 도는 원귀의 곡성이 내 귀에 들리는 것도 같았다.

고요한 밤에 홀로 앉으면 남북에서 헐벗고 굶주리는 동포들의 원망스런 용모가 내 앞에 나타나는 것도 같았다.

삼천만 동포 자매 형제여!

글이 이에 이르매 가슴이 억색(抑塞)하고 눈물이 앞을 가리어 말을 더 잇지 못하겠다. 바라건대 나의 애달픈 고충을 명찰하고 명일의 건전한 조국을 위하여 한 번 더 심환(深患)하라.

〈독립신문 1948년 2월 13일〉

■임위, 제14차 전체회의 개최 후 공보 제28호 발표

UN조선위원단은 메논의장 및 호세택 사무총장 보補의 본부 파견을 앞두고 11일 상오 10시부터 덕수궁에서 전체회의를 개최하여 각 분과위원회의 보고내용을 중심으로 소총회에 대한 위원단으로서의 보고 안을 토의하였는데 구체적 결정을 보지 못한 채 동 하오 1시 폐회하였다. 그런데 회의내용에 관하여서는 아직 공식발표가 없으나 신빙할 만한 위원단 측근 모 옵서버 담談에 의하면 위원단 다대수 대표 간에는 이미 선거 실시에 관한 일치한 윤곽적 구상이 작정되었다 하며 조선정계의 특수한 별개 의견 또는 반대가 없는 한 위원단의 결의로써 소총회는 그 안案을 통과시킬 것으로 보인다 한다. 즉

1) 북조선의 거부에 따라 남조선만의 총선거실시 국민의회구성, 조선독립정부 수립의 코스주장과,

2) 남북요인회담 주장의 2대 지배적 견해에 대하여 위원단은 양안을 포섭하는 안, 즉 1. 남조선만의 선거를 5월경까지 실시하여 국민의회 구성원 수 중 남조선 인구비에 해당할 의원수를 구성하되 북조선 인구비에 해당할 의석수를 공석으로 둘 것. 2. 국민의회 구성원수는 전조선 약 2백 명으로 하고 인구비에 따라 남조선 대표수를 결정할 것. 3. 적당한 시기에 남북대표간의 회담을 국내 또는 국외에서 실현하도록 알선하되 그 시기와 장소는 대체로 UN 차기총회의 그것과 일치함이 편의할 것 등이 동안의 윤곽이라는 바, 최근 특히 활동해진 이승만·김구·김규식의 왕래와 3씨의 위원단과의 빈번한 회담은 이러한 점에 대한 일치점 발견 노력으로 관측된다 하며 3씨 간의 정치적 통일의 성불성成不成은 여하간에 메논 의장의 소총회에의 보고안에 대하여서는 3씨의 특별한 개별적 반대가 없을 것으로 예상된다 한다. 여하간 조위는 12일 상오 10부터 다시 전체회의를 개최하고 이 문제를 토의중이라 하는데 동 공보관 그랑의 11일 언명에 의하면 최후적 결정은 역시 투표로써 결정될 것이라 하며 메논·호세택 양씨는 특별한 신사태가 없는 한 14일(토요일) 서울을 출발하리라 한다. 〈서울신문 1948년 2월 13일〉

■백연 인형仁兄

1944년 연안에서 주신 혜찰을 배독拜讀한 이후 미구未久에 고국을 찾아오게

되었나이다. 그때에 있어서야 누가 한 나라 하늘 밑에서 3,4년의 긴 세월을 경과하면서도 서로 대면하지 못할 것을 뜻하였으리까. 아아, 이것이 우리에게는 해방이라 합니다.

이 가운데 묻히어 있는 쓰라리고 서러운 사정을 말하면 피차에 열루熱涙만 방타滂蝎할 뿐이니 차라리 일컫지 아니하는 편이 훨씬 좋을 것입니다.

여하간 우리는 자유롭게 고국의 땅을 밟았습니다. 우리의 원수 왜구倭仇를 구축해 주고 우리로 하여금 환국할 수 있는 자유를 준 두 동맹국의 은혜를 무한히 감사하지 아니하면 아니 되겠습니다. 사갈蛇蝎의 독구毒口를 벗어난 우리 삼천만 동포도 두 동맹국의 은혜를 깊이깊이 감사하고 있습니다. 그러나 우리에게 환희에 넘치는 광명한 정면이 있는 동시에, 우리에게 은혜를 준 두 동맹국 자체 간의 모순으로 인하여 암담한 반면도 없지 아니합니다.

▲ 필사본

인형仁兄이여, 이것을 어찌하면 좋겠습니까.

제弟는 가슴이 답답하고 인형이 보고 싶을 때마다 때 묻은 보따리를 헤치고 일찍이 중경重慶에서 받았던 혜찰을 재삼 읽고 있습니다. 그 중에는 나에게 보냈다는 이러한 전문도 기록되어 있습니다.

금년삼월선생급학무군적귀함今年三月先生給學武君的貴函, 금시월초재수도今十月初才收到, 아문금일일체이민족이익위기준我們今日一切以民族利益爲基準, 부응유비호성견不應有坒毫成見, 아문대선생래연일차적의향무임환영我們對先生來延一次的意向無任歡迎

(금년 3월 선생이 학무군君 편에 보낸 편지는 10월 초에 받았습니다. 우리들은 오늘날 모든 것을 겨레의 이익을 기준으로 조그만 자기의 주견도 있을 수 없습니다. 우리는 선생이 연안에 오신다는 의향을 환영해 마지않습니다)

또 나와 각 단체로 보냈다는 이러한 전문電文도 기록되어 있습니다.

아문부문지역남북我們不問地域南北, 파별이국派別異國, 성심단결별실사연락誠心團結別實事連絡, 여능촉진회사압녹지실현如能促進會師鴨綠之實現, 제위약능동의諸位若能同意, 연가이종중알선延可以從中斡旋

(우리들은 지역의 남북과 파벌의 다름을 묻지 말고, 성심으로 단결하고 참되게 연락하여 능히 압록강에서 군대를 만날 수 있도록 실현하는 것을 촉진시키는 일에 여러분들이 동의한다면 나는 중간에 알선해 드리겠습니다)

또 이러한 것이 기록되어 있습니다.

"선생은 금차 신중信中 연락과 통일을 위하여 노신老身이 일차 부연赴延하면 한·중 양兩 방면이 환영할 가망이 있겠는지? 여기에 대하여 우리가 성심으로 환영할 뿐 아니라 중中 방면에서도 물론 환영합니다."

인형仁兄이여,

금일 우리의 환경은 그때와 방불한 점이 많습니다. 우리 조국의 통일이 실현되고 자주 독립이 완성될 때까지는 우리의 임무를 태만히 할 수 없는 것이 아닙니까. 무방대無旁貸인데야 제弟도 여생이 진盡하기 전에 최후의 노력을 다하려니와 인형仁兄도 우리에게 현안이 되어 있는 문제 해결을 위하여 심각히 책임을 느끼실 줄로 확신합니다.

인형이여, 아무리 우방 친우들이 호의로써 우리를 도와주려 한다 하여도 우리 자체가 지리멸렬하여 그 호의를 접수할 준비가 완료되지 못하면 어찌 그것을 접수할 것입니까. 그리하여 미소공위도 성과를 보지 못한 것입니다. 금차 유엔 위원단의 공작도 하등의 효과를 거둘 희망이 보이지 아니합니다. 그러면 어찌하겠습니까? 자연에 맡기고 약속된 독립을 포기하겠습니까?

仁兄이여. 지금 이곳에는 38선 이남 이북을 별개국別個國으로 생각하는 사람이 많습니다. 그쪽에도 그러한 사람이 없지 아니하리라고 생각됩니다. 그 사람들은 남북의 지도자들이 합석하는 것을 희망하지도 아니하지마는 기실은 절망하고 이것을 선전하는 사람도 많이 있습니다. 남이 일시적으로 분할해 놓은 조국을 우리가 우리의 관념이나 행동으로 영원히 분할해 놓을 필요야 있겠습니까.

인형이여. 우리가 우리의 몸을 반쪽에 넘길지언정 허리가 끊어진 조국이야 어찌 차마 더 보겠나이까! 가련한 동포들의 유리개걸流離丐乞하는 꼴이야 어찌 차마 더 보겠나이까!

인형이여, 우리가 불사不似하지만 애국자임은 틀림없는 사실이 아닙니까. 동포의 사활과 조국의 위기와 세계의 안위가 이 순간에 달렸거늘 우리의 양심과 우리의 책임으로 편안히 앉아서 희망 없는 외력外力에 의한 해결만 꿈꾸고 있겠습니까?

그러므로 우사尤史, 인형仁兄과 제弟는 우리 문제는 우리 자신만이 해결할 수 있다는 것을 확신하고 남북 지도자 회담을 주창하였습니다. 주창만 아니라 이것을 실천하기로 결심하였습니다. 그리하여 이 글월을 양인의 연서連署로 올리는 것입니다. 우리의 힘이 부족하나 남북에 있는 진정한 애국자의 힘이 큰 것이니 인동차심人同此心이면 심동차리心同此理인지라 반드시 성공되리라고 확신합니다. 더구나 북쪽에서 인형仁兄과 김일성 장군이 선두에 서고 남쪽에서 우리 양인兩人이 선두에 서서 이것을 주장하면 절대 다수의 민중이 이것을 옹호할 것이니 어찌 불성공할 리가 있겠나이까?

인형仁兄이여. 김일성 장군께는 별개로 서신을 보내거니와 인형仁兄께서 수십 년 한 곳에 공동 분투한 구의舊義와 4년 전에 해결 못하고 둔 현안 해결의 연대책임과 애국자가 애국자에게 호소하는 성의와 열정으로써 조국의 땅 위에서 남북지도자회담을 최속最速한 기간 내에 성취시키기를 간청합니다. 남쪽에서는 우리 양인이 애국자들과 함께 이것의 성취를 위하여 최선을 다하겠습니다. 지단어장紙短語長하여 미진소회未盡所懷하니 하루라도 일찍 회음回音을 주사이다.

조국의 완전 독립과 동포의 자유 행복을 위하여 인형仁兄께서 노력 자애하시기를 축도祝禱하면서 불원한 장래에 우리에게 면서面敍할 기회가 있기만 갈망하고 붓을 놓나이다.

1948년 2월 16일

김 구金 九 김규식金奎植

〈백연白淵은 연안독립연맹延安獨立同盟 주석主席 김두봉金枓奉의 아호雅號이며 우사尤史는 김규식金奎植의 호號이다. 이 서신은 48년 2월 16일 비밀리에 소련군 대표부와 유엔위원단을 통하여 북北으로 보내어졌다.〉

■김구, 3영수회담 등 제반 문제 답변

3영수를 위요圍繞하고 정계는 일시 긴장한 바 있었는데 메논, 호 양씨는 조선 문제를 UN소총회 보고 차 이미 이경離京하였고 또 3영수는 각자 담화를 발표 그 경위를 밝히었으므로 3영수간의 회담은 이로써 일단락을 짓고 제2단계를 준비 중인 모양인데 16일 김구는 왕방한 기자단과 다음과 같은 일문일답을 하였다.

문 : 양김 영수를 중심으로 정당 사회단체가 남북통일촉진국민대회를 개최한다는데?

답 : 나는 신문지상에서 그런 기사를 보았을 뿐이다.

문 : 3영수회담은 무기 연기되었다는 바 금후 계속 회담할 터인가?

답 : 앞으로 기회 있는 대로 의견을 교환하게 될 것이다. 본래가 어떤 특별한 문제를 위하여 회합을 약속한 것이 아니니 연기니 계속이니 말할 것은 없다.

문 : 남북 요인회담에 대하여는 무슨 성안을 얻었는가?

답 : 아직 말할 수 없다. 〈조선일보 1948년 2월 17일〉

■김구 통일노선과, 이승만 단선노선 조화될 것인가

이승만 박사·김구씨·김규식 박사의 우익 3거두 회담은 세인의 가장 주목을 끌고 있던 바이다. 첫째 이 박사의 단선 단정노선과 김구·김규식 양씨의 단선반대. 남북통일. 외군 즉시철퇴의 노선과의 사이에 어떻게 행동통일 의견 합치가 될 수 있는가. 이것이 우리 인민들이 알 수 없는 바이며, 또 추측도 경솔히는 못하였던 것이다. 그러나 대다수의 인민들은 이 3거두회담이 세간에 보도되는 동시에 김구씨의 「동포에 읍고문」을 읽게 되었다. 이곳에 3거두 회담의 의의와 유래는 있지 않은가. 즉 김구씨는 그 읍고문에서 비장하고, 믿음직한 말로써 "38선을 베고 쓰러져도 단독정부를 만드는 데 협력하지 않겠다" 고 앞으로의 김구씨의 진로를 명시하였다.

이에 있어서 명실 공히 단선단정은 극소수의 일부를 제외하고는 전 민족적으로 반대하고 있다는 것이 분명하게 되었다. 이에 이르러 이 박사는 양 김씨와 회담하여 이 박사 노선에 대한 재고를 하는 동시에 양 김씨에 대해서 그의 흉중의 결심을 타진하여 보았던 것이라고 일반은 추측하였던 것이다.

김구씨의 읍고문에 표시한 양군 철병, 남북통일, 정치범 석방은 우리 조국독립의 철의 원칙이었으며 따라서 이 철의 원칙 밑에서 그것을 관철 즉 독립달성을 위해서 정책에 적응하는 변화가 있을 뿐이다.

김구씨의 읍고문泣告文에 표시된 이 엄연한 태도는 이 3거두회담의 향방을 추측하기에 열쇠가 될 것이다. 즉 이 박사가 양 김 씨의 노선에 즉 단선 완전포기의 방향에서만 성공의 가능이 있을 것이고 그렇지 않으면 이 회담은 열의를 잃게 되리라는 것이 우리로서 추측할 수가 있었던 것이다. 이 박사는 과연 남북회담에 대해서 그 성공을 의문에 부친다고 하면서 그 진행에 대해서 침묵을 약속함으로써 묵인하는 태도를 취하고 있다. 그렇지만 이 박사를 둘러싼 정치세력은 이 박사를 견제할 것이고 김구씨의 원칙은 변할 수 없는 것이다. 이것이 짐작코 3거두 회담을 냉각해 가는 것이라고 볼 수 있을 것이다. 〈조선일보 1948년 2월 17일〉

■북조선의 인민공화국수립 설에 대한 반향

군정장관 딘 소장은 19일 기자단과 회견하고 제반 질문에 응하여 대략 다음과 같이 말하였다.

'북조선인민공화국' 수립 설에 대하여 아직 정식으로 수립된 것이 아니라 정보에 의하면 3월 중이나 혹은 가까운 장래에 그러한 헌법을 사용하려는 준비를 하고 있는 것 같다. 여기서 본관이 특히 유감으로 생각하는 것은 북조선 지도자들이 외국주인을 섬기는 사람들이기 때문에 세계 연합국의 공약을 준수치 않은 모양이다. 남북 조선을 통해서 정치적으로나 경제적으로나 절대로 분리할 수 없으므로 통일된 정부를 수립하는 데 있어서 대다수의 조선 국민의 의사를 반영하여야 될 것이다. 본관의 생각으로는 UN결정에 의해서 수립되는 정부만이 조선의 유일한 정부라고 믿는다. 그리고 만약 북조선인민공화국이 정식으로 수립된 후의 통일조선에 대한 영향은 정치적으로 중대한 문제인 만큼 신중히 연구하고 고려할 문제라고 생각한다.

소군 철퇴에 따른 미군 철퇴.

사정상 언명하기 곤란한 문제이며 본관 자신이 결정하는 것이 아니라 상부에서 결정할 문제이다.

- 이 박사 : 민주정체에는 본래 눈이 앞에 있지 않고 뒤에 있어서 일이 지나간 뒤에 보게 된다니 이것이 한 약점이다. 왕사는 막론하고 지나간 2년 반 경험

으로만 보아도 남보다도 먼저 했을 것을 하나도 못하고 남이 다 해 논 뒤에 방어하려 하니, 점점 형세가 어려워질 것은 사실이다. 그러나 그 결국은 매양 승리를 얻나니 과도히 우려할 것은 아니다. 내가 바라기는 지금부터는 미 당국이나 한인지도자 측이 뒤만 보지 말고 앞도 좀 내다보아서 정당한 기회를 정당히 이용하여 일심협조 함으로 마땅히 먼저 할 일은 해서 공정한 원칙대로만 매진하면 필경은 민주정체가 또 득승할 것이다.

• 김구 : 좀더 자세한 정보를 기다려 가지고 감상을 말하겠다. 통일 자주독립을 3천만 민족이 이상염원으로 지향하고 이는 이때에 정치적 이유와 사정의 여하를 막론하고 우리 강토 일각에 지역적 정부수립을 선포함은 3천만 민의가 본의가 아닐 것이므로 유감으로 생각하는 동시에 남북통일 자주정부를 조속히 수립 달성하기를 총 매진하도록 분려奮勵하기를 맹서하자.

〈서울신문 1948년 2월 20일〉

■하지, 이승만 · 김구 · 김규식 초치 회담

이승만·김구·김규식 3씨는 하지 중장의 초청에 의하여 19일 야夜 8시부터 10시 반 경까지 동同 장군관저에서 회의한 바 있었다. 회담내용에 관해서는 일절 언명치 않으므로 확실한 것은 알 수 없으나 탐문한 바에 의하면 금반 북조선인민공화국 수립 설에 따르는 남조선의 금후 조치에 관련된 것인 듯하다 하는 바, 금후 정계의 추이는 주목되는 바이다. 그리고 3씨는 김 박사의 제의로 21일 오후 5시 이화장 이 박사 숙소에서 회합할 예정이었는데 김구는 돌연 낙동강 철교 준공식에 참석차 금일 오전 11시경 서울을 떠나리라고 하는 바 이·김 양兩 박사만 회담할는지 또는 유회될는지 그 여부는 주목된다. 〈조선일보 1948년 2월 21일〉

■한독당 상무위 미 · 소 양군 철퇴 등 제 문제 토의

한국독립당에서는 19일 경교장에서 당무위원회를 개최하고 당면문제에 대하여 토의한 결과

1) 남북통일정부 수립을 위하여 남북 정치지도자회담을 적극 추진할 것이로되 이에 관하여

가. 미·소 양군철퇴 촉진

나. 정부수립 방법

다. 치안문제

라. 남북정치범 석방에 관한 문제

마. 남북회담의 대표자 선출 및 회담방법 등

5개 조항을 조상으로 토의하였으나 구체적 방법에 이르러는 다음 당위에서 계속 협의하기로 하였으며

2) 동당 시국대책위원회를 보강할 것과 과반 정권 처분을 했던 상무위원 민대석에 한해서 당원자격을 복권할 것 등을 결의하였다 한다.

〈조선일보 1948년 2월 24일〉

■유엔 소총회에서 행한 메논의 연설전문 발표

의장 귀하가 아시는 바와 같이 유엔조선위원단은 1947년 11월 14일의 총회 결의에 의하여 창설된 것입니다. 또 그리고 귀하는 동同 위원단을 설치하게 된 실정을 잘 아시는 바입니다. 그리고 그 실정이라는 것은 조선의 독립문제에 관한 몇 개의 기본적 사항이라고 칭하는 비서국 문서에 명확히 기술되어 있습니다.

조선 정세의 배경을 이해하려면 문서를 연구하는 것이 긴요한 것입니다. 상술한 바 결의에 따라 조선위원단은 조선을 더욱 정확하게 말하면 남조선에서 약 1개월 이상 일하였습니다. 시초로부터 동 위원단은 북조선의 협력이 없을 때 조위는 조위의 사명을 적당히 수행할 수 있을까 하는 설문을 가졌습니다. 이러한 의무는 남조선에 있어서의 우리들의 관찰과 협의의 결과로써 격화되었습니다. 그리고 남조선에 있어서라도 결의 제2호에 논술된 바의 계획을 추진시키는 것이 조선의 궁극의 이익에 해롭지 않을까? 그리고 실로 그는 결의 자신의 조항에 모순되지는 않을까? 하는 의심이 생기게 되었습니다. 결의 제2호 제5항에 규정된 바와 같이 사태의 진전에 비추어 우리가 소총회에 회부할 결의를 다음과 같이 결정하였던 것입니다.

1) 조위朝委는 1947년 11월 14일의 총회 결의의 조항 하에 있어서 그리고 그 후 조선에 있어서의 사태의 진전에 비추어 미군정하에 있는 조선지역에 있어서 결의 제2호에 논술된 바 계획을 수행하는 것이 의무일까?

2) 그렇지 않다면

(가) 조위는 선거가 자유로운 가운데에서 수행할 수 있다고 단정한다면 1947년 11월 14일 결의에 논술된 바와 같이 조선 문제의 고려에 참가할 조선 대표의 선거를 감시할 것인가?

(나) 조위가 그 목적을 달성하는 데 관하여 가능하고 타당한 다른 방도를 고려할 것인가?

회부조항을 설명하고 그에 관한 우리 자신의 견해를 표명하기 전에 소총회에의 그에 따라 현재까지 조위가 달성한 업무를 피력하고자 하는 것이다. 엘살바돌 대표(지참遲參함)와 우크라이나 대표(결국 불참함) 이외의 모든 조위의 구성원은 1월 제2주에 서울에 도착하여 13일에 조위의 제1차 회합을 개시하였습니다. 우리는 서울에 도착 시時에 잊어버릴 수 없는 환영을 받았습니다.

비행장으로부터 서울시에 이르는 12리에 달하는 전 도로는 갈채하는 군중으로써 열을 이루었고 그들은 혹한을 무릅쓰고 수 시간 동안 기다렸으며 조선 국기를 휘두르며 환영 슬로간을 외쳤던 것입니다.

수일 후 우리는 서울운동장에서 개최된 성대한 회합에서 대단한 환영을 받았습니다. 우리는 인도에서 이러한 대중의 회합에 경험도 있고 또 마하트마 간디옹이나 판디트 네루와 같은 사람들은 언제든지 커다란 군중의 환영을 받았지만 눈 오는 겨울 날 서울운동장에서 우리를 환영한 대집회와 같은 광경은 나는 지금까지 보지 못한 바였습니다. 그것은 실로 인해人海 그것이었으며 관중의 수는 약 20여 만이라고 추산되었습니다. 많은 사람이 원근의 촌락으로부터 왔으며 혹은 20리 또는 그 이상의 거리를 발로써 또는 마차에 타고 왔던 것입니다.

나는 이것을 이 성명서의 회화적인 풍치를 주려고 말하는 것이 아니고 그는 어떠한 정치적인 중대성을 가지고 있기 때문에 말하는 것입니다. 결의(총회 결의)하에 있어서 우리는 조선 전역에 관여하고 있습니다.

결의 제1호는 명확히 전 조선을 통하여 시행하고 시찰하고 협의할 권한을 우리에게 부여하였으며 결의 제2호는 국민의회와 남북조선의 양군사령부와 민정기관으로부터 행정기관을 접수할 국민정부에 관하여 말하였습니다.

우리는 모든 기회를 포착하려 말로서나 행동으로서나 우리는 조선전체에 관여하고 있는 것이며 어느 일부분이나 또는 1당에 관여하는 것은 아니라는 것을 증명하여 왔습니다.

내가 곧 지금 언급한 바의 서울운동장의 공식행사는 남조선에 있어서 지배적이며 유리한 지위를 점하고 있는 모 정당에 의하여 구성 – 어떤 사람은 시종되었다고까지 말하였습니다 – 되었다고 우리들에게 전하여져 왔습니다. 이것은 과장이었습니다. 우리들에 대한 환영이 마음에서 우러난 것이란 것을 오인한 사람은 하나도 없을 것입니다.

뿐만 아니라 주권자인 전국환영위원회가 어느 당의 지도적 인사로서 대부분이 구성되었고 그 위원회의 의장이 다른 사람 아닌 경무부장이었다고 알려졌을 때, 조위는 차후 어느 당에 편향하였다고 비난을 받지 않도록 하기 위하여 사교적인 면을 최소한도로 제한하였던 것입니다. 이 결정을 하는 데는 고통이 없지도 않았습니다. 왜 그러냐 하면 조선 사람들은 천성상 사람을 후대하며 우리들의 많은 사람이 개인자격으로서 모든 문화 정치관계 좌우중간의 모든 집단의 남녀로부터 많은 후대를 받았으며 또 그들과 사적으로 토의도 하였습니다. 우리들의 제1의 관심사는 만일 가능하다면은 북조선 양국의 협력을 확보한다는 것입니다. 토의의 초기에 있어서 조위는 나에게 북조선 소련군사령관과 남조선미군사령관을 예방할 권한을 부여하였습니다. 따라서 나는 하지 장군과 코로트코프 장군에게 서한을 발송하였으며 코로트코프 장군에게 연락한다는 것을 고려하여 그 서한의 내용은 소련정부를 통하여 코로트코프 장군에게 전달되도록 국제연합 사무총장에게 전송한 것입니다. 또한 우리는 조위의 책임수행에 있어서 조위에 대하여 모든 원조와 편리를 관계구성국이 제공할 것을 요청하는 결의 제2호 제5항에 대하여 소련 정부의 주의를 환기할 것을 국련國聯 사무총장에게 요청한 것이었습니다. 그와 동시에 조위는 우크라이나 대표의 불참에 대하여 유감의 뜻을 표하며 그 참가의 중요성을 강조하는 결의를 채택하였던 것이다.

내가 예방을 하겠다는 조위의 희망을 표명한 나의 서한에 대하여 코로트코프 장군으로부터는 아직도 회한이 오지 않았습니다.

그러나 그로미코는 국련國聯 사무총장으로부터의 통지에 회답하는 데서 벌써 유엔총회의 제2차 회의에서 소련 대표에 의하여 진술된 바와 같은 조위설치에 대한 조선정부의 부정적 태도에 대하여 사무총장의 주의를 환기하였던 것이다. 우크라이나 정부 역시 총회의 제2회기에 있어서 우크라이나 대표에 의하여 표시된 바와 같은 태도를 재확인하였다.

사무총장이 총회 결의의 주요부분의 제6항에 대하여 주의를 환기한 서한에 대하여서는 소련 정부로부터 아직 회한을 받지 못하였다. 그뿐만 아니라 조위朝委가 북조선에 통신을 전달하라고 한 노력은 전부 다 허공에 돌아간 것이 판명되었다. 북조선의 소련관헌은 조위로부터 전달된 통신을 접수하려고 하지 않는다. 이러한 사실로 말미암아 조위는 당분간 소련군 점령 하에 있는 조선에 있어서는 총회에 의하여 조위에 부여된 기능을 행사할 수가 없다는 결론을 유감이나 내리는 바이다.

소련당국으로부터의 회한을 기다리는 동안에 조위는 3개 분과위원회로 분해하였습니다. 제1분위는 조선에 있어서의 선거를 위하여 자유로운 분위기가 어느 정도로 보장될 수 있으며 어떻게 보장될 수 있는가 하는 문제를 조사하기 위함이요. 제2분위는 조선인사와 면회하여 구두 또는 서면을 통하여 조선 여론의 동향을 밝히기 위함이요. 제3분위는 남북조선의 선거법을 심의하여 변경이 필요하다면 여하한 변경이 필요한가를 보고하기 위함이다. 이 3분위는 많은 사업을 수행하였으며 금후 또 그에 언급할 것이다.

제諸 분위에 의하여 수집된 증거나 소련당국의 부정적 태도의 의미를 고려하여 그 의미가 소총회에 충분히 설명되어 금후 취할 방도에 관하여 소총회의 권고를 얻지 않는 한 이 이상 더 추진할 수는 없다고 생각하였다.

조위가 취할 수 있는 또는 취할 수 없는 여러 가지 대안을 설명하기 전에 나는 조선의 정세에 관하여 3개의 일반적인 제안을 하고자 한다. 제1로는 조선국민은 독립을 갈망하고 있으며 그 독립 완성에 있어서 여하한 상당기간의 지연도 인내하지 않을 것이다. 여러 세기동안 조선은 독립 국가였으며 이 소총회의 대표된 나라로서 조선과 같이 장기적이고 계속적인 독립기간을 자랑할 수 있는 국가는 많지 않을 것입니다. 조선인이 독립을 위하여 싸울 수 있다는 것은 역사가 증명할 것입니다.

17세기의 사업에 조선이 어떻게 일본제국주의의 선구자 수길秀吉을 타도했으며 수길 및 모든 일인日人에게 그들이 3세기 동안 잊지 못하였던 교훈을 가르쳤다는 것을 우리는 회상하는 바입니다. 왜 그러냐 하면 일본이 재차 조선공격을 감행하여 조선을 병합한 것은 20세기의 초기였었기 때문입니다.

이 암흑기간에 있어서도 독립의 등화는 꺼져 버리지는 않았던 것입니다. 그는 조선 지도자에 의하여 원근의 나라로 가져갔었고 중국과 미국 같은 나라에 있어서 꾸준히 불타고 있었습니다. 때때로는 1919년에 있어와 같이 독립의 불꽃은 거대한 화재로 폭발도 하였습니다. 성웅 간디가 생애를 바치고 그를 위하여 생명을 바치고 무저항의 빛깔을 일시 조선에까지라도 침투한 것은 흥미 있는 것입니다.

1919년의 거대한 봉기에 있어서 운동자들은 전 조선을 통하여 다음과 같은 주의를 받았던 것입니다. 무엇을 하든지 일인을 모욕치 말아라. 돌을 던지지 말아라. 주먹으로 때리지 말아라. 이러한 행동은 야만적 행동이기 때문이다. 이 언구言句는 성웅 간디의 교훈을 상기시키는 말이다. 조선 사람이 독립을 고집한다면 그들은 똑같이 통일도 고집한다. 조선 국민의 단일성과 같이 현저한 것은 없다. 조선국민은 같은 인종에 속하며 같은 언어를 말하며 또한 같은 전통을 자랑한다.

우리들과 협의한 저명한 조선인사는 최근까지 북조선과 남조선 또는 북조선인과 남조선인과 같은 이러한 용어는 알지도 못하였다고 우리들에게 말하였다. 신의 의사에 의하여 조선은 하나였다. 북은 남이 없이는 살 수 없고 남 역시 북이 없이는 살 수 없는 것이다. 남은 농업적이고 북은 공업적이다. 남은 아세아의 식량고고 북은 힘의 저장고이다. 남은 쌀을 내고 북은 금 석탄 재목 및 수력전기를 가지고 있다. 이와 같이 조선은 경제 정치 또는 역사적 견지로 이 문제를 관찰하더라도 이와 같이 조선은 불가분이다. 북에 있거나 남에 있거나 모든 조선 사람은 마음속에서 통일을 갈망하고 있다.

1월 15일 서울운동장에서 내가 연설하였을 때, 조선의 통일성을 보지保持할 필요에 언급하여 신이 합친 것을 사람이 가를 수 없다고 말하였을 때 20여만 군중이 발한 갈채를 나는 잊을 수 없는 것입니다. 의장, 우리가 소총회에 대한 회부 조항에 이르기 전에 일반적 성질의 관찰을 또 하나 말할 것은 나에게 관용하여 주십시오. 조선 문제를 이해하려면 사태의 청취적 평가도 필요하기 때문입니다. 조선이 독립을 열망한다면 조선은 또한 벌써 독립의 준비가 되어 있습니다. 나는 인도사람으로서 독립의 준비가 되어있다는 언구言句를 쓰지는 않을 것입니다. 어느 나라도 다른 나라가 독립하기에 적당한가 안 한가를 판단하기에는 적합지 않다는 원칙 하에서 우리 자신의 독립운동이 거행되어왔던 것입니다. 독립은 한

국민이 날 때부터 가진 권리인 것입니다. 그리고 조선도 마땅히 그것을 가져야 하는 것입니다. 그러나 일국이 독립의 적격성에 대한 표준이 설사 있다 할지라도 조선은 그 표준을 만족시킨다고 나는 생각하는 것입니다. 이 점에 관하여서는 다른 의견도 있다. 어느 고관은 조선은 정치생활의 관념이 조금도 없는 퇴폐 민족이라고 우리들에게 말하였으며, 또한 시방조선은 세계 어느 나라에도 못지 않는 지도자들을 가지고 있다고도 말하였습니다. 조선의 공공생활의 결정은 그 대부분이 표면에 있는 것이다. 조선은 수많은 정당을 가지고 정치원칙에 있어서 태반 차이가 없는 정당을 가지고 있으며 그 수는 4백을 넘는다고 말하고 있다. 지도자들 간에는 가열苛烈한 개인적 적의가 있으며 동지였다가도 다음날은 경쟁자가 되고 반대자가 된다.

지도자들 가운데는 매우 민첩히 좌로부터 우로 가거나 우로부터 좌로 가는 사람도 있다. 그러나 이러한 것은 국민성격은 아니고 오히려 조선국민이 그들의 독립에 대하여 확신이 없을 뿐더러 통일된 민족으로서 금후 살아나갈 수 있을까 없을까의 그 자신에 대해서도 확신이 없는 비상적인 시기의 징후인 것이다.

그뿐만 아니라 정당이 많다는 것은 곧 조선 사람은 개인이며 용이하게 또는 장기간 여하한 전체주의적인 형型에도 몰아넣을 수 없다는 것을 증명한다.

조선 사람들이 명목상에만 아니라 실지에 있어서도 방치된다면 그들은 자신의 구출방침을 안출案出할 것이며 자기 자신이 민주주의 정부를 수립하리라고 나는 생각한다. 이 점에 있어서는 그들은 약 반세기 동안 그들에게 군림한 국민에게 못지 않는 것이다. 그 국민 역시 지금 맥아더 원수에게 민주주의원칙으로 인도되어 가고 있는 것이다. 그러나 우연한 관측자라도 맥아더 원수하의 일본과 하지 장군의 조선과의 차를 인식할 수 있을 것이다. 일본에 있어서는 군사점령에 대한 기계적이고 단조롭고 능글맞다고도 할 만한 인종忍從을 느낄 수 있습니다. 조선에는 군사점령에 대하여 불안하고 본능적이고 보편적인 반항이 있습니다.

미군사열관인 하지 장군으로 하여금 좌우를 막론한 모든 부면部面의 공격의 대상이 되게 한 것은 근본적으로는 이 사실이다. 실로 하지 장군은 공산주의자라는 비난까지 받아왔던 것이다. 이 말이 완전히 피상적이라는 것을 알 수 있는 사람은 하지 장군을 아는 사람뿐이다. 실로 하지를 공격하는 것은 조선에 있어서 한 개의 유언이 되고 있습니다. 그리고 나는 이것이 맥아더 숭배보다도 더 건전한 민주주의의 표식이라고 느끼는 바이다. 나는 문제의 표면을 약간 길게 취급하여 왔습니다. 그 이유는 조선이 독립국가로 나가는 것을 방해한 것은 국민성격의 결점이 아니고 오히려 국제정세의 계속적인 긴장이라는 것을 명확히 하고 싶기 때문이다. 진전을 방해한 것은 38선이다. 조선을 두 지대로 38선으로써 갈라진 것은 근본적으로 조그마한 군사적 결정이었다. 그러나 그는 조선독립을 방해하는 커다란 정치적 박해로써 존속하여 왔던 것이다. 그는 조선을 두 개로 절단하였으며 조선의 경제 존재를 공열公裂하여 왔던 것이다.

총회의 최종 회의에 있어서 소련 정부가 선언한 부정적 태도에 불구하고 조위가 최소한도로 북조선 소련당국의 부분적인 협력이라도 얻으려고 특수한 노력을 한 것도 그 이유는 여기에 있는 것이다. 상술한 바와 같이 이러한 노력이 부정적 결과로 초래되었을 때 3월 4, 5, 6일에 걸친 3일간의 토의에 있어서 조위는 제분과위원회가 수집한 증거에 비추어 정세를 심사하였다.

우리는 우리에게 열린 여러 가지 대안을 고려하였으나 그 중 한 가지도 모든 대표들을 전적으로 만족시키지는 안 하였기 때문에 우리는 이를 소총회에 회부하여 소총회의 권고와 지도를 받기로 결정한 것이다.

우리에게 열린 대안은 무엇인가?

제1 대안으로는 결의 제2호에 있어서 개술된 바 계획을 남조선에서만 추진한다는 것. 즉 필연적으로 남조선에 국한될 선거를 감시하여 조선 국민정부로써 승인을 얻도록 남조선에 있어서 정부수립을 용이화容易化 한다는 것.

제2 대안은 결의 제1호에 진술된 바의 제한된 목적을 위하여 즉 협의대상이 될 인민의 대표를 선출할 선거를 감시한다는 것이다.

제3 대안은 제2분과위원회의 협의 도중에 살아난 것인데 남북조선의 지도자 회담과 같은 조선의 민족적 독립을 확립할 다른 가능성을 탐구하며 또 최소한도로 그를 주의한다는 것이다. 그리고 최후로 또 한 개의 대안이 있다. 그는 즉 현 상태에 있어서 우리의 사명을 수행할 수 없다는 것을 표명하여 우리가 받은 위임을 총회에 돌려보내는 것이다. 조위는 한 가지의 점 즉 상술한 바의 대안 중의 최후 것을 포기한다는 데 있어서 만장일치 하였다.

우리는 손을 떼거나 또는 비유를 섞어 말하자면 우리 모두로부터 조선의 먼지 또는 눈을 떨라고는 생각지 않는다. 유엔위원회의 1인이 말한 바와 같이 위대한 부정을 시정하기 위하여 조위는 설립된 것이다. 또는 논리적 비유로부터 상업적인 비유로 나아가서 말하자면 조선은 억지 취인取引을 당하였던 것이다. 조선독립이 그 목적의 하나였던 전쟁이 끝나서 이미 2년 이상이 지났건만 조선은 아직도 독립이 못되었을 뿐만 아니라 분해조차 되어 있다. 일제하에서 소유하였고 또 유지하여 온 행정적 통일까지 지금은 사라지고 말았다.

정신이 산만하고 환멸을 느끼어서 모든 여론 부면의 조선 사람들은 우리를 찾아와서 유엔이 우리의 최후의 희망이라고 말하고 있다. 만일 이 최후 희망까지도 분쇄될 때 조선은 폭발할지도 모른다. 그리고 이렇게 된다면 그는 아세아와 전세계에 있어서의 더 거대한 대홍수의 시작일지도 모른다. 그러면 조위는 무엇을 할 수 있는가? 결의 제2호에 규정된 계획을 남조선만에서 수행할 것인가를 결의의 중심적인 목적은 국민정부 수립이다. 전국적 선거는 이 목적에 달하는 수단이다. 그리고 가능하다면 90일 이내에 외국군대가 철퇴한다는 것은 그에 부속할 것이다. 결의에서 고찰된 바와 같은 국민정부는 남북조선군사령관과 민정 당국으로부터 통치기간을 접수할 종류의 정부다. 조위는 이러한 정부는 현 사태에 있어서는 수립할 수 없다는 견해를 가지고 있다.

조위는 제2분위를 통하여 국민정부의 핵심이 될 남조선단독정부 수립에 대한 대중의 태도를 밝히려고 하였다. 확실히 원기가 없지는 않은 평양방송으로써 판단컨대 북조선의 말에 나타난 부면部面은 이러한 조치의 반대이며 또한 사실상 조위의 모든 업무에 대하여 반대인 것이다. 우리는 북조선 여론의 조류를 밝힐 다른 방도는 가져지지 않았었다. 남조선에 있어서의 사태는 더욱 복잡하다. 남조선 사태를 묘사하기 전에 남조선의 정당과 지도자의 설명을 하기 위하여 귀하의 관용을 간원하지 않으면 안 되겠다. 내가 말한 바와 같이 남조선에 있어서의 정치생활은 그 성격이 변동하기 때문에 그를 명확히 묘사하기는 쉽지 않은 일이다. 새 정당과 새 정치운동이 출현하고 정치세력의 재편성이 빈번 때때로는 돌연히 일어난다.

우리자신 최후 수일 동안에 좌익지도자와 중간노선 지도자와 중요한 우익지도자와 합석하여 공동된 행동노선으로 변할 것을 목격하였다. 그러나 편의를 위하여 남조선 정당은 3개 집단으로 즉 우익 중간 좌익으로 구분할 수 있을 것이다. 우익에는 3개의 주요한 정당이 있다. 즉 이승만을 총재로 한 독립촉성국민회, 김구 영도 하의 한국독립당 및 김성수 영도하의 한국민주당 등이다. 이 3개 정당 중 독촉국민회는 정당보다는 이승만의 마술적인 영도 하에 정치적 독립의 조기적 달성을 맹서한 여러 가지 단체와 개인의 결합체이다.

한국독립당은 그 세력의 대부분이 다른 원로 지도자인 김구의 개인적 수습력에서 나온다. 김구는 상해에서 1919년에 임시정부 수립을 도왔으며 이승만이 미국으로 간 후 그 주반主班으로서 행동하여 왔던 것이다. 그리고 그는 조선 여왕을 살해한 일본인 토장 대위를 맨손으로 목을 매어 죽이고 1931년 상해의 홍구공원에서 폭탄을 던져서 일본사령관 백천 장군은 생명을 잃고 진주만 사건 당시 화성돈 주재 최후 일본대사인 야촌은 그 쌍안雙眼을 잃고 미조리 함상에서 일본항복문서에 서명한 중광의 발은 쌍각雙脚을 잃었다는 등 저명한 훈공을 가졌다.

김구의 정치세력은 강력하게 때로는 폭력적으로 그 노선을 옹호하는 약간의 우익 청년단체와의 결합으로 인하여 재강화 되었다.

우익정당 중 김성수를 위원장으로 한 한국민주당은 가장 효과적인 조직을 가지고 있으며 지방연락을 통하여 특히 최근 수개월 동안에 광범한 세포조직을 발전시킨 것이다.

중간노선집단 중 가장 중요한 것은 학자 정치가인 김규식에 의하여 조직된 민족자주연맹이며 김규식씨는 이승만·김구와 함께 3영수의 1인으로 대개 인정되는 바이며 전 생애를 통하여 조선독립노선을 옹호하여 오던 사람이다. 14정당과 51개 사회단체로서 구성된 동 연맹은 명목과 실지에 있어서 민주주의적 민족통일을 달성하기 위하여 오던 정당과 단체 및 개인을 결합할 것을 목적으로 한다. 근래에 목적은 남북조선의 통일을 옹호하는 형식을 취하게 되었다.

좌익의 주요정당은 남조선노동당(이전의 공산당) 민주주의민족전선 인민공화당 및 근로인민당이다. 이들 중 민주주의민족전선은 정당, 산업조합, 농민 및 부인단체, 문화단체 등의 광범한 연합체이다.

이러한 정당 중에는 공산주의가 침투浸透한 정당도 있다는 것은 의심할 바 없으나 그렇다고 해서 그들 전부를 공산주의 지배의 도구로 인정하여 노골적으로 버려버리는 사람도 있지만 그와 같이 하는 것은 공정한 처사는 아닐 것이다.

상술한 바 정당 중 유엔에 의하여 조선의 국민정부로써 승인된 정부를 남조선에서 즉시 수립할 것을 주장하는 정당은 2개였으며 그는 이승만 영도하의 독촉

국민회와 김성수 영도 하의 한국민주당이다. 이 점에 관하여 그들이 남조선인민 다대수의 의견을 반영하는가 않는가를 확실성 있게 말하기는 곤란하다. 그러나 그들이 남조선에 있어서 조직된 여론의 주요부분을 대표한다는 것은 확실히 말할 수 있을 것이다.

이 정당들은 한 개의 도저히 측량할 수 없는 재산을 가지고 있다. 그 재산이라는 것은 곧 이승만이라는 위엄이다. 동 박사의 이름은 남조선에 있어서 마술적 위력을 가진 이름이다. 그의 연세와 학식과 사교적 매력과 윌슨 대통령과의 친교와 조선의 자유에 대한 생애를 통한 일관한 옹호로 인하여 판디트 자와하랄 네루가 인도의 국민지도자인 것과 같은 의미에 있어서 그는 벌써 조선의 국민적 지도자가 될 수 있을 것이다. 판디트 네루는 인도의 정치생활의 중심 지위를 문자 그대로 점령하고 있다.

그러나 이 박사는 38선이 조악하게 표징하는 좌우대립이 돌연 조선에 틈입闖入함으로 인하여 극우로써 알려져 왔던 것이다. 이 박사는 조선의 영구적 분할을 옹호하거나 또는 고려하기에는 너무도 위대한 애국자이다.

그러나 현실주의자로서 그는 소련 당국의 강경한 태도에 비추어보아 조선의 통일은 예측할 수 있는 장래에 있어서는 불가능할 것이며 당분간은 유엔에 의하여 조선의 국민정부로써 승인될 분립정부를 남조선에 수립함으로써만 조선통일은 달성될 수 있다고 생각하고 있다고 생각하고 있다.

유엔의 위신과 지지 및 미국의 최소한도의 힘에 의하여 후원된다면 남조선의 여사한 정부는 조선을 소련의 위성국가의 지위로 떨어뜨려 버릴 용의가 되어 있지 않는 남북의 모든 사람들은 그의 지지권내로 집결할 자석의 역할을 할 것이라고 생각하고 있다.

요컨대 이 박사와 그의 지지자들은 남조선에 있어서의 국민정부를 주장한다. 그러나 '남조선에 있어서의 국민정부' 라는 것은 언어상 모순이라고 생각하는 정당과 개인도 많다.

그들은 남조선에 수립된 국민정부는 그 언어의 여차한 의미에 있어서도 국민적일 수는 없다고 생각한다. 지리적으로는 그는 전 면적의 반 미만과 전 인구의 약 3분지 2에 대하여 권위를 행사할 것이다.

정치적으로는 그는 여사한 정부수립에 이르는 선거는 북조선에 있어서 보이코트 될 뿐만 아니라 남조선에 있어서도 어떠한 정당이 보이코트할 것 같으므로 총의를 적당히 반영치 못 할 것이다. 충성분자 즉 조선에 대한 충성분자는 그 대부분이 남선南鮮으로 이주하여 버렸다고 제2분과위원회의 협의석상에서 주장되었다. 그러나 그렇게 생각하는 것은 좌익분자는 다 반민족적이라는 주장을 용인하는 것이다. 반민족적인 좌익분자도 있을 것이다. 그러나 타처와 같이 조선에 있어서도 공산주의자와 좌익분자라는 용어는 현존 행정과 토지소작과 같은 분야에 있어서의 현존적 모순에 대하여 불만을 품은 수많은 사람들을 포함한다.

남조선정부가 지리적 또는 정치적 의미에 있어서 국민적이 될 수 없다면 그는 군사적 의미에 있어서도 즉 침략에 대하여 외국의 원조 없이는 그 자신을 정상적으로 방어할 수 없다는 의미에 있어서도 국민적이 될 수 없는 것이다.

그러나 이승만은 더 낙관적인 견해를 취한다. 벌써 말한 바와 같이 유엔에 의하여 정식 국민정부로 승인된 남조선정부는 북조선에 있어서까지라도 모든 합리적인 분자들을 그의 지지권 내로 흡수하리라는 열화와 같은 확신을 이승만은 가지고 있다.

북조선정권에 대하여 상당한 반대가 존재한다는 것이 조위에 여사한 반대의 가능한 정도를 측정할 수는 없었다. 북조선과 남조선 간에는 군사력에 있어서 상당한 불균형이 있다. 북조선군대에 관하여 정확한 숫자는 알 수 없으며 맥아더 원수가 말한 5만으로부터 김규식이 말한 50만에 이르기까지 여러 가지로 추산되었다. 이 점에 관하여 의견을 표명할 수 있는 가장 적격자인 하지 중장 자신도 그 수효는 약 20만이라고 생각하고 있다. 이에 비하면 남조선의 군사력은 문제가 안 된다. 그는 소수의 무장 전신과 소수의 해안경비대로써 구성되어 있다. 그러나 남조선에서 활약 중인 어떠한 청년단체는 남조선군대 건설의 토대가 될 수 있다는 것이 암시되었다.

이 박사 자신의 의견은 북조선의 군사력은 들리는 바와 같이 무서운 것이 아니며, 일단 남조선에 국민정부만 수립된다면 북조선 군대로부터 대규모의 이탈이 있으리라는 것이다. 여하간 그는 조선정부는 어느 기간 자신을 유지하기 위하여 미국의 겨우 표적이 될 만한 군사력을 최소한도로 필요로 할 것이라는 것을 인정한다. 그렇다면 결의 제2호 제4항에 규정된 계획의 최후단계가 될 외국군대의 철퇴는 총회에 의하여 고려된 기한 이내에는 있을 수 없는 바이다. 여하간 남조선에 있어서의 분립정부 수립은 그 정부가 국민정부의 위신이 부여된다 할지라도 조선의 통일적 독립을 결과할까 안 할까에 관하여서는 의문이 표명되었다.

그는 조선의 현존 분할을 경화하여 영구화할 것 같다. 이 견해는 중간노선 집단지도자인 김규식에 의하여 다음과 같이 표명되었다. 즉 남조선 단독정부를 말하는 사람은 역사상 되지 않는 인간으로서 몰락하고야 말 것이다. 왜 그러냐 하면 한번 이 용어가 사용되면 북조선공산주의자는 소련의 지시 하에 인민공화국 또는 인민위원회라고 칭하는 것을 수립할 것이다.

그때에 8만 천 평방 리를 약간 초과하는 이 조그마한 지역에 2개의 단독정부가 출현하게 될 것이다. 그뿐만 아니라 한 번 역사상에 이러한 일이 일어난다면 이는 영구히 몰락할 것이다.

그때에는 조선분할을 영구화하였다는 책임을 당신들도 지게 될 것이며 우리들도 지게 될 것이다. 대개 조위의 일반적인 감상은 남조선에 있어서의 분립정부 수립은 결의 제5항에 규정된 바의 2개의 목적 즉 조선의 국가적 독립달성과 점령군의 철퇴를 용이화 하지는 안 하리라는 것이다. 환언하면 조위는 결의 제2호를 수행할 수 없음을 발견할 것이다.

나는 지금 선거문제에 언급하는 바이다. 소총회에 제출된 제2문제는 조위는 선거가 자유로운 분위기에 있어서 거행될 수 있다는 결정 하에 1947년 11월 14일의 결의 제1호에 개술된 바와 같이 조선 문제의 협의에 참가할 조선대표를 감시할 것인가 하는 것이다.

남조선 여론은 이 문제에 관하여 일치하지는 안하였다. 제2분과위원회의 협의에 있어서 결의 제2호에 규정된 바의 국민정부 수립을 초래할 단독선거와 결의 제1호에 의한 순전히 협의목적을 위한 선거와의 구별은 제기되지 않았다. 남조선에 있어서의 국민정부 수립을 지지하는 정당과 지지자들은 될수록 빨리 선거가 시행되기를 절망切望하고 있다고 일반적으로 말할 수 있을 것이다. 일방 남조선에 있어서의 분립정부를 반대하는 사람들은 또한 여사한 정부수립을 결과할 여하한 선거에도 반대한다. 제2분과위원회와의 협의석상에서 좌익지도자들뿐만 아니라 중간노선지도자 김규식과 우익지도자 김구까지도 남조선에 있어서의 선거에 대하여 분명히 반대를 표명하였다. 그러나 조선 정월 1일 즉 1948년 2월10일 부 사무총장 호세택이 주최하고 나도 참석한 친목오찬회에서 3영수 이승만, 김구 및 김규식이 만나서 이 회 자체는 우연한 것이 아니었으나 김구와 김규식은 조선 문제해결을 위하여 제안된 바 남북요인회담이 실시하지 못하거나 또는 성공하지 못할 때에는 남조선에 있어서의 단독선거에 반대하지 안 하리라는 점에 합의하였다.

소총회에의 회부조목回附條目의 제2항 제2부를 토의할 때에 이 회담내용을 더 상세히 언급할 것이다. 김구와 김규식이 자기들의 추종자들에게 남조선 단독선거에 대한 그들의 이전의 반대를 어느 정도로 포기시켰는가는 말하기 곤란하다.

남조선에 있어서 단독선거를 시행하는 것이 타당하다는 점에 관하여서는 위원의 의견은 일치되지 안 하였다. 조위의 두 위원은 결의 제1호에 의한 선거와 제2호에 의한 선거 간에는 실질적인 구별은 없으나 조위가 제2단계 즉 선거의 결과로써 분립정부를 수립할 때까지 시간을 요한다 할지라도 남조선에만이라도 선거를 시행할 수 있다는 의견이다.

물론 이 대표들은 현 사태 하에서는 조위는 북조선에 있어서의 선거를 감시할 수는 없다는 것을 알고 있다. 그러나 그들은 법적 규제에 의하여 선거는 남조선에만 국한될지라도 그것을 전국적 선거로써 취급할 수 있다고 주장하였다. 조위의 일 위원은 조선 전체에 적용할 수 있는 선거계획을 안출하여 가능한 지역에 적용하고 타他 지역이 이 계획에 참가하느냐 안 하는냐는 것은 그의 자유의사에 방치하자는 의견을 진술하였다. 그의 주장은 다음과 같다. 즉, 천재나 지진이나 홍수가 있어서 그로 인하여 어떠한 한 지역에서 선거를 거행 못하였다고 할 때 그 국가의 다른 지역에 있어서의 선거까지도 그로 말미암아 무효로 인정될 것인가 이에 대한 대답은 지방 당국의 비협력은 천재라고는 부를 수 없다는 의견을 주장한다.

그런데 결의 2안에 기하여 총선거를 행하는 것이 불가능하다 하더라도 적어도 결의 1안에 의하여 협의를 목적으로 남조선 선거를 행할 수 있지 않을까? 이 문제에 대하여 국련國聯위원단은 여러 각도로 검토하였었다. 이와 같은 선거가 소기의 효과를 보지도 못하면서 중앙정부를 건립할 수 있다는 그릇된 희망을 갖게 하므로 도도히 남북요인회담에 의하여 문제를 해결할 수 있는 방도가 있다는 것이 그 견해의 하나요 다른 견해는 선거가 남조선에서 오래전부터 약속되었으며 그간 처음은 미소공위가 속개되고 그 후는 국련國聯 위원단이 내조하였기 때문에 연기되었는데 일부 우익분자와 중간층으로부터 나온 선거반대는 최근에 와서 대두하였으나 일반여론은 오래 전부터 선거단행을 지지하여 왔으며 만일 선거가 이 이상 지연된다면 수습하기 곤란한 불미한 사태에 당국이 직면하리라는 것이다. 물론 미 당국은 국련國聯 위원단의 감시가 없더라도 선거를 단행할 것이다. 그러나 본 위원단이 조선에서 업무를 계속하고 있는 한 선거가 될 때에 그것을 방관하기는 거북한 일이다. 본 위원단은 또한 이와 같은 선거가 미소관계에 미치는 영향을 고려하게 되었다. 이에 대하여 일부위원은 양국간의 관계는 개선이 절대적으로 필요한 만큼 여하한 일이 있더라도 악화시켜서는 안 된다는 견해로써 본 위원단은 적극적인 행동을 취하지 말고 분과위원회를 통하여 정세를 다만 청취하고 관찰, 연구하자는 의견을 가지고 있다. 그리하여 조선을 점령한 양兩 대국大國의 관계가 변화할 때 비로소 남북을 통한 선거는 혹은 일부 조선의 선거든 간에 단행하자는 것이다.

다른 위원은 본위원단이 조선에서 여론을 대표할 만한 사람과 협의할 수가 없는 만큼 본위원단이 그 사명의 한계가 있는 것을 고려한다면 실패의 도의적 역사적 책임은 조선 인민의 합리적 열망 달성을 방해하는 국가에 돌려야 한다는 것을 주장하는 편도 있다. 또 다른 위원은 그와 반대되는 견해를 표명하되 조선인민이 선출한 대표와 협의 목적으로 제안된 선거는 결의 1안 즉 소련대표 자신이 주창하였던 관념과 부합되어 남조선에서 대표자가 선출된다면 북조선 대표자와의 협상을 용이하게 할지언정 방해는 되지 않을 것이며 그리하여 통일정부를 형성하는데 도움이 되리라고 주장한다.

그리하여 본 위원단은 결의 1안에 기하여 협의목적으로 남조선선거를 감시하는 문제를 표결에 부쳤다. 3대표는 선거를 찬성하며 3대표는 이를 반대 2대표는 포기하였다. 만일 소총회가 본위원단 감시 하에서 선거를 할 수 있다고 권고한다면 본 위원단은 이와 같은 선거가 순전한 협의목적을 위하여 행하는 것으로 결의 2안에 고려되어 있는 것과 같은 선거를 하지 않을 것이며 또한 이것이 결코 국회나 중앙정부의 선거가 아닌 것을 명백히 하고 싶다. 이 중대한 조건부에 내포된 함축은 소총회에 회부한 제2항 전 부분에 명기되어있다.

즉 본 위원단은 서슴지 않고 선거를 감시하되 선거가 자유스러운 분위기에서

사에 부합되도록 미 당국이 남조선 행정을 개선하는 데도 도움이 될 것이다. 그러나 이것이 소총회에 회부한 조항 제2(A)부에서 이미 언급한 것과 같이 결의 제2호에서 고려되어 있는 것과 같은 중앙정부의 즉시 수립을 결과하지 않을 것이며 그러면서 또 남북회담을 통하는 혹은 이와 같은 회담을 관계정당 혹은 국가가 고의적으로 거부한다면 본 위원단이 결의하여 총회에서 채택한 다른 방도를 통하여 그와 같은 정부를 수립하는 길을 타개할 수도 있을 것이다.

본인은 위에서 본 위원단이 어느 것을 선택할까 소총회의 조언을 요하는 두 방법으로 설명하여 왔다. 제3방법은 본 위원단의 통일조선 독립에 공헌할 수 있는 다른 방안을 모색하고 그렇지 못하면 연구라도 하는 것이다. 본 위원단이 조선에 도착한 이래 우리가 통일을 역설한 결과 조선의 독립과 동시에 통일을 확보할 필요와 여하한 일이 있더라도 조선의 궁극적인 통일을 위태롭게 할 필요가 없다는 것을 더욱 절실히 조선의 지도자들이 자각하게 되었다. 이와 같은 자각이 조선의 국가적 통일과 독립정부를 수립한다는 견지에서 남북요인의 회담이라는 형태로 나타나게 되었다. 이것이 제2분과위원회에 처음 제안되었을 때 그 실체적 방면은 충분히 연구하지 않았다. 그러나 그 계획이 계속하여 표면화하였으며 그 조건은 아래와 같다.

1. 선출된 남북정당 대표자의 정치회담.
2. 남북조선에 있는 정치범에 대하여 시민권의 회복.
3. 정치요인에 대한 체포령의 취소 혹은 중지.
4. 언론, 출판, 집회, 결사의 자유를 유효하게 할 것.
5. 주둔군의 철퇴조건과 시간에 관하여 양兩 점령국 간에 합의를 볼 것.

이 계획은 많은 좌익층이나 김규식이 영도하는 중간층 또는 김구가 영도하는 유력한 우익층의 광범한 지지를 받고 있는 것 같다. 사실에 있어 이것에 반대하는 유일한 정당은 이승만과 김성수가 영도하는 극우당으로 알려져 있다. 그러나 구력舊曆 원단元旦에 모인 3영수의 개인적 회합에 있어 위에서 언급한 것과 같이 이 박사도 남조선인민이 갈망하는 선거에 지장이 되지 않는 한 이 계획에 반대하지 않겠다고 말하였다.

이와 같은 경우에는 남북요인회담에 대한 계획은 성공할 것이며 남조선만의 선거는 성공하지 않을 것이다. 그러나 만일 이 계획이 실패한다면 선거를 가급적 속히 단행할 것이며 무슨 일이 있더라도 조선농업전문가의 견해에 의하여 농사에 지장이 없는 최종기일인 5월초 주까지는 지연되지 않기를 이 박사는 열망하고 있다.

조위는 이안이 성공하리라고 적극적으로 단정할 수는 없으나 한 번 해볼 가치는 있다고 말하기를 서슴지 않는다. 남조선에 있어서 단독선거를 거행하는 것이 이 안을 용이화容易化 할까 또는 위태롭게 할까 하는 것도 또한 조위가 단정적인 의견을 표명할 수 없는 점의 하나이다.

물론 이는 선거가 자유로운 분위기에서 거행될 것인가 안 될 것인가 하는 점에 주로 달려 있을 것이다. 선거에 대한 경찰의 간섭에 관한 각 방면의 공포가 완화된다면 현재 선거에 대하여 회의적인 어떠한 집단은 자기들의 태도를 재고려하여 선거에 참가하기로 결정할 지도 모르겠다.

그리고 이러한 선거를 통하여 일개의 국체가 출현할 것이고, 이 단체는 북조선 대표가 조위의 감시 하에 선출된 대표가 아닐지라도 그들과 회담을 개시하는 것이 가능한 일이고 또 좋은 일이라고 생각할런지도 모른다. 이리하여 대안代案 제1호 제1항과 제2항을 평행적으로 추진시킬 수가 있을까도 모르겠다. 즉 남북회담 추진과 만일 동 회담에서 전국적 선거와 국민정부 수립에 관한 계획이 합의를 보게 된다면 필요치 않게 될까도 모르는 선거시행에 관한 준비를 동시에 추진할 수가 있을 것이다. 그리고 이 안으로 전 조선을 위한 통일정부가 결과 될까도 모르나 이에는 38선 지방에 있는 지방정당 지도자뿐만 아니라 양兩 대국에 대해서도 자제 관용 및 정치가 정신이 요청되는 바이다. 만일 이 정신이 결핍할 때에는 조선뿐만 아니라 양 대국 자신들과 전 세계에 대하여서도 전도는 암담할 것이다.

우리는 모든 관계자의 호의로 인하여 통일 조선정부가 수립될 희망이 일호一毫라도 있는 한 조위는 업무를 계속하여야 한다고 생각하는 점에 있어서는 조위는 의견이 일치되어 있다. 국제연합은 조선을 막연한 상태에 방치하여 버릴 수 없을 것이다. 조위는 또한 남조선에 수립될 분립정부는 총회의 결의에 정의된 바의 국민정부가 될 수 없다고 생각하는 점에 있어서는 거의 만장일치이다. 선거문제에 관하여서는 조위는 의견이 갈려져 있다. 1, 2위원은 조위는 소총회에 회부하지 않고라도 선거를 추진시킬 수가 있으리라고 생각하고 있으나 타 위원들은 조위 감시하의 여하한 선거에 대하여서도 반대한다. 다대수는 협의목적을 위한

답 : 남한 선거 말이 있으나 메논도 '우리는 통일선거의 사명을 가졌지 남한 선거권한은 없다' 고 말하고 있었다. 〈조선일보 1948년 2월 24일〉

■대동청년단, 유엔 결의안 지지

대동청년단에서는 27일 상오 11시부터 본회 회의실에서 27일의 유엔 소총회의 가결에 대하여 긴급 상무위원회를 개최하고 신중히 토의한 결과 이청천 단장 이하 참석 전원이 소총회 결의안을 지지할 것을 표명하였다 하는데 앞으로 그 준비책을 강구하기 위하여 29일 다시 상임위원회를 개최하고 선거 실시에 대한 구체안을 토의 결정하리라 한다. 그리고 28일 상오 11시 이청천 장군은 이화장으로 이승만 박사를 방문하고 유엔 소총회의 결의안대로 남조선총선거 실시에 대하여 장시간 요담하였다 한다. 그런데 종래 동 청년단은 김구씨의 노선을 전폭적으로 지지하여 오던 것인데 금반 이러한 태도로 이청천 단장이하 단원들이 김구와의 노선과 상위되는 태세를 취하게 된 것은 일반의 이목을 끌고 있는데 동단 부단장 이성주는 다음과 같이 말하였다.

「우리는 종래 김구씨의 노선을 전폭적으로 지지하여 왔는데 현 국내외의 정세로 보아 남북통일이 불가능할 것이므로 우선 남조선만이라도 선거하여야 할 것을 주장한다.」 〈동아일보 1948년 2월 29일〉

■갈 길은 자주독립, 속지 말라 남북양분

●삼일절에 김구 선생의 감언感言

30년 전 기미독립 선언일을 기념하여 김구씨는 다음과 같은 감언을 발표했다.

「우리는 해방되었다는 조국의 통일과 독립을 보지 못한 채 또 삼일절을 맞게 되었다. 돌아 보건데 기미년 3월 1일에는 우리의 민족대표 33인이 전국의 애국동포들과 함께 총궐기하여 왜적으로부터 생명을 도賭함으로써 조국의 독립을 전취하고자 하였던 것이다. 왜적에게 대한 우리의 투쟁은 이 삼일절을 통하여 더욱 강화 확대되었던 것이다. 이 투쟁은 왜적이 패망하던 시간까지 중단된 일이 없었다. 그동안에 우리의 희생은 너무도 컸던 것이다. 왜적의 패망은 우리에게 당연히 자유와 민주와 독립을 주었을 것이거늘 사태는 정반대로 진전되어 동맹국의 군대로써 우리의 조국은 양단되고 말았다. 우리는 왜적을 타도하기 위하여 수십 년간 혈투하였다. 동맹군의 승리를 위하여 매일같이 상제께 기도하고 최선을 다하여 공조하였다. 그러나 동맹군은 우리 국토를 무기한적으로 점령하고 말았다. 그 결과로 북에서는 북대로 남에서는 남대로 민생은 도탄에 빠졌다. 삼천리강산에는 수운愁雲과 비애가 미만彌滿하였다. 지금 남쪽에서는 일부 인사들이 UN원조 아래 정부를 수립하면 이 정부는 UN의 회원이 될 수 있다고 하나 이것은 민중을 기만하는 것이다. 왜 그러냐 하면 UN헌장 제2장 제4조 제2항에 규정되기를, 새로 가입하는 국가는 반드시 안보이사회의 추천을 경유하게 된 바 해외에서 5개 강대국이 참 불참을 전유하고 있은 즉 만일에 소련이 남조선정부의 가입을 거부한다면 가입 못하게 되는 까닭이다. 전자에 이태리, 몽고공화국 등이 UN에 가입하려다가 성공하지 못한 것도 우리는 본 것이다. 또 그들은 민생문제 해결을 위하여 반쪽 위에라도 정부를 세우기를 주장하고 있지만은 구체적으로 우리에게 어떻게 해결할 수 있다는 것일까.

최근 구주통신을 보면 미·영이 점령하고 있는 독일의 영토를 통일하고 그곳에 독일인의 자치정부를 수립할 것을 허락한 바 그들 독일인들은 그것을 지적하여 독일의 영원한 분할이라 하고 전체가 반대하는 동시에 그들은 전 독일을 통일한 후에 정부를 수립하기로 요청하였다고 한다. 독일의 문화가 우리보다 더 어진 바도 아니요 민생이 우리보다 낮을 바도 아니언만 그들은 단독정부 수립을 반대한 것이다. 우리는 타산지석도 보자.

친애하는 자매형제여. 우리의 갈 길은 자주독립의 한 길뿐이다. 이 길이 아무리 험악하다 하여도 살고자 하는 사람으로서 아니 가지는 못하는 길이다. 주저하지도 말고 유혹되지도 말고 앞만 향하여 매진하자. 내가 비록 불초할지라도 이 길을 개척해 나가는 데는 앞에 서서 나갈 각오와 용기를 가지고 있다. 부월斧鉞이 당전當前할 지라도 도피하지는 아니하겠다. 친애하는 자매형제여, 위대한 삼일절을 지킬 때에 삼일절의 역사와 또 거기에서 얻은 교훈을 다시 한번 새롭게 인식하고 일심일덕一心一德으로써 자주독립의 길만 향하여 나가기를 다시 결심하자.

우리의 독립은 이미 국제적으로 약속돼 있다. 이 생명이 계속될 때까지 통일된 조국의 자주독립만을 쟁취하기 위하여 분투하자. 이에서 비로소 우리들이 삼일절을 기념하는 의의도 표현될 수 있는 것이다. 바라건대 삼일절을 기념할 때에 제사와 같은 형식에 구애하지 말고 혁명정신을 충분히 천양闡揚하라.」

〈대동신문 1948년 2월 29일〉

■김구씨, 3·1절 기념식에서 선거에 불응할 것을 천명

한독당에서는 1일 상오 9시 경교장에서 중앙위원 2백여 명 참석 하에 성대한 3·1기념식전을 거행하였는데 동同 석상席上에서 김구씨는 다음과 같은 요지로 남조선선거에 불응하는 동씨同氏 견해를 발표하였다.

「나는 귀국 후 지방을 시찰할 때 지방민중에게 말하기를 자기는 아무 정권이나 지위에 대한 욕망을 가지지 않았으며 만약 조선이 독립된다면 자기는 농촌에 들어가 농군이 되기를 원하며 초대 대통령은 나의 숭배하는 선배인 이승만 박사를 추대할 것을 늘 주장하여 왔으며 민족통일노선으로 일루매진하여 온 것이다. 그러나 최근의 조선 문제가 급전환된 이때 모모 인사들이 나한테 이 박사와 제휴하고 나가는 것이 옳지 않은가 하고 권고하는 사람도 있으나 나의 생각으로는 38선을 그대로 두고는 우리 민족과 국토를 통일할 수 없을 뿐 아니라 민생문제를 도저히 해결할 수 없으므로 행동을 같이 할 수 없으며 남조선선거에 응할 수 없는 것이다.」

〈서울신문 1948년 3월 3일〉

■장덕수 암살사건 1회 공개재판 개정

장덕수 살해사건에 대한 제1회 공개재판은 2일 오전 9시 10분 과도정부 제1회의실에서 미국군사위원회 재판장 헤발드 주심아래 4명의 판사와 검사 측으로는 스틸 소좌 라만 대위가 입회하고, 피고 10명에 대하여는 2명의 미인 법정 변호인과 3명의 조선인이 변호 담당으로 개정되어 형식적인 절차를 마친 다음, 스틸 소좌로부터 포고령 제2호에 대한 해설과 라만 검사로부터의 논고가 있은 다음 동 11시 반 일단 휴정하고 오후 한 시 반부터 다시 속개되었는데 검사의 논고에 의하면 동사건 경위는 대략 다음과 같다.

1947년 8월 중순경 피고 최중하 외 수명은 최중하의 부친이 경영하는 경원호텔에서 회의를 열고, 당시 김중목이가 가입하고 있던 국민의회에서는 서울서 개최되고 있던 미소공동위원회를 반대하고 또 한국민족대표자대회와 합동을 제창하고 있는 터에 장덕수·안재홍·배은희씨가 미소공동위에 협력을 주장하고 민족대표자대회와 국민의회와의 협동을 반대한다는 이유로서 민족반역자로 규정하고 이를 처치하자는 결의를 하게 되었다. 그 후 김중목은 자기가 이 자들을 처치하겠다고 자원하여, 그 후 최중하가 입원하고 있던 한양병원에서 조선혁명단을 결성하고 조상환·박광옥·조화화·배희범 등은 혈서를 배에 붙이고 수류탄과 권총을 들고 태극기 앞에 서서 사진을 찍은 후 이 사진을 그들이 숭배하는 김구에게 보낸 다음, 9월 하순 살해 계획을 하였으나 도중 마음이 약해진 자가 있어 10월 20일 계획을 변경하고 박광옥·배희범의 두 명이 장씨 살해를 담당하고 12월 2일 장씨가 친구와 저녁을 같이한다는 정보를 입수하자 전기 두 명은 이날 장씨를 자택으로 방문하여 먼저 배희범이 권총을 네 번이나 당겼으나 불발이어서 박광옥이 다시 권총 2발을 놓으니 이것이 명중되어 장씨는 사망한 것이다. 그리고 공범 중 2명은 아직 체포되지 않아 현재 공판을 받고 있는 것은 10명이고 최근 1월 16일에 체포된 김석황의 주머니에서는 김구씨에게 보내는 편지가 발견되어 증거로서 제출되리라 한다.

● 기소이유 내용

1947년 8월 중순경 경원호텔의 일실에서 열린 회합에서 조선독립운동에 대한 민족반역자로 선정된 모모 인사들을 제거하려는 음모가 착수되었다는 것이라는 증거가 본 논고에 의하여 본 법정에 제시될 것이다. 그 회합에 출석한 자는 피고 중 4인 즉 김석황·조상환·신일준·손정수 등이었다. 반역자로 선정된 3인은 장덕수·안재홍·배은희 등이었다. 이들 3인과 기타 조선인 지도자들이 미소공동위원회와의 협의를 원한다고 진술하였다는 일반으로 알려진 사실이 상기 3인을 반역자로 선정한 근거이었다.

이것은 상기 피고 4인이 중요한 구성원이 되어 있는 대한민국의회의 희망에 배치되는 바이었다. 또 한 개의 내밀적 동기는 남조선 우익정당의 2개의 재집합체인 대한민국의회와 한국민족대표자대회를 합동시키려는 조선인 정치지도자들의 희망이었다. 장덕수·안재홍·배은희는 국민의회의 지도층에 속하였으니 어떠한 정치적 문제에 관하여 국민의회에 반대하였으며 국민의회와 민대 간의 상이점을 사전에 해결치 않고는 양자의 합동을 원치 않았기 때문에 국민의회의 지도자들은 그들을 악질로써 지목하였던 것이다. 국민의회의 중견의 1인인 피고 김중목이 악질이라고 하는 사람들을 제거하려는 지도자들의 희망을 달성하는 세부에 선한 역할을 담당하기를 열렬히 자원하였던 것이다.

일방 김중목은 학생정치 두목의 1인이며 경원호텔 주인의 자식인 최중하와 이 음모를 실제적으로 수행하여 버릴 집단을 최의 우인들 중에서 선발 구득하기로 협정하였다. 피고 최중하는 당시 한양의원에 입원중인 환자이었으며, 따라서 대한혁명단은 1947년 하순 중에 한양의원에서 결성되었던 것이다. 대한혁명단의원 구성원은 피고 최중하·박광옥·배희범·조엽·박중덕 및 김철(미체포)이었다.

제1차 회합은 그들 청년에게 수행이 분담되려는 광신적인 과업을 위한 그들의 정신을 확립하려는 것이다.

최중하·박광옥·배희범·조엽·박중덕·김철 등이 유사시에는 조선독립을 위하여 생명을 바칠 것을 혈서로써 맹서한 것은 본本 난의 장립기간의 일이었었다.

김중목이 주선하여 혁명단원들의 개인사진을 박기로 하여 사진은 박았던 것이며 이 사진은 각 피고가 손에 수류탄을 들고 가슴에 맹서 혈서를 붙이고 국기를 배경으로 한 사진이며 이는 증거로써 장차 제시될 것이다. 이 사진들의 부본은 최중하와 조엽 등의 피고에 의하여 국민회의 지도자의 1인인 김구에게도 수교되었던 것이다.

살인의 실제적인 분담이 결정된 것은 1947년 9월 초경에 열린 혁명단 제3차 회의이었었다. 박광옥과 배희범은 안재홍을 담당하고, 조엽과 박중덕은 배은희를 담당하고, 김철과 최중하는 장덕수를 담당하기로 하였다. 피고 조엽과 최중하는 겁을 집어먹고 혁명단에서 탈퇴하고 말았다.

최중하는 병원에 남아 있기 때문에 하수자 명록名錄에는 피고 박광옥과 배희범이 남아있을 뿐이었으며 따라서 1947년 10월 20일 경에 분담을 변경하여 장덕수 살해를 제일착으로 하기로 하여 박광옥과 배희범이 맡기로 하였던 것이다. 음모가 실현단계에 이르렀으므로 무기 문제가 일어나게 되었다. 피고 김중목의 우인으로 대전에 거주하는 김기숙이라는 자가 권총을 가지고 10월 말경에 돌아와서 그 권총을 최중하에게 주었고 최중하는 그것을 박광옥에게 주었던 것이다.

피고 김중목은 수류탄을 입수하여 그 중 한 개는 혁명단이 전기 사진을 박을 때 사용되었다. 최중하는 이덕원으로부터 또 한 개의 수류탄을 구하였다.

장덕수씨가 살해당한 1947년 12월 2일 이후에 경원호텔에 숨겨 두었던 것이 발각된 혁명단원의 사진 중에서 사용된 것은 이 수류탄이었다. 피고 김석황을 신문하는 중에 김석황이 수류탄 20개를 숨겨두도록 그 처에게 주었다는 것이 발각되었다. 이 수류탄들은 당국에 의하여 회수되었고 김중목이가 성낙산이라는 우인友人에게 상각賞刻한 수류탄 3개도 또한 회수되었다. 운명의 날인 1947년 12월 2일 박광옥과 배희범은 장덕수가 12월 2일 자택에서 오찬에 객을 청한다는 정보를 입수하였으므로 그들은 오후 5시경에 경원호텔에 있는 최중하에게 당야當夜 계획을 수행할 것을 보고하였다.

박광옥은 자기의 경사 정복을 착용하고 카빈총을 휴대하였고 배희범은 흑색 외투를 입고 박광옥이 빌려준 권총을 휴대하였다. 이때에 신일준이 호텔의 홀로 들어왔으므로 최중하는 그에게 계획을 말하고 박광옥과 배희범의 야식대로 7백원을 청구하였다. 신일준은 그 돈을 최중하에게 주고 최중하는 그것을 박광옥에게 주었다. 이 두 명은 호텔을 떠나서 어떤 음식점에서 야식을 먹고 오후 6시경에 장덕수 댁으로 향발하였다.

장덕수 댁에 도착하였을 때는 컴컴하였다. 14세 하녀가 빨래줄에서 빨래를 걷고 있었다. 그들은 그 하녀에게 장 박사가 계시느냐고 묻고 공무로 면회하기를 청하였다. 장 박사 부인이 이 말을 듣고 장 박사는 때마침 손님이 있어 만찬 중이었으므로 나와 보았다. 결국 장 박사 부인이 집으로 들어가서 박사를 불러냈다. 부인은 서서 2분가량 말을 듣고 집안으로 들어갔다.

수분 후에 총성 두 방이 났다. 부인이 현관으로 달려 나가자 장 박사는 넘어져 있었다.

장 박사 부인이 청원을 하였을 때 비로소 손님들과 하녀들이 나왔다. 그러나 너무도 늦었었고 하수인들은 벌써 도망하여 버렸던 것이다. 그러나 장 박사 부인과 그 어린 하녀는 박광옥과 배희범이 장 박사를 방문한 3청년과 동일인이라는 것을 인정할 것이며 운명적 탄환을 발사한 카빈총을 박광옥이 가지고 있었다는 것도 본 논고에 의하여 증명될 것이다. 배희범은 장덕수를 겨누어 권총의 방아쇠를 네 번이나 당겼으나 장박사의 몸에 치명적 탄환을 더욱 발사할 수는 없었다. 그러나 이는 박 자신의 과오에 인한 것은 아니었다. 장 박사의 신체는 백 박사를 병원으로 급송하였으나 병원에 도착하자 백 박사는 사망하였다고 말하였다.

본 논고에 의하여 본 살해사건을 재연한 9개로 된 일련의 사진이 제시될 것이며, 피고 박광옥과 배희범은 기록하기 위하여 자기들의 범죄를 재연출하기를 자진하였던 것이다.

담당 업무를 수행한 후 그들은 즉시로 경원호텔로 돌아가 오후 7시 반에 거기에 도착하여 최중하를 만나려고 하였으나, 그는 계획이 수행되고 있다는 것을 김석황에게 말하려고 친구 집에 갔기 때문에 호텔에 없었다.

하수인들은 최중하의 모에게 장덕수를 살해하였다고 피신문제에 관하여 상의하기 위하여 최중하를 만나지 않으면 안 되겠다고 말하였다.

그 여자는 그들의 피신을 방조하기 위하여 2천원을 제공하였다. 그들은 말하기를 최중하를 그가 병중 입원하였던 한성병원 입원실에서 기다렸다고 한다. 또 그들은 병원 의사에게 말하기를 최중하를 만나려 1층 1호 방에서 기다리겠다고 하였다. 그러자 한 시간 후 최중하의 모母가 병원에 와서 박광옥과 배희범이 방금 장덕수를 살해하였다고 의사에게 말하였다. 그 후 최중하가 병원에 와서 말하기를 두 암살자는 조조早朝 우인友人의 집으로 가서 은신하기 위하여 거기서 잘 뜻을 말하였다. 동야同夜 최중하는 경찰에 구속되어 익조翌朝 자백하기를 박광옥과 배희범은 병원에 있다고 말하였다. 그리하여 경찰이 병원을 수색하였는데 권총과 경관복을 발견하였을 뿐이다. 두 암살자는 피신하여 익일翌日 결국은 우인의 집에서 체포되었다. 박광옥은 체포당시 피스톨을 휴대하고 있었다. 최중하가 체포된 12월 2일 밤 그의 모는 당황하여 경원호텔에서 자고 있는 신일준을 깨워 그 전말을 이야기하되 이것이 다 조선독립을 위하는 것이라 말한 후 다시 취침하였다. 그리하여 1월 16일까지 은신하고 있던 김석황 이외에는 수일동안 협의자 전부를 체포하게 되었다. 김석황은 체포 당시 논고 근거로써 제출되어 있는 편지를 가지고 있었다.

본 논고에 의하여 10명의 피고가 음모에 참가하여 장 박사를 암살한 후 법에 의하여 그 행동을 중지하기까지의 경과에 대한 피고들의 자백한 사실로 설명하였다. 또 본 논고에 의하여 공모자의 행위에 관한 법률상의 문제가 상세히 토의되었으므로 귀 위원회는 이와 같은 성질의 사건에 있어 직접 증거보다 사정 증거가 긴요한 만큼 사정 증거는 왜곡하지 못할 것이다. 특히 일○도당은 극비로 되어있다. 그 공모자 중 한 사람이라도 누설하거나 행동하지 않은 이상 그 존재를 알 길이 없으며 충고할 수도 없게 되어있다. 본 사건에 있어 일매의 대부분은 피고이며 나머지 소수인은 불문에 붙여 있다. 논고에 의하여 귀 위원회에 요청하는 것은 피고 중 최중하·박중덕은 처음 모사할 때 공모에서 탈퇴한 만큼 살해가 아니라고 공모 명세에서 진술한 것을 부언한다.

본 논고에 의하여 귀 위원회에 특히 희망하는 것은 본 사건이 중대하다는 것이다. 장덕수 박사가 정치적인 신념으로 인하여 급서한 1947년 12월 2일은 참으로 슬픈 날이다. 전 세계는 이 사건의 돌발로 인하여 놀랐다. 여러분에게 제시한 증거를 참작하여 정당한 판결을 내리는 것이 여러분의 의무인 줄 압니다.

〈동아일보 1948년 3월 3일〉

■한독당, 남북요인회담 추진위 설치 결의

한국독립당에서는 2일 개최한 상무위원회에서 남북요인회담 추진위원회를 설치할 것을 결의하고 동 위원으로 조소앙·조완구·엄항섭·김의한·백홍균·조경한 등 6명을 선정하고 앞으로 남북통일공작에 추진하기로 하였다 한다.

〈조선일보 1948년 3월 4일〉

■김구 · 김규식 · 홍명희 총선관련 행동 통일 모색

정계는 바야흐로 총선거 태세로 움직이고 있는 이때, 한독당에서는 1일 상오 11부터 경교장京橋莊에서 2일 하오 2시부터는 조소앙 댁에서는 각각 상위를 개최하고 당원에게 당 노선을 재인식시키고 오는 15일 중집中執을 소집할 것 등을 결의하였고, 한편 민독당民獨黨에서는 2월 28일 동당 회의실에서 상위를 열고 국내외 문제를 토의하였다.

그런데 김구·김규식·홍명희는 돌연 2일 하오 4시 시내 모처에서 극비밀리에 회합하고 남조선 총선거문제에 대한 행동통일과 한독당과 민독당의 합당문제를 조상爼上에 논의하였다는데, 소식통이 전하는 바에 의하면 합당은 확실히 된다고 보고 있다 하며 4일에 또다시 양 김씨와 홍명희는 모처에서 회합하리라 하는데 이 석상에서 합당의 구체안이 토의될 것으로 보고 있다.

〈경향신문 1948년 3월 4일〉

■김구, 민족대표단 참가 거부

이승만 박사를 중심으로 하는 일부 우익진영에서는 5일 독촉국민회의실에서

산하 각 정당 단체 대표자가 참집 UN조위와 협의하기 위하여 민족대표단 33명을 선출하였거니와, 이에 앞서 동同 진영에서는 대표를 경교장京橋莊에 파견하고 김구씨의 동同 대표단 참가를 종용한 바 있었으나 확답을 얻지 못하였다 하며 재차 7일 하오 3시경 명제세씨가 경교장을 방문하고 동同 대표단 참가를 정식으로 종용하였으나, 역시 김구씨는 이를 거부하였다 한다. 〈서울신문 1948년 3월 9일〉

■임시위원회 중국대표, 선거와 관련 김구 · 김규식과 요담

국련國聯 조위朝委중국대표 유어만劉馭萬은 5일 오전 10시 경교장京橋莊으로 김구를 방문하고 약 1시간 회담한 후 11시 반경 직시 삼청동으로 김규식을 방문하고 회담한 바 있었다.

소식통이 전하는 바에 의하면 양 김씨는 주지하는 바, 남조선단독선거 시행에 반대하고 있으므로 과반過般 하지 중장이 직접간접으로 선거에 협조할 것을 권유한 바도 있다 하는데 금차 유씨의 양 김씨 방문도 동일한 목적으로 선거에 협조할 것을 권유한 듯하다 한다. 하여간 양 김씨는 이미 태도를 표명한 바에 비추어 금후의 추이가 주목되는 바다. 〈조선일보 1948년 3월 9일〉

▲ 경교장을 방문한 유엔한위 중국대표 유어만과 함께 앞줄 왼쪽부터 유어만 부인, 유어만, 김구, 사도덕(1948. 3. 9)

■김구, 북조선에 남북회담 제의

총선거실시를 앞두고 국내정국은 긴장 리에 미묘히 이에 대처하고 있는 차제 확실한 소식통에 의하면 김구·김규식 양씨는 북조선의 김일성·김두봉 양씨에게 남북정치요인회담을 개최할 것을 제의하는 서한을 공동명의로 지난 2월 25일 전달하였다 한다. 그런데 일부 소식통에 의하면 북조선으로부터 이를 거부하는 회한이 도달하였다고도 전해지고 있는데, 이에 관련하여 김구는 왕방往訪한 기자와 다음과 같은 문답이 있었다.

문 : 남북회담 개최를 제의하는 서한을 김일성·김두봉 등에게 전달하였다는 설이 있는데 사실인가?

답 : 사실이다.

문 : 일부 보도에 의하면 북조선으로부터 이를 거부하는 회한이 도착하였다는데?

답 : 아직 회답이 없다.

문 : 일부 조위 측에서 선거에 협조할 것을 종용하고 있다는데?

답 : 이에 대하여는 더 말할 필요가 없다.

그리고 김 박사 측근자도 모씨도 서한 전달에 대해서는 인식하였으나 회한 도착설에 대해서는 부인하였다. 〈서울신문 1948년 3월 9일〉

■장덕수 살해사건 제5회 군사재판 개정

장씨 살해사건 제5회 군사재판은 8일 오전 9시에 개정하였다. 이날 오전 재판에서 피고 김석황은 4일 이미 미군 조사기관에서 진술한 진술서를 낭독하였는데, 피고들이 조사기관의 질문에 대답한 진술내용은 대략 다음과 같다.

- 김석황(54) : 본인은 국민회의 동원부장이다. 중국망명생활을 하는 동안 대한임시정부 주석인 김구 선생을 친히 1년 동안 모신 일이 있다.(조사관의 질문은 피고 김모와 김구와의 관계를 주로 진행되고 있다) 귀국 후는 별로 가까웁지 않았으며 1947년 11월 31일 민대 국의 합동문제로 찾아 갔었다. 장덕수를 살해한 박광옥을 본인은 모른다. 장씨 살해문제에 관해서는 신일준辛一俊(피고)으로부터 1947년 7월경에 민족반역자를 숙청해야 한다는 말 가운데에 장덕수 배은희 안재홍을 죽여야 한다고 들었으나 말렸다. 그 후 신은 김중목이가 적임자라고 말했다. 며칠 후 김구 선생을 찾았을 때 이런 말을 했더니 '이놈들

은 나쁜 놈이야' 라고 말했다. 이때 본인이 이 말이 장덕수를 죽이라는 직접 명령은 아니나 원하고 있다는 것으로 알고 신·김에게 말했다. 그 후 살해계획을 김구 선생께 알렸더니 '아 그런가' 라고만 하였다. 본인의 주머니 속의 편지는 누구라고 이름은 안 썼으나 인편이 있으면 김구씨에게 보내려고 한 것이다.

- **조상항趙尙恒**(56) : 국의國議 정무회 비서장이고 이번 사건에 관해서는 이박사 밑에서 소란스럽게 하고 있는 장덕수를 죽여야 한다고 말이 있었을 때 신이 부하를 시켜서 혁명단을 조직하였다. 1947년 8월 중순경 경원여관에서 김석황으로부터 김구 선생의 지령이 있었다고 들었다. 그때 말 가운데에 좌익의 김원봉·박헌영도 죽여야 한다고 결의하였었다.

여기에 일단 휴정한 다음 다시 신일준(46) 손정수(58) 김중목(38)의 진술서 낭독이 계속되었는데 이들의 진술내용은 간단했으며 범행동기와 공범들과의 관계 등으로 되어 있었다. 오전은 이상으로 오후 1시 반부터 나머지 5명에 대한 진술서 낭독이 계속될 것이다.

● 김구 소환

고故 장덕수 살해사건은 방금 중앙청 제1회의실에서 미군 군율재판이 계속되고 있어 그 귀추는 주목되는 바인데, 8일 김구씨에게는 오는 12일 오전9시 이 사건의 증인으로 출두하라는 소환장이 전달되고 있다. 즉 피고들의 미인美人 변호인인 빌의 요청으로 담임검사 밀톤 로만 육군 대위로부터 김구씨에게 전달된 소환장 내용은 다음과 같은데 증인비證人費 및 여행비旅行費라 하여 일금 2백 50원을 첨부 전달되고 있다.

소환장

북미합중국 대통령이 김구씨에 서한 – 조선 서울시 중앙청 제1회의실에서 개정하고 있는 미국군율재판위원회에서 귀하를 소환하오니 서력西曆 1948년 3월 12일 오전9시에 출정할 사事.

미국군율재판위원회는 서울에 있는 김석황 등의 소송사건을 변호하기 위하여 증인으로서 지정하고 증언할 목적으로 서력西曆 1947년 12월 16일에 제24 미군사령부 우함郵函 235 특령 320호 제1항에 의하여 임명되었음.

담임검사 육군대위 밀톤·라만

〈조선일보 1948년 3월 9일〉

■이승만, 김구의 장덕수살해사건 관련설 일축

이승만은 8일 고 장덕수 사건에 관하여 다음과 같은 담화를 발표하였다.

고 장덕수씨 사건에 김 주석이 관련되었다는 말은 얼마 전에 들었으나 근일 항간에 허무한 풍설이 많이 유포되고 있는 때이므로 나는 별로 신뢰치 않았던 것인데 지금 와서는 신문에까지 보도되기에 이르니 이것을 본 나로는 사실을 모르고 좌우간 단언할 수는 없으나 김 주석이 고의로 이런 일에 관련되었으리라고는 믿을 수 없다. 김 주석 부하 몇 사람의 무지망동한 죄범罪犯으로 김 주석에게 누가 미치게 한 것은 참으로 통탄할 일이다. 앞으로 법정의 공정한 판결이 있을 줄 믿는다.

〈서울신문 1948년 3월 9일〉

■장덕수 살해사건 제6회 공판 개정

장씨 살해사건 제6회 군율재판은 9일 오전 9시 개정 계속해서 진술서 낭독이 있었다. 피고 박정덕朴鼎德(25,연대생 학련學聯 총무과장)은 진술서에서 한국 혁명단에 가맹하였으나 1947년 9월에 탈퇴하였는데 이유는 목적에 찬성치 못한데 있다고 말하고 있다. 그리고 김구가 이 결사와 그 목적을 찬성하였는지 불연인지 모르며 처음 김구씨가 알든 모르든 각오한 바를 결행할 의사로 하등 관련없이 결사를 조직하였다고 진술하고 있다. 재판은 10시에 일단 휴정하였다가 사건주범 박광옥의 진술서 낭독으로 속개되었다.

- 박광옥(23) : 본인은 혁명단을 조직한 후 살해할 목적인의 정보수집에 분주하였다. 1947년 2월 7일 장덕수씨가 자택에 있을 것이라는 정보는 한국민주당 사무소 수위와 동방자동차 운전수에게서 들어서 알았다. 동일同日 5시경 이 정보를 가지고 경원여관에서 배희범과 만나고 밖에 나와서 저녁을 먹은 다음 택시로 장씨 집까지 갔다. 현관에서 처음 애를 만났고 다음 35세 가량 되는 부인을 만난 다음 장씨가 나왔다. 거기서 장씨가 찾는 이유를 물었을 때 말이 막혔다. 배가 '이 박광옥과 만난 일이 있지요' 하자 장씨는 '당신들이 꼭 만날 일이 있으면 5일 후로 합시다' 하는 문답이 있고 나는 카빈총으로 간격을 안 두고 두 방을 쏘았다. 그 후 어떻게 됐는지 모르고 곧 도망하여 전차와 택시로 경원여관으로 갔다.

이상 범행 경위를 주로 한 전반 낭독으로 오전은 끝마쳤다.

〈조선일보 1948년 3월 10일〉

■통일 독립 달성을 맹서, 민족 진용 7요인 공동성명

김구씨 김규식 박사를 비롯하여 김창숙·조소앙·조성환·조완구·홍명희씨 등 민족 진용의 7거두는 통일 독립달성의 비원을 품고 단정단선에는 불참할 것을 표명하여 3월 12일 다음과 같은 공동성명을 발표하였다.

「통일과 독립은 우리 전 민족이 갈망하는 바이다. 그러므로 우리문제를 우리 민족에게 자결하라면, 통일 독립 이외의 다른 말을 감히 입 밖에 낼 수가 없으련만 우리 문제가 세계 문제의 일소환一小環으로 국제적 연관성을 가졌고 현 세계의 양대 세력인 미·소 양국의 분할 점령한 바가 되었고, 또 미·소 양국이 문제해결의 일치점을 얻지 못한 까닭으로 남에서는 가능한 지역의 총선거로 중앙정부를 수립하려 하고 북에서는 인민공화국 헌법을 제정 발포發布한다 하여 남북이 분열 각립各立할 계획을 공공연하게 떠들게 되고 목하目下 정세는 실현 일보一步전에 이르게 되었다.

미·소 양국이 군사상 필요로 일시 설정한 소위 38선을 국경선으로 고정시키고 양 정부 또는 양 국가를 형성하게 되면 남북의 우리 형제자매가 미·소전쟁의 전초전을 개시하여 총검으로 서로 대하게 될 것이 명약관화한 일이니 우리 민족의 참화가 이에서 더할 것이 없다. 외국인으로 보면 우리 한토韓土 민족民族이 멸망하더라도 우리 한토 명칭이 이 세계 지도에서 소실되더라도 그다지 큰 관심사가 안 될지는 모르나 우리 한인에게는 이보다 더 큰 문제가 없다. 그러므로 우리는 민족적 이해를 불원不顧하고 미美나 소蘇의 정책으로만 우리의 운명을 좌우하는 데는 추수할 수가 없는 것이다.

현금 미·소 양국의 세계적 대립으로 말미암아 전 세계 인류가 거의 다 고통을 받되 양국의 분할 점령 하에 있는 민족이 더욱 심각한 고통을 받으니 서西에 덕국인德國人이 있고, 동東에 우리 한인이 있다. 덕국(독일)은 연합국의 적국이었으나 우리는 적국이 아니었고 덕국은 동서 양단된 채 각각 정부를 가지게 되더라도 동족상잔할 우려가 우리와 같이 크지 않다. 그런 즉, 우리는 현 세계의 가장 심각한 고통을 받는 불행한 민족이다. 인류의 자유와 이성과 민주주의의 유지를 전담하는 미국으로 또 약소민족 해방의 사도로 자임하는 소련으로 전 세계 인류 앞에 선포한 '카이로' '포츠담'의 공약을 준수하지 않고 책임을 호상전가互相轉嫁하며 불행한 우리 민족에게 더욱 더 불행을 입히려고 하는 것은 미소양국의 수치가 될

지언정 명예는 되지 못할 것이다. 미·소 양국이 우리의 민족과 강토를 분할한 채 남북의 양 정부를 수립하는 날에는 세력 대항으로든지 치안유지로든지 양국 군대가 장기 주둔하게 될런지 모르고 민생 문제로 말할 지라도 인민의 수입은 증가되지 못하고 부담은 대량으로 증가될 것이니, 문제해결은 고사하고 다소 완화할 방도도 찾기 어려울 것이다.

남에서는 오직 하나 기대가 미국의 불화원조弗貨援助뿐일 것인데, 원조도 우리가 중국에서 본 바와 같이 또는 희랍에서 들리는 바와 같이 기개幾個 자본가나 모리배의 전단專斷에 맡기게 되어서 이익은 기개인幾個人이 차지하고, 채무는 일반 인민이 지게 될 것이다. 우리의 보는 바로는 남북의 분열 각립할 계획이 우리 민족에 백해百害 있고 일리 없다고 단정하지 않을 수 없다. 반쪽이나마 먼저 독립하고 그 다음에 반쪽마저 통일한다는 말은 일리가 있는 듯하되, 실상은 반쪽 독립과 나머지 반쪽 통일이 다 가능성이 없고 오직 동족상잔의 참화를 격성激成할 뿐일 것이다. 우리 문제가 국제적 연관성을 무시하고 해결될 것은 아니로되, 우리 민족적 견지는 불고하고 미·소의 견지를 추수하여 해결하려는 것은 본래가 주객이 전도된 정당하지 못하고 부자연한 일이니 부정당不正當 부자연한 일은 영구 계속하는 법이 없다.

우리 문제를 미·소공위도 해결 못하였고 국제연합도 해결 못할 모양이니 이제는 우리 민족으로 자결케 하는 길밖에는 없을 것이다. 이것이 곧 원원본본元元本本한 길이다. 그러므로 미·소 양국은 각각 자국의 명성을 높이기 위하여 대서양大西洋 헌장憲章의 정신을 살리기 위하여 우리에게 민족자결할 기회를 주는 데 문제해결의 일치점을 구하고, 국제연합은 이 기회를 촉진하는 데 일비一臂의 력力을 더하여 주기를 우리는 바라마지 않는다.

우리 몇 사람은 정치의 기변성機變性, 운동의 굴신성屈伸性 기타 여러 가지 구실로 부득이한 채 현 정세에 추수하는 것이 우리들 개인의 이익 됨을 모르지 아니하나. 개인의 이익을 도모하려고 민족의 참화를 촉진하는 것은 민족적 양심이 허락하지 아니하며 반쪽 강토에 중앙정부를 수립하려는 가능한 지역 선거에는 참가하지 아니한다. 그리고 통일 독립을 달성하기 위하여 여생을 바칠 것을 동포 앞에 굳게 맹세한다.

단기 4281년 3월 12일

김구·김규식·김창숙·조소앙·조성환·조완구·홍명희

■김구, 장덕수 피살사건 관련설은 모략이라고 언명

고 장덕수 사건에 관련된 피고들을 변호할 임무로서 증인 소환을 받은 김구씨는 금 12일 중앙청회의실에서 진행 중인 군율재판에 출정하게 되었다 함은 기보한 바와 같거니와, 이에 대한 귀추는 일반의 큰 관심을 가지고 주목하고 있는데 김구씨는 11일 다음과 같이 말하였다.

「내가 금번 군율재판소에 출정함은 나를 미국대통령 트루먼씨의 명의로 불렀으므로 국제예의를 존중하고자 함이지 내가 증인이 될 만한 사실이나 자료를 가진 까닭은 아니다. 내가 장씨 사건에 관련이 있는 것처럼 발표된 데 대해서는 나에게는 아무 책임도 없다. 그것은 담화를 발표한 그 부문의 모략이며 따라서 그 부문에 있는 것이다.」

〈경향신문 1948년 3월 12일〉

■김구, 장덕수 살해사건 증인심문에서 관련성 부인

장덕수 암살사건 제8회 군율재판 공판은 전일에 계속하여 12일 상오 9시 정각보다 10분 늦게 개정되었다.

▲ 장덕수 암살사건 증인으로 미군정 재판정에 출석한 김구 선생 (1948.3.12)

전날 밤부터 내리는 봄을 재촉하는 가랑비가 아침에 계속하여 땅위에 먼지를 적시고 있거늘 이날은 김구씨가 이 사건의 증인으로 소환되어 출정하기로 된 날이다. 김구씨의 출정과 그리고 그 증인의 커다란 관심과 주목을 이끌고 있음은 말할 것도 없으려니와 아침부터 재판정인 군정청 제1회의실 앞 복도에는 방청객으로 혼잡을 이루었는데, 재판 당국도 이날의 혼잡을 예상하였음인가 전날에 비하여 많은 MP가 동원되었고 인정 전부터 경계는 삼엄한 바가 있다. 이리하여 방청객은 한명 한명 엄중한 신체검사로 방청석은 어느덧 초만원을 이루었고, 특히 이날 조선의 정치 요인이 출정한다는데 흥미를 가졌음인가 특설된 미국인방청석에는 남녀 미국인 방청객이 다수 자리를 잡고 있었다. 그리하여 전후 좌우에 MP가 둘러섰고 개정에 기다리는 장내의 공기는 자못 침중한 가운데 이 공판은 개정되어 전날에 계속으로 증인 최중하의 모친의 심문이 끝난 뒤, 동 9시 45분 MP에 호위된 오늘의 증인 김구씨가 무거운 걸음으로 그 몸을 증인석으로 옮기자 먼저 변호인 측으로부터 심문은 개시되었다. 심문응답 내용은 다음과 같다.

변호인 : 국민의회와 민족대표자대회를 아십니까?

증　인 : 압니다.

변호인 : 거기에 어떤 직분을 가지고 계십니까?

증　인 : 거기에 이 박사가 주로 의장이 되면 나는 부의장으로 되어서 일합니다.

변호인 : 독립촉성국민대회를 아십니까?

증　인 : 압니다.

변호인 : 거기에는 어떤 직책을 가지고 계십니까?

증　인 : 거기에도 마찬가지입니다. 총재는 이 박사, 부총재는 나입니다.

변호인 : 김석황씨를 아십니까?

증　인 : 잘 압니다.

변호인 : 언제부터 아십니까?

증　인 : 나는 상해에서부터 아는데 30년 됩니다.

변호인 : 신일준·조상항·손정수를 아십니까?

증　인 : 그 사람들은 자세치 않으나 내 집에 많이 다닌 사람인 것 같습니다.

변호인 : 여기에 계신 분 중에 네 분을 아십니까?

증　인 : 김석황·조상항·신일준(가리키며)이를 압니다.

변호인 : 김중목·최중하·조엽을 아십니까?

증 인 : 그는 내가 보았는지 모르겠습니다. 나는 얼굴도 모릅니다.

변호인 : 박광옥·배희범·박승덕을 아십니까?

증 인 : 나는 잘 모릅니다.

변호인 : 최석봉·손종옥·명제세·이종형을 아십니까?

증 인 : 그 사람들은 압니다.

변호인 : 최석봉·손종옥·명제세는 현재 한국독립당의 중앙상무위원인 것을 아십니까?

증 인 : 그렇습니다. 압니다.

변호인 : 장덕수씨를 아십니까?

증 인 : 잘 압니다.

변호인 : 언제부터 아십니까?

증 인 : 장덕수씨가 일곱 살 때부터 압니다.

변호인 : 김석황씨에게 생활비를 주신 일이 있습니까?

증 인 : 내가 생활비를 준 일은 없고 김석황이가 나에게 자기 부모가 북조선으로부터 여기 왔는데, 그 부모들을 모셔야 할 터인데 방세 줄 돈이 없다고 나에게 돈 5천원을 청했기 때문에 내가 그 돈을 준 일이 있습니다.

변호인 : 만약 1947년 8월 중순 김석황·신일준·손정수·조상항이 선생을 찾아본 일이 있습니까?

증 인 : 그것은 그 사람이 늘 종종 우리 집에 오는 까닭에 언제 왔다고 내가 기억이 없을 것이고, 나의 생각 같아서는 8월뿐만 아니라 종종 그 사람이 우리 집에 다녔다고 나는 생각이 됩니다.

변호인 : 만나신 일이 계신다면 그 때에 장덕수는 죽일 놈이라고 욕설하신 일이 있습니까?

재판위원 : 그 질문에 대해서 반대합니다. 그것은 심문할 적에 질문을 해서 증인으로 하여금 대답하도록 해야지 이것을 묻고 대답을 한꺼번에 하면 증인을 불러온 것이 무엇이냐?

검 사 : 내가 가만히 들으니까 변호인은 물어보고 대답하는 것을 한꺼번에 하고 있는데 아까부터 반대하려고 했지만 만약 검사가 자꾸 반대할 것

▲ 장덕수 암살 재판이 열린 미군정청 재판정 (1948.3.12)

같으면 재판에 대한 것을 모르는 분들이 오해할까봐 나는 잠자코 있었습니다.

변호인 : 김석황·신일준·조상항·손정수를 만나신 일이 있으면 어떠한 이야기를 하신 일이 있습니까?

증 인 : 그 사람을 만났으면 가령 국민의회라든지 한국독립당이라든지 가만히 보니까 한국 독립당의 당원인 것같이 뵈는데 그런데 대해서 이야기했을 것이라고 생각합니다.

변호인 : 우리끼리 의논할 것이 있으니까 10분 동안 휴정을 청합니다.(10시 15분 휴정)

(10시 25분 개정)

재판위원 : 계속해서 공판하겠습니다.

변호인 : 김석황이나 신일준이나 기타 사람한테 장덕수 사건에 대해서 무슨 명령하신 일은 전혀 없습니까?

증 인 : 전혀 없소.

변호인 : 대한혁명단을 아십니까?

증 인 : 그런 단체가 하도 많으니까 어떤 것인지 모릅니다.

변호인 : 대한혁명단의 혈서나 사진을 혹 받으신 기억이 있습니까?

증 인 : 그것은 나도 모르겠습니다. 하두 나에게는 많으니까 혈서라든지 이런 것을 지금 내논 것이 많으니까 심지어는 손가락까지 잘라 보낸 것이 있으니까 일일이 기억할 수 없습니다.

변호인 : 그럼 선생님께서 이 피고인들이 장덕수씨를 암살하겠다고 하는 데에 대해서 무엇을 아시는 것이 있습니까?

증 인 : 전연 모릅니다.

변호인 : 변호인 측으로서는 질문이 없습니다.

검 사 : 임시정부와 국의와 그 두 단체 사이에 무슨 관련이 있습니까?

증 인 : 확실히 관련이 있습니다.

검 사 : 즉 말하면 임시정부가 국의를 갖다가 관할하고 있습니까?

증 인 : 그 반대입니다. 국의가 임시정부를 관할하고 있습니다.

검 사 : 김석황씨가 국의의 무슨 위원이 되어 있습니까?

증 인 : 아마 그런 것 같습니다.

검 사 : 그럼 여기에 대해서 무슨 지위에 있었습니까?

증 인 : 그것은 나도 모르겠습니다.

검 사 : 국의라고 하는 것에 각과라고 할까 부의 부장되는 이를 잘 아십니까?

증 인 : 모릅니다.

검 사 : 지금 계신 데가 어데지요?

증 인 : 경교장.

검 사 : 그럼 경교장 안에 국의國議가 있어요?

증 인 : 아니오.

검 사 : 국의의 정치위원들이 선생님의 댁에서 회의를 하였습니까?

증 인 : 나는 그것을 잘 모르겠습니다. 나는 위층에 있고 아래층 방에서 혹 한국독립당 간부회의도 할 것이고 혹 어떨 때에는 우리 임시정부 요인회의를 1년에 한두 번 할 때도 있는데 와서 회의를 했는지 안 했는지 나는 그것까지 알지 못합니다.

검 사 : 그럼 선생님 댁에서 이와 같은 회의를 끝내고 난 다음에는 그 회의의

경과를 갖다가 선생님한테 보고하지 않습니까?

증 인: 보고할 성질의 것이라고 할 것 같으면 보고하고 보고할 성질까지 미치지 못 하는 것은 보고 안 하는 것이요.

검 사: 그럼 작년에 국의와 민대를 갖다가 합하자고 하는 그런 회의를 하였다는 보고를 받은 적이 있습니까?

증 인: 그것은 받았소.

검 사: 보고서는 누가 가지고 왔었는가?

증 인: 그것은 모르겠습니다. 많은 사람 중에 누가 가지고 왔는지 모르나 국의와 민대를 합하자는 것은 이 박사와 나하고 의논해 가지고 했는데 그 쌍방이 모여가지고 회의를 하기를 몇 번 의논하였는데 그 사이에서 누가 그런 것을 가지고 온 것은 내가 모릅니다.

검 사: 그 당시에는 그것이 대단히 중요한 문제가 아니였었드냐. 국의國議와 민대民代를 합하자고 하는 문제가?

증 인: 독립운동에 어느 것이 중요하지 않은 것이 있습니까?

검 사: 그럼 이 두 단체가 합하자는 그런 제안을 선생님이 먼저 하시었나요?

증 인: 내가 먼저 한 것인지도 모릅니다. 이 박사와 만나서 이야기한 것이니까 누가 먼저 했다고 말할 수 없습니다.

검 사: 그 때에 선생님이 성명서를 내지 않았습니까? 미소공동위원회에 참가하지 않겠다는 성명을?

증 인: 아마 냈는지 안 냈는지 모르나 내가 그때 미소공위에 참가하지 않겠다는 것은 사실이다.

검 사: 그때 선생님의 의견은 조선의 지도자라는 사람이 자기의 자격으로 미소공동위원회에 참가한다면 민족반역자라고 하거나 그렇지 않으면 애국심이 없다고 그렇게 생각하지 않았습니까?

증 인: 첫째 민족반역자라는 말의 범위를 어떻게 말하는지는 모르나 그 당시에 미소공동위원회에 들어가는 것은 3천만 민족이 응하지 않는 일이기 때문에 그것은 불가하다고 생각했습니다.

검 사: 국의의 동원부장은 누구인지 아십니까?

증 인: 모릅니다.

검　사 : 김석황을 아신 것이 30년이라 하시었지요?
증　인 : 네.
검　사 : 그가 국의에서 어떤 직위에 있는지 아십니까?
증　인 : 그 직위는 모릅니다.
검　사 : 저기 변호사로 계신 강(변호인석으로 강기복씨를 가리키며) 변호사를 아십니까?
증　인 : 네, 잘 압니다.
검　사 : 강변호사는 선생님의 개인 대변인입니까?
증　인 : 그렇습니다.
검　사 : 이 사건에 대해서 피고인을 위하여 강변호사로 하여금 변호해 주라고 명령한 적이 있습니까?
증　인 : 없습니다.

고 장덕수씨 살해사건 미군군사위원회 제8회 공판은 작보昨報한 바와 같이 12일 중앙청 제1회의실 법정에서 개정되어 이날은 특히 임시정부 주석이요, 한독당 위원장인 김구씨를 증인으로 소환하고 본 사건에 관한 증인심문이 하루 종일 벌어지어 국내외의 이목을 한데 모은 바 있었는데 작보昨報한 바 오전 중 신문내용에 계속하여 오후 분을 소개하면 이러하다. 정각 오후 1시 반 직전 김구는 MP의 안내로 법정 한복판 한단 호젓이 놓인 증인 의자에 나와 앉았다. 검은 두루마기 검은 구두에 자주빛 토수를 꼈다. 재판장 헤른 대좌가 개정을 선언하자 라만 검사는 부드러운 음성으로 검사석 앞을 왔다 갔다 하면서 심문을 시작하였다.

(이하) '문' 은 라만 검사(육군 대위)의 심문이고 '답' 은 김구씨의 답변이다.
문 : 오전에 우리가 서로 말한 것은 국민의회와 임시정부와의 관계였는데 그 임시정부의 운영자금은 국민의회에서 감당합니까?
답 : 원칙상으로는 그렇겠지만 임정이 임정행세를 못하니까 사실상 그런 변통은 없소.
문 : 그러면 임정의 운영자금은 어디서 변통합니까?
답 : 사실상 임정이 활동을 못하니까 자금을 쓸 필요도 없고 어디서도 나올 리도 없지요.

문 : 국의의 예산은 임정에서 관할합니까?

답 : 아니오, 그 필요가 없소.

문 : 왜 그 필요가 없소?

답 : 임정의 정식 활동이 있으면 모르되 그렇지 못하니 무슨 필요가 있소. 국의는 국의대로 진행하고 있는 모양이오.

문 : 임정의 정식 활동이 없다는 것은 무슨 의미요?

답 : 환국 이후에 임정이 완전한 정부가 되면 모르되 군정이 정부로 있으니 행세할 수 없다는 말이요.

문 : 환국 이후에 임정이 기능을 발휘하려고 한 적이 있소?

답 : 환국 이후에 내부대신 격으로 있던 신익희가 국민에게 포고를 한 적이 있었는데 곧 취소한 이후는 기능을 발휘하려는 사실은 없소.

문 : 그 말의 의미는 결국 기능을 발휘하려고 한 게 아니라는 의미요?

답 : 그렇소.

문 : 그렇다면 임정이 기능을 발휘하지 않으면서 국민의회는 무슨 필요가 있소?

답 : 그것은 정식정부가 들어서면 임정의 법통을 인계하려고 모처럼 세운 기관 이를테면 이미 만들어진 물건을 구태여 깨버릴 필요는 없으니까? 그런 것이오.

문 : 국의에서 임정의 정책을 관할합니까?

답 : 임정은 국의를 관할 못하나 국의는 임정을 관할할 수 있소.

문 : 민족반역자라든가 독립방해자 등을 행정에서 작정합니까? 입법에서 작정합니까?

답 : 임정이나 국의나 그러한 기능은 없기 때문에 그런 것을 작정할 수는 없소. 이상으로 임정과 국의 사이의 관계문제는 끝나고 드디어 본 사건에 관한 심문으로 들어갔다.

문 : 1947년 8월이나 9월 중에 장덕수씨가 선생을 찾아간 일이 있소?

답 : 종종 찾아왔소.

문 : 무슨 목적으로 찾아왔소?

답 : 사제지간이니까 혹 병문안으로 온 적도 있겠고 하니 그 목적이란 것을 명백히 지적할 기억은 없소.

문 : 장씨가 찾아간 목적은 선생이 임시정부로 하여금 미소공동위원회에 참가하도록 해달라고 부탁하러 온 것이 아니오?

답 : 온 답답하군요. 임정은 기능이 없는데 그런 말을 할 이유가 있겠습니까?

문 : 아까 오전에는 처음부터 끝까지 임정의 주석과 이승만 박사는 미소공위 참가를 반대했다고 말했지요?

답 : 그렇소.

문 : 그렇다면 주석이니 부주석이니 하는 것을 보건대 임정이 기능을 발휘하는 셈이 아니오?

답 : 허허(웃으면서) 주석이니 부주석이니 하는 것은 이름뿐이고 무슨 부서가 공적으로 정해 있는 게 아닙니다. 사실상 기능은 없소.

문 : 작년 여름에 장씨가 선생을 방문하고 미소공위에 대한 의향을 달리 해달라는 부탁 내지 의논을 한 적이 없소?

답 : 확실한 기억은 없으나 그런 말을 할 수도 있소.

문 : 그때의 장씨의 기억은 어떤 것이었소?

답 : 미소공위에 참가하는 사람은 일일이 반대했으니까 장씨의 의견에 대한 기억만을 확실히 해둔 것은 없소.

문 : 장씨와는 가까운 사이였다지요?

답 : 네.

문 : 작년 가을에 종종 왔다지요?

답 : 네.

문 : 그 당시 정세로 보아 미소공위 참가여부는 조선서 가장 중대한 문제였는데 장씨의 그에 대한 의견이 어떠했는지를 모른단 말이요?

답 : 그것은 장씨가 공위에 참가한 연후에야 자세히 알았소.

문 : 장씨가 방문해 왔을 때 미소공위에 참가하는 것은 불만이라고 말한 적이 있소?

답 : 참가는 불가하다고는 말했겠으나 그 의견은 자세히 모르오.

문 : 장씨가 불만하다고 선생이 다른 사람에게 말한 적이 있소?

답 : 나는 불만하면 불만하다고 직접 그 본인에게 말할지언정 내 체모體貌상 타인에게 말하지는 않소.

문 : 직접 본인 장씨에게 불만하다고 말한 적은 있소?
답 : 없소.
문 : 김석황과 회담한 일이 없소?
답 : 없소.
문 : 작년 8월이나 9월 중에 김석황·조상항·손정수·신일준 4명이 찾아왔을 때 장을 없애 버리라고 말한 적은 없소?
답 : 없소.
문 : 확실하오?
답 : 확실합니다.
문 : 다른 것은 기억에 없다면서 이 기억만은 확실합니까?
답 : 사람을 죽이라 하는 것은 중대한 문제인 만치 확실치 않을 수 없소.
문 : 물론 '죽이라'는 말은 쓰지 않았더라도 혹 '제거하라'는 말은 쓴 일이 있소?
답 : 없소.
문 : 작년 미소공위 참가여부 문제가 있었을 당시 김석황은 선생 밑에서 일을 했습니까?
답 : 아닙니다.
문 : 김석황은 언제 일을 그만두고 나갔소?
답 : 1년 나머지 되오.
문 : 선생이 중국에 있을 때 김석황이가 하지 중장으로부터 받은 환국하라는 서신을 선생에게 전달해 받은 일이 있소?
답 : 나는 중국정부로부터 개인자격으로 입국하라는 소식 전달을 받았을 뿐이고 어떤 개인한테서 받은 일은 없소.
문 : 환국 당시에 김석황이가 환영위원회 일을 맡아 봤소?
답 : 그렇소.
문 : 선생이 중경을 떠나기 전에 김석황으로부터 전보를 받은 일이 있지요?
답 : 아마 일본 어디선가 문안전보 같은 전보를 받아 본 적은 있으나 환국해라 마라 하는 내용 전보는 받은 일이 없소. 그야 김석황이가 그런 말을 내게 할 처지가 못 되니까요.
문 : 그러면 검사가 증거품으로 조서한 11·12·13·14호는 각각 김석황·조상항

·신일준·손정수의 진술서인데 그 중 필요한 부분을 읽어드릴 터이니 그에 대한 의견을 말해주시오.

이로부터 전기 4명의 진술서 중 필요한 부분만을 계속해 낭독하였는데 그 내용의 요점만을 적으면 이런 것이다.

결국 4명이 진술한 것 중에서 공동 일치한 점인데 1) 처음에 김석황이가 "김구 선생은 장씨를 처치하기를 원한다"는 말을 했다는 것 2) 그의 사실 여부를 알아보려고 김석황 이외의 전기前記 3명이 경교장에 김구를 찾아 만났더니 '장덕수·명제세·배은희 등 사람들은 이 박사 밑에서 일하면서 미소공위에 참가한다니 죽일 놈들이다' 라고 김구씨가 말하는 것을 듣고 그 본심을 짐작하는 동시에 김석황의 말을 확인했다는 것 주로 이 점이었다. 이에 김중목의 진술서인 증거품 10호 중 이상에 일치된 요점을 낭독하고 나서 라만 검사는 다시 심문하였다.

문 : 이상 피고의 진술 내용을 들었겠지만 이 음모에 어느 정도 선생이 관련됐음을 잘 알아들었겠지요? 그러한 모듬이 있었소?

답 : 없소.

문 : 김석황에게 그런 명령을 내린 일이 있소?

답 : 허허(웃으며) 내게 무슨 권리가 있길래 그런 명령을 하겠소.

문 : 권리 유무가 아니라 지시한 점이 없소?

답 : 없소.

여기서 검사는 여섯 장의 사진을 가지고 김구 앞에 다가서며 보였는데 각각 청년 한 사람이 태극기 앞에서 수류탄을 양손에 들고 서 있고 혈서가 적혀 있는 사진이다.

문 : 이 사진을 본 적이 있습니까?

답 : 이런 혈서는 많으니까요.

문 : 수류탄을 들고 찍은 사진이 있습니까?

답 : 윤봉길이나 이봉창 등의 사진이 있지요.

문 : 그들의 사진은 기억합니까?

답 : 네.

문 : 그 사진은 기억하면서 이 사진은 기억이 없소?

답 : 없소.

문 : 한번 더 자세히 보시오. 기억이 날른 지도 모르니까(검사는 사진을 준다).

답 : (사진을 들고 한 장 두 장 보면서) 모두 젊은 사람들인데 기억이 잘 없는데요.

문 : 본 적이 없소?

답 : 혈서 따위는 하도 많으니까. 그것을 일일이 기억할 수가 있겠소?

문 : 혈서나 사진은 우편으로 옵니까. 직접 본인이 가지고 옵니까?

답 : 우편으로 오는 것은 적소. 그러나 직접 내가 받지 못하고 아래 사람들이 받는 일도 있지요.

문 : 사진이나 혈서를 가지고 온 본인들과 면담한 일이 있소? 특히 최중하와 조엽 두 명이 왔을 때 기억이 없소?

답 : 왔는지도 모르겠으나 기억이 없소.

검사는 전기 최와 조 두 피고인을 기립시키더니,

문 : 저 사람들을 압니까?

답 : 기억 없소. 혹 왔는지도 모르지요.

문 : 사진을 가지고 와서 선생과 면회할 가능성은 있겠지요?

답 : 그렇겠지요.

검사는 다시 최와 조 양인의 진술서를 낭독하였는데 그 요점은 전기 양인은 대한혁명단 단원으로 조소앙으로부터 계획에 대한 이야기를 들었고 동단 조직 첫 계단으로 단원 6명의 이름을 암호로 쓰되 성의 발음 머리글씨를 영어로 들면 박광옥은 P라 하여 그 옆에는 모두 숫자 9로 붙였다는 것 최, 조 양인은 단원들 선서의 사진을 찍은 후 그것을 가지고 김구를 찾아가 나라를 위해 희생하겠으니 맡아 달라 청했더니 격려의 말을 하면서 사진과 혈서를 보관해 두라는 것 김구가 격려해 말하기를 "그 정신은 좋지만 조심하라, 그러한 청년은 많으나 성사를 못하더라, 학생은 공부해야 된다, 그러나 나라를 위해서는 궐기해야 한다" 고 말했다는 것이다.

10분 휴정한 다음 세 시에 재개되어,

문 : 이상 진술서에 있는 바, 사진을 받으며 담화한 적이 없습니까?

답 : 기억이 잘 나지 않소.

문 : 아까 조엽의 진술서 내용 중 '격려의 말' 은 무슨 의미요?

답 : 꼭 그 사람에게 그렇게 말한 기억은 없으나 만약 했다 치면 청년은 나라를

위해서는 궐기하라는 의미요.

문 : 대한혁명단체에게도 그런 말을 할 수도 있습니까?

답 : 혁명단이란 기억은 없지만 그러한 말은 나로서 보통 일반 청년들에게도 할 수 있소.

검사는 잠시 생각하더니 이윽고,

문 : 내가 장시간에 걸쳐서 질문하는 목적은 선생의 본심을 혹 오해해 가지고 아래 사람들이 이런 사건을 일으키지나 않았는가 싶어서 그러는 것인데 어찌 생각하오?

답 : 나는 동족과 조국을 사랑합니다. 그러한 나로서 어느 좌석에서든지 그놈 죽일 놈이니 마니 함부로 말할 리가 없소.

문 : 작년 9·10·11·12 4개월 중에 혹 우연한 기회에 피고인들에게 대해서 언뜻 '한민당 중의 장씨 기타 사람들은 죽일 놈들이라' 는 말을 한 적이 없소?

답 : 누구에 대해서든 말한 적이 없소. 이러한 것은 모두 모략에서 나온 것 같소. 이런 친한 동족에 대해서 죽일 놈이니 뭐어니 중상할 만치 그리 박덕한 나라면 그런 박덕한 나를 따를 사람이 없을 것이오.

'모략이다' 라는 말이 나왔던 때문인지 검사와 재판장으로부터 '묻는 말에만 대답하라' 고 주의를 환기한다.

문 : 작년 그 당시 김석황이와 면담한 중에서 배은희·명제세·장덕수 제씨 등은 독립에 방해자이니 나쁜 놈들이라고 언뜻 나가는 김에 말한 기억이 없소?

답 : 없소. 더구나 명제세는 내 동지요. 그런 말을 할 수가 있겠소?

문 : 한번 자세히 생각해보시오.

답 : 절대로 그런 기억은 없소.

문 : 피고 중에서 특히 김석황 외 신, 조, 손 3명은 장해물이니 나쁜 놈들이라고 한 말이 오해가 되지 않았나 생각되는데 그런 말은 한 번도 한 적이 없다지요?

답 : 내 정신에 배치되는 말이니 할 리가 없소.

문 : 그렇다면 선생의 제자격인 피고인들이 진술한 것마다 왜 한결같이 선생과 관련한 내용으로 부합 일치될까요?

답 : 알 수 없지요. 그러니까 모략이라 생각합니다.

문 : 누구의 모략이란 말이요?

답 : 그것을 이루다 말하자면 모 단체나 개인에 관한 것이 나오겠지만 어쨌든 나는 왜놈 이외에는 죽일 리가 없다.

이상 심문에서 보는 바와 같이 검사는 피해자 등에 대해서 '죽일 놈이니 나쁜 놈이니' 하는 언사를 쓴 일이 없느냐고 재삼 다그쳐 물었으나 끝끝내 부인하니,

문 : 그러면 김석황은 선생을 가리켜 거짓말을 한 셈이요.

답 : 그렇소. 거짓말을 안 할 수 없는 환경에서 그리 된 것 같소.

문 : 무슨 환경으로 그랬을까요?

답 : 그야 경찰에서 고문도 했다고 합디다.

문 : 그것은 확실히 보고 한 말이오. 짐작으로 말이오?

답 : 내 눈으로 고문하는 것을 보지는 못했지만 고문했다는 소문을 들었소.

이때 재판장은 다소 흥분된 어조로 검사더러 '그것은 중요한 일이니 확증이 있어 말한 것인지 풍문을 듣고 한 것인지 철저히 추궁하라' 고 지시하였다.

이에 검사는 잠시 생각하더니 조용한 태도로,

문 : 고문 운운에 대해서는 증거를 확립시키든지 그렇지 못 할진대 곧 취소하든지 두 가지 중에 하나를 택하시오.

답 : 그런 말을 누구 누구한테 들었다고 지적해 말할 수는 없지만 가령 모모 신문도 봤고 또 피고의 진술내용도 보니 도대체 불순한 점이 있소. 그런 점을 보아서 생각건대 스스로 그런 느낌이 듭니다.

문 : 그러면 고문했다는 확증은 없지요?

답 : 그렇소.

문 : 직접 어떤 특수한 개인한테서 정보를 들었소?

답 : 그렇게 똑바로 지적할 수 있는 기억은 없으나 경찰에서 몽둥이로 피의자를 때린다는 말은 많이 들었소.

문 : 독립지도자인 선생으로서 일개 풍문을 가지고 그런 말을 했단 말이오?

답 : 풍문이라도 번번이 들었으니까 말입니다.

문 : 이번 사건의 경과를 신문에서 보았소?

답 : 네.

문 : 그러면 신문보도 중에 검사가 물은 진술서가 조선경찰에서 마련됐답디까? 미인당국이랍디까?

답 : 그런 것은 써 있지 않습디다.

문 : 검사의 진술서를 누가 받았는지 압니까?

답 : 모릅니다.

문 : 그것은 모르면서 어떠한 '환경'이란 것은 어떻게 압니까?

답 : 누가 취조했는지 모르되 하여튼 진술서 내용이 불순하다고 봅니다.

문 : 경찰이 고문을 했다는 말을 했는데 그 경찰이란 조선경찰로 알고 말한 것입니까?

답 : 조선경찰로 생각하오.

문 : 대답이 모호한데 그 경찰이란 미인경찰도 포함된 의미요?

답 : 그런 것은 아니오. 어쨌든 조선경찰의 조서를 기초로 한 것이 아닌가 생각합니다.

이때 변호인석 측에서 '벨즈' 대위가 일어서며, "변호인이 이상 심문하는 것을 반대합니다. 증인은 사건에 관련이 없다는데 왜 자꾸만 질문을 하는지 이해키 곤란하다. 바로 기소를 하려면 하시오. 필요 이상 시간을 끄는 이유가 무엇입니까?"

이에 대해서 검사는 고개를 끄덕거리더니 시간도 얼마 안 남았음인지 드디어 마지막 심문으로 들어가 피고 김석황을 비롯하여 신·조·손 4명을 한 사람씩 기립시켜 그때마다 똑같은 내용을 김구씨 더러 질문하되,

문 : 1947년 가을에 저 피고가 선생을 찾아와 누구라는 것은 별문제로 치고 하여튼 어떤 사람에 대한 암살계획에 관하여 의논한 적이 없소?

답 : 없소.

문 : 그러면 선생이 환국한 이후 오늘까지 정치이념이 다르다고 해서 어떤 사람을 암살 혹은 악행을 하라고 말한 일은 없습니까?

답 : 없소.

이로써 4시간 반이나 심문을 마치었는데 오는 15일 월요일 아침 9시부터 다시 속개하여 김구씨도 다시 출두하게 되었다. 〈조선일보 1948년 3월 14일〉

■ 김구와 메논의 회담내용 보도

과반過般 UN총회에서 귀환한 UN조위의장 메논과 사무총장 호세택은 기간 소총회에서 결의된 '가능지역선거'에 김구와 김규식의 참가를 극렬 종용하여

▲ 경교장을 방문한 유엔한국위원회 메논의장과 함께한 백범. 사진 앞줄 왼쪽부터 메논, 김구, 호세택(한위 사무국장). 뒷줄 왼쪽부터 안우생, 엄항섭, 지청천, 최순기, 김덕은, 서영해(1948. 3. 13)

오던 바 지난 9일에는 김규식 박사를 방문하여 요담을 하였거니와 13일 하오 9시 반에는 다시 시내 경교장京橋莊으로 김구를 방문하고 약 1시간에 긍亘하여 선거참가를 종용하는 회담을 하였는데 그 회담 내용은 지극히 주시되는 바이며 대화 요지는 다음과 같다.

문(메논) : 남북회담에 관한 북조선 측 회한이 4월 30일까지 미도할 경우에는 선거에 참가함이 여하?

답(김구) : 서한은 성의에서 발한 것이지 최후통첩과 같은 성질의 것이 아니므로 회한기간의 여부를 논할 것이 아니다.

문 : 남조선 제반 정세로 보아 선거에 참가 협력함이 여하?

답 : 나는 통일정부수립의 약속을 실행치 않은 귀하에게 실망한다. 귀국의 파키스탄 분할 이후의 혼란상태로 보아 우리는 남한단선으로써 민족분열의 비극을 연출시킬 수 없다.

문 : 우리는 중앙정부를 수립하고자 금차 선거를 실시함이 아니라 협의대상으로 하려는 것이니 그 결과로는 남북회담도 잘 진행할 수 있고 통일정부수립도 잘 될 수 있을 것이다. 그런즉 참가함이 좋지 아니한가?

답 : 그런 말은 못 믿겠다. 첫째 소련 일국이 반대한다고 자기의 결의를 실행하

지 못하는 UN이 금일에 통일이니 무엇이니 한다고 해서 믿을 수는 없다. 만일 이후에 통일을 시킬 수 있다면 지금은 왜 못하는가? 그리고 항간에는 벌써 내각조직에 관한 준비공작이 여러 곳에서 진행되고 있으니 금차 조선 단선이 협의대상에만 그친다고 믿을 수는 없다. 협의대상 성립 이후의 남북회담은 남북통일회의가 되지 못하고 남북 국제회의로 변할 가능성이 농후하니 우리의 통일은 더욱이 곤란케 될 것이다.

문 : 그러면 북한에서 공산군이 남하하면 어찌 하겠는가?

답 : 그것을 구실로 서로 군비를 확장하면 결국은 미소의 전초전이 되며 동족상잔만 있게 될 것이며 우리의 통일독립 목적에는 유해무익할 것이다.

문 : 만약 귀하가 선거에 불참하면 모 일당이 전제 농단하게 될 것이 아닌가?

답 : 나는 정의를 논할 뿐이지 정권을 다투는 것이 아니다. 어떤 정당이든지 그 노선이 진정한 애국적이요 그 치적이 양호만 하다면 허심종수虛心從隨라도 하겠다.

그리고 김구는 동일 내방한 기자단에게 12일 조위전체회의에서 소총회안을 채택하기로 결의된 데 대하여 다음과 같은 감상을 말하였다.

「소총회에서 31 대 2로 가결된 것은 굉장한 것 같으나 57 대 31의 숫자로 보면 민주주의적이 아니다. 12일의 조위 결의도 9개국 상대로 하면 반수가 못 된다.

그러면 이것은 세계여론상 소총회결의는 지지를 못 받는 것이 증명된다. 더욱이 조위朝委의 약소민족국가대표들이 우리의 분열을 찬성한 것은 매우 유감이다.」 〈조선일보 1948년 3월 14일〉

■김구, 한독당 중앙집행위에서 남북통일 추진역설

한국독립당에서는 15일 오전 11시 시내 시천교당에서 임시 중집회의를 개최하였다. 조완구 사회로 개최하여 위원장 김구의 '현하 우리가 바라지도 않는 반조각 정부를 수립하려고 책동하고 있으니 전 민족이 단결하여 남북통일 자주정부수립을 위하여 싸우지 않으면 안 된다. 앞으로는 가일층 우리 한독당에 대한 억압과 모략이 많을 것이니 당원은 끝끝내 싸워주기를 바라며 정의를 위하여 싸우면 반드시 바로 오는 것이니 남북통일을 위하여 싸워주기를 바란다' 라는 요지의 개회사에 이어 부위원장 조소앙의 치사(대독) 엄항섭의 국내외 정세보고와 상무위원회 공작보고 등으로 일단 휴회하고 후반 회의는 비판 및 토의 사항이 있은 후 폐회하였다.

〈경향신문 1948년 3월 16일〉

■한독당 · 민족자주연맹 등을 중심으로 선거반대전선 모색

금반 시행할 선거의 불참을 표명한 정당 단체 간에는 행동통일을 기도하고 전선 내지 협의체 형식의 구성설이 대두하고 있다.

즉 우여곡절을 경과하여 내來5월9일 시행하게 된 남조선 총선거를 앞두고 당국 및 일부 우익진영에서는 선거 준비를 착착 진행 중이거니와 여사한 현황에도 불구하고 이를 반대하여 오직 남북통일정부 수립만을 주장하는 우파 일부와 소위 중간노선계열의 동향이 주시되어 오던 바, 과반래過般來 김구 김규식 등의 선거불참 고지와 아울러 우익진영으로 지목되는 양 김씨를 비롯한 7씨의 선거불참 공동성명 발표를 계기로 앞으로 적극적 활동을 할 것이라고 소식통은 전하고 있다. 즉 국의國議 및 민련民聯 산하 한독·민독·근민당 등을 위시한 남조선선거를 반대하는 정당단체 등에서는 이에 대처코자 행동통일을 할 어떠한 전선 혹은 협의체를 구성할 것을 기도하고 있다 하는데 민련에서는 13일 소집한 정치위원회에서 토의한 결과 각 정당단체와의 교섭위원으로 홍명희(민국당대표) 여운홍(사민당 수석총무) 김붕준(신진당위원장) 등 3씨를 선정하여 연락교섭을 하기로 하였다는데 현 단계에 이르러 남조선선거를 반대하는 각당 각파에서는 선거를 보이코트하는 동시 대체로 이에 호응할 것으로 관측됨으로 추이는 주목되는 바다.

〈조선일보 1948년 3월 16일〉

■장덕수 살해사건 9회 재판

15일 김구에 대한 두 번째 증인심문은 아침 9시부터 개정되었는데 벽두부터 김구가 답변을 거절하고 또 그 도중 피고인 박광옥의 흥분된 언동으로 일시 긴장된 장면을 이룬 바 있었다.

문 : (라만 검사) 지난 금요일날 내가 심문한 데 대하여 선생이 답변한 내용 중에서 이 피고인들이 진술하되 모두 선생의 명령을 받아서 했다니 어떻게 생각하오? 하고 물은 바 그것은 선생은 모략에서 나온 것이라고 답변한 바 있었는데 그러면 그 모략이란 것은 뭣입니까?

답 : 대답을 못하겠소.

문 : 대답을 못한다는 것은 그 답변이 혹 피고인에 대하여 유죄가 되든 무죄가 되든 하여간 무슨 관련을 줄까 싶어 그러는 것입니까?

답 : 내가 할 말은 이미 다 했소. 도대체 나는 국제예의를 존중해서 증인으로 나오라기에 여기 나와 앉은 바인데 마치 나를 죄인처럼 취급하는 셈이니 매우 불만하오. 내가 지도자는 못되더라도 일개 선배요, 나라를 사랑하는 내게 대해서 법정에서 이렇듯 죄인 취급을 함에는 나로서 이 이상 말할 것이 없소. 이 사건에 대해서는 시종 아무 것도 모른다고 했으니 바로 나를 죄인이라 보면 기소를 하여 체포장을 띄워 잡아넣고 하시오. 내가 증인이라면 더 말할 것이 없으니 나는 가겠소.

김구는 흥분된 어조로 일어서 물러나오려 하는 것을 변호인 측에서 만류하였다. 이때 재판장이 가로채어 재판장, 검사 심문에 답변을 거절하는 것은 그 답변이 선생으로 하여금 죄가 될듯 싶어 그러는 것이오?

답 : 이 사건에 대해서 아무것도 모르는데 죄 여부를 어찌 논할 겁니까?

재판장은 다시금 똑같은 질문을 되풀이하니 김구는 한껏 흥분된 듯,

답 : 장덕수가 죽은 데 대해서는 더 분하게 생각하는 나더러 검사는 마치 죄를 뒤집어 씌우려고 하니 나 이것 참 기맥힌 일이 아니오?

이렇듯 김구는 답변을 굳이 거절하니 검사 재판장 변호인들은 제가끔 소곤거리며 대책을 의논하느라고 5분간 휴정을 하고 이윽고 재개되어 '라만' 검사가 다시 모략이란 무엇을 말한 것인가? 하는 질문을 되풀이하였으나 함구무언하였다. 마침 이때 피고석에서 하수인 피의자인 박광옥이가 불쑥 일어서며 "그럼 내가 말하지요, 그것은 완전히 모략이다. 저 분은 모른다"라고 외치자 MP가 달려들어 제지를 하나 박은 벅벅 대항하면서 "법정에 태극기를 달아라. ×××먹을라면 깨끗이 먹어라"는 등 소리소리 지르는 통에 장내는 소란해져서 김구도 잠시 퇴장하고 간신히 박을 뒷 구석으로 끌어 옮겼으나 재판장을 격한 그 속에서도 통탕거리드니 이윽고 박의 울음소리로 '나는 사형을 받더라도 저 사람(김구를 가리키는 듯)은 죄도 없는데 왜 붙들어다 놓고 야단이요' 하는 등 혼잣말이 들려 나왔다. 방청객들도 복잡한 흥분에 겨운 터에 어떤 방청객 한 사람은 얼굴이 새파래져서 입술을 부르르 떠는가 싶더니 '3천만은 인젠 다 ×××소' 하고 외쳤다.

MP가 한참 노리고 보다 복도에 불러 내더니 몸조사를 했는지 다시 들어와 앉았다. 이리하여 부득이 휴정된 지 약 30분 후에 다시 속개되어 종시 침착한 태도로 임하던 라만 검사는 약 두 치 가량의 면도칼처럼 생긴 양철쪽 하나를 두루 보이면서 '이것은 방금 박광옥의 품에서 나온 것입니다' 설명하고 박의 언동을 주의시킨 다음 심문을 계속했다.

문 : 아까도 묻든 바 모략이란 무엇입니까?

이때 변호인 측에서 그에 대한 답변은 증인의 위신 문제니 질문을 반대했다.

여기서 다시 변호인은 재판장과도 의논하고 김구와도 타협한 후, 재판장 증인은 자기 답변이 위신에 관계될 때 또 하나는 어떤 죄가 될까 싶은 때는 답변을 거절할 권리가 있소. 이에 라만 검사는 한 번 같은 신문을 하니 김구는 선뜻,

답 : 위신에 관계되니 답변 못하겠소.

이로써 검사 심문은 끝나고 재판장으로부터 전일前日 왜놈 이외는 죽일 리 없다 말했는데 그것은 어디서 언제 일인 누구를 그리했는가? 물음에 대하여,

답 : 왜놈을 죽이라는 말만은 아마 나로서 그친 적이 없을 게요. 이 일을 할 때는 반드시 실행자와 나와 단 둘이서 직접 명령을 주고받지 간접적으로 또한 다른 사람을 시키는 일은 없소. 왜놈대장 수명쯤 살해했소.

문 : 애국자로서의 선생은 장덕수씨를 애국자로 생각했소?

답 : 장 개인에 대해서 깊이 연구한 적은 없지만 환국 이래 나와 같이 일한 사람이면 모두 애국자로 보니까 장씨도 애국자로 봤겠지요.

이로써 재판장은 검사와 변호인에 대하여 질문이 없느냐고 다짐을 한 후 김구더러 '돌아가시오' 하니 김구는 '고맙소' 하고 퇴장하여 김구에 대한 증인 심문은 끝난 것이다. 뒤이어 변호인 측 증인 '송정옥' 에 대한 증인심문이 오후까지 계속되었다. 〈동아일보 1948년 3월 17일〉

■장덕수 살해사건 12회 군율재판 개정

장덕수 사건 군재 제12회 오후 공판은 18일 하오 1시 반 오전에 계속하여 피고 최중하에 대한 증인 심문으로 시작되었는데, 먼저 검사는 피고가 재감 중에 종이에 글을 써서 김석황에게 준 사실을 기억하느냐고 물으매 피고는 그런 사실이 있으나 그 내용은 기억할 수 없다고 대답하므로 검사는 종이에 쓴 장문의 편지를

피고에게 내어 보여 피고의 시인을 얻었다.

이때 검사는 이 편지는 피고 김석황을 심문할 때 피고가 자발적으로 나에게 제출한 것이라고 말한 후 이것을 검사 증거품 제33호를 결정할 것을 변호인 측에 문의하였는데 변호인 측에서는 이의가 없었으므로 재판관은 증거품 제33호로 결정할 것을 선언한 후 이 증거품을 조사하기 위하여 잠시 휴정하고 하오 2시 45분부터 공판은 다시 계속되었다.

먼저 재판관은 신문기자에게 대하여 이 법정에 있어서는 책임을 지고 정확한 보도를 할 것을 역설한 후 근일 모 신문에는 배희범이가 17일 진술에 있어서 CID에서 진술서에 서명할 때는 고문이 심하여 정신이 없이 그렇게 하였다고 말하였다는 근거 없는 부정 보도를 한 것과 또 모 신문에는 김구씨와 박광옥의 진술에 대하여 터무니없는 허위보도를 한 사실을 지적하여 지금 법정에서 한 말은 일언일구가 기록에 남아 있는 만큼 만일 부정보도를 할 시에는 기자에게 책임을 지워 재판위원으로서 처벌할 권리가 있다고 언명하였다.

이어 증거품 33호 즉 최중하가 김석황에 보낸 편지인데 '1월 30일 신일준이가 나에게 전하여 온 말입니다. 우리가 김구 주석을 끌고 들어가는 것은 나 개인을 위함이 아니고 이번 사건을 해결하려고 합니다. 즉 우리들에게 언도되는 처벌은 정치적 처벌과 순전한 법률적 처벌 두 가지가 있는데 순전한 법률적 처벌에 의하면 다수의 희생자를 낼 것이고 정치적 처벌에 의하면 최소한에 그칠 것입니다. 그런데 김구씨를 이에 관련시키는 것이 가장 첩경으로 우리는 김구씨를 이에 관련시킬 것입니다. 현재 유엔위원단은 총선거에 있어서 김구씨를 제일 대상으로 여기고 있느니 만치 김구씨를 이 사건에 관련시켜도 미군은 처벌치 못하게 될 것이니 절대로 안심하고 또한 이로서 문제는 용이하게 해결될 것이니 안심하고 있으라' 이상과 같은 서한의 내용을 낭독한 후 이어 검사의 심문이 시작되었는데 피고는 이 편지를 김석황에게 전한 것은 진술서에 서명한 후라는 것 진술서에 서명할 때 그 진술서의 낭독을 들었다는 것을 시인하고 다시 검사로부터 '그러면 진술서에 서명한 후에 다시 그 진술서를 뒤집으려고 그런 것인가' 라는 질문에 피고는 진술내용은 자세히 알 수 없었고 김석황은 선배이므로 그 글을 전하였다고 말하였다.

이어서 재판관으로부터 국민의회와의 정치적 관계 재판관계 등에 대한 심문이 있은 후 3시 40분 최중하의 증인심문을 끝마치고 10분 휴정 후 4시 5분부터 피고 박광옥에 대한 증인심문이 시작되었다.

피고는 대한혁명당회의를 소집한 목적이 민족반역자 숙청에 있었으나 1차회의시는 박정덕 조엽 김철 등의 심증을 알 수 없으므로 발표하지 못하였다가 3차 회합시에 민족진영 중 배은희 안재홍 장덕수를 숙청할 것을 발표하였다는 변호인의 심문에 자백이 있은 후 4시 30분 휴정. 〈동아일보 1948년 3월 20일〉

■장덕수 살해사건 제13회 군율재판 박광옥 심문

장씨 사건 군율재판 19일 오후 공개재판은 박광옥에 대한 재판위원회의 심문으로 계속되었다. 박의 해방 이후 동향과 경찰관 신리의 동정 출생 이후의 경력 등에 대한 상세한 심문이 있은 다음, 다음과 같은 문답으로 박에 대한 심문은 종결되었다.

문 : 김구씨를 잘 아는가?

답 : 잘 모른다.

문 : 김구씨를 참다운 애국자이며 지도자라고 생각하는가?

답 : 물론이다.

문 : 김구씨의 동향은 다 옳은가?

답 : 그렇지 않으리라고 생각한다.

문 : 김구씨는 그의 경력과 지식으로 애국자 반역자의 구별을 할 능력이 있는 사람이라고 보는가?

답 : 생각하여 본 일이 없다.

문 : 김구씨의 '장씨는 애국자이다' 라는 증언을 거짓말로 아는가?

답 : 참말로 안다.

문 : 김구씨는 장씨를 애국자라고 하였는데 피고는 반역자라고 하였다. 어느 편이 옳다고 생각하는가?

답 : 나는 과도기의 청년으로서 규정하였다. 김구씨는 어떤지 모르겠다.

문 : 이 박사와 장씨 노선이 같으니 반역자인가?

답 : 그렇지 않다.

문 : 만일에 김구씨가 장씨를 참으로 애국자라고 생각하였다는 것을 알았다면

어떻게 하였겠는가?

답 : 재판장은 자꾸만 김구씨를 관련시키려고 하나 나는 김구씨의 명령으로 한 것도 아니요. 그 사람 개인을 위한 것도 아니다. 오로지 3천만을 위하여서 한 것이다.

이상으로 박은 증인석으로부터 물러가고 다음 증인으로 신일준이가 출두하였다. 신은 경원여관을 지정여관으로 정하게 된 경위와 자기의 이념 국의와 민대 합동 당시의 정세와 관계를 상세하게 진술하였고 변호인이 제시한 혁명단의 혈맹사진을 종로경찰서에 유치 중 고문을 당하면서 처음 보았다고 진술하였다. 그리고 박광옥 외 2명을 제외한 피고들을 알게 된 동기를 진술하고(대개 국의國議 관계로 알게 되었다) 4시 반 일단 휴정하였다. 〈조선일보 1948년 3월 21일〉

■ 이승만, 김구 · 김규식의 선거 불참에 대해 담화

이승만은 24일 왕방한 기자에게 자유분위기 문제로 김구 김규식 선거 불참에 관하여 다음과 같이 말하였다.

1) 자유분위기에 대하여

자유로운 분위기 문제는 총선거를 반대하는 인사들이 말하기를 경찰관과 청년단체가 공산당을 억제하므로 좌익과 중간노선에서 자유로 투표하기 어렵다는 문제를 유엔대표단에게 제출해서 대표단은 그분들의 보도를 신청하여 좌익과 중간노선 다수 민중이 투표를 자유로 사용키 어려운 것을 우려하는 중에서 경찰을 개편하다 청년단을 해체한다는 문제가 생긴 것이니 대표단으로 하여금 좌익이나 중간노선이 극소수인 사실을 알게 하는 것이 필요한 것이며 지금은 테러와 파괴분자들이 군기를 가지고 살인 방화 충돌 등으로 총선거를 못하게 하는 이때에 경찰을 개편하고 청년단체를 해산시킨다면 총선거 진행은 막론하고 좌익의 파괴운동은 누가 방지하며 치안보장은 누가 담임하며 우익진영 남녀 애국자의 생명은 누가 보호할 것인가?

만일 경찰을 개편해서 좌익이나 중간 측이 집권하게 되면 우리 민족이 지금까지 싸워오던 공산세력이 득승해서 남한을 적화할 것은 면할 수 없을 것이니 이는 우리 민중이 결코 포용할 수 없는 일이고 유엔 대표단이 감시한다는 목적과 위반일 것이다. 유엔대표단이 총선거 감찰이라는 원칙 문제가 외국군인이나 공산분자의 위협 모략 등 비법행동을 방지하고 민주주의를 가진 전 민족이 자유투표할 것을 위하여 자유분위기를 주장한 것인데 만일 이 주의를 번복해서 소수 반동분자들이 자유분위기를 만들고 대다수 민족진영이 자유분위기를 잃게 된다면 이런 선거는 우리가 행할 수도 없고 유엔대표단에서도 이 사실을 알 수 없으므로 이런 반론이 다시 없을 것을 믿는다.

2) 김구 · 김규식 양씨 선거 불참에 대하여

이 두 분이 총선거를 반대하는 주의는 실로 인식하기 어려운 것이다. 그분들이 제출한 여러 가지 이유라는 것은 분석하여 말하자면 하나도 사리에 맞지 않는 언론이다. 이것을 우리가 논박하려는 것은 아니다. 여하간 이 두 분들이 총선거를 반대하므로 심리상에 많은 장해가 되는 것은 우리가 불행으로 여긴다.

국권을 하루바삐 세워서 우리가 우리 일을 할 수 있게 되어야 사람도 살고 나라도 살게 될 것은 필부가 다 각오하고 기어이 총선거를 진행해서 이 기회를 잃지 말고 정부를 수립하자는 결심이며 세계 공론이다. 또 동일하게 귀순하는 터이니 몇 사람이나 몇 단체가 반대한다고 중지될 수도 없는 것이요. 설혹 이런 장해가 있다 할지라도 대중이 이에 요동되어 40년 동안 잃었던 국권을 찾는 것을 중지할 리가 만무하니 정당이니 인도자의 세력으로도 대중의 투표를 막지 못할 것이요. 또 우리민중은 우매한 민족이 아니므로 각각 판단력이 있어 파동을 받지 않을 것이다.

좌익파괴분자 외에는 기권할 사람이 몇이 안 될 줄 믿는다. 민주제도원칙은 다수 공의를 소수가 망종望從하는 것이니 누구나 대중의 의사를 무시하고 공론을 위반하여 개인의 의견을 고집하므로 국사에 방해를 끼치게 하는 것은 우리 애국남녀가 용인치 않을 것이다. 〈동아일보 1948년 3월 25일〉

■북민전이 남한정당 · 사회단체에 보낸 편지

● 남조선南朝鮮 단독정부를 반대하는 남조선정당사회단체에게 고함

존경하는 동포여러분!

우리 조국을 예속화하며 분열화하려는 제국주의자들의 정책은 계속되고 있습니다. 지금 그 정책은 우리 조선인민의 자주적인 민족적 존립을 위협하는 가장 위급한 단계에 들어서게 하였습니다. 미국 지배층이 조종하는 국제반동은 우리

조선인민의 근본적 이해에 또한 새로운 타격을 줄려고 합니다. 제국주의의 사주에 의한 UN소총회 결정으로서 소위 전 민족적 정부라는 미명하에 단독정부를 준비하고 있습니다. 우리 조국의 남부에서 미국인들이 단독정부를 수립한다는 것은 우리에게 어떠한 결과를 가져올 것입니까?

그것은 우리 조국이 하루 속히 통일적 민주주의 독립 정부 수립이 전 조선인민의 숙망과 기대를 매장하려는 것입니다. 그것은 우리 조국을 고의적으로 양단하며 우리 민족을 경제적으로 정치적으로 파멸하려고 하는 것입니다. 그것은 우리 조선인민의 근본적 이해관계에 치명적 타격을 줄 것입니다.

우리 민족은 크나큰 위기에 직면하였습니다. 우리 조선인민을 식민지 노예로 하며, UN조선위원단이라는 간판 하에 미군정이 단독선거로써 반인민적 반동 친일분자로써 미국인들에게 유리한 정부를 수립하려고 예상하였습니다. 제국주의는 그러한 간판 하에서 조선내정을 간섭하며 몰염치하게 조선인민의 자유와 독립을 매장하고 우리 조선인민을 식민지 노예로 만들려고 기도합니다. 이 위협은 얼마나 명백합니까. 단독선거 문제에 대하여 UN조선위원단 자신도 의사가 통일되지 못하고 있지 않습니까. 4명만 거수하고, 2명 대표 카나다 호주는 단독선거 실시를 반대했고, 2명 대표 불란서 시리아 대표는 기권하였습니다.

존경하는 동포 여러분!

우리 조국의 운명에 가장 중대하고 엄숙한 이 순간에 있어서 우리는 제국주의자들이 식민지 노예화하려는 기도를 방관만 하고 있을 수 있겠습니까! 물론 방관만 하고 있을 수 없습니다. 이러한 정세 하에서 우리 조국의 모든 진정한 애국자들과 양심 있는 조선인민들의 당면에는 어떠한 임무가 제기되겠습니까. 우리는 여기에 대하여 한마디 대답이 있을 것뿐입니다. 즉 북조선과 남조선의 모든 민주역량을 통일시키는 것이며 그것을 공고히 조직하는 것이며 여하한 방법으로든지 내외 반동들의 흉악한 책동을 실행치 못하도록 결의하는 것뿐입니다. 조선인민은 특히 남조선 반동의 반인민적 폭압 하에 살고 있는 여러분들은 남조선 단독선거는 흉악한 기만에 불과하다는 것을 잘 알고 있습니다. 조선인민은 이러한 기만적 방법으로써 수립될 구체적 정권을 어떠한 조건으로든지 결단코 승인치 않을 것입니다. 이러한 정부의 사명은 결국 제국주의의 수중에서 그들의 침략적 도구로 되고 말 것입니다.

그러므로 이러한 선거를 우리는 분쇄합시다. 우리 조국의 통일과 독립을 말살하려는 농락을 폭로, 배격합시다. 우리는 조선으로부터 외국군대가 동시에 철퇴한 후 전반적·평화적·직접적 비밀투표로써 진정한 인민선거를 전 조선적으로 실시할 것을 요구합시다. 조선으로부터 외국군대가 동시에 즉시 철퇴한 후 조선 인민 자신이 민족적 민주주의 정부를 수립, 문제를 자결하자는 소련정부의 제안을 미국정부로 하여금 실행하도록 투쟁합시다.

북조선 정당 사회단체의 지도자인 우리들은 남조선 단독선거를 반대 투쟁하는 남북조선의 모든 민주주의 정당·사회단체 대표자연석회의를 금년 4월 14일 평양시平壤市에서 개최할 것을 제의합니다. 우리들은 이 회의에서 국내 정치정세를 심리하며 우리 국토를 양단하고 민족을 분열하려는 반동파와 온갖 책동 기도를 파멸시키고 조국의 통일과 독립을 추진시키며 세계 자유 애호 인민들의 일원으로서 조선의 통일 민주주의 독립국가 건설을 추진시키는 것을 공동목적으로 노력하는 데 구체적 계획을 채택할 것을 엄숙히 제의합니다.

존경하는 동포 여러분!

우리는 영광스러운 독립의 길로 나가는데 우리 조국의 본래 운명을 짊어지고 있습니다.

진정한 애국자 여러분!

우리의 이 제의를 지지해주기를 바랍니다. 남조선에서 단독선거를 반대하며 우리 조국의 민족적 통일을 위해서 투쟁하는 남조선노동당·한국독립당·민주독립당·인민공화당·근로인민당·신진당·민주한국당·전국노조평의회·전국농조연맹·민주여성동맹·민주애국청년동맹·청우당·기독교민주동맹·유교총연맹·문학예술단체총연맹·독립노농당·조선협동조합 기타 모든 남조선 정당 사회단체에 대하여 우리는 앞으로 개최되는 이 회의에 참가할 것을 초청하며 이에 동의하신다면 통지하여 주시기를 바랍니다.

1948년 3월 25일

북조선노동당 김일성·김두봉, 민주당 최용건, 청우당 김달현, 직업동맹 최경덕, 농민동맹 김달현, 민주여성동맹 박정애, 민청 박욱진, 민주기독교연맹 박상군, 불교연맹 김숭격

〈조선중앙일보 1948년 4월 1일〉

■남북요인 협상설에 대한 정계의 반응

지난 25일 평양방송은 과반 김구·김규식 양씨가 남북요인회담을 북조선에 제안한 것을 수락한다며 전하는 바 있었는데 이에 대하여 조민당·청총 및 조선국민건의회에서는 다음과 같은 담화를 발표하고 이는 5월 9일의 총선거 실시를 방해할 공작임을 강조하였다.

- **조민당 이윤영 담談** : 남북정치협상을 하는 것은 그들의 자유일 것이다. 이로써 총선거를 지연시키거나 혹은 이에 대한 방해책동을 하는 데 대하여서는 우리는 절대 용허할 수 없다.
- **청총 담談** : 이에 대하여 우리는 한인으로서 별다른 의미를 가지지 않는다. 총선거를 목전에 둔 중대한 시기인 만치 총선거를 방해하려는 남북공산당 및 이에 호응하는 일부계열에서 반드시 총선거를 약체화시키려는 파괴행위나 모략이 있을 것을 예상하였거니와 이같은 책동에 속을 대중은 벌써 아니다.
- **조선국민건의회 담談** : 남북요인협상은 국제공산주의 사상이념과 그에 따르는 모든 정책제도를 근본적으로 청산하고 전국총선거에 참가하여 민족주의에 입각한 진정한 민주주의로 환원하여 남북통일 중앙정부수립에 협력한다는 북조선최고기관 및 그 대표자의 성문서약이 있기 전에는 우리는 반대한다. 3천만 동포는 전기 성문 맹서없는 이상 절대 반대하기를 요구한다. 25일의 북한방송에 대하여 아직 정보를 입수치 못하였음으로 지금 무엇이라 말할 수 없다.
- **김규식 담談** : 남북정치협상에 관하여 김구 선생과 함께 김두봉 선생, 김일성 장군에게 제의한 데 대하여 아직 정식 회답을 받지 못하였다. 그러므로 아직 무어라 말할 수 없다. 만일에 평양방송이 우리의 제안한 응답이라면 정식서신이 온 후에 김구 선생과 상의한 후 의견을 발표하겠다.
- **김구 담談** : 이에 대하여 김구씨는 26일 기자에게 다음과 같이 말하였다.

  정식으로 서한을 이북에 보낸 것도 나와 김규식 박사의 공동명의로 보냈으니 이에 대한 언명도 김 박사와 협의할 것이다. 그러나 우리가 남북협상운동을 추진하는 것을 민족적 도의와 인류의 공도에서인 것이며 더욱이 한국의 현실사태도 그 길만이 유일한 소소명명昭昭明明한 터이라 이 운동은 공염불이 아

니고 유종의 미로서 반드시 실천되기를 확신한다. 〈동아일보 1948년 3월 28일〉

■김구, 임위 시리아 대표와의 회담에서 남북요인협상 언명

국련조위國聯朝委 시리아 대표 무길은 29일 오전 10시 경교장으로 김구를 방문하고 약 40분간 요담하였는데 김구 측근자 담에 의하면 다음과 같이 문답이 있었다 한다.

문 : 남북요인회담은 언제나 실시되겠는가?

답 : 방송에 의한 소식을 들었을 뿐 확실한 회답을 입수치 못하였다.

문 : 남북요인회담은 국제관계가 첨예화한 이때에 성공된다고 믿는가? 또 만일 실패한다면?

답 : 물론 성공되리라고 믿는다. 만일 성공 안 된다면 국제적 영향으로 인하여 안 될 것이니, 그 반면에 우리 민족의 단결은 더욱 공고하여질 것이며 또 실패된다고 하더라도 나는 끝끝내 남북통일을 위하여 분투하겠다.

한편 인도대표 '씽'은 명明 31일 상오 10시에 김구를 방문할 예정이라고 한다.

〈경향신문 1948년 3월 30일〉

■재일본 박열, 이승만 김구에 총선협조 요망 서한 전달

재일본 박열은 지난 3월 29일 비서 박성진을 보내어 이승만·김구의 양 영수에게 여좌如左한 서한을 전달하였다.

1) 남조선 미군정청 상해공보장 신기준씨의 부임도중 담화에 의하면 국내에서 5월 10일의 총선거를 앞두고 김구, 이승만, 김규식 3선생이 각각 주장을 달리하고 피차 대립해서 이승만 선생은 현재의 세계정세의 판단으로 남조선의 중앙정부 수립도 부득이하다고 하여 국련國聯의 결정을 전면적으로 지지하고 있고, 김구 선생은 이와는 반대로 남북 총선거실시를 주장하여 어디까지 남북 통일정부수립을 위하여 투쟁하겠다고 성명하고, 김규식 선생은 총선거를 실시하기 전에 먼저 남북지도자회담 소집을 제창하여 만약 남조선만의 중앙정부 수립 시는 일절 정치적 활동에서 은퇴하겠다고 주장하고, 또한 동씨同氏가 주체가 되어 각계 유력자 연명으로 북선北鮮인민위원회 위원장 김일성씨와 기타 지도자에게 회담요망의 서한을 송부하여 그 실

현을 위하여 노력중이라고 하는데 이것이 사실이라고 하면 그것은 상서롭지 못한 일이다. 설명할 여지도 없이 차此 3선생은 우리 정계의 거두이시다. 특히 김구 주석과 이승만 박사를 중심으로 조국 조선은 통일되고 완전독립도 달성하여질 것은 오인吾人이 믿고 의심치 않는 바이다.

2) 냉정히 3선생의 주장을 고려할 때 결국 조국의 완전독립이라는 궁극究極의 목표에서는 완전히 일치하여 있는 것이다. 오직 상위相違점은 시기의 문제이고 프로세스의 차이이다. 우리 조선이 미소 양 세력에 의해서 남북이 분할 당하고 있는 일은 가장 불합리한 일이며 또한 부자연한 것임은 누차 우리들이 논해온 것이다. 여사한 점에서 남북요인의 긴밀한 연계를 도모하여 남북을 일대一帶로 한 총선거를 실시하자는 김구·김규식 양선생의 주장은 오등吾等 역시 공명하는 바이다. 연然이나 38도선을 경계로 하여 미소 양군이 대치하여 있고 소위 '철의 장막'이 견고히 나리워 있는 현장! 이 사실이 용이히 해결되지 않는다면 현재 가능한 지역에서 선착 총선거를 실시해서 정부를 수립하여 점차 북선北鮮도 합류시킴으로써 해결하려는 이승만 박사의 주장도 수긍할 수 있을 것이다.

따라서 양자 각각 근거 있는 이유가 유有한 것인데 그 어느 것만이 시是요 타他는 비非라고 단정함은 경솔하다고 아니할 수 없는 바이다.

요는 김규식 선생 등의 요망에 의해서 북선의 요인들이 여하한 태도로 나올 것인가가 주요한 해결의 '열쇠'라고 말할 수 있을 것이다. 연然이나 국련國聯에서 주장된 총선거의 시기는 목전에 임박하여 있으므로 공연한 시일의 지연은 금물이라고 아니 할 수 없는 것이다.

요언要言할진대 김구 이승만 양 선생의 일치협력이 없이는 조국 총선거의 실시도 곤란한 것이며 정부수립도 용이치 못하였으나 전술한 바와 여히 그 목표를 완전히 일치하여 있으므로 단지 그 경로에 있어서 행하는 방도의 차이는 양 선생의 이해 있는 접근으로써 일치점을 발견할 수 있지 않을까? 여하한 사정이 있다 하더라도 양 선생의 관대한 금도襟度로써 상허相許하고 상보하여 대승적 입장에서 양 선생이 악수하시며 종래와 같은 피차의 상휴相携로써 조국재건에 매진하여 주심을 오등吾等은 간곡히 희망하는 바이다.

오등吾等 60만의 재일동포는 조국을 멀리 떠나 있어 조국의 정세가 보도될 때마다 일희일우一喜一憂하고 있는 바이다. 지금도 선생의 의견 불일치는 참으로 심우心憂를 금할 수 없는 바이며 재류동포 일체의 심통지사心痛之事이다.

오등吾等은 자기의 태도를 명백히 하기 전에 먼저 김구·이승만·김규식 3선생의 의견의 일치를 요망하며 그 협력을 간청하여 마지않는 바이다.

1948년 3월 30일 박 열 〈조선일보 1948년 4월 24일〉

■남북회담에 관한 정식서한이 북조선민전으로부터 전달

남북정치요인회담에 관한 북조선방송이 전해지자 남조선 선거를 반대하고 민족자결원칙 하에 의거하여 남북회담을 주장하여 오던 정당단체에서는 이에 대처하고자 정식서한을 대기 중이던 바 소식통에 의하면 북조선민전으로부터의 정식 서한이 좌기 인물에게 28일 전달되었다 한다. 그 내용에 있어서는 장문에 긍亘한다 하는데 요지는 4월 14일 개최예정인 남북정당단체대표의 회담에 앞서 위선爲先,

1. 조선의 내외정세에 대한 정확한 규정.
2. 국토와 민족을 분열하는 단선을 반대하는 전국적 통일방략.
3. 정치와 민생의 혼란을 방지하고 자주통일독립을 하기 위하여 양군철퇴를 촉진하는 방략에 관한 예비회담을 4월 초순경에 개최하자는 것이라 하는데 북조선에서 김일성·김두봉·최용건·김달현·박정애 등 외 5명의 10씨와 남조선 측에서 15씨가 지적되어 있다 한다.

● 예비회담 위해 초청보낸 개인

김구·김규식·조소앙·김붕준·홍명희·백남운·이극로·박헌영·허헌·유영준·허성택·김원봉·송을수·김창준·김일청(이상 15명)

● 초청 정당단체

한국독립당·민주독립당·민주한독당·민중동맹·청우당·사회민주당·독립노농당·신진당·근로인민당·남로당·인민공화당·전평·전농·민주여성동맹·유교연맹·기독민동협조(이상 17정당단체) (그런데 정당단체에는 상금尙今 초청장이 미착이라 한다)

〈조선일보 1948년 3월 31일〉

■김구 · 김규식 남북정치회담에 대한 왕복서신 내용 발표

남북통일추진하자
남조선측왕함요지
조선문제해결은
남북조선인에 맡기라

남북협상에 관한 남북조선 간의 기간경위는 기보한 바 같이 김구 김규식 양씨는 지난 28,9 양일간에 긍亘하여 북조선 측으로부터 내한을 검토 협의하고 31일 그 서한왕래에 대한 요지 및 이에 대한 소신을 공동명의로 여좌히 발표하였다.

「남북간에 내왕한 우리의 서한은 개인간의 사찰이니 본래 공개할 것이 아니나 조국의 통일과 독립을 갈망하는 동지 동포들의 이에 대한 관심이 클 뿐 아니라 신문지상의 보도가 구구한 까닭에 항간에 억측이 불무함으로 이에 우리는 좌기와 여히 그 요지만을 피력한다」

1. 송함送函(2월 16일)

가. 김일성 장군에게 보낸 것 [요지]

1) 우리 민족의 영원 분열과 완전 통일을 판가리하는 최후의 순간에 민족국가를 위하여 4~50년간 분주치력奔走致力한 애국적 양심은 수수방관을 허하지 않는다는 것.

2) 아무리 외세의 제약을 받고 있는 우리의 현실일지라도 우리의 일은 우리가 하여야 할 것이라는 것.

3) 남북정치지도자 간의 정치협상을 통하여 통일정부 수립과 새로운 민주국가의 건설에 관한 방안을 토의하자는 것.

4) 북쪽 여러 지도자께서도 가지실 줄 믿는 데서 위선爲先 남쪽에 있어서 남북정협상을 찬성하는 애국정당대표회의를 소집하여 대표를 선출하려 한다는 것.

나. 김두봉 선생에게 보낸 것 [요지]

1) 우리에게 해방을 준 미소 양국의 은혜는 감사하나 아직도 독립이 되지 못하여 우리는 암담하다는 것.

2) 과거 중경과 연안 간에서 민족의 이익을 위하여 선견을 버리고 지역의 남북과 파벌의 이동을 불문하고 조국의 독립을 위하여 분투하자는 전함의 내왕을 중제하여서 피차의 통일공작을 추진하자는 것.

3) 자체가 지리멸렬하면 우방의 호의도 접수하지 못한다는것.

4) 우리 문제는 우리 자신만이 해결할 수 있다는 것을 확신하고 남북지도자회담을 실현하도록 노력하자는 것.

다. 코롯코푸 장군에게 보낸 것.(소문) [요지]

1) 상술한 양 김씨에게 여하한 취지로 송함하니 편의와 협조를 요망한다는 것.(이 편지를 전달하여 주겠다는 방면에서는 우리의 서한을 2월 25일 기차 편으로 보내게 될 것이고 전달은 3월 1일까지로 될 듯하다고 말하였다)

2) 내함來函(3월 15일에 김일성 김두봉 양씨의 연서로 우리에게 보내온 것)

[요지]

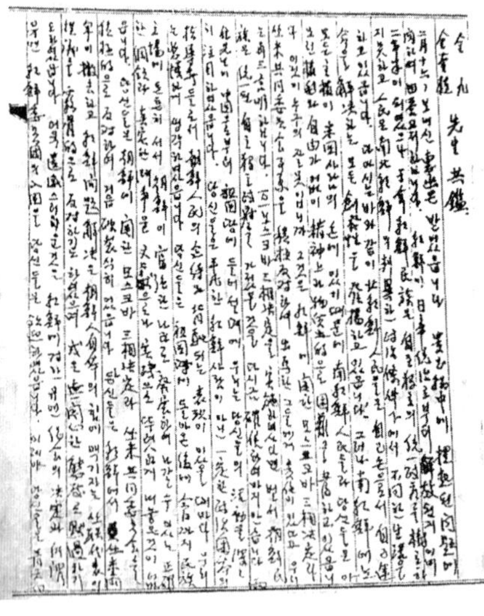

1) 2월 16일자의 우리의 서한을 받았다는 것.

2) 해방된 지 2년 반이나 지나도록 우리가 남북으로 분열되어 완전한 통일독립국가가 되지 못한 것이 유감이라는 것.

3) 북조선은 자기 손으로써 자기의 운명을 개척할 수 있으나 남조선은 주권이 미국사람에게 있기 때문에 정신상 물질상 곤란을 받는다는 것.

4) 이에 대하여 모스크바 삼상회의 결정과 미소공위 사업을 적극 반대한 이들에게 책임이 있다는 것.

5) 금차 UN의 결의 더욱 UN소총회의 행동은 찬성할 수 없다는 것.

6) 소련이 UN총회에 제의한 바와 같이 양 주둔군 철퇴 조선대표 참가 그리고 조선문제 해결은 순전히 남북조선인에게 맡기어서 자의자처自意自處하자는 것.

7) 미국의 주장으로써 소의 제의가 부결되고 UN위원단 감시 하에 총선거를 실시하려는 것은 찬성할 수 없다는 것.

8) 우리의 일은 우리가 해결하려는 본지에서 남북조선 소범위의 지도자연석 회의를 1948년 4월초에 평양에서 소집할 것을 동의한다는 것.

9) 해당該當 회의에 참석할 성원 명단은 남조선에서는 김구·김규식·조소앙·홍명희·백남운·김붕준·김일청·이극로·박헌영·허헌·김원봉·허성택·유영준·송을수·김창준, 북조선 측에서는 김일성·김두봉·최용건·김달현·박정애 외 5명

10) 토의할 내용은 1. 조선의 정치현상에 관한 의견교환 2. 남조선단독정부 수립을 위한 반동선거 실시에 관한 UN총회의 결정을 반대하며 투쟁할 대책 수립 3. 조선통일과 민주주의 조선정부 수립에 관한 대책 연구 등등 4. 만일 우리 양인이 동의할 때는 1948년 3월 말일 내로 통지하기를 희망한다는 것.

〈서울신문 1948년 4월 1일〉

■장덕수 살해사건 제20회 군율재판 개정

31일 오전 9시에 개정된 군율재판은 검사 증인으로 출두한 수도청 조사과장 노덕술에 대한 고문 유무에 치중한 신문으로 시작되었다.

간단한 신문에 노덕술은 피고를 직접 자기가 문초하지 않으므로 고문현장을 보지 못했다고 진술하였다.

이로써 검사 증인과 변호사 측 증인신문 그리고 재판관의 증인신문 완료의 선언이 있자 스틸 주심검사로부터 이 사건에 대하여 요지 별항과 같은 논고가 있었다. 다음 조선인 특별변호인 정근영, 강거복의 순서로 특별 변론이 있었고 마지막으로 베리스 미美관선 변호인으로부터 피고 전부에 걸쳐 총괄적 변론이 있었다. 재판은 4월 1일 다시 속개되어 전후 21회 공개 재판에서 라만 검사의 결론으로 월여月餘에 걸친 군율재판은 완전히 종결될 것이다.

● 스틸 검사 논고

먼저 후편에 있는(피고석 후편) 다섯 사람 즉 대한혁명단에 관하여 말하자면 그들은 경원여관에서 이 단체를 조직하였고 최중하가 그 좌장이 되었던 것이다. 이는 피고 최중하가 제 입으로 진술한 바에 의하여 명백하다. 박광옥·배희범 양인에 대하여는 길게 말할 필요가 없다. 그들은 그들 자신의 입으로 살인을 감행하

였다고 진술하였다. 그들은 장덕수를 살해한 30일 전부터 정보를 수집하였으며 조사하였던 것이다. 그리하여 박광옥은 1947년 12월 2일 두 발의 총탄을 발사하여 장덕수를 살해하였다. 배희범 역시 죽일 의사로 권총을 발사한 것이다. 조엽·박정덕 양인에 관하여는 그들의 혁명단 회합에 참석한 횟수에 관계없이 암살계획에 참석한 것은 사실이다. 그리고 그들 역시 살해 역할을 맡은 것도 사실이다. 최중하에 관하여는 박과 배가 죽이려고 가는 날 이를 축복하는 의미에서 돈 7백 원을 준 사실이 있다. 김중목은 많은 청년단 조직에 관계하고 있으며 혁명단 조직시에는 참석 후 사진까지 같이 촬영하였으며 촬영시時 사용한 수류탄을 가지고 사진을 촬영할 때 그 단체가 결코 평화주의의 단체가 아님을 알면서도 이에 참석하였던 것이나. 김석황은 말하자면 김구씨와 30년 전부터 친교가 있으며 김구씨와 더불어 일한 사람이다. 그는 죄상을 부인하나 그의 죄상은 명백하다. 그는 사건이 발생하자마자 즉시 숨었으며 전하지는 않았으나 김구씨에게 보내는 편지를 소유하고 있었다. 즉 그는 숨었다는 것이 죄상의 근거가 되는 것이다. 조상항·손정수 양인은 그들이 어떠한 말을 하였는지 확실히 진술하지 않아도 이 사건에 관계되었다는 것을 부인할 수 없다. 신일준은 모든 것을 부인하였지만 그는 장덕수가 살해당한 1947년 12월 2일 최중하에게 7백 원을 주었으며 이 돈은 박광옥과 배희범 손으로 넘어갔던 것이다.

이상 대체로 본다면 양쪽 다섯 사람(혁명단원외 5인)은 기소이유 제2호 즉 음모의 증거가 있으며 후편(혁명단원) 다섯 사람은 구구하게 말할 필요도 없고 그들 자신의 입으로 진술한 바와 같이 이 범죄를 인정하기 위하여 이 이상 더 아무런 증거도 필요치 않을 것이다. 법규 형사소송법에 의하여 음모하는 장소에 참석한 자는 음모자와 동등하다는 것을 군사위원 諸씨는 잘 알 것이다. 이것은 즉 조엽·박정덕에게 해당되는 것이다.

또한 군율재판규정에 의하여 피고가 한 사람 이상인 경우 한 사람의 진술만으로도 충분한 증거가 되는 것이다. 오랜 사건을 끌고 증인심문을 계속한 것은 이 사건이 단순한 살인범죄가 아니고 복잡한 정치적 문제가 다분히 게재해 있기 때문이다. 즉 장덕수가 살해당한 것은 피고들과 정치이념이 달랐기 때문이다. 김구씨가 법정에 출두하여 장덕수가 애국지사라고 증언하였지만 피고 김석황이는 이 증언을 그대로 부인한 것인 줄을 알아주기 바란다. 〈조선일보 1948년 4월 1일〉

■김구, 남북정치협상에 관해 기자단과 일문일답

남북요인회담문제를 위요圍繞하고 방금 정계의 주목의 초점이 된 김구는 31일 기자단과 회견하고 다음과 같은 일문일답을 하였다.

문 : 북조선회한에는 3월 말일까지 회답하라고 왔는데 회답을 보냈는가?

답 : 아직 안 보냈다.

문 : 정식남북회담 이전에 남조선에서 준비회담이 필요하지 않은가?

답 : 방금 진행 중이다.

문 : 정식회담 전에 연락원을 보내지는 않는가?

답 : 곧 보낼 예정이다. 사전에 모든 점에 있어서 상호간에 충분한 연락이 필요하다고 생각한다. 예컨대 우리 서한에는 인물이나 정당에 관하여 하등의 구체적 제시가 없었는데 북조선 측 회한에는 이것이 구체적으로 지명되어 있고 더욱 그 중에는 북조선에 현재 있다고 생각되는 인물까지도 있기 때문에 연락원 파견은 필요하다.

문 : 미군당국과의 교섭은 어느 정도로 되고 있는가?

답 : 아직 없다. 그러나 이 회담은 숨어서 할 일이 아니니 장차 자연히 교섭이 있을 것이다.

문 : 북조선 회한에는 회담에 제기될 문제의 범위까지 써 있는데 주석이 보내신 서한에도 그런 점이 언급되어 있었는가?

답 : 그런 것은 없다. 자못 남북정치지도자가 회담하자는 것만 말하였다.

문 : 이 회담의 성공을 확신하는가?

답 : 물론 확신한다. 남조선의 미군도 적극적으로 우리의 독립을 원조한다고 하고 북조선의 쏘군도 그렇게 말하고 있기 때문에 이러한 국제 분위기로 보더라도 성공을 확신한다.

문 : 장소를 평양으로 지정한 데 대해서는?

답 : 별다른 생각은 없다. 이것이 1차로 끝마칠 것이 아니라 2차, 3차로 독립되는 날까지 계속할 것이니 다음은 여기에서 할 수도 있을 것.

〈경향신문 1948년 4월 1일〉

■ 김구 · 김규식 평양정치협상 참가할 것을 성명

북조선측 서한을 접수한 김구·김규식 양씨는 다음과 같은 감상을 발표하였다.

일전 북한에서 라디오 방송으로 남북정치협상회의를 4월 14일 평양에서 개최하겠다 하며 남북 쪽에 각각 몇몇 정당을 지명까지 하였으나 그 지명된 외에도 이 협상을 찬성하는 단체나 개인은 3월 이내로 연락하여 달라고 하였다. 그러나 당시에는 거去 2월 16일부로 우리 양인 명의로 북조선에 송함送函한 것을 접수 여부의 소식도 없고 평양방송에도 언급치 않았으므로 방송이 말한 바 남북정치 협상은 여하한 의도로 소집되는 것인지 분명히 알지 못하였다. 지금에서야 우리 양인에게 북한의 답복答復도 왔고 동시에 예비적 회담인지는 모르겠으나 우리 양인 외에 모모 13인(좌우 합하여)에게 따로 통지가 온 모양이다. 김일성·김두봉 양씨의 회한回翰을 받은 후 우리 두 사람의 감상은 여하하다.

1) 제1차 회합을 평양으로 하자는 것이나 라디오 방송시에 남한에서 여하한 제의가 있었다는 것을 아니한 것을 보면 제1차 회담도 미리 다 준비한 잔치에 참례만 하라는 것이 아닌가 기소起訴가 없지 않다. 그러나 우리 두 사람은 남북회담 요구를 한 이상 좌우간 가는 것이 옳다고 생각한다.
2) 가는 데 있어서는 먼저 내왕수속 절차와 그 방면에 예정해 논 프로그램 여하와 남쪽 대표의 신변보장 및 일차회합에 성공치 못한다면 2차, 3차 내지 10여 차까지도 기어이 남북통일을 쟁취할 의사유무까지도 알아야 할 것이다.
3) 북조선에서 지명한 15인 이외에도 누락된 정당이나 개인이 많이 있으니 어떤 정당 어떤 개인을 증가할 것을 접흡接洽할 것.
4) 이러므로 우리의 생각에는 먼저 그쪽에서 지명한 남쪽 인원끼리라든지 혹은 이에 찬동하는 정당 단체 개인만이라도 속히 집합하여 일체를 상의한 후 연락원 약간 인人을 택하여 일부 연락원은 38이남 내왕에 관하여 당국과 연락을 할 것.

일부 연락원은 북조선에 가서 이상 일역一域을 접흡接洽할 것 아직은 이상만이 우리 두 사람의 의견이다.

단기 4281년 3월 31일

김구 · 김규식 〈조선일보 1948년 4월 1일〉

■김구와 문답

김구씨는 4월 1일 경교장京橋莊에서 기자단과 회견하고 남북협상에 관하여 다음과 같은 문답이 있었다.

문 : 북조선 측에서 제의한 예비회담 개최에 대하여 견해여하?

답 : 찬성하는 바이다.

문 : 북조선과의 예비회담에 대한 복안은?

답 : 아직 없으나 불일중不日中으로 남쪽의 각 정당단체든지 개인간에 의논할 예정이다.

문 : 미 당국과의 교섭여하?

답 : 아직 없으나 앞으로 당국의 원조도 필요할 것이니 교섭할 예정이다.

문 : 북조선 측 내한 내용에 대한 견해 여하?

답 : 내용에 있어서 찬, 불찬을 운위할 것이 아니라 남북요인의 회담을 하자는 것이니 이는 상대방과 만나서 의논할 것이다.

문 : 3월 말일 내로 회한을 요청하는데 송한送翰하였나.

답 : 아직 못 보냈다.

문 : 남북회담이 성공할 것으로 보는가?

답 : 성공할 것을 확신한다. 〈서울신문 1948년 4월 1일〉

■김구, 남북협상에 관한 딘 장관의 담화에 대해 언명

한독당 위원장 김구는 1일 딘 군정장관이 남북협상에 대하여 방해는 안하나 신변보장 및 알선은 할 수 없다고 언명한 데 대하여 2일 다음과 같은 소신을 발표하였다.

「나는 딘 군정장관이 우리가 기도하는 남북회담을 방해하지 않겠다고 언명한 것을 감사한다. 왜 그러냐 하면 우리의 공작은 이로써 순조롭게 진행될 수 있는 까닭이다. 본래 우리가 신변보장과 알선을 운운하게 된 것은 어떠한 위협을 느낀 까닭이 아니라 우리 조국이 미소양국의 군사점령 하에 있으니 만치 우리가 양군 사령부의 양해 없이 내왕하는 것은 비법적이며 비우호적인 까닭에 우리는 이에 대한 협조를 구하려는 데 목적이 있었던 것이다 이제 우리가 믿었던 바와 같이 미군당국이 우리의 업무를 방해하지 아니하는 이상 지엽문제는 교섭개시를 따라서 원만히 해결되리라고 생각된다.」

그리고 김구씨는 북조선에 대하여 아직 연락원은 파견되지 않았다고 말하였다. 그리고 연락원은 3일의 통일독립운동자협의회 발족 이후에야 구체적으로 결정될 것으로 보이며 북조선 요인들과 개인적으로도 친분이 깊은 조소앙·엄항섭 등 제諸씨가 유력시되고 있다 한다. 〈조선일보 1948년 4월 3일〉

■남북협상파, 평양에 연락원 파견 결정

남북정치협상의 정식회담에 앞서 예비회담을 개최할 것을 남북조선 측에서 제의한 데 대하여 김구·김규식 등은 우선 연락원을 파견 후 귀추 여하에 따라 북행할 것을 언명하였거니와 김구·김규식·홍명희·김붕준·이극로 등은 1일 밤 경교장에서 회합하고 협의한 결과 김구·김규식 양씨가 각기 1명을 선정하여 2명 내지 3명(1명은 인솔자격)을 불일중不日中에 파견하기로 하였다 하며, 연락 내용에 관해서는 예비회담에 있어 백지로 임할 것. 북조선 측 지명의 15씨 외 적당한 인물을 추천 참석케 함에 대한 의견 여하 등이라고 소식통은 전하고 있다. 그리고 김규식은 동同 회의석상에서 남북정치협상에 관한 권고를 하였는데 요지 다음과 같이 소신을 피력하였다고 한다.

「우리의 독립은 국제공약으로 약속되어 있거니와 오늘날에 이르러 미소공위는 양차에 긍亘하여 실패하였고 UN은 우리의 국토를 양단하는데 성공하였다. 이제는 우리가 우리의 손으로 우리의 독립을 전취하여야 할 것이니 남북협상만이 유일한 독립노선이다. 남북회담이 제1차에 실패하여도 우리는 10차나 백여 차가 계속되더라도 성공할 때까지 분투노력하겠다.」 〈서울신문 1948년 4월 4일〉

■민족자주연맹 남북정치협상운동에 대해 지지와 협조 결의

민족자주연맹에서는 제3차 중앙집행위원회를 개최하고 양 김씨의 남북협상운동에 대하여 다음과 같은 결의를 하였다 한다.

「이제 우리는 국토양단과 민족분열의 최대의 위기에 도달하였다. 우리는 조국흥망의 벽두에 서서 이 위기를 극복하고 신생의 활로를 개척하는 데는 오직 민족자결원칙에 의하여 조국의 통일자주와 민주독립을 촉진하여야 되겠다. 우리 민련 중앙위원회는 백범 김구 선생과 본 연맹 주석 김규식 박사와 남북협상에 관한 제안에 의하여 실현되는 남북 정치협상회의를 전적으로 지지하며 아울러 그 성공을 위하여 만난을 배제하고 적극적으로 협조할 것을 결의한다.」

〈조선일보 1948년 4월 4일〉

■통일독립운동자협의회 결성대회

5월 선거를 반대하는 남조선 각 정당 사회단체를 대표하여 엄항섭·홍명희·유림·김붕준·여운홍 등 5씨의 발의로 그동안 결성 준비 중이던 통일독립운동자협의회는 3일 하오 3시부터 시내 역경원에서 한독·민독·근민·독노·신진·민중동맹·민주한독·사민·청우·건민 등을 비롯한 백여 정당 사회단체가 참석하여 유림의 개회사로 박윤진의 사회 하에 결성대회를 개시하였다. 유림의 개회사에 이어 임시의장 선거가 있어 유림이 선출된 다음 엄항섭으로부터 동회同會를 발기하기에 이른 경과보고가 있었다.

계속하여 김구·김규식으로부터 축사가 있은 다음 별항과 같은 강령 및 선언문 통과 그리고 UN에 대하여 항의하는 결의안 통과가 있었으며 남북협상추진에 관한 임시제안 역원役員선거 등으로 폐회하였다.

● 강령

1) 통일독립운동자와 총역량 집결을 기함

2) 민족문제의 자주적 해결을 도함

3) 민족강토의 일절 분열 공작을 방지함

● 선언

통일독립이 우리 민족 진로의 목적지인 것은 두말할 것 없고 이 목적지를 향하여 전진함에 두 길이 있으니 하나는 미소전장을 통과하려는 전장의 길이요 또 하나는 카이로 공약을 앞세우고 전장을 통과치 않고 전진하려는 평화의 길이다.

미소양국 중의 1국의 힘으로 반 동강 강토에 중앙정부를 수립하려는 것은 미소전쟁을 치르지 않고는 목적지를 바라볼 가망도 없으니 이것이 전쟁의 길이요. 미소양국이 전날 공약을 아직 잊지 아니하여 우리의 독립을 어디까지 원조한다 하니 우리가 자주적 태도로 미소양국에 대하여 공약실천을 요구하면 바닷물이 큰 고기만 살 곳이 아닌 것을 밝히자는 양국은 요구에 응하지 아니할 리도 없고 또 변하지 아니할 수도 없을 것이니 이것이 평화의 길이다.

설혹 미소전쟁이 나게 되더라도 거족적으로 반전태도를 취하여야 할 우리가 우리만을 위하여 전쟁할 리 없는 미소양국의 장래전쟁을 바라고 일부러 전쟁의 길을 택할 까닭이 무엇이며 평화의 길이 광장대도廣壯大道와 같이 눈앞에 놓여 있는데 짐짓 못 본 체하고 짓구지 쟁의 길을 취할 까닭이 무엇이랴. 소위 단정단선의 전쟁의 길로 나가다가는 골육상쟁과 대전포화에 우리 민족이 죽음의 길을 밟게 될 것이 거의 의심 없이 명백한데 이것을 목적지 도달에 가장 첩경이라 하니 민족을 사랑하는 뜨거운 심장을 가진 자 누가 이것을 반대하지 아니하랴.

전자에 민족진영의 지도자 7인이 공동 성명서를 발표하여 반대의 기치를 분명하게 세웠으나 분산한 세력을 집합할 기구가 있어야 투쟁이 힘질 것이라. 이 기구를 갖추려는 초보공작으로 우리는 통일독립운동자협의회를 발기하였다.

동지여! 함께 집합하여 함께 투쟁하자. 개인의 이해 화복으로 민족의 운명을 그르치려는 모든 책략을 분쇄하고 평화의 길로 전진하자.

〈서울신문 1948년 4월 4일〉

■ 통일독립운동자협의회 결성대회 김구 · 김규식 축사

김구·김규식 양씨는 3일 역경원에서 개최한 통일독립운동자협의회 결성대회에서 각기 임석하여 축사를 한 바 있었는데 요지는 다음과 같다.

그런데 김 박사는 해방 후 전래 없는 열변으로 조국의 위기를 통탄하여 이에는 독립전취의 유일한 방법은 민족자결원칙에 의거할 뿐 타 도리가 없으며 이에 실천 초보공작으로 남북회담이 개최하게 되었으니 최후를 각오하고 성공에 매진할 뿐이라는 비장한 소신을 장시간에 긍亘하여 피력하였다.

김구씨는 우리민족이 주야로 통일과 독립을 갈망하고 있으나 요사이 통일은 안 되어도 독립만 되었으면 하는 경향이 있다. 그러나 우리의 통일과 독립은 불가분한 일인데도 불구하고 남조선총선거로 독립을 한다고 하는 것은 이해할 수 없는 일이다. 현재 우리 강토는 38선으로 분단되고 있으나 이는 타국이 만들은 것이지 우리 민족의 마음속에는 38선이란 없을 것이다. 하물며 북조선에서 '인민공화국' 을 수립할 것을 기도하는 것이나 남조선에서 단정을 수립할 것을 기도하는 것은 국제적으로 만들어 논 38선 분열을 우리 민족자체가 자의로 38선 분열을 만드는 것이니 이에 우리는 오늘날 통일을 부르짖지 않을 수 없으며 외세에만 독립을 시켜 줄 때를 기다리고 맡기고 있을 것이 아니라 우리의 일을 우리가 하여야 할 것이니 우리의 힘으로 우리의 독립을 전취하지 아니하면 안 될 것이다. 이런 의도 하에 해該협의회가 결성되는 것으로 믿고 분투하기를 바라는 바이다.

〈조선일보 1948년 4월 6일〉

■ 김구 · 김규식을 중심으로 남북요인 정치협상문제 협의

남북정치협상문제의 구체화와 아울러 양 김씨를 중심으로 한 정계의 동향은 크게 주목되고 있는데 5일 밤 김규식을 비롯하여 김붕준·홍명희·여운홍 등 제諸씨는 경교장京橋莊으로 김구씨를 방문하여 1시간여에 걸쳐 중요회담을 하였다 한다. 이에 관하여 소식통은 동同 회담에 있어서는 북조선에 파견할 연락원의 최종 인선이 있었을 것이라 하며 연락원은 2명 내지 3명으로 구성하되 늦어도 금명간에는 출발할 것이라고 보고 있다.

〈경향신문 1948년 4월 7일〉

■여운홍, 하지를 방문 대이북 연락원 파견문제를 협의

남북협상 예비회담에 앞서 남조선 측으로부터의 연락원 파견에 대한 추이가 주목되는 바인데 김구·김규식 등은 연락원 2, 3명을 내정하고 불일 중 발정할 것을 언명하였거니와 여운홍은 5일 오전 10시 반 반도호텔로 하지 중장을 방문하고 연락원 파견에 관하여 회담한 결과 동同 중장은 '연락원 파견 등 일체 북행에 대한 편리는 원조하지 않으나 방해도 안하겠다. 그러나 연락원의 씨명氏名 인원수 출발 시일 등을 보고해 주면 관계방면에 차此 인물 등에 대하여는 방해를 하지 말도록 할 것을 지시하겠다' 고 언명하였다 하며 피알테머 중위도 여씨와 회담한 바 있었다. 그리고 김규식·홍명희·김붕준·여운홍 등은 5일 밤 경교장 김구씨 숙소에서 회합하고 동 문제에 관하여 협의한 바 있으며 6일 밤에도 회합하였다. 그런데 소식통에 의하면 지난 4일 연락원이 이미 발정하였다고도 하며 한편은 6일 북행하였다고 전하고 있다. 그리고 연락원은 약 10여 일 후에 귀환할 예정이라고 한다.

〈조선일보 1948년 4월 7일〉

■김구 · 김규식 남북협상 연락원 2명 북조선에 파견

남북협상 연락원이 개성을 통과하여 북행하였다. 7일 오전 남북협상 연락원으로 서울을 출발한 김구·김규식 양씨의 특사 안모安某 권모權某 양씨는 오후 5시 자동차로 개성을 통과 38선 접경인 여현역礪峴驛 앞에서 차를 돌려보내고 도보로 월경 북행하였다. 특파연락원 양씨는 일체 언명을 회피하고 다만 사명을 다할 뿐이라고 말하였다.

〈동아일보 1948년 4월 9일〉

■윤치영 연설 중中 김구 중상

7일 압록강 동지회에서는 YMCA에서 임시회의를 개최하였는데 동 석상에서 방금 단선에 참가코자 시내 중구에서 입후보하고 있는 윤치영씨는 "단선단정을 반대하고 평양 일방 남북회담을 적극 추진하고 있는 김구씨를 지석하여 중국으로부터 귀국 시에 임시정부를 해체하고 '개인자격으로 돌아오라' 는 하지 중장의 명령에 도장을 찍고 돌아왔으니 그는 임정을 팔아먹은 사람인 것이다" 하고 동씨를 중상하는 연설을 하였다. 그런데 연설 도중 청중은 흥분하여 연설을 중지시키라는 고함을 지르는 동시 연단으로 뛰어오르자 사회자의 간곡한 부탁으로 제지되었으나 윤치영씨는 뒷문으로 뛰어 도망나왔다 한다.

〈우리신문 1948년 4월 9일〉

■민주독립당 홍명희, 남북협상과 선거등록 등에 대해 회견

민독당民獨黨 대표 홍명희는 10일 기자단과 회견하고 남북협상 선거등록 등에 관한 시사문제에 관하여 다음과 같은 일문일답을 하였다.

문 : 일부에서 현 정세 하에서 남북협상을 추진시키는 것은 남조선 선거를 반대하여 방해하려고 하는 것이라고 본다는데 귀 견해 여하는?

답 : 남북협상을 추진시키는 인물이 남조선 선거를 반대하는 사람은 틀림없으나 선거를 방해하려는 의도는 전연 없다.

문 : 남북요인회담에 대한 구체적 방안은?

답 : 김구·김규식 양씨에게 일임하였으니 이 문제에 관해서는 그 두 분에게 따라갈 뿐이다. 그리고 나의 주장은 우리 당의 종래 주장을 장소 여하를 불구하고 반복할 것이다.

문 : 국회의원으로 선거되어야만 민중을 대표할 수 있으며 지도할 수 있다고 미군정 당국에서는 성명하고 있는데 이에 대한 소감 여하는?

답 : 김구·김규식 양씨를 비롯하여 현재 남북요인회담을 추진시키는 인물은 민중의 지도자이다. 국회의원이라야만 민중의 지도자란 말은 미군정에서 독특히 사용하는 문자이다. 인도의 간디 옹이나 비율빈의 리사루 같은 사람은 국회의원이 아닐지라도 미국 자신이 민중의 지도자로 경모하고 있지 않은가?

〈동아일보 1948년 4월 11일〉

■남북협상 연락원 귀로에 오름

남북협상에 관한 김구·김규식 양씨의 연락사명을 띠고 지난 7일 평양에 갔었던 안경근·권태양 양씨는 임무를 마치고 10일 정오 개성에 귀착하였다. 양씨는 기자와 회견하고 예기한 대로 남북협상은 잘 진전될 것이라고 말하였다. 그리고 양씨는 10일 저녁 서울에 도착할 예정이다.

과반 북조선측에서 남조선의 좌중左中 계열의 각 정당단체에 대하여 4월 14일 평양에서 남북요인이 회담하자는 초청이 있자 김구·김규식 양씨를 비롯한 중간정당 전체의 연락원으로 안경근·권태양 양씨가 지난 7일 서울을 떠나 8일 하오 2시 평양에 도착하였다는데 평양방송에 의하면 동일 밤에 남북협상준비위원회 위원장 주모와 면담한 후 각 요인들을 방문하고 9일 하오 2시 평양을 떠났다 하는데 10일 정오에 개성에 도착하였고 밤에는 서울에 도착할 것이다.

〈서울신문 1948년 4월 11일〉

■남북협상에 관해 김구 · 김규식 등 공동성명

남북협상에 관한 구체적 토의에 앞서 김구 김규식 양씨의 연락원으로 지난 7일 오전 10시 북조선으로 향발하였던 안경근·권태양 양씨는 연락 임무를 완수하고 10일 오후 9시 서울에 무사히 도착하였는데 즉시 김구·김규식 양씨를 방문하고 연락보고를 하였다 하며, 양 연락원은 다시 11일 오후 5시부터 삼청장에서 김구·김규식·원세훈·홍명희·이극로·신숙 등 제씨 참석 하에 약 1시간여에 걸쳐 북조선 측과의 사무적 연락에 관한 보고를 하였다는 바, 동 보고에 구체적 내용에 관하여서는 12일에도 경교장에서는 일체 함묵을 지키고 있었으나 조속간 정식 발표가 있을 모양이라 한다.

그런데 12일 김구·김규식 양씨는 동 연락에 관하여 다음과 같은 공동성명을 발표하는 한편 양 연락원도 연락사무에 관하여 공동 발표를 하였다.

● 양 김씨 성명 내용

지난 7일에 평양에 파견한 연락원은 예정보다 빨리 임무를 마치고 무사히 돌아왔으며 우리는 방금 연락원의 보고에 의거하여 모든 구체적 문제를 토의하는 중이다.

● 양 연락원 발표

본인들은 백범 김구, 우사 김규식 양 선생의 연락사명을 띠고 4월 7일 오전 10시 35분 서울을 출발하여 4월 8일 오후 2시 40분 평양에 무사히 도착하여 일단 여장을 푼 다음, 시급히 당사자들과 회견하여 연락사항을 전달하고 여관으로 돌아와 1박하고 9일 오후 3시 특별열차로 평양을 출발하여 10일 오후 9시 15분 서울에 도착 즉시 김구·김규식 양 선생께 연락보고를 하였다. 이로써 본인들의 연락사명은 완수했다고 본다. 연락에 대한 여러 가지 내용에 있어서는 본인들로서 발표할 아무런 권한이나 자격이 없다. 연락내용에 대하여서는 불원간 양 선생께서 발표할 것이다. 그리고 금번 여행에 있어서 남북현지 치안당국의 많은 협조에 대해서는 우선 사의를 표하는 바이다.

● 권태양 담談

연락원으로서 안경근씨와 내가 탄 자동차는 7일 오전 10시 반경 서울을 떠나서 일로 38선까지 직행하였다. 우리들은 신임장을 가졌고 월경하자 소련 보초에 사유를 알리니 즉시 조선인 경비대원이 안내해 주었다. 우리는 경비대원 호위하에 지프로 일로 평양을 향하여 달렸다. 8일 오후 2시경 평양에 도착하였는데 해방호텔에서 여장을 풀고 약 2, 3시간 휴식하고 석반 후 북조선 요인들이 왕래하여 뜨거운 격려의 말과 굳은 악수를 교환하였다. 오후 9시부터 약 1시간에 걸쳐 김일성·김두봉 양씨와 회담이 있었는데 양인의 환영과 우의에 심심한 감사를 금할 수 없었다. 북조선 측의 남북협상에 의한 민족통일과 자주독립의 기염은 최고도로 결정하여가는 기색이 선명하게 나타나 있었으며 남북협상준비위원장 주영하씨는 젊은 열정과 굳은 결의를 보여 주었다. 익일 자동차로 평양 시내를 일주하였는데 질서도 정연하였으며 상점가도 활발하여 안도감을 느낄 수 있었다. 거리마다 자율정부를 수립하자는 표어가 붙어 있었으며 공장에서도 연기가 나오고 있었다. 북조선 측으로부터의 김구·김규식 양씨에 대한 희망은 자못 큰 바 있었으며 일반의 통일정부를 숙원하는 심정은 매우 농후하였다. 남북협상연락원으로 안경근·권태양은 7일 서울을 출발하여 8일 평양에서 김일성·김두봉과 약 1시간에 걸쳐 회담하고 10일 석각에 귀경하였는데 12일 안경근은 시내 모처에서 왕방한 기자에게 이번 여정을 세밀히 다음과 같이 말하였다.

7일 오전 10시 30분 권태양씨와 함께 자동차로 서울을 떠나 오후 2시 30분 개성을 통과하여 일로 38선 접경에 있는 미륵동에 도착하였다.

그곳 서원이 우리 일행의 용무를 묻고 즉시 개성서에 전화로 연락한 결과 온 길을 되돌아 개성 본서에까지 갔었고 거기서 약 2시간동안 지체한 후 경찰의 양해를 얻은 후 경찰의 보호를 받아 오후 7시경 여현까지 안내를 받았다.

38접경이 여현에서부터는 도보로 약 100미터 가량 걸어 소군 장막에 들어갔더니 언어가 불통하여 우리는 즉각 영로英露 3국어로 된 신임장을 보였다.

곧 그들은 이북지 보안서를 불러왔다. 이곳에서도 약 2시간 지체하였다. 그들에게 이번 용무를 말하였더니 자동차를 불러와서 자동차를 타고 밤 11시경에 남천에 도착 거기서 요기를 좀 하고 역시 자동차로 8일 오전 4시경 사리원에 도착하였다. 하도 피곤해서 사리원여관에서 약 3시간 휴면하고 또다시 자동차로 8일 오후 2시 30분경 평양에 도착하였다.

거기서 이번 남북협상준비위원장인 주씨가 출영하여 주어 동 여관을 숙사로 정하고 여장을 풀었다. 저녁 7시 30분 우리는 북조선인민위원회 별관에서 김일성·김두봉 양씨와 약 1시간 동안 남북협상절차에 대한 회담을 하고 하룻밤을 평양에서 잤다. 9일에는 비가 왔으므로 자동차로 시가를 일주하고 오후 특별열차로 평양을 떠나 금교에서 1박하고 10일 오전 10시 기차로 남천까지 와서 떠날 때 코스를 밟아 여현으로 해서 개성서에 들렀다가 기차로 10일 오후 9시 서울에 돌아왔다.

〈경향신문 1948년 4월 13일〉

■남북협상에 관한 김구와 김규식의 조건을 북한이 수락

남북협상운동은 지난 10일 양 김씨가 파견한 북조선 연락원의 귀환으로 일층 활발한 동향을 보이게 되었다. 즉 양 김씨가 북조선 측에게 제안한,

1) 4·14회담을 연기할 것.

2) 참가인원을 광범위로 할 것.

3) 금반 회담에서는 백지로 환원하여 남북통일문제에 한해서만 협의할 것 등의 조건을 전적으로 수락하게 되어 쾌속도로 협상공작은 진보중인바 정계소식통이 전하는 바에 의하면 16,7일 경에 양 김씨 측 인물이 북행하여 20일 경에는 예비회담이 평양에서 개최되리라 한다. 〈서울신문 1948년 4월 13일〉

■남북요인협상에 소련 지지태도 표명

지난 7일 서울을 출발한 남북협상 연락원 안경근·권태양은 8일 오후 7시 30분부터 평양 도산리 중앙인민위원회(전 평양부청)에서 김일성·김두봉과 회견하고 남북협상에 관한 절차문제에 대하여 요담하였는데, 요담 전 내용에 대하여서는 극비에 붙이고 있으므로 그 전모는 알 수 없으나 신빙할 만한 소식통이 전하는 바에 의하면 김구·김규식 양씨의 주장에 대하여 용납할 태도를 보이고 심지어는 수행기자 파견까지 응락하였다 하며 소蘇측에서도 동 협상을 전적으로 지지할 태도를 보였다 하는데 제일 난관은 미소 양군이 철퇴한다고 가정하면 그 동안의 진공상태의 치안책임을 누가 지느냐에 대하여 앞으로 상당한 의견 대립이 있을 것으로 관측되고 있다. 한편 이러한 소련 측의 태도는 전후 소련의 대 조선정책의 전환이라 볼 것인지 그렇지 않으면 UN에 대한 합종이 아니면 이면에 어느 복선을 내포하고 있는 것인지 관측이 구구하여 주목된다. 〈경향신문 1948년 4월 13일〉

■양 김씨 직접 참가? 협상절차등 대체로 합의

남북정치지도자회담을 앞두고 동 회담에 참가할 만반 준비에 분망 중인 시내 경교장에서는 12일 밤 하오 7시 김구·김규식 양씨를 중심으로 유림·홍명희·엄항섭·조완구 등 민족진영 제씨가 회합하여 약 3시간에 걸쳐 남북회담에 대한 구체안작성 및 절차 등에 관하여 토의하였다. 그리고 13일 정오에는 전기前記 장소에서 김구·조완구·최석봉씨 등 한국독립당 상무위원이 해該문제에 관한 동당同黨 태도 결정과 아울러 파견될 대표 등에 관하여 장시간 요담하였다.

한편 민련 측에서도 13일 하오 1시부터 시내 삼청장三淸莊에서 동同연맹 정치상무위원연석회의를 개최하고 전기 회담에 관하여 동同연맹의 최후결정을 보았다 한다. 확문한 바에 의하면 김구·김규식 양씨 및 그 진영에서는 1시에 출발할 예정이라 한다. 출발시일은 아직 미정이나 대표들 간의 타협관계로 다소 지연될 것이라고 추측된다. 〈조선일보 1948년 4월 14일〉

■문화인 108인의 남북협상 지지 성명

조국은 지금 독립의 길이냐? 또는 통일의 길이냐? 하는 분수령상의 절정에 서 있다. 이같이 막다른 순간을 당하여 식자적인 존재로 자처하는 우리는 민족의 명예를 위하여, 또는 문화인의 긍지를 위하여, 민족대의의 명분과 국가자존의 정도를 밝히어 진정한 민족적 자주독립의 올바른 운동을 성원코자 하는 바이다.

'3·1선언' 에도 명단된 바와 같이 우리는 원래부터 자주민, 독립국이다.

때로 성쇠의 기복이 있었다 하더라도, 자유민으로서 자재한 문화와, 독립국으로서의 일관한 역사는 장류와 같이 내리 한 줄기로 흘렀던 것이다. 공동사회체의 단일민족으로서 고락을 같이한 한 개의 생활을 향유하였던 것이다. 그러기에 일제 퇴거를 전제로 한 카이로의 3국 선언도 영단을 내리어 우리의 전일적 자주독립을 보장하였고, 포츠담의 4국회담도 이를 추인하여 국제헌장의 위신을 세계에 선시하였던 것이다. 그런데 그 후 오늘의 해방된 자국의 자태는 과연 어떠한가?

미·소양군의 각별한 남북 분주가 이미 비극의 씨를 뿌리며 양단 분치의 무리가 강행되었고 다시금 일전하여 반신 4년의 궁경에 이르러 자신이 우리 스스로 남정북벌의 극흉을 순치馴致하려고 하니, 민족을 일컫는 공존의 대도가 과연 이 길이겠는가? 자주를 부르짖는 독립의 방략이 과연 이것이겠는가? 과거에의 탈각脫殼으로써 재건될 우리 민주국가의 첫째도 민족적 자주독립이요 둘째도 민족적 자주독립이다. 남북이 통합된 전 일체의 자주독립이요 본연의 자태에 돌아가는 자가율적 자립인 것이니, 이것은 우리의 본질적 면제일 뿐만 아니라, 이것은 우리의 총의적 염원일 뿐 아니라, 외력의 침략이 부정되고 민족자결의 원칙이 확립된 국제민주주의 노선과도 합치되는 것이다.

모스크바 결정에 의한 미소의 서울 회담은 전후 두 번씩이나 열렸으나 내內로 우리 자신의 편파적 반발과 외外로 조잡한 국제정세로 인하여 실패로 돌아가고 말았다. 이리하여 분열과 파쟁이 더욱 더 조장되는 한편으로 불가피하게 강행되는 것은 미소 각개의 독자적 행동이었으니, 그것은 소련의 동시철병안과 미국의 UN제소안提訴案이었다. 미·소양군은 동시에 철병하여 조선 문제는 조선 사람에게 맡기라고 한 소련의 제안은 대경대법大經大法이다. 작위가 아닌 한에서 반대가 있을 수 없겠거늘, 미국의 묵살 하에서 소련의 일방적인 성명에 그치었고, 남북을 통한 총선거로 통일정부의 수립을 기한다고 한 UN의 결정도 명정어순이라, 소련의 참가하에서 이대로 추진되는 한 이의가 있을 리 없겠거늘, 필경 소련의 불참으로 UN자신의 기록에 남아 있을 뿐이다.

조국의 수난은 이같이 하여도 심도를 더하였다. 그리하여 필경 위험은 당전하고야 말았다! 의취가 자별한 이같은 연막적 정세하에서, 참극과 조악祖惡을 포장한 실탄의 일발이 우리의 심장을 직형하는 데 있으니, 그것은 가능지역의 일방적 선거로써 중앙정부의 일방적인 형태를 만들어 간다는 남방의 단독조치였다. 명목과 분장은 하여튼지 남방의 단선인 것은 말할 것도 없는 바이니, 38선의 결정적 시인인 것도 두말할 것이 없는 것이다. 38선의 실질적인 고정화를 전제로 하는 최악의 거조擧措인지라, 국토양단의 법리화, 민족분열의 구체적인 것도 분명한 일이다. 그리하여 그 후로 오는 사태는 저절로 민족상호의 혈투가 있을 뿐이니, 내쟁 같은 국제전쟁이요, 외전 같은 동족전쟁이다. 동족의 피로써 물들이는 동포의 상잔만이 아니라, 동포의 상식만이 아니라, 실로 어부의 득을 위하여 우리 부자의 숙질의 형제자매의 피와 살과 뼈를 바수어 바치는 혈제의 참극일 뿐이니, 이 어찌 있을 수 있는 일이겠는가? 이를 추진시키는 미국적 UN도 그 같은 의도는 천만에 아니라 하리라.

이를 추종하는 우리의 일부도 그 같은 소원은 천만에 아니라 하리라. 국제정의의 수호를 위하여 영도자로 자처하는 미국이 그 같은 음성적 패도를 가질 수 없을 것이며, 민족자존의 선양을 위하여 애국자로 자처하는 동포가 그 같은 발악적 역심을 가질 리 없는 것을 믿지 않으려 함이 아니다.

그러나 일보의 오차는 천장의 심연이다. 자각의 도·부도, 원·부원과는 관련이 없으리니, 그러므로 하여서 더욱더 비극인 것이다. 이같이 아슬아슬한 고비에서 우리는 민족의 진정한 소리를 들었다. 민족자체의 자기소리를 들었다. 자결의 원칙과 공존의 도의와, 합작의 실익을 위한 구국운동의 일보로서, 남북협상의 거족적 호령소리를 들은 것이다. 남방의 제의를 들었고 북방의 호의를 들었다. 치면 응하는 동同의 북소리를 들은 것이다.

이는 해방 후의 첫소리다. 외력 의존의 허무감에서 터져 나온 우렁찬 소리다.

골수에서 벗어나온 소리요. 다시금 골수에 사무쳐야 할 소리다. 사경에서 스며나온 최후의 소리요. 신생으로 비약할 최초의 소리다. 과거를 돌아보아 오늘의 이 소리가 얼마나 피 끓는 소리인가? 이 소리에 응하지 않는 우리가 있겠는가? 감응이 없다는 동포가 있겠는가? 남방의 집사자執蛇者는 악평으로써 이를 자조하는 실정이다. 진실로 '세애도미世哀道微' 요 '시일해상是日害喪' 이니 '시가인야是可忍也' 론 '집불가인執不可忍' 이랴?

우리의 지표와 우리의 진로는 가능 불가능의 문제가 아니라, 가위 불가위 당위론인 것이니, 올바른 길일진대 사력을 다하여 완수를 기할 뿐일 것이다. 협상 자체에도 애로의 난관이 중중하거니와 사위四圍의 이모저모에도 저해의 요운夭雲이 첩첩한 실정이매 성패의 이둔利鈍이 예단될 바가 아니다. 역도逆睹키 어려운지라, 그러므로 하여서 더욱이 유진무퇴의 용기와 노력으로써 이로 직진할 것이니, 선두와 후속의 진열을 정제하여 일사불란一絲不亂으로 전진할 뿐인 것이다.

선진의 남북지도자여!

후군의 육속을 믿고 오직 전진하시라!

참된 자유와 자주, 참된 민의와 민주!

역사의 순항을 향하여 드높게 북을 올리자!

탁치 없는 완전한 자주독립!

자력주의와 민주주의의 젊은 새 나라를 수립하기 위하여 첫째로, 미소무력의 제압을 부인하자!

양군의 동시 철퇴를 실제적으로 가능하게 할 기본 토대를 짓기 위하여 우선 우리는 우리 자신의 체제를 단일적으로 정비 강화하자!

이 길은 오직 남북협상에 있다. 남북통일을 지상과제로 한 정치적 합작에 있다. 남북상호의 수정과 양보로써 건설되는 통일체의 새 발족에 있다.

이번의 협상운동을 지지하고 성원하는 우리의 염원과 의욕도 여기에 있을 것이다. 자주독립을 달성할 때까지 후속을 지속至屬한 3·1선언의 고사를 인용하거니와 최후의 일각까지 최후의 일인까지 남북협상의 대도를 추진하여 통일국가의 수립을 기약하자.

1948년 4월 14일 〈조선중앙일보 1948년 4월 29일〉

■한독당, 장덕수 살해사건 공정한 재판요청

한독당에서는 지난번 장덕수 살해사건에 관한 미美군율재판에서 판결된 김석황 이하 8인의 교수형 언도에 대하여 이미 트루만 대통령과 맥아더 총사령관과 하지 중장에게 항의와 진술서를 가진 내용의 서한을 송치하였는데 12일 다시 민주적 공정한 판결을 요청하여 이로써 한미양국의 영원한 우의를 보지하여 달라는 의견을 발표하였다. 〈조선일보 1948년 4월 15일〉

■김구의 북행과 김규식 북행보류 결정

연일 경교장에서는 양 김씨를 비롯하여 홍명희·유림·이극로·엄항섭 등 제諸씨가 회합하여 지난 10일 귀경한 안·권 양 연락원의 보고를 기초로 하여 남북협상에 대한 북조선의 진의를 파악하고자 부심하고 있는데 지난 13일 오후 4시경부터 경교장에서 양 김씨를 중심으로 북행여부를 토의한 결과 김구씨는 북행을 결정하였으나 김규식씨는 행동을 보류하고 추후로 떠나겠다고 언명하여 항간에는 구구한 풍설이 유포되고 있는데 가장 신빙할 만한 정계소식통이 전하는 바에 의하면 남북협상의 전망과 김규식의 북행이 보류된 데 대하여서는 대략 다음과 같은 이유를 열거하고 있다.

1) 이번 남북협상을 통하여 북조선에는 UN반대의 구체안을 짤 것을 제의하고 이를 주장할 것이나 김규식의 본의는 민족적 입장에서 남북이 통일할 수 있는 방도를 강구하자는 데 있다. 즉 전자는 좌익본위의 투쟁위주의 자아확집이요 후자는 민족적 입장에서 출발한 모든 외교절충까지 포함한 것이다.
2) 10일 현재까지 동 회담에 참석차 북행한 남조선 좌익대표는 남조선 민전 산하단체 대표만 65명이나 민련 산하단체에서는 불과 10명을 초과하지 못하고 한독당 대표 5명을 합하여 비율적으로 볼 때 회의 전도에 커다란 암영이 없지 않다는 것.
3) 회의가 진행되면 반드시 남북주둔 미소양군의 철퇴까지 상정될 것은 명약관화한 사실인데 양군철퇴를 결의한다고 가정하면 진공상태의 치안책임은 누가 질 것이며 남북 현재의 군사단체 반反군사단체의 해체문제는 어떻게 귀결짓겠는가?

상기 3중요문제에 대한 확고한 결정을 짓지 못한 까닭에 김규식은 북행을 보류한 것이라는데 오는 20일경 평양에서 열릴 남북요인회담의 전도는 벌써부터 비관시 되고 있다 한다. 〈동아일보 1948년 4월 15일〉

■남북협상 김구 출석 표명

남북협상을 위한 평양측의 준비는 거의 완료하여 남조선 요인의 래○만을 대기하고 있는 것으로 들리거니와 측문仄聞한 바에 의하면 남조선측 요인 제씨도 이미 발정하여 평양에 도착하였다 하며 이제 동同 협상의 주도적 역할을 하여온 김구·김규식 양씨의 출석여부가 주목되어 오던 바, 양 김씨를 비롯한 13일의 경교장 회의에서 김구씨는 자신의 출석 의사를 결정적으로 표명하였다 한다. 즉 이 문제는 김구·김규식 양씨를 ○○한 측근자 일부에서 대리파견 주장이 대두하는 한편 김규식 박사의 정치적 위치가 종래의 미군정 ○○ 등으로 미묘한 관련성을 보이고 있음과 아울러 신병 등 여러 가지 이유로 자신의 ○○○에 난점이 있지 않을 것으로 ○○하는 바, 이에 관한 최후적 결정을 짓고자 양 김씨 및 홍명희·조완구·엄항섭·이극로·김붕준 제씨는 13일 오후 하오 4시부터 경교장에 회합하여 심야까지 토론하였다 하는데 동 석상에서 김구씨는 출석의사를 명확히 하였다 하며, 김규식 박사는 신병 기타 사정으로 행동 보류의 의향을 농후히 보였다 한다. 그러나 김구씨를 위시하여 한독·민독 양당에서 각 5인의 대표를 파견하기로 하고 그 외의 정당단체에서는 소관단체의 신임장을 가지고 자유로 참가키로 되었다 하며 오는 20일경까지는 전부 서울을 출발하게 될 것이라 한다. 그리고 경교장 측근자의 언명에 의하면 북조선으로부터의 최근 연락을 보면 금차 회담에 조만식씨가 출석하는 것도 확실한 것이라 한다.

14일 기자단은 김구씨와 다음과 같은 일문일답을 하였다.

문 : 북행하시기로 결정하였습니까?

답 : 가기로 결정하였다.

문 : 김규식 박사도 가십니까?

답 :그분은 추후로 가기로 하였다.

문 : 그 이유는?

답 : 즉시로 떠나기 어려운 사정이 있기 때문이다.

문 : 출발일자는?

답 : 준비되는 대로 수일 내에 떠나겠다.

문 : 기자는 수행하십니까?

답 : 3인이 갈 것이다. 〈조선중앙일보 1948년 4월 15일〉

■김규식 북행결정 보도

평양에서 개최될 남북요인회담에 김구는 자신이 직접 참석하기로 결정하고 김규식은 참가를 보류하였다 함은 기보한 바 있었는데 김규식도 14일의 민련 정치상무연석회의의 결의와 측근자의 권고로 자신이 직접 참석키로 결정하였다 한다. 그런데 지난 13일 하오 1시부터 경교장에서 개최된 회합에서 김규식은 금번의 평양회담은 예비회담으로 하고 본회의는 서울서 개최할 것과 유엔조위의 북조선 입경을 허용하여 남북총선거로 통일정부를 수립토록 북조선 측과 교섭할 것 등 4개 조건을 제시하였던 바 김구는 이에 반대하고 유엔조위와의 관계는 일체 포기할 것을 주장하여 양 김씨 간에 약간의 의견대립이 있었다 하며 김 박사는 동 회합에서 불참할 것을 표명한 바 있었다 한다. 그런데 김 박사는 참석여부에 대하여 언급을 회피하고 있어 앞으로 취할 동 박사의 태도가 또한 주목되는 바이다. 〈동아일보 1948년 4월 16일〉

■피를 같이한 동족끼리 조국통일을 논의

● 김구씨, 북행北行전 비장한 심경을 피력

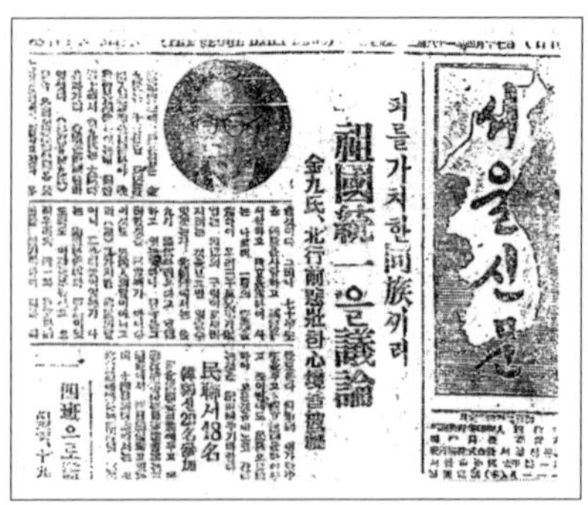

북행을 앞둔 김구씨는 15일 오후 5시경 경교장 출입기자단을 초청하였는데 동 석상에서 '남북협상은 성공되리라고 그다지 큰 기대를 갖는 것이 아니라 단지 통사정하려는데 지나지 못 한다는 것' 과 또 자신이 이번 북행하였다가 만일 돌아오지 못하는 경우가 있다 하더라도 내가 통일독립을 위해서 끝까지 싸웠다는 것을 3천만 동포에게 전하여 주기를 바란다는 비장하고 중대한 발언을 하여 남북협상을 주장하던 사람들에게 큰 충동을

준 동시 정계에 일대 파문을 일으켰다.

「이번 남북회담에 대하여 큰 기대를 가지는 사람도 많고 낙관하는 사람도 있으나 참으로 금차 회담에 큰 기대를 가져야 할는지 단언하기 어려움을 유감으로 생각하는 바이다.

그러나 과거 미·소 양국의 힘으로써 조선 문제가 해결되지 못하였기 때문에 조상이 같고 피부가 같고 언어와 피가 같은 우리 민족끼리 서로 앉아서 같은 민족정신을 가지고 서로 이야기나 하여보자는 것이 진의이며 앞으로 얼마 남지 않은 생을 깨끗이 조국통일독립에 바치려는 것이 금차 이북 행을 결정한 목적이다. 금차 이북 행에 있어 사실은 나의 운명까지 어떻게 될 것인지 모르는 것이며 이것은 과거 김석황 문제에 아무 관계없는 나를 증인으로 출연시킨 것과 나에게 모두 뒤집어 씌우려고 한 것을 볼진대 앞으로 나의 신변에 무슨 일이 생길지 모르며 5월 10일을 앞두고 그러한 위험성이 농후하게 보임을 알 수 있는 것이다. 북조선에서는 김구는 김일성 장군에게 굴복하러 오느니 혹은 기타 여러 가지 욕설도 많고 또 조선의 분열은 신탁통치를 반대한 자에게 책임이 있으니 하나, 나 역시 할 말이 없어 아니 한 것도 아니며 다만 내가 서한을 보내되 조선 사람이 먼저 보는 것이 아니요, 외인이 먼저 보는 관계로 해서 다만 좋은 말만 써서 보낸 것이다. 그러나 우리가 아무리 서로 다른 이국 사람의 환경 아래 있다 하더라도 5천년 역사를 가진 단일민족이다. 우리는 서로 같은 피와 피를 통해서 서로 통사정하여 보는 길밖에 이제는 남지 않은 것이다. 만일 내가 이번 북행에서 돌아오지 못하는 경우가 있다 하더라도 김구는 통일독립을 위해서 끝까지 투쟁하였다고 3천만 동포에게 전하여 주기 바란다.」 〈서울신문 1948년 4월 17일〉

■동족끼리 만나 조국의 운명을 결정하자

「지금 우리의 건국 사업은 최대한 난관에 봉착하고 있다. 우리는 이제까지 한국의 독립을 연합국이나 유엔에 대하여 희망을 두었으나, 우리의 독립은 점점 혼란에 빠지게 되었다. 이러한 중대한 위기에 처하여서 외군에 의거할 수 없으니, 지금에 와서는 죽거나 살거나 우리 민족의 자력으로 우리의 문제를 해결할 수밖에 없다.

총선거나 헌법 제정으로써 조국을 통일한다고 하나, 이것은 민족을 분열하는 것이니 불가不可하다. 유엔이 아무리 사주하여 단정을 수립한다 하더라도 이것은 우리가 자손만대에 전할 수 있는 정부가 될 수 없는 것이다.

공산주의자나 여하한 주의를 가진 자를 불문하고 외각(外殼)을 베이면 동일한 피와 언어와 조상과 도덕을 가진 조선 민족이지 이색 민족이 아니므로 이러한 누란의 위기에 처하여 동족과 친히 좌석을 같이하여 여하한 외부의 음모와 모략이라도 이것을 분쇄하고 우리의 활로를 찾지 않으면 아니 되겠다. 그러므로 나는 외국인의 유혹과 국내 일부 인사의 반대를 물리치고 흔연 남북회담에 참가키로 결정하였다. 공수래공수거空手來空手去할까 기우하는 이도 있으나, 우리의 전도에는 위대한 희망이 보이고 있다. 이번 북행 후에 남조선의 사태의 변화에 따라 모종의 음모도 있을런지 모른다. 내가 가만히 있으면 평안한 생활을 할 수 있을 것이다.

70평생을 동족을 사랑하고 국가를 사랑하고 독립을 위하여 사는 나로서 일신의 안일을 위하여 우리 삼천만 형제가 한없는 지옥의 구렁이로 떨어지려는 것을 보고만 있을 수 있겠는가. 북조선에서는 김구가 항복하러 온다느니 회개하였느니 여러 가지 말이 있는 듯하나 지금은 그러한 것을 탓할 때가 아니다. 이것도 외국인의 말이 아니고 피를 같이한 동족의 말이니 무슨 허물이 있는가. 나는 여하한 모욕과 모략을 무릅쓰고 오직 우리 통일과 독립과 활로를 찾기 위하여 피와 피를 같이한 동족끼리 마주 앉아 최후의 결정을 보려고 결연 가련다. 민족의 정기와 단결을 위하여 성패를 불문하고 피와 피를 같이한 곳으로 독립과 활로를 찾으려 나는 결연 떠나려 한다.」

〈경향신문 1948년 4월 17일〉

■남북협상 4월 22일 개막되리라 보도

지난 14일 평양에서 개최 예정이던 남북회담은 김구·김규식 등을 위시한 남조선대표의 발정發程 지연으로 인하여 연기되었던 바, 소식통이 전하는 바에 의하면 동同 회담은 내來 22일 개최하기로 하였다 한다. 이에 따라 남조선 정당단체대표는 민전 산하의 80여 명과 근민·사민·민한독·민동·독노당 등 기타 개별적으로 1단체에서 수명씩 이미 북행하였는데, 양 김씨 주도하의 대표도 동 회담에 참석을 기하고자 준비 중이라 하며 남조선 측에서 동 회담에 참석하는 대표는 약 200명 내외로 추산되고 있다.

남북협상을 앞두고 김구·김규식·홍명희 제諸씨 간의 제 연락 절차는 드디어 경교장, 삼청장 측에서 만반 준비를 끝내고 방금 대기 중에 있다. 16일 오전 11시경 안 민정장관의 김규식 방문에 뒤이어 17일 정오경에는 홍명희·김창숙 제諸씨가 김구씨를 방문하여 발정發程 및 평양회담에 관한 제 문제에 대하여 최후적 성안을 보았다 하며 한편 경교장 측은 일체의 면회인을 거절하고 있다. 전문한 바에 의하면 김구의 출발시일은 16일 아침쯤 되리라 한다. 또 경교장 측근자의 말에 의하면 금번 회담에서 제출될 구체적 토의안의 내용은 19일 경교장 측에서 발표될 예정이라 한다. 〈조선일보 1948년 4월 18일〉

■ 남북협상파의 동향이 보도되다

남북협상의 참석을 앞두고 김구·김규식 양씨를 비롯한 중간파 요인들은 북조선 측의 초청을 받은 이래 연일 회합하여 양 김의 참석여부와 남북요인회담에 제시할 조건 등을 토의하여 오던 바 양 김씨의 참석과 4개 제안 등을 결정하고 다만 출발 일정이 미정이었는데 과반래過般來 금번 회담에 기어코 참가하겠다는 결의를 표시하여오던 요인들이 북행을 목전에 둔 금일에 이르러서는 참가를 주저하는 요인들도 있으며 또 확정적으로 북행을 단념한 인사도 있다 한다. 그리고 배성용·권태양 양씨는 지난 18일 양 김씨의 선발대로 북행하였다 한다. 그런데 김구 일행과 김규식 일행의 태도를 구별하여 보면 대략 다음과 같다고 한다.

● 김구 일행의 동향

한독당을 위시한 김구의 측근자들은 금번 회담에는 김구를 대변할 만한 대표를 보내고 제2차 회담에 참석하도록 권고하여 왔으나 김구는 종시일관 자신이 참석해서 회담을 성공시키겠다는 주장을 하여왔다 한다. 이리하여 출발준비를 마치고 19일 아침 숙소 경교장을 떠나려고 할 때 약 5~60여 명의 모 학생단체가 모여들어 김구의 이번 북행을 체념하여 달라고 요청하는 동시에 출발을 방해하여 결국 동일은 출발치 못하였는데 앞으로 그 출발여부가 주목되고 있다. 한편 과반래過般來 북행을 선창하는 엄항섭은 돌연 태도를 변경하여 북행을 단념하였으므로 김구 영식 김신과의 대립이 있었다 한다. 그리고 남북요인회담을 선창하던 한독당 조소앙 외 수명은 북행여부에 대한 확정적 태도가 없어 일반은 북행치 않을 것으로 보고 있다.

● 김규식 일행의 동향

금번의 남북협상의 기안자의 일인一人인 김규식의 북행에 대한 태도에 대해서는 일반의 특별한 주목거리가 되어 오던 바 14일에 이르러 북행을 확정하였던 것이다. 최근 신병이 심하여 병원치료를 요하게 되었으므로 북행이 불가능하게 될 것이라 한다. 그리고 김붕준은 북행을 단념하였다 하며 그외 수인도 북행에 대하여 애매한 태도를 취하고 있다 한다.

대략 이상과 같은 현상에 있다는데 만약 양 김씨 이하 요인들이 보조를 같이 못하게 된다면 이미 북행한 요인들은 어떠한 행동을 취할 것이며 남아있는 인사들의 금후 태도가 크게 주목되고 있다. 〈동아일보 1948년 4월 20일〉

■김구 북행 송별회에서 남북협상에 대한 결의와 포부 피력

경교장에서는 18일 오후 7시 반부터 김구를 위시한 조소앙·조완구·엄항섭 등 한독당 중앙간부 다수 참집 하에 김구의 북행 송별만찬회를 열었는데 김구는 이번 남북협상에 대한 결의와 포부를 당원들에게 피력하였다.

「조국의 위험은 내외로 박두한 이때 국내외의 미묘한 정국의 추이의 기미를 일찍이 포착하여 남북협상을 제창 추진시킨 것은 본당本黨이다. 무릇 진정한 당원이라는 것은 당의 정책과 결정에 절대 복종하여야만 될 것이다. 김구가 북행하는 것은 개인의 의사보다도 충실한 일당원一黨員으로서 당시와 당 결정을 몸소 실천하려는 것이다.

우右하는 유약한 동지들에게 사지로 돌파하여 당 결정을 솔선 궁행하는 한 모범이 될 것이다. 나 역시 위험한 지대에는 가고 싶지 않으나 민족적 정기를 반영하였다고 생각되는 당 결정을 실천하는 데는 나 개인이 없다. 이번 북행은 한독당의 전통적 대의 하에 단호히 결정한 것이나 소위 해방 후 3년간 조선인의 정치생활은 도로徒勞에 귀歸하였다. 이제야 3천만이 피로써 결합될 시기가 왔다.

나는 북조선에 가서는 소층의 여하를 막론하고 우리들이 다같이 조선 사람임을 면치 못할 것을 인식시켜야 할 것이다. 또 민족통일과 조국의 완전 자주통일을 위하여서는 공산당에 지지 않으리만치 우리들의 역사적인 혁명적 역량이 아직도 생동하고 있다는 것을 보여줄 것이며 실천할 각오도 있다. 우리들은 앞으로 여하한 탄압이 있더라도 독립의 대도에 가로놓인 형극의 길을 헤치며 바야흐로 태동하여 가는 독립완성의 초지를 고수하여 백전 분투하여야만 된다.」

〈경향신문 1948년 4월 20일〉

■ 김구 청년 학생들의 북행만류에 비장한 결의표명

북행을 목첩目捷에 앞둔 경교장에는 19일 오전 5시 반경부터 대동청년단 이북학련 대한학생총연맹에 속하는 대학생 140여 명이 밀려와 마당에 늘어앉는 한편 뒷문까지 가로 막고 김구의 북행을 만류하고 있다. 이로 말미암아 오전 8시경 임시 외출하려던 김구의 차는 꼼짝달싹 할 수 없게 되므로 김구는 마당에 내려 대성 질호疾呼하고 실내에 들어갔다 한다. 이에 무장경관대 십수 명이 급파되어 경교장은 긴장된 분위기에 있어 금후의 추이가 주목되는데 이에 대하여 학생대표 안기석安基錫군은 다음과 같이 말하였다.

「우리는 남북협상을 절대 지지하지만 김구 선생의 직접 출마를 반대하고 대리파견을 종용할 목적으로 모인 것이다. 이 목적을 관철하기 위하여 우리는 앞으로 조직을 확대할 것이며 평양회담이 끝날 때까지 이대로 못 가시도록 하겠다.」

▲ 김구 선생의 남북연석회의 참석을 방해하고 있는 반공 청년학생들 (1948.4.19)

그런데 김구는 울면서 학생들에게 다음과 같이 소신을 피력하였다.

「여러분이 나를 사랑하고 아끼는 마음에서 나의 북행을 만류하는 것을 감격하여 마지않는다. 그러나 조선의 현 정세는 최후 단계에 다달았다. 분열이냐 통일이냐, 자주냐 예속이냐, 이러한 중대시기에 있어서 내가 남조선에 주저앉아서 일신의 안일을 원하여 주저할 것인가. 우리 민족의 정의와 통일을 위하여서는 전 남조선 2천만 동포가 억제하여도 나의 결의대로 가겠다. 나는 21세 때부터 나라를 위하여 싸운 한 사람이니 오늘이나 내일이나 당신들 젊은이를 위하여 몸을 바치겠다.」

〈동아일보 1948년 4월 20일〉

■이미 생명은 던진 몸 나를 막지 마시오

●북행중지 간청하는 청년에 노성질책怒聲叱責

남조선의 총선거를 반대하고 자율적 통일정부수립을 추진하기 위하여 평양에서 개최되는 남북정치지도자회담은 일반의 이목을 끌고 있으며 동 회담에 참가하는 김구·김규식 양씨의 출발은 정계의 지대한 관심 속에 금명간에 박두하고 있는 작금 김구씨의 출발시일로 전해지고 있는 19일 새벽 돌연히 약 3백 명의 한독당 젊은 청년 학생당원들은 시내 경교장京橋莊으로 모여 들어 김구씨의 출발을 반대한다고 진정을 하였다. 즉 동일 8시경 시내 을지로 6가 공제회의 학생 약 백 명이 열을 지어 경교장 경비원들의 제지에도 불구하고 안뜰로 뛰어들어 경비하는 경관들이 퇴장을 요구하자 그들은 일제히 주저앉아 대성통곡하기 시작했다.

이때 홍조를 띠고 흥분된 얼굴로 「베란다」에 나타난 김구씨는 심장이 터져 나오는 듯한 어조로 「여러분들이 나를 아끼는 마음에서 이와 같이 모여서 권고하여주는 것은 고맙소. 그러나 나의 한평생이라는 것이 조금이라도 편하게 지내려고 생각하여 본 일이 없소. 내가 오늘날 38선을 넘어가려는 것도 그 사람들이 어떠한 생각을 하거나 어떠한 일을 꾸미거나 현 사태가 남북의 단정으로 말미암아 국토의 영원한 분열과 아울러 우리 민족이 노예지경에 빠지게 된 여러 가지 정세를 생각하여 그 사람들도 조선 사람이란 것을 믿고 마지막으로 가서 말이나 하여 보려는 것이오, 내가 혹은 시베리아로 끌려가거나 회담의 성과가 없어서 38선에서 배를 가르고 죽을지라도 남한에서 구구한 생을 유지하기보다 나을 것이며 나는 21세 때부터 이미 생명을 내던진 사람이오, 내가 이번에 가서 만일 성과를 얻지 못하면 차라리 배를 가르고 나의 피로써 당신들 청년들에게 모범을 보여줄 생각이오.」라는 말이 끝나자 청년 수명은 또다시 「주석님 못가십니다」, 「주석님이 가셔서 만일 다시 못 오시면 우리 동포는 누구를 믿고 살아갑니까」 하고 흐느끼며 외치다가 다시 통곡으로 변하였다.

그 후 김구씨는 승용차에 올라 경교장을 떠나려고 하니 내정에 모여 있던 청년 수십 명은 승용차의 길 앞에 다 누워버리고 말았다. 김구씨 측근자의 제지도 경비하는 경찰관들의 권고도 그들을 해산시킬 수 없어서 김구씨는 격노한 표정으로 안으로 다시 들어가고 말았다.

탐문한 바에 의하면 김구씨 일행의 출발은 금명간이라 하는데 전기 청년들은 19일 하오까지 해산하지 않고 결사로 동씨의 출발을 제지하려고 하고 있다 한다.

〈서울신문 1948년 4월 20일〉

■학생들은 미래의 주인공이다

그런 까닭에 정의를 위하여 싸움하는 용사가 되어야 한다. 그러나 제군의 행동은 어떠했나?

「내가 장덕수 사건으로 억울하게 미美군율재판에 증인으로 법정에 서게 되었을 때 제군들의 태도는 어떠한 태도를 취했나? 나는 그때 너희들이 과연 비겁한 줄 알았다. 참으로 정의의 깃발 밑에 싸우는 학도라면, 아니 나 김구를 진심으로 믿고 따른다면 어째서 시위운동 한 번도 못 했는가! 나는 그때부터 실망을 느꼈다. 더구나 단독정부가 수립되어서 너희들이 그 정부의 일꾼이 되는 날이면, 나 김구를 그때에는 죄인같이 잡아다가 두들겨 죽일 것이다.

나는 나 김구 일개인의 감정을 말하는 것은 아니다. 정말로 민족을 사랑하기 때문이다. 너희들은 내가 함정에 빠져 갖은 억울한 욕을 다보고 있을 때에는 낮잠만 자고 있다가, 내가 옳은 일을 해보려면 밤잠을 자지 않고 반대하니 도대체 뭣들이냐! 오늘도 내가 이 땅의 민족을 위하여 옳은 일을 하려 북행하려는데 너희들이 이렇게 방해를 놓고 있으니 한심하다. 한번 간다고 했으면 나 김구는 가고야 마니까 빨리 집으로 돌아가서 책이라도 한 장 더 보라! 너희 놈들은 왜 여기 있는 거야! 돌아가라면 돌아가지 왜들 안 가고 이러는 거야! 한번 간다고 내가 결심한 것은 누가 말려도 쓸 데 없어, 백 마리 소를 모아서 나 김구를 끌려 해도 내 마음은 꼼짝하지 않아! 누가 뭐라고 해도 좋다. 북한의 공산당이 나를 미워하고 스탈린의 대변자들이 나를 시베리아로 끌고 가도 좋다. 북한의 빨갱이도 김일성도 다 우리들과 같은 조상의 피와 뼈를 가졌다. 그러니까, 나는 이 길이 마지막이 될지 어떻게 될지 몰라도 나는 이북의 동포들을 뜨겁게 만나 보아야겠다.」

〈오소백의 「인간 김구」 상권上卷 중에서〉

■소의 위성국화설은 모략 우리지표는 통일뿐

● 김구씨 출발하면서 중대성명重大聲明

평양에서 미구에 개최될 남북요인협상에 참석하기로 결의한 김구씨는 19일 평양을 향하여 서울을 떠나면서 다음과 같은 성명을 발표하였다.

「내가 30년 동안 조국을 그리다가 겨우 이 반쪽에 들어온 지도 벌써 만 2개년 반에 가까웠다. 그동안에 또다시 안타깝게 그리던 조국의 저 반쪽을 찾아서 이제 38선을 넘게 되었다.

가슴 속에서 일어나는 희비교직喜悲交織의 만단정서萬端情緖야 형언인들 하여 무엇하랴! 나를 애호해 주는 수많은 동지 동포 중에는 나의 실패를 위하여 과도히 염려하는 분도 있고, 나의 성공을 위하여 또한 과도한 기대를 하는 분도 있다. 그러나 이번 길에 실패가 있다면 전 민족의 실패일 것이요, 성공이 있다 하더라도 그것은 전 민족의 성공일 것이다.

그러므로 개인은 문제가 되지 아니하는 것이다. 따라서 우리의 길에는 도리어 성공만 있으리라는 것을 믿을 수 있는 것이다. 왜냐하면 진정한 애국자 중에는 자사자리自私自利만을 도모하려다가 전 민족의 실패를 초치招致할 사람이 하나도 없는 까닭이다. 금차 회담에 방책이 무엇이냐고 묻는 친구들이 많다. 그러나 우리는 미리부터 특별한 방안을 작성하지 아니하고 피차에 백지로 임하기로 약속되었다. 왜 그러냐 하면 민주·통일·자주의 독립된 조국을 건설하려는, 환언하면 조국을 위하여 민주·자주의 통일독립을 전취하는 현 단계에 처한 우리에게는 벌써 우리의 원칙과 노선이 명백히 규정되어 있는 까닭이다. 그러므로 모든 방안의 작성과 해결은 이 원칙과 이 노선에 부합됨을 전제 조건으로 할 것뿐이다. 따라서 남쪽에서 단선 단정을 서사誓死 반대하던 우리가 그곳에 도착한 후에 그와 유사한 어떤 형태를 표현시키지나 아니할까 하고 걱정하는 것은 우리의 생명이 있는 한 완전한 기우가 되리라는 것도 단언하여 둔다. 그리고 우리 조국의 독립이 민족자결과 국제협조의 정신에서 완전 성공되리라는 것은 이미 우리의 상식이 되어있다. 그러므로 우리가 소련의 위성국가를 만들러 가느니, 혹은 친소반미의 정책을 정하러 가느니 하는 유언流言은 일종의 억측이 아니면 모략 선전밖에 아무것도 아니 될 것이다. 우리의 국제 정책은 평등 호조의 입장에서 우리의 민주, 자주 및 통일 독립을 민족 호의로써 협조하는 우방과는 일체 친선을 도모함에 있는 것이다.

임별臨別에 의한 심회를 금하기 어려워서 인사의 말씀 겸, 수언數言을 드린다.

친애하는 동지 동포여! 조국의 독립을 전취하기 위하여 내내 건강하소서.

대한민국 30년 4월 20일 〈서울신문 1948년 4월 20일〉

■ 김구 38선을 넘어 북행

▲ 남북연석회의에 참석차 북행하던 김구 선생이 38선 여현에서 (1948. 4. 19)

'이미 조국을 위하여 생명을 던진 몸이니 나의 가는 길을 막지 말라' 고 눈물로써 이북행 중지를 탄원하는 청년들을 물리치고 이제 김구씨는 드디어 19일 밤 몽매간에도 잊지 못하던 그리운 조국의 저 반쪽을 찾아 비장한 결의 속에 38선에 그 거구를 나타내었다.

金九氏三八越境

愛子外一人만隨行

노老애국투사 김구씨는 19일 오후 3시경 모든 장애를 물리치고 극비밀리에 애식愛息 김신 군과 비서 선우진 양兩명의 수원隨員을 대동하고 자동차로 서울을 떠났다.

"내가 이번에 가서 성과가 없다면 차라리 38선에서 배를 가르리라"고 비통한 소리를 서울에 남긴 채 자동차를 몰아 저물어가는 길가와 하늘을 감개 깊게 바라보면서 김구씨는 차를 몰아 동일 오후 5시 40분 개성을 통과 토성을 거쳐 동 6시 20분에 38경계선인 여현에 도착하였다. 도중에 여러 가지 방해가 있으리라는 풍문도 있었으나 아무런 사고 없이 적막한 산천을 끼고 말없이 흐르는 임진강나루를 건너 다시 국도를 달리기 한참만인 해질 무렵 여현에 이르렀다.

이곳에 잠시 쉰 후, 여현지서원 4명의 안내로 자동차를 탄 채 그대로 조국의 통일과 민족의 장래를 위하여 마지막 운명을 결정하려는 38이북을 향하여 '밤중이라도 어서 가자!' 고 마음은 벌써 평양을 달리고 있는 듯 초조와 벅찬 심정에서 소리치는 김구! 환국 이래 3년이 지난 오늘 내외의 온갖 잡음을 물리치고 오로지 남북통일과 독립을 이루고자 나머지 목숨을 38선에 내놓은 애국자 김구의 얼굴엔 이제 아무런 의혹의 티가 없다.

이 침통한 애국자의 얼굴 이 순간 우리 무엇으로 진정을 토하랴! 어서가자! 38경계선까지 와서 또 무슨 말을 하겠느냐! 우리민족의 염원인 통일을 위하여 일각이라도 속히 지체 말고 밤을 새워서라도 어서 달리어가자고 운전사를 재촉하는 김구! 이윽고 김구씨를 태운 자동차는 한 많은 38선을 넘어 멀리 평양을 향하여 황혼 속에 사라지었다.

바로 이 뒤를 이어 7시 50분경엔 대한학련 대표 김영기 군 외 3명과 독립운동자동맹 정이형 등 4명이 자동차 두 대로 각각 38선을 넘어 갔으며 이날 밤 10시 30분에는 합동, 독립, 서울타임스 특파기자가 달빛 아래 각각 어둠을 뚫고 여현을 지나 38선을 지나 무사히 넘어가는 등 이날 밤 38선은 그대로 새로운 역사의 전날 밤인 듯 경계선을 지키는 세파트 개마저 달빛아래 이 땅의 비극을 독차지한 38선을 우러러 소리쳐 짖고 있었다.

〈서울신문 1948년 4월 21일〉

■북행중의 조소앙 등 월경 소감 술회

남북회담에 참가코자 20일 아침 38선을 넘는 한독당 조소앙 이하 3씨는 월경 감상을 각각 다음과 같이 술회하였다.

- 엄항섭 : 길가에 봄은 왔으나 쓸쓸하기 짝이 없다. 외국 사람이 뚫지 못한 38선을 우리가 뚫고 가니 기쁘기 한량없다. 우리는 이 길을 꼭 뚫어 보겠다.
- 조완구 : 할 말은 많으나 다 말 못하겠다. 다만 힘껏 이 길을 우리의 힘으로 뚫어 보겠다.
- 조소앙 : 일로 순탄해서 만사 여의하게 될 줄로 안다. 우리 나라를 전면적으로 배우고 문안하게 된 것이 반갑다.
- 여운홍 : 대단히 유쾌하다. 성공하기를 바라며 확신한다.

〈조선일보 1948년 4월 21일〉

■민주독립당 위원장 홍명희 등 30여 명 북행

19일 김구씨의 출발에 전후하여 민독당 위원장 홍명희씨를 비롯한 민련·한독당·민독당 등의 요인들의 일부분이 북행하였다 한다. 그리고 민독당 측에서는 홍명희씨 외 9명이 20일까지 출발하였으며 민련 측은 참석 대표 18명 중 여운홍 외 십여 명이 20일까지 북행하였다는데 나머지 각 당의 대표들도 금일까지에는 전부 출발하리라 한다. 한편 19일 밤의 평양방송에 의하면 이미 평양에서는 지난 19일부터 예비회담을 개최하고 남조선대표 전원 출석 후 본격적 회담을 개시할 예정이라고 한다. 〈동아일보 1948년 4월 21일〉

■김규식 북행에 앞서 협상 5원칙 제안

21일 북행한 김규식은 출발에 앞서 금번 북행에 대한 소견을 다음과 같이 피력하였다.

나와 김구 선생은 우리의 손으로써 조국을 통일시켜야 한다는 데서 남북협상을 제안하였던 것이다. 북조선동지들은 우리의 제안을 접수하였다. 나는 오직 남북정치지도자가 한자리에 앉아서 성의껏 상토相討하는 것만이 통일단결의 기본공작이라는 신념에서 북행을 결정하였다.

우리는 안으로 민족의 통일을 성취시키고 밖으로 연합국의 협조를 통하여 우리의 자주독립을 전취하기 위하여 다음과 같은 원칙을 제시할 예정이다.

1) 여하한 형태의 독재정치라도 이를 배격하고 진정한 민주주의국가를 건립할 것.
2) 독점자본주의 경제제도를 배격하고 사유재산제도를 승인하는 국가를 건립할 것.
3) 전국적 총선거를 통하여 통일중앙정부를 수립할 것.
4) 여하한 외국에도 군사기지를 제공치 말 것.
5) 미소양군 조속철퇴에 관하여서는 선이先而 양군 당국이 철퇴조건 및 기일 등을 협정하여 공포할 것을 주장할 것. 〈동아일보 1948년 4월 22일〉

■평양 도착성명

위도로서의 38선은 영원히 존재할 것이지만, 조국을 양단하는 외국 군대들의 경계선으로서 38선은 일각이라도 존속시킬 수 없는 것이다. 38선 때문에 우리에게는 통일과 독립이 없고, 자주와 민주도 없다. 어찌 그뿐이랴. 대중의 기아가 있고 가정의 이산이 있고 동족의 상잔까지 있게 되는 것이다. 이로 인하여 국제관계에 있어서도 또한 엄중한 것이 있으니 그것은 미소관계의 악화다. 우리조국은 현하 민주주의의 통일 독립을 전취하는 단계에 처해 있다.

우리의 통일 독립이 없이는 세계의 평화도 없을 것이다. 그러므로 우리의 우방인 민주국가들도 우리의 독립을 보장하였다. 이것을 실현하기 위하여 미·소가 회담하였고 유엔도 노력한 것이다. 그러나 미·소공위도 성과를 남기지 못하고 유엔 조선위원회도 도리어 38선을 국제적으로 합리화하여서 우리조국을 영구히 분열하려 하는 것뿐이다. 이에서 우리의 갈 길은 민족자결정신에 의하여 우리끼리 단결하여 우리의 정성과 우리의 노력으로써 우리의 독립 문제를 완성하자는 것뿐일 것이다. 이번에 우리가 38선을 넘어온 것은 이것을 사실로서 증명하는 것이다.

그렇다고 해서 국제원조를 거절하는 것은 아니다. 어느 누구든지 우리의 자결정신을 이해하고서 우리를 협조하면 우리는 그 나라와 흔연히 악수할 것이요, 우리를 이해 못하는 국가가 있다면 이해시키도록 노력할 것이다. 나는 이번에 꿈에도 그리던 이북의 땅을 밟았다. 내 고향의 부모, 형제, 자매를 만날 수 있게 된 것을 생각하면 기쁨이 넘칠 뿐이다. 그러나 그보다도 우리들이 민주 자주의 통일 독립 국가를 건설하기 위하여 의견을 교환할 수 있는 기회를 얻은 것을 더욱 기뻐한다. 조국의 분열로 동포가 멸망에 직면한 이 위기에 있어서 우리의 이 모임은 자못 심장한 의미가 있는 것이며, 우리의 의무도 중대한 것이다.

이 모임은 마땅히 전 민족의 실패를 실패로 할 것이요, 전 민족의 승리를 승리로 할 것이다. 이 전제하에서는 해결하지 못할 문제가 없을 것이다. 우리 겨레의 양해와 정서와 단결은 우리의 통일 독립을 완성할 것이요, 우리의 통일 독립의 완성은 미소 간의 위기를 완화할 수 있으며 미소의 완화는 세계 평화의 초석이 될 수 있는 것이다. 이 방법으로써 우리는 현 단계의 세계평화사의 첫 페이지를 우리의 손으로써 창조할 수 있을 것이니, 어찌 우리 민족의 광영이 아니며 세계 인류의 행복이 아니랴! 친애하는 동지 동포여! 만강의 애국 애족적 열성으로써 우리에게 다대한 지도와 격려를 주어서 공동구투의 열매를 일으키기 바랍니다.

대한민국 30년 4월 20일
김구

■AP서울특파원 로버트, 남북협상에 관한 미국의 관측보도

소련 지배하의 북조선 평양방송은 21일 남조선지도자 김구가 공산당의 조선 통일안에 관한 회의출석 차 평양에 도착하였다고 방송하였다. 동同 방송은 또 한 사람의 남조선의 반공지도자인 김규식도 불일不日 도착될 것으로 기대된다고 방송하였다. 이 양씨도 당지當地를 수 시간 전에 출발하였다. 김구도 출발에 제하여 자기는 그의 반공적 견해로 인하여 소련령 시베리아 또는 막부에서 감독될지도 모른다는 각오를 표명한 바 있었다. 21일 서울 각 신문이 인용한 바에 의하면 김구는 만약 평양회담이 실패한다면 미소양군 점령지대의 분할선인 38선에서 자살할 것이라고 말하였다 한다. 그리고 병중의 김규식은 일행 12명과 더불어 당지를 출발하였는데 일부는 소련점령지대 경계선까지만 갔다. 미측 옵서버 견해에 의하면 북행한 남조선의 사절 중 어느 사람에게도 아무 일도 없으리라고 한다. 미국 측에서는 평양회담은 다음의 그 결과 중의 하나를 초래할 것으로 관측하고 있다.

1) 동 회담은 헌법을 채택하고 김구를 대통령으로 하고 김규식을 입법부의 의

장으로 하는 전 조선정부를 선포하는 동시에 미소양군의 동시철퇴를 요구 하리라는 것.

2) 동 회담은 양씨를 남조선으로 도로 보내어 UN감시 하에 미국 승인 하에 실시되는 5월 10일의 남조선선거를 즉시 연기시킬 것을 역설케 하는 동시에 남조선지도자의 남북정치 요인의 회담 계속 요구가 수 건 될 것.

한편 미국당국 측에서는 오는 5월 선거에는 국회의원 정원 200명에 대하여 934명의 우익입후보자가 각축할 것이라고 발표하였다. 예비조사에 의하면 불과 1명의 공산당원이 500년 전부터 여자가 세력을 잡은 제주도에서 국회의원선거에 출마하려 하였다 한다. 군정장관 윌리엄 딘 소장은 조선인 시장 및 면장에 대하여 선거에 대하여 질서유지를 위한 향보단장에 취임함을 승인하였다. 딘 장관은 기자에게 파괴분자들은 살인, 방화, 폭동으로서 선거를 방해하라는 지령을 받고 있다고 말하였다.(주駐 서울AP특파원 로버트 22일 합동) 〈조선일보 1948년 4월 23일〉

■평양방송 남북연석회의에 참가한 김구 등의 인사 보도

남북정당사회단체연석회의 제3일(22일) 하오에 김구·홍명희·조완구·조소앙 등 한독당 민독당 대표가 참석하였으며 그들은 각각 다음과 같은 인사를 하였다.

▲ 남북연석회의 개최장소인 평양 모란봉 극장에 입장하는 김일성, 박헌영, 김원봉 (1948.4.19)

▲ 남북연석회의에서 연설하는 홍명희(왼쪽), 조소앙(오른쪽)

- **김구** : 위대한 회합에 참석하여 기쁘게 생각한다. 조국이 없으면 국가가 없으며, 국가가 없으면 어느 정당이나 사상도 없을 것이다. 우리의 공동투쟁의 목표는 단선을 반대하는 것이어야 한다. 남조선에서뿐만 아니라 어느 곳임을 막론하고 그것을 반대하지 않으면 안 된다. 이 회의는 반드시 성공하여야 한다. 국제관계에 있어서도 미묘한 데가 있으나 우리가 모범적으로 통일 단결하여 세계에 이것을 보여주어야 한다.
- **홍명희** : 회의에 늦게 참석하여 미안하다. 오늘날 우리의 나갈 길은 오직 민족자결주의뿐이다. 민족자결을 요구하는 것은 사상 여하를 막론하고 일치하는 것이다.
- **조소앙** : 우리에게 결정적 승리가 올 것을 믿고 여러분에 분투를 빈다. 민족의 승리를 위하여 공동투쟁을 한다.

제1일 속보

그리고 19일 평양에서 열린 전국정당사회단체연석회의 석상에서 북조선인민위원장 김일성과 남조선노동당 허헌은 요지 다음과 같은 개회사가 있었다 한다.

- **김일성** : 우리민족이 악독한 일인에게서 해방된 지 3년이 지나도록 아직 독립이 되지 못하고 있습니다.(약) 그러므로 우리 민족이 흉악한 위기를 타개치 않으면 남조선 동포들은 지금보다 일층 더 곤경에 빠질 것입니다. 우리는 단선을 반대하고 파탄시

▲ 남북연석회의에서 연설하는 김일성 인민위원장

키는 방침을 결정하여 외국군대가 우리 국토에서 철퇴하도록 하여 우리 민족끼리 우리나라 국사를 처리해야겠습니다.

• 허헌 : 조국의 민족적 위기에 직면해서 조국의 분할을 반대하고 통일한 조선의 완전자주독립을 위하여 조직된 이 회의에 역사적 의의는 참으로 거대합니다. 또 남북조선인민의 이 회의에 대한 희망도 거대합니다.(약) 우리는 단선단정을 반대해서 조선의 자유와 독립을 위한 역사적 방침을 결정하고 통일정부를 수립키 위하여 모든 것을 초월하여 이 민족의 위기를 타개합시다. 〈조선일보 1948년 4월 24일〉

▲ 남북연석 회의장에 입장하는 김구선생과 김일성 위원장

■남북연석회의 축사

▲ 모란봉 극장에서 축사를 하는 김구 선생

친애하는 의장단과 각 정당 단체대표 여러분!

조국분열의 위기를 만구挽救하기 위하여 남북의 열렬한 애국자들이 일당一堂에 회집하여 민주 자주의 통일 독립을 전취할 대계大計를 상토商討하게 된 것은, 실로 우리 독립운동사의 위대한 발전이며 이와 같은 성대한 회합에 본인이 참석하게 된 것을 큰 영광으로 생각합니다.

조국이 없으면 민족이 없고 민족이 없으면 무슨 당, 무슨 주의, 무슨 단체는 존재할 수 있겠습니까? 그러므로 현 단계에 있어서 우리 전 민족의 유일 최대의 과업은 통일 독립의 전취라 할 수 있겠습니다. 그런데 목하目下에 있어서 통일 독립을 방해하는 최대의 장애는 소위 단선 단정입니다. 그러므로 현하에 있어서 우리의 공동한 투쟁목표는 단선 단정을 분쇄하는 것이 되지 않으면 아니 될 것입니다. 현하에 있어서만 조국을 분열하고 민족을 멸망케 하는 단선 단정을 반대할 뿐 아니라 어느 시기, 어느 지역에 있어서도 우리는 이것을 철저히 방지하지 않으면 아니 될 것입니다. 그러므로 단선 단정 분쇄를 최대의 임무로 삼고 모인 이 회합은 반드시 전 민족의 승리를 우리의 승리로 하여야 할 것이니 이 회의는 반드시 성공되어야 할 것입니다. 우리가 만일 단결적 정신으로써 백사百事에 개성포공開誠佈公한다면 반드시 성공하리라는 것도 확신합니다. 국제관계에 있어서도 복잡다단한 바 있으나, 우리의 민족적 단결로서 국제간의 친선과 양해와 내지乃至 투쟁에 노력한다면 모든 것을 호전시킬 수 있다고 확신합니다. 만일 우리의 노력으로써 국제 관계를 호전한다면 세계 평화에 대한 공헌이 또한 불소不少하리라고 생각합니다. 조국의 통일 독립을 완성하며 세계평화에 큰 공헌이 있기 위하여 회의의 성공을 절망하며 아울러 여러분의 건투를 축도祝禱합니다.

대한민국 30년 4월 20일
김 구

■ 전조선정당사회단체대표자연석회의 3일째

4월 23일 평양방송은 남북회담 제3일의 광경을 다음과 같이 보도하였다.

남북정당사회단체대표자연석회의 제3일은 22일 상오 10시 20분부터 모란봉牧丹峰극장에서 근로인민당 부위원장 백남운의 사회로 진행되었다. 청년대표의 축하가 있은 다음 제2일에 이어 토론으로 들어갔다. 근로인민당 송강, 인민공화당대표 윤성산, 북조선문학예술총연맹 홍순철, 전평, 허성택이 토론에 참가하였다. 상오 12시 20분 휴게, 동 45분에 재개하였다. 이때 한독당 김구·조소앙·조완구·민주독립당 홍명희가 참석하게 되어 회의는 이 4씨를 주석권主席圈으로 보선하였다. 하오 회의에는 김구·조소앙·홍명희 3씨의 축사가 있었으며 이어 민중동맹 황욱, 재일조선인연맹 이봉민, 북로당 김민산 등 제씨의 토론이 있었다.

하오 회의는 재개되어 건민회 이극로의 인사가 있은 다음 혁명자유가족학원 학생 대표들의 축하가 있었다. 학생 대표는 350명의 이름으로 또 조국의 독립을 위하여 싸우다가 세상을 떠난 그들의 아버지와 어머니들의 이름으로 회의가 조국의 통일과 독립을 위하여 큰 성과를 거둘 것을 부탁하였다. 혁명유가족학생들의 축하를 마친 다음 회의는 홍명희(민독당) 엄항섭(한독당) 양씨를 결정서 기초위원으로 보선하였다. 토론은 다시 계속 남조선여맹 김옥희, 북조선민청 이영선, 북조선민주당 유해웅, 기독교민주동맹 김창준, 한독당 조일문, 북조선불교연합회 김세율, 북조선 연총 최경덕, 신진당 김충규, 전국유련 김응섭 등으로부터 UN위원단의 철퇴와 단정반대 그리고 양군 철퇴할 것을 역설하고 이에 관한 구체적 대책이 이 회의에서 협정하여야 한다고 주장하였다. 하오 7시 10분 회의는 토론을 막을 것을 거수가결하고 제3일의 일정을 마치었다. 회의가 끝나 다음 각 직장 써클들의 위로 공연이 있었다. 〈경향신문 1948년 4월 25일〉

■ 전조선정당사회단체대표자연석회의 4일째

평양 모란봉극장에서 열린 남북회담 제3일에는 조선정치정세에 관한 결정서를 만장일치로 가결하여 '전 조선동포에게 격함' 이라는 격문을 채택하고 남북 각 단체 대표자가 이에 서명하였다 한다. 그러나 동 결정서와 격문은 극좌계열이 모국을 대변하여 설하여 오던 선전문에서 일보도 양보함이 없는 문자의 나열로서 과연 그러한 결정에 김구·김규식 양씨를 비롯한 민족진영 인사들이 자진 서명하였는지 적이 의문의 초점이 될 것이라 한다. 그런데 남북 통일하는 방책을 토의하기 위하여 5원칙을 가지고 마경 38선을 넘은 두 김씨를 비롯하여 홍명희·이극로 제씨는 출발에 앞서 백지로 돌아갈 것과 피를 통해서 호소할 것과 동시에 친소 반미도 아니요 친미 반소도 아닌 민족적 입장에서 회의 성공을 기대하겠다고 성명을 발표하였는데 평양회담은 개막 수일에 벌써부터 섹트적이며 또는 미美 제국주의니, 매국노의 발호니 등의 모욕적이고 선동적 언사를 사용하고 있으므로 회의의 정체는 이미 판명된 동시에 그 전제는 10중 8,9 실패될 것으로 관측된다고 한다. 〈경향신문 1948년 4월 27일〉

■ 남북협상에 대한 민족진영 각계 반향보도

유엔의 결의로써 5월 10일 실시될 총선거에 대하여 남조선에서는 92퍼센트라는 유권자등록의 호好성과를 내어 적극 추진시키고 있는 반면 평양에서는 지난 19일부터 공산파 주도하에 남조선 중간파 요인들을 포섭한 남북 연석회의를 개최하고 총선거반대운동을 전개하고 있다. 그러면 이 남북협상을 각 정당단체에서는 어떻게 보고 있으며 남북협상과 총선거와의 관계는 여하한가에 대하여 남조선 각 정당단체에서는 다음과 같은 견해를 발표하고 남북협상은 총선거를 방해하려는 공작임을 강조하였다.

1) 남북협상에 대한 소감 여하?

2) 즉 북조선 20만 군사단체를 전제로 하는 미소양군철퇴에 대한 의견 여하?

3) 가능한 지역에서 총선거를 단선으로 보는가?

4) 만일 북조선에서 김구·김규식 양씨를 포섭하여 자칭 전국정부를 수립한다면 그에 대한 소견 여하?

이상 4개 질문에 대한 각 당의 견해는 다음과 같다.

● 이승만 박사 담談

1) 이에 대해서 기왕에 한 말도 있었지만 요즈음 외국신문에서도 벌써 감상 발표한 것도 있으니 그것을 보면 누구나 생각이 있을 것이다.
2) 나는 기왕부터 선언한 바가 있거니와 공산당은 소련관리 하에서 적군을 조직하였는데 미군은 무관계하게 보고 우리가 국방군을 조직하려는 것도 못하게 하였으며 정부를 수립해서 상당한 국방군을 조직한 후에는 철퇴하지 말래도 스스로 철퇴할 것이며 이에 반대하더라도 우리가 철퇴하라고 할 것이다.
3) 총선거에 대하여서는 기왕에도 말한 바이지만 우리가 주장하는 선거를 선거 반대분자들이 단선이라고 주장하는 것인데 지금 와서는 국제적으로 전 인구의 3분지 2 이상을 가진 남한에서 진행하는 총선거가 전국선거가 될 것이요 그 선거로 수립되는 정부는 전 민족을 대표하는 정부라고 하였으니 여기에 대하여서는 더 말할 필요가 없다. 어떤 사람들은 말하기를 정부를 수립하더라도 유엔에서 참가를 허락치 않으리라고 선전하고 있으나 정당한 총선거로 수립되는 정부는 유엔이 참가를 막을 수가 없고 막을 이유도 없을 것이다.
4) 이 문제는 추상적인 것이니 만치 추후로 말하겠다.

● 조민당朝民黨 담談

1) 남북협상은 결국에 있어서 남조선총선거를 방해하려는 공작이며 그 성과는 기대할 수 없을 것이다.
2) 미소양군 철퇴는 유엔총회에서 결의된 대로 조선정부가 수립되어 국군이 준비된 후에 할 것이요, 그전에 운위하는 것은 일부에서 공산화 정책노선을 실현하려는 기획뿐이므로 민족 의사에 배치된다.
3) 단선운운은 악선전으로 민족을 기만하기 위하여 만든 말이요, 가능한 지역에서부터 선거를 하는 것은 남북통일을 위한 최선의 조치이며 북조선을 위하여 의원공석을 두어 최소한 시일을 기다리고 있는 것으로 잘 알 것이다.

4) 국내적으로도 3분지 1에 지나지 못하는 북조선에서 그 중에서도 일부 인사들이 정부를 수립할 수도 없고 또 유엔결의에 반대되는 일을 하는 것은 사설 단체로는 자유나 전국 정부라는 것은 당치 않은 말이다.

● 독촉국민회 담談

1) 남북협상은 원칙과 이론에 있어서는 좋은 일이며 누구나 다 이러한 방법으로 통일할 것을 주장할 것이다. 그러나 세계정세와 우리 조선의 현실을 볼 때에는 그 성공이 불가능할 것으로 본다.
2) 금번의 총선거를 통해서 중앙정부를 수립하고 국방군을 편성한 후에 미소 양주둔군이 철퇴하는 것이 당연한 일이라고 본다.
3) 유엔결의에 명시된 바와 같이 이것은 단선이 아니고 남북을 통일하는 첩경인 동시에 이 선거야말로 국제적 원조 하에서 완전한 국권을 회복하는 것으로 본다.
4) 남북에 양군이 주둔하고 있는 이상 일부 인사들로서 중앙정부를 세운다는 것은 사실상 불가능할 뿐만 아니라 국제적으로 공개될 수 없을 것이다.

● 청총靑總 담談

1) 남북협상은 좌우합작과 미소공위의 재판으로서 그 성공이 불가능할 것이며 총선거를 방해하려는 행동이다.
2) 소군이 북조선 동포들에게 무기를 주듯이 우리에게도 무기나 준다면 그것은 문제시할 필요도 없다.
3) 이것은 국제공약인 유엔의 결의로써 당연히 중앙정부이다.
4) 양 김씨는 남조선의 정식대표가 아니라 개인자격으로 북행한 것이므로 그것이 중앙정부라 한다면 언어도단이다. 만약 그러한 수단으로 정부가 수립된다면 그 정부는 공산당 주도하의 인민공화국의 재판에 불과할 것이다.

● 민통民統 담談

1) 그것은 현실에 맞지 않는 원칙이요, 또 민중이 선출한 대표가 아닌 이상 인정할 수 없다. 그러므로 기대는 가지지 않으나 다만 민중을 현혹케 할 우려가 있다. 이번 협상은 총선거를 방해하는 것이 목적인 만큼 북에서도 그 근

본이념을 변치 않고 어느 정도 양보할 것으로 본다.

2) 표면상으로는 대단히 좋은 듯하나 실제에 있어서는 모든 혼란이 야기될 것은 사실이다. 그러므로 선거를 하여 북조선에 대비할 만한 국방군을 편성한 후에 철퇴하는 것이 당연할 것이다.

3) 언어도단이다. 우리가 남북을 끊어서 단독으로 총선거를 하는 것이 아니요, 유엔 입경을 북조선에 거부하기 때문에 우선 가능한 지역에서 시작하여 앞으로 통일을 기하려는 것이니까 단독정부가 될 리 없다.

4) 국제적 승낙이 없고 또 민중의 선거도 없이 자칭 대표자로 정부를 세운다면 그것이 참으로 소련도하의 단독정부일 것이다. 〈동아일보 1948년 4월 27일〉

■이승만 남북협상의 전도에 대해 논평

남북협상에 관한 평양방송에 의하면 동 협상은 미리 예측한 바와 같이 조선정책 반대선동과 유엔감시하의 총선거 지연공작과 더불어 남조선 정치요인 및 민족진영 정당사회단체에 대한 인신공격에 집중되고 있는데 이승만은 왕방한 기자단과 회견하고 남북협상 전도에 대하여 다음과 같이 말하였다.

「남조선에서 김구·김규식씨를 비롯한 정치인들이 북행하였으나 그들은 결코 남조선의 대표는 될 수가 없다. 남북요인회담의 대표는 총선거로 수립된 정부대표로서 구성하는 데서만 남조선을 대표할 수 있는 것이요 또한 38선 문제를 해결할 수 있는 것이다. 남조선에서 북행한 정치가들이 북조선의 김일성씨와 자기 마음대로 협상을 할 수 있다고 생각하였다면 너무나 어리석은 일이라고 본다.

소련은 과거 처칠, 루즈벨트, 트루만, 마샬 회담 및 유엔에서도 전부 단독행동을 취하여 온 것이다. 금반 남북협상은 소련에게 이용당한 결과 이외에는 하등의 결과도 재래할 것이 없을 것이다. 남조선에서 북행 정치요인들은 평양에서 자기가 의도한 자유로운 의사는 발표할 수 없을 것이라고 보며 또 불행한 경우에는 그들은 남행까지도 불가능하게 될지도 모를 일이다.」 〈동아일보 1948년 4월 28일〉

■남북협상의 조선정치정세에 관한 결정서와 격문에 대한 반응

25일 밤 평양방송이라 하여 남북협상에서는 현 조선정치정세 결정서와 전 조선동포에게 격함이라는 격문을 방송하였는데 이로 말미암아 국내 정계에 일대 파문을 일으키고 있다.

즉, 동 결의서와 격문이 발표되자 김구·김규식 산하 진영에서는 이때까지 남북협상을 추진해 온 근본이념과는 상당한 거리가 있음을 발견하고 그 진상을 파악하기 위하여 26일 민독당 등에서는 연락원을 급파하였으나 소련 측의 입국거부로 인하여 드디어 공수空手로 귀경해왔다 한다. 그러므로 이남에서 진공상태에 있는 양 김씨의 산하 단체에서는 협상 전도에 대하여 초점과 의구를 품고 있을 뿐 아니라 불안에 포위되어 있어 그 귀추는 극 주목되는 데 신용할 만한 소식통이 전하는 바에 의하면 그 이유를 다음과 같이 열거하고 있다.

즉, 1) 양 김씨의 남북협상에 대한 이념은 어디까지나 민족적 입장에 입각한 것인데 평양회담의 진전은 공산당 내지 모국의 선전을 대변하고 있다.

2) 동同 결정서, 격문이 사실 만장일치로 가결되고 양 김씨가 서명하였다면 그 이면에는 모종의 권력이 원작 하였으리라는 점.

이리하여 남북협상에 참가한 우익정당에서도 점차로 북조선민전의 진의가 남북통일에 있는 것이 아니라 남조선에서의 총선거를 방해함과 함께 래來 9월에 개최될 UN총회에서 소련에게 유리한 발언권을 제공하려는데 있다는 것을 간파한 나머지 입북을 회한하는 기색이 농후하여지고 있어 그들의 동향이 크게 주목된다.

〈경향신문 1948년 4월 28일〉

■남북 정당사회단체대표자 연석회의 결정서

우리 조국이 일제통치에서 해방된 후 처음으로 한자리에 모인 우리 남북조선 정당사회단체대표자들은 우리 조국의 정치 정세에 관한 보고를 청취, 토의하고 우리민족이 소미양군 진주시에 임시조치의 38선으로 말미암아 아직까지도 남북이 분리되어 있다는 것을 지적한다.(약) 미국정부는 조선인민의 대표도 참가함이 없이 또

▲ 남북연석회의에서 단선 단정반대에 관한 결정서 초안을 낭독하는 김원봉

한 조선인민의 의사에도 배치되는 조선 문제를 비법적으로 유엔총회에 상정시켰던 것이다. 조선인민의 절대 다수가 다같이 유엔 위원단 그 자체를 단호히 거부하며 그 행동을 배격함에도 불구하고 미국정부는 유엔 소총회를 이용하여 남조선 단독선거를 실시하려 하고 남조선 단독정부를 수립할 것을 정하였다.(약) 이러한 조국의 가장 위기가 임박한 시기에 우리 조국을 분할하고 외국에 예속시키고,

(약) 조국을 팔아먹은 미 제국주의 앞잡이 이승만 도당과 김성수 도당들의 매국노들이 발호하고 있다. 또 우리는 그들과 야합하는 분자들도 단호히 용서함이 없을 것이다.(문제가 된 이 구절은 4월 30일자 공동성명에서 삭제됨)

우리 조국을 분할하여 남조선 인민을 예속화시키는 것을 용인하지 않기 위하여 정당 사회단체 대표들은 자기의 사명을 다하기 위하여 이에 총집된 것이다. 남조선 단독선거 배격운동을 적극적으로 전개함으로써 남조선 단독선거를 파탄시키어 조선에서 외국군대를 즉시 철거시키어 조선의 통일적 민주주의 독립국가를 수립할 권리를 반드시 실현시키기 위하여 강력히 투쟁하여야 할 것이라고 인정한다.

1948년 4월23일

남북조선 정당사회단체대표자연석회의

▲ 남북연석회의에 참석한 홍명희, 김일성, 김구

■남북 정당 사회단체연석회의 격문

친애하는 동포, 형제, 자매여러분!

남북조선 16개 정당과 40개 사회단체를 대표하여 평양에서 남북협상회의를 개시한 우리는 구국의 사명을 다하는 친애하는 여러분에게 드린다. 그 동맹군의 승리로써 우리 민족을 살육 약탈하던 왜놈들이 몰파구추되어 삼천만 민족은 해방과 조국 회복의 광영을 축복하였던 것이다. 그리고 우리 민족의 진로를 명시해준 막부삼상회의 결정이 발표된 지도 약 3년이 지났다. 미국은 조선인민의 대표도 참석시키지 않고 또 조선인민의 의사에 배치하여 강압으로써 유엔 한국위원단을 파견하고 소위 남조선 단독선거 실시를 결정하였다. 이 결정은 우리 조선을 정치적, 경제적으로 완전히 분리시키며 조선인민의 기본적 권리를 침해하는 이외에 아무것도 아니다. 조선민족은 하나며, 우리 조국도 하나다. 식견이 있는 조선인민은 누구를 불문하고 한 사람도 선거에 참여하지 않을 것이다. 우리 민족은 통일 독립을 요구한다.

▲ 남북연석회의 축하공연을 하는 청년 학생들 (1948. 4. 23)

■조선일보 평양특파원 이동수 연석회의 경과보고

민족자결주의원칙에 의거한 남북통일정권을 확립하기 위한 전全 조선정당사회단체대표자회의는 지난 19일 오전 10시부터 평양 모란봉牧丹峰 극장에서 개회되어 23일에 폐회되었는데 그간의 종합적인 회의 경과를 회고하여 보면 다음과 같다. 기旣 회의 초일인 19일에는 46개 정당사회단체와 545명의 대표들이 참석한 가운데 김월송의 개회선언 애국가 주악이 있은 후 김일성·김두봉·허헌·박헌영·최용건·김원봉·백남운·김달현 제씨를 비롯하여 28명의 주석단을 선거하고 이어 김일성의 사회로 회의는 진행되었다. 우선 각 9명의 대표 심사위원 및 서기부와 7명의 편찬위원을 선출하였다.

익일인 20일에는 휴회하고 제2차 회의는 21일부터 재개되었으나 시종토론으로 끝마치고 제3일째인 22일 12시 28분경에는 한독당 김구를 비롯하여 조소앙·조완구 양씨와 민독당 홍명희가 우레와 같은 환호 리에 입장하자 곧 4씨를 주석단에 모선하고 이어 김구·조소앙 양씨의 축사로써 오전의 회의를 끝마치었는데 그 후는 홍명희 이외의 전기前記 3씨는 최종 회의일인 23일에는 참석치 않았으며 22일에 평양에 도착한 김규식도 23일 회의에 참석지 않았다. 그리하여 제4일째인 최종 회의일(23일)에는 김원봉 사회로 조선정치정세에 대한 결정서에 이어 동 회의의 명의로 3천만 동포에게 호소하는 격문 및 미소 양국에 보내는 요청서를 만장일치로 가결하고 뒤늦게 참가한 단체 및 대표를 합하여 16개 정당 40개 단체대표에 의하여 서명되었으며 끝으로 남조선선거를 반대하는 결정서를 통과시킨 후 이어 투쟁위원을 선출 발표하였다. 이리하여 연 4일간에 걸친 남북연석회의는 김두봉의 폐회사로 원만 종막을 고하였다. 한편 측문한 바에 의하면 북조선의 유일한 우익지도자인 조만식은 김두봉으로부터 양차에 걸쳐 동 회의에 참석하기를 간청하였으나 이에 불응하였다 한다.

지난 19일부터 평양에서 개최되었던 전 조선정당사회단체대표자회의는 그동안 평양방송으로써 남북협상으로만 보도되었으나 그 실은 전숲 조선정당사회단체대표자회의로 정명定名된 것으로 23일의 최종 회의로써 일단 종막을 고하였는데 남북협상에 대한 구체적인 토의는 금후 남북요인회담이 계속될 것으로 보인다.

〈조선일보 1948년 4월 29일〉

■연석회의 요청서 전달 차 대표일행 입경

28일 12시 평양방송이 전하는 바에 의하면 28일 상오 11시에 남북연석회의에서 채택된 미국정부에 보내는 요청서를 남북연석회의의 주석국의 명의로 남조선주둔사령관 하지 중장에게 전달하기 위하여 김을업·권욱영 외 1인 등 3대표가 특별열차로 평양을 출발하여 서울로 향하였다 한다.

평양에서 개최된 남북정당사회단체연석회의에서는 미·소 양주둔군에 대한 요청서를 결의한 바 있었는데 29일 하오 2시 45분경 서울역착 252열차는 전기前記 요청서를 미군당국에 전달할 사명을 띠고 사민당 여운홍, 전평 임진한, 반파쇼투위 정운영은 입경하였다.

민련측 김성규·이공무 양씨를 비롯한 수數씨도 동同 사절단에 동행 입경하였는데 30일부터 개최되는 남북지도자 비공식회담에 참가할 김구·김규식·홍명희 제諸씨를 제외한 그외 다수 대표들은 대략 남하중中에 있다 한다.

전기前記 지도자회담에는 북조선 측으로 김일성·김두봉 양씨 외 5명이며 남조선 측으로 김구·김규식 양씨 외 6명이라 한다. 〈서울신문 1948년 4월 30일〉

■사회민주당 여운홍 남북정치협상의 경과와 감회 피력

여운홍(사민당)은 하오 3시 10분 열차에서 내리자 서울 역장실에서 기자단과 회견하고 금반 남북협상에 참가하여 사무연락 차 이번에 서울에 귀환하기까지의 경로와 감회를 여좌如左히 말하였다.

나는 미국무성에 보내는 메시지를 가지고 왔는데 곧 미영사관으로 랭든씨를 방문하고 전달하겠다. 예비회담은 지난 23일로써 완료되었는데 앞으로 4김씨 회담이 개최될 것이며 공동코뮤니케가 발표될 것이다. 김구씨, 김규식 박사와는 28일 저녁 11시에 회견하였는데 양씨는 내來 5월 4, 5일경에 서울에 귀환할 것 같다. 이쪽에서 제시한 5원칙에 대해서는 양자간에 별로히 차이가 없는 것 같았다. 그리고 4김씨 회담 내용은 23일로써 완료된 정당사회단체대표자대회와는 별개의 제문제에 관해서 토의될 것이다. 그리고 여운홍과 기자단과의 회견문답은 다음과 같다.

문 : 금반 회담의 성과 여하?

답 : 대표자대회는 원만히 완료되었으며 금후는 4김씨 회담이 속행되어 쌍방의 원칙문제를 토의하였다. 4거두 회의는 기간 2, 3차 있었는데 합의를 보았다고도 하므로 4거두의 공동코뮤니케가 발표될 것이다. 그리고 김구·김규식 양씨와 28일 회견하였는데 '잘 될 것이다' 라고 말하였다.

문 : 대회를 통과한 결정서에 김구·김규식 양씨도 서명하였나?

답 : 직접 안 했어도 소속 단체명으로 즉 한독당 민련으로서 서명한 것이니 동의한 셈이다.

문 : 남조선에서 앞으로 여하히 대회결정을 추진할 것인가?

답 : 대회에서 결정한 '단선반대투쟁위원회'에서 할 것이다.

문 : 그 구성은 여하?

답 : 잘 모르겠다.

문 : 양 김씨는 언제 귀경할 예정인가?

답 : 4김씨 회의가 아직 속행될 것인데 5월 4,5일경에 귀경할 것이다.

문 : 북조선 감상은?

답 : 북조선에서는 건설을 하려고 조선인 자신이 노력하고 있는 감을 느꼈으며 모든 점으로 보아 너무 지나치게 통제된 감이 있다. 이에 비하여 남조선은 너무 지나치게 자유여서 혼란을 초래하는 것 같다. 〈서울신문 1948년 4월 30일〉

■남북정계요인 15인 회의 협상원칙 토의

남북정당단체대표자대회 개회 후 계속하여 30일부터 동 대회와는 별개로 김구·김규식· 김일성·김두봉 등 4거두 회의를 속행하고 협상원칙 및 구체적 방략 등에 관하여 토의할 것이라 함은 작보昨報한 바와 같거니와 소식통에 의하면 4거두 회의와 병행하여 다음과 같은 남북정계요인 15씨 회의를 개최하고 최후적 결의를 하여 공동 코뮤니케를 발표할 것이라 하는데 동同 회의는 5월 2,3일경 내에 종료할 것이라 한다.

김구·김규식·조소앙·조완구·홍명희·김붕준·이극로·엄항섭·허헌·박헌영·백남운·김일성·김두봉·최용건·주영하 〈조선일보 1948년 5월 1일〉

■남북정당사회단체지도자협의회 공동성명서 발표

평양 1일발 방송에 의하면 남북정당사회단체지도자들의 협의회는 드디어 4월 30일 평양에서 개최되었다 하는데 동 협의회에 출석한 남북 전 정당사회단체가 서명한 공동성명서를 다음과 같이 발표하였다.

● 공동성명서

남조선단독선거에 반대하는 조선정당사회단체대표연석회의에 뒤이어 평양시에서 4월 30일 남북조선정당사회단체지도자들의 협의회가 진행되었다. 이 협의회에서는 상정된 문제를 충분히 토의한 결과 다음과 같은 제문제에 대하여 협의가 성립되었다.

1) 소련이 제의한 바와 같이 우리 강토에서 외국군대가 즉시에 철거하는 것은 우리 조국에서 조성된 곤란한 상태 하에서 조선 문제를 해결하는 가장 정당하고 유일한 방법이다. 미국은 이 정당한 제의를 수락하고 자기 군대를 남조선에서 철퇴시킴으로써 조선독립을 실지로 원조하지 않으면 안 된다. 일제가 우리 조국에서 구축된 이후 우리 조선인민은 자력으로 외국의 간섭 없이 우리문제를 우리민족의 힘으로 능히 해결할 수 있을 만큼 장성되었으며 우리조국에는 이것을 해결하기에 충분한 간부들이 다수 있다.

2) 남북정당사회단체지도자들은 우리 강토에서 외국군대가 철퇴한 후에 내전이 발생할 수 없다는 것을 확인하며 또 그들은 통일에 대한 조선인민의 지망에 배치하는 여하한 무질서의 발생도 용허하지 않을 것이다. 남북정당사회단체들 간에 전취 약속은 우리 조국의 완전한 질서를 확보하는 튼튼한 담보이다.

3) 외국군대가 철퇴한 이후 좌기 제 정당단체들은 공동명의로써 전 조선정치회의를 소집하여 조선인민의 각층각계를 대표하는 민주주의임시정부가 즉시 수립될 것이며 국가의 일체 정권은 정치 경제 문화생활의 일체 책임을 갖게 될 것이다. 이 정부는 그 첫 과업으로 일반적 직접적 평등적 비밀투표로서 통일적 민주정부를 수립하여야 할 것이다.

4) 상기 사실에 의거하여 본 성명서에 서명한 제 정당 사회단체들은 남조선단독선거의 결과를 결코 승인하지 않을 것이다. 또 이러한 선거로써 수립되는 단독정부를 결코 인정하지 않으며 지지하지 않을 것이다.

1948년 4월 30일 〈경향신문 1948년 5월 3일〉

■남북협상 공동성명서 작성 경위보도

평양방송으로 이미 남조선에 보도된 소위 남북제정당사회단체대표자 공동성명서는 그 실질적 경위의 각도로 본다면 남조선측 김구 김규식 양씨와 그리고 북조선측 김일성 김두봉 양씨와의 4김씨 간의 최종적 합의 성립으로 된 것이다. 지난 4월 23일로서 일단 끝마친 남북대표자 연석회의를 양 김씨로서는 요인회담 이후에 있어야 할 것으로 보고 있었던 만큼 본회의에 뒤이어 4김씨 간에는 각 대변인으로서의 남측 권태양과 북측 주영하를 통하여 주로 양 김씨가 제의한 5대원칙을 중심으로 상호간 합의 타협점을 발견하려고 진지한 토의가 계속해 왔던 것이다.

이것이 5대원칙에 대한 김일성 김두봉 양인의 양보 승인을 계기로 하여 합의의 기운은 의외로 조속히 무르익어 드디어 지난 30일 오후 4시 반에는 4김씨를 위주한 요인 수인의 회담석상에서 전일까지 상호간 이미 작성되었던 본 공동 성명서를 주상에 놓고 최종적 검토가 있은 후 4김씨는 이에 조인하였던 것이다. 이렇듯 4김씨를 위주한 요인들이 우선 합의 결정한 본안을 오후 9시부터는 모란봉 회의실에서 4김씨 이하 요인과 제 정당사회단체대표자들도 연석 하에 다시 결의 통과시킴으로써 전체적 합의의 의의와 형식을 갖추었던 것이다. 이로써 이번 남북협상은 예상대로 결정적 성과를 거둔 동시에 장차 구체적으로 진전될 남북통일 과업의 첫 단계를 누린 것으로 보고 있는 터이다. 이 성과와 앞으로의 실질적 전망에 대하여 김구는 다음과 같이 언급하였다.

● 김구 담談

남북통일이 실현되기 전에야 어찌 만족할 수 있으랴 다만 우리 과업 추진에 있어 하나씩 난관이 개척되어 가는 것만은 매우 유쾌한 일이다. 쉬이 귀경하여 다시 자세한 이야기를 하겠다.

그리고 남조선 측 양 김씨 대변인 측의 의견을 종합하여 보면 이번 회담은 공동성명발표로써 일단락 지었으나 남북통일의 과업은 이제부터이다. 다음 단계로 마련되고 있는 것은 그 구체적 방법으로써 어떠한 기구조직을 조성하여 추진력을 부여할 것이다. 이에 대해서는 남북 양측 간에 각각 복안이 있어 착착 토의될 것이며 양 김씨 활동의 근거는 당분간 서울인 듯하다. 아무튼 양 김씨는 일간 귀경할 것이고 본 협상의 금반 성과를 계기로 남북통일의 과업은 점차 발전은 될지언정 좌절이 되거나 와해될 위기는 없다고 보고 있다. 〈서울신문 1948년 5월 4일〉

■이승만, 남북정당사회단체의 공동성명에 대해 담화 발표

이승만 박사는 지난 1일의 평양방송이 보도한 남북 정당, 사회단체 공동성명에 대하여 3일 다음과 같은 소감을 피력했다.

「남북요인회담에 대하여서는 내가 기왕에 설명한 바 있으므로 우리의 기정 계획에 조금도 변동이 있을 리 없고 양군 철퇴문제에 대해서도 소련이 진심으로 공정한 해결을 원한다면 먼저 북한의 공산군을 해체시켜 무기를 회수하고 국련國聯 감시 하에 자유분위기에서 총선거를 하게 된다면 모든 문제가 순조로이 진행될 것이요, 그렇지 않고는 우리가 정부를 수립해서 국방군을 조직한 후에야 비로소 협의할 기회가 있을 것이다. 그러므로 소위 공동성명이라는 것을 나는 중요시하지 않는다.」 〈조선일보 1948년 5월 4일〉

■하지, 남북협상요청서에 불찬동하는 특별성명 발표

조선주둔 미군사령관 하지 중장은 앞서 평양에서 개최된 남북정당사회단체연석회의에서 결의한 미소 양국에게 보내는 요청서에 대하여 작 5일 중앙청 공보부를 통하여 다음과 같은 특별성명서를 발표하였다.

● 성명서

본관은 남북회담에 참석한 남조선대표자 한 사람에 의하여 최근 서울 주재 미국총영사에 전달된 자칭 남북정당사회단체대표자연석회의의 요청서를 보았습니다. 이 요청서는 흥미가 있는데 본관은 자玆에 간단히 여러분이 판단할 수 있도록 그 내용을 검토하여 보고자 합니다. 이 요청서는 전 조선인민의 의사로 호소한다고 주장합니다.

본관은 소위 전 조선의 공산주의자회의의 내력을 아는 조선인은 결코 이 성명서에 찬동하지 않을 것이라고 믿고 있습니다. 즉 요청서에는 우리 조국은 두 부분으로 분리되어 있다고 써 있습니다. 물론 분리되어 있다는 사실은 틀림없습니다. 이것은 우리가 모두 유감으로 생각하는 바이요 또 조선을 양단한 38선의 철폐는 모든 조선인이나 미국인은 물론 세계의 모든 자유국가까지도 이것을 제일 걱정해 왔던 것입니다.

또 요청서 중에는 그들은 조선의 양단은 물론 우리 조국의 오늘날과 같이 참담한 정치적 사태를 조성한 일체의 책임은 오로지 미정부 당국에 있다는 것을 성명하였습니다.

본관은 저명한 미국인이 말한 '이것을 믿는 사람은 머리로 걸어 다니는 사람이다' 는 구를 인용합니다. 즉 이 대신 본관은 첫째로 1948년 1월부터 2월까지 개최된 미소공위에 관하여 설명하고자 합니다. 즉 그 즉시 미국인은 조선의 경제적 통일을 위하여 만반 노력을 하였습니다. 소측 대표가 이 문제에 대하여 불응하였으므로 전연 실패로 돌아갔습니다. 이 투쟁결과의 유일한 산물로 소련 당국은 양지대간의 정기적 우편물 교환을 승인하다는 무해한 협정이 성립된 것입니다.

본관은 또 1946년 3월부터 5월까지 1947년 5월부터 10월까지 양도의 장기간에 걸쳐 미소공동위원회에 관하여 설명하고자 합니다.

양도 모두 하등의 성과를 거두지 못한 개회 기간 중 미측 대표는 조선인 자신의 정부 하에 조선을 통일시키자는 노력 하에 있어서 가능한 모든 제안과 단 한 가지를 제외하고는 다 양보하였던 것입니다. 이 양보치 아니한 제안은 여러 가지 구실로 소측 대표가 항상 요구하는 것입니다.

즉 조선국민을 모두 그들의 의사에 배치하여 소수로 다수를 지배하려는 독재적 공산주의의 지배에 위임하고 이리하여 조선을 위성국가군의 노예적 함정에서 생활하도록 하자는 것입니다.

이 정도까지만은 미국정부는 금일의 사태에 책임이 있습니다.

조선인민은 남조선 단독선거를 절대로 승인하지 않을 것이며 전력을 다하여 그 실현을 반대할 것이라고 그들은 언명하였습니다.

조선말로 가능한 최대한도의 결정적 언사로 이 선거는 단지 소련당국과 북조선내의 공산주의 주구들이 소련군 점령지대내의 여하한 선거도 배척하고 반대하였다는 이유로 남조선 단독선거라고 볼 수 있을 것입니다.

이것이 의사발표자유를 가진 조선국민의 의사를 어느 정도 대표한 것인가에 관하여 본관은 남조선 내 전유권자 중 10% 미만이 자유로이 그들 자신의 대표를 선출하는 기회를 가진 선거에 등록을 하지 않았다는 사실로 강조하는 바입니다.

동 요청서에는 3천만 인민의 명의로 전 조선 다시 말합니다. 전 조선내의 선거를 감시하자는 국제연합총회의 결의와 가능한 지역 내의 선거를 감시하자는 소위 국제연합소총회의 비합법적 결정을 반대하였다.

또 3천만 인민의 명의로 불합리한 선거행동을 즉시 정지하고 시급히 물러가기를 요구하였다. 또 요청서의 후 부분 즉 조선인민들이 자기의 뜻대로 자유스럽게 민주주의적 선거를 전국적으로 실시하여 통일적 민주주의국가를 창설하여 우리 조국이 진정한 민족적 독립을 가지게 되며 세계평화애호국가의 대열 중에 동등한 일원으로 될 수 있도록 하자는 점에 관하여는 전자와 후자의 이 두 가지 요구는 총명한 사람이 이해하기 곤란하며 또 그들의 진실성을 신용하기도 곤란한 것이다.

즉 자기의 뜻대로 자유스럽게 민주주의적 선거를 전국적으로 실시하자는 것은 바로 그것이 그들이 그렇게도 심하게 공격하는 국제연합결의가 조선국민에게 제공한 것이다.

또 이것이 바로 소련당국과 공산주의주구들이 거부하고 또 국제연합조선임시위원단이 북조선 입선을 거절당한 후에야 비로소 그가 말하는 대로 비합법적인 국제연합소총회의 결정이 된 것입니다.

이 점에 관하여 이성 있는 남녀가 내릴 수 있는 유일한 결론으로서는 동 회담에 참가한 대표자들은 선량하며 확호하고 또 진실한 상투적 공산주의식 선거를 원하고 있는 것인데 이러한 선거에는 인민의 대다수는 공산당에서 선출되고 신임을 받은 주구들 이외의 자를 선거할 기회가 전연 없을 것이다. 이러한 선거가 소위 그들 자신의 민주주의 관념을 대표할 수 있는 것이다.

끝으로 그들은 양국이 동시에 철병하고 조선정부의 형성을 요구하였다.

본관은 자에 미국은 국제적 회합 및 협정에 약속된 바와 같이 독립 조선 국가를 수립하기 위하여 조선국민에 대한 약속을 이행함에 필요한 시일 이상은 하루라도 해방된 조선에 군대를 주둔시킬 의사는 없다는 것을 무조건으로 성명하는 바입니다.

미국민은 조선의 어떤 일부라도 지배 또는 관리하고자 하는 또는 조선 내에 어떠한 기지를 유지하고자 하는 의사는 전연 없습니다.

소련당국과 북조선 내 주구들이 배척하는 국제연합결의안에는 전 조선에 긍亘하여 총선거를 시행한 후 조선국민정부가 수립되면 가급적 속히 양군이 철퇴할 것이 규정되어 있습니다.

이 안은 미국 자신의 조선의 안정이 보장되면 곧 양 점령군이 조기에 질서 있게 철퇴하기 위하여 국제연합에 제안한 것입니다.

이 안은 소련불럭의 국가군을 제외하고는 모든 국가가 승인하였습니다.

전 공산주의자회담이 요구한 철병에 대한 한 가지 반대는 이것이 미소공위에서 소련대표가 강경히 주장한 즉 조선국민의 대다수의 의사를 무시하고 조선을 소수로 다수를 지배하려는 독재주의적 공산주의 지배하에 두려는 것이다.

만일 요구대로 철병한다면 북조선인민군과 또 이 목적을 위하여 이미 선발되어 훈련을 받은 세력에 굶주리고 있는 그들의 추종자 군과 주구들은 단시일 내에 조선의 나머지 부분을 지배하여 그 다음 그들은 조선을 소련의 1위성국가로 하는 소위 자기의 뜻대로 자유스럽게 전국적으로 민주주의적 선거를 감행할 것이라는 것은 명약관화한 사실입니다.

만일 이것을 원하는 조선인 애국자가 있다면 본관은 그들에게 북조선의 공산주의천국으로부터 피난하여온 수백만 명의 전재동포에게 물어보라고 권하고 싶습니다.

이 대단히 흥미 있는 문서의 검토를 끝마침에 있어서 본관은 이 요청서를 역시 현재까지 본관에게 제출된 수백 통에 달하는 공산주의자의 진정서에 불과한 것이므로 이것도 그와 같이 취급될 것이다.

본관은 동 요청서의 번역문을 본국정부에 참고로 부송하겠습니다.

본관은 이것이 조선에서와 같이 미국 내의 누구도 속지 않을 것이라고 확신합니다.

본 요청서에 서명한 정당은 본관이 현재까지 본 가운데에 공산당 및 공산당의 지배하에 있는 공산당과 동일노선의 단체의 제일 정확한 일람표인 것이며 또 각자 정당을 대표하여 이 요청서에 서명한 자들은 그들의 조국을 공산당의 노예와 외국의 지배에 팔기를 열렬히 희망하고 있는 자들의 정확한 일람표인 것이다.

본관은 소위 남조선대표자 중에 몇 사람은 명의상으로 그 열기한 정당의 수령들이나 개인으로는 서명치 아니한 것을 볼 수 있었다.

본관은 그들이 아직도 그들의 조국을 외국의 지배에 파는데 완전히 동의하지 않았다고 생각하는 것을 다행으로 압니다. 〈조선일보 1948년 5월 5일〉

■하지, 전조선정당사회단체협의회에 대한 비판성명 발표

하지 중장은 과반過般 평양에서 개최된 남북협상에 관하여 작昨 3일 다음과 같은 장문의 특별성명을 발표하였다.

본관은 과반 평양에서 개최된 소위 남북회담에 관하여 조선국민의 대다수가 여러 가지 현혹할 보도에 접하였을 것을 알고 있다.

평양방송과 또는 남조선 내 공산당 세포분자와 신문을 통하여 전파된 바 크레믈린의 열렬한 지령을 받은 공산당의 선전을 제외하고는 조선 국민이 들은 보도는 대부분이 낭설이었다. 그럼에도 불구하고 여러분이 이 낭설에 현혹된 것도 사실일 것이다.

본관은 이 회담에 있어서 특히 자기의 라디오를 통한 정식 발표로 판단되는 바와 같이 동 회담에 대하여 남조선은 어떠한 대표를 보내었는가 또 협의의 모든 내용 또는 이 문제에 관하여 우리가 여기서 알고 있는 그러한 사실에 관하여 분석하여 보는 것이 가치 있는 일이라고 믿는 바이다. 물론 북조선에서는 소련 당국의 후원을 받고 또 전적으로 승인을 받은 정당만이 동 회의에 참석하게 된 것이므로 우리는 그들이 소련 당국의 지령에 충실히 하고 그것에 복종할 것만은 잘 알 수 있는 것이다. 만일 그렇지 않다면 그들은 북조선에서 정당으로 존재할 수가 없을 것이다. 특히 위대한 조선인 애국자인 조만식씨가 동 회의에 불참하였다는 것은 주목할 만한 사실이다.

북조선의 '천국'으로부터 피하여 온 수백만 명의 전재민을 포함하고 전조선 인구의 3분지 2를 차지하고 있는 남조선에서는 남조선 민전의 산하 정당만이 이 회담에 참가하였는데 그들은 남조선에서 폭동 살인 방화 및 파업을 지령 또는 감행하여 왔던 자들이며 또 공산당이 조종하고 그 강령정책에 있어서 공산당의 노선을 성실히 받고 있는 그들의 여당을 참가시켰던 것이다. 이 회합에 유일한 예외는 김구씨와 김규식 박사가 참가한 것인 바, 현재까지 양 김씨를 존경하여 오던 남조선 내 동지들은 자기의 지도자가 애국적이긴 하나 무견식한 비공산주의자들을 끌어넣기 위하여 만들어 놓은 공산당의 모략에 빠졌다는 사실을 통탄하고 있다. 이는 동구에 있어서 동일한 형식의 함정으로 유도하는 공산분자의 상투의 관례이다. 이는 파란·유고스라비아·불가리아·알바니아·루마니아·체코스로바키아 기타 소련의 굴복과 지령 하에서 자유로운 민주주의를 완전히 상실한 소小

국가 내에서 사용되었고 또 우리들이 주지하는 바이다.

소련의 후원을 받은 남북회의에 초청을 받고 거기에 참가한 남조선인은 모두가 남조선 선거를 반대하는 인사들이었다. 물론 우리는 공산주의자들과 그들 일파는 남조선선거를 반대하고 있다는 것을 잘 알고 있다. 우리는 작년 11월 이래 그들의 당책 선전 이외에는 많이 듣지 못하였으며 이것은 금년 1월 국련國聯 조선임시위원단이 조선에 도착한 이후로는 그것이 대대적으로 증가하였다.

공산주의자들은 그들의 상전인 소련의 지령으로 선거를 반대하고 있다. 그들은 절대적인 공산당의 형식과 지배 이외에는 여하한 형식의 비밀투표에 의한 선거를 원하지 않는다. 왜 그러느냐 하면 그들은 선거를 행하면 자기의 국가를 공산주의의 한 위성국가로 팔아먹고자 하는 조선인의 수효가 극소수에 지나지 않는다는 것이 판명될 것을 잘 알고 있는 까닭이다.

극소수인 자칭 '남조선대표자' 들이 선거를 반대하는 이유는 아직 조선 국민에게 명백히 되어 있지 않으나 그들은 선거 결과로 그들의 지지가 극도로 실망적인 것을 두려워하여 차라리 참가하지 않음으로써 면목을 세우고자 하는 것이다.

그러나 중대한 사실은 공산당과 밑주구들의 선거에 대한 모든 선전 및 위반 또는 선거를 배척하고 반대하는 자들의 온갖 수단에도 불구하고 남조선 내의 전 유권자의 90% 이상이 등록을 하였다는 것이다.

이것은 그들의 비밀투표에 의하여 조선 정부를 형성할 그들 자신의 대표를 선출하려는 욕망을 표시하는 것이다. 이러한 엄연한 사실과 증거 앞에서 소위 남조선 지도자로 자임하는 평양회담에 참가한 그자들이 어떻게 남조선의 선량한 국민을 대표한다고 말할 수 있을 것인가. 설사 그자들이 선거권 등록을 거부한 모든 조선인 남녀를 대표한다 하더라도 그것은 단지 남조선국민의 10%에 불과한 것이다. 이 10% 이하라는 계산 가운데는 병으로 인하여 등록을 못한 다수의 유권자와 공산주의 파괴분자들에게 협박당한 자와 또 투표기일에 재가하지 않았든지 혹은 실지에 있어 선거를 반대하는 것이 아니라 다른 어떤 이유로 말미암아 등록을 하지 못한 자들이 고려되지 않고 있다.

그러므로 우리들은 이러한 모든 사실을 고려한다면 평양에서 개최된 소위 남북회담은 기실 전 조선 공산주의회담이라고 부르는 것이 한층 더 적절하다는 결론을 내릴 수 있다.

이 회담은 세계의 민주주의적 자유국가에서 시인을 받을 수 있는 적절한 방법에 의하여 남조선을 대표한 회담이라고는 단연코 말할 수가 없다.

그들의 어용방송국에서는 동同 회담의 개회에 관하여 대폭 과장하여 취급하였으나 동 개회식 석상에서 행한 모든 연설의 주요 내용은 미국, 국련조위國聯朝委 및 5·10선거에 대한 공격이었으며 특히 5·10선거는 조선을 영구히 양분하는 것이라고 중언부언하며 웅변을 토하였다.

이러한 모든 언사는 그 자체가 허위적인 데 취미가 있다. 국련國聯 결의에서 요구한 것은 전 조선적 선거이며 다음에는 선출된 조선인 대표에 의하여 조선 국민정부를 수립하고 그 후에는 양 점령군을 철퇴시킨다는 데 대하여 조선국민은 누구나 다 잘 이해하고 있다.

그리고 또 조선인들은 소련 블록 6개국을 제외한 모든 국련國聯 참가국이 모두 전 조선을 통한 자유선거를 가급적 속히 실시한 다음 모든 점령군을 철퇴시키고 하자는데 찬성투표를 한 사실을 잘 알고 있다. 또 모든 조선인은 조선 국가를 통일하고 또 외군 점령으로부터 해방시키고 또 조선인 자신을 자유로 선택한 정부의 관할 하에 두려는 모든 노력이 결국 소련의 계속적인 반대에 의하여 이모저모로 방해되었으며 이를 동반하여 자가당착自家撞着한 혼란과 허위 선전의 홍수가 재래되었던 것이다. 제문제에 관한 미국 및 국련의 기록을 보면 그것은 미소공위의 진행 경위와 또 그 정견 여하를 막론하고 조선정부를 형성하는 데 있어서 모든 조선 국민으로 하여금 발언권을 갖도록 하여 또 조선을 단일국가로서 취급하려는 국련의 모든 노력을 소련이 배척한 그 사실은 모든 조선인들이 명백히 알고 있다. 또 기록에 의하면 소련은 조선을 공산주의의 노예로 팔려고 하는 조선인 주구들과 함께 미국을 비난하는 데 온갖 노력을 다하였다는 것은 명백한 사실이다.

그들은 이러한 노력을 성취하려는 전연 가공적 허언으로 미국이 조선을 식민지 및 군사기지화하려고 원하고 있다는 것을 노래하며 춤추며 선전을 하고 있으나 물론 이 모든 과대한 선전 이면에 숨어있는 동기는 비밀투표에 의한 민주주의적 선거에 있어서 조선인이 자기가 가진 그 의견 표시를 방해하려는 것이고 또 평양회담에 있어서 자칭 대표자들이 남조선 선거가 조선을 영원히 분할하려는 것이라는 궤변詭辯조차 역시 유치한 이론에 불과한 것이다.

우리는 소련의 계속적인 거부가 조선을 영구히 분열하는 유일의 방해물이며,

또 소련은 소련에 자기의 국토를 방매하려는 소수 분자를 제외한 조선인이 자기네 정부에 대하여 완전한 발언권이 부여되고 따라서 여하한 조건하에서도 그 통일을 실현함에 대하여 거부로 일관함을 충분히 알고 있는 바이다. 그 주구들도 금번 회담을 통하여 호구대성하여 선거에 반대하면서도 조선독립의 유일한 도途가 전국적 선거에 있다는 것이다.

이것은 즉 국련國聯이 결의하였고 소련당국과 그 주구들이 거부하였던 것이다.

그러므로 그들은 공산당원을 선출하는데 자신 있는 공산주의 형식의 기만적 선거와는 반대되는 공평무사한 국제 감시관에 선거를 공포하고 있는 것이다. 이상의 말한 대부분은 다만 그 배경을 지적한 것이다.

과거 수일간 사태의 진전은 그 협상의 정체를 폭로하였다. 이것은 소위 남북협상이라는 것은 그자들의 만들어 놓은 연막에 불과한 것이고 이 연막은 즉 회의에 출석한 남북의 대표가 인민위원회가 제정한 공산주의 헌법을 승인하고 전 조선 '인민공화국' 수립을 승인하리라고 발표하라는 것이다. 즉 그 회담은 조선인과 세계 사람에게 전 조선인의 대표가 그곳에 집합하였고 그 대표들이 신 정부와 그 헌법을 승인하였다는 인식을 주기 위한 기만적 정책으로 이용되었다. 그 보도에 접한 사람 중에서 몇 사람이나 오랫동안 알려진 조선 국기를 폐기하고 소련위성국의 적성기를 원할 것인가.

조선 국민 중에서 몇 사람이나 동구위성국에서 묘사하고 외국의 지배자로부터 전 지령을 받고 있는 10 수數의 임명된 주구가 시인한 그 헌장을 승인할 것인가? 등록을 완료한 국민 전부는 5월 10일 월요일에 결정적으로 투표장소에 가서 비밀투표로 당신네가 원하는 대표를 선출하여 그들이 조선 정부를 수립하는데 여러분을 대표하고, 또 그들이 진정한 남북회담에서 여러분을 대표하여 양분된 조선을 통합하도록 할 특권을 가진 것이다. 이러한 해결만이 국가의 장래를 약속할 것이며 공산주의자의 지령에 대한 비겁한 항복은 단지 조선의 국가적 멸망을 약속하는 것뿐이다. 〈동아일보 1948년 5월 5일〉

■남북협상 수행기[민족자주연맹 송남헌]

무기 휴회된 지 1년여 만에 속개된 2차 미·소공동위원회 역시 미국과 소련사이의 견해차이로 아무런 진전을 보지 못하자, 미국은 1947년 9월 17일 한반도문제

▲ 덕수궁에서 열린 제1차 미 · 소공동위원회 개회식 (앞줄 왼편이 미국대표 미군정 사령관 하지 중장, 옆 소련대표 스티코프 중장) 1946. 3.20

를 유엔에 상정했다. 이로써 미·소의 합의에 의한 통일정부의 수립은 영영 멀어지게 되었는데, 미국의 제안을 받아들인 유엔은 1948년 1월 초순 한반도의 실정을 파악하기 위해 임시위원단을 서울에 파견했다. 서울에 도착한 유엔 임시위원단은 정치인들과의 면담을 통해 정부수립에 관한 방안을 모색하게 되는 것이다.

1948년 1월 27일 유엔 위원단과 만난 다음 김규식 박사는 단독정부의 수립은 냉전체제가 굳어가는 국제환경 속에서 민족의 분열을 극대화할 위험이 있다고 말하고 이들에게 남북요인회담을 알선해줄 것을 요구했다. 남북의 정치인들이 직접 만나 조국의 통일독립을 위해 함께 노력하자는 것은 평소 김 박사의 생각이었다. 민족의 문제를 더 이상 남의 손에 의존하지 말고, 남과 북의 정치인이 한자리에서 만나 허심탄회하게 논의해보자는 것이었다. 이른바 남북협상을 제의한 것이다. 이들과 만난 다음 김 박사는 기자들에게 유엔위원단의 사명은 남북통일정부 수립을 위한 총선거를 실시하는데 있는 것이며, 단독정부를 수립하라는 지시를 받지 않았기 때문에 유엔 위원단이 단정을 수립하라는 지시를 받지 않았기 때문에 유엔 위원단이 단정을 수립하는 방향으로 나아가서는 안 될 것이라고 지적했다.

그렇다고 해서 김 박사가 남북협상이 반드시 성공하리라는 확신을 갖고 있었던 것은 아니었다. 처음부터 안 된다고 하여 시도도 하지 않고 단념하면 안 된다고 생각했고 민족과 역사 앞에서 자기의 의무를 다하겠다는 심정에서 요인회담을 구상했던 것이다.

김 박사의 이와 같은 생각은 1948년 2월 4일 소집된 민족자주연맹의 정치위원 상무집행위원 연석회의에서 인준을 받았다. 이 자리에서는 또 통일문제를 논의하기 위한 남북요인회담의 개최를 요구하는 편지를 김일성·김두봉 두 사람에게 발송할 것을 결의했다.

남북협상의 추진에 대해 한민당을 비롯한 우익진영 일부에서 비판하는 소리가 높아지자, 김 박사는 이승만 박사를 만나, 남북협상에 대해서는 절대로 좋다느니 나쁘다느니 하는 소리를 하지 말아 달라고 신신 당부를 했다. 평소 김 박사는 이승만 박사를 형님이라고 불렀는데, "형님이 좋다고 하면 좋다는 대로 또 나쁘다고 하면 나쁘다고 하는 대로 부작용이 생기니 제발 남북협상에 대해서만은 아무 말도 하지 말아주시오"라고 부탁했다. 나중에는 아무런 성과도 없었다고 비판했을지언정 김 박사가 평양에 다녀오기 전까지 그는 남북협상에 대해서는 언급하지 않겠다는 약속을 지켰던 것으로 나는 기억한다. 나름대로 김 박사에 대한 의리는 지킨 것이다. 남북협상을 제의한 김구·김규식 두 사람의 편지에 대해 아무런 반응이 없던 북한은 1948년 3월 25일 평양방송을 통해 전全 조선정당·사회단체연석회의를 4월 14일 평양에서 개최하자고 제의했다. 연석회의에서 국내 정세를 토의하며, 국토를 양단하려는 기도를 파탄시키며, 통일국가 수립을 촉진시킬 것을 공동으로 노력하는 문제에 대해 토의할 것이므로 단독선거를 반대하는 모든 민주주의 정당과 사회단체는 참석하여달라고 북한 측은 요청했다. 남북협상을 추진하기 위해 1948년 2월 16일자로 북한의 김일성·김두봉 두 사람에게 보내는 편지를 써놓기는 했는데 이 편지를 그들에게 전할 방법이 마땅치 않았다.

남북협상에 대해 극히 회의적인 미군정이 편지를 전해줄 리가 없었다. 그러지 않아도 의혹의 눈초리를 받고 있는 상황에서 밀사를 보낼 수도 없는 노릇이었다. 편지를 보낼 방도를 생각하던 나는 소련군에게 한번 부탁해보기로 했다. 소련군에게 편지를 주면 그들이 이를 평양으로 보내 김일성·김두봉 두 사람에게 전달해줄 것이라는 생각이 들었다. 서울에 소련군 대표부가 있었고, 여기에 근무하는 소련군이 북한 주둔 소련군 사령부와 연락을 취하고 있었기 때문에 편지의 전달이 불가능한 것도 아니다.

이 일을 할 만한 사람으로 나는 고창일을 떠올렸다. 그는 소련 태생으로 소련어에 아주 능통했고 '릴리 고'라는 그의 딸 역시 우리말 이상으로 소련어를 잘한다는 것을 알았기 때문이다. 나는 그의 딸을 만나 사정 이야기를 하고 소련군에게 편지를 전달해달라고 부탁하였다. 당시 그녀는 캐나다 사람인지 어떤 외국인과 결혼해서 살고 있었는데, 나의 말을 들은 그녀는 그러마고 아주 흔쾌히 받아들였다.

1948년 2월 16일 나는 그녀와 함께 왜성대로 갔다. 당시 남산 경성방송국 부근에 있는 일제 때의 총독부 관사촌을 사람들은 왜성대라고 불렀는데, 여기에 소련군들이 살고 있었기 때문이다. 우리가 갔을 무렵이 저녁 때였는데, 마침 우리는 저녁식사 후 산보를 나온 소련군 장교들을 만날 수 있었다. 그녀는 유창한 소련어로 사정 이야기를 하며 북한에 편지를 보내줄 수 없겠느냐고 물었다. 그녀의 말을 들은 소련군은 하루 전에 평양으로 가는 기동차가 이미 출발하여 지금 당장은 안 되고 일주일 후인 2월 25일 기동차가 다시 출발할 때 반드시 보내주겠으며, 그렇게 보내면 3월 1일경에는 두 사람에게 편지가 전달될 것이라고 말해주었다.

우리는 두 종류의 편지를 주었다. 하나는 김일성·김두봉에게 보내는 것이었고, 다른 하나는 당시 북한 주둔 소련군 사령관인 코르토코프 장군에게 보내는 것이었다, 소련군 사령관에게 보낸 편지는 김일성·김두봉에게 편지를 보내니 수고스럽지만 전달해 달라는 의례적인 내용이었다. 남북의 정치인이 직접 만나 한반도통일문제를 논의하도록 하자는 백범과 우사의 북으로 가는 편지는 이러한 방식으로 해서 북쪽에 전달되었다.

김구·김규식 두 사람은 북으로 편지를 보낼 때 김일성에게 보내는 편지는 신기언이 기초를 하고 김두봉에게 보내는 편지는 엄항섭이 각각 기초하여, 김구·김규식 두 사람이 연서한 사신형식으로 발송하기로 합의를 보았다. 개인 간에 주고받는 사신형식이었기 때문에 북으로 보낸 편지의 내용을 처음에는 공개하지 않았다. 그러나 많은 사람들이 관심을 표명하고 또 신문지상의 보도가 구구하여 항간에 갖가지 억측이 난무하는 까닭에 1948년 3월말 두 사람은 편지의 간략한 요지만을 발표했다. 민족분열과 통일을 판가름하는 순간에 애국적 양심은 수수

방관을 허락하지 않으며, 외세의 제약을 받고 있는 현실이기는 하지만 우리의 일은 우리가 하여야 할 것이므로 남북의 정치지도자들이 협상을 통해 통일정부를 수립하도록 하자는 내용이었다. 북으로 편지를 보낸 지 열흘 만인 2월 26일 유엔 소총회는 한반도 내에 유엔의 감시가 가능한 지역에서만 총선거를 실시한다고 하는, 사실상 분단이 고착화되는 제안을 통과시키고 말았다. 미국 측이 원하고 바라던 그대로였다. 이 소식이 국내에 전해지자 이 박사와 한민당을 비롯한 우익 진영은 선거에서의 승리를 위해 더욱 바삐 움직였다. 요인회담을 개최하자는 우사와 백범의 편지에 대해 북한은 어떠한 반응도 보이지 않았다. 평양방송도 남북협상을 자신들이 먼저 제의하는 것처럼 발표하면서 남한에서 보낸 편지에 관해서는 단 한 마디도 언급하지 않았다. 1948년 3월 25일의 방송이 있기까지 평양으로부터 아무런 연락도 없었고, 그 후 북에서 인편으로 전달한 3월 25일자 편지에도 남에서 보낸 편지를 잘 받았다는 문구조차 없었다.

북에서 온 편지는 하얀 인조견에 국한문 타자로 쳐서 작성한 것으로 "김구·김규식 양위 선생 공감"으로 시작되어 김일성·김두봉 두 사람의 이름과 도장을 찍어 끝을 맺었다. 도장은 하나는 동그란 것이었고 다른 하나는 네모난 것이었다.

김일성·김두봉의 편지는 백남운이 갖고 왔다고 증언하는 사람도 있으나, 나는 이것은 성시백이 직접 전달한 것으로 알고 있다. 이것은 시내에 볼 일이 있어 나갔다 온 사이에 흰 두루마기를 입고 흰 고무신을 신은 성시백이 와서 편지를 주고 갔다고 김 박사의 부인 김순애 여사가 내게 말해주어서 분명하게 기억하고 있다. 김 박사나 성시백 모두 중국에서 오래 활동했기 때문에 잘 아는 사이였고, 따라서 김 여사도 성시백의 얼굴을 잘 알고 있었던 것이다. 성시백이 인조견에 쓴 편지를 전해주고 간 다음날 타이프 용지에 타자로 친 사본이 또 한 통 전달되었다. 편지의 원본은 이처럼 김 박사에게 전달되었는데, 북으로 보낸 편지와 마찬가지로 처음에는 편지의 내용을 공개하지 않았다. 내용 중에 당신들이 3상회의 결정을 반대했기 때문에 단독정부가 수립되어 국토가 분단될 지경에 이르렀다는 식의 무례하고 오만불손한 언사가 있었기 때문이다. 남한에서 국민의 신망을 한 몸에 모으고 있는 백범과 우사를 훈계하고 책망하는 식으로 편지를 보냈기 때문에 창피해서 도저히 원문 그대로를 공개할 수 없을 정도였다. 원문을 공개하지 않자, 이를 두고 항간에는 또다시 별의별 억측이 난무했다. 하는 수 없이 4월말 편지의 전문이 아닌 요지만을 공개했는데, 이 과정에서 원래 없던 "2월 16일 보내신 혜함은 받았습니다"라는 문구가 들어 있어 나는 지금도 이상하게 생각하고 있다. 나는 원문을 직접 읽었기 때문에 생생히 기억하고 있는데, 김구·김규식 두 사람이 편지를 보낸 사실에 대해서는 단 한마디의 언급조차 없었다. 북의 입장에서 언급할 리도 없었다. 왜냐하면 "편지를 잘 받았다"고 하는 것은 김구·김규식이 김일성·김두봉보다 먼저 남북협상을 제의했다는 것을 인정하는 셈이 되는데, 북한이 이 점을 모를 리 없었기 때문이다.

따라서 이 문장은 누군가 뒤에 써넣었음에 틀림없다고 생각하는데. 삼청동 김 박사 측이 아니라는 것은 분명하다. 원본을 갖고 있는 마당에 없는 문구를 일부러 만들면서까지 삽입할 필요가 없었기 때문이다. 나로서는 아마 백범 주변의 사람들이 적어 넣었을 것이라는 생각이 든다. 왜냐하면 백범 측에서 공개한 내용에 그런 말이 들어 있기 때문이다. 북한과 편지를 직접 주고받을 수 있는 통로가 없던 백범진영에서 아무래도 편지를 직접 받지 못한 것을 그런 식으로 얼버무린 것이 아닌가 하는 느낌을 나는 지울 수 없다.

나중에 들리는 말에 의하면 북한에서는 김일성·김두봉이 우사와 백범에게 보낸 편지 원본을 영원히 보관하기 위해 땅을 깊이 파고 묻었다고 한다. 타임캡슐을 만들어 묻은 것으로 짐작되는데, 아마도 나의 생각으로는 삼청동에서 서류를 관리하던 김 박사의 비서 권태양이 가방에 넣고 다니다가 6·25때 행방불명된 것이 아닌가 하는 생각이 든다.

남한 단독정부 수립에 반대하는 정당과 사회단체는 모두 참석해 달라는 평양방송과 이후 연석회의 참가대상이 발표되자 남한정계는 또다시 격랑에 휩싸였다. 협상에 참가하는 문제를 놓고 찬반으로 양분되었는데, 이것은 이미 예측하고 있던 것이었다. 그러나 일반시민들은 소박한 민족감정에서 무조건 협상이 성공하여 통일이 이루어지기를 기대하고 있었기 때문에 남북협상을 제의한 입장에서는 부담이 매우 클 수밖에 없었다.

이러한 기대에 김구·김규식 두 사람은 당황했고, 그 주변에 있는 사람들도 착잡하기는 마찬가지였다. 자신들이 먼저 제의한 남북요인 회담에 대해서는 한마디 언급도 없이 일방적으로 저들이 주최하는 연석회의에 참가해달라는 제의에 어떻게 대처해야 할지, 또 참가여부의 명분을 찾는 데 난처했기 때문이다. 적극적으로 협상을 제의했던 입장이라 북의 제의를 거부할 수도 없는 형편이었다. 이에 무조건 북에 갈 수만은 없다고 생각한 김 박사는 뒤에 언급하게 되는 여하한 형태의 독재정치도 반대하면서, 사유재산제도를 승인하는 국가를 건립할 것 등 5개항의 전제조건을 제시하게 된다.

남북협상 차 북으로 떠나기에 앞서 나는 서울경찰청으로 장택상을 찾아가 출발인사를 했다. 장택상은 누가 가는지를 묻고서는 나의 대답이 끝나자마자 원세훈도 같이 가는지를 물었다. 나는 그의 딸이 너무 아파 갈지 안 갈지 아직 결정되지 않았다고 말하자 그는 총무과장을 불러 5만 원을 갖고 오라고 지시했다. 총무과장이 돈을 갖고 오자 그는 "원 선생이 가시지 않으면 말이 안 되지"하면서 돈을 내게 건네며 그 돈으로 딸을 입원시키고 다녀오도록 하라고 말했다. 골수 반공주의자에게도 이런 면이 있었구나 하는 생각이 들게 하는 것이었다. 그로부터 받은 돈으로 원세훈은 딸을 병원에 입원시키고 남북협상에 참석했다.

장택상은 또 나에게 평양에서 이강국을 만나거든, "군정관리로 있기에 어쩔 수 없어 그런 것이니 나쁘게 생각하지 말아 달라"는 말을 꼭 전해달라고 부탁했다. 좌익진영에 대한 탄압이 본의에서 한 것이 아니라 미군정의 관리로 있기 때문에 부득이 해서 한 것이니, 자신을 나쁘게 생각하지 말아달라는 것이었다. 해방 직후라면 몰라도 자신의 딸이 남편을 따라 월북한 이후에는 그로서도 좌익진영 탄압이 마음이 썩 내키는 일은 아니었을 것이라고 추측되었다. 이 때문에 그는 심리적으로 많은 고통을 겪었을 것이라고 추측되었다. 이 때문에 그는 심리적으로 많은 고통을 겪었을 것이고, 이러한 고민의 연장선상에서 그런 말을 전해달라고 한 것이라고 짐작되었다.

장택상은 평소에도 내가 차를 갖고 간 것을 알고 있었음에도 불구하고 사람을 불러 자기 차로 나를 모시도록 하라고 말할 정도로 나를 환대했다. 이번에도 그는 이 말을 빠뜨리지 않았는데, 남북협상을 떠나기 직전 종로경찰서에 전화를 걸어 김 박사 일행이 38선까지 가는데 앞에서 길 안내 겸 호송을 하라고 지시하는 호의를 베풀기도 했다. 이념적으로는 거리가 있었지만 이렇게 장택상은 김 박사에 대한 인사는 지나치다 싶을 정도로 깍듯했던 것으로 기억한다.

1948년 4월 21일 김 박사 일행은 모두 16명으로 11대의 차에 나누어 타고 장택상이 보낸 경찰차의 안내를 받으며 38선으로 향했다. 나와 김 박사는 조선피혁

부장환 사장의 차를 타고 떠났는데, 이 차는 뷰익 38년 형 세단으로 당시로는 최고급 승용차였다. 이 차는 내가 부 사장에게 부탁하여 빌린 것이었다.

출발에 앞서 김 박사는 우리의 손으로 조국을 통일시켜야 한다는 생각에서 남북협상을 제의했는데, 우리의 제안을 북의 동지들이 접수한 것이라고 주장했다. 그리고 남북의 정치지도자들이 한자리에 모여 성의껏 토의하는 것만이 통일의 기본공작이라는 신념에서 북행을 결정하였다고 소감을 밝혔다. 이와 아울러 김 박사는 안으로는 민족의 통일을 성취하고 밖으로는 연합국의 협조를 통해 자주독립을 전취하기 위해 북에 가서 5개항의 원칙을 제시할 예정임을 분명히 했다.

38선에 도착한 우리는 38선상에 있는 여현역에서 여장을 풀고 북측의 안내가 오기를 기다렸다. 원래는 이곳 여현역에 우리 일행을 평양까지 태워갈 특별열차가 대기하기로 되어 있었다. 그러나 서울로부터 출발이 늦어지는 바람에 북측은 김 박사 일행이 안 오는 줄 알고 기차를 여현 위에 있는 남천역에 후퇴시켜놓고 있었다. 우리는 북에서 마련한 소련제 지프차를 타고 남천으로 가서 평양행 기차를 탔다. 이때가 4월 22일 새벽 1시였다.

우리가 탄 객차는 요인들을 호송하기 위해 특별히 만든 것이었다. 양옆 창 밑으로 소파를 길게 놓았으며 중앙에는 긴 테이블을 놓고 과일과 음료 등 먹을 것을 가득 차려놓고 마음대로 들도록 했다. 우리가 객차에 올라타자 누런 견장에 커다란 별을 단 장교가 와서 자신이 호송책임자라고 인사를 했다. 이름은 기억에 나지 않지만 다부진 체구에 성실하게 생긴 모습이었다. 인사를 나눈 후 우리는 피곤해서 과일과 음료를 먹는 둥 마는 둥 하며 눈을 붙이고 잠을 잤다. 나는 이 장교를 후일 서울에서 다시 만나게 되리라고는 꿈에도 생각하지 못하고 있었다. 그러나 세상사는 전혀 예기치도 않던 방향으로 진행되어 자신도

▲ 을미대에서 선우진, 김규식, 김구, 원세훈

모르는 사이에 어떤 힘에 이끌려 피치 못하게 부닥치는 경우도 있는 모양이다. 이것을 숙명이라고 한다면 그를 만나게 되는 것도 어쩌면 숙명이라고 해야 할지 모르겠다.

우리가 평양에 도착한 것은 22일 오전 6시경이었다. 우리는 평양교외 상수리 초대소로 안내되어 여장을 풀었다. 상수리의 숙소는 일제 때 도의원을 지낸 최모某의 저택으로, 미소공동위원회가 평양에서 개최되었을 때 미국 측 대표단이 묵었던 곳이기도 했다. 초대소의 2층으로 김구와 김규식·홍명희·조완구의 방이 배정되었고, 아래층에는 나와 엄항섭·권태양· 김신·선우진 등에게 방이 배정되었다.

오전 11시경 우리가 짐을 풀고 휴식을 취하고 있는 밖에서 호루라기 소리가 났다. 내다보니 삼엄한 경비병들에 둘러싸여 한 남자가 차에서 내렸다. 올백머리에 국방색 옷을 입은 김일성이었다. 그는 김두봉과 함께 김 박사를 예방하러 왔다. 이때 김 박사는 여독이 채 풀리지 않아 이불 속에서 누워 있다가 반쯤 일어난 상태로 있었다.

▲ 남북연석회의에 참석한 김규식 박사 (1948.4.22)

김 박사와는 이미 구면인 김두봉이 김 박사에게 김일성을 김 장군이라고 소개했는데, 김일성은 "원로에 오시느라고 고생이 많으셨습니다."라고 정중하게 인사를 했다. 그때 김일성은 30대쯤 된 싱싱한 청년인데 뒤로 넘긴 머리가 흘러내려오자 자꾸 손을 뻗어 뒤로 넘겼다. 김 박사도 답례로 인사를 했는데, 나는 멀리 떨어져 있어 무슨 말을 했는지 제대로 듣지는 못했다. 북한 측의 자료에는 김일성의 방문에 김 박사가 무척 황송해했다고 기록되어있다. 그러나 이는 전혀 사실이 아니었다. 바로 그 현장에 내가 있었기 때문에 당시의 분위기를 지금도 생생하게 기억하고 있는데 서로 예의를 갖추어 인사를 했을 뿐이었다.

김 박사는 몸이 불편하다는 핑계로 초대소에서 쉬며 연석회의에 참석하지 않았다.

협상을 하러 온 것이지 연석회의를 하러 온 것은 아니라는 판단에서였다. 뒤늦기는 했지만 나는 회의가 어떻게 진행되는지 궁금하여 참석해보았다. 회의는 참석자가 많아 진행상의 필요에 의해 사전에 발언내용이나 순서를 정하고 이에 따라 각 당별로 발언자를 신청하도록 했다. 그리하여 발언을 할 사람은 미리 원고지에 10장 정도로 발언요지를 써서 읽는 형식을 취했다. 발언이 끝나면 박수를 쳤는데, 이렇게 발언한 내용들을 종합하여 결정서 기초위원들이 최종적으로 결정서 문안을 작성했다.

회의는 4월 30일 공동성명을 발표하고 이에 서명하는 것으로 막을 내렸는데, 남로당을 대표해서 허헌과 박헌영이, 한독당을 대표하여 김구와 엄항섭이, 근로인민당을 대표하여 장건상이, 그리고 민족자주연맹을 대표하여 김 박사와 내가 서명을 했다. 이밖에도 남북한에서 참석한 56개 정당 사회단체 대표 545명이 서명을 했는데, 이 연석회의의 진행이라든지 내용에 관해서는 내 자신이 이미 다른 곳에서 여러 차례 언급한 바 있고 또 많은 연구가 이루어져 있어 여기서 상세한 설명은 피하기로 한다.

김구·김규식·김일성·김두봉의 4김 회담은 두 차례 있었는데 첫 번째 회담은 4월 26일 김두봉의 집에서 열렸다. 이 날 김구는 연백수리조합 개방문제와 송전문제 그리고 조만식을 서울에 동행시켜줄 것 등을 거론하며 이에 대해 북측이 성의를 보여줄 것을 요구했다. 이에 대해 김일성은 물과 전기문제는 미군정이 약속을 지키지 않아 발생한 것이며, 조만식의 서울 동행은 별도의 문제가 있다고 설명했다.

두 번째의 4김 회담은 대동강 한가운데 있는 쑥섬에서 열렸다. 이 쑥섬 회의에는 성시백이 참가했다는 이야기가 있으나, 비서들은 일체 참가시키지를 않아 정확하게 누가 참석했는지 그리고 무슨 내용의 이야기가 오갔는지 알 길이 없다.

연석회의가 끝난 다음날은 5월 1일 메이데이로 북한은 기념식을 성대하게 치렀다. 회의에 참석한 남측사람들도 기념식에 초대를 받았다. 평양의 메이데이 기념식장은 3단으로 꾸며져 있었는데 1등석에는 김일성·김두봉과 소련군 관계자들이 있었고, 2등석에는 김규식·김구 등이, 나와 박명환 등 나머지 사람들의 좌석은 3등석에 준비되어 있었다.

여기서 나는 이강국을 만났다. 그를 만나자 장택상이 전해달라는 말이 생각나서 그 말을 그대로 전했다. 이 말을 들은 이강국은 아무 말도 하지 않고 허허 하고 너털웃음을 치기만 했다. 장택상의 말을 변명으로 받아들였는지 진심으로 받아들였는지 알 길이 없는데, 한 가지 확실한 것은 이때 이강국이 양담배를 피우고 있었다는 사실이다. 이를 본 내 친구 박명환이 "자네는 아직도 귀족 취미구만" 하고 옆에서 한마디 거들었다.

이강국은 원래 부잣집 사위로서 호강하던 것이 몸에 배었는지 양담배를 쥔 손가락이 아주 희고 가늘어 보였다. 이강국이 양담배 피우는 것을 보고, 나도 담배 생각이 나서 주머니에서 양담배를 꺼내 피웠다. 내가 양담배를 피우는 것을 옆자리에서 보고 있던 민주독립당의 홍명희가 " 송군, 나도 한 대 주게나" 해서 그에게 양담배 한 개비를 주었는데, 북에서는 담배 같은 기호품이 부족했던 것으로 짐작되었다.

▲ 평양의 김구 선생 숙소

박헌영과는 평양에서 처음으로 만나 정식으로 인사를 나누었다. 허헌·박헌영·김원봉 3인이 김박사가 묵고 있는 초대소에 찾아왔을 때 인사를 했던 것이다. 허헌이 나를 박헌영에게 소개하며 자기와는 감옥동기라고 말하자, 그는 "잘 알고 있습니다" 라고 짤막하게 대답했다. 김태준의 집에서 내게 등을 보였던 붓 장수였음을 간접적으로나마 시인하는 말이었다고 나는 생각한다.

연석회의 중간 중간에 남한 측 참석자의 일부는 겸이포 제철소라든지 곡산 공장, 영화촬영소 등을 견학했다. 내가 가본 겸이포 제철소에서는 일본인 기술자들을 억류하고 그들로부터 기술을 배워 용광로에서 나온 쇳물로 강철을 만들고 있었다. 이 제철소는 용광로가 세 개 있는데 여기서 나오는 강철로 철도 레일도 만들고, 무기공장으로 보내 38식 소총도 만든다는 이야기를 들었다.

영화촬영소에서는 영화배우 문예봉이 안내를 했고 최고인민회의를 견학하러 갔을 때는 마침 무용가 최승희가 대의원으로 앉아 있었다. 나는 평생 춤만 추던 그녀가 대의원이 무슨 일을 하는지 알기나 하고 앉아 있는 것인지 의심스러웠다.

우리가 견학하고 있을 때 최고인민회의는 북한헌법을 축조 심의하고 있었다. 마침 대의원들은 "우리 조국의 수도는 평양으로 한다, 단 통일될 때까지"라는 조항을 심의하고 있어 야릇하고 이상한 느낌이 들기도 했다. 남한 단독정부를 반대한다면서 정부수립을 위한 헌법을 별도로 만들고 있는 것이 납득할 수 없는 이율배반적인 행동이었기 때문이다.

우리는 신축중인 김일성대학에도 가보았고, 평양에 있는 혁명가 유가족학원(현 만경대혁명학원)에도 가보았다. 이 학원은 항일 투쟁에서 부모를 잃은 유자녀들을 모아 가르치고 있었는데, 방마다 침대가 두 개씩 있었고 각 방에는 지방인민위원회에서 보낸 사과상자나 계란꾸러미 등이 놓여 있는 것이 보였다. 혁명 유자녀들을 민족간부로 양성한다는 안내원의 설명을 듣고 모두가 한편으로는 놀랐고 다른 한편으로는 부러워했다.

▲ 혁명자 유가족 학원장 이종익과 함께한 백범. 왼쪽이 조완구(1948. 4. 27)

남한에서는 항일운동으로 부모를 잃은 어린이들이 껌팔이 담배팔이를 하거나 신문배달을 하는 것이 고작인데, 이처럼 특수교육을 시키고 졸업한 다음에는 간부로 채용한다는 말에 우리는 너무나 감격했다. 항일 독립운동가에 대한 대우가 남북이 너무나도 현격하게 대비되어 그만 우리는 할 말을 잃고 말았다. 독립운동의 전통을 지키고 그 후손들을 보살피는 북한사회에 비해, 독립운동가들을 홀대하고 무시하는 남한사회에 대해 회의가 들기도 했다. 이런 회의를 한 것은 나뿐만이 아니었으리라는 생각이 든다.

이러한 현상은 따지고 보면 미군정시대부터 시작되었다고 할 수 있다. 대한민국 임시정부가 정통성을 인정받지 못해 임정요인들이 개인자격으로 귀국하면서 어느 정도 예견된 것이기는 했지만, 정부가 수립되었어도 이런 분위기는 바뀌지 않았다. 독립운동가의 후손은 물론이고 독립운동 자체에 대해서도 별반 관심을 갖지 않았던 것이다. 그러다보니 이들이 끼니도 제대로 때우지 못하는 일이 발생하여 뜻있는 사람들을 슬프게 만들었다.

혁명가유가족학원에 대한 감회는 매우 깊었는데, 이 학원을 다녀오고 나서 며칠이 지나자 학생들이 연석회의장에 찾아와 우리들에게 경의를 표했다. 우리가 학원을 방문한 것에 대한 답례로 학생들이 인사를 온 것이었다. 원장이 학생들을 인솔하고 왔는데, 원장은 연해주에서 독립운동을 한 사람이었다. 마침 그는 원세훈과 아주 잘 아는 사이여서 둘은 반갑게 인사를 나누었다. 티 한점 없이 맑고 밝은 학생들의 모습에서 다시 한 번 항일 독립운동가들에 대한 북한 측의 배려가 몹시 부럽게 느껴졌다.

▲ 소풍나온 북한 학생들과 함께한 백범(1948. 4. 26)

연석회의 참석자 중에는 맛있기로 소문난 평양시내 백선행 기념관 앞에 있는 요릿집에 가서 요리를 시켜 먹은 사람이 있는가 하면 수구초심이라고나 할까, 기왕 북에 간 김에 고향에 가보자고 하여 고향을 다녀온 사람도 있었다. 김붕준과 최동오가 바로 그랬는데 김붕준은 자신의 고향인 평안남도 용강에, 최동오는 평안북도 의주까지 먼 길을 다녀왔다.

최동오는 북간도 화전현에서 화전의숙이란 학교를 설립하고 학생들을 가르쳤는데, 이 화전의숙은 김일성이 1년간 배운 학교로 유명했다. 김일성이 길림성 육문 중학으로 진학하기 전 화전의숙에 입학하여 최동오로부터 직접 배웠다는 것이다. 김일성이 화전의숙을 다닐 때 최동오의 부인이 김일성에게 밥과 빨래를 해주었다는 이야기를 나는 최동오로부터 들은 적이 있었다. 평양에서 최동오와 만난 김일성도 그때의 이야기를 했다고 하는 것을 나는 다시 들었다.

백범은 고향은 아니지만 자신이 일제 때 일인 장교를 살해하고 인천감옥에서 구금되었다가 탈옥하여 전국 각지를 돌아다니던 중, 잠시 피신하여 주지생활을 했던 영천암이라는 암자를 다녀왔다. 영천암은 평양에서 서쪽으로 40리 정도 떨어진 대보산에 있는 암자로 크지는 않았지만, 대동강 넓은 물과 평양을 바라보는 경치 좋은 곳에 있었다. 머리를 깎고 중이 되어 몇 달 동안 일제의 눈을 피해 숨어 있던 곳이었기에 옛 감회를 되살리기 위해 찾았던 것이다. 아주 오래전의 일임에도 불구하고 백범은 자신이 도배했던 흔적이 남아 있다고 어린아이처럼 자랑삼아 이야기를 했던 것이 기억난다.

백범이 만경대에 있는 김일성 생가를 방문했을 때, 나도 같이 갔다. 당시 만경대의 김일성 생가에는 김일성의 조부 김보현이 살고 있었다. 마침 우리가 방문했을 때 그는 무엇에 쓰려는지 수수깡을 엮고 있었다. 팔십 중반을 넘긴 나이라고 생각되는 김일성의 조부는 백범과는 초면인데도 구면이나 되는 것처럼 누구는 언제 죽었고 누구는 어떻게 되었다는 등의 이야기를 나누었다. 두 사람 다 같은 연배로 아는 사람들이 겹쳤기 때문에 동시대인에 관한 이야기를 잠시나마 주고받을 수 있었던 것이다.

이처럼 사람은 누구나 자기가 태어난 고향에 대해서는 남다른 애정을 느끼게 되는 모양이다. 나는 할아버지 두 분이 정답게 이야기를 나누는 것을 보면서 수구초심이라는 말을 떠올렸다. 이것이 계기가 되었는지, 감회에 젖은 백범은 고향에 오랜만에 돌아오니 눌러앉고 싶은 생각이 없지도 않다는 마음을 내비쳤던 모양이다. 옆에서 이를 지켜본 엄항섭이 그렇게 되면 큰일 난다고 하며 화제를 다른 곳으로 돌린 일이 있었다.

상수리초대소에서 엄항섭은 원세훈·조소앙과 나를 비롯하여 몇 사람이 있는 자리에서 백범이 그런 생각을 갖고 있는데, 만일 북에서 백범을 억류라도 하는 일이 생기면 몹시 곤란하니 절대 그런 일이 일어나지 않도록 해야 한다는 이야기를 한 적이 있었다.

북에서 선전하는 것처럼 백범이 김일성을 만나 고향에서 과수원이나 하겠다는 말을 했다는 것은 내 생각으로는 지어낸 말이라고 생각한다. 오랫동안 고향을 떠나 있던 상황에서 고향 근처에 다시 와보니 감회가 새롭고 푸근한 느낌이 들어 좋다는 식의 발언이 와전된 것이라고 분석된다. 김 박사는 단 한 번 일요일 날 장대제교회에 가서 예배를 본 것 말고는 시내관광이라든지 견학을 일체 하지 않고 숙소에만 머물렀다.

장대제교회는 강양욱이 목사로 있는 교회로, 몇몇 신도와는 구면인지 김 박사는 그들과 잠시 이야기를 나누기도 했다. 귀경 후 김 박사는 "남한에는 도처에서 부패밖에 없는데, 북한에서는 모든 것이 규칙적으로 잘 움직이는 것 같다"는 소감을 밝혔다. 지저분하고 무질서하게 지내는 남한 사회에 비해 북한이 상대적으로 규율과 질서가 잡혀 있어 안정된 느낌을 주었기 때문이라고 생각한다. 이와 아울러 김 박사는 북한에서는 소련군이 그다지 표면에 나서지 않는 데 반해서 남한에 있는 미군은 간섭이 너무 심하다고 불평을 하기도 했다.

서울로 출발하기 하루 전인 1948년 5월 3일 상수리초대소로 주영하가 찾아왔다. 그는 이대로 그냥 헤어지면 어떻게 하느냐면서 김 장군과 작별인사라도 해야하지 않겠느냐고 권했다. 김 박사와 나는 그를 따라 김일성이 있는 곳으로 갔다. 미로 같은 곳을 지나 어느 2층 사무실로 우리를 안내했는데, 그때가 나는 세 번째로 김일성을 만나는 것이었다.

김일성은 다시 "선생님 정말 오랫동안 수고가 많으셨습니다."라고 공손하게 인사를 했다.

김일성이 작별인사를 하자, 김 박사는 "나는 이미 칠십 고개를 넘어 기력이 없으나 김 장군은 연부역강하니, 부디 고구려시대 우리 선조가 요동반도에서 이루어 놓은 위업을 계승 발전시킬 수 있도록 노력해주시오"라고 말했다. 그리고 우리 민족이 하나로 통일되고 발전하는데 힘써달라고 당부하자, 김일성은 깍듯이 예의를 갖추면서 "선생님 명심하겠습니다. 부디 건강하십시요"라고 대답했다. 그때 김일성이 어떤 야심으로 김구·김규식 두 사람을 만났는지 알 길이 없지만 잿빛 레닌복을 입은 삼십대의 공산주의자 김일성과 당시 67세의 순결한 민족주의자의 이 역사적인 대면은 지금 생각해도 어떤 우수 같은 것을 느끼게 한다.

그날 밤 출발준비를 마치고 한참 자고 있는데 누군가 나를 깨웠다. 잠결에 눈을 떠보니 작은 별을 단 젊은 장교 하나가 서 있었다. 그는 내게 같이 갈 데가 있다면서 일어나라고 하여, 감기는 눈을 비비며 그를 따라 지프를 타고 갔다. 그는 어딘지 모르는 골목길로 들어가 보위부 건물이라고 생각되는 2층집 앞에 차를 세웠다. 젊은 장교가 안내하는 대로 따라가 보니 어깨의 누런 견장에 커다란 붉은 별을 단 장군 하나가 나를 맞이했다.

자신을 김파(金坡)라고 소개한 그는 건장하고 매우 다부지게 생긴 전형적인 군인 타입으로, 연안파였다고 기억된다. 그는 한밤중에 삶은 돼지고기를 비롯한 안주와 술로 나를 대접했다. 자는 사람을 깨워 술을 대접하는 것이 너무나도 이상하게 느껴졌지만, 무슨 사연이 있을 것 같아 잠자코 따라주는 술을 마셨다. 밤에

▲ 남북연석회의 참석한 후 여현에 도착한 김구 선생과 김규식 박사 (1948. 5. 4)

행동하는 습관이 몸에 밴 게릴라 출신이어서 그런지 그의 동작은 아주 자연스러워 보였다.

어느 정도 취기가 돌자 그는 김 박사 일행을 자동차로 모시게 되었으니 불편하더라도 양해해달라는 말을 했다. 원래 기차로 38선까지 모시려고 했으나 남쪽에서 특공대를 보내 철도를 파괴하려고 했기 때문에 기차는 아무래도 위험할 것 같아 몇 분만 특별히 자동차로 모시게 되었다는 것이다. 남쪽에서 철도를 폭파하여 북측을 곤란하게 만들려고 했지만, 이들 모두를 체포했으니 걱정하지 말라는 말을 그는 덧붙였다. 호송책임자였던 그는 김 박사의 비서처장으로 남북협상의 공식참석자인 나에게 기차대신 자동차로 이동하게 된 것에 대해 미리 양해를 구한 것이었다.

1948년 5월 4일 김 박사와 나, 그리고 백범과 김신, 선우진 모두 5명만 별도로 비밀리에 북에서 제공한 중형 자동차를 타고 평양을 출발했다. 출발에 앞서 북측은 우리 일행에 기념으로 북조선노동당사와 연석회의 문헌집을 각각 한 권씩 주었다. 북한 측에서는 내무성 이주봉 국장이 우리를 38선까지 인도했는데, 황해도 정방산 밑에서 사리원 들판을 바라보며 준비해온 도시락을 먹기도 했다. 우

▲ 남북연석회의를 마치고 돌아오는 길에 정방산성 밑에서 점심식사를 하는 김구, 김규식(1948. 5. 4)

리 일행은 중도에 계정이라는 곳에서 하룻밤을 자고 5월 5일 오후 여현역에 도착했다. 여현에 도착하니 김 박사의 비서 중 하나인 권태양이 이미 도착해 있었다.

38선에서 나는 북한 내무성 요원에게 '김구·김규식 양 선생을 모시고 무사히 38선까지 도착했다' 는 요지의 확인증을 써주었고, 권태양은 '김구·김규식 양 선생을 38선에서 무사히 영접했다' 는 요지의 확인증을 써서 주었다. 북에서 요구하여 마치 물건을 인수인계하는 것처럼 확인증을 써 주었는데, 글을 쓰고 서명을 하면서도 웃음을 참느라고 혼이 났다. 이렇게 해서 일행이 서울에 도착한 것이 5월 5일 저녁 8시 반쯤이었다. 〈송남헌 회고록 중에서〉

■남북협상 차 북행했던 김구 · 김규식 입경

평양에서 개최된 남북정당사회단체대표자연석회의 및 남북정당지도자회담에 참석한 김구· 김규식 양씨와 그 일행 64명은 4일 오전 평양을 출발하여 5일 하오 1시 40분 38선 여현에 도착하였다.

양씨는 5일 밤에는 서울에 도착할 모양이며 6일 아침 공동성명을 발표할 터이라 한다. 한편 홍명희는 개인사정으로 남아 있게 되어 평남 맹산으로 갔으며 이극로·장건상·손두환 각 씨도 개인사정으로 평양에 당분간 체류할 것이라고 한다.

4일 오전 평양을 출발한 김구·김규식 양씨를 비롯한 일행 64명은 기보한 바와 같이 5일 하오 1시 40분 38선 여현을 경유 월남하여 동일同日 하오 8시 30분에 무사히 입경하였다.

그리하여 양 김씨는 각각 경교장과 삼청장 숙사로 들어갔는데 김구씨는 한독당

계 다수 인사들의 환영 리에 경교장에서 요지 다음과 같은 제1성을 피력하였다.

「떠날 때에 여러분이 만류하였음에도 불구하고 기어이 탈출하여 다녀오긴 했는데 이번 일에 크게 소득을 말할 것은 없지만 종차로 남북의 우리 동포는 통일적으로 영구히 살아나가야 된다는 기초를 닦아 놓았다. 모든 것이 첫 숟가락에 배부르는 것은 아니다. 그러나 내가 다시 한두 번이라도 내왕하면 우리의 목적은 달성하리라는 자신을 가지고 있다.」

● 김규식 담談

「공동성명에도 있는 바와 같이 생각했던 이상의 성과를 거두었다. 그마만큼 문을 열어 놓았으니 대중이 통일에 대해서 추진시키도록 힘써야 할 것이다. 한 사람이나 두 사람의 힘으로는 되지 않을 것이다.」 〈서울신문 1948년 5월 6일〉

■남북통일의 기초 확정, 우리 민족끼리면 협조가능

4월19일부터 평양에서 개최된 전조선정당사회단체대표자, 남북협상회의에 참가한 후 북조선의 김일성·김두봉 양씨와 회담을 통하여 많은 성과를 거둔 김구·김규식 양씨는 5월 5일 오후 8시 10분 무사히 귀경하였다. 그런데 귀경한 양씨는 제1성으로써 다음과 같은 공동성명을 발표하였다.

● 공동성명

금반今般 우리의 북행은 우리 민족의 단결을 의심하는 세계인류에게는 물론이요, 조국의 독립을 갈망하는 다수 동포들에게까지 금차 행동으로써 많은 기대를 이루어 준 것이다.

그리고 '남북 제 정당사회단체 연석회의' 는 조국의 위기를 극복하며 민족의 생존을 위하여는 우리 민족도 세계의 어느 우수한 민족과 같이 주의와 당파를 초월하여서 단결할 수 있다는 것을 또 한번 이런 행동으로써 증명한 것이다.

이 회의는 자주적 민주적 통일조국을 재건하기 위하여서 남조선 단선단정을 반대하며 미소양군의 철퇴를 요구하는 데 의견이 일치하였다. 북조선 당국자도 단정은 절대 수립하지 아니하겠다고 확언하였다.

이것은 우리 독립운동의 역사적 신발전이며, 우리에게 큰 서광을 주는 바이다. 더욱이 남북 제 정당사회단체들의 공동성명서는 앞으로 양군 철퇴 후, 전국정치회의를 소집하여 통일적 임시정부를 조직하고 전국 총선거를 경하여 헌법을 제정하고 정식 통일정부를 수립할 것을 약속함으로써, 우리 민족 통일의 기초를 존정尊定할 수 있게 하였으며, 자주적, 민주적 통일조국을 건설할 방향을 명시하였으며 외방의 간섭만 없으면 우리도 평화로운 국가 생활을 할 수 있다는 것을 확증하였다. 그러므로 우리는 앞으로 여하한 험악한 정세에 빠지더라도 공동성명서에 표시된 바와 같이 동족상잔에 빠지지 아니할 것을 확언한다.

첫술에 배부를 수 없는 것이니 우리가 이것으로 만족을 느낄 수 없는 것이다. 이미 거두어진 성과를 가지고 최후의 성공을 하는 것은 오직 우리의 애국 동포 전체가 일치하게 노력하는 데 있을 뿐이다. 상술한 연석회담에서 국제협조 및 기타 수개 문제에 대하여, 우리의 종래의 주장이 다 관철되지 못한 것은 우리로서는 유감으로 생각하는 바이나 국제협력 문제에 대하여서는 앞으로 어느 나라가 우리의 독립을 더 잘 도와주느냐는 실지 행동에서 용이하게 해결될 수 있는 것이며. 또 기타 문제에 있어서도 앞으로 각자가 노력하며 남북 지도자들이 자주 접촉하는데서 원만히 해결할 수 있으리라고 믿는다.

우리는 행동으로써만 우리 민족은 단결할 수 있다는 것을 증명한 것이 아니라, 사실로도 우리 민족끼리는 무슨 문제든지 협의할 수 있다는 것을 체험으로 증명하였다.

한 예를 들어 말하면, 첫째 북조선 당국자가 남조선 당국자와의 분규로 인하여 남조선에 대한 송전을 최단 기간 내에 정지하겠다고 신문기자단에게 언명한 바 있었고, 둘째 연백延白 등 수개 처의 저수지 개방 문제도 원활히 하지 아니한 일이 있지만 이번 협상을 통하여 그것이 다 해결될 것이다.

앞으로 북조선 당국자는 단전도 하지 아니하며 저수지도 개방할 것을 결정하였다. 그리고 조만식 선생과 동반하여 남행하겠다는 우리의 요구에 대하여 북조선 당국자는 금차에 실행시킬 수는 없으나 미구未久에 그리되도록 노력하겠다고 약속하였다.

끝으로 우리 일행의 안부를 위하여 관심하여 주신 동포 및 우리에게 환대와 편의를 주신 남북의 당국자와 여론계輿論界, 또 양 주둔군 사령장관에게 사의를 표한다.

대한민국 30년 5월 6일

김구 · 김규식

〈서울신문 1948년 5월 7일〉

■조선민주당, 남북 협상에 대한 담화 발표

조선민주당은 작5일 남북협상은 자기들이 추측한 바와 같이 공산파의 모략에 불과하였으며 근시안적 일부 정치요인은 이 모략에 빠져서 굴종적 회의를 하였다고 다음과 같은 성명서를 발표하였다.

1) 입을 열면 반드시 3천만 겨레의 총의로 모든 일을 한다면 공산분자들이 3천만의 총의를 묻는 마당에 총선거를 반대하면서 등록도 하고 입후보도 하는 악질적 모략을 쓰고 아직도 부족하여서 근시안적 일부 정치요인을 유도하여 남북협상이라는 공염불을 하였다.

1) 김구 선생, 김규식 박사가 김일성, 김두봉 양씨 및 코르크코푸 소련군 사령관에게 보낸 서한에 대한 회한이 아니고 소련군 사령관이 김일성, 김두봉 양씨의 신新제안인 인원의 지시 장소 등을 고려하여 김구씨 등의 굴종적 회의라 할 것이다. 김구씨 등이 굴종치 않으면 안 될 아무런 국제적 국내적 정세의 변화가 없다. 양군 즉시 철퇴 총선거반대가 토의 전부라면 일부러 평양까지 가지 말고 경교장이나 삼청장에서 조석으로 절규하여도 좋을 뻔하였다.

〈동아일보 1948년 5월 7일〉

■ 하지의 정치고문 노블, 김구와 김규식을 방문 요담

평양으로부터 귀환 후의 양 김씨의 태도와 이에 관련한 미군당국의 태도 여하는 정계 및 일반민중의 관심을 총집중시키고 있는 느낌이었는데 미주둔군 사령관 하지 중장의 정치고문 노블 박사는 불란서 통신사 특파원 루부레와 함께 6일 오전 9시 경교장으로 김구씨를 방문하고 약 30분에 걸쳐 요담한 다음 이어 동 10시 삼청장으로 김규식을 다시 방문하고 요담한 바 있었다. 〈조선일보 1948년 5월 7일〉

■ 김구 · 김규식, 남북회담에 대해 공동기자회견

평양에서 귀경한 김구·김규식 양씨는 6일 공동성명을 발표한 바 있거니와 7일 양 김씨는 시내 삼청장에서 기자단과 회견하고 다음과 같은 요지의 문답을 하였다.

문 : 남북 정당사회단체 대표자 연석회의의 성과는 무엇인가?

답 : ① 남북에 여하한 군정이라도 있을 수 없다는 점에 합의를 보았다.

그러므로 우리 국토에 완전 자주통일정부를 수립함이 민족 최대의 과업이

기 때문에 행동을 통일하여 매진하자는 것이었다.

② 민족자결원칙에 의하여 자주적 정권을 수립하자면 미소 양군이 주둔하여서는 자주적이라 할 수 없기 때문에 미소 양군을 조속히 철병하여 달라고 요청한 것이 그 회의의 성과라 할 것이다.

문 : 전력 공급문제와 저수지 문제는 어떠한 조건으로 해결을 보았는가?

답 : 북조선에서 말하기를 방수대가는 남조선 당국에서 해該지방 농민으로부터 대가를 징수하여 가지고 북조선 당국에는 한 푼도 보내지 않았으므로 급수를 원활히 하지 아니 하였다고 하였으나 우리로서는 요구하기를 최악의 경우에 이르더라도 불쌍한 농민을 위하여서는 여하튼지 급수를 원활히 하여 달라고 요구하였더니 이에 응하였다. 전력에 있어서는 말하기를 교섭을 북조선인민위원회를 상대하지 않을 뿐 아니라 북조선에서 염가로 공급하는 전력을 남조선 당국은 소비자에게 고가로 징수하되 도리어 대가는 지불치 아니하고 천연한 까닭에 단전하겠다고 하였으나 우리 동포를 위해서 우리의 요구대로 계속 공급하겠다고 언명하였다.

문 : 남북 정당사회단체 대표자연석회의에서의 결정에 대한 실천방략 여하?

답 : 연석회의 결정에 의하여 남조선 단선 단정을 반대하는 투쟁위원회를 설치하고 운동을 전개하기로 한 바 남조선에서 종래로 합법적 투쟁을 계속하던 정당단체는 앞으로도 합법적으로만 투쟁할 것을 언명하였다.

문 : 북조선의 인상은?

답 : 우리가 보지 못한 이면의 여하한 것은 말할 수 없다. 그러나 우리의 눈으로 본 사실에 대하여 들의 처사 방법과 모든 것이 정리되어 가고 특히 건설 방면에 있어서 잡형이나마 틀이 잡힌 것 같이 보였다. 〈서울신문 1948년 5월 8일〉

■한민당 남북협상의 무모성 공박

남북협상에 대하여 우리는 처음부터 하등의 기대도 가지지 아니하였지만 더군다나 김구· 김규식 양씨의 귀경 후의 공동 성명서를 읽고 더욱 공허의 감을 증장하였을 뿐이다. 양군의 철퇴를 주장하고 우리의 총선거를 반대하였다. 그것이 작년 9월 말일에 소련대표가 국련國聯에 있어서 우리의 독립 총선거안을 반대하기 위하여 제출한 그 안이 아니었던가?

소련의 반대에 의하여 남북을 통한 총선거가 불가능하게 되었으니 인구 3분지 2 이상을 함유한 선거 가능한 지역 즉 남조선에서만이라도 총선거를 실시하여 정식 중앙정부를 세우게 하자는 국련 소총회의의 결정이 어째서 잘못이란 말인가? 파괴분자들이 이 총선거를 반대하는 것은 민주주의적 민족국가가 확립되면 그들의 존재가 불가능하게 될 줄로 생각하고 불문시비곡직하고 반대하는 것뿐이다. 그러므로 우리는 이 파괴분자들의 책동에 추호도 동요되지 말고 세계의 공론에 의거하여 우리에게 열린 독립의 길, 즉 5월 10일의 총선거로 일로매진하여 우리 건국의 성업을 완성하여야 할 것이니 우리 동포는 다 이 점을 명찰하여 투표에 1인의 기권도 없이 참가하기를 재삼 부탁하는 바이다.

〈동아일보 1948년 5월 8일〉

■김구 · 김규식 유엔 임위에 초청되다

지난 10일 총선거를 감시하기 위하여 거去 7~8 양일에 걸쳐 지방에 출장하였던 국련國聯 의원단 9개 감시반은 그 임무를 마치고 12일 석경夕頃까지 전원이 귀경하였는데 동同 위원단은 작석昨夕 전원 출석리에 긴급회의를 개최코 동경행의 거부로 인한 보고서 작성 지역의 변경, 동대문 갑구 입후보자 최능진의 진술서 검토 등을 토의한 것으로 예측 되는 바 회의 결과도 금수 13일에는 발표할 것으로 추측된다.

향자向者 평양으로부터 귀환한 김구·김규식 양씨의 반反 단선단정운동의 태도와 이에 대한 미국 측 및 국련國聯조위 측의 태도는 자못 주목되는 바인데 양김씨 측은 국련國聯조위 측으로부터의 초청장에 응락하였다는 바, 12일 경교장에는 오전 11시 김 박사 측근자 권태양 동同 30분경 여운홍·엄항섭 등이 참집하여 사전 타합한 바 있었고 김구씨와 여운홍은 13일 오전 10시경에, 김 박사는 오후에 국련國聯조위에 출석할 예정이라 한다. 한편 11시 40분경 국련國聯 조위朝委 중국부대표 사도덕 외 수원隨員 2명이 경교장을 방문 김씨와 요담하였으며, 11일에는 경무부 고문 알렉산다도 김구를 방문하였다. 이리하여 경교장을 위요圍繞한 군정요인 또 국련國聯대표의 빈번한 왕래와 금후의 반反단선단정운동의 합법적 수단과는 철저한 관계를 가지는 것으로 추측된다.

〈조선일보 1948년 5월 13일〉

■유엔 임위 제7차 주요위원회 평양회담 정보 청취

기보한 바 김구는 국련 조위단의 초청을 받고 지난 13일 오전 10시 덕수궁에 있는 조위 전체회의석상에서 약 1시간 반에 걸쳐 의견을 교환한 바 있었는데 그 회담 내용은 다음과 같다.

문 : 조만식이 회담 불참가한 이유 여하?

답 : 조만식에 관한 문제는 추후로 해결하겠다고 약속하였다.

문 : 남북협상의 내용 여하?

답 : 공동성명서에 발표한 것과 같다.

문 : 공동성명서의 내용과 같이 실행될 수 있는가?

답 : 남북정당사회단체의 대표들이 서명 날인하고 꼭 실행할 것을 약속하였으니 틀림없을 것이다.

문 : 미소양군이 철퇴한다면 진공기간의 치안 유지의 방법 여하?

답 : 공동성명서에 표시한 바와 같이 남북 양편이 서로 침범하지 않고 각기 현상을 유지하며 전국정치회의를 소집하여 일체 문제를 토의 해결할 것이다.

문 : 북조선에서 인민공화국 헌법초안이 통과하였다는데?

답 : 그들의 말에 의하면 이것은 장래에 국회에서 헌법을 토론할 때에 제안하기 위한 초안이다. 북조선에서 즉시 실행하려는 것이 아니라고 한다.

문 : 이번에 남조선 선거에서 선출될 대표들도 전국정치회의에 참가하게 될 것인가?

답 : 여하간 모든 문제의 최후 결정은 전국정치회의에서 할 것이다.

그리고 국련조선國聯朝鮮위원단의 초청을 받아 13일 하오 3시 15분부터 동同 5시 15분까지 2시간에 걸쳐 덕수궁에서 회담한 김규식은 국련國聯위원단과의 문답내용은 14일 다음과 같이 발표하였다.

문 : 외국군대가 조선에서 철퇴하면 그 후에 취할 구체적 보조란 무엇인가? (시리아대표)

답 : 우리의 공동성명서에 명백히 표시한 바와 같이 정치회의를 통하여 임정을 조직하고 전국 총선거를 행할 것이다. (김규식)

문 : 귀하가 제출한 5원칙은 북조선에서 접수하였는가? (인도대표 씽)

답 : 접수하였다. 그 원칙이 접수되었다는 통지를 듣고 나는 북행하였다.

문 : 미국군대가 남조선에서 철퇴하기 전에 소련군이 먼저 철퇴할 것으로 보는가?(시리아 대표 무길)

답 : 나는 말할 수 없다. 김두봉의 말에 의하면 소련은 미국의 신의를 믿지 않는다고 말하였다. 중국에 있어서의 미소양군 철퇴에 관한 협약을 미국이 위반하였다고 하였다.

문 : 남북회담에 소련사람이 참관하였는가?(시리아 대표)

답 : 전연 참관한 바 없다.

문 : 귀하의 철병에 관한 태도는 변하였다고 보는데? 국방군의 훈련이 완성될 때까지 미군은 남아 있어야 한다고 주장하여 오지 않았는가?

답 : 나의 입장과 태도는 변함이 없다. 나는 외군 철퇴를 반대한 일이 없다. 더구나 소련군은 물러가고 미국군은 남아 있을 것을 주장한 일은 없다. 다만 나는 양군 철퇴는 말만으로는 되지 않으므로 철거에 관한 시일 방법 등을 협정하려는 것이었다.

문 : 당신들의 공동성명에는 즉시 철거를 요구한다고 하였는데?

답 : 금반 회의를 통하여 양군 철병 후에도 내전이 없을 것이 약속되었으므로 나는 즉시 철거에 동의한 것이다.

문 : 공동성명에 말한 바의 전국정치회의는 어떻게 소집하며 그 범위는 서명한 단체에 국한되는 것인가?(카나다 대표 페터슨)

답 : 전국정치회의는 공동성명에 서명한 정당단체의 공동명의로 소집될 것이며 참가 범위는 훨씬 커질 것이다.

문 : 미군 철퇴 후에 북조선군이 남조선에 쳐오지 않을 것을 당신은 믿는가?(중국대표 유어만)

답 : 사람의 일인 만큼 무엇이나 꼭 어떻다고 담보할 수는 없을 것이다. 그러나 내전이 발생되지 않는다는 언약이 김일성으로부터 제안되었으며 우리가 정중히 서명하였는 만큼 나는 불신임 하지 않는다. 물론 세상에는 믿지 못할 일이 많다. 많은 국제조약이 파괴되지 않았는가. 위선 통일조선정부를 수립하기 위하여 전국 총선거를 감시하는 것이 당신네 국련 위원단 사명이 아니었던가. 그러나 그대들은 자신이 국련 결의안을 준수치 못하고 있지 않는가.

문 : 북조선에서 제정된 헌법은 공동 토론된 것인가?(불佛대표)

답 : 그 헌법 초안은 북조선 인민회의에서 통과한 것이고 우리는 하등의 관련이 없다. 그리고 그들 헌법안은 장차 통일국가가 성립되면 제안하기 위하여 준비한 것에 대과하다고 한다.

한편 여운홍은 13일 오후 5시부터 약속한 시간 10분 동안 국련 위원단과의 회담에 있어서 주로 남북협상의 성과의 감상에 관하여 문답이 있었다 하는데 동 회담을 끝마치고 여씨는 다음과 같이 말하였다.

• 여운홍 담 : 내가 강조한 것은 외국세력의 간섭이 없게 되면 우리 조선사람끼리는 다소 의견의 차이가 있다 하더라도 모든 것을 우리 손으로 해결할 수 있는 것을 강조하였고 또 그렇게 확신한다는 점이다. 〈조선일보 1948년 5월 15일〉

■이승만과 김성수, 유엔 임위와의 협의내용 피력

5월 18일 총선거감시보고서 작성 차 상해 향발을 앞두고 국련 선위에서는 14일 오후 3시 이승만을 동 4시 반에는 한국민주당위원장 김성수를 각각 초청하여 협의하였다 하는데 양씨는 내방來訪한 기자에게 각각 협의내용과 기타문제에 관하여 다음과 같이 말하였다.

● 이승만 담談

1) 국련조위國聯朝委와의 협의내용에 대하여 : 남북요인회담에 대하여 나의 의견을 듣고자 하므로 나는 거일 누차 말한 바와 같이 변동이 없다고 말하였다. 남북통일을 해야 할 것이니 요인회담이 중요하지 않느냐 하기에 나는 중한 것은 누가 모르리오마는 가능 여부가 문제이다. 묘두현령이 좋은 계획이지만 실행 못할 때에는 시간낭비에 불과한 것이라고 말하였다. 남북통일은 남한 지도자들이 불긍해서 못하는 것도 아니요 북한 지도자들이 반대하는 것도 아니요, 미국이나 국련國聯이 다 요구하는 것이지만 세력으로 막는 것이 있어서 다 막히고 마는 것이라고 하였다. 남북요인회담이 북한을 개방해서 자유로운 분위기에서 투표할 가능성이 있다면 혹 달리 생각할 여지도 있을지 모르나 아직 그렇게까지는 발전하지 못하였으므로 기정 순서대로 중앙정부를 수립하고 그 후에 정부대표자들이 북한대표자들과 회담하면 그것은 남북회담이라고 할 수 있을 것이다.

2) 제1당조직에 대하여 : 나는 3년 전에 귀국 당시부터 말했거니와 정부가 수립되기 전에는 당을 초월해서 국권회복만을 주장해 온 것이다. 지금도 나로서는 정당을 조직하려는 계획도 없으며 이 단계는 당을 조직하려는 시기가 아니요, 오직 통일로 국권을 회복해야 할 것이다.

3) 국회소집에 대하여 : 국회소집은 1일이라도 급하지만 선거의 결과가 충분하지 못하므로 그 결과를 기다려서 작정될 것이다. 국회에서는 헌법을 제정한 후 헌법에 의하여 정부를 수립해야 할 것이며 제일 먼저 할 것은 토지개혁과 국방군 조직문제이다. 그 외에 세밀한 것은 정부가 수립된 후에 정부당국자가 해야 할 것이다.

● 김성수 담談

1) 남북회담결과에 대하여 : 남북요인회담에 남조선에서 얼마나 위대한 지도자가 참가하였다 할지라도 그것은 남조선의 민의를 대표하였다고 전연 볼 수 없으며 또 과반의 남북회담은 하등의 성과는 없었다고 말하였다.

2) 남북회담이 총선거에 미친 영향에 대하여 : 남북회담은 총선거를 반대할 의도 하에서 출발한 모양인데 조위대표가 감시하여서 잘 아시는 바와 같이 유권자 등록에 있어 90%였고 투표 93%라는 세계에 유례가 없는 성적을 내었다. 투표의 기권한 가운데 병으로 지방여행 등으로 부득이한 기권이었고 고의적으로 기권한 것은 극소수에 불과한 것을 볼 때에 남북회담의 선거방해공작은 이번 선거권에 하등 영향을 미치지 않았다는 것을 능히 증명할 수 있을 것이다.

3) 남북통일 방법에 대하여 : 대서양헌장은 세계 약소국가의 영토를 획득하지 않을 것을 약속하였고 이 헌장에 소련도 서명하였다. 그러나 제2차 대전 후 소련도 발틱 3국을 비롯하여 구주 약소국가를 연방화 하지 않았는가? 북선北鮮에 있는 절대 다수의 조선인민은 남조선 같은 자유로운 총선거를 바라나 소련과 극소수의 조선인 공산주의자가 이를 못하게 하고 있다.

남북통일의 유일한 방법은 소련이 이데올로기를 포기하고 북조선을 선거에 개방하는 데서만 실현할 수 있다. 남북통일에 임하여서는 국련國聯과 미국인이 조선인보다 책임이 더 중대할 것이다.

4) 전력수리조합문제에 관하여 : 김구·김규식 양씨가 전력을 끊지 않을 것과 연백수리조합문제와 더불어 남북미소양군이 철퇴하더라도 북조선에서 양성한 보안군은 남조선을 침해 않기로 되었다고 한다. 그것은 실현하지 않는 한 공수표일 것이다. 이미 전력문제도 좋은 예가 될 것이다.

〈동아일보 1948년 5월 16일〉

■김구 조선대표 없는 미 · 소협상은 무효 천명

과반過般 미·소 간에 교환된 외교 각서와 소외상蘇外相 고문 야코부 매릭의 급변 도미를 계기하여 미·소의 세계평화협상의 전조가 점차로 농숙하여 가며 또 동회상에는 조선 문제해결도 포함된다고 전해지자 국내정계 및 일반인의 심심한 관심과 새로운 기대를 가지고 있는 이때, 작 15일 김구는 외교 각서를 중심한 세계평화의 이상과 그 일환으로서의 조선 문제해결의 접착점을 위한 어떠한 미소의 회의에도 조선인 대표의 자유 의사표시가 없다면 그 결과는 무효일 것이며 조선민족은 계속 반대 투쟁할 것이라고 노老혁명가다운 중대발언을 하였는데 그 내용은 다음과 같다.

「미·소평화회담에 관하여는 미소양국 정부간에도 아직 확정적 표시가 없이 시탐단계에 있는 것같이 보인다. 국내문제해결에 있어서 화평통일의 방법을 적극 추진하여 온 나로서는 미소평화의 기초가 수립될 것을 열망하는 바이다. 그러나 과거에 얄타협정이나 모스크바삼상회의에서 되어진 것과 같이 직접 이해관계가 있는 국가나 민족의 의사여하를 불문하고 강대국 간에 어떠한 기성사실을 만들어 놓고 이것을 강행하려는 것은 도리어 역효과를 초래할 뿐이라 금차 미소회담에 있어서도 만약 조선인대표와 협의하지 않고 조선인민 전체가 갈망하는 완전자주와 민주통일독립의 조건에 합치되지 않는 여하한 협정이 성립된다 할지라도 3천만 조선민족은 과거에 그들이 한 것과 같이 계속 반대 투쟁할 것이다.」

〈경향신문 1948년 5월 16일〉

■김구 입산入山전 담화발표

마곡사에 정양靜養차 입산하게 된 김구씨는 출발을 앞두고 19일 정오 다음과 같은 담화를 발표하여 항간의 구구한 억측을 분쇄하는 동시에 조국의 통일자주

▲ 1946년 김구 선생이 탈옥한 후 머문 공주 마곡사 방문 당시.

독립에 대한 확고부동한 심경을 피력한 바 있었다.

「나는 장도 여행한 끝에 귀경한 후 연일 내방하는 인사들과의 응대로 인하여 피로를 느끼고 건강에까지 영향이 미치게 됨으로 당분간 휴양이 필요하다는 의사의 권고를 받았다. 원래 나와 인연이 깊은 공주 마곡사에서는 불탑의 축조가 완성된 후 여러 번 나에게 참지를 종용해 왔으나 여러 가지 풍문의 장애로 수의치 못하다가 이번 기회에 잠시 동안 휴양하기 위하여 마곡사행을 결의하였을 뿐이오 그 외에 아무런 다른 이유도 없다. 나는 조국이 독립되기 전에 23년 동안이나 휴양할 만한 복을 타고나지 못한 사람이다. 오늘 마곡사에 갔다가 내일이라도 서울에 일이 있으면 곧 돌아올 것이다. 시국의 복잡다단한 이때인 만큼 구구한 억측을 하는 사람도 있는 모양이나 이것은 한갓 신경과민 혹은 아전인수격의 추측에 불과한 것이다.

우리는 지금 전 민족적으로 단결하여 조국의 독립주권을 전취하여야 할 혁명시기에 있는 것이오. 정권쟁취가 목표가 아니니 모지에서 말하는 것과 같이 내가 정계에서 은퇴 운운이라는 말은 나에게 불합당한 언어이다. 혁명은 약한 힘으로서 강한 힘을 물리치기 위한 투쟁이니 만큼 진로에 난관이 허다하다. 그러나 혁명자는 언제나 인류사회의 정의와 철석같은 신념을 출현시키기 위하여 최후의 목적을 달성할 때까지 계속 투쟁할 뿐이므로 혁명자는 언제나 낙관적 태도와 환경에서 생활할 뿐이다. 남북협상의 결과로 남북통일의 길은 일보 전진할 것이다. 동족상잔의 유혈참극과 국토양단의 위기를 방지하고 자주와 민주의 원칙하에 남북통일을 촉성함으로써 조국의 완전독립을 쟁취하려는 나의 주장과 태도에는 추호만한 변화도 없다. 그리고 출발기일에 관하여서는 아직 미정인바 마곡사에서 연락인이 와서야 확정되리라 한다.」 〈민주일보 1948년 5월 20일〉

■김구 · 김규식 계를 중심으로 통일추진위원회 설치모색

시일을 같이 하여 남북통일추진을 중심의제로 연일 계속되고 있는 한독 민독 민련의 각 상무위원회 동향이 주목되고 있는데 소식통이 전하는 바에 의하면 이미 모종의 성안을 이룬 모양이라 하며 금명간에는 양 김씨의 회담이 있을 것이라 한다.

이 회담을 기다려 이와 보조를 같이 하는 단선 단정을 반대하는 이들 정당단체에서는 위원을 선출하여 남북통일을 추진하는 위원회를 설치할 것을 고려하고 있다고 하는데 이로써 미묘한 동향을 보이고 있던 양 김씨의 행동은 구체화할 것으로 기대된다고 한다. 그리고 마곡사에 정양여행을 할 예정이었던 김구씨는 20일 돌연 이를 중지하기로 결정하였는데 이는 이상 동향을 반증하는 것으로 관측되고 있다. 〈서울신문 1948년 5월 23일〉

■이승만 정부수립 후의 제반문제 기자회견

이승만 박사는 26일 오전 10시 이화장에서 기자단과 회견하고 국회소집 후 정부수립 기타 고문단 설치문제 등에 대하여 다음과 같은 1문1답을 하였다.

문 : 국회의 상하 양원제에 대한 귀견 여하?

답 : 상하 양원제가 좋다는 설도 있으나 이번 국회의 최대과제는 정부수립에 있으니 앞으로 정부가 수립된 후 소집되는 국회는 상하 양원제로 되는 것도 좋으리라고 생각한다. 그러나 상원의원은 지역적으로 선출되느니보다 중의 공론에 의한 인물 본위로 해야 할 것이다.

문 : 국회소집 후 정부수립은 언제쯤 될 것인가?

답 : 국회의원이 허심탄회로 일치단결하여 모든 절차에 협력하면 빠를 것이고 과도입법과 같은 방으로 하면 늦어질 것이다.

문 : 정부수립 후 먼저 토지개혁과 국방군 조직에 착수할 것인가?

답 : 우선 민생문제 해결이 긴급하니 토지개혁, 국방군 조직은 그 다음에 할 문제라고 생각한다. 그리고 국방군 수효는 20만이 적당하다고 생각하며 수와 더불어 질적으로 우수해야 하겠는데 나로서는 단정해서 말할 수는 없다.

문 : 외지보도에 의하면 정부수립 후에도 정치, 경제, 군사에 긍亘하여 미국인 고문단을 설치한다는 설이 있는데 의견 여하?

답 : 지금 남조선에는 성격이 다른 주둔미군사령부와 미군정부의 두 종류가 있는데 원래부터 나는 군정부軍政府 철회를 주장해 왔다. 그리고 미군대는 정부수립 되는 대로 국방군을 조직하고 서북군 침공의 우려가 해소가 될 때까지는 남아 있을 것이며 그 외의 경우에 따라서는 조선정부에 동정하고 도움이 되는 미국인 고문과 기술자는 초빙에 의해서 남아 있게 될 것이다.

문 : 정부수립 후 남북통일의 방안은?

답 : 국제정세에 의해서 좌우될 문제이다.

문 : 국련 결의에 의하면 정부수립 후 90일 이내로 미군이 철퇴한다는데?

답 : 3개월 만에 철퇴한다는 말인데 나는 군비에 요하는 무기와 자재만 있다면 60일 이내로 국방군 조직이 가능하다고 선언한 적이 있다. 아마 여기에 근거해서 하는 말인 것 같은데 꼭 90일 이내로 된다는 것은 아니다.

문 : 앞으로 수립될 정부형태는 책임내각제로 될 것인가 혹은 대통령에게 광범한 권한을 부여하는 통령제로 할 것인가?

답 : 국회에서 작성되는 헌법에 의해서 규정될 것이나 나는 대통령이 행정책임자가 되는 그러한 제도를 채택하겠다.

문 : 앞으로 김구·김규식 양씨와 합작할 용의는 없는가?

답 : 나는 지금까지 양씨와 합작에 노력해왔다. 그러나 쓰러진 부분을 어떤 방식으로든지 간에 먼저 세워놓고 다음에 쓰러진 부분도 살려야 된다는 것이 본래부터의 나의 주장이며 세계가 다 옳다고 인정하는 바인데 이것을 반대하는 사람과 어떻게 합작이 가능할 것인가. 지금이라도 양씨가 뜻을 고친다면 서로 협력할 수 있다. 한 사람은 부산으로 가고 한 사람은 인천으로 가

는데 서로 악수하면서 갈 수는 없는 것이니 그러자면 한 군데로 방향을 고쳐야만 되는 것이다. 〈조선일보 1948년 5월 27일〉

■김구, 단전문제 해결에 남북조선인대표의 직접 협상 주장

김구는 28일 오전 11시 경교장에서 기자단과 회견하고 단전 해결책에 관하여 '남조선 조선인 대표들이 북조선 인민위원회와 직접 교섭하면 해결될 수 있다'는 의견을 피력하였는데 기자단과의 문답 내용은 다음과 같다.

문 : 단전해결책에 대한 귀견 여하?

답 : 북조선에 조선인 대표를 보내서 교섭하면 해결될 줄 안다.

문 : 양군 당국에 대한 요망 여하?

답 : 조선인의 이익을 본위로 하여 인간적 도의심에 의하여 해결하기를 요망한다.

문 : 양 행정당국에 대한 요망 여하?

답 : 이런 단전의 원인은 북조선 당국이 지시한 대로 남조선에서 대표를 보내지 아니한데 있으니 북조선에서 단전하지 아니하겠다는 약속을 위반한 것은 없다. 그러나 단전으로 인하여 남쪽 동포의 민생이 더욱 참혹한 도탄에 빠져 들어가니 북조선 당국도 이 점에 특별히 유의하여 일반 송전을 먼저 하고서 교섭하기를 바란다. 〈조선일보 1948년 5월 29일〉

■일부에서 남북협상 중지와 중앙정부수립에 관한 협력주장

김구·김규식 양씨를 비롯한 남북협상 추진파에서는 단선, 단정을 반대하고 남북을 통일한다는 명목 하에 공산파와 합작할 기세가 농후하던 바 남북협상의 성공불가능성과 전 조선을 소련의 위성국화하려는 공산계열과 합작하는 것은 비민족적 행동이므로 반성한 일부에서는 남북협상을 재추진하려는 협상파들은 공산당 제5열에 등록된 인사들임을 지적하고 그들의 번연개오飜然改悟를 요망하고 있다 한다. 또한 한독당 지支당부 측에서도 중앙간부들이 성공 불가능한 남북협상을 여전히 추진하고 있는 행동을 즉시 금지하고 우리 국권을 회복하는 유일한 길은 금향 중앙정부수립에 협력할 것을 결의하고 중앙에 건의한 바 있다 한다.

이상과 같이 남북협상을 추진하여 오던 그들 대다수가 금향 중앙정부수립에 협조하게 된 이때 김구·김규식 양씨의 태도가 주목되고 있는데 오는 6월 1일 양 김씨는 경교장 김구 숙소에서 회합하여 모종의 중요문제를 토의하기로 되었다 한다. 〈동아일보 1948년 5월 29일〉

■ 단선반대파에 의한 서재필 정계진출 공작설 부인

김구는 29일 국회소집에 대한 기자의 질문에 다음과 같이 답변하였다.

단선단정을 반대하는 나로서 다시 재론할 필요를 느끼지 않는다. 여기에 대하여는 앞으로 다시 언급할 때가 있을 것이다. 최근 국회소집을 앞두고 반反단선측에서 단정세력에 대치하여 서재필의 정계출마공작을 일으키고 여기에 김구·김규식 양씨도 가담한 것 같은 풍설이 있는데 이에 대하여 서 박사 및 양 김씨는 각각 다음과 같은 담을 발표하였다.

- 서 박사 담談 : 원칙적으로 남북통일운동은 옳으나 금번 그러한 운동이 전개되고 있다는 사실은 모른다.
- 양 김씨 담談 : 우리가 단선을 반대한 사람들인 만큼 단정에 관여할 이유가 만무하며 그런 운동은 전연 사실무근이다. 〈조선일보 1948년 5월 30일〉

■ 김구, 당분간 이승만과의 합작은 불가능하다고 언명

김구는 29일 기자들과 회견하고 이 박사와의 합작여하에 언급하여 다음과 같은 견해를 피력하였다.

문 : 세간에는 3영수 합작을 희망하는 모양인데 이 문제에 관하여 일전에 이 박사가 기자단에게 답변한 내용에 대한 소감 여하?

답 : 그분의 대답과 같이 누구든지 피차에 나가는 방향을 고치기 전에는 당분간 합작은 불가능할 것이다.

문 : 남조선선거 반대의 합법적 투쟁의 성과와 금후의 구체적 투쟁방법 여하?

답 : 여러분도 아는 바와 같이 광범한 대중의 단선단정에 대한 반대의식을 투철히 인식시키는 동시에 그 방식이 평화통일을 욕구하는 애국심에 반대투쟁에 대한 결심과 용기를 북돋아 주었다고 생각한다. 금후의 투쟁방법은 장차에 알려질 것이다. 〈서울신문 1948년 5월 30일〉

■통일독립운동협의회, 한독당·민련의 통일기구로 전환

과반過般 평양의 전정全政연석회의에서 귀경 후 정중동의 남북통일 공작을 추진시키고 있던 김구· 김규식 양씨는 구체적인 통일 추진책 작성을 위하여 드디어 내來 6월 1일에 회담하게 되었다 한다. 이 회담의 참가위원은 양 김씨 측 각 5명이라 하며 한편 이 회담 후에 설치케 되리라는 통일추진위원회는 기간 양 김씨와의 긴밀한 연락으로 이미 의견의 일치를 보아 양 김씨와 함께 연석회의를 개최할 예정이라 한다.

그리고 한독당에서는 작昨 28일 오전 9시부터 3시간에 걸쳐 상무위원회를 열고 내來 1일회담의 참석위원을 전형한 결과 김구를 위시하여 엄항섭·조시원·김의한·유동봉 등 5씨를 선출하였다 하며 한편 김규식 박사 측에서는 김 박사를 비롯하여 유석현·김붕준 양씨 외 2명을 선출하였다 한다.

남북정치협상에 앞서 남조선 총선거에 반대하는 정당사회단체 측에서는 통일독립운동자협의회를 결성한 바 있었는데 동同 협의회 간부인 유림·여운홍·김붕준·엄항섭 등 제諸씨는 제반 정세에 대처키 위하여 지난 5월 31일 상오 10시부터 시내 필동 독노당 회의실에서 간부회의를 개최하였다. 그리고 동同 회의에서는 주로 협의회 기구개편과 아울러 조직 확충에 관련된 문제가 토의되었다 한다.

한편 과반래過般來 김구·김규식 양씨를 중심으로 추진 중에 있던 한독·민련 간의 행동통일기구 설치문제는 드디어 구체화되어 1일 하오 1시부터 시내 경교장에서 양측 위원 엄항섭·유석현 등 8씨가 양 김씨 참석 하에 초初회합을 개최하였다. 그런데 소식통이 전하는 바에 의하면 상기 행동통일기구를 통일독립운동자협의회에 합류시킬 것이 31일의 통협 간부회의에서 논의되었다 하며 양 기구가 다같이 민족진영의 재편성을 목표로 하고 있는 만큼 양 기구의 합류 여부는 극히 주시되는 바이다.

과반 평양으로부터 귀환한 후 약 1개월간 침묵 리에 남북통일 방략에 관하여 공작을 추진시켜오던 김구·김규식 양씨의 행동통일은 남조선 국회 성립과 때를 같이하여 드디어 실현되었다. 즉 작昨 1일 오후 2시 20분부터 경교장에서 한독당 측 대표 김구·엄항섭·유동봉·김의한 제諸씨와 민련 측 대표 김규식·원세훈·배성룡·김붕준·유석현 제씨가 참집하여 구수 심의한 바 있었는데 이번 회담을 계기하여 과반 남북통일의 모체가 될 것을 목적으로 결성된 통일독립운동자협의회를 양 김씨 영도 하에 활발히 확대 강화하게 될 것이라 한다. 한편 측문한 바에 의하면 금번 회담의 결과, 조직적 규합과 동시에 평양의 전정全政회의 결정서에서 결의한 남북정치회의를 소집할 것으로 관측되어 남조선 국회가 발족한 작금의 정국에 비추어 그 귀추가 매우 주목된다. 〈서울신문 1948년 6월 2일〉

■한독 · 민련, 2차 연석회의 남북협상문제 토의

기보한 바, 남북통일추진南北統一推進에 관한 구체안을 작성키 위한 김구·김규식 양씨 간의 제2차 회담은 작昨 3일 정오부터 재개되었는데 전번 회담시와 같이 한독 측으로부터 김구·조시원·엄항섭·유동붕·김의한 제諸씨 민련 측에서 김규식·원세훈·김붕준·유석현·배성룡 제諸씨가 참집한 이외에 민련 측 및 한독 측에서 여운홍·김학규 양씨가 각각 새로 출석하였다.

그리고 동同 회담내용에 관하여서는 전번 회담에 뒤이어 역시 한독·민련을 중심으로 한 반反군정세력을 규합하는 행동통일기구와 구체적 추진방안 및 남북협상의 속개 등에 관한 협의를 속행한 것이라고 전해지고 있다.

〈조선일보 1948년 6월 4일〉

■통일독립기구 강화에 대한 양兩김 선생 공동성명

통일이 없이는 독립이 있을 수 없고 독립이 없이는 우리는 살 수 없다. 조국의 독립을 쟁취하려면 우리의 유일한 무기는 민족단결 뿐이다.

그러나 현시에 우리 조국이 미소양국의 분단 점령을 당하고 있는 이상, 국제협조를 무시할 수 없는 것도 사실이다. 그러므로 우리는 국제협조에 노력하였고 앞으로 이 노력을 계속할 결심을 가졌다.

그러나 우리는 과거 경험에서 얻은 교훈에 의하여 국제협조의 노력도 공고한 민족 단결이 있는 뒤에야 주효할 수 있다는 것을 더욱 절실히 인식하였다.

우리들의 남북협상도 이러한 견지에서 추진하였던 것이다. 국제 제약하의 난사업인 남북협상 공작이 단번에 만족한 성과를 거두리라고 당초부터 믿기 어려웠던 것도 사실이나 외력 없이 우리의 손으로 평화스런 자주 통일적 조국 건설 공작의 제1보를 내딛었던 것은 우리 전도에 새로운 희망을 부여한 것이다. 그런데 현 단계의 조국실정을 살피건대 우리의 통일공작이 모든 애국 동포의 열렬한 지지 하에 추진되는 반면에 반통일, 남북 분단 공작이 추진되는 것은 엄연한 사실이다.

그러므로 우리는 이제 굳센 결의로써 일층 강력한 통일 공작의 신국면을 전개해야 할 시간에 직면하였고, 더욱이 우리의 국토분단을 규탄할 새로운 국제적 기회가 임박한 것도 철저히 인식해야 할 것이다. 그러나 우리의 통일공작은 전체 애국동포의 노력에서만 성공될 것이다. 그러므로 조국의 독립을 쟁취하기 위해서는 삼천만이 총궐기하여 일치한 의사로써 내內로 통일방해공작을 방지하고 외外로 정당한 여론을 환기하지 아니하면 안 된다.

이에 우리는 아래와 같은 방침으로써 애국 동포와 함께 통일독립 노선으로 매진하려 한다.

1. 통일 독립운동을 목적한 기구를 강화 확대할 것.
2. 상술한 기구를 통하여 통일 독립운동의 이념과 방략을 일반 국민에게 철저히 침투시킬 것.
3. 조국의 재건과 민족의 복리는 평화로운 건설에서만 성공될 것이니 야만적 파괴와 테러와 잔인한 동족 살해를 배격할 것.
4. 우리의 통일 운동을 강화 확대함으로써 우리의 일치한 의사를 국제여론에 반영시킬 것.

대한민국 30년 6월 7일

김구 · 김규식

〈조선일보 1948년 6월 8일〉

■ 김구, 남북통일 국민운동전개에 관한 성명서 발표

남북통일 국민운동전개에 관하여 김구·김규식 양씨는 7일 장문의 성명서를 발표하였거니와 동일同日 김구는 경교장으로 심방한 기자단과 여좌한 문답을 하였다.

문 : 통일독립운동을 목적으로 한 기구는 어떠한 것을 의미하는가?

답 : 아직 연구 중에 있다.

문 : 앞으로 국민운동을 여하한 형태로 전개시키는가?

답 : 각제라 할 것인데 영국이나 일본에서는 군주정체로 뿌리가 깊이 박힌 나라일 뿐만 아니라 급작히 왕 제도를 없앨 수 없는 관계로 그러한 군주국제도를 사용하고 있는 것이나 우리나라에서는 그러한 제도와 관념은 이미 없어지고 30여 년 전에 민주정부를 수립할 것을 세계에 공포한 이상 우리는 민주정체

로써 민주정치를 실현하여야 할 것이다. 대통령을 군주같이 앉혀놓고 수상이 모든 일에 책임을 진다는 것은 비민주제도일 것이다. 민중이 대통령을 선출한 이상 모든 일을 잘하든지 못하든지 대통령이 책임을 지고 일을 하여나가야 할 것이지 그렇지 않다면 사리에 맞지 않는 일이라고 아니할 수 없다.

문 : 그러나 책임내각제 헌법이 본 의회에서 통과되는 경우에는 어찌할 것인가?

답 : 통과된다면 하는 수 없으나 될 수 있는 한 노력하겠다.

문 : 대통령선거는 국회에서 하게 되는가 혹은 인민투표로 선출할 것인가?

답 : 지금 다시 인민으로부터 선거하기가 곤란한 만큼 국회에서 선출하자는 설이 유력한 것이다.

문 : 기미년 임시정부를 계승한다고 한 것은 어느 정부를 말하는 것인가?

답 : 대한임시정부를 말하는 것이다.

문 : 헌법초안이 국회에 상정되면 정체를 달리하는 측 상호의 대립이 심각하리라고 보는데?

답 : 미인이 남조선에 있어서 그 사람들의 말을 듣는 것은 아니지만 영국과 일본과 같은 제도는 군주국제도고 미국은 민주제도인 만큼 민주국제도가 우리나라에 적합하다고 생각하는 고로 그것을 깊이 이해하도록 노력하겠다.

〈서울신문 1948년 6월 8일〉

■정당 · 사회단체대표자대회 소집 등 토의

남북통일기구의 강화와 국민운동전개를 위한 한독·민련의 연석회의는 다시 금 10일 하오 2시부터 6시 반까지 경교장에서 긴장 리에 재개되었다. 이날 회의에는 한독 측으로부터 김구·조시원·유동붕·김학규 제씨, 민련 측으로부터 김규식·원세훈·김상준·여운홍·배성룡·유석현·권태양 제諸씨가 출석하였다. 소식통이 전하는 바에 의하면 금번 회의의 목적은 공동성명서의 원칙을 준수하여 인민대중에의 통일의 의의에 침투공작과 선전 및 조직방침 등에 대한 전략적 기술에 있다 하며 이미 이에 관한 상당한 구체성안을 확립하였다 한다.

한편 내주 말경 통일 민주독립을 당면 최고 목표로 하는 정당 사회단체 대표자대회를 소집할 것이라 하는 바, 이러한 남조선 반反단정세력의 행동화가 매우 주목된다. 그리고 차기 회담은 래來 15일에 있을 것이라고 한다.

북조선 소군 철퇴설에 대한 기자의 질문에 11일 다음과 같이 답변하였다.

- **김구 담談** : 아직 자세한 것은 알 수 없으나 여하 간에 우리나라 영토 안에서 외국군대가 물러 간다는 것은 외국군대가 온다는 것보다는 대단히 좋은 일이다. 〈조선일보 1948년 6월 12일〉

■제5차 연석회의 반 단정대표자 소집책 등 토의

기보한 바와 같이 한독·민독당 등을 비롯한 10여 정당에서는 15일 오후 2시 민독당 회의실에서 각 대표연석회의를 개최하고 당면 국제정세에 감하여 항일대책, 독도사건 등 기타 문제에 관하여 협의한 바 있었는데 금명간 이에 대한 공동 성명서를 발표할 것이라 한다.

김구·김규식 양씨의 발의로 그간 누차 경교장에서 개최되었던 한독·민련의 연석회의의 결과로 남북통일의 강력한 국민운동을 전개를 위한 통일운동기구로서는 기보한 바 통일독립운동자협의회를 개편 재확충하여 이것을 중앙협의회로 할 것이라는 관측이 많은데 동同 통일독립협의회에서는 재작再昨 14일 상오 10시부터 독노당에서 상례회를 열고 기구정비와 조직 확대에 관하여 모종의 타협이 있었다 하며 금후 2주일 이내로 동同 협의대회를 소집할 것으로 보인다. 한편 경교장에서는 작昨 15일 하오 2시부터 전번 협상추진 측 정당단체대표회의가 연락상 소집되지 않으므로 재차 남북통일 전취에 있어서 행동통일을 취할 목적으로 반反 단정세력의 각 정당단체대표자 소집에 관한 안건을 토의할 것이라 한다. 그리고 본 회의에서의 성안은 전기前記 통독협의회의 결정과 아울러 금후의 통일운동의 조직의 중추가 될 것이다.

한독 민련 제5차 연석회의는 15일 하오 2시부터 시내 경교장에서 개최되었는데 양 김씨를 비롯한 양측 12명의 대표들이 참석하였다.

회의 내용에 관하여 당사자 측에서는 일체 언급을 회피하고 있으나 전문한 바에 의하면 약 1월간 계속되어 오던 양 김씨를 중심으로 하는 진영의 재편성에 관한 완전한 성안이 동 회의에서 최후 결정을 보았을 것으로 관측된다 한다.

이에 이어서 17일에는 통일독립운동자협의회 간부회의가 시내 독노당에서 속개되리라 하는데 동 회의의 결과에 따라 최단 시일 내로 통협 대표자회의가 소집될 것으로 예상된다. 〈서울신문 1948년 6월 16일〉

■**남북회담 수행기**(합동통신 특파원 설국환)

1. 쓸 줄 모르는 인상기

문필의 경험이 천박한 나는 인상기라고는 더욱 쓸 줄 모른다.

그럼으로 이번 회담에 수행하라는 사명을 받았을 때 나는 단순히 정치적 취재만을 염두에 두고 서울을 떠났던 것이다. 참말 나는 지금 쓰는 이글은 쓸 생각도 없었고 용기도 없었다. 그러나 지난달 19일 개성을 경유하여 국도로 여현서 38선을 넘어 입북한 이래 북조선에 있는 사실 그대로를 내가 알릴 수 있는 그대로를 내가 알릴 수 있는 대로는 남조선 동포에게 알려볼 생각을 품게 되었고 그 욕심은 북조선에서의 하루하루가 겹칠 때마다 더욱 성장하였다.

우리는 북조선을 별개의 천지로 알았고 강제의 천지로 알았다. 만일 이것이 사실이라면 꼭 합해야 살 수 있는 조선은 꼭 분단되는 수밖에 없지 않은가 하는 침울한 생각 속에 3년을 살았던 것이다. 이 전부가 그릇된 생각이었는가, 그 일부가 그릇된 생각이었는가는 독자 스스로 판단하여 주기를 바란다. 그러나 남북조선의 소식이 상호간에 침소봉대 되었던 것만은 사실인 것 같고 만일 우리가 사실을 충분히 서로 알고 본다면 현재 남북 조선간에 가로 놓여 있는 38선에 하루하루 더 쌓여가는 상호의구相互疑懼는 많이 해소될 수 있을 것이라는 것만은 믿어지는 것이다. 이것이 쓸 줄 모르는 인상기를 감히 쓰는 이유이다.

표현기술이 부족한 나로서는 북조선에 일어난 사실을 명쾌하게 전할 수 있으리라고는 물론 믿지 않는다. 다만 이 글속에서 독자가 새삼스러이 아는 것이 있고 또 재미있는 것을 느끼게 된다면 그것은 그 사실이 훨씬 더 크고 재미있기 때문일 것이다. 이것이 또한 쓸 줄 모르는 인상기를 감히 쓰는 용기가 된 것이다.

2. 철막의 저편

우리가 여현의 개성서 출장소에 도착한 것은 19일 늦은 밤 11시가 지나서였다. 「서울타임스」 K씨 및 독립신보 S씨와 동행이 되어 자동차로 서울을 떠날 때 38선의 남북감시처 사이 진공지대에서 그날 아침 월북하던 모당 대표자 2명이 사살되었다는 뜬소문을 듣고 떠난 일행은 도중 산에 서 있는 나무를 보고도 저게 무엇이냐고 놀라면서 하여간 그 밤으로 월경하기로 했다. 우리는 38선의 최단거리 즉 국도를 출장소원의 안내로 넘으면서 선상의 말뚝 있는 곳에서 출장소 경비원과 악수를 하고 헤어졌다. 남북의 차는 여기서 벌써 확연하다. 조그만 여현 동네는 외등 없는 거리에 살던 이남인에게 불야성같이 보였다. 이 사이 불과 150미터를 걸어 소련군 감시초에 다다랐을 때 2명의 소련군이 밖으로 나오더니 그 중 한 사람이 "평양 가?" 하고 노상에 나와서 손을 내민다. 우리 3인은 차례로 악수하고 그를 따라 조그만 전주에 외등을 단 초가집 문전에 안내되었다.

이리하여 우리는 3년래 "북조선강제정치"의 앞잡이라 접하게 되었다. 여기서 우리는 소련군으로부터 보안대에 인계되었다. 남조선 경계에서의 경계는 조선인 경관이 전초가 되고 있는데 이곳에서는 소군이 전초가 되어 있는 것이 우리가 처음 보는 남북의 차였다. ㄷ자로 생긴 민가의 한편을 마루를 깔아 사무실을 만들어놓은 방에 들어서자 서울의 여기저기 전주와 담 모퉁이의 벽보를 많다고 민은 나의 눈에는 그 방에 도배질한 것같이 붙어 있는 구호는 물론 태극기를 중심으로 한 김일성 장군과 스탈린 대원수의 사진 "남조선 반동적 단독정부선거를 반대하며 조선의 통일과 자주독립을 위해서"라는 제목으로 괘도(掛圖) 만한 "김일성 위원장 중대보고"가 붙어 있는 것 등이 전체가 우선 좀 벅찼다. 방안 한구석의 테이블에서 김구씨는 소대장이 직접 맡고 나는 약 20세 가량 되어 보이는 함경도 출신의 젊은 보안대원의 조사를 받았고 이밖에 사복의 두 정보원이 유격대같이 이 책상 저 책상을 왔다 갔다 하면서 조사 도중의 우리에게 질문을 쏜다. 바로 내가 앉은 맞은편 벽 위에 "대내 견고한 사상통일은 승전을 보장하는 유일한 무기다"라는 구호가 분홍물감으로 쓰여 있다. 젊은 대원은 나에게 소지품을 내놓라고 한 다음 인쇄된 보고용지에다가 목록을 기입하기 시작한다. 명자(明刺)○○매(枚) 본인 명자 ○○매 타인명자 ○○매 무엇이 기입된 명자○○매 원고용지 245매 그밖에 용지를 내놓고는 다 적는다.

UN출입증을 보고는 "이것이 뭡니까?" 하고 묻는다. 설명하니깐 빙그레 웃으면서 "대표 중 몇 사람은 다 갔지요." 하고 혼자만 같이 한다. 나는 내가 가지고 간 원고용지가 45매인 줄을 여기서 알았다.

사복의 정보원이 내 캡을 벗겨간다. 그는 샅샅이 보더니 "이게 뭐요"하고 묻는다. 나는 모자를 벗겨간 일이 불쾌하기에 "난 들 알겠소" 하고 무뚝뚝하게 대답하고 모자를 빼앗아서 보았다. 그 속에는 심을 넣은 종이조각이 들어 있길래 꺼내 보였더니 그는 이번에는 공손하게 "좋습니다" 하고 가버린다. 조사는 소지품으로부터 신분, 신체의 검사까지 세밀한 것이었다. 나중에 대장은 남에서 불온분자가 침입한다는 정보가 있어서 조사를 치밀하게 하라는 상부의 명령이 있었다는 것을 설명하고 불쾌해 말라고 공손히 사과하였다. 우리는 월경에 앞서 우리의 월경이 이북 보안대 혹은 그들 국방부 직할부대 및 국방부 직할부대 및 기관의 소속원에게 한 화제꺼리일 것을 예상하였었다. 그러나 우리가 당한 첫날 밤 이 예상은 완전히 사라지고 말았다. 그들은 우리가 남조선관헌의 표정에서 보는 가장 평범한 얼굴보다도 더 평범하고 고요하였다. 그들의 언성은 공손해서가 아니라 평범해서 조용하였다. 그들은 일을 마치고는 우리를 건너방에 가 기다리라고 하고는 관심을 버린 듯 다시 쳐다보지도 않고 각각 다시 일들을 시작한다. 그들은 전화로 연락을 시작하였다. 우리를 남전까지 보내려고 차를 부르는 것이었다. 우리가 월경할 때 적어도 독립신보와 합동통신에는 감정상의 차별대우라도 있을 것으로 생각하였다. 그러나 그날 밤 내가 받은 대우는 S씨와 일호의 차도 없는 것이었다. 이 작풍은 적어도 우리가 살고 있는 환경과는 비교할 수 없는 전연 다른 환경에서 생산된 것이 아니고는 있을 수 없는 것이다.

차는 아침 여덟 시에 왔다. 새벽 다섯 시까지 기다리다가 우리는 잠깐 눈을 붙였다. 그들은 밤새도록 전화에 매달여서 연락을 하고 있었다. 마침 이것이 우리가 북조선에 쪼이는 해를 처음 본 20일의 아침이다. 초록색의 소련제 찦에 올라앉아 우리는 다시 북행을 시작하였다. 우리는 다른 한 사복정보원과 함께 금교(金郊)까지 달렸다. 철막의 저편, 거기의 첫 아침은 산이 남조선보다 더 푸른 것이 다르게 보이는 것 이외에는 조선의 농촌 그대로이다. 밭들은 두 번 갈이를 마쳐 얼레빗이 곱게 연로(沿路)에 펴져 있고 여기저기 아직도 갈고 있는 중이었다.

금교의 낙엽송림을 보면서 내가 수령을 물었다. K씨가 곧 받아서 "3년 가량 될 거요" 하고 대답한다. 나는 6, 7년 된다거니 K씨는 3년 미만이라거니 하다가 K씨는 어성(語聲)을 높이면서 해방 후의 식목일 거라고 강변하였다. 상식적으로 생각하더라도 북조선 정치의 질서회복과정이 아무리 빨라도 해방 직후 식수(植樹)라는 것은 심한 강변이다. 그러나 이산 저산 어는 것을 보아도 적어도 해방 직후의 혼란기 이후 산에 도끼나 톱을 댄 자국이 없다는 것만은 확실한 것이고 이미 사방공사와 식수의 자국으로 산들이 치장하고 있는 것은 남조선보다 십 년은 앞서고 있는 것으로 보였다. 여기까지 우리는 다만 어제보다 오늘이 고요하다는 이외에 남북조선의 별다는 차이를 못 느끼었다.

우리는 같은 타입의 캡을 쓴 연락원(정보원)이 교대하면서 하는 안내를 받으면서 그날 남천까지 도착하였다. 결국 철막의 이편과 저편 거기에는 정치원리의 차가 더 심하지 정치결과의 차는 대단한 것이 보이지 않았다. 농가에는 도야지가 꿀꿀거리고, 닭이 울고 이슬을 맞은 토양은 남조선의 농토 그대로 황폐한 것도 없거니와 더 기름진 것도 첫눈으로는 모르겠다. 노상 집대문 점두(店頭) 등의 많은 구호와 김일성, 스탈린 양씨의 사진, 이것은 그대로 금교에도 시야의 어느 곳에나 붙어 있는 것이고 남천에 이르러서 우리는 북조선의 특수한 조직의 일부를 알게 되었다.

3. 또 하나의 자유

님천거리에 들어서 차에서 내린 곳이, 남천내무서 즉 남조선의 이에 해당하는 명칭으로 말하면 경찰서에 도착하였다. 보완서와 내무서는 동일계통인 것 같고 또 다른 2면이 있다. 보안대는 보안대총사령의 명령하에 치안유지를 담당하고 있으며 내무국계통 관서 즉 지방에 있어서는 내무서의 사무를 방조(傍助)하고 있다. 이 내무서야말로 사실상 북조선 치하의 실질적 책임을 지고 있는 국방부 직할부대 및 국방부 직할부대 및 기관이다.

서장은 소련식으로 넓은 견장(肩章)에다가 금별 네 개 붙은 것을 어깨 위에 얹어놓은 입금학생복 양식의 제복을 입은 40세 가량 되어 보이는 중년 남녀이다. 상고 머리를 깎고 생글생글 웃으면서 눈만 또락또락 하지 말을 별로 안 한다. 우리는 그 책상 위에 여현에서 작성된 문서가 놓여 있는 것을 보았다. 그것은 여현서부터 우리와 함께 연락원의 주머니 속에 들어가지고 리레식으로 우리와 동행하며 이곳에 온 것이다. 약간의 매수가 분 것은 대개 그러리라고 짐작은 되었지만 이러한 정보양식이 우리의 안전에서 이렇게 대수롭지 않게 공공연히 취급되는 것을 보고 우리는 한편 안심이 되었다. 그 정보는 악의도 없고 선의도 없는 다만 상부의 요구에 따라 작성되어가는 것이고 그 취급하는 사람들이 평범하게 작성되어가고 있는 것이다. 적어도 "저놈은 어떤 놈인가" 하는 사찰의 눈초리에 보이는 혐의를 품은 눈초리는 이 사람에게는 찾아볼 수가 없었다. 남천에 와서 2, 30분 서장실에 앉아 있는 동안 몇몇 학생 그 외에 북행정당대표 몇 사람이 운반

되어왔다. 우리 일행은 여관에 가기로 되었다. 일신여관, 이곳이 우리가 든 여관이고 우리는 이 여관에 들어간 후 평양으로 다시 떠나던 23일까지 전후 4일 밤으로 3야를 여기서 지냈다.

문전에는 역시 18, 9세의 보안대원이 장총을 들고 서 있었다. 건너편 여관에도 서 있는 것을 보고 나는 그 여관도 북행객으로 차 있는 것을 알았다. 나는 우선 우리의 처지를 알고 싶었다. 우리가 지금 보호받고 있는 것인가 구속을 받고 있는 것인가를 시험하기 위해서 저고리를 벗고 문밖에 나가려고 했다. 젊은 보안대원은 안 됩니다 하고 거절한다. 이것은 분명히 구속이었다. 철저한 보호라면 철저한 보호는 구속과 동의어라고 할 수가 있을 것이다. 그러나 우리의 음식, 방의 기온, 침구, 담배, 세숫물 이런 주의도 역시 철저하였다.

「라디오」도 서울 평양 간에 마음대로 듣고 신문잡지도 갖다 주었다. 그러나 내무성의 감찰계원은 상시 여관에서 우리의 주문에 응한다. 그것은 말 그대로 응할 뿐이지 우리가 여관에서 지내는 동안의 생리적 편의 이상의 아무것도 응하지 않는 것이다. 그들은 우리가 무엇을 요구하면 「상부에 연락하겠습니다」 하고 생글생글 웃으면서 대답한다. 사실 그들에게는 상부의 명령 이외에 행동규범이 없다, 그들은 자신이 어떤 사물을 인정하거나 판단할 권한이 없는 것이다. 그들 자신의 판단이 아무리 정확하고 틀림이 없다고 생각하더라도 그들은 그 현상을 일단 상부에 전달하고 그 명령을 기다려야 하는 것이다. 나는 문득 여현 보안분대 사무소 벽 위에 붙어 있는 구호 또 하나가 생각났다. 「상부 명령의 충분한 이해가 상부 명령의 정확한 수행을 보장한다」 요컨대 북조선은 현재 상부명령이라는 원동기와 연락이라는 「V벨트」로 움직여가는 한 거대한 기계, 인류사회가 일찍이 가져보지 못한 사회기계가 되어 있고 이 중에서 개인이라는 것은 그 각부(各部)를 형성한 부분품 같은 것이라고 볼 수 있을 것 같았다. 그러나 기계와는 다른 중대한 한 개의 차이가 또 있다. 이 기계의 부속품은 원동기에 의하여 움직일 뿐만 아니라, 부단히 성장하고 있으며 그 성장은 전체의 균형 속에서만 가능한 것이다. 우리가 든 여관에 밥상을 나르는 여인을 소개하면 이 설명은 좀더 자세할 수 있을 것 같다.

그는 32세의 부인인데 남편은 전시에 징용된 채 여태껏 소식이 없고 시부모와 두 어린 것을 데리고 산다 한다. 여민청에 소속되었다 하는데 북조선에서 발행되는 신문 정도는 충분히 읽을 수 있다 하며 남녀평등론을 일석하는 데 민자주의 용어가 여러 차례 끼어든다.

바른편 손을 우(右) 상방(上方)으로 좌(左) 하방(下方) 45도의 사각(斜角)으로 흔들며 이 부인은 어조에 열을 올린다. 이야기의 내용은 구경 같은 사람이니깐 동등하여야 된다는 결론에 떨어지건만 내 머리 속은 의아하게 다시 벅차진다. 나는 이렇게 생각해보았다. 우리가 남녀평등론을 그렇게 단순한 표현으로 「같은 사람이니깐 같아야 한다」는 논리로서 이 부인을 이다지 흥분시킬 수 있겠는가? 그것은 불가능한 것이다. 어느 날 어느 글을 막론하고 민주주의라는 용어가 이다지도 다사(多事)스럽게 사용되는 이유는 역시 그들을 동원하는 데 많은 효과를 거두는 것이고 또 한편으로는 억압에 대한 반항, 즉 투생의 철학이 부식(扶植)되는 과정이라고 보면 이해될 수 있다는 것이 아닌가. 나는 이런 부인이 이와 같이 교육되는 그 과정을 보고 싶어서 그들의 회합을 물어 보았다. 그이 설명에 의하면 각 직장, 각 단체가 전부 민주주의적 각성을 위한 「독보회」라는 연구기관을 가지고 있고 이 「독보회」는 직장에서도 조석(朝夕) 한 시간씩 꼭 해야 되는 일종의 의무라고 한다. 그는 이 회합이 하루 중 가장 유쾌한 시간이라고 말하였다.

나는 이전에 월남한 친구에게서 이와 반대의 말을 들을 일이 있다. 내 친구는 북조선에서 제일 못 견딜 것이 독보회라고 말하였다. 같지 않은 놈들이 되지 못하게 설교하는 등살에 골치가 아프고 구역질이 난다는 것이었다. 나는 이 두 가지 말즉 그 신간이 유쾌하다는 말과 그 시간이 구역질이 난다는 말을 다 믿게 되었다. 이 부인은 입에 민주주의라는 용어를 쓰게 된 것만으로 장한 일이다. 그는 그대로 두었으면 별 수 없이 어린애 오줌과 똥에 묻혀서 그리고 남편의 횡포 아래서 썩어갈 수밖에 없었을 것이다. 이 경우는 농부들도 마찬가지요, 노동자도 마찬가지다.

그러고 보면 독보회 또는 그와 유사한 그들이 활동 전부가 그들에게 새로 열린 자유임에 틀림없는 것이고, 또 이러한 새로 생긴 민주주의가 대학을 마치고 상당한 지위의 관급(官給)을 차지하던 내 친구에게는 괴로운 의무요 불쾌한 부자유라는 것도 또한 의심할 바 없는 사실일 것이다. 나는 여기서 북조선은 적어도 전체적으로 그리고 통계적으로 보아야겠다는 생각을 먹게 되었고 이러한 각도로서 내가 잘 낫단 생각을 버리고 보아야 하겠다는 생각하였다. 자유는 북조선에서 내용이 달라지고 말았다. 우리 사회의 가장 얕은 수준에 있던 사람들은 우리가 가졌던 자유와는 전연 다른 자유를 향유하게 되었고 그들은 그 내용을 자랑스러운 어조로서 자유라고 말하고 있는 것이다. 우리가 과거에 가지고 있던 자유, 즉 피라미트의 상층부는 문드러지고 말았다. 저 아래 얕은 곳에서 다시는 그들이 밟히지 않겠다고 하는 그 투쟁의식은 이제 우리가 말하는 「인테리」의 자기합리화에 많이 원용되는 또는 주식회사의 총회에서 다수주 소유자의 전단(專斷)을 합리화하는 상범 같은 그러한 자유는 완전히 탄압되고 말았다.

4. 김일성 장군의 노래

나는 이 여관에서의 3일간 압도되었다. 문전에도 못나간 완전 철저한 신번보장이 3일을 지내고 이튿날 새벽 우리 일행을 불러내어 남천역으로 나갔다 여관에 남아 있는 다른 남조선 객들은 이날 전부 송환되었다.

열차에 올라서 한성의 C씨 조통朝通의 Y씨 등 그밖의 많은 정당대표들을 만나고 그제야 비로소 이것이 북행격을 남천에서 보내는 최후열차임을 알았다. 역에 마다 단선단정 반대의 「프랑타드」는 빠짐없이 달렸다.

차내는 청결하고 자리도 깨끗하였다. 사리원서 처음으로 보통열차를 보았다. 물자가 극도로 애용되고 있는 것이 차창에서 볼 수 있었다. 깨어진 유리를 조각조각 오려서 창호지에 유리를 박듯이 창살로 끼어놓고 그 공간을 널을 대놓았다. 탁자는 전부 수선이 되었고 기관차는 기름걸레로 닦은 것같이 반짝거렸다. 우리는 평양에 도착하면서 적산공장의 연기를 보고 북조선건설의 첫 음계를 들었다, 평양의 거리는 청소는 되었으나 도로포장은 못하고 있다, 우리가 평양에 도착한 날은 3일 즉 남북정당사회단체 연석회의의 최종일이었다.

우리의 본 목적은 결국 아무 소용이 없이 지나갔다. 우리는 회의 참석이 허락되지 않았다. 이것은 북조선 신문도 꼭 마찬가지였다. 여러 신문이 꼭 같은 기사로 꼭 같은 위치에 실은 이곳 신문 자체로 보아 당연한 것 같기도 하였으나 신문기자의 입북을 허락해놓고 회의에 참석 안 시킨다는 이 수법은 북조선의 독특한 수법이다.

우리는 그날 밤 모란봉극장에서 안내되었다. 나는 「되었다」라는 표현에 의미를 두는 것이다. 기실 우리는 평양체제의 8일간 매사가 되어갔지 능동적으로 한 일이 별로 없었다. 그러나 이 말은 우리의 자유가 평양에서도 없었다는 말은 아니다. 북조선당국은 우리들에게 마음대로 하라고 하였다. 그러나 나는 평양의 지리를 잘 몰랐다 게다가 남조선화폐가 약간 있을 뿐이었지 전차 탈 돈도 없었다. 돈이 없고 보니 맘대로 하라는 말도 아무 소용이 없다. 이 사정을 하소연 하였더니 북조선 한 친구가 「그것이 남조선에 있는 자유와 마찬가지요」 하면서 어깨를 친다. 우리는 모란봉극장이 70일간에 완성되었다는 이야기를 듣고 놀랐다.

다시 우리가 안에 들어가서 인민군의 주악을 들었을 때는 놀랐다. 이 청년남녀들은 눈이 또렷또렷하고 혈색이 좋고 기운이 넘쳐 흐르고 있고 남녀간에 우리 눈으로 일찍이 보지 못한 심신 어느 모로 보거나 건강한 청년들이었다. 「장백산 줄기줄기 피 흘린 자국」 김일성 노래는 이렇게 시작되었다. 어둠에 눈이 익어가면서 나는 제일 앞줄에 박헌영 김일성 허헌 그밖에 민전거두 남조선 정객 다수의 얼굴을 분별하였고 그 중에도 김일성 장군은 가장 득의만면한 표정으로 발로 장단을 맞추면서 박헌영씨와 담화하고 있는 것이 눈에 띄었다. 나는 이 군대의 목적 또는 이 군대의 성격을 알려고 할 생각도 나지 않고 그럴 여(與)도 없이 그 풍모들에 반해 버렸다. 순순히 농민과 노동자의 자제들로만 모집되었다고 하는 이들은 어느 지식인이 가진 눈초리보다 더 예리하고 지혜로운 눈초리로 빛났다. 과연 빨치산의 명장이 훈련시켜놓은 군대로구나 하는 감상 이외에 아무것도 없었다.

김일성 장군의 노래 – 이 노래는 이후 어느 집회 어느 가요회에서나 그 사진과 함께 빠지지 않는 노래였다.

여관에 와서 나는 주인에게 물었다. 「김일성 장군을 본 일이 있소」 그는 흥이 없이 쳐다보면서 「우리 같은 소시민이 볼 수 있갓습네까」 하고 대답한다. 북조선에는 김일성 장군과 퍽 가까운 사람과 퍽 먼 사람과가 이렇게 서로 생활과 사색의 양면에서 완전히 유리되어 살고 있다. 북조선정치의 손이 뻗치는 곳은 「우리의 영면하신 지도자」 매년에 앞서고 있고 그렇지 않는 곳은 전연 유리되어서 제 꿍꿍이만 꾸고 있다.

나는 여관에 드러누워서 모란봉극장의 하룻밤을 다시 회상하였다. 들어가는 입구의 양면벽 중간 아치에 피어오르는 무궁화, 인민군의 농악과 춤, 그 향토색이 자욱한 하룻밤의 오락의 소식蘇式의 도시장식 즉 그 많은 사진과 구호 그밖에 숨이 찰 정도로 떠드는 진보적 민주주의 더 정확한 표현으로 말하면 「맑시즘적 민주주의」 속에서 어떻게 생각되는 것인가 민족사상이 이런 환경 속에서 이렇게 양성되어갈 수 있는 논리가 어디 있는 것인가. 결국 민주주의의 배타적 부분을 거세하고 그 생각을 확대시키면 오히려 거기에 활발한 민족적 발전의 새경지가 있는 것이 아닌가. 여하간 지금 북조선에서는 민족성의 우수성을 고취하면서 민족문화의 고양을 부르짖으면서 한편 김일성 장군에게 전정치 역량을 집중시키는 이른바 「진보적 민주주의 방법」이 병진 채택되어가고 있는 것이다. 우리는 이 복잡한 개혁과정을 알 수 있을 만한 지식준비가 부족한 것만은 확실하다. 이 생각 저 생각하면서 나는 잠이 들었다. 이튿날 겸이포의 송림공장을 구경하였다. 많은 생산건설의 진보에 이구동성으로 감탄을 하고 있었으나 나는 일부러 악의로 이 사실을 다음과 같이 생각해보았다.

「뭐 공장건설의 속도로 말하면야 독일의 나찌하나 일본의 동조하에서 생각이 가장 황성한 일도 있었는데」 그러나 문제가 여기서 조금 달랐다. 이러한 건설의 뒤에 누가 있느냐. 그는 삼정三井이나 삼능三菱이가 아니고 김일성 장군 밑 그의 동료가 있다. 그리고 이 배후적 존재가 전연 이질적인 점이 큰 차이다. 이 경제건설은 통제하에 움직이지 않고 계획하에 움직이고 있다. 그것은 영도자정치이지만 '인민에 의한' 인민의 방법론은 2차적일망정 인민을 위한 결과를 낳고자 노력하는 데 있어서 거짓이 없고 무시된 '인민에 의한' 인민의 것 같았다. 이러한 집중의 표현은 각처에서 볼 수 있는 것이었다. 모란봉 위에 평양박물관에 가보면 고대사부와 현대사부의 2부로 나눠 있다. 그 현대사부이자 곧 김일성 장군 38년 사이다. 그의 전력 해방 후의 소행 등이 해설과 모형이 진열되어 있다. 그의 조부모가 지금도 그전 그대로 베를 짜고 밭을 갈면서 사는 만경대의 초가집(이곳이 김일성씨의 생가이다) 모형이 있다. 그는 그렇게 들어온 '베'를 팔아서 혁명가들 가족학교를 설립하고 지금 다시 선교사를 짓고 있다. 젊은 영도자씨는 분명히 정력적이고 민족을 사랑하는 사람 같았다. 나는 신문기자로서 만난 날 저녁, 영도자씨의 인상을 자세히 보고 영도자씨가 영명하다는 말과 영도자씨가 「바보같이 보인다」는 악평들을 다 믿게 되었다.

영도자씨는 부드러운 인상이고 잘 웃고 웃으면 파안을 하고 쾌활하게 웃는다. 흥분이 되면 빨치산을 거느리는 맹장의 풍모 엄연하고 그냥 담소할 때면 어딘지 빠진 것 같은 호인형의 얼굴로 돌아간다. 얼굴의 폭과 길이는 보는 각도마다 다르다. 사진이 죄다 다른 것도 극히 자연한 일이라고 깨달아졌다.

5. 생활향상은 눈부신가

내가 든 여관주인더러 살기가 어떻소 하고 물었다. 그는 "배급이 없으니까 살기가 어렵디요" 하고 대답한다. 그러나 그의 생활은 북조선 일반생활 수준보다는 높은 것이다. 그는 배급을 못 받고 비싼 쌀을 사먹으니까 자기만이 못하는 것으로 알고 있다. 그러나 중년의 그는 기름진 아내를 데리고 살고 있으며 그 아내는 비단으로 몸을 감고 하루에도 3, 4차 경대 앞에 앉고 있었다. 내가 아는 한 친구는 그가 남조선에서 안 보이던 그때의 넥타이를 그대로 매고 저는 잘 산다는 듯이 휘돌고 다니고 있다. 그는 지금 선신국의 일을 보고 있는 S군이다. 생활의 빈곤은 다시 더한 많은 일꾼이 북조선기관에 있다. 그들은 향락할 여유라고는 없다. 평균 1천5백 원의 월수입은 그들에게 식생활과 최소한도의 의생활을 보장하고 있는 것이다. 이 상태는 상부에서 하부까지 전부 같다. 물론 다소의 차는 있으나 문화면에서 피라미트의 우두머리는 생활면에 있어서도 마찬가지로 문드러져 버렸다. 토지를 빼앗긴 지주 8·15전의 정치생활 때문에 발붙일 곳이 없는 소시민, 자본가 그 외에 이 급격한 개혁에서 휩쓸린 애매한 희생 이들은 지금 북조선에서 사라졌거나 그렇지 않으면 있던 것을 팔아먹고 있다. 그리고 그렇게 팔려나오는 물건은 서울의 자유시장과 흡사한 시장(스콜카 시장—하우멋취 시장이나 같음)에 나와서 그 속에 들었던 육체들의 과거의 사치스러운 생활의 후일담을 풍기고 있다. 생활은 향상되었다. 그러나 그것은 생활불안이 없어졌다는 정도를 지나는 것은 아니다. 그들은 청요리를 먹고 좋은 점심을 싸가지고 가족동반의 피크닉을 갈 엄두가 잘 안 나는 대신 내일이 내월 굶을까 하는 염려도 없다. 결국 사회적으로 생활불안이 그 기구 내의 사람들로부터 사라졌다는 의미에서 그것은 향락할 수 있는 것이 몇 가지 있다. 독보회에서 보는 신문, 매주 가는 영화 이것도 꼭 가야 하며 갔다 와서는 상호토론을 하게 된다. 향락, 여기도 계획화의 분위기는 충분히 침투하고 있다.

우리는 평양에 있는 동안 신문사, 최승희 무용, 유가족 학교, 영화, 인민의회 이런 많은 것을 보았다. 이 전부를 소개하는 것은 내게는 벅찬 것이다. 그 중 유가족 학교는 남조선 정객을 특히 감격시킨 것의 하나이다. 일반에 이미 많이 소개되어

온 터이므로 더 쓰지 않는다. 지금 평양에서는 김일성대학, 유가족학교 신축, 노동신문사, 영화촬영소 등이 신축되어 가고 있다. 이 신축에는 봉사노동이 많다고 한다. 그러나 그 기관들이 전쟁을 위한 비행장이나 군수공장이 아니고 사회시설인 점에 일반은 봉사노동을 해놓고는 자랑스럽게 이야기한다.

6. 월경의 고난

우리는 3일 평양을 떠나 귀로에 올랐다. 머리 속에는 벅찬 그대로 멍하니 별생각이 오르지 않았다. 다만 이곳서 건설 그리고 그 결과가 민중에 돌아가고 있는 것, 소련식 색채가 농후한 행사에도 불구하고 프랑카드 전부가 국문으로 된 것, 김일성씨가 그대로의 조선민족의 1인으로서 얼른 가까워질 수 있는 인물이었다는 것, 건물의 대부분을 조선사람 자신이 쓰고 있다는 것, 소련군인이 별개부락을 형성하지 않고 있는 것, 남조선과 특히 다른 이런 일들을 생각하면서 밤 11시 여헌에 닿았다.

우리는 당연히 국도를 넘으려 하였다. 그러나 전일본 그 대원은 우리를 산길로 안내하였다. 국도로 가겠다고 하니깐 상부에서 이 길로 안내하라고만 하고는 응하지 않는다. 상부의 명령 우리는 최후로 이 원동기의 의사가 우리의 안전을 위해서 하는 호의였다는 것을 이해하고 순종하였다. 또 기실 이 보안대원은 자의로 이 명령을 변경할 수도 없는 것이다. 우리는 산길에 들어서 보안대원과 헤어졌다. 캄캄한 산길을 따라 2, 3시간 헤매다가 길을 잃었다. 산상에서 남북의 전등은 빤히 보였으나 갈 길은 전연 찾을 수 없이 밤 3시 지나 우리는 산상에서 밝기를 기다리기로 하였다. 한참 앉아 있다가 월남하는 한 부인이 아홉 살 난 아이를 데리고 안내인을 앞세워 지나가는 것을 발견하였다. 그러고 보니 우리도 길 위에 앉아 있었던 것이다. 경계를 넘어 미끄럼대 같은 비탈을 내려와 인가의 근처에 이르니 날이 밝기 시작하였다. 이리하여 여행의 숙박경험으로 월남의 고난까지를 한 부인과 함께 치류고 우리는 그날 밤 10시 서울에 돌아왔다.

■ 평양 남북협상의 인상(남북회담 리포트) 조선일보 특파원 최성복

● 평양가는 도중

김구씨가 4월 19일 오후 4시 반경에 물연히 경교장을 떠나 자가용으로 여현

38경계선을 넘을 때는 벌써 그날 아침부터 평양에서는 남북제정당사회 단체 대표자 연석회의가 막 열리고 있었다, 기자가 아차 뒤졌구나 하고 부랴부랴 김구씨의 뒤를 따라 나선다는 것이 겨우 그 이튿날인 20일 저녁 황혼이 내리기 시작한 무렵에 어구인 같은 행로로 38선을 넘었던 것이다. 여현서 알아봤더니 김구씨는 이미 자가용으로 평양에 들어섰으리라 했고 회의는 한창일 것이라고 들어 매우 초조하였다. 이번 협상은 왜 그런지 김구씨에게 그 초점이 달려 있는 상 싶어서 될 수 있는 대로 김구씨의 꽁무니를 꼭 따르려 했기 때문이었다. 다만 한결으로 마음이 놓이는 것은 그날 아침에 나보다 먼저 대여 왔다는 조소앙, 조완구, 엄항섭 제씨 등 요인측에 들 만한 인사들이 아직 못가고 「어서 가야겠는데」 서두르고 있고 정작 트럭을 나려고 나와 보니 신문기자며 우익측 정당사회단체 사람들이 한 70여 명 웅성거리고 있었다. 왜들 못 갔느냐 물었으나 「통 알 수가 없다」고 역증을 내고만 있었다. 아무튼 요인급들은 「찝」(쏘군 사용하던 것)에 타고 나머지는 트럭에 분승하였다. 이리하여 김일성 장군과 스탈린씨 초상을 옥내 옥외 건에 흔히 볼 수 있었고 마을 요처마다, 기관 정문마다 세워놓은 「아치」 판상을 각 기둥으로 럭비 골문처럼 세워 대개 붉은 빛 간혹 시퍼런 빛 뺑기로 진하게 칠한 아치 그 기둥 안팎에 혹은 벽마다 포스타로 「조선민주주의 인민공화국 수립」을 찬양하는 여러 표어며 단정 단선 반대의 갖은 표어를 여백 없다시피 써 붙인 특이한 환경에 이국의 맛을 보면서 여현을 떠났다. 평양으로 가려니 했으나 한 시경 남천에 들어서서 여관에 머무른 채 이틀 동안 외출도 못하고 부질없는 불안과 초조 속에서 지냈다.

조소앙씨 등 요인들은 그 이튿날로 평양행 했다는 등 홍명희씨 일행은 딴 행로를 잡아 벌써 입양入壤했다는 등 뒤미쳐 김 박사일행 수명이 이곳 남천을 통과해 갔다는 등 이런 뉴-쓰도 방안에서 잘 먹고 뒹굴면서 들었다. 투숙하는 동안에 내무서원(사법관) 몇 사람이 번갈아 찾아와서는 「매우 비편非便하시겠으나 예상 인원이 훨씬 초과해서 급작이 준비하느라고 더디는 모양이니 양해하시고 조만간 평양행은 틀림없습니다」라고 정중하게 위안인사를 하는 한편 소속단체의 사정이며 직업 내력 같은 것을 한 사람 한 사람 정중하게 캐묻고 적곤 하였다. 이러다가는 회의를 보지도 못하고 빈손으로 돌아가지 않을까 그 점이 많이 안타까웠다.

드디어 23일 새벽 3시쯤 해서 내무서원이 찾아와 「동무들 가십시다」 하는 소리에 선잠을 깨었다. 어떻게 반가운지…… 그러나 분숙分宿을 했던 70여 명 중 반 수만은 다음 차로 가라고 지명하여 내 옆에서 자던 무슨 우익 청년단체대표인 듯한 이북인 한 사람은 그만 낙심해 「아마 우린 못 가게 생겼군」 하고 투덜거렸다. 그 후에 들었는데 이 예언대로 그 반수는 종급終及 못가고 남천南川서 돌아오고만 모양이었다. 이렇듯 당국측 사정에 따라 사람을 가려서 추려낸 듯한 우리 선발일행은 깨끗이 걷은 특별열차 2등실에 올라 흔들리면서 철도 연변에 전개되는 농촌풍경－유난히 눈에 띄이는 새지붕이며 신축가옥, 그리고 가즌하게 드린 수수때 울타리, 파종播種이 거의 끝나간 것 같은 밭이랑 등에 어딘지 모르게 정整빈감을 느끼면서 이윽고 평양역에 다달아 대기했던 버스로 제각금 일류여관에 행장을 풀었다. 조반을 들고 있노라니까 내무서원인 듯한 눈초리 매서운 양복신사가 들어오더니 곧 회의에 참석하도록 대표증을 교부할 터이니 신임장을 보여 달라고 하였다. 공교롭게도 신임장을 남천 내무서에서 걷어간 채 그럭저럭 못 받아 가지고와 꺼림하던 참이라 중언부언 사정을 말했으나 언하言下에 「앙이 되오」 하고 거절하였다. 굳이 사정사정해서 간신히 신임을 얻어 순국문純國文으로 된 「대표증」을 받고 안심했다. 동숙한 모某사 기자도 얻으려다가 단체대표의 신임장 없이는 어떤 사람이고 안 드린다고 하는 바람에 「그럼 신문기자는 모처럼 왔다가 낮잠만 자고 가란 말이요……회의보도는 어떻게 하려고 하는 거요……」 건드려 봤으나 「이번 회의는 신문기자 회의가 앙이요, 요기 기자들도 일체 못 들어가오. 보도는 서기국에서 내주는 대로 하문 될끼 앵요」 하고 딱 끊고 나가버렸다.

● 연석회의

남조선에서는 이른바 남북협상회의를 거기서는 남북제정당사회단체대표자 연석회의라고 불렀다. 이 회의가 벌써 19일부터 열리고 있어 이달 23일은 맨 끝장 날인 것을 평양 가서야 이제 「대표증」을 받으면서 알았다. 늦었으나 마지막 날이나마 참견하게된 것을 다행으로 알았다. 그럭저럭 하는 동안에 오전 분은 벌써 지나고 부득이 오후 1시부터 속개되는 최종회의에 가기로 되었다. 마침 조반상을 들고온 「뽀이」가 신문을 한 아름 갖어다 주기에 뉴쓰에 한참 굶주렸든 터이라 와락 펼치고 눈을 꼬챙이로 들여다보았다. 4, 5종 모두 기관지인데 하얀 대형

용지가 부러웠다. 체재와 내용이 모두 한결 같아서 「민주조선」이란 한자 섞인 신문 한 장만 읽었다.

다행히 19일 전날 회의부터 그날 그날 정경이 대강 대강 보도되었고 대표자들의 인사와 김일성 장군의 엄청난 생산숫자며 농민의 신축가옥 농구숫자 그리고 학교학생수로 본 교육 향상 등 북조선 정세보고에 대하여 박헌영씨의 남조선정세보고가 전 페이지를 메우고 있어 회의상황을 대략 짐작케 하였다. 무엇보다도 이회의의 정경을 마치 내가 본 듯이 추인상을 새기려고 애썼다. 지면을 통해 본 이 인상을 오후 최종회의에서 직접 체험한 인상으로 회의 전일의 정경을 정확성 있게 그려 보려니 했기 때문이다. 이윽고 버스로 회의장을 향하였다. 회의장으로 된 모란봉극장은 전차길 편 모란봉어구 왜정 때 평양신사가 있던 언덕 터 위에 근자에 단 70여 일 걸려서 새로 지었다는 백악관으로 목재 시멘트 콘크리트에 하얀 회칠을 하여 얼핏 보아 그리스 신화의 신전을 연상케 하는 곡선의 소박하나 퍽 아담스런 소건물이었다.

정문 양편 벽에다 이곳 사회주력인 농민과 노동자·인테리 그리고 사무원이 각각 일하고 있는 모습 네 폭을 큼직하게 동색으로 조각해 놓았고 정문 아치 위에는 금빛 무궁화를 새겨 붙쳤다. 정원내 동쪽에 설백일색의 구락부 건물이 눈부시었고 맞은편의 국영식당 한가운데 그전 분수듯이 맑어 푸른 하늘을 비치우고 동녘 눈 아래로 휘영청 대동강 건너 저 멀리 바라다 보이는 전원 춘색이 목가적이었다. 벌써 대표자들이 많이 모여 지나고들 있었는데 서울서 보기 드문 사람들이 흔히 보이고 우익 측인 듯한 사람들끼리 옹기종기 모여 서서 김 박사가 어제(22일) 들어왔지만 아마 오늘도 참석할까 말까 하다고 수군대고 있었다.

회의는 정각에 속개되어 극장 안으로 들어갔다. 단층이라 7백 명가량이나 들어설 넓이로 벽두루에 백지적서한 가진 표어가 해뜻하게 걸렸고 정면무대에 30명가량의 주석단석이 마련되어 배경에는 은색 조선지도 모형을 중심으로 쌍태극기를 엇걸고 녹색 월계수로 테를 둘렀을 뿐 양 장군초상이나 붉은기는 없었다.

별안간 박수가 일어나며 만장 총 기립 하기에 발돋음을 하여 앞을 바라보니 뚱뚱한 사람이 십수 명 거느리고 옆문으로 입장해 들어왔다. 일견해 김 장군 이하 주석단인 줄 알았다. 김 장군은 무대에 올라 맨 앞줄 중앙석 앞에 서더니 그냥 계속하는 박수에 박수로 응하면서 자그마한 안경 노인 김두봉씨외 박헌영, 허헌 등

주석 제씨가 각각 자기석에 들어설 때까지 기다려서 먼저 앉자 그제서야 일동은 박수를 끝이고 착석하였다. 이것은 공적모임에서는 일상 행하는 예절인상 싶었다. 홍명희씨는 맨 앞줄 바른편 끝에 앉아 머리가 고작 빛났고 이극로씨의 광대뼈 얼굴도 두드러져 보였으나 소위『공동성명 7씨』란 이 두 분밖에 보이지 않았다. 서른일곱 살이라고 들은 김 장군은 투실투실한 적동색얼굴에 「올빽」머리, 연한 자주빛 국민복을 입었다. 이윽고 문학가 예술동맹원일행이 프랑카드를 들고 들어와 시를 낭독하여 경축의 뜻을 표하였다. 이날 사회자는 김두봉씨로 오전에 뒤이어 대표자 몇 사람이 등청하여 토론(연설)하되 지상으로 본 다른 대표자들의 토론 내용과 대동소이한 것이었다.

단선을 분쇄하여 양군을 철퇴시킨 후 통일적 민주정부를 우리끼리 세우자는 것, 미국의 대조선정책, 이러한 한결같은 내용을 열을 토하여 외칠 때마다 우뢰같은 박수가 터졌다. 이것은 전 회의를 통해서그분위기의 초점인 것 같았다. 장내는 만원인데 모두 56단체 약 6백여 명 한독당·민련 그리고 그 산하 관계 측 참석인원은 일할 내지 일할 반 가량이라고 들었다. 제諸결정서가 일사천리로 통과될 때까지 조만식씨는 첫날부터 불참이거니와 양 김씨도 나타나지 않았다. 다만 김구씨는 그 전날인 22일 조소앙·엄항섭씨 등과 주석단에 나와 앉았다가 잠깐 인사만 하고 퇴장하였는데 유달리 주목을 끌만한 주장은 안 했고 「우리는 한 피를 가진 겨레이니 갈라질 수 없다」는 말에 박수로 공명共鳴을 받았다는 말은 그 후에 들었다. 이리하여 본 연석회의는 시종 북조선측 주장이 강한 분위기 속에서 열광적으로 폐회하였던 것이다. 이 회의가 끝난 후로는 경축공연과 주요기관을 관참觀參하는 데 소일하였다.

● 요인들 합의가 될 때까지

양 김씨가 연석회의에 정식으로 참석치 않았다는 점에 대해서 일부에서는 매우 궁금히 여기었다. 25일 연석회의를 경축하는 군중대회가 김일성 장군 광장(전 시청인 인민위원회 앞마당)에서 열렸을 때 양 김씨는 비로소 요인들과 함께 김 장군의 사열노대 위에 주석단 일행과 나란히 나타났다. 애국가 「동해물과 백두산이·····」 노래를 구곡조로 인민군이 취주吹奏할 때마다 기립하여 경의를 표해 가면서 끝까지 구경하고 있었다. 남조선 대표자들 중에는 양 김씨의 이러한 동정에 대해서도 관심이 깊은 듯이 「아, 김구씨가 나왔군 김 박사도 있어」 하고 중얼거렸다.

황해제철소를 참관하였을 때의 일이다. 현재 7할, 명년에는 100%이상 부흥復興할 계획 도중에 있다는 지배인 설명과 안내로 본시 용광로 셋이던 것을 하나만 1년간에 조선노동자의 손으로 복구시켜 시뻘건 쇳물이 쏟아져 나오는 장관이며 철판, 래-루, 황산, 타-루 등 20여 종 공업제품을 생산해내고 있는, 그 옛날 비굴했던 표정이 꺼진 듯한 노동자들의 꾸준한 모습을 보며 돌아다니면서도 양 김씨의 동향이 궁금해서 마침 그 측근자인 모 씨를 붙들고 캐어 물어보았다. 그의 말에 의하면 결정서에 서명은 안했으나 연석회의 이후 남북요인들끼리 비공식회담을 하고 있다는 것이었다. 그리고 절망이 아니라는 것과 양 김씨가 매우 원기 있는 태도라는 것을 알았다. 노동자들의 학습소요 문화오락기관인 노동회관이라는 당당한 건물 안에 안내되어 노동자들의 취주악을 듣고 잘 대접을 받은 후 다시 귀로 열차에 올라 떠나 올 때 창외窓外 노동자 숙사 앞마당에서 그 가족들이 차내 일행을 보고 손을 흔들며 그중 어떤 노파는 덩실덩실 춤을 추며 좋아하였다. 한바탕 웃고 나서, 나는 그 측근자에게 기분 좋아하는 틈을 타서 양 김씨에 대한 지상질문 몇 가지를 부탁하였다. 양 김씨의 특별호텔이라는 곳이 그때까지는 통 알 수 없었고 그보다도 방문 회견할 길이 없을 것 같아서였다.

그러나 그 후에 아무 소식이 없었다. 하루는 자유시간을 틈타서 우선 요인 모씨를 방문했다. 간접으로 양 김씨의 동정을 살피고 겸해서 그 숙소를 알려고 하였다. 某 씨는 이렇게 말하였다. 「순서가 바뀌었지요 요인끼리 먼저 이야기하고 그 후에 대표자회의를 열자는 것이었거든요」 하였다. 그리고 선생님 북조선 인상은? 물었더니 「박물관 가봤소? 쓰탈린 초상이 있습니다 그려, 김구 선생도 쓰탈린 초상을 메고 다니는 것은 좀 언짢다고 북조선기자들에게 말했노라고 합디다. 황해 제철소 같은 것을 본다 치면 우리들 손으로 그만큼 씩씩하게 기계를 돌리고 생산을 해내니 남조선서는 보지 못 하든 일이라 지극히 기쁩디다만은 이봐요(소리를 낮추면서) 그 생산품이 어디로 가고 어떻게 처리되는지는 알바 아니거든」 하고 끽끽 숨을 죽여서 웃었다. 또한 요인 모씨가 있다가 「여기 와서 표면만 봐선 안돼 길가는 사람도 붙들고 물어 보구…」 더 이야기를 할려는 참에 옆에 요인이 눈을 꿈적하면서 「쉬」하였다. 마침 소제부 여인이 하나 걸레를 들고 들어왔다. 마룻바닥을 훔치는 동안 잠잠하더니 여女 사환이 다시 나간 뒤에 「쉬」한 요인이 껄껄 웃으면서 「말조심 하는 게 예의야」 하였다. 나는 인사를 하고 일어나 거리에 나섰다. 그 길로 양 김씨 숙소를 찾아 갔다. 전차를 처음 타고 승객들의 질서 있는 거동이며 절비한 상품에 그전과 다름없는 양 상품이 풍성한 것을 보았고 소위 이층이 쌀 배급을 못 받아 불평이라는 소시민층이거니 하며 그 전날 이발관엘 들렀을 때 그 이발사가 「점심 한 그릇에 25원인데 한 사람 까고 15원 받으니 수지 맞게소 이 수입으로 시장 쌀 소두 한 말 2백 7, 8십 원짜릴 사먹으라니 막 죽갔수다」하든 불평소리가 문득 떠올랐다.

전차를 내려서 상수리 특별호텔을 찾았다. 노크를 하고 문을 여니 마침 김구씨는 몸이 편치 않았던지 침실에서 이불을 제끼며 넌지시 일어나 앉았다. 이것은 여담이지만 단 둘이 마주 앉아서 이야기 해보기는 이때가 처음이었는데 축 늘어져 덮인 세모눈을 슴벅슴벅하면서 뜸직뜸직 한마디 할 때마다 널따란 입술이 너웃거리는 그 모습에서 순간 「오래 묵은 호랑이」가 턱 앉아있는 것 같은 강한 인상을 받았다. 어떤 위력을 헤치면서 나는 이렇게 물었다.

1. 왜 제諸 결정서가 통과되던 연석회의에 나오지 않았으며 또 제 결정서에 당대표자로 하여금 서명을 시켰으니 선생과 연석회의와는 관련이 없는가?
2. 어떠한 공적 표시가 있을 듯한데 김 박사와의 공동성명은 언제쯤인가? 이에 대해 서씨는 신중한 태도로 이렇게 말하였다. 「몸도 고달프고 대표자가 참석했으니 그런 것이지 별다른 이유는 없다. 당대표가 서명한 만큼 결정서의 근본 취지엔 나도 찬동한다. 다만 순서가 바뀌어서 요인끼리 회담이 먼저 있었어야 했는데 나는 이 요인회담에 본의가 있었다는 것뿐이다. 그렇다고 요인회담과 연석회의는 전연 관련이 없지는 않다. 장차 요인회담이 있을 터인즉 그 후에야 무슨 공적 의사를 말하겠다」 다시 묻기를 3. 요인회담에서 가장 난색이 예상되는 것은 선생이 서울출발 직후에 성명한 바 미소양군 철퇴에 있어 협조적 평등적 외교원칙으로 추진시키자는 점인데 이번 연석회의의 공기를 미루어보아 그 외교 원칙이 미약해질 염려가 있다는 것이 아닐까 했더니 「그렇지요 나도 그 점이 우려 되오. 아무튼 나는 남조선 단정단선도 반대려니와 북조선의 그것도 반대이고 한 번에 안 되면 몇 번이고 이야기해 볼 작정이오」 하였다. 그리고 어제 북조선기자단과 회견하고 인상담을 말했

다는데 뭣이라 했소 물었더니 「어끄제 혼자서 서평양 밖 20리가량 농촌부락을 거닐어 보았다. 물론 내가 간다는 것을 농민들이 알았을 리 없었다. 모두 주위를 깨끗이 거두어 있고 전등도 들어오고 더구나 지붕이 십상팔구는 하얗게 새로 녕을 해 넣은 것이라든지 마음이 괴롭거나 생활에 그리 쪼들리지는 않는 것 같았다. 만경대를 가봤는데 혁명투사들 유가족학원은 1억원이나 들여서 잘 지어 놓으면서 김 장군 생가라고 들려서 그 조부라는 8순 노인을 만나봤더니 옛 그대로인 초가집에 장판도 없이 노전을 깐 채 물레도 그냥 있고 값이 가는 가구래야 「라디오」 한 대 정도인 것을 보고 김 장군의 공사별公私別을 지윽히 짐작했다. 다만 군중대회에서 김 장군 초상은 괜찮지만 쓰탈린씨 추상을 메고 디니면시 만세 반세 하는 것은 남조선에서 트루만씨 초상을 메고 다니는 일이 없으니 만큼 좀 안 됐더라고 말했소」 하였다. 그리고 김일성 장군에 대한 인상을 물었더니 서울서는 행패를 부린다는 등 여러 말이 많았으나 정작 만나보니 젊은 사람이 건실해 뵈였고 장차 과연 위대한 영도자가 될른지는 모르나 퍽 진취성이 있어 보입니다. 하면서 빙그레 웃었다.

▲ 평양시 민중대회에 참석한 김일성 장군(1945. 10. 14.)

이왕이면 그 옆방 김 박사도 만나볼까 했으나 오후의 예정인 탁아소와 김일성 대학에 참관시간이 촉박하였고 양 김씨의 의향도 대강 짐작 되는상 싶어 여관으로 돌아왔다.

세 살부터 열여덟 살까지의 애기들 50명 가량을 매일 아침 일곱 시부터 저녁 5시까지 맡아 보아주는 탁아소를 들러서 거의 무료로 먹이는 과즙으로 혈색 좋은 애기들이 깨끗한 침대 위에서 천사같이 낮잠을 자는 것을 보고 가난한 근로부부들의 편익을 상상하였는데 딴 여관에서 참관 왔던 모기자로부터 오늘저녁 7시에 김일성장군의 기자회견이 있다는 말을 들었다.

과연 김일성 장군의 남북요인협상에 대한 의향이 어떠한 것인가 이 기회에 엿볼 수 있을 듯해서 기대를 크게 갖었다. 농민노동자의 자손들 전체의 약 8할이 국비로 공부하고 있다는 김일성대학 임시교사를 참관하고 특히 이공학理工學 방면에 주력하여 모든 설비를 하루바삐 완성하기에 힘쓰고 있는 인상과 얼굴들이 모두 순박해 보이는 남녀학생들이 선생이 부족한대도 맹휴할 꿈도 안 꾸고 마음편히 공부에 골몰하는 듯한 인상을 받으며 기림리 밖 농민들의 애국미헌납분 약 1억원으로 10개월 준공을 목표로 하여 건평 7천 평의 대 건물을 공사 중인 신축 김일성대학을 보러 갔을 때 또한 모某기자로부터 방금 개회중인 인민회의(국회) 특별회의에서 한창 토의되는 인민공화국헌법초안이 많이 수정되어간다는 말을 듣고 귀를 쫑긋하였다. 특히 「수도를 서울에 둔다」고 말하고 그 단항이었던 「임시수도를 평양에 둔다」를 삭제하였다는 말에 당국 측의 남조선요인 측 통일노선에 대한 고려의 용의를 짐작케 하는 듯하였다. 그날 밤 헌법초안 통과회의를 마치고서 김 장군은 예정대로 자기(위원장실) 방에서 기자회견을 하였다. 질문에 대한 답변 중 남북협상에 관련하여 주목할 만한 내용으로,

1) 3상 결정은 이미 과거사요. 후견이 필요치 않는 만큼 북조선건설은 순전히 조선사람 손으로 토지개혁, 인민경제계획 등 민주적 개혁을 단행하여 이만큼 되었음에 비추어 오늘에 있어서는 양군은 이 이상 더 주둔할 근거가 없어졌다는 것.
2) 양군철퇴를 요구하되 평화적 외교(양 김씨의 원칙)로 할 것.
3) 인민군은 좀더 신성한 목적에 있으니 진공상태에 대한 불안은 절대기우라는 것을 불일 남북요인 공동성명으로도 보장하였다는 것.
4) 우리의 노선은 소위 반 세력이 비난하는 독재적 공산주의가 아니라 조선에 현실에 비추어 인민에 기초를 두고 인민의 노력을 원칙으로 완전 발휘케 하여 전체인민의 균등행복을 유일하고 절대적인 노선이라는 것 등을 양 김씨

가 제안한 5대원칙과 근사한 표현으로 말한 것이었다.

어떤 노老 기자는 회견을 끝마치고 복도에 나오면서 「이자 김 장군의 언명은 순정에서 울어 나오는 듯했는데 그것이 고대로만 간다면 장래야 어떠한 복선이 불쑥 튀어 나오던 지간에 이번 양 김씨와의 합의는 거의 결정적이 아닐까」 하고 소감을 말하였다.

5·1절 기념대회를 내일로 앞둔 4월 30일 아침 동숙했던 한독당 모 요인과 목욕탕에서 만나 오늘은 남조선측 양 김씨와 북조선측 김일성 김두봉 양씨의 소위 4 김씨 간에 그동안 양측대변인인 남측 권태양씨와 북측 주영하(인민위원회 수뇌부이며 이번회의 준비위원장)씨 사이에 비공식으로 5대원칙을 중심으로 상호토의해오던 그 끝말을 보게 되리라는 말을 들었다. 그러나 오늘 오후 몇 시경에 4김씨가 정식최종회의를 하며 그 장소가 어딘지는 모른다고 하였다. 이것을 알아내려고 나는 전부터 신임하던 친척이요, 이곳 문화계중진인 모씨를 기어코 찾아 보려니 하고 자유시간을 얻어가지고 문학예술동맹사무소를 찾았다.

그전 기생학교자리였는데 요행히 있었다. 본의를 말하자마자 「정신 있느냐 내가 그런 것을 알 리도 없고 알아볼 필요도 없다」고 자기일만도 바빠 죽을 지경이라 핀잔을 주었다. 그 대신 이곳 의류난은 현저하나 명년이면 경제계획에 의하여 금년 식량사정과 같이 완화되리라는 것. 문화인들은 노동자와 같은 대우로 2급 배급 쌀 5합에 동맹同盟일을 보면 평균 매달 1, 2천원 고정급이 있고 원고료가 한 장 70원이니 생활 걱정은 없고 동시에 모리謀利라도 해서(할 수도 없지만) 돈이나 벌까 하는 잡념은 생길 여지가 없이 창작에 주력할 마음의 여유가 있다고 자랑하였다. 자유여하에 대해서 물었더니 맨 처음에는 창작하는 데도 부자유스러웠지만 이곳사람들이 정신생활의 강령으로 삼고 있는 소위 철저한 자기비판으로 상호 토론을 맹렬히 계속하노라면 필경에는 이 노선이 절대 올바르다는 결론에 누구나 도달함으로 그 다음부터는 위에서 지시하는 명령에 하등 부자유를 느끼지 않는다고 하였고 창작도 노선과 그 정신만 잊지 않으면 어떤 「테-마」이건 자유라고 타일렀다.

민족문화건설에 대해서는 마침 옆에 앉았던 성악가 모씨가 흥분해서 「대체 남조선에서는 때가 어느 때라고 춘희 따위를 공연하고 우쭐해 하는 거요. 우리는 견우직녀를 벌써 정통적으로 가극화시켰고 요즘은 춘향이를 창작했소. 한번 가

봐요」 하고 나를 꾸중하다시피 대들었다. 문득 인민군 연주회에서 향토색 짙은 신가요新歌謠와 신무용新舞踊(아리랑, 도라지타령, 개성난봉가, 농군 춤 등)이 형식 내용 모두 창의성을 엿볼 수 있는 듯이 느낀 생각이 났다. 이렇듯이 이 날은 끝끝내 요인회담이 어디서 열렸는지도 모르고 초조히 지냈고 다만 밤 9시에 모란봉 구락부회의실에서 4김씨를 위주爲主한 남북요인 그리고 각 정당사회단체대표자들이 일당에 모여 공동성명서에 일제히 서명하였다는 사실을 듣고 동숙요인에게 다짐해봤더니 틀림없이 그실 요인공동성명서가 전 대표자 간에 통과되어 밤 방송으로 발표됨으로써 5·1절을 장식하였다고 확인하였다. 이로써 남북협상은 일단락 지은 듯하여 공동성명서 나오기를 기다렸다.

그 이튿날은 5·1절 군중기념대회가 평양역 광장에서 벌어졌다.

이 대회에서 공동성명이 발표되려니 하고 회장會場으로 향하던 도중 새벽부터 동원돼 나오는 군중으로 길목마다 가두마다 문자 그대로 꽉 메꾸어져 있어 일행一行버스도 가다 멈추고 길이 트일 때까지 잠시 기다렸는데 뒤를 따라오던 쏘군 장교가 탄 「찦」이 보안 대원에게 스톱을 당하고 서로 뭐라고 옥신각신하고 있었다. 보안대원은 절대 안 된다는 듯이 손을 내저으며 도로 가라고 하는 양 같고 쏘군병은 짓궂이게 그러나 공손한 태도로 뭐라고 대꾸를 하고 있다.

안내자(민전사무원)에게 왜 그러느냐 물었더니 통행증이 없어서 도로 쫓는 것이라 했다.

주둔군인데 통행증이 그리 필요한가 다시 물으니 「쏘군이라도 인민위원회정권 지배를 받기 때문에 절대 앙이 되오. 같은 동무이긴 하나 우리 행정권과 혼동할 수는 없소」 하였다. 그 말에 10일전 38선을 넘을 때 신임장을 조사하는 쏘군 병졸에게 무궁화담배를 한 개 내주었더니 선뜻 받아들고 뻑뻑 피우던 그 소박하고 비위 상하는 우월감도 없어 보이는 첫인상이 머리를 스친다. 이날 행렬은 생전 처음 보는 가관이었다. 인민군의 위세란 당당하였고 각계각층 하여튼 이곳 사회층으로 빠진 곳이란 없어보였다. 특히 중국 사람들이 농민은 곡괭이를 메고 고낭姑娘들은 청복靑服을 입고 모택동씨 초상을 받들고 사찰대를 지나가며 「김일성 장군 만세이 만세이」 하는 모양은 인상적이었다. 양 김씨와 요인들도 전원이 출석하였는데 내 옆에 서서 이 행렬이 다 지나기까지 4시간 동안을 비를 맞으며 바라보던 요인 모씨는 「이곳 사회는 아예 새 사람 새 세대로 일신했군 그래, 지나가는 얼굴을 보아하니 죄다 20세 전후인 청소년이오. 장년층이래야 농민과 노동자 그 역시 새 정신을 불어넣은 새 사람들이 상하 일동으로 그 강력한 조직체를 가지고 절대를 타는 길로 막 밀고 나가니 좋건 언짢건 어떠한 건설이 하나 되질 수 밖에, 이런 씩씩한 사회적 「힘」이란 남조선에선 도저히 느낄 수 없는 걸……」 하고 입을 접접 다시였다. 이 대회에서 공동성명서는 공표되지 않았고 여관에 돌아와 신문을 보니 거기 게재되어 있었다. 이것만 있으면 인젠 볼 장은 다 봤거니 하고 짐을 싸면서 그 공동성명서를 가위로 도려내 간직하였다.

이튿날 떠나기 전에 김구씨를 두 번째 방문하고 「통일과업단계가 하나씩 개척 되어가니 기쁘고 자세한 말은 쉬 귀경하여 여러분께 말하겠다」는 감상기사를 얻었다. 그리고 김두봉씨가 두 번이나 조만식씨를 고려호텔로 찾아가 회의에 참석하기를 환영했으나 거절하였다는데 조씨를 만나봤는지요? 물었더니 서서히 만날련다고 간단한 대답을 듣고 돌아왔다. 오후 2시 반차로 평양을 떠나려고 정차장으로 나갈 때 첫 날부터 일행의 안내자로 깡글하게 돌봐주던 보안대원이 바래다주마고 따라나섰다. 역장실에서 차를 기다리는 동안 대원은 은근하고도 진지한 표정으로 「선생님 이번에 이북에 왔던 감상은 어떻소, 솔직히 말해주시요」 하고 마지막 청인 듯이 물었다. 나는 이 청년(20세 전후)이 농가의 자제로 소학교 밖에 못나왔고 해방 후 민청에 가입하여 그 단체 내 학습실에서 공부한 분수로는 놀랄만하게 풍부한 상식과 사회주의 이론을 갖었고 그보다도 순진한 점에 호감을 갖었었다. 가끔 내방에 들어와 「선생님은 자꾸만 반동기자 반동기자 하고 염치廉恥만 떨지 말고 여기 사회의 결점을 말해주시요」 하면서 2년 전 과도기의 혼란했던 사정이며 식량정책의 실패로 식량사정이 극도로 악화됐던 것이 작년 인민경제계획 수행 이래로 요즘은 윤택이 나게 된 경위와 그밖에 이북인以北人이 다수 월남하는 이유로서 개인주의적 자유 관념이 이곳 노선 하에서는 배겨나기 곤란함에 따라 소시민으로 몰려 일반 배급을 못 받는 관계로 살기 거북해 그리된다는 등 여러 각도로 숨기는 티 없이 터놓고 말해주는 그 소박함에 관념상으론 먼 거리를 느끼면서도 어딘지 인간적으로 우정을 느껴왔던 것이다.

그래서 나는 그 질문에 이렇게 대답하였다. 내가 이번에 와서 견문한 내용은 한 간동을 다녀본데 불과한 만큼 이북의 정체는 이렇다 하고 단언할 게 못됩니다. 못해도 6개월 이상은 실지로 살아봐야겠지요. 그러나 한 가지 어디를 가든 또 언제든지 누구에게나 책임지고 말할 수 있는 것은 내가 앞서 이곳 선전국에서 남조선기자단을 초대했을 때 허정숙 국장이 역시 노老형이 묻듯이 내 감상을 묻기에 거기서 대답한 내용을 다시 한번 되풀이하렵니다. 이렇게 말하였습니다. 나는 요즘에 와서 「아름다움」을 구하고 그것을 글로 그려보려는 희망에 겨우 삶의 보람을 느꼈으나 남조선에서는 자나 깨나 어떻게 먹고사나 하는 걱정이 앞을 가로막곤 해서 고민이 여간 아니었던 터에 이번 여기를 와보니 어떤 문화인의 진실한 이야기를 듣고 이것저것 견문하는 동안에 어쩐지 내가 늘 걱정하던 「밥걱정」을 덜어주는 환경은 여기서 이루어져가고 있는 상 싶어 계획경제의 뚜렷한 성과에 매우 큰 충동을 받았습니다. 그뿐 아니라 지도자층이 개인영달에 눈이 뒤집히거나 일반근로자가 돈의 노예가 된 듯한 사회적 부패성이 없이 모두 왜 그런지 진실소박해 보이고 무엇을 하나 건설해 놓고야 만다는 박력을 느낄 수 있어 매우 기분이 좋아집니다.

그래 언뜻 생각에 여기 와서 살아볼까 하는 마음도 났으나 다시 뉘우쳐 보건대 나같이 개인주의적 자유 관념에 이미 푹 젖은 머리로서는 여간해 배겨나지 못 할 것만 같아서 다만 「밥걱정」 때문에 역시 내 강토인 남조선을 떠나온다는 것은 자기를 모르는 비겁한 처신이라 마음먹었습니다. 내가 남조선에 가면 마음의 38선을 없애는 데 도움이나 되고자 이곳의 좋다고 생각하는 점, 나쁘다고 느껴지는 점을 우선 이번 와서 본 한도 내에서 친지들에게 이야기함으로써 남북통일과업에 이바지하는 보람이 있었으면 합니다. 이렇게 말했습니다. 어떠시오 했더니 청년은 내 손을 잡으며 웃으며 「안녕히 가세요」 간단히 인사를 하고 돌아서 갔다. 나는 호주머니에 손을 넣어 공동성명서의 신문지 조각을 만져 보면서 「프렛트홈」으로 나갔다.

〈1948년 5월 6일〉

제3부 백범 암살의 현장

김구씨 피습절명
오호! 민족의 광망 김구 선생.
3천만의 비분은 충천!
보답이 총살이냐? 어안이 벙벙 말할 수 없다
비애와 분노에 쌓인 경교장, 말없이 흐르는 것 눈물뿐
애끓는 울음소리, 경교장 이 구석 저 구석에
깡통을 집어던지고 걸인들도 대성통곡
10일간 조문객 무려 124만
하늘도 흐려, 조조 경교장에서 발인식
오호! 발 구르며 우는 소리, 눈물의 바다
식장은 처연
바람속의 경교장, 명도냐 기념보존이냐
백범 암살 안두희는 미 공작원이었다
'백범 암살 진상' 재조사하라!

▲ 백범 암살 현장검증 장면
앉은 사람 백범대역(엄항섭)

■김구씨 피습 절명 26일 오후 1시 경교장에서

朝鮮日報

金九氏被襲絶命

廿六日午後一時京橋莊에서

犯人은現場에서逮捕

【二十六日午後二時半 憲兵司令部發表】今日午後一時二十分頃京橋莊에 怪漢이 侵入하여金九氏에게拳銃을 發射하였다 金九氏는 胸部貫通傷을받아 午後二時 絶命하였다 犯人은 犯行後 逃走치않고 逮捕를 待期하고있어 곧逮捕하여 方今 憲兵司令部에 收監問招中이다

범인은 현장에서 체포

[26일 오후 2시반 헌병사령부 발표]

금일 오후 1시 20분경 경교장에 괴한이 침입하여 김구씨에게 권총을 발사하였다. 김구씨는 흉부관통상을 받아 오후 2시 절명하였다. 범인은 범행 후 도주치 않고 체포를 대기하고 있어 곧 체포하여 방금 헌병사령부에 수감 문초중이다. 〈조선일보 1949년 6월 27일〉

■조국광복의 거성, 김구 선생 자택서 조난

백범 김구 선생은 소년시대부터 의로운 투쟁을 하다가 기미 3·1운동이 일어난 그해 4월 상해로 망명하면서 풍찬노숙을 하면서 오로지 조국의 광복을 위하여 대한민국 임시정부 간판을 지고 중국의 상해 혹은 중경으로 옮겨 다니며 30여 년간 한결같이 분투하다가 8·15해방 후 귀국하여 서울시 충정로 1가 경교장에서 유하며 여러 가지 곡절을 거쳐 지금 한국독립당 위원장으로 있었으며 근간은 침묵을 지키고 있던바 어제(26일) 하오 1시 20분 경 자택에서 괴한에게 권총 습격을 받고 동 2시 경 드디어 서거하였는데 범인은 범행 후 도주하지 않고 체포를 대기하고 있는 것을 곧 체포하여 방금 헌병사령부에 수감 문초 중이라 한다.

범인은 ○ ○ ○(기사 삭제)

측근자 모씨 담某氏談 그런데 측근자 말에 의하면 범인은 일상 경교장에 출입하던 자로서 (기사 삭제)‥‥‥ 1시 20분경 김구 선생과 만나 2,3분간 면담하다가 돌연 권총 수발을 발사하여 머리와 가슴 수개 소에 관통상을 입혔는데 곧 부근 적십자병원 의사가 급거 출동하였으나 원체 심한 관통상을 받았기 때문에 이미 절명한 뒤 이었다고 한다.

정正 비상경계실시非常警戒實施 이러한 중대사건의 발생에 비추어 서울시 경찰국에서는 작일昨日 오후부터 정 비상경계에 들어갔다.

〈조선일보 1949년 6월 27일〉

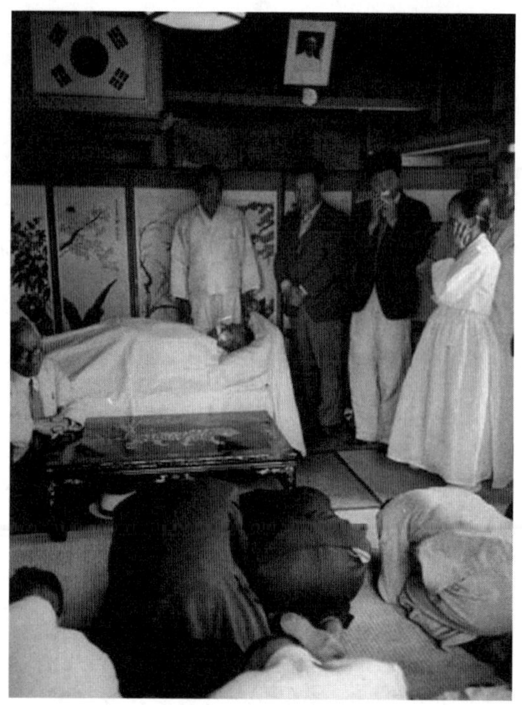

▲ 서거 직후 김구 선생 시신 앞에 통곡하는 조문객들

■평화통일의 비원을 품고 노혁명투사 영원히 가다!

거성巨星은 땅에 떨어지다!

70평생을 오로지 조국광복을 위하여 싸우던 백범 김구 옹翁은 드디어 갔다. 남북 평화통일의 비원을 가슴깊이 지닌 채 의롭고 어두운 길로 영영 떠나버렸다.

"김구 옹翁 피습 서거!" 라는 믿지 못할 특보特報가 장안거리 이벽 저벽에 갑자기 돌자 사무치게 놀란 시민들은 옹의 자택을 향하여 골목에서 신작로로, 산마루에서 거리로 저도 모르게 달음질치는 것이었다.

여기는 옹의 자택 경교장(京橋莊).

푸른 그늘 수놓은 충정로(忠正路) 한 모퉁이의 이 하이얀 양관洋館은 순식간에 흐느낌, 울부짖음, 몸부림의 바다로 화하였다. 현관을 지나 2층 층계를 올라서면, 서편과 남쪽으로 시원스러히 창이 뚫린 12첩(疊)의 다다미방이 옹이 늘 거처하는 방이다.

이미 붉은 피의 순행循行이 멈추고 온몸이 대리석처럼 싸늘해진 옹의 시체는 박꽃처럼 하이얀 모시 두루마기에 쌓여 깨끗한 쇠침대위에 잠들어 있다.

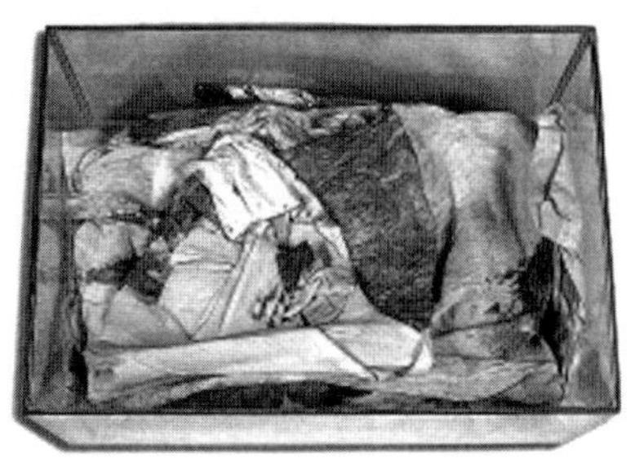
▲ 시해 당시 피묻은 옷

노怒하면 푸른 불길이 솟던 그 형형한 두 눈은 고요히 감겨지고, 불의不義를 보면 범처럼 포효하던 그 입술은 성문城門처럼 굳게 닫혀 있다. 남쪽 창窓가로 흰 보를 덮고 테이블과 회전의자 하나, 여기서 옹은 그 흉악한 총기의 해침을 받은 것이다.

테이블 왼편 앞턱에 보기에도 몸서리칠 점은 선지피가 무더기로 시커멓게 엉켜 있다. 위에는 굵고 가늘은 가지가지의 모필毛筆과 서상書狀과 그리고 읽다 말은 듯한 「현대중국시선」 하권下卷, 이 자리는 옹이 언제나 즐기어 서사와 독서와 명상에 잠기던 자리인 것이다. 꽃피는 봄이건 하늘 높은 가을철이건 간에 언제나 이 자리에 앉아 혹시 밑을 내려다보다 손과 눈이 마주쳐 고개를 끄덕하기도 하고, 혹은 독서삼매에 빠져 있기도 한 것을 이곳을 찾은 일이 있는 손은 다 같이 기억하고 있으리라. 허나 옹翁은 이미 다갔다. 〈조선중앙일보 1949년 6월 28일〉

■오호! 민족의 광망光芒 김구 선생, 3천만의 비분은 충천!

80평생 민족을 위해 한결같이 싸워온 애국자 김구 선생은 괴한의 흉탄에 쓰러졌다.

반일투쟁의 급선봉이요, 해방이후 남북통일을 위하여 한결같이 싸워온 선생이 아직 전 민족의 염원인 남북통일을 이룩하기도 전에 포악한 마수에 쓰러졌다는 것은 민족의 장래를 위하여 분노를 금할 수 없다. 만일에 이 하수를 감행한 자 개인의 정견의 차이에서 저지른 범죄라면 어찌 무지몽매한 장난이냐? 애국애족의 결정체인 백범 김구 선생의 거룩한 정신은 전 민족의 가슴속에 깊이깊이 아로 새겨져 선생의 애족의 신념은 반드시 이룩되어 청사에 오점을 남긴 무리들이 3천만의 단죄를 받을 날이 멀지 않을 것이다. 김구 선생의 피살을 계기로 우리는 정치운동에 있어 일대 반성을 하여야 한다. 냉정한 지성으로 또다시 참으로 위대한 민족인 것을 세계에 증명하기 위하여 이러한 만풍을 일소하는 동시에 우리는 김구 선생의 거룩한 뜻을 살려 하루 속히 남북통일을 이루어 3천만 겨레가 단란하고 아름다운 생활을 꾸밀 것을 가슴 깊이 맹서하여야 할 것이다.

국가와 민족의 독립과 자유를 목표로 70평생을 쓰라린 유랑폭풍을 천신만고 속에서 조국광복을 위하여 싸워온, 오로지 우리 민족만이 자랑할 수 있는 희망의 혜성, 위대한 3천만의 지도자인 한국독립당 당수 백범 김구 선생은 재작再昨 26일(일요일) 오후 12시 50분 경 시내 충정로 경교장에서 육군소위 정복을 착용한 안두희에게 권총저격을 받고 1시 40분 경 정의 속에 피로 물들인 오랜 투쟁의 경력을 우리의 가슴속에 사무치게 남기고 절명하였다.

이날 직근자인 이풍식씨의 말에 의하면, 아침 11시경 전기 육군소위 안安이 선생에게 면회를 요청해 왔다. 안은 약 1개월 전에도 선생에게 면회하여 화병 등의 선사도 하고 간 일이 있으므로 마침 선생은 2층 서재에서 휴식중이며, 근측자는 조금도 그를 의심치 않고 수부실에서 기다리게 하였다. 그는 기다리는 동안 주로 군사문제에 관한 잡담을 하다가, 무기를 차고 선생을 뵈올 수 없다 하며 자기 허리에 소지하였든 권총을 방에 놓고 선우진씨의 안내로 혼자 2층에 올라가 의자에 앉아 계시던 선생의 안부와 어깨를 향해 3발을 발사하였다. 마침 범인 안이 2층에 올라가는 사이 전화의 벨이 울림으로 이씨와 선우씨는 전화를 받고, 그리고 또한 라디오 소리가 요란스러웠으므로 전연 1층에서는 총성을 듣지 못했는데, 대문에 수비하고 있는 2명의 경관이 카빙을 겨누고 현관에 달려올 때 安이 유유히 2층 계단을 내려옴으로 이를 무난히 체포하여 곧 서대문서에 보고한 후 약 20분 후에 헌병대에 인도되었다. 상기한 바와 같이 범인의 화병 선물 등으로 미루어 보아 그 배후관계에 관해서는 헌병대의 수사진전에 따라 앞으로 백일하에 발표될 것이라 한다.

〈자유신문 1949년 6월 28일〉

■자숙의 조치, 김金 경찰국장 담談

김구 선생 서거에 대하여 시市 경찰국장 김태선씨는 27일 상오 다음과 같이 말하였다.

「26일 하오부터 정正 비상경계에 돌입한 것은 치안상태를 우려해서 선포한 것이 아니고 단순히 김구 선생이 불의의 흉변을 당하신 데 대하여 일반 시민은 자숙하고 좀더 조의를 표하기 위해서이다. 또한 26일부터 야간통행시간을 한 시간 단축한 것도 각 요정, 유흥장소에서 자진자숙을 기함에 본의가 있는 것이다. 특히 호위경관도 배치할 것을 여러 번 김 주석에게 말씀드렸던 것이나 선생이 거절하셨기로 경비원 3명이 비치되어 있었던 것이다. 야간 통행시간은 29일부터 종전과 같이 복구될 것이다.」 〈자유신문 1949년 6월 28일〉

■김구 선생 서거에 각계 애도, 어공어사에 통한지극 애국대의를 계승하자

● 이 대통령이 애도사 특별방송

김구 선생이 졸연卒然 피습 당하였다는 급보에 접하고 이 대통령은 작昨26일 오후 9시 23분부터 동 30분에 걸쳐 다음과 같은 애도의 방송을 하였다.

「백범 김구 선생이 오늘 흉변을 당하신 보도를 들은 나로는 놀랍고 담색해서 말이 잘 아니 나옵니다. 범인이 잡혔다 하니 무슨 주의主義로 이런 일을 행하였으며 이것이 개인행동인지 연루자가 있는지 엄밀히 조사해서 일일이 공포하고, 범인은 법대로 처벌될 것입니다. 한인韓人들이 어찌해서 이런 만행을 범하는지 과연 통탄할 일입니다. 공사간에 원혐怨嫌이 있거나 억울한 일을 당하였으면 끝까지 법률적으로 해결하는 것이 개명開明한 사람이 행할 바이어늘 하물며 이利로운 사람을 살해하고 어찌 그 백성이 개명한 사람의 대우를 받을 수 있으리오. 백범 선생이 살해당한 것으로 우리나라와 우리 민족에게 얼마나 손해를 주게 된 것을 통분하여 마지 아니합니다.

지금至今 민국정부가 성립된 지 1년이 다 못되었어도 우리 우방들이 많이 도와서 민주주의가 잘 발전되는 것과 관민합작으로 치안을 잘 유지하여 나가는 것을 칭찬하며 미국에서는 「트루만」 대통령 이하 여러 당국이 우리에 대한 경제원조로 1억 5천만 불을 국회에 요청하여 며칠 안으로 통과되기를 기다리고 있으며 우리 한인들만 합심합력하여 잘 해나가면 다같이 행복을 누리게 될 것인데 어찌해서 이런 불법 행동을 행하여 저의 목숨에 해롭고 나라와 민족에게 누를 끼치게 하는지 생각할수록 통탄할 일입니다. 나와 백범 선생 사이의 사분私分으로 말하면 호형호제呼兄呼弟하고 의리는 실로 사생死生을 같이하자는 결심이 있는 터이며 임시정부 주석으로 내가 절대 지지하였고 그 후 임시정부가 귀국한 때 나는 무조건 지지하여온 것입니다. 중간에 와서 정치상 약간 차이로 말미암아 정계에 다소 의아하는 점이 없지 아니해서 우리 두 사람이 양편으로 시비를 듣고 있었으나 내가 믿고 바라기는 백범 선생이 조만간에 나의 주장하는 것이 아무 사심이 아니요 민국대계民國大計에 유일한 방침으로 각오覺悟될 날이 있을 것을 믿고 있었으며 근저近著에 와서는 이런 희망이 점점漸漸 표면에 나타난 것을 보고 나는 마음에 기뻐하는 중인데 졸지에 이런 일이 생기고 보니 어공어사於公於私에 원통한 눈물을 금하기 어려 웁니다. 해내해외海內海外에서 백범 김구 주석을 사모하는 모든 동포는 한 줄기 뜨거운 눈물로 그분의 죽엄을 애도하며 따라서 그분이 평생 애국애족하는 대의를 본받아 그 사업을 계속 완수하기를 결심하기로 다 같이 맹서하기 바랍니다.」 〈조선일보 1949년 6월 28일〉

■이시영 부통령 담

「졸연 비보에 정신이 미란迷亂하므로 성언하기 곤란하다. 고 백범 선생의 참변은 너무나 상통하여 정성定情할 수 없다. 선생의 생명을 뺏으려 하던 수십 년래 가진 험운을 추억하면 어디나 기발점이 일인의 모략에서 나올 뿐이었다. 이번 흉수의 악의惡意 명동이 어디로부터인지 아직 모색할 수 없다. 일이 너무 급속하여 슬픈 정회를 진정하기 어려울 뿐이다.」 〈경향신문 1949년 6월 28일〉

■국가민족의 대손실, 신 국회의장 애도사

국회의장 신익희씨는 백범 김구 선생 서거에 제際하여 27일 다음과 같은 애도의 뜻을 표하였다.

「작일昨日 하오 10시 백범 선생의 참변을 비로소 듣고 무어라고 형용 못할 비통과 애도를 금할 수 없는 일이다. 백범 선생은 청년시대부터 우리 국가 독립을 위하여 꾸준히 노력해 내려오는 터이며 조국 광복운동의 선두이었던 터이다. 나와의 관계도 30여 년을 하루와 같이 독립운동에 종사해 내려왔을 뿐더러 더욱이 상해 임정시대부터 때로는 동사同事의 형편으로 때로는 동지의 형편으로 동지 중에도 남과 다른 신뢰로서 지내 내려오던 나로서는 무어라고 얘기할 수 없으나 임정이 환국한 이래로도 견해와 주장에 있어서는 약간의 차이가 불무不無하였지만 우리나라의 독립과 민족의 자유를 위해서 노년인 선생은 노방익老芳益으로 노력해 내려 온 것은 동포들이 다 아는 사실이다.

우리나라의 역사가 계속하는 한 백범 선생의 영명英名은 영구히 감하지 않을 것으로 믿는다. 국내 국제적으로 급업한 부면剖面에 처한 우리로서 독립운동에 노전사老戰士이고 우리 건국대업에 지도자의 한 사람인 백범 선생을 상실하게 된 것은 국가민족의 대손실大損失이고 대불행사大不幸事이다.」

〈조선일보 1949년 6월 28일〉

■민족장래에 통한사, 대법원 김병로씨 담

김구 선생의 흉변의 보도를 받고 놀랍다는 것보다 우리의 민족국가의 장래를 생각하면서 어째서 이러한 변괴가 발생하는가 가슴을 안고 침통沈痛을 느낄 뿐이다. 선생은 온 세계가 다 아는 바와 같이 국내 국외를 통해서 50년이라는 긴 기간을 적 일본과 맹렬한 투쟁을 전개하여 우리 조국 광복에 위대한 업적을 이루었고 실로 우리 민족의 은인이요 세계적 위인이라 누가 부인할 사람이 있겠는가. 우리 독립건설의 과정에 있어서 이러한 은인 이러한 위인을 잃고 우리는 어디로 갈 방향을 가릴 수 없다. 실로 전 민족과 같이 비애와 심통을 느끼는 바이다. 우리의 은인과 위인의 생명을 빼앗은 자의 무엇인가는 아직 판명되지 않았으나 그야말로 우리 대한민국의 발전을 저해하는 반역도배일 것이다.

〈조선일보 1949년 6월 28일〉

■유지 영원불멸, 조 한독당 부위원장 담

한국 독립당 부위원장 조완구씨는 백범 선생 참변에 대하여 다음과 같은 담화를 발표하였다.

「백범 선생은 여러분도 아시다시피 일생一生을 민족과 국가를 위해서 자기의 소신에 매진하여 오신 분이다. 그러니 이번 참변은 민족적으로 보아서 여간 통탄할 일이 아니다. 선생은 오로지 국가를 사랑하고 더욱이 청년을 사랑하는 마음으로 자기의 몸을 돌보지 않고 이번의 범인만 하더라도 아무 깊은 숙원宿怨은 없는 것 같다. 우리는 민족과 국가를 위해 또한 고故 위원장의 거룩한 뜻을 받아 이것을 지켜나갈 것이다. 이것은 우리 민족 전체가 공통으로 인식해야 할 것이다. 백범 선생의 몸이 사라졌지만 정신은 영원히 민족의 피에 뿌리 박혔을 것이라고 믿는다.」

〈조선일보 1949년 6월 28일〉

■보답이 총살이냐 어안이 벙벙 말할 수 없다, 김규식 박사 담

報答이 銃殺이냐

어안이 벙々 말할 수 없다

金奎植博士談

일생을 바쳐 조국 광복을 위하여 분투하시던 독립운동자에 대한 총살이 보답이란, 말인가. 이것이 무엇이냐? 지금 본인은 입안이 굳어져 어떠타 말할 수 없는 동시에 국가민족을 위하여 이 이상 애석한 일이 어디 있는가 한다. 〈자유신문 1949년 6월 28〉

■동성일곡, 조 사회당수 담

나는 꿈밖에 일로 생각된다. 광무황제 때에 죽지 않고, 사내寺內놈의 손에 죽지 않고, 전쟁 중에 또는 언제나 현상懸賞 밑에서 체포목표가 되든 그 몸이 74년을 굴어오다가 백주에 동족의 손에 쓰러질 줄은 나도 뜻하지 못한 바이다. 백범 선생은 내 알기에는 자모에 대하여 효자이었으며 군주에 대하여 충신이었으며 조국독립과 민족자주를 위하여 모든 정신과 몸을 최후 일각에 혈투로서 조국을 위하여 희생한 위대한 애국자이었다. 그만한 인물을 국가를 위하여 써보지도 못하고 관을 덮게 되는 것은 민족에 큰 손실이며 동성일곡同聲一哭할 뿐이다. 〈조선일보 1949년 6월 28일〉

■최동오씨 담

백범 김구 선생 서거의 급보를 받은 최동오씨는 비통한 표정에 울음 섞인 음성으로 「다만 나의 마음이란 3천만의 마음과 다를 리 없이 비통하고 애석할 따름이다」라고 말하였다. 〈조선일보 1949년 6월 28일〉

■김성수씨 담

백범 선생은 조국 광복을 위하여 40년 동안이나 해외에서 온갖 고초를 겪고 점심도 굶으며 왜놈들과 투쟁을 하며 백절불굴百折不屈하신 분으로 조선 사람이 동화 안 되었다는 것도 그분의 힘일 것이다. 그런데 해방된 조국에 돌아와 독립이 된 오늘날 앞으로 남북통일을 해야 할 때에 흉변을 당하신 것은 천만 유감이다. 〈조선일보 1949년 6월 28일〉

■이북인 대표단 담

우리 민족의 거성 백범 선생이 괴한의 피습으로 급서함은 민족의 불행이며 청사에 오점이다.

월남 4백7십만 이북인들은 더욱 애통을 불금不禁하는 바이다. 우리 민국은 바야흐로 남북통일을 지향하여 웅비하려는 작금 이러한 불행지사는 금후 영향되는 바 클 것인 바, 이외의 경동輕動은 절대 배격하여야 한다. 치안 담당한 요로要路 당국當局의 또 일층一層한 노력을 촉구하는 바이며 민족사상民族史上에 오점을 던진 자는 엄처嚴處하기를 바란다. 〈조선일보 1949년 6월 28일〉

■이 서울시장 담

조국광복의 거성인 백범 김구 선생의 흉보에 대하여 서울시장 이기붕씨는 다음과 같은 조사를 발표하였다.

「작일 김구 선생의 조난 급보를 듣고 놀랍고 애석한 마음을 금할 바 없습니다. 백범 김구 선생은 세상이 다 아는 바와 같이 조국광복을 위하여 온 생애를 바친 분입니다. 이러한 분이 참혹한 최후를 당하게 된 것은 참으로 유감이 아닐 수 없습니다. 이번 일뿐 아니라 우리나라의 많은 지도자 여러분이 이렇게 비명에 넘어가게 된 것은 국가적으로 보아 큰 손실이라고 믿습니다.」 〈조선일보 1949년 6월 28일〉

■대한청년단 담

우리는 어제 민족의 위대한 지도자를 상실했다. 일찍이 고하古下, 몽양夢陽, 설산雪山을 잃고 슬픔에 잠긴 우리 민족에게 청천벽력과 같이 백범 옹의 피습절명을 전하니 우리 민족은 이렇게도 불행한 민족이며 이다지도 잔인한 겨레였던가를 의심하지 않을 수 없다. 옹은 일생을 오로지 조국을 위해서만 모든 고통을 감수했으며 또한 30여 성상의 해외 생활 중 끊임없는 왜적과의 투쟁에서 승리의 깃발을 높이 들고 이 민족의 선두에서 간악한 ······(약) 백범 옹은 가셨다. 그러나 그 열렬한 공적은 청사에 영원히 빛날 것이며 그 위대한 애국심은 우리들 8백만 청년의 가슴 속에 영원히 살아 있을 것이다. 〈조선일보 1949년 6월 28일〉

■대한노동당 담

김구씨 흉변에 대하여 조국 광복을 위하여 전 생애를 민족에게 다 바친 민족의 지도자에 대하여 우리 청년의 손으로 저격 절명케 하였다는 것은 민족의 수치요 또 불행이다. 민주주의를 지향하고 있는 이 민족이 전체국가에서 흔히 보는 테러 행동은 심히 유감이다. 도의와 정의를 아는 민족이 되어야 하겠다. 이 기회에 우리 일부 지도자들은 자기반성이 있어야 할 것이다. 〈조선일보 1949년 6월 28일〉

■민국당 담

김구 선생이 일생을 독립운동에 바치다가 불의의 흉변을 당한 것은 민족적 대유감사이다. 무릇 정치적 견해의 차위는 언론 자유로써의 투쟁할 것이며, 모든 행동은 합법적이어야 할 것이니 테러나 폭행은 민주주의국가에서 용인할 수 없는 것이다. 〈경향신문 1949년 6월 28일〉

■전진한씨 담

우리 민족의 위대한 애국자를 잃었다. 특히 선생은 노동자의 아버지였다. 이번 나는 우리 노총 산하의 모든 노동자를 동원하여 선생의 장사를 장중이 진행시키겠다. 오직 눈물뿐이다. 〈자유신문 1949년 6월 28일〉

■박열씨 담

애통한 마음은 무어라 말할 수 없다. 나는 선생을 작년에 귀국하였을 때 처음이고 한 번밖에 만나 뵈옵지 못했다. 특히, 나는 이 대통령과 김구 선생의 정치적 협조만을 기다리고 있었는데, 이렇게 되고 보니 모든 것은 수포로 돌아가고 더욱 유감할 뿐이다. 국가총력을 합해야 할 이 마당에서 이러한 일이 일어났다는 것은 대외적으로 큰 수치이다. 〈자유신문 1949년 6월 28일〉

■유림씨 담

임시정부 초년 우리의 친교였던 것이 최근 내가 오래도록 병석에 누워 있었으므로 여러 가지로 의논본 것이 있었으나, 만나지도 못하고 떠나 보내었다. 참으로 원통해서 할 말이 없다. 더욱이 현역군인이라는 데 대해서는 말 못하겠다.

〈자유신문 1949년 6월 28일〉

■대단히 불행한 일, 샤 공보관 담

국연國聯한위 공보관 샤바스씨는 27일 기자회견에서 김구씨 암살사건에 관하여 다음과 같이 언급하였다. 위원단의 대부분이 옹진에 여행 중이므로 위원단의 견해를 발표할 수 없으나, 대단히 불행한 일이며 암살동기, 배후관계 등을 알고 싶다.

〈자유신문 1949년 6월 28일〉

■유순덕 여사 담

30여 년 전 김구 선생이 중국에 망명하기 전에 선생을 위하여 갖은 노력을 아끼지 않았던, 선생의 자서전 「백범일지」에도 기술되어 있는 해주의 갑부 유劉모씨의 따님 유순덕劉順德 여사는 수개월 전부터 상경하여 선생이 떠나시기 전까지 측근에서 시중을 하여 왔는데 여사는 생전의 선생의 생활과 사고에 관하여 다음과 같이 뜻 깊은 이야기를 오직 선생을 경모하는 마음에서 말하고 있다.

–선생께서는 최근 일심일덕一心一德이라는 모필毛筆을 쓰셨습니다. 수일 전 저를 만나시고 「나는 가야겠다. 내가 떠나야지 젊은 사람들이 나와서 일을 할 것이다. 참으로 죽는 것이란 힘든 일이다. 나는 죽음에 대해서 두려워하지 않는다.」라고 하시였는데, 이번 일을 당하고 보니 참으로 슬픈 예언이었습니다. 인도의 간디와 같이 우리나라의 간디는 이미 땅 위에서 떠났습니다. 그러나 선생을 따르는 청년들이 많은 것과 같이 국가의 앞날을 우려하는 모든 여성들은 선생의 최후 격언 일심일덕一心一德이라는 것을 받들어 죽음을 두려워하지 않고 죽음의 적과 싸우겠습니다.

〈자유신문 1949년 6월 28일〉

■백범 옹 서거에 각계의 애도, 눈물로 조상

- 한국독립당 경남도 당부 : 우리 3천만 민족의 위대한 지도자이요, 오당吾黨의 탁월한 영도자인 백범 김구 선생의 급서는 민족국가를 위해 천추에 통한사입니다. 아직 조국통일과 완전 자주독립을 완수치 못한 오늘에 있어 선생에 대해 기대가 많은 우리들은 청천벽력 같은 이 비보를 접하였습니다. 이것은 국가적으로 일대 손실일 뿐만 아니라, 우리의 독립운동사상에 씻지 못할

커다란 오점을 인하고 말았습니다. 그러나 선생은 조국광복을 위하여 칠십 유사를 원수의 왜적과 악전고투한 노대혁명가로써 금일에 이런 흉변을 당할 줄이야 어찌 꿈에라도 생각하였겠습니까. 우리들은 시종일관 주장하던 민주 자주통일 완전독립의 숭고한 선생의 지도이념을 사수 계승할 뿐입니다.

70여 성상을 오로지 민족과 국토를 사랑하여 오던 김구 선생 피살의 비보는 일반에 커다란 충격을 주어 애통을 금치 못하게 하고 있거니와 이에 대하여 각계의 담화를 들어보기로 하자.

- **문 도지사 담談** : 오래 동안 해방운동에 노력하신 혁명투사로써 존경하는 김구 선생이 이런 흉변을 당했다니 듣기에 비통을 불금하는 바이다. 김구 선생은 해방 후 국내에 돌아 오시였으나, 대한민국 수립에 있어 다소 의견을 달리하신 것은 유감사이었다. 최근 대통령 담화와 같이 오래되지 않아서 손잡고 일할 수 있게 될 터인데, 법과 질서를 지키지 않고 이와 같은 직접행동을 취하여 유력한 일꾼 한 사람을 잃은 것은 건국초두에 있어 유감한 일이라 아니할 수 없다. 우리 대한민국은 우방 각국의 경제적인 지원을 받고 있으며, 특히 미국에서 1억 5천만 불의 원조를 받게 되었으니 도민은 법과 질서를 지켜서 건설에 힘써주기를 바란다.
- **한민당 경남도당 부위원장 왕초산 담談** : 세계적 혁명가이요, 진실한 애국자인 동시에 우리나라 정계의 거성인 김구 선생의 암살의 비보를 접하는 순간, 앞이 어두워지고 설움과 눈물이 있을 뿐이다. 우리는 정치적으로나 사상적으로나 여동할 알력과 마찰이 있다 해도 내 땅과 내 겨레를 가장 사랑하시던 위대한 혁명가 김구 선생의 급서는 전 민족의 애달픈 설움이 아닐 수 없다. 이 땅에 자라난 아들아, 이 세기적인 슬픔과 눈물을 민족정기로써 씻고 선생의 유지를 계승하여 최후의 남북통일을 기하자.
- **민족자주연맹 경남연民族自主聯盟 慶南聯** : 70평생을 이 나라 이 민족의 광복에 바쳐 오신 김구 선생이 이제 사랑하시던 동포의 손에 넘어지다니 이 어찌된 일이냐. 명호 비통하도다.
- **삼균청도위三均靑道委 담談** : 한 국민의 영도자이며 위대한 삼균주의자인 백범 김구 선생의 암살은 한국 민족뿐만 아니라 세계 민주주의 인민의 가슴을 찌른 것이다. 그러나 민족의 뚫어진 심장에 백범 김구는 살아있다. 그렇다.

백범은 죽지 않았다. 백범은 영원히 우리 가슴 속에 살아있다. 우리들은 백범의 최후가 무엇을 음미하는가를 알고 있다. 민족의 희망이며 상징인 백범은 민족과 더불어 계속 전진하고 있다. 이 지상에 빈곤과 불행에 우는 인간이 있는 한 백범의 수난의 일생을 3천만은 영구히 기억할 것이다.

- **사회당 도당社會黨 道黨 선전부** : 오호! 민족의 거성이 땅에 떨어지다. 70평생을 반일투쟁과 조국광복에 바치신 백범 김구 선생 흉변의 비보를 듣고 다만 앙천통곡仰天痛哭할 뿐이다. 조국광복을 맞고 귀국하신 백범 선생은 지위나 영광을 돌보지 않으시고, 항상 백성과 더불어 살고 백성들이 갈망하는 바를 위하여 집신감발로 나서겠다고 하신 우국애족憂國愛族의 지성은 3천만의 가슴을 복받치게 하였던 것이다. 눈물을 머금고 선생이 최후의 순간까지 절규하시던 남북통일의 민족국가의 번영을 위하여 궐기하여야 한다. 이것만이 명사冥土에 가신 선생의 원怨을 위안하는 길일 것이다.
- **민주국민당** : 김구 선생이 피살되었다는 급보는 우리 전 민족이 통탄하는 바이다. 과거 선생이 우리나라를 위하여 실현할 수 없는 고난을 물리치고 동양의 강도 일본제국주의를 대적하여 건국하시던 모습을 상상할 때에 눈물이 앞을 가리울 뿐이다. 우리 국가 민족의 자유를 위하여 그 생을 적의 창검 속에 던지신 선생을 우리 민족의 총부리로 피살하였다는 것은 인도의 민족이 간디 옹을 피살한 것보다도 더 수치스러운 일일 것이다. 우리나라의 위대하신 의열義烈투사가 차례로 쓰러져 가는 이유는 무엇인가. 우리 국민은 반성의 눈물이 있어야 할 것이다. 우리민족이 또다시 이러한 과오와 수치를 범하지 않는 데는 국민 전부가 동일한 목적을 향하여 건전한 단결이 있어야 될 것이다. 그리고 우리 국민 전부는 선생의 영전에서 통곡하며 사죄하여야 할 것이다. 〈민주중보 1949년 6월 28일〉

■민족적 불행사, 한국독립당 전남도당부 담

백범 김구 선생 흉변의 보에 접한 한독당 전라남도당부에서는 27일 다음과 같은 담화를 발표하여 애도의 의를 표시하였다. 「백범 김구 주석 흉변 보도는 아무래도 꿈인 것만 같다. 통분 이에 더하리요. 18세로부터 60평생을 조국광복에 바친 선생, 조국통일을 앞에 남겨두고 천만 뜻밖에도 흉변을 당하였으니 가신 어른의 영혼인들 오직하리까. 아무래도 이 나라 이 겨레의 불행일 뿐이다. 눈물이 앞을 가려 아무 말도 나오지 않는다.」 〈호남신문 1949년 6월 28일〉

■영식도 38선서 귀환

27일 상오 9시 반경, 기자는 애도에 넘치는 경교장(京橋莊)을 찾았다. 옛 주인을 잃은 경교장은 슬픔에 가득 찬 가운데 고요하고, 특히 경교장 앞뜰에 장사의 열로 조문을 기다리고 있는 조문객들의 오열하는 광경은 침통하다.

2층 남편南便 유해 안치실을 방문하니 김구 옹은 안면만 내어놓고 잠든 듯이 침대 위에 안치되어 있고, 그 옆에는 급보를 받고 26일 옹진에서 돌아온 영식 김신 군이 군복을 입은 채 흐느껴 울고 있었다. 특히 김신 군은 옹진에서 비행기로 귀경할 때, 흉변을 못 믿어 경교장 상공에서 저공비행을 하며 장시간 사실 여부를 정찰하였다는 것으로 듣는 사람의 가슴을 더욱 아프게 하였다. 중앙 향로가 놓인 곳에는 "민족일심독립(民族一心獨立)" 등으로 백지에 쓰여진 조문객들의 혈서가 산적하여 있어 더욱 이채를 띠었다.(육군본부 보도과 검열제)

〈서울신문 1949년 6월 28일〉

■김구 선생 조난 상보 가해자는 소위 안두희, 비서 이실 틈타서 권총저격

▲ 암살범 안두희

● 조국통일의 비원을 품은 채로, 노 애국투사 영영 가도다

【6월 27일 오전11시 경교장 발표】 6월 26일 오전 11시반 경에 소위의 복장을 한 안두희(安斗熙 34)라는 청년이 경교장에 와서 백범(白凡) 선생의 면회를 청하므로 2층으로 인도하였다. 그 청년은 백범 선생께 인사를 드린 후 비서가 이실(離室)한 틈을 타서 휴대하였던 45식 미국제 권총을 발사하여 면부로부터 하복부에 이르기까지 4처의 요소에 명중되어 우리 위대한 애국자 백범 선생은 마침내 악한의 흉탄으로 인하여 운명하시고 말았다.

범인은 곧 아래층으로 내려와서 군모를 벗어 놓고 복장의 표장을 떼어버리면서 내가 쏘았다 하고 소리치는 찰나에 정문에서 경비하는 순경이 현장에 달려와서 체포한 뒤에 들어온 헌병의 요구로 인하여 즉시 헌병대로 압송되었다.

백범 선생은 가장 평민적이며 민주주의적인 애국자이신 까닭에 모든 겨레를 한결같이 사랑하는 마음으로서 대하시며 어떤 사람이 찾아오든지 반드시 면회하시었다. 이번 흉변도 백범 선생의 이러한 정신 때문에 발생한 일이다. 이번 사건 경과는 이상과 같다. 이밖에 어떠한 잡음이나 낭설이 있다면 이는 불순한 모략에 불과한 것이다. 〈조선일보 1949년 6월 28일〉

■김 옹 유해는 1층에 안치

고 김구 선생의 유해는 27일 상오 11시 45분 거실 2층에서 아래층으로 옮기었으며 일반의 조객은 그칠 새 없이 밀려들고 있어 경교장은 슬픔과 혼잡에 싸여 있었다.

●동지장을 계획

백범 선생 장의 절차에 대하여는 27일 장의위원회를 열고 구체적인 계획을 세우기로 되었는데 그에 앞서 조완구씨는 대략 다음과 같은 의사를 말하였다.

「대체들 선생의 뜻을 받아 선생이 평생에 호화로운 것을 멀리하시고 항상 평민적인 생활을 하여 오셨으니 장사도 지극히 간소하게 이름은 동지장(同志葬)으로 하되 우리 동지들이 눈물로서 조의를 표시하고자 화환까지도 일체 사절하기로 하였다.」

●범인은 전前 서청원西靑員

김구 선생 흉변에 대하여 서울지방 검찰청 검사장 최대교(崔大敎)씨는 작 27일 다음과 같이 말하였다.

「이것은 국방경비법(國防警備法)에 관계되는 일이므로 우리 검찰청에서 일체 관계치 않고 있다. 사건 직후 현장에 가서 조사를 하였으나 범인이 군인이라는 것이 판명되었으므로 손을 대지 않았는데 범인은 전에 서북(西北)청년회 총무부장을 한 자라고 한다. 김구씨의 조난에 대하여는 애석을 금치 못하는 바이다.」

〈조선일보 1949년 6월 28일〉

東亞日報

國民葬決定

金九先生冥福을

거레總意로祈願

■국민장으로 결정, 장일 장지는 아직 미정

작 27일 국무회의에서는 김구(金九) 선생의 장의를 국장(國葬)으로 하느냐 국민장(國民葬)으로 하느냐를 토의한 결과 국민장으로 하기로 결정 공보처를 통하여 다음과 같이 발표하였다. 김구 선생의 장의는 국민장으로 하기로 27일 국무회의에서 결정하고 정부와 국민이 합동하여 장례를 엄숙 정중히 거행하기로 되었다. 장일(葬日)과 장지(葬地) 등은 아직 결정되지 않았고, 정부 측 장의준비위원은 김도연(金度演) 재무부 장관, 이윤영(李允榮) 사회부 장관, 구영숙(具永淑) 보건부 장관, 김규홍(金奎弘) 총무처장, 이철원(李哲源) 공보처장의 제씨이다. 〈조선일보 1949년 6월 28일〉

■백범 장의주비위원 결정

백범 김구 옹(白凡 金九 翁) 장의임시주비위원(籌備委員)은 다음과 같다.

김규식 조완구 조소앙 김창숙 지대형 명제세 최동오 안재홍

김상덕 엄항섭 조경한 송창섭 정형택 최석영 유 림 〈조선일보 1949년 6월 28일〉

■진상을 엄중 문초 중, 국방부서 경위발표

국방부 육군본부 보도과에서는 작 27일 김구(金九)선생 암살 사건에 대하여 아래와 같은 담화를 발표하였다.

「일생을 조국독립운동에 바치신 김구(金九)씨께서 불의의 흉변을 당하시게 된 것은 민족적으로 큰 손실이요 군으로서는 충심으로 애도의 뜻을 표하는 바이다. 그 진상에 관하여서는 목하 엄중 취조 중에 있으나 지금까지 판명된 것은 대략 아래와 같다.」

1. 안두희(安斗熙) 소위는 한독당 당원으로 김구(金九)씨가 가장 신뢰하던 측근자인 것.
2. 안두희는 누누이 김구씨와 환담하여 직접 지도를 받던 자인 것.
3. 당일은 인사차 김구씨를 만나러 갔다가 언론쟁투가 되어 격분한 결과 순간

적으로 살의(殺意)를 발생한 것.

그 외 상황은 방금 문초 중이므로 상세한 것은 추후 보도할 예정.

〈조선일보 1949년 6월 28일〉

■조객 출입자유

• 김金 경찰국장 담 : 26일 김 경찰국장은 기자단과 만나서 김구 선생 참변에 대하여 심심한 애도의 뜻을 표한 다음 기자단의 질문에 다음과 같이 말하였다.

문 : 경교장 경계 경관은 몇 명인가?

답 : 3명이다. 김구 주석의 호위를 위하여는 여러 번 호위원護衛員을 두려 하였으나, 일부 측근자의 반대로 보내지 않았던 것이다.

문 : 경찰의 간섭으로 일반 조객의 경교장 출입이 부자유한 모양인데?

답 : 서대문서에 말하여 절대로 그러한 일이 없도록 하겠다. 그리고 현재 실시 중에 있는 정 비상경계는 금일부로 해제될 것이다.

26일 하오 이래以來 실시 중에 있는 정 비상경계와 야간 통행금지시간 1시간 연장은 금 28일부로 해제될 것이라 한다. 〈서울신문 1949년 6월 28일〉

■김구 옹의 급서로, 군악 연주회 중지

육군본부 보도과 주최로 26일부터 2일간 시공관에서 개최 예정이던 육군군악학교 창설기념 군악연주회는 김구 옹의 피습서거로 중지되었다.

〈조선일보 1949년 6월 28일〉

■불원 진상발표, 전봉덕 중령

불의의 사건이 발생한 날 헌병사령부에서는 즉시로 부사령관 전田 중령(中領) 지휘 하에 경교장(京橋莊) 주변을 위시한 시내 요소요소에 헌병을 입초 경비케 하는 한편 현장에서 체포된 범인 1명을 헌병대로 구금하고 사건진상을 규명 중에 있다는 바, 헌병대 부사령관 전 중령은 금번 사건에 대하여 26일 하오 2시 다음과 같이 정식 발표하였다. 「26일 하오 1시경 범인이 김구씨 댁에 침입하여 김구씨에 대하여 권총을 발사하여 김구씨를 즉석에서 절명케 하였으며 범인도 주저하지 않고 현장에서 자수한 것을 체포하여 현재 헌병사령부에서 구금 취조 중으로 불원간 그 진상이 발표될 것이다. 현재 범인은 범행현장에서 모인 군중들에게 몰매를 맞아 의식불명 중에 있다.」 〈조선일보 1949년 6월 28일〉

■오열 속의 경교장

통곡성도 구슬픈 이날 경교장에는 오후 1시 30분부터 오세창(吳世昌)씨를 비롯하여 신(申性摸) 국방장관, 김(金孝錫) 내무장관, 이(李起鵬) 서울시장, 최(崔東晤), 김(金昌淑), 유(柳林), 백(白南薰), 명(明濟世), 전(錢鎭漢), 지(池大亨)씨 등 정당 사회 인사들과 외국인으로「핏취」박사들이 있었고 한편 급보에 접한 주상 김신 소령은 저녁 7시 반 근무 현지로부터 공로空路 경교장에 도착하여 제1야夜를 밝히었다.

〈조선일보 1949년 6월 28일〉

■비애와 분노에 싸인 경교장, 말없이 흐르는 건 눈물뿐

▲ 경교장의 조문행렬 (1949.6.26.)

김구 선생 서거의 비보가 장안에 파급되자 온 서울은 소나기 내린 듯이 눈물에 젖었다. 1시 4, 50분 경부터 위대한 민족과 자유의 지도자를 잃은 시민은 분노와 울분에 못이겨 선생이 3년 10여 개월 중국에서 환국하신 다음 민족의 참다운 진로를 가르쳐 오던 근거지, 선생이 가난하게 살림하여 오던 경교장을 향해 조문객과 아울러 운집하여 왔다. 경교장 내 넓은 뜰 앞에 장사의 열을 지어 눈물을 흘리며 "김구 선생, 원통합니다. 선생은 떠나셨으나 그 뒤에는 젊은 우리들이 국가의 참다운 날을 위해 싸우겠습니다."라는 비통한 맹서와 울음에 섞여 한때 경교장은 눈물의 바다로 화하였다. 전국통일학생연맹, 건실建實, 그리고 국방군 장병, 내외기자단, 정계요인, 학생, 노동자 등 각계각층으로 수만 명의 조객들은 현관을 통해 선생이 피살되었던 침실에 안치된 선생의 유해 앞에 무릎을 꿇고 조례를 올리었는데 그 중에서도 작은 어린 목소리로 통곡하는 선생의 장손녀 효자(7)양의 모습이야말로 눈물 없이는 볼 수 없는 슬픈 광경이었다.

● 아버지를 부르는 아들, 손녀의 곡성도 단장

7시 10분 정각, 옹진으로 유엔 한위 시찰 안내로 출발하여 부친의 비보를 접하고 돌아온 선생의 단 하나의 아들 현 항공 중위 신(28)군은 참을 수 없는 울분과 끊임 없는 격분에 "무슨 이야기를 할 수가 있느냐. 아 무어라 아무 말도 할 수 없다"고 단장한 심경을 보이고 있었다. 조문객은 연달아 밤이 깊도록 오후 10시까지 계속되었는데, 교통 통행시간으로 말미암아 10시 정각 정문을 폐쇄하였다. 그러나 건물 앞 잔디 뜰 위에는 2층 안치실에서 들려오는 끝일 줄 모르는 통곡을 애절히 들으며 다시 돌아오지 못할 선생의 고독한 최후의 행보를 바라보며 수백 명이 밤을 새었다. 특히 이날의 조문객의 중요한 인물들은 다음과 같다.

조소앙·유림·지대형·명제세·김병로·전진한·신성모·김효석·박열·허정·조완구·이시영

〈자유신문 1949년 6월 28일〉

■「무슨 말을 하라고 하오」 상주 신군 옹진서 급거 귀환 담

김구 옹翁이 흉탄에 쓰러져 절통한 운명을 하였을 때 하나밖에 없는 상주인 둘째아들 신(信) 군은 육군 항공소령으로 38선 옹진 방면에 출동 중이었다. 이날 신군은 옹진의 유·엔 환영회가 있다 하여 참석하였다가 불의의 부보訃報에 접하자 급거 현지를 비행기로 출발케 된 것이라고 한다. 이 연락이 무전으로 들어오

자 비통에 잠긴 유가족은 물론 경교장에 모인 조문객들도 하늘만 쳐다보고 상주의 귀가를 기다리고 있을 무렵, 이윽고 발동기 소리도 요란하게 비행기 한 대가 경교장 상공을 한바퀴 감돌며 오직 급한 마음으로 간단한 애도의 뜻을 표한 후 비행장으로 사라지자 불과 30분도 못된 7시 10분이었다. 거리에서 달려오는 애끓는 듯하게 비통한 연속적인 경적이 들리자 2층 베란다에 나선 유가족들과 마당에서 맞이하는 조문객들 속으로 뻬크 48년 칠흑색 자동차가 신 군을 싣고 몰아 들어왔다.

신 군은 에워싼 군중을 돌 볼 사이도 없이 동료 장교들의 부축을 받으며 차에서 내려 구두도 벗지 못하고 그대로 빈소로 뛰어 들어가 고인이 된 엄부嚴父의 시체 앞에서 통곡과 함께 쓰러졌다. 몸부림치는 모양은 보는 사람으로 하여금 애절한 감을 금치 못하게 하였다. 이윽고 신 군은 엄부의 항상 애용하던 서재에서 실신 상태에 빠진 사람처럼 「쏘파」에 파묻혀 잠시 휴게 후 성화같이 조르는 기자들에 못 이기어 「도어」 앞에 나섰다. 그리고 단 한마디 「나에게 무슨 말을 하라고 하오」 하고 신군은 다시 맥없이 방안으로 들어가고 말았다. 〈조선일보 1949년 6월 28일〉

■슬픔 속에 초목도 초연, 흉변 당일의 경교장 모습

백범 김구 선생서거의 비보는 겨레의 가슴에 또 하나의 비통한 못을 박아 놓고야 말았다. 이 비보를 들은 자 누구나 한숨 섞인 목소리로 조국의 장래와 안위를 통탄치 않은 자가 있으랴. 70평생을 갖은 가난 속에서 조국을 위하여 오로지 민족을 위하여 험난한 역경을 헤쳐 가며 고투를 거듭하던 거룩한 생애는 지금 막을 내린 것이다. 우리 동족의 손에 쓰러진 이 위대한 일생을 우리는 한없이 애석히 여기고 그 위대한 생애에 한없는 추모를 느끼는 바이다. 이날 비보에 접한 시민은 때마침 일요일이라 앞을 다투어 경교장(京橋莊)으로 몰려들었다. 문간에서 파수 보는 군경의 얼굴에도 비통한 빛은 또 한가지로다. 문간을 들어서자 목이 터질 듯이 울려나오는 울음소리 손수건으로 얼굴을 가리고 대성통곡하며 들어오는 여인네들, 앞뜰에도 가득 찬 울음과 한숨소리, 유해를 모신 2층 서쪽 방에는 평풍을 둘러치고 책상위에 놓인 향로가 있을 뿐 고 백범 선생을 사모하던 사람들, 고인과 더불어 나라 일을 하던 인사들의 곡성으로 가득 찼었다.

굳게 다문 입가와 왼편 볼에는 응급치료를 받은 「까-제」와 붕대가 눈에 뜨인다. 안면을 통과한 흉탄을 고故 백범 선생은 오히려 사랑스럽게 받은 듯 그야말로 잠든 듯이 약간의 미소조차 띄운 듯이 고이 눈을 감고 있어 보는 사람으로 하여금 더 한층 비통한 감에 잠기게 하였다. 「누가 김구 선생을 죽였나」 「여보 누가 김구 선생을 죽였소」 「김구 선생을 죽여 이놈들」 미친 사람인양 넋을 잃고 가슴을 치는 장년 「분해 못 견디겠다」 「분해 못 견디겠다」고 통곡하는 중년 여인 동무와 같이 흐느껴 우는 여학생의 모습도 보였다.

더욱이 우리의 가슴을 아프게 하는 것은 고 백범 선생의 일상생활이다.

유해를 모신 입방 8조 다다미방에서 백범 선생은 기거를 하였다는데 그야말로 놀랠 만치 간소한 살림이었다. 부엌도 없었는지 방 한구석 소위 「도고노마」(床間)에 놓인 냄비와 밥공기 그리고 수저 등등은 무엇보다도 이것을 웅변으로 말하고 있다. 이리하여 경교장의 이날 밤은 육속하여 달려드는 조객들의 통곡 속에 고이 깊어가고 있었다. 〈조선일보 1949년 6월 28일〉

■애끓는 울음소리 경교장, 이 구석 저 구석에 흉변당야

선생의 비보가 세상에 전하여지던 26일 하오 거리마다 붙어있는 벽보를 보고 있는 군중의 놀래임은 큰 것이었다.(아! 김구 선생이) 아니 절명이야, 도처마다 수군대는 소리, 비통한 표정과 애석한 그 무슨… 슬픔 속에 잠기었다. 사건 발생 후 2시간이 지난 후부터 경교장의 경계는 일부 해제되어 비보를 들은 각 방면의 조문객들이 뒤를 이어 드나든다.

부근에는 무장경찰, 헌병들의 경계망에도 모름지기 정당, 사회단체, 청년단, 학생 이날의 조문객은 앞을 다투어 밀리고 있었다. 은은한 정원 숲 속을 돌아 봉변을 당하신 거실 2층은 지금은 고이 잠드신 거인의 영구만이 안치되고 선생의 측근자와 상주 김(金信)씨 내외의 복장의 모습이 외로운 듯 소리 없는 울음 속에 잠기어 있을 뿐이다. 향로香爐의 분향냄새도 1층 조문객의 단장을 애끊는 듯 석양 발 어리어 어둠에 잠기려는 주인 잃은 경교장은 더 한층 쓸쓸한 감을 준다. 밤은 깊어 9시 23분 돌연 중앙방송국을 통하여 전국에 전하여지는 이 대통령의 특별방송은 더욱 국민들의 울음을 자아냈다.

(김구 선생의 비보를 듣고)라는 실로 대통령의 구슬픈 조사의 구절구절에 국민은 더 한층 눈물을 흘리게 하였다. 이날 밤 야간 통행시간이 10시로 변경된 탓인지 일

반의 조문객의 발자취가 드물어지자……어둠 속의 이 구석 저 구석에서 흐느끼는 울음소리만이 경교장의 밤을 더욱 구슬프게 하였다. 〈동아일보 1949년 6월 28일〉

■검박을 위주 기침후는 독경과 습자, 백범 김구 옹의 일상생활

74세를 일기로 괴한의 총탄에 쓰러진 김구 옹은 일상생활에 있어도 혁명가다운 간소한 생활, 규칙적인 생활을 즐기었다. 측근의 말을 들어보면 하루 세 때 식사도 국과 김치, 나물 같은 두세 가지의 찬으로 만족하게 생각하였으며 의복도 검소한 것을 즐겨 입었다 한다. 그리고 옹의 저택인 경교장을 방문해 본 사람이라면 누구나 비서실 벽에 붙은 옹의 일과표를 읽어 본 일이 있으리라.

기상(起床) 오전 7시 취침 밤 10시 반, 이 일과는 한 달이 하루 같고 한 해가 하루 같았다 한다. 기침하면 우선 습자(習字)와 기도독경(祈禱讀經), 열보(閱報) = 신문읽기가 계속 되여 아침 아홉 시에 조반이 끝나면 청강이 있고 접객은 보통 하오에 그리고 저녁밥이 끝난 후에도 청강에 주력하며 취침 전에는 꼭 묵상을 하였다 한다. 〈조선일보 1949년 6월 28일〉

■김구 선생의 일상시간표

위대한 혁명가요 거대한 애국자 백범 김구 선생은 80평생을 일편단심에 살기 위하여 남에게보다도 자신에 대하여 더욱 준엄하였다. 매일의 생활은 규칙적이었다. 일생을 통하여 배움의 길에 부지런하였고 「술」을 비롯한 모든 향락을 물리치었다. 「수양-혁명」 이 두 가지의 풍조로써 일관한 위대한 인격 김구 선생은 환국 이래 80노령에도 26일까지 똑같은 길을 걸었다. 다음은 선생이 거처하는 방안에 붙여놓은 일상시간표다.

- 기상 7:00-7:30
- 습자 7:30-8:00
- 기도독경 8:00-8:30
- 열보閱報 8:30-9:00

- 휴식 1-2
- 접객 2-5
- 휴식 5-6
- 석반 6-7

- 조반 9:00-9:30
- 휴식 9:30-10:00
- 청강 10:00-11:00
- 열보체조 11:00-12:30
- 오반午飯 12:30-1 :00
- 휴식 7-7:30
- 청강 7:30-8:30
- 휴식 8:30-10:20
- 묵상 10:20-10:30
- 취침 10:30-

〈자유신문 1949년 6월 28일〉

■요인들 조문

조용한 경교장의 밤은 쓸쓸하기 짝이 없다. 옹의 영전에는 향냄새만 풍긴다. 이튿날 새벽부터 다시 조객들은 몰려들었다. 몇몇 여학교에서는 단체 배례를 하고 있다. 그 중에서 요인급 조문객은 다음과 같다.

지대형 허정 조소앙 윤석구 전진한 윤치영 안재홍 김효석 신성모 박열 김병로 김명동 신익희 코스티유(불란서 공사) 사도덕(중국 영사) 이윤영 김도연 이종현 오세창 제諸씨 등이다.

〈경향신문 1949년 6월 28일〉

■건강 상태를 진단 기측근자 추모 담

고 김구 선생측근자 기종대(奇宗大)씨는 흉변 전 2, 3일간의 김구 선생의 동정에 관하여 다음과 같이 말하였다.

24일에는 선생은 돌연 의사를 불러 진단을 시키며

「내가 앞으로 얼마나 살겠는가?」하시면서

「옛날의 총탄이 가슴속에서 왔다 갔다 하는 것 같다……」고 하여 진찰한 결과 의사는 「총탄 파편이 한데 뭉쳐 박혀 있으나 별 관계는 없을 것이다」라고 말하고 돌아갔으며 25일에는 충청남도 공주에 있는 건국실천원양성소 개장식에 참석차 떠날 예정이었으나 사정에 의하여 못 떠나게 되자 선생은 화를 내시고 한강(漢江)을 구경 가자고 하여 상오 11시경 한강에서 선생과 함께 「뽀-드」를 타고 돌아왔다. 평시 일요일이면 반드시 외출을 하시었는데 이날은 어째서 안 나가시고 이런 흉변을 당하셨는지 모르겠다. 그리고 평시 방문객 중에는 군인들도 많아서 권총을 찬 채로 면회도 하고 또한 선생도 이러한 점에는 무관심 하는 편이라 이날도 군복을 같이 하고 들어온 그 범인은 몇 번 왔던 자로 비서가 그대로 안내한 모양이다.

〈조선일보 1949년 6월 28일〉

■초비상경계 야간통행시간 단축

사건이 발생되자 헌병사령부에서는 현장과 시내요소에 헌병을 배치하는 한편 현장에서 무난히 체포된 범인을 인치하였고 경찰에서는 하오 4시부터 초비상 경계태세로 돌입하여 밤 10시 이후 아침 6시까지의 통행시간이 단축되었다.

〈동아일보 1949년 6월 28일〉

■인천 삼균주의 청년동맹 데모

인천 삼균주의 학생동맹과 청년동맹은 27일 하오 4시부터 7시에 걸쳐 고 백범(白凡)선생 추도대회를 마치고 〈데모〉를 하려다 경찰에 제지되어 해산하였다. 그런데 이 두 단체에서는 28일 추도사(追悼辭) 추도시(追悼詩)를 백범 선생영전에 보내왔다 한다.

〈동아일보 1949년 6월 28일〉

■어제 집집마다 조기 걸어 애도

백범 김구 선생의 서거(逝去)는 삼천만 겨레의 슬픔이 아닐 수 없어서 정부에서도 그 장의(葬儀)를 국민장(國民葬)으로 결정된 바와 같이 국민 각자도 애도(哀悼)의 뜻을 표하고자 29일 입관일에는 서울시내 가가호호와 회사, 점포에 조기(弔旗)가 게양되고 있으며 중앙청 국기게양대에도 조의를 표하는 흑포(黑布)가 달려 있으며 이날 일체의 가무음곡(歌舞音曲)이 금지되었다.

〈동아일보 1949년 6월 28일〉

■믿지 못할 김구 선생 부보, 한독당 도당부에 조객쇄도

26일 0시 40분에 불의의 흉탄을 맞아 쓰러진 고 김구씨의 부보訃報를 받은 한독당 경남도당부에는 때마침 흐린 날씨와 함께 우울하고도 비통한 공기가 넘쳐흐르고 있었다. 동 당부에서는 동당 최고위원장인 고 김구씨의 슬픈 소식을 이날 밤 9시 경에야 알게 되었는데, 즉시로 간부들을 소집하여 중앙당부의 지시를 기다리고 있으며, 동 11시경에 비로소 서울과 전화연락이 되어 김구씨의 죽음을 확인하였다 한다. 27일에는 아침 일찍부터 조객이 쇄도하여 가뜩이나 혼란을 이루고 있는 동 당부의 내외 교통이 차단되지나 않을까 우려할 만치 사람의 바다를 이루었다. 한편 동 당부 집행위원장 노해용씨는 약간 떨리는 음성으로 김구씨의 급서를 애도하는 기자에게 동일 11시부터 경교장에서 열리는 장례대책 토의의 결과를 기다리고 있다고 간단히 말할 뿐 깊은 슬픔의 표정이었다. 그리고 동당 경남도당부의 임시장의 해당 부서는 아래와 같이 결정되었다.

위원장: 노해용 **부위원장**: 김한규 이하 총무, 호상, 연락, 재무, 준비, 접대, 선전, 각 부장 외에 각 2, 3명 씩 〈민주중보 1949년 6월 28일〉

■거족적 장의식! 백범 선생 국민장준위를 구성

고 백범 김구 선생 장례임시준비위원회 발표에 의하면 고 백범 김구 선생 국민장례식은 오는 7월 5일로 결정되었다고 하며, 당일 우리 부산에서도 경남 거도민적인 성대한 국민장식을 거행키 위하여 이에 대한 준비를 착착 진행 중에 있는데, 절차와 요건을 협의코저 오늘(29일) 부내 부산상공회의소에서 각 정당, 사회단체, 문화단체, 각계 대표 다수 참석 하에 경남준비위원회 결성 급 경남대표 중앙파견의 건을 협의하리라고 한다. 〈부산신문 1949년 6월 29일〉

■민족의 거성 백범 선생 정신 ①

● 엄도해

① 자주통일독립 일관

작년 3월에 인도인의 자유를 위하여 일생을 바친 인도민족의 지도자요, 성자인 간디 옹이 이족異族이 아닌 동족의 총알에 암살을 당하였다는 악보를 듣고 우리 한국인은 약소민족이 같이 맛보는 설움에서 남의 일 같지 않다고 슬퍼하였던 애도의 기억이 아직도 새로운 이때에 우리는 하늘이 어두워지는 슬픔을 당하였다.

70여 년간을 민족의 자유와 국가의 자주와 국토의 통일을 위하여 투쟁하여 오는 동안에 이족 왜놈의 총에 맞은 그 총알을 지금까지도 육신에 지니고 다니면서도 살아 계시던 우리 민족의 지도자요, 광명인 김구 선생이 지난 26일 하오 1시 20분에 경교장에서 동족의 총알에 급서하고 말았다. 자기가 운명적으로 태어난 민족이 약소민족이어서 남에게 학대와 압제와 착취를 당하는 약소민족이어서 그 학대와 그 압제에서 벗어나 민족적 자유와 평화를 획득하며, 그 착취에서 민족적 이익을 옹호하려고 일생을 투옥과 총검에 노림 받아온 애국애족의 인간과 정신은 최후의 선물로 동족에게서 살해와 제거를 당하여야 하는가. 인도의 간디 옹이 동족의 손에 절명하였고, 이제 우리 민족의 지도자 김구 선생이 또 동족의 손에 돌아가셨다. 눈감을 수 없는 이 사실은 그저 운명의 작희라고만 생각할 수가 없는 것이다. 작년 3월 10일 김구 선생은 고故 도산 안창호 선생 영전에 드리는 말씀 가운데 이번의 봉변이 있을 것을 스스로 느끼신 듯 아래와 같이 술회를 하였다.

"선생이여 옛날에는 조국의 비운이 당두하면 수은愁雲이 전사全土에 미만 한 중에서 혹은 통곡 혹은 순사 혹은 투쟁 등의 각종 방식으로써 민족의 정기가 표현되더니 지금에는 조국의 위기를 담소와 환희와 추종으로 맞는 자가 불소不少하나이다. 이러한 정시正視하지 못할 현상을 볼 때마다 김구도 일사로써 그들의 정신을 환기하고저 선생의 뒤를 따르고 싶은 맘이 불연 듯이 날 때가 한두 번이 아니었으나, 좀더 분려奮勵하는 것이 좀 더 유효할까 하여 구차히 생명을 연장하고 있나이다. 이것이 행복할 듯한 때도 많으나 도리어 송구하고 고통스러운 때가 많습니다."

그렇게 불의의 참보慘報를 접한 때에 우리는 놀래지 않을 수 없었다. 삼천만 민족의 희망이었고, 등대였던 선생을 졸지에 잃고 보니 그저 비통의 눈물을 금할 수 없었다. 삼천만 민족은 일찍이 경험하지 못한 가장 거대한 손실을 하고야 말았다. 그렇지만 선생은 조국이 요구한다면 당장에서라도 제단에 바치겠다고 작년에 동포의 앞에 눈물로 고하기를, "나의 연령이 이제 칠십유삼七十有三인 바 나에게 남은 것은 금일 금일今日하는 여생이 있을 뿐이다. 이제 새삼스럽게 재화를 탐내며 명예를 탐낼 것이랴. 내가 주장하고 지지하는 모든 것은 다 조국의 독립과 민족의 해방을 위하는 것뿐이다. 그러므로 내가 국가와 민족의 이익을 위하여는 3천만 동포와 공동 분투할 것이다. 이것을 위하여는 누가 나를 모욕하였다 하여 염두에 두지 아니할 것이다. 나는 이번에 마하트마 간디 옹에게서도 배운 바가 있다. 그는 자기를 저격한 흉한을 용서할 것을 운명하는 그 순간에 있어서도 잊지 않고 손을 자기의 이마에 대었다 한다. 내가 사형언도를 당해 본 일도 있고, 저격을 당해 본 일도 있었지만 그 당시에 있어서는 나의 원수를 용서할 용기가 없었던 것이다. 나는 지금도 부끄러워한다. 현시에 있어서 나의 유일한 염원은 삼천만 동포와 손목을 잡고 통일된 조국, 독립된 조국의 건설을 위하여 공동분투 하는 것뿐이다. 이 육신을 조국이 수요한다면 당장에라도 제단에 바치겠다.”고 말하였던 것이다. 김구 선생은 하느님이 네 소원이 무엇이냐고 물으신다면 “내 소원은 대한 독립이요” 하고 대답하고, 그 다음 또 물으시면 “우리나라의 독립이요” 하고 대답하겠고. 그 다음 셋째로 소원이 무엇이냐고 물으셔도 “나의 소원은 우리나라 대한의 완전 자주독립이요” 하고 더욱 소리를 높여서 대답할 것이라고 하였다. 진실로 김구 선생은 남의 나라에 못지 아니한 완전 자주독립국가의 건설이 70평생의 자나깨나 일관한 둘도 없는 소원이었다.

그리하여 일찍이 선생은 18세 시에 동학당에 가입하여 지방의 영수인 접주로 임명되어 조국의 자주와 민족의 자유를 위하여 혁명에 가담하였던 것을 시초하여 가지고, 지금까지 실천적으로 투쟁을 계속하여 왔다. 선생의 의지와 결심과 마음과 실천력에 강함은 어느 나라의 혁명운동사상에서도 찾아볼 수 없는 것이다. 해방 이래 민족적으로 추태를 연출하고 있는 소위 감투싸움이 성행하는 현실에 비추어 우리는 선생의 진정한 겸허의 정신을 고요히 생각할 필요를 느낀다. 독립이 없는 나라의 백성으로 70평생에 멸시와 부끄러움과 애탐을 배 아프게 받은 선생에게는 세상에 가장 좋은 것이 완전하게 자주독립한 나라의 백성으로 살아보다가 죽는 것이었다. 그리하여 선생은 일찍이 우리 독립정부의 문지기가 되기를 원하였지만 그것은 우리나라가 독립만 되면 그 나라의 가장 미천한 자가 되어도 좋다는 뜻이다. 왜 그런고 하면 독립한 제 나라의 빈천이 남의 나라 밑에 사는 부귀보다 기쁘고 영광스럽고 희망이 많기 때문이라고 하였다. 그리고 선생은 옛날 박제상이가 일본에 가서 왜왕에게 한 말을 우리에게 한 일이 있다. “내가 차라리 계림의 개나 돼지가 될지언정 왜왕의 신하로 부귀를 누리지 않겠다”고 한 말이었다.

여기서 우리는 선생의 겸허한 정신을 볼 수가 있다. 또 선생은 백정白丁이란 뜻에서 ‘백白’ 자를 따고 범부凡夫라는 뜻에서 ‘범凡’ 자를 따서 ‘백범白凡’ 이라고 호號하신 것이 본래 겸허의 정신에서 나온 것이었다. 이 겸허의 정신은 동족을 대할 때 결백과 평등으로 접하였다. 그러므로 지금의 우리의 문제는 더욱이 동족간의 화의로써 해결할 것이며, 진정한 마음의 공개가 필요한 것이다. 그리하여 선생은 항상 평화로 우리를 이끌려고 주야 분투하였다.

오오! 그리운 민족자주 민주통일독립이여! 평화가 인류의 영원한 진리인 것처럼 인도의 간디 옹과 더불어 김구 선생의 정신도 영원히 우리 약소민족의 태양이다.

〈자유신문 1949년 6월 29일〉

■내외조객이 부절, 유명의 사이에는 향연만 자욱

경교장에는 흉변 제2일인 27일 하오에도 조객은 끊이지 않고 쇄도하여 익 28일 상오까지 무려 10만여 명의 조문이 있었다는데 이 부통령을 비롯하여 김규식 박사, 김홍일 육군소장, 장 서울대 총장 등 국내 고관인사 제씨와 불란서 영사, 중국 영사관을 대표한 사도덕씨, 특히 상해서 선생의 혁명운동 당시 왜적에 붙들릴 위기에서 선생을 구원하여 자기 집에 감추어 준 핏취 박사 등 외국인사의 조문은 70평생 오로지 조국광복에 애쓰신 선생의 영령을 십분 위로하는 듯 무한한 감회를 자아냈었다. 그리고 옹진 방면을 시찰하고 27일 밤 귀경한 유엔 한위 중국대표 유어만 박사는 귀경 즉시 경교장을 방문하고 조의를 표하였다고 한다.

지금까지 경교장 2층에 안치된 선생의 영구는 27일 상오 10시 아래층 회의실로 이안되었는데 영전에는 타오르는 한 줄기 향연이 영계와 사바를 연결하는 듯 그윽히 향기를 뿜고 있으며 중국 영사관에서 보내온 한 다발의 조화와 감찰위원장 정인보(鄭寅普)씨의 정성으로 드린 만장이 묵훈도 선명하게 선생의 영령을 위로하고 있다.

〈동아일보 1949년 6월 29일〉

■최동오 담

백범과 나와의 지난날을 회고할 때 감개무량함을 금치 못한다. 그를 처음 만난 것은 기미년 3·1운동 직후 상해 임시정부 때였는데, 그 당시 신념의 사람 백범은 내무부 경무국장으로 계시었고, 나는 지방국장으로 있었다. 백범의 건장한 체구, 과묵하고 관용한 태도 그리고 굳은 신념은 임정의 태산과 같은 존재로 의지가 약한 동지들에게는 크게 격려를 받는 존재였다.

그후 나는 사명을 띠고 만주 각지로 유랑을 하게 되었는데 만주사변이 발하자 全민족통일운동전선의 최후단계에 왔으므로 나는 상해에 가서 그와 다시 만났다. 그때 나는 조선혁명당에 있었고 백범은 한국독립당에 있었는데, 우리는 전국민족통일을 하려고 두 당을 합하여 배일전선통일동맹을 조직하였다. 그 다음 중일전쟁이 확대해감에 따라 일본 왜군이 상해, 남경을 진공함으로 임정은 사천성 중경에 이전하지 않으면 안 되었다. 그 당시 백범은 주석으로 계시었고 나는 법무부장의 자리에 있어 오래동안 준엄한 혁명의 길을 같이 하였는데, 그의 쉬지 않고 노력하는 수양, 태산이 무너질 듯한 위기에 처해서도 태연자약 하는 태도,

사물에 대한 판단을 내리는 과단성 이 모든 것이 오래 만나면 만날수록 자주 만나면 백범에 대해 존경의 감을 더욱 깊게 하였다. 〈자유신문 1949년 6월 29일〉

■범인과의 관계 추궁코저 한독당 조직부장 체포

【6월 28일 국방부 보도과 발표】 한국독립당 조직부장 김학규씨는 김구 선생 저격범인 안두희를 한국독립당에 가입시켰다는 것과 김구 선생에게 면회를 하도록 소개하여 수차 면담시킨 사실이 있다는 이유로, 그 관계를 추궁하고자 모 기관에서는 27일 하오 6시 45분경, 경교장에서 김학규씨를 체포 중부서에 유치하고 문초 중이다. 〈독립신문 1949년 6월 29일〉

■야간 통행시간 11시로 복구

김구 선생의 조난 사건이 발생하자 서울시 경찰국에서는 치안의 확보와 아울러 고 선생 생애에 대한 일반 시민의 자숙을 꾀하여 26일부터 정正 비상경계를 선포하는 동시 야간 통행금지 시간을 밤 10시로부터 한 시간 단축한 바 있었는데 동 국에서는 별로 돌발사건이 발생되지 않는 한 금 29일 아침부터 준準 비상경계로 경비를 완화하리라 한다. 이에 따라 야간 통행금지 시간도 29일 밤부터는 평상시대로 밤 11시까지로 되게 되었다. 〈조선일보 1949년 6월 29일〉

■옹진전투는 치열 임 외무장관, 시찰귀환 담

28일 임 외무부장관은 기자단과 회견하고 김구(金九) 선생 피살사건과 옹진(甕津)사태에 언급하여 다음과 같이 말하였다.

「지난 일요일 날 유·엔 위원단과 옹진시찰을 하고 있던 중에 천만 뜻밖에도 경애하는 지도자 김구 선생의 소식을 듣고 그 애도의 마음이란 무어라 형언키 어려우며 우리 최고 지도자의 한 분이신 선생의 지나간 30년의 고무칙공이야말로 오늘의 해방을 초래한 것임에도 불구하고 이런 일이 일어나게 된 것은 우리 한국의 손해이요 국제적으로도 이 이상 큰 손실이 없을 것이다. 임시정부 때부터의 독립운동을 회고하니 다만 눈물뿐이요 우리는 이러한 저열한 행동을 엄단함으로써 후일의 우환을 근절치 않으면 아니 될 것이다.

이번 옹진지방을 보고 느낀 것은 옹진사태는 상당한 전정으로 두락산(斗落山)

과 까치산 전투가 가장 치열하여 두락산전투에서만도 4주일간에 아방 전사자가 84명이요, 중경상 490여 명이 났다.

그러나 지방 주민들의 협조 활동은 실로 철저하여 먼 산으로 탄약을 운반하는 사람들이 하얀 개미떼 모양으로 보였고 두락산은 이북으로 속하였으며 아군은 그 산 주위에 조금 얕은 고지에 대치하고 있는데 피아간의 거리는 약 4마일에 불과하다. 두락산 밑 부락은 250호 중 백사십 호의 민가가 전소된 것이 보였으며 그 경황 중에도 논갈이하는 촌민은 볼 수 있었다.

또 까치산은 이남에 속하는데 봉오리에는 적이 점령하고 있어 27일 오후에도 맹렬한 총포격이 교환되었다. 적에게서 뺏어온 무기나 군화 등은 모두 소련 제품이며 그 중에는 제1차 대전에 사용하던 구식 무기가 상당수 있었다. 3명의 포로도 보았는데 17세, 18세, 20세로서 북방의 전략인지는 모르겠으나 우리 군인이니 경관에 비하여 보니 유치하기 짝이 없고 우습기 한량이 없었다.」 〈조선일보 1949년 6월 29일〉

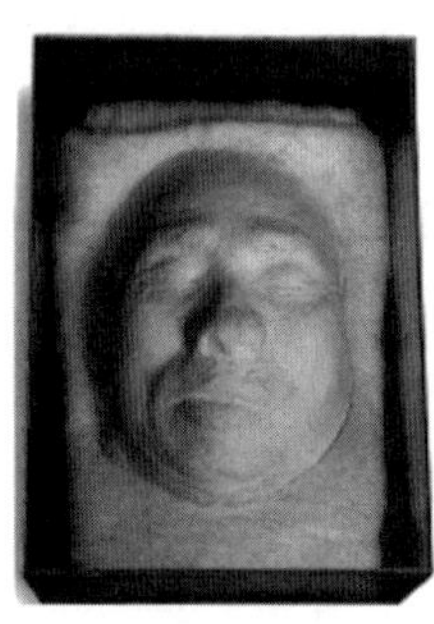

■김구 선생의 데스 마스크 조각

고 백범 김구 선생의 유해는 작보한 바와 같이 조난 당한 2층 거실로부터 아래층 응접실로 옮기어 안치하였는데 선생의 얼굴을 영구히 남겨 기념으로 하고자 조각가(彫刻家) 박승구(朴勝龜)씨의 손으로「데스마스크」를 떠내었다.

〈조선일보 1949년 6월 29일〉

■백범 옹 서거 직전, 가톨릭에서 성세

지난 26일 장서한 백범 김구 옹은 가톨릭의 성세를 받고 '베드루'라는 영명靈名을 받았다 한다. 즉 옹 피습의 급보에 접한 명동성모병원 원장 박병래씨는 정鄭수녀 및 몇몇 간호 수녀를 대동하고 경교장으로 급행하여 교회 예식대로 대세代洗를 주었다. 그런데 옹은 생전에 수차 성모병원에 입원한 사실이 있었고, 그 당시 수녀들의 권고로 언제든지 천주교에 입교할 것을 언약하였으며, 옹의 며느님 안미생 여사가 신자인 것과 또 며느님의 권고도 있어 살아 생전에 "죽기 전엔 입교하겠다"라고 말하였다 한다.

한편 옹이 장서하자 성모병원 간호 수녀들이 옹의 시체를 염하고 하오 7시까지 봉사하였으며, 금일 하오 5시에 거행할 입관식에도 많은 수녀들이 담당하리라 한다. 〈경향신문 1949년 6월 29일〉

■고 김구 옹 장의는 내來 7월 5일로 결정

한독당 군산특별당부의 말에 의하면 고 김구 선생 장의는 대통령으로 국민장으로 결정되었는 바, 일자는 7월 5일로써 당 군산부에서도 도 당국의 지시에 따라 구체적인 장의 절차에 관한 것을 공개하리라고 한다. 〈군산신문 1949년 6월 29일〉

■장지는 효창공원

고 백범 김구 선생의 장의를 국민장으로 결정하였다 함은 기보한 바어니와 27일 저녁 정부 측 대표와 임시장의준비위원회와 합석하여 전체회의를 열고 장의 절차를 정식으로 결정하였는데 장의 명칭은 고 백범 김구 선생국민장(고 백범 선생국민장)으로 되었고 장의위원 및 장지 장일葬日 등은 각각 다음과 같다.

○ 고 백범 김구 선생 국민장위원회
- 위 원 장 : 오세창
- 부위원장 : 조완구 김규식 이범석
- 위 원 : 148명

○ 상무위원회
- 위 원 장 : 조소앙
- 부위원장 : 조경한 이윤영
- 위 원 : 조소앙 지대형 장건상 김성수 최동오 조경한 이규갑
박윤진 정훈모 이의식 이윤영 김도연 김효석 김치선
남상철 김명준 안재홍 방응모 김규홍 유 림

○ 장 지 : 효창공원 3열사 묘소
○ 장 일 : 7월 5일 하오 1시
○ 영결식장 : 서울운동장
○ 서무 : 조경한 전례 : 김명준 재무 : 강익하 보도 : 조시원
○ 연락 : 조각산 수위 : 엄도해 동원 : 유진산
○ 접대 : 남상철 구호 : 이의식 치산 : 이길호 〈조선일보 1949년 6월 29일〉

■영결식은 내來 5일, 10일장으로 결정 발표

27일 오후 5시부터 김규식 박사, 조소앙, 원세훈 외 제씨의 민간 측 준비위원과 정부를 대표하여 출석한 김도연, 이윤영, 구영숙, 이철원씨를 중심으로 백범 선생국민장례준비위원회가 경교장 1층 회의실에서 개최되어 위원장으로 오세창 선생, 부위원장으로 김규식 박사·조완구씨·이 국무총리를 각각 선출하고, 이번 국민장의 명칭을 "고 백범 김구 선생 국민장위원회"라고 부르기로 결정하였다. 이어 조소앙, 장건상, 이윤영씨 등을 포함 21명의 상임위원을 정하고 장례에 관한 토의에 들어갔는데, 생전 백범 선생이 늘 말씀하기를 3열사의 묘지로 되어있는 효창공원에 묻어 달라는 유언도 있고 해서 남산으로 하자는 이의도 있었으나, 효창공원으로 결정하였다. 그리하여 장일 결정은 시간관계도 있고, 지방 인파의 관계, 경비 등의 문제를 고려키 위하여 상임위원회에서 정하기로 하고 7시 20분경 전체회의를 끝냈다. 곧이어 개최된 상임위원회에서는 조소앙 위원장 사회 하에 당일문제를 토의, 이번 국민장을 10일 장으로 하고, 영결식은 오는 7월 5일 오후 1시 서울운동장으로 선택하였다. 그러나 이번 국민장을 기독교식으로 하느냐, 불교식으로 하느냐는 데 대해서 각자의 의견이 구구하였음으로 일단 이 문제는 다음에 넘기기로 하고 밤 9시 폐회하였다. 〈자유신문 1949년 6월 29일〉

■장례비 900만 원

28일 오전 10시부터 경교장 2층 회의실에서 개최된 백범국민장상임위원회에서는 장례비용으로 약 900만 원을 계상하였다고 하는데, 한편 정부에서는 이번 장의가 정부와 민간이 합동하여 거행하는 국민장인 만큼 장의비용에 대해서도 정부의 부담 금액 결정을 위하여 28일 긴급 국무회의를 개최한 바, 동同 회의에서는 정부 부담으로 비용의 반액인 450만 원을 지출할 것을 결정하였다고 한다.

〈자유신문 1949년 6월 29일〉

■입관식은 오늘 하오 5시

28일 고 백범 선생 장례위원회에서는 선생의 유해 입관식을 금 29일 하오 5시에 집행하기로 결정하였으며 명정銘旌에는 「대한민국 임시정부 주석 백범 김구 선생」이라고 명기할 것을 결정하였다. 〈조선일보 1949년 6월 29일〉

■명정 결정

28일 백범선생국민장 상임위원회에서는 선생의 명정이 결정되었는데, 동同 명정의 내용은 여좌하다.

대한민국大韓民國 임시정부臨時政府 주석主席 백범白凡 김구金九 선생先生

〈자유신문 1949년 6월 29일〉

■장례기간 중, 음악 등 중지 건의

고 백범 선생의 장례기간 중에 엄숙한 조의를 표하기 위하여 이미 각 요정은 휴업에 들어가고 있거니와, 27일 결정된 국민장 상임위원회에서는 28일 오전 회의에서 라디오 음악을 장의 기간동안 일체 폐지하기로 동일 공보처에 건의하였다고 한다. 〈자유신문 1949년 6월 29일〉

■애도 백범 선생비보에 경악, 이 총리 목포서 조사

【목포에서 본사특파원 이동수 발전發電】목포를 비롯하여 부산, 대구 등 각지의 도정과 민정을 시찰코자 26일 목포에 도착한 이 국무총리는 백범 김구 선생 조난의 비보에 접하고 27일 다음과 같은 애도의 담화를 발표하였다.

「금일 호남지방 출장 중 여사旅舍에서 백범 김구 선생의 비보에 접하고 천만의외千萬意外의 일로 경악하여 마지않으며 유감의 뜻을 표하는 바이다. 선생은 세인世人이 주지하는 바와 같이 70평생을 조국광복에 기其 심혈을 경주하신 항일혁명의 대선배로서 특히 중국에서 성립하였던 우리 임시정부의 주석으로서 다대한 활약을 하신 것은 우리 독립운동사상獨立運動史上에 영원히 기록될 것이다. 이제 조국의 독립에 뒤이어 남북통일의 크나큰 번영을 앞두고 선생과 같은 혁명 대선배를 잃은 것을 애도 절통하는 한편 이번 사건의 범인은 이미 체포되었은 즉, 치안 책임부서를 독려하여 사건진상을 최단기간 내에 세간에 공포할 터이니 일반은 진정 수습하기를 바라는 동시에 ○○과 허언을 엄금하는 바이다.」

〈조선일보 1949년 6월29일〉

■범행은 개인행동, 채 총참모장 담

김구 선생 조난사건에 대하여 육군본부 총참모장 채병덕 소장은 28일 다음과 같은 담화를 발표하였다.

「지난 26일 김구 선생이 불의의 흉변을 당하시게 된 것은 천만의외의 가장 놀라운 사실이다. 일생을 조국광복을 위하여 분투하신 선생께서 조국의 완전통일을 보시지 못한 채로 동족의 손에 해를 받으신데 대하여는 실로 통한을 금치 못하는 바이며 더욱이 범인이 군복을 입은 자였다는 것은 크게 유감으로 생각하는 바이며 방금 헌병사령부에서 엄중 문초중임으로 불원간 판명될 것이며 군으로서는 법에 의하여 엄중한 처벌을 내릴 것이다.

금번 분명히 말해 둘 것은 국회의원 체포사건과 이번 사건과는 전혀 관련이 없는 것이며 군으로서 국회의원을 체포하게 된 것은 사건 내용의 중대성에 비추어 군경의 공동 방침 하에 쌍방의 협력으로 사건을 처리하기로 결정된 것이다. 이번 김구 선생 가해범인에 대하여는 범인이 군인이라는 점에서 헌병이 취급하기로 된 것이다. 일부 조사 결과 금번 범행이 하등 군내에는 관련성이 없다는 것이 판명되었다. 국군은 국가의 간성이오, 군인은 국방에 책임을 지고 국가에 충성을 다하는 것을 본분으로 삼을 뿐이고 정치에 간섭을 한다거나 관여한다는 것은 절대로 있을 수 없는 일이오, 더욱이 군인으로서 정당에 정식 혹은 비밀을 막론하고 당원으로 입당했다는 것 자체부터가 절대적으로 용서치 못할 것이다.

금번 범행의 동기가 확실히 개인적 행동이었고 결코 군과는 하등 관련이 없다는 것을 거듭 말하며 군으로서는 금번 사건을 거울 삼아 일층 부하를 단속하여 앞으로는 군인이 유사한 탈선적 행위를 하는 자가 없도록 하겠고 군은 오직 국가와 민족을 위하여 충성으로써 국방의 만전을 기하며 악질 공산도배를 일일 속히 완전히 소탕하여 남북이 완전한 국토 위에 대한민국의 빛나는 기초를 세우는 데 전력을 다할 것뿐이다.」 〈조선일보 1949년 6월 29일〉

■교훈을 계승 한독당 목포당부 신위원장 조사

【목포에서 본사특파원 이동수 발전發電】 한독당 목포특별당부 위원장 신병욱씨는 김구 선생 서거비보를 받고 요지와 같은 애도사를 발표하였다.

「비보를 접한 우리는 오직 애통함이 흉부를 찌를 뿐이다. 선생의 명복을 빌기에는 너무나 선생의 생생하시던 풍채와 교훈이 새로운 것이다. 영영 가버린 선생의 뜻은 삼천만 우리 겨레의 마음에 깊이 뿌리를 박고 있을 것이다. 어느 때나 선생 교훈을 민족적 교훈 삼아 조국의 남북통일과 완전한 자주 독립에 충성을 다할 각오이다.」 〈조선일보 1949년 6월 29일〉

■하와이 재류동포 경교장에 조전 답지

민족의 영원한 지도자 백범 김구 선생 서거의 비보는 국내뿐만 아니라 해외에까지 보도되어 작昨 27, 8 양일 하와이에 있는 한인국민협회 급 하와이 한독당 지부를 비롯한 여러 곳에서 "한국의 위대한 지도자의 손실을 깊이 애도한다"는 뜻의 전문이 경교장으로 쇄도하고 있다. 〈자유신문 1949년 6월 29일〉

■김구씨 저격사건 AP통신 보도

【서울 28일발 AP합동】 대한민국 대통령 이승만 박사는 27일 우익지도자 김구씨의 암살사건에 대하여 동 사건의 조사가 완료되는 대로 사건 전모를 발표하게 될 것이라고 약속하였다. 한독당 당수이며 금년 74세의 김구씨는 26일 정오경 엄중히 경계된 김구씨의 사택 침실에서 저격을 당하였다. 경찰은 동 저격범이 한국 국군의 육군 소위라는 것을 확인하고 있다. 그러나 노련한 우익 정치가인 김구씨 암살에 관한 경찰당국의 최초의 발표에 의하면 김구씨가 영도하는 야당에 속하는 3명의 국군이 26일 정오 김구씨를 방문하였다 한다.

당시 경비중인 경관도 좌익 측으로부터의 암살기도만을 두려워하였으며 따라서 이들 국군은 의심도 하지 않고 그대로 통과시켰던 것이다. 그런데 3명 중의 한 사람인 안 모라는 소위는 김구씨와 사담을 하기 위하여 2층으로 올라갔었다. 그러자 약 5분 후 4발의 권총소리가 들렸던 것이다. 나머지 2명은 2층으로 뛰어 올라갔으나 그때는 이미 손에 권총을 쥔 채로 전기前記 안安은 탄에 쓰러진 노정치지도자 옆에 서 있었다. 나머지 2명의 군인은 가구 등으로 의식을 잃을 때까지 안安을 구타하였으며 안安은 하루를 지난 27일도 아직 말을 못할 지경이 되었다.

그런데 2명의 군인들 담談에 의하면 전기前記 안安 소위는 김구씨가 국군의 일부를 김구씨 자신의 목적을 위하여 사용할 의향이라는 말에 대하여 노정치가와 논쟁하였다는 것이라 한다. 그러나 이 말은 아직 확실히 설명되지 않았으며 동同 암살동기도 한국정부 공보처에서 26일 밤 이승만 대통령의 동 사건에 대한 방송연설의 영문해석을 발표한 27일까지 밝혀지지 않고 있다. 그런데 이 대통령은 김구씨 암살사건으로 인하여 한국 국민의 민족적 사회적 위신이 손상되지 않을까 두려워한다고 동同 방송에서 다음과 같이 말하였다. 〈조선일보 1949년 6월 29일〉

■[사설] 백범 선생을 애도함

6월 26일 하오 2시 선생 피살의 흉보가 전하여 왔다.

이것은 실로 청천벽력이었다. 우리는 우리의 감각을 의심했으며 이것이 오전誤傳이기를 바랐던 것이다. 이것을 사실이라고 보기에는 너무도 의외의 일이기 때문이었다. 그러나 이것이 틀림없는 사실임을 알게 된 때 우리는 비통함을 금할 길이 없었다.

아! 선생의 일생은 74세를 일기로 마침내 최종을 고하였다. 선생의 천수는 모른다. 백세향 수를 하였을는지 또는 그렇지 못할는지도 모른다. 인생의 수명에 한이 있는 것은 무가여하이지만 외지가 아닌 조국의 땅에서 동족의 흉탄에 최후를 마쳤다는 것이 통한이 하나이요 통일의 완성을 보지 못하고 타계로 가셨다는 것이 통한의 하나이며 또 시국이 중대한 이때에 선생을 잃었다는 것이 통한의 하나이다. 개인적으로 비통할 일이 또한 한 둘이 아닐 것이다. 이 어찌 몇 사람의 감정뿐이랴. 삼천만 동포가 다같이 서러워할 것이다.

선생의 70평생은 오직 조국광복을 위한 일뿐이었다. 선생이 반세기에 통한 왜적에 대한 쟁사는 우리의 망국사도 되고 건국사도 되는 것이다. 선생이 청년시대에 국내에서 한 여러 가지 일은 덮어두고 기미 4월에 상해로 가신 이후의 일만 들어보자. 기미독립운동은 전 민족이 다같이 일어났던 바로 선생만이 한 일은 물론 아니며 당시 상해에 모였던 지도자도 다수이었다는 것은 사실이다. 그러나 임시정부를 최후까지 유지해온 사람이 누구이며 이에 최대의 힘이 된 사람이 누구인가?

분명한 역사적 사실을 이제 다시 거론할 바 없는 바이거니와 기미이후 날로 흥성해가는 왜적의 세력은 국내동포를 꼼짝 못하게 철쇄에 묶어놓고 다시 대륙에 있는 우리의 독립투사를 압박하였다. 기미 4월 상해에 설립된 우리 임시정부는 날로 세력이 미미해져서 그 후 10여 년을 지낸 1932년 경에는 거의 존재를 잃어버릴 만치 되었다. 이때 선생의 기혼은 이봉창 의사를 통하여 적도敵都 동경東京서 왜황倭皇에게 일격을 가하게 하였고 선생의 의혈은 윤봉길 의사를 통하여 대륙을 위협하는 상해 주둔의 적군 수뇌에게 폭탄세례를 주게 하게 하였다.

이로써 중국 관민官民에게 준 커다란 충동은 임정의 그 후를 보장케 하였으며 전 세계에 한국의 격렬한 독립원망을 알리고 겸하여 우리의 기개를 현현顯現하였던 것이다. 기후 중국 국민정부와 같이 중경으로 가서 여러 가지 고난을 겪던 일이야 지면에 다할 바 못 될 것이다.

우리는 독립운동사상에 커다란 업적을 남긴 선생이 위대한 인격의 소유자로서의 선생의 서거를 비탄할 뿐 아니라 우리의 처지와 우리의 전도를 생각할 때 또한 우수憂愁를 금할 수 없는 것이다. 선생의 흉변을 한갓 평지풍파로만 볼 수 없다. 해방이후 이러한 불상사가 얼마나 많이 거듭 되었는가를 생각할 때 아직도 우리의 정정은 안정되지 못하고 사회적 분위기가 명랑치 못하다는 것을 알게 된다. 무슨 일에나 시간은 필요하다. 그러나 해방후 5년이란 짧은 시간일까. 이 모든 불안을 제거하고 명랑한 사회와 화기 넘치는 정치가 전개될 날은 언제일까. 선생은 위하는 비통은 또한 국가와 민족을 위하는 비통이다.

그러나 선생은 명목瞑目할 지어다. 선생의 이 일을 최후로 우리 사회에는 다시 그러한 불상사가 발생치 않도록 우리들은 서약할 것이다.

전민족의 원망願望이며 역시 선생의 원망이던 통일은 완성될 것이다.

4천년 역사를 가진 우리 민족은 결코 왜적 하의 쓰라린 과거는 결코 재답再踏치 않을 것이다. 왜적 뿐이랴 어떠한 외세에도 의존치 않는 완전한 독립국가는 불원不遠 성취될 것이다. 이러한 기쁜 날이 속히 오도록 총력매진 함으로써 선생의 영령에 보답하기를 우리는 삼가 맹서를 드리자. 〈조선일보 1949년 6월 29일〉

■국제적으로 영향, 임 장관 조사

UN한위를 안내하고 24일 옹진 방면으로 향발하였다가 27일 귀임한 외무장관 임병직씨는 28일 오전 기자단과 회견하고 김구씨의 서거는 국제적으로 영향이 크다고 다음과 같은 애도사를 발표하였다.

「UN한위와 옹진시찰 도중 천만인이 존경하는 인도자引導者 김구씨의 비보를 들었다. 민족 최고 인도자引導者의 1인일 뿐 아니라 일제 타도에 30년 동안 천만리를 전전해 가며 악전고투하던 독립공로자를 잃고 봄에 애도할 말은 표현할 길이 없다. 김구씨는 쾌활하고 정열적인 행동의 인도자였다. 오늘 우리의 독립은 김구씨의 공로에 의존하는 바 크며 국가의 앞길에 파란이 많은 때 김구씨를 잃게 된 것은 큰 손실이다. 인도자를 살해하는 행동은 미개인이 하는 것으로 대외적으로 영향이 크다. 우리는 앞으로 유사한 민족적 치욕을 근절해야 할 것이며 범인은 정당한 처단을 받으므로서 민주 앞에 ○○이 되어야 할 것이다. 나도 30년 동안 미주에서 김구씨의 명령에 따라 독립운동을 해왔으므로 오늘의 비통한 심정은 말할 수 없다.」 〈조선일보 1949년 6월 29일〉

■유지 계승을 맹서

- **전국통일학생연맹 성명** : 민족의 영도자 백범 김구 선생의 참변은 우리 민족사상에 최대의 오점이며 선생의 상실은 조국의 앞날에 큰 암영을 던질 것이다. 우리는 오로지 선생의 숭고한 유지를 계승하여 조국통일 완전 자주독립에 일로를 전진할 따름이며, 저격 하수인은 물론 그 배후조종 관계자는 일체 3천만 민족의 이름으로서 금형에 단죄되어야 할 것이다. 〈조선중앙일보 1949년 6월 29일〉

■정원은 통곡의 바다, 경교장의 제3일

김구 선생이 가시고 3일째인 경교장 앞뜰은 여전히 사람의 바다요. 엉엉 통곡의 정원이다. 시간이 가고 날이 갈수록 조문객은 늘어만 간다. 27일 오후에는 각 여학교에서, 각 청년단, 그리고 학생의 단체 배례가 있었고, 이것은 28일 아침에도 계속됐다.

입구 밖 앞엔 '애도하자 우리의 위대한 김구 선생의 죽엄을' '잊지 말자 남기신 거룩한 정신을' 이라고 읽어지는 글이 붙어 있다. 젊은 사람들은 굳은 악수를 교환한다. 코 위에만 보이는 선생의 얼굴은 대리석과 같이 굳어가고, 영전에는 가느다란 향이 한두 개 연기를 피고 있다. 양 옆은 주한국영사관대리의 화환이 놓여 있다. 머리맡엔 상주 신씨와 그 부인, 선생의 장손녀가 처연히 허공을 바라보고 앉아 있다. 왼편 아래 벽엔 정인보씨의 조문 만사가 걸려 있고, 선생의 뒤는 춘하추동을 그린 병풍이 우뚝 서있다. 28일까지 모두 합치면 수십만의 조문객을 헤아릴 수 없었다. 그러나 모두 질서 있게 문에 들어서면 저절로 옷깃을 여매이고 행렬을 짓곤 하였다. 아침 목포에서 달려온 당원이란 사람은 "아! 영영 가셨구나. 이제는 누굴 믿고 산단 말이냐" 사나이의 울음은 무섭기도 했다.

이날에는 일찍이 상해에서 선생이 혁명운동을 하다가 왜정에 붙들릴 위기에 있을 때 선생을 자기 집에 감추어준 핏취 박사가 나타난 것은 아는 이들 사이에 더 큰 감동을 주었다. 〈경향신문 1949년 6월 29일〉

■한독당 인천시 당부서 김구 옹 분향소 설치

지난 26일 백범 김구 옹의 불의의 흉변에 접한 한독당 인천시 당부에서는 장의 준비위원을 정하는 동시, 동 지부에 분향소를 설치하였는데, 장 경기도 경찰국장과 박 인천서장을 비롯한 일반 조객이 답지하고 있다.(인천발 고려)

〈조선중앙일보 1949년 6월 29일〉

■조객 10만을 돌파

우리 대한 민족의 위대한 지도자 백범 선생의 피습서거로 말미암아 비애에 잠긴 서울 장안은 물론 오열과 곡성이 미만한 경교장京橋莊은 서거 후 제3일에도 의연히 문전에 장사진을 이루어 영전에 참배코자 조객이 아침 5시부터 꼬리 이어 쇄도하는 정부관공리, 한독당원, 종교단체 급及 노동사, 농민, 학생, 노소남녀는 물론하고 백원 내지 50원까지 호주머니를 털어 향촉香燭대를 진정하고 방성통곡하면서 영전에 참배하고 있다. 열을 지은 조객은 매시간 1,500명 가량, 한 시경 약 6만 명의 조객이 쇄도하여 앞으로 10일장인 7월 5일까지 이르면 약 30만 명이 친히 영전에 배拜하게 될 것이라 한다.

〈독립신문 1949년 6월 29일〉

■창암국민학교생들 비통 넘치는 조문

위대한 민족의 지도자인 고 백범 김구 선생을 잃은 경교장에는 28일에도 이른 새벽부터 조객이 쇄도하여 정오 현재 2만여 명이 장사의 열을 짓고들 있는데, 이날에는 특히 여자 조객들이 조객 전원의 3분지 2를 차지하고 있으며 대전, 인천, 용인 등지로부터도 올라왔다. 그리고 오정 반경에는 선생님 생전에 세워놓은 시내 염리동에 있는 무산無產아동의 교육기관인 창암국민학교 아동 약 3백이 왔는데, 대문에 들어서자 통곡을 하여 구속에 사무친 울음들을 참는 조객들을 더 한층 슬프게 하였다.

〈경향신문 1949년 6월 29일〉

■장일은 공휴로, 가무음곡도 정지

29일 이 공보처장은 김구 선생 국민장 집행경위와 국민장 절차에 대한 국무회의 결정을 다음과 같이 발표하였다.

「대통령께서는 26일 백범 선생의 흉부(凶訃)에 접하자 즉시 방송국을 통하여 통석하는 지정을 전 국민에게 고 하였으며 27일에는 오전 10시에 긴급 국무회의를 소집하여 대통령은 국민장으로 거행할 것을 제의하여 국무회의는 결정하고 정부 준비위원을 경교장에 연락한 바, 경교장은 동지장同志葬으로 결정하였다 하여 정부의 결의가 전달되자 이를 협의한 후 국민장으로 할 것을 결정 요망하였다. 이에 정부 측 준비위원이 이 뜻을 대통령께 전하자 이 대통령은 이 요망에 응할 것을 수락하였다. 그리고 28일 정례 국무회의에서는 27, 8일 양일에 걸쳐 경교장에서 열린 장의위원회로서의 정부에 대한 요망사항의 보고가 있자 대통령께서는 그 요청의 모든 조건에 응할 것을 결의하여 다음과 같은 사항을 결정 실시키로 된 것이다.」

○ 6월 29일 입관식入棺式 날과 7월 5일 장례일은 조기를 게양하는 동시에 일체一切의 가무음곡歌舞音曲을 정지할 일.

1. 장례일(7월 5일)을 임시공휴일로 정하고 당일은 경향각지에서 응분의 애도식을 거행할 것.

1. 장례식에는 의장병과 군악대를 참가케 할 일.

1. 장례 총경비 900만원 중 정부에서는 600만원을 지출하기로 함.

1. 장례일까지 일반국민은 각별히 자숙할 것. 〈조선일보 1949년 6월 30일〉

■애국혁명 업적, 천추에 빛나다!

고 백범 김구 선생이 귀국한 후 성동구 금호동에 돈 없는 사람의 자제를 위하여 설립한 백범학원에서는 29일 선생의 서거에 대하여 추모하는 다음과 같은 담화를 발표하였다.

「쓰러졌던 이 나라를 바로잡으시고 갈 바를 모르는 이 민족의 행복을 위하여 70여생을 지내시다 내 동포의 흉탄에 최후를 마치신 백범 선생을 추모하여 통분함을 금치 못하여 울어 봐도 시원치 않습니다. 조선의 독립과 민족의 자유를 위하여 외족의 손에 투옥생활도 몇 성상이었던가. 대한임정수립과 동시에 3의사를 비롯하여 수많은 애국청년을 손수 내셨고 주석으로서, 이 민족의 자유와 조국의 독립을 위하여 가진 바 힘을 다하셨다. 귀국 후 반탁투쟁을 위시하여 수많은 애국혁명업적은 천추에 빛날 것이다.」 〈서울신문 1949년 6월 30일〉

■민족의 거성 백범 선생 정신 ②

● 엄도해

② 빈궁 동족에 자애심

연일 모여드는 조문객들은 경교장 내정內庭에 가득히 차고도 남아서 열을 지어서 늘어선 그 열이 문밖의 큰 거리의 인도人道에까지 장사진을 치고 있다. 조문객들은 남녀노유 각 계층의 인사와 관리는 물론이지만 남녀 대학생들을 비롯, 중등생, 소학생들까지 몰리여 드는 것이다.

까만 다박머리의 백접白蝶이 머물은 듯이 상표喪表도 붙이고 돌아서는 순심단심純心丹心의 여학생이 있는가 하면, 눈물어린 동자가 빨갛게 되어서 4, 5명씩 몰려서 들어오는 소학생들이 연일 계속되었다. 백범 김구 선생의 조국완전독립 일념을 순화하여 어린 소학생들의 깨끗한 동심과 일치하였던 것을 우리는 발견하였다.

그 어린 소학생들의 눈동자에 깊이 박힌 백범 김구 선생의 위대 자비한 모습은 장래 그들의 성장의 지표가 될 것이다. 이렇게 몰리여 오는 조객들 중에 가장 우리의 주목을 끌고 놀라게 한 것은 걸인들이었다. 집이 없고 먹을 것이 없고 입을 것이 없어서 해여진 의복의 구멍으로 육신이 내다보이는 것을 존경하는 선생의 영전이라 연거푸 두 손으로 가리우면서 들어서는 걸인들이었다. 신발도 못 신은 육신이 빗죽 보이는 남루의 구멍을 두 손으로 가리우기도 하랴, 또 양안兩眼에서 비나리듯이 흘러 나리는 눈물 씻기도 하랴, 그 두 개의 손만으로는 매우 부족不足한 듯하였다.

해방 이래 정객은 물론이고 어느 누구나 연단에서나 좌담석에서나 다같이 삼천만 동포여! 하고 부르짖었다. 삼천만 동포 가운데 남녀노유 부귀빈천이 내포되었지만 한 번도 그것을 차별시하거나 등급 시時 하지는 아니하였다.

이처럼 가장 관대하고 가장 평등적인 듯하였다. 그러나 지금의 현실상태를 본다면, 오오 3천만 동포여! 하고 부르짖은 것은 자기자당의 이익을 위하여서가 아니었던가. 3천만 동포를 불러서 박수를 받아 소기의 목적을 달한 자로서 3천만 동포 중에 걸인이 있다는 것을 돌아본 이가 있는가. 그저 통 털어서 3천만 동포여! 외친 그 모호한 관후와 평등성 가운데 엄연히 사회에서 제외를 당하는 존재가 있다. 자기자당의 영예와 이익을 위하여 무조건 지지로 손뼉을 치거나 "옳소"를 부를 그 시만 동등일 수 있고, 평등일 수 있는 존재가 있다. 그 자리만 떠나면 여전히 제외를 당하는 존재 그것은 비참히도 우리 사회에서 버림을 받는 걸인들이다. 백범 김구 선생은 때때로 빈민굴을 찾았고, 남산 모두리를 찾아서 걸인들에게 온정과 설움을 나누었다. 정객들을 위시하여 누구나가 자기의 주장을 위하여 걸인에게까지 '박수와 옳소' 를 부역처럼 요구는 하였지만, 그들에게 준 것은 무엇이었는가, 사회적으로 반성할 필요가 있다. 백범 김구 선생은 창암, 백범양 학원을 세워서 빈민아동에게 배움의 길을 열은 것은 세인이 주지하는 사실이지만 걸인들에게까지 따뜻한 정신의 의물을 주었다는 것은 이번 선생의 영靈에 조상하는 마당에서야 우리는 알았다.

그런즉 백범 김구 선생은 어느 누구를 위하여 70평생을 싸워왔던가. 이족異族에게 학대와 압제와 착취를 당하여 강토와 더불어 헐벗은 전 동족을 위하여 고문도 당하였고, 투옥도 당하였고, 저격도 받았고, 굶기까지도 하였다는 것은 세계가 다 아는 사실이다. 그러나 특히 걸인까지도 사랑하고 구하려고 하였다는 것은 그야말로 걸인들이나 알았던 것이었을 것이다. 그렇던 것이 삼천만 동포 및 운명을 같이 하고 있는 약소민족이 다 같이 슬퍼하는 이 마당에서 이러한 숭고한 사실을 발견할 때에 우리는 놀라지 아니할 수 없었다. 백범 김구 선생은 유년 시時부터 특권층인 양반에 대한 반항심을 가지고 있었다. 그래서 근린의 양반집 애들과 섞이어서 놀다가 그 애놈들이 일종의 우월감을 가지고 유소한 백범 선생을 때렸는데 선생은 어찌나 분하였던지 "분해서 나는 집에 와서 부엌에서 큰 식칼을 가지고 다시 그 집으로 가서 기습으로 그 놈들을 다 찔러 죽일 생각으로 울파주를 뜯고 있는 것을 열 일곱, 여덟 살된 그 집 딸이 보고 소리소리 질러 오라비들을 불렀기 때문에 나는 목적을 달치 못하고 또 그놈들에게 붙들려 실컷 얻어맞고 칼만 빼앗기고 집으로 돌아왔다. 식칼을 잃은 죄로 부모님께 매를 맞을 것이 두려워서 어머니께서 식칼이 없다고 찾으실 때에도 나는 시치미를 떼고 있었다" 고 자서전에 있다.

이것을 보면 백범 김구 선생이 그 양반이라는 특권층에 대한 증오감과 반항심이 얼마나 컸다는 것을 알 것이며, 겸하여 돌아가신 백범 김구 선생의 영전에 곡하는 걸인들이 있다. 여기서 노서아露西亞의 문호 투르게네프의 걸인이라는 시를 상기할 수 있다.

"눈물어린 눈, 푸른 입술, 너슬너슬한 남루 그리고 상처, 오오 빈궁은 이 불행한 존재를 어떻게나 비참히도 파먹어 들어났음이뇨. 나는 있는 주머니를 다 뒤지었다. 나에게는 아무 것도 없었다. 나는 주저주저하다가 그의 떨리는 손을 꼭 쥐고 '용서하시오 형제여! 나는 아무것도 가진 것이 없소 나의 형제여!' 걸인은 그 부운 눈으로 나의 손을 꼭 쥐었다. 그 이도 입속의 말로 '형제여!' 이것도 감사합니다. 이것도 도움이니까요 하였다. 나는 깨달았다. 나는 그 형제에게서도 도움을 받는 것이었다."

백범 김구 선생은 이 시가 말하는 것과 같이 동족이요, 형제인 걸인들에게 정신의 양식을 주었다. 걸인들도 다같이 동족으로 피를 나눈 인간이 어찌 이 사회에서 그들은 버림을 당하여야 하는 것인가. 세상 사람들은 그 걸인들이 가까이 오는 것을 싫어하고 피하는 것이다. 그런데 백범 김구 선생은 친히 그 이들이 모인 곳을 찾아서 설움을 같이하고 위로하였다. 선생은 그들에게 빛으로 인도하고 같은 자리에서 살기를 원하고 그들에게 손을 내밀었던 것이다.

■장의행렬 등, 김 옹 국민장 절차 발표

고 백범 선생 장의식은 고 백범 김구 선생 국민장으로 오는 7월 5일 서울운동장에서 엄숙한 가운데 열리게 되였는데 이 날의 행렬은 경교장을 출발 서울운동장을 거쳐 효창공원으로 향할 터이라는 바 이에 대하여 장의준비위원회에서는 28일 다음과 같이 발표하였다.

1. 의장병儀仗兵 12명(고 백범 선생 제자 중 군인고급장교 및 사관)
2. 국기國旗, 당기黨旗, 기위사旗衛士 12명
3. 군악대軍樂隊
4. 조가弔歌대(대학생)
5. 전구의장대全軀儀仗隊(한독당청년동지)
6. 장의위원장葬儀委員長
7. 각各 장의葬儀부위원장(2명)

8. 장의위원葬儀委員

9. 의장대儀仗隊(1개 중대)가 전후좌우로 백범 선생의 자동차를 둘러싼다.

10. 고故 백범선생白凡先生 사진寫眞(위사 좌우에 4명씩 계8명)

11. 수종자무복친隨從者無服親

12. 의장대儀仗隊(한독당청년동지)

13. 조기弔旗

14. 학교악대學敎樂隊

15. 명정銘旌

16. 공포功布

17. 영구호위靈柩護衛(80명)

18. 영구靈柩(좌우 9명식式 18명)

19. 영구호위靈柩護衛(80명)

20. 주상내외主喪內外

21. 유복친有服親

22. 무복친無服親

23. 대통령大統領

24. 부통령副統領

25. 국무위원國務委員, 열국사절列國使節, 동지원로同志元老

26. 당黨 주요간부主要幹部

27. 당원급黨員及 일반단체급一般團體及 개인個人

28. 후구대後軀隊

29. 경찰간부警察幹部

그런데 이날 행렬에 참가하는 차량으로서는 김구 선생자동차 이외에는 추종치 않게 되었다 한다. 〈조선일보 1949년 6월 30일〉

■한위 인, 호대표 경교장에서 조문

고 백범 김구 선생이 쓰러진 비보에 접하여 선생의 유해가 안치되어 있는 경교장에는 연일 수만의 조객이 밀려들고 있는데, 작昨 28일 하오 4시에는 유엔 한국위원단 인도 대표 씽씨와 오스트레일리아 대표 제미슨씨도 경교장을 찾아 선생

의 영전에서 삼가 조의를 표하였다고 한다. 〈조선일보 1949년 6월 30일〉

■흉변 4일의 경교장, 애곡성은 여전 조객들은 감영앞까지 장사진

애수에 잠긴 경교장의 제4일 고 백범 선생의 참변에 하늘도 탄개하는 듯 얕은 구름 낀 날씨는 지금에라도 곧 비를 내릴 것 같이 음울한 가운데 이른 새벽부터 배례자들은 밀려오기 시작하여 아홉 시 경이 되어서는 벌써 경교장의 골목은 입추의 여지가 없었다. 그 중에 중학교 단체로서 숭문중학을 선두로 정명여중, 중앙여중, 서울공업 등 끊일 새 없이 대어서는 학생단체들과 물밀 듯이 찾아 오는 일반조객으로 오정 때쯤 되어서는 몰려드는 조객들에 의하여 경교장은 크고 너그러운 선생의 은덕같이 문자 그대로 인산인해를 이루어 군중의 행렬은 골목에서 전차 길로 빠져서 서대문 네거리에서 영천 쪽으로 늘어서는 데까지도 그대로 계속되었다. 그중에는 진주, 여수 등에서 올라온 지방의 조객들도 적지 않아 화평통일이란 거대한 민족과업 달성을 위하여 오직 무언실행의 길로 겨레를 지도하던 선생의 위덕을 여실히 증명하는 장사진은 이것이 곧 힘이 되어 유업달성의 시일도 멀지 않음을 알려주고 있다. 〈조선일보 1949년 6월 30일〉

■김구 선생의 조난, 국가민족에 불행 이 총리 애도사

김구 선생의 보報를 듣고 지방시찰 도중에 급속 귀임한 국무총리 이범석씨와 공보처장 이철원씨는 28일 밤 경교장에서 기자단과 회견하고 옹翁의 급서를 애도하는 담화를 발표하였다.

「일전에 목포에서 비보를 듣고 발표한 바도 있지만 나 개인과 백범 선생과의 관계는 조완구 선생과 백범 선생과의 관계와 조금 다른 것이 없다.

내가 젊었던 만큼 과거에 선생으로부터 사랑을 일신에 받고 활동하였던 것은 새삼스러이 말할 필요도 없다. 지금 정부에 속한 지위地位에 있어 시간상 관계로 자주 뵐 수 없었지만 늘 모든 것을 생각하고 가끔 가족을 시켜 선생을 방문케 한 일이 있었다. 이번 일은 몽매夢寐에도 못 생각할 끔직한 일이다. 국가민족을 위해서 또 앞날의 남북통일을 위해서 막대한 불행일 뿐 아니라 민족 역사에 큰 오점을 남기게 된 것이라고 생각한다. 물론 백범 선생 같은 선배이신 지도자가 돌아가셔서 원통하기 비할 데 없거니와 공리적인 영향보담도 이 민족의 잔인성을 생각할 때 그것이 더욱 가슴 아프다.

다행히 범인이 살아있고 또 현장에서 잡혔으니 그 진상은 불원한 장래에 국내 인사나 전 세계에 공포될 것이다. 이 나라의 민주주의가 발전하려면 「테-러」가 종식되어야 한다. 내가 희망하기는 이번 행동의 동기가 ○○하기를 바란다. 돌아가신 선생은 ○○○○ 다시 우리 앞에 못 나설 것이고 우리는 복잡한 현실 가운데서 대한민국을 육성시키기 위하여 개인감정을 떠나서 냉징하고 신중한 태도로 일의 귀추(歸趨)를 ○○해야 한다.」 〈조선일보 1949년 6월 30일〉

■이 국무총리 경교장에 조문

목포 발전소 개소식에 참석차 지난 26일 서울을 출발한 이 국무총리를 비롯한 윤 상공장관 이 공보처장 등 일행은 당지에서 백범 김구 옹이 피습 서거하였다는 비보에 접하여 각지를 방문하려던 일정을 중지하고 28일 오전 특별열차로 목포를 출발 동일 오후 7시 20분 경 서울역에 도착하였다. 귀임한 일행은 즉시 경무대 관저로 이 대통령을 방문하여 약 15분간 요담한 후 동 8시 18분 경 경교장에 도착 김구 옹의 유해에 배례하고 장의위원회 부위원장 조완구씨를 비롯한 위원회 간부들과 격의 없는 의견교환을 한 후 동 9시 경 돌아갔다. 〈조선일보 1949년 6월 30일〉

■김상옥 의사의 유가족도 조문

「과거 일제관헌의 간담을 놀라게 한 김상옥 의사의 유가족인 김태옥(金泰玉)씨가 지난 27일 고 김구 옹 빈소에 나타났다. 그는 남루한 의복을 입고 있는 것으로 보아 생활에 상당히 고통을 받고 있는 것 같이 보였는데 금일봉을 영전에 내놓고 가슴이 찢어지는 듯이 구슬피 울어 유가족은 물론 일반 조객들까지 더 한층 슬프게 하였다.」 〈조선일보 1949년 6월 30일〉

■원세훈 담

백범 선생과 나는 의로서는 동지와 같고, 정으로는 형제와 같은 사이이다. 나 개인으로 특별히 그분과 관계된 것은 1921년 상해 불조계에서 일인한테 체포되었을 때 같은 변을 당하였던 것이다.

그 후 1923년 상해에서 열린 국민대표자회의, 선생과 나는 잠시 사소한 정치적 견해의 차이가 있었으나, 항상 동지적인 입장에서 이 사람을 사랑해주었던 것이고, 이 어른이 반 백년간이나 이 나라와 겨레를 위하여 분투한 것은 동서고금을 통하여 역사상의 유례가 드물 것이다. 작년 남북협상이 개최되었을 때 38선을 넘으면서 38선이 무너지지 않는 한 38선을 끌어안고 쓰러지겠다고 언명한 바 있었는데, 이제 38선이 무너지지 않은 오늘이니 그분의 죽엄은 38선을 안고 돌아간 것이다. 오직 우리들은그분의 염원이었던 38선 철폐로 그분의 영령을 위로해야 한다. 〈자유신문 1949년 6월 30일〉

■백범 애도가 작사 이은상씨에 위촉

고 백범 김구 옹을 영구히 추념하기 위하여 국민장 장의위원회에서는 노산 이은상(鷺山 李殷相)씨에게 애도가의 작사를 위촉하였는데 작곡은 예술대학(藝大)에서 담당하리라 하며 합창대는 예술대학 숙명여대(淑大) 이화여대(梨大) 여의대(女醫大)로 구성하기로 되었다. 〈조선일보 1949년 6월 30일〉

■조객시간 배정

김구 선생의 유해는 작 29일 입관하였거니와 참변의 비보에 접한 각계인사들의 조문객으로 경교장은 대혼잡을 이루고 있어 장의위원회에서는 이 혼잡을 피하기 위하여 다음과 같은 순서로 조문하여 주기를 바라고 있다.

- 30일 정부 각 기관 및 각 정당대표인사
- 1일 각 종교단체 인사
- 2일 각 학교대표인사
- 3, 4일 사회단체대표인사
- 5일 발인 〈조선일보 1949년 6월 30일〉

■철시로 위덕 추모

김구(金九) 선생 서거의 소식이 일단 전해지자 장안 수개 상점에서는 곧 철시를 하고 선생 생전의 위덕을 추모하는 동시 심심한 조의를 표하고 있는데 작 27일 「만나관」 등 수개 요정에서는 시 경찰국을 찾아와 조의를 표하는 의미에서 수일간 자진 휴업할 것을 알려왔다고 한다.

● 한독에 지방부 설치

고 백범 선생 급서로 전국 각지로부터 시내 경교장에 참집한 한독당 각지 당부 대표들은 28일 하오 8시 각 대표연석회의를 열고 중앙과 각지 당부간의 연락을 긴밀히 하기 위하여 새로히 지방부를 설치하는 동시에 다음과 같은 9명의 상임위원을 선출하였다.

• **경남** : 강길수姜吉守 • **전북** : 최병선崔丙善 • **충북** : 송진옥宋鎭玉

• **경기** : 강진호姜鎭浩 • **충남** : 김태원金泰源 • **전남** : 박상기朴相基

• **강원** : 김산金山 • **서울** : 윤태영尹台榮 • **황해** : 송창섭宋昌燮

〈조선일보 1949년 6월 30일〉

■우방 중국인도 조문 통곡, 경교장의 제 4일

경교장의 제4일 아침 새벽부터 시내에는 집집마다 저절로 태극기가 세워졌다. 태극기엔 까만 천이 달리었다. 상장을 가슴에 단 시민도 보였다. 적십자병원 앞까지 줄을 지었던 조문객은 29일에는 2백 미터 가량 되는 서대문 로타리 지점을 넘었다. 평균 1분간의 단체배례가 이채였다. 이 학생들은 혼잡한 관계로 영전에까지 들어가지 못하고 앞뜰에서 절만 할 수밖에 없는 처지를 통분해하였다.

이날 유달리 조문객의 눈을 끄는 것은 거지(乞人) 세 사람이 와서 "선생님" "선생님"하고 영전에서 통곡하는 것이었다. 이 걸객은 신당동 해방촌에서 왔는데 일찍이 김구 선생이 그곳에 와서 위로하고 원조도 하여 주었다는 것이다. 머리 깎은 여승도 마음껏 울며 돌아갈 줄을 몰랐다. 많은 중국 사람이 보이는 중에도 세 사람이 영전에 달려가 오호! 황창…… 하고 무어라 하면서 통곡한다.

고구마를 팔던 할머니도 달려와 울었다. 이 할머니는 중국에서 선생의 은혜를 입었다는 것이다. 28일에는 중국영사관에서 경영하는 한성화교학교 학생 3백 명이 검은 단체복을 하고 예배를 올리었다. 2층 전례부엔 약 50명의 부인들이 묵묵히 베옷의 바느질을 하고 있다. 오후 5시에 입관식이 있었다. 이리하여 경교장의 제4일도 겨레의 각층 민족의 초월인 애도 리에 저물어 갔다. 〈경향신문 1949년 6월 30일〉

■해외각지서 조보

백범 김구 선생 급서의 비보를 알고 해외에서 조전이 들어왔다. 즉 28일 오후 1

시 현재로 멀리 뉴욕에 있는 큰 자부子婦 안미생 여사로부터 귀국을 못하겠다는 슬픔의 전문이 있었고, 하와이 대학, 국민회國民會, 동경청년회, 경도京都독촉 국민회 및 개인자격으로 동경서 온 조전 2통이 들어왔다고 한다. 그리고 국내 한독당 지부에서도 많은 조문이 들어왔다고 한다. 〈조선중앙일보 1949년 6월 30일〉

■한위 심심한 조의, 씽씨 이 대통령에 공한

민족의 위대한 지도자의 한 분인 고 백범 김구 선생의 흉보가 전하여지자 국내 각계각층은 깊은 애도에 잠겨 있거니와 UN한위위원장 인도대표 이납 씽 박사는 위원단을 대표하여 지난 28일 경교장을 방문하고 유가족에 대하여 위원단의 조의를 표한 바 있었거니와, 동일 UN한위는 대한민국 대통령과 김구씨 영식에게 각각 공한으로써 동정의 뜻을 표하였는데, 이를 공보 제26호로 발표하였다. 그 내용은 다음과 같다.

대통령 각하

UN한국위원단은 김구 선생의 흉변의 비보에 접하였습니다. 이 위대한 애국자의 서거로 인하여 대한민국 국민의 힘입은 손실이 크다는 것을 본 위원단은 각하를 통하여 전국민에게 전하고자 합니다.

본 위원단이 믿기에는 한국의 자유와 통일을 위해 헌신한 김구 선생의 추억은 다른 애국동지로 하여금 미완된 국사에 헌신하도록 강조할 것입니다.

김 소령 귀하

UN한국위원단은 김구 선생의 흉보에 접하였습니다. 본 위원단은 본인을 통하여 귀하와 유가족 제위에게 이 불의의 서거에 대한 심심한 조의를 표하는 동시에 선생이 별세하시었다 하여 한국의 완전한 독립과 통일의 대업에 미치던 고인의 유업이 결코 감소되지 않으리라는 신념을 확신하는 바입니다. 또한 위원단은 이 위대하신 애국지사의 공헌이 단절된 이 시기는 전 한인이 고인의 평화와 이해의 정신을 체득하여 자유의 대의에 대한 봉사를 일층 더 각오할 계기가 될 것을 믿는 바입니다. 〈서울신문 1949년 6월 30일〉

■슬프다 태극기여! 조기됨을 누가 원했나

거인은 영원히 가다. 하늘의 빛나는 혜성이 홀연히 땅에 떨어지듯, 백범 김구 선생은 유언 한 마디 없이 고이고이 잠드셨다. 가슴을 뚫는 듯한 눈동자, 불을 뿜는 듯하는 입술도 한 발의 흉탄으로 성벽처럼 굳게 닫혀지고 검은 동상처럼 움직이지 않는다. 민족의 통곡이 우레와 같아 남북을 통하여 진동하는 작 29일로 옹의 가신 3일째를 맞아 검은 구름이 아치 뜨는 서울거리 골목마다 지붕에는 태극기를 휘날린다. 김구 옹의 급서에 대한 국민들의 슬픔의 조기이다. 늙은이도 젊은이들도 태극기를 향하여 목례하고 눈동자에는 한 줄기 눈물이 아롱졌다.

〈자유신문 1949년 6월 30일〉

■명월관 등 자진휴업

김구 선생 흉변의 보를 들은 시민들은 29일부터 가가호호 조기를 걸고 애도의 뜻을 표하고 있는데, 한편 명월관, 국일관 등을 위시한 시내 각 요리집도 28, 29, 30의 3일간을 자진 휴업하여 자숙하기로 되었다. 〈국도신문 1949년 6월 30일〉

■한독 목포당부원 장의 참석차 상경

김구 선생 참변의 비보를 접한 한독당 목포특별당부에서는 장의준비위원회를 조직하는 한편 부위원장 함재택씨가 급거 상경하였다. 이외 10여 명 당원들도 장의식 참석차 금명간 상경하리라 한다. 〈자유신문 1949년 6월 30일〉

■춘천부내 조기로 일색

백범 김구 선생의 급서로 말미암아 서울에서는 요정이 자진하여 휴업을 하는 등 경건한 마음으로 조의를 표하고 있거니와, 춘천부내에도 작 29일에는 시내 중앙로를 비롯하여 각처에서 조기를 게양하고 고인의 명복을 빌며 애도의 뜻을 표하였다. 백범 김구 선생의 장의식에 제하여 시내 7개 요리점에서는 업자들의 자발적인 자숙을 표명하는 의미에서 28일부터 30일까지 3일간 휴업을 하게 되었다고 한다.

〈강원일보 1949년 6월 30일〉

■고 백범 옹 경남 장의위원회 임시집행위원장 김철수씨

민족의 거성 고 백범 김구 선생이 26일 흉탄에 절명했다는 소식이 항도에 전해지자 아연 모임 모임마다 애석코 비통한 화제에 잠기고, 또 애석의 염숭이 날이 갈수록 더 짙어지고 특히 한독당 앞에는 조객과 선생을 사모하는 청년학도,

그리고 50세 이상의 장로들까지 매일같이 운집하고 있어 문자 그대로 백범은 민족의 지도자였다는 것을 역력히 표현하고 있을 즈음 선생의 명복을 비는 백범 김구 선생 경남장의위원회를 지난 29일 상오 11시부터 부산상공회의소에서 정당, 사회청년단체 및 행정기관 또는 개인 등 80여 명이 참석아래 결성하였다. 임시 집행위원장엔 김철수씨가 피선되었고, 영결식은 중앙에 준하여 오는 7월 5일 부내 공설운동장에서 거행하게 되었다고 한다. 〈민주중보 1949년 6월 30일〉

■고 백범 선생 조의소 설치

시내 대안동 한국독립당 대구시 당부에서는 고 백범 김구 선생의 조의소를 동 당사무실에 설치하고, 일반의 분향과 조문을 환영한다는데 조객의 분향 절차는 다음과 같다.

1. 조객록에 주소 성명을 기입할 것.
2. 선생의 사진봉안소에 분향 배례할 것. 〈영남일보 1949년 7월 1일〉

■고 백범 선생 봉도회에 조문객이 쇄도

백범 김구 선생 서거에 대구에서도 봉도위원회가 조직되어 작 30일부터 대구 공회당 대홀에서 조객 응접을 시작하였는데, 대구대학에서 보낸 금 1만 원을 비롯해서 각 관공서, 단체, 일반 시민, 학생의 눈물에 넘치는 애도의 뜻은 끊을 새 없이 수많이 도달하고 있다 한다. 〈영남일보 1949년 7월 1일〉

■중국영사관원 일동 상의위원회에 내조來弔

고 백범 김구 선생 경남 상의위원회 선전부 발표에 의하면 지난 29일 하오 1시경 재부 동 영사관원 일동과 중국 학생 일동 약 60명이 우중을 불구코 상의위원회를 찾아와서 조의를 표하고 갔으며, 40여세 된 한인 1인이 조위금 만원을 부의하고 대성통곡을 하고 갔다는데, 그 성명은 동 위원회에서 아무리 물어도 답치 않고 갔다 한다. 그리고 동 선전부에서는 장의 당일인 7월 5일 하오 1시는 중앙에 호응하여 가무음곡을 금하는 동시에 각 부府 군郡 읍邑에서도 같은 장의조절을 행하도록 요망하고 있다. 〈자유민보 1949년 7월 1일〉

■김구 옹 영전에 고아들도 애도

부산 완월동에 있는 공생보육원에서는 금반 김구 옹 급서에 애도를 표하는 행사로서 동 원아 100여 명은 아침 6시 반의 조회시간과 저녁 9시 취침시간을 이용하여 오는 7월 5일의 국장일까지 묵념 애도회를 거행하고, 우리는 어린 고아로서 선생님의 숭고한 길을 따라가겠다고 맹서하는 김구 옹 추도에 이채로운 행사를 하고 있다고 한다. 〈자유민보 1949년 7월 1일〉

■애도식에 참가를!

어제 1일 고 백범 김구 선생 국민장의 경남도장의위원회에서는 오는 7월 5일의 고별식에 참가를 비란다는 다음과 같은 담화를 발표하였다.

우리 민족의 위대한 애국자이시며 혁명가이신 고 백범 김구 선생의 불의의 흉탄에 대하여 3천만 동포는 한없는 비분과 애도 속에 잠겨 있다. 70평생을 오로지 조국광복과 자유 평화에 바치신 선생이 그의 사랑하고 사랑하시던 동포의 한 사람의 흉탄으로 말미암아 바야흐로 성숙하여 가는 조국통일을 보시지 못하고 돌아가시다니 이 어찌 애석통탄할 일이 아니며 국가 민족의 일대 손실이 아니며, 또 우리 민족의 수치가 아니리요. 이 비통하고 엄숙한 사실에 울분하여 3천만 동포는 오직 선생의 영전에 머리를 굽혀 사과하고, 선생의 거룩하신 유지와 유업을 계승하여 조국통일을 하루바삐 완수할 결의가 있을 뿐이다. 선생의 장의는 국민장으로 결정되어 오는 7월 5일에 중앙에서 영결식을 거행하기로 되었거니와, 본 도에서도 중앙에 의거하여 동일 부산공설운동장에서 고별식을 거행하기로 되였으며, 특히 당일은 임시 공휴일로 결정되여 경향 각지에서 애도식을 거행키로 되였사오니, 도민 제위께서는 고 선생의 서거를 애도함과 아울러 그 거룩하신 유업과 유덕을 추모하는 마음으로 장례일인 7월 5일에는 반드시 집집마다 조기를 게양하고 가무음곡 등은 일절 자제하는 동시에 당일 하오 1시에는 고별식장에 무한참하여 주심을 요망하는 바입니다. 〈민주중보 1949년 7월 1일〉

■부산부 동회연합회, 김구씨 장례대표를 파견

부산부동회연합회 정기총회는 지난 27일 상오 11시경 제1회의실에서 개최되었는데, 개회 벽두 긴급논의가 일어나 7월 5일 서울공설운동장에서 거행될 김구 선생 국민장에 부산대표를 파견키로 만장일치 가결되어 대표자에 김용준 동회 연합회장이 선출되었다. 〈자유민보 1949년 7월 1일〉

■국민당 안재홍 담

내가 백범 선생의 말씀을 들은 것은 기미년 이전의 일이다. 1935년 6월경 내가 조선일보에서 물러나와 쉬고 있는데 어느 분이 선생의 편지를 전하여와 나를 해외에 나와 달라는 말씀이 있었으나 떠나지 못하고, 해방된 11월 입국하셨을 때 처음으로 만나 뵈었다. 만나 뵙고 신중 과묵하신 중에 과단성 있는 분으로 위대한 영도자의 자격을 가진 분이라고 매우 경탄하였다. 여러분이 아시는 바와 같이 국민당 한독당이 합동한 후 다시 당인黨人으로서는 결렬되고 말았으나, 민족진영의 지도자로서 선배이며 동지이신 선생에 대한 우정은 변한 바 없었다. 중요사태가 발생될 때마다 항상 성심으로 협의하는 상대자로 되어 있었다. 〈자유신문 1949년 7월 1일〉

■수우비비에 모색갱심 만정조객의 곡성도 애절 29일 백범 선생 입관식 거행

고 백범 선생의 입관식(入棺式)은 29일 오후 경교장(京橋莊)에서 엄숙히 거행되었다. 때마침 보슬비 내리기 시작한 4시 아래층 선생의 고혼이 고히 누워 계

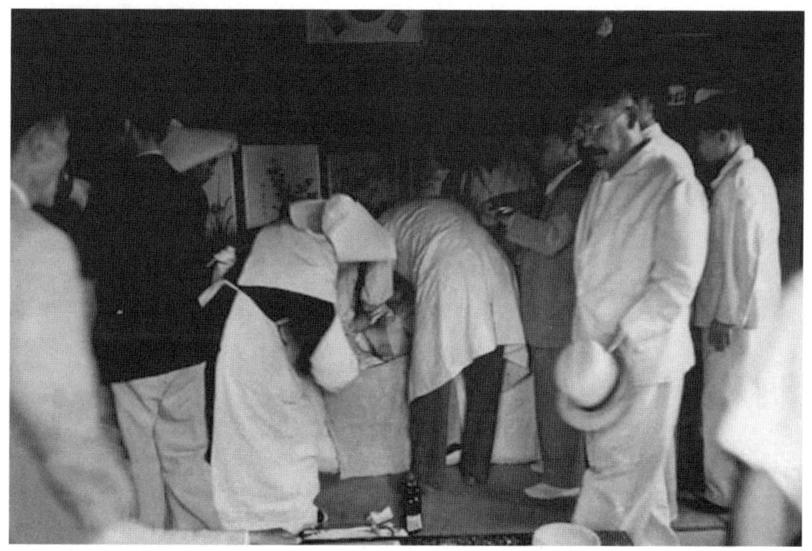

▲ 경교장 2층 집무실에서 염하는 장면

신 빈소(殯所)에는 거상을 입은 상주 신씨 부처를 비롯하여 김규식(金奎植), 조소앙(趙素昻), 조완구(趙完九), 엄항섭(嚴恒涉)씨 등 지난날의 망명시대에 선생과 기거를 같이 하던 동지들과 정부 측 대표 이범석 국무총리 등이 조심스러히 늘어선 가운데 우선 성모병원장 박병래(朴秉來)씨가 몇 사람의 수녀(修女)와 더불어 시신의 수세水洗가 끝나자 이윽고 김붕준(金鵬濬)씨의 집사로 수의면모의 차례가 시작되었다.

워낙에 넓지 못한 유해안치실에는 측근자 정부요인을 비롯하여 사진반 신문기자 등이 빈틈없이 들어차서 무거운 침묵에 쌓여 기념영화 촬영으로 인한 조명의 각광이 이따금씩 명멸할 뿐 숙엄肅嚴한 분위기 속에서 분향의 향연도 그윽히 소리없이 흐느껴우는 애통성 가운데 선생의 시신은 수의에 쌓여갔다.

그동안 이윤영, 지대형, 김도연, 신성모, 채병덕씨를 비롯하여 각계 요인들이 협소한 방안에 터질 듯이 들어차고 이어 5시 45분 드디어 입관식이 시작된다.

「날 빛보다 더 밝은 천당」 하고 찬송가 소리가 입관실에서 흘러나오자 마당에 모여선 군중들도 일제히 머리를 숙여 선생의 명복을 축원하며 터져 나오는 애조로운 곡성은 경교장을 뒤엎었고 바로 그 시각부터 억수같이 내리는 빗소리 속에서 선생의 유해는 엄숙히 옷칠 냄새도 새로운 목관 속으로 고이 고이 모시어진다. 뒤미처 선생의 동지 김규식 박사는 고인의 명복을 빌어 – 그 자리를 마르서서 힘을 다하시고 민족국가를 위하여 잃은 동지同志오니 하나님께서 뜻을 베푸시사 아름다운 꽃과 실상 있는 열매를 맺게 하여 주소서하고 눈물어린 목소리로 기도를 올리자 또다시 「요단강 건너가 만나리」 계속되는 찬송가가 더욱 구슬프게 그리고 불공 소리 또한 애끊는 듯 창자를 베어내는 곡성에 섞여 드디어 선생은 영영가시고 말았으며 때는 바로 5시 55분, 민족을 사랑하고 나라를 사랑하시던 선생의 비원을 애송(哀頌)하는 듯 줄대여 내리는 비와 함께 풀도 나무도 그리고 하늘도 통곡하였다. 〈조선일보 1949년 7월 1일〉

■하늘도 우시더라, 궂은비 죽죽

백범 김구 선생의 역사적인 입관식은 예정대로 29일 오후 4시부터 시작되었다. 아침부터 흐린 이날 날씨는 오후에 들어서자 보슬비로 화하고, 식이 진행되어 감에 따라 앞뜰과 뒤뜰에는 발들일 틈이 없이 선생을 추모하는 사람들로 질식할 듯이 가득하였다.

현관 뒤 「싸롱」에는 그윽한 향불 냄새! 마치 지난 날 선생의 한 마디 한 마디 말씀이 우리들의 작은 가슴에 사무쳤듯이 눈물로 복바쳐 오르는 찢어져 오는 가슴은 어찌된 연고인가?

입관식에는 상주인 신군과 유가족을 비롯하여 김규식 박사, 조완구, 조소앙, 지대형, 이범석 국무총리 이하 정부 각 부처 장관, 명제세, 박열씨 그리고 선생과 같이 조국광복 국토통일을 위하여 운동하여온 혁명투사들이 참석하였고, 국내 각 신문사 사진반, 영화촬영반 등으로 빈소는 한때 혼란을 이루었다. 곧 염불이 시작되고 성모병원장 박병래씨와 그곳 간호인들의 소렴이 끝난 다음 베로 만든 수의를 선생의 최후의 옷으로 입히고, 김규식, 조완구, 조소앙, 엄항섭, 이범석씨 등 선생과 함께 중국에서 지내온 동지들의 손으로 선생의 영원한 주택인 여섯 자 세치의 관으로 입관, 보공補空을 하자마자 사바에 터지는 울음소리를 뚫고 "앞서간 친구를 말함"이라는 찬송가 "날 빛보다 더 밝은 천당 믿는 것으로 멀리 보이네. 있을 곳 예비하신 구주 우리들을 기다리시네. 며칠 후 며칠 후 요단강 건너가 만나리. 며칠 후 며칠 후 요단강 건너가 만나리"가 애조에 넘쳐 흘렀다.

그때 선생이 조국에서 동족의 흉탄에 쓰러져 가며 천국에의 길의 첫 걸음을 밟으신 시각은 정각 5시 45분 하늘도 선생의 최후를 조상하는 듯 창밖에는 궂은 비만 죽죽 내리고 있다. 이어 김규식 박사의 "이 천지를 만들어 주시고 그를 오늘날까지 사랑하여주신 하느님이여. 우리들의 동지이며 지도자였던 그의 죽음을 더욱 사랑하여 주시옵소서. 그의 마음과 평생은 우리 민족뿐만 아니라 박해를 받는 모든 약소민족을 위해서 싸워 왔습니다. 지금 그 시체를 다시 흙으로 보내기 위하여 이 앞에 있는 관을 마련한 것입니다. 오직 바라건데 그로 하여금 하느님의 등불이 되고 아세아 민족의 영원한 광명과 모범이 되기로 인도하시고 가리켜 주옵소서"라는 요지의 기도가 있은 다음 5시 50분경 각 내관의 문이 닫치고 최후의 은정소리가 들렸다. 이때 비는 소낙비로 변하여 소리쳐 내린다.

앞뜰에서 이 입관식의 광경을 확성기 소리로 듣고 배례하고 있던 수천의 조객들은 비에 젖었는지 눈물로 젖었는지 분간할 수가 없다. 빈소식장에 모였던 사람은 일단 퇴장케 하고 다시 내관을 시체를 안치하였던 먼저 자리에 옮겨놓고 계속하여 조문객의 영전 배례를 시작하였다. 김 박사 이외 제씨는 힘없는 발걸음으로 응접실에 모여 오랜 친구이며 언행일치하였던 참다운 동지이던 선생을 입관시킨 공허감에 무언의 한탄하는 모습이야말로 무어라고 표현키 힘들 뿐만 아니라 보는 사람으로 하여금 스스로 흐느껴 울게 하는 정경이었다.

이리하여 우리의 위대한 지도자 민족의 영원한 태양 백범 김구 선생은 몇 걸음 더욱 멀리 이 철부지한 우리의 옆에서 떠나가셨다. 그리고 고 선생의 시체는 우선 내관으로 입관되었으나 수일 후에는 철관으로 다시 입관될 것이다.

〈자유신문 1949년 7월 1일〉

■해외에서 조전이 답지

고故 백범 선생의 비보를 듣자 해외로부터 조전(弔電)이 경교장(京橋莊)에 답지하고 있는데 30일 오전에는 주미대사(駐美大使) 장면(張勉)씨와 재향항(在香港) 동포들에게서도 조전이 들어 왔다는 바 향항香港 동포同胞의 전문내용은 다음과 같다. 「주석 김구 선생의 서거에 우리는 마음으로부터 슬퍼한다. 그리고 우리는 그의 진실한 애국심에 보답하련다. 향항한교香港韓僑」 〈조선일보 1949년 7월 1일〉

■조객시간 배정 철폐

기보한 바, 김구 선생 조문객에 대한 시간배정은 일반 조문객의 편의상 이를 철폐하고 종전과 같이 아무나 언제든지 조문할 수 있도록 이를 개정하였다고 30일 장의위원회에서 발표하였다. 〈자유신문 1949년 7월 1일〉

■인천에 분향소

백범 김구 선생의 급서를 애도하는 곡성은 3천리 방방곡곡에서 우러나오고 있거니와 부득이한 사정으로 인하여서 올라가지 못한 인천 각계 부민들은 한독당 인천 특별 당부사무소에 설치된 분향소에 경기도 경찰국장 장영복씨를 비롯한 각계각층의 조객이 연일 모여들며 농촌에서 찾아온 노파, 길가는 지게꾼이며 더구나 슬픈 눈물을 머금고 찾아오는 중국인中國人도 있었으며, 또한 지난 28일에는 학교에서 수업을 끝마치고 집으로 돌아가는 길에 찾아온 인중1년생 이행창 군을 비롯하여 각 국민학교 아동 수십 명이 찾아와 선생의 사진을 보고 장시간 울면서 떠날 줄을 모르는 광경은 일반조객으로 하여금 더욱 슬프게 하였다.

〈조선중앙일보 1949년 7월 1일〉

■대전추도회 절차, 작일 전위에서 결정

고 백범 김구 선생 대전추도위원회에서는 작 30일 오전 11시부터 중동 교육회관 내에서 위원전체회의를 개최하고 남천우 부위원장 사회 하에 추도회 경비로 금 30만 원을 징수하되, 20만 원은 관측에서 10만 원은 민간 측에서 부담 거출하기로 결정하고, 이어서 사무실을 시청 회의실로 이전하기로 결정한 다음, 추도식에 있어서는 화환을 일절 사절하는 동시에 생화, 화분, 만사는 개인 단체를 불문하고 환영하기로 결의하고 폐회하였다 하며 추도식은 7월 5일 오후 1시 대전중학교 교정에서 거행하기로 되었다. 〈동방신문 1949년 7월 1일〉

■목포당부서 애도

[목포지사 발] 백범 김구 선생 급서의 비보를 듣고 한독당 목포특별당부 위원장 신명국씨는 요지, 다음과 같은 담화를 발표하였다.

「청천벽력 같은 비보를 접한 우리는 오직 애통함이 폐부를 찌를 뿐이다. 선생의 명복을 빌기에는 너무나 선생의 생생하던 풍채와 교훈이 새로운 것이다. 영영 가버리신 선생의 뜻을 삼천만 우리 겨레의 마음에 깊이 뿌리를 박고 있는 것이니, 어느 때나 선생의 유훈을 교훈 삼아 조국의 남북통일과 완전 자주독립에 충성을 다할 각오이다.」 〈조선중앙일보 1949년 7월 1일〉

■김구 선생 장의로 중등입시 1일식 연기

문교부에서는 중등학교 입시시험 제1회 날이 고 김구 선생의 국민장일과 상치됨으로 전 국민이 조의를 표하는 의미에서 자숙자제하여야 할 날임으로 입시시험 날자는 하루 늦게 7월 6일부터 9일까지, 제2회를 11일부터 14일까지로 변경하였다 한다. 그리고 7월 5일은 임시공휴일로 되었는데 각 학교에서는 김구 선생의 애도식을 거행할 것을 지시하였다 한다. 〈자유신문 1949년 7월 1일〉

■백범 조가 장위서 결정

백범 김구 선생 국민장위원회에서는 조가를 다음과 같이 결정하였는데 이 노래는 노산 이은상(鷺山 李殷相)씨의 작사로 예술대학에서 작곡한 것으로 서울중앙방송국에서는 7월 5일 장례식날 삼천만이 다함께 부르도록 매일 저녁 연습방송을 하기로 되었다.

1. 어허 여기 발 구르며 우는 소리
지금 저기 아우성치며 우는 소리
하늘도 울고 땅도 울고 이 겨레 이 강산이
미친 듯 우는 소리를 님이여 듣습니까 님이여 듣습니까

2. 이 겨레 나갈 길이 어지럽고 아득해도
님 계시기로 든든한 양 믿었더니
두 조각 갈린 땅을 이대로 버려두고
천고 한 품으신 채 어디로 가십니까 어디로 가십니까

3. 떠돌아 칠십년을 비바람도 세옵더니
돌아와 마지막에 광풍으로 지시나니
열매를 맺으려고 지는 꽃 어이리까
뿜으신 피의 값이 헛되지 않으리라 헛되지 않으리라

4. 삼천만 울음소리 님의 몸 메어가고
편안히 가옵소서 돌아가 쉬옵소서
뼈져린 아픈 설움 가슴에 부드안고
끼치신 님의 뜻을 우리는 이루리다 우리 손으로 이루리다

〈조선일보 1949년 7월 1일〉

■안두희는 비밀당원, 헌병사령부서 경위를 발표

작昨 30일 헌병사령부에서는 김구 선생 암살범인 안두희에 관하여 다음과 같이 발표하였다.

● 헌병사령부 발표

안두희는 고故 김구 선생에게 지난번 포탄 약집 두개를 화병으로 선물한 것과 안의 집에서 압수한 비밀당원증 한국독립당 중앙집행위원회 대한민국 31년 4월 14일 발행인 동同당원증에 첨부된 안의 사진에는(비秘)의 계契인이 있다는 것과 김구 선생이 안安에게 4월 29일과 3월 26일에 써주신 휘호 등의 증거품으로 비밀당원이라는 것이 명확히 드러났다.

● 전봉덕田鳳德 헌병사령관 담談

한독당 김학규(金學奎) 조직부장이 범인 안두희가 한독당 당원이 아니었다는

의미의 담화를 발표한 이후 그 왜곡된 사실을 다음과 같이 전하여 고의적으로 진상을 은폐하려는 모략적 언동이 유포되어 심히 유감된 바 있음으로 이상의 증거를 본 사실에 비추어 일반은 안두희가 한독당 당원이었을 뿐만 아니라 비밀당원이었다는 것을 명확히 인식하고 모략적 언동에 넘어가지 말아 주기를 부탁하는 바이다.

〈조선일보 1949년 7월 1일〉

■김구 선생 참변에 대한 한독당 조 부위원장 담화

작昨 30일 한독당부위원장 조완구씨는 정부에 요청서를 제출하였다고 다음과 같은 담화를 발표하였다.

3천만 민족의 대위인이요. 본당의 당수이시던 백범 김구 선생의 장의를 앞두고 본당 간부와 당원 일동은 남다른 애수 속에서 장의범절을 삼가히 준행하고 있거니와 전 민족적으로 지극히 근엄해야 할 김구 선생 장의도 치르기 전에 본당의 조직부장 김학규 동지가 구금되는 불상사가 생긴 것에 제하여 본당으로서는 장의에 대한 치성과는 별 문제로 정부당국에 사건의 진상을 철저히 규명하기 위하여 아래와 같은 요청서를 제출하였다.

● 요청서

금반 김구 선생 흉변에 대하여 범행상황 제 조건으로 보아 우리는 이 흉계가 결코 단순한 것으로 해석할 수 없고, 또 김구 선생의 급서는 민족적 역사적 대손실인 중대사건임으로 이 범행의 진상을 철저히 규명하여 자손만대의 의혹을 풀어줌과 동시에 그 흉계의 근원을 절감시키기 위하여 본당 상무위원회의 결재를 정부당국에 아래와 같이 요청함.

① 현재 이 범행을 조사하는 기관이 있지만은 이를 좀더 엄정히 철저하게 조사할 수 있도록 하는 의미에서 정부 측 대표와 장의위원회 측 대표(이는 사회 측 대표의 성질임)와 본당 측 대표로 하여금 각기 동수로써 임시조사기관을 결성시킬 것.

② 이러한 국제적 대치욕이요, 민족적 대비통사가 야기된 데 대하여 범인을 극형에 처함은 물론 우선 당국의 성의 있는 책임을 표명할 것.

대한민국 31년 6월 30일
한국독립당 중앙집행위원장 대리 조완구

〈조선중앙일보 1949년 7월 1일〉

■민족의 거성 백범 선생 정신 ③

● 엄도해

③ 이상理想은 고도高度 문화국文化國

모든 역사에 있어서 정의처럼 많이 이용을 당한 것은 없는 것이다. 폭력을 사용하는 자들은 앞에 내세우는 것이 정의를 위해서라고 하였다. 과거 파시즘의 이태리가 에치오피아를 침공할 때에 그러하였고, 왜놈이 한국을 집어삼킨 때에도 그러하였고, 또 그들이 만주를 집어먹고 중국 전토와 남방 제 민족과 영토를 침략할 때에도 그러하였다. 이렇게 정의가 異민족, 他국토를 침략하는 데 방편으로 사용된 것은 허위의 변이었고, 기만의 술이었다. 정의는 언제나 기술보다 진정이었고, 정의는 수단보다 솔직하였다. 여기의 정의는 '고지식'이라는 통속적인 문자와 통하는가 싶다.

백범 김구 선생이 유년 시대에 고지식하였다는 것을 고백한 가운데서 우리는 가장 정의의 인간을 볼 수 있다. "하루는 혼자 집에 있노라니까 엿장사가 문전으로 지나가면서 헌 유기나 부러진 수저로 엿을 사시오, 하고 외치는 소리가 있었다. 나는 엿을 먹고 싶으나 엿장사가 아이들의 자지를 잘라 간다는 말을 어른들께서 들은 일이 있으므로 방문을 꼭 닫아걸고 엿장사를 부른 뒤에 아버지의 성한 숟가락을 발로 디디어 분질러서 반은 두고 반만 창구멍으로 내밀었다. 헌 숟가락이라야 엿을 주는 줄 알았기 때문이다. 엿장사는 내가 내미는 반 동강 숟가락을 받고 엿을 한 주먹 뭉쳐서 창구멍으로 들여밀었다. 나는 반 동강 숟가락을 옆에 놓고 한참 맛있게 엿을 먹고 있을 즈음에 아버지께서 돌아오셨다. 나는 사실대로 아뢰었더니 다시 그런 일을 하면 경을 치룬다고 걱정만 하시고 때리지는 아니하였다"고 하였다. 백범 김구 선생의 이렇게 꾸미지 아니한 유년 시대의 성격은 독립운동 석상에서도 일관한 충직 그것이 아니었던가. 타인이 이렇게 부르거나 저렇게 부르거나 근본에 있어서 불변인 정의, 그것은 백범 김구 선생의 충직일관한 민족혁명과 자주독립운동의 정신이 아니었던가. 이러한 정신을 지니신 선생은 생명을 노리는 악독한 왜의 이리떼와 싸우면서도 동료에 대한 신의는 결백하였다.

범사영위에 있어서 선생은 말하기를 "쓰는 사람이거든 의심치 말라"는 것으로 신조를 삼아왔다. 이 신조는 본의에 있어서 참으로 지당한 것이다. 선생이 이것으로 커다란 실패도 없지는 아니하였다. 그러나 선생은 이것을 서거 직전까지도 신조로 삼아왔다. 아니 신조는 선생의 급서의 악인이 되고 말았지만 환국하여서는 삼천만 동포가 다같이 조국광복을 위하여 일심분투하고 있는 것이며, 동족이면 수모誰某를 막론하고 절대로 믿고 의심치 아니하였다. 불행히 흉탄에 쓰러졌지만 반드시 선생의 영은 장차도 삼천만 동포를 믿고 있을 것이다. 불교에 파각破却이란 말이 있지만 우리 동족 속에도 선생은 영원히 '파의破疑'를 하신 분이다.

백범 김구 선생이 이상理想하는 나라는 어떤 나라였던가. "나는 우리나라가 세계에 가장 아름다운 나라가 되기를 원한다"고 하였다. 그리고 선생은 부강한 나라가 되기를 원하지 아니하였다. 선생이 남에게 침략을 당하고 가슴이 아팠으니 내 나라가 남의 나라를 침략하는 것을 원치 아니하였다. 우리의 부력은 우리의 생활을 풍족히 할 수 있고, 우리의 강력은 남의 침략을 막을만 하면 족하다고 하였다. 오직 한없이 가지고 싶은 것은 고도의 문화력이다. 문화의 힘은 우리의 자신을 행복되게 하고 나아가서는 남에게 행복을 주겠기 때문이다.

지금 인류에게 부족한 것은 무력도 아니요, 경제력도 아니다. 자연과학의 힘은 아무리 많아도 좋으나 인류 전체로 보면 현재의 자연과학만 가지고도 편안히 살아가기 부족하지 않을 것이다. 인류가 현재의 불행한 근본이유는 인의가 부족하고 자비가 부족하고, 사랑이 부족한 탓이라고 선생은 말하였다. 이 마음만 발달되면 현재의 물질력으로 20억이 다 평안히 살아갈 수 있을 것이다. 백범 선생은 인류의 이 정신을 배양하는 것은 오직 문화라고 갈파하였다. 백범 김구 선생은 일찍이 우리나라가 남의 것을 모방하는 나라가 되지 말고 이러한 고도의 새로운 문화의 근원이 되고 목표가 되고 모범이 되기를 원하였다. 그래서 진정한 세계의 평화가 우리나라에서 우리나라로 말미암아서 세계에 실현되기를 원하였다. 또 백범 김구 선생은 최고문화건설의 사명을 달하는 민족은 일언이폐지一言而蔽之하면 모두 성인을 만드는 데 있다고 하였다. 한국인이라면 간 데마다 신용을 받고 접대를 받아야 한다고 하였다. 우리의 적이 우리를 누르고 있을 때는 미워하고 분해하고 살벌투쟁의 정신을 길러왔거니와 적은 이미 물러갔으니 우리는 증오의 투쟁을 버리고 화합의 건설을 일삼을 때다. 집안이 부지하면 망하고, 나라 안이 갈려서 싸우면 망한다고 선생은 벌써 경고하였다. 참으로 동포간의 증오와 투쟁은 망조다. 우리의 용모에서는 화기가 빛나야 한다. 우리 국토 내에는 언제나 춘풍이 태탕하여야 한다. 이것은 우리 국민 각자가 한번 마음을 고쳐먹음으로 되고 그러한 정신의 교육으로 영속될 것이다.

백범 김구 선생은 해방 후의 자유가 방종으로 오인되고 오용되는 것을 경계하였다. "최고最高문화로 인류의 모범이 되기로 사명을 삼는 우리 민족의 각원各員은 이기적 개인주의에서는 아니 된다. 우리는 개인의 자유를 극도로 주장하되 그것은 저 짐승들과 같이 저마다 제 배를 채우기에 애쓰는 자유가 아니요, 제 가족을 제 이웃을 제 국민을 잘 살게 하기에 사용되는 자유다. 공원의 꽃을 꺾는 자유가 아니라 공원에 꽃을 심는 자유다" 고 하였다. 〈자유신문 1949년 7월 1일〉

■영결식 식순과 하관식 절차

고 백범 김구 선생 장의위원회에서는 5일 거행될 영결식과 하관식 순서를 1일 다음과 같이 발표하였다.

1. 영결식 순

식장 : 서울운동장 **시일** : 5일 오후 1시 **사의司儀** : 박윤진

① 개식 ② 조포 ③ 국기경례(일동) ④ 애국가 봉창(일동) ⑤ 조악(육해군 군악대) ⑥ 식사(장의위원장 오세창) ⑦ 약사보고(유림) ⑧ 조가(학생연합 합창단) ⑨ 분향(장의부위원장 조완구) ⑩ 헌화(장의부위원장 김규식) ⑪ 배례(일동) ⑫ 조사(장의부위원장 이범석, 이승만 대통령, 이시영 부통령, 김규식, 한독당 엄항섭, 외국사절단 ⑬ 분향(상주 김신) ⑭ 묵상(일동) ⑮ 조악 장송곡(서울교향악단) ⑯ 폐회

2. 하관식 순서

식장 : 효창공원 **시일** : 5일 오후 5시 **사의司儀** : 박윤진

① 개식 ② 애국가 봉창(일동) ③ 조악(육해군 조악대) ④ 분향(한독당 조경한) ⑤ 헌화(이윤영) ⑥ 제문 낭독(조소앙) ⑦ 분향(상주 김신) ⑧ 조악(서울교향악단) ⑨ 하관(각 단체 대표 1인씩) ⑩ 입토(장의위원) ⑪ 예배(일동) ⑫ 조가(학생연합 합창단) ⑬ 묵상(일동) ⑭ 폐식 〈조선일보 1949년 7월 2일〉

■행렬순서 일부 변경

고故 백범 김구 선생 장의위원회에서는 백범 선생 국민장 수행에 있어 제반 절

차를 외국의 국장절차와 우리나라 고래부터의 예식禮式 절차를 종합 재검토하여 과반過般 발표한 장례식 행렬순서를 다음과 같이 일부 변경하기로 하였다.

1. 기마경찰관(106명)
2. 경찰간부(경감 이외 12명)
3. 국기수國旗手(4명)
4. 악대(육해군)
5. 전구의장병(국군)
6. 영차의장대(한독당 청년동지 1소대)
7. 영차(고 백범 선생의 승용차)
8. 배종(1명)
9. 영차후구의장대(한독당 청년동지 1소대)
10. 사진전구의장대(한독당 청년동지 1소대)
11. 사진(좌우에 청년 8명)
12. 배종(무복친)
13. 사진후구의장대(한독당 청년동지 1소대)
14. 악대
15. 조가대(학생)
16. 장의위원장
17. 장의부위원장(2명)
18. 장의위원장 급 전례위원
19. 명정
20. 영구전구호위(한독당 청년동지 80명)
21. 영구(좌우 청년 9명)
22. 영구호위(한독당 동지 80명)
23. 상주내외
24. 유복친
25. 무복친
26. 대통령
27. 부통령
28. 국무위원 급 동지원로, 외국사신, 국회의장, 대법원장

29. 국회의원, 정부 각 기관 대표, 각 정당 대표, 각 종교단체 대표, 각 사회단체 대표, 각 학교 대표, 각 청년단체 대표, 각 시·도·부·군 단체 대표
30. 후위의장병(국군)
31. 경찰관

〈조선일보 1949년 7월 2일〉

■제일방적 금품 부의, 인천분향소에 전달

당지 한독당특별당부 분향소에는 매일같이 각 방면의 인사를 비롯하여 남녀 중등학생 학동들 및 중국인들이 운집하여 조의를 표하고 있는데, 특히 지난 29일에는 제일방적공사 인천공장 남녀 종업원 대표 백여 명이 부의금과 광목 등 시가 30여만 원에 달하는 금품을 유영 앞에 바치어 관계자 및 일반을 감격케 하였다.

그리고 선하는 바에 의하면 부내府內 부평동에 거주하는 김윤옥(40)이라는 사람은 옹이 작고한 지난 26일부터 단식을 계속하고 있다 한다.(인천발仁川發 고려)

〈조선중앙일보 1949년 7월 2일〉

■서울에 10만원 송달 대전의 추도비 결정

백범 김구 옹 추도위원회에서는 30일 30만 원의 재정을 제일祭日 추도행사로 거행키로 결정하였다. 따라서 재정 염출은 관官측에서 20만 원을 지출하고 나머지 10만 원은 민간 측에서 부담하기로 되었는데, 그 중 10만 원은 서울 조위금으로 송달할 것이라 한다. 또한 동 사무실을 부청府廳 내에 설치하기로 되었다 하며, 백범 선생 영전에 바치는 화환은 생시 옹이 왜색倭色이라 싫어한 까닭에 일절 거절하고 그 외 생화 화분 만사 등은 환영하고 있다.

〈조선중앙일보 1949년 7월 2일〉

■애국정신 계승! 김구 선생 서거에 한청서 성명서

대한청년단 충남도당부에서는 김구 선생의 참변에 대하여 진심으로 애도의 뜻을 표하는 동시에 선생의 애국정신을 계승하여 통일완수에 매진할 것이라고 다음과 같은 성명서를 발표, 청년층의 각성을 환기한 바 있다.

● 성명서

현하의 내외정세가 자못 착잡 무쌍한 양상을 노정하여 실로 민족적 일대위기에 직면 아니 하였다고 누가 감히 단언할 수 없는 이때에 일생을 조국광복을 위하여 심혈을 경주한 위대한 민족의 영도자이신 김구 선생께서 동족인 청년반도

의 흉탄에 무참히 쓰러진 것은 우리는 무어라 이를 형용할 수 없는 비통함을 불금하는 바이다.

우리 한청 40만 동지는 겸허한 마음으로 애도의 의를 표하는 바이며, 김구 선생의 위대한 애국정신을 계승하고 조국의 비운을 타개하여 민주독립국가 건설에 일로매진할 것을 새로이 굳게 맹서하는 동시에 선생의 암살을 이면에서 사주한 민족도배들의 죄상을 백일하에 폭로하여 민족의 이름으로 추상같은 정의의 엄벌을 내릴 것은 물론이어니와 앞으로 또다시 여사한 민족적 불행사不幸事는 초래되지 않게끔 3천만 겨레와 더불어 속죄하여 새로운 각성 있기를 요망하여 마지 하는 바이다. 〈동방신문 1949년 7월 2일〉

■조문객 연일 쇄도, 전남 호상소에

백범 김구 선생 호상護喪연락소(한독당 전남 도당부내道黨部內) 발표에 의하면 30일 정오 현재 고 백범 선생의 비보를 듣고 도내 각처에서 내방하는 조객이 수천 명에 달하고 있다 하며. 한편 동同 당부에서는 도당에다 초상肖像을 봉대하고 화환 장식을 구비하는 등 도내 각처에서 모여드는 일반 조객들을 응접하기에 주야 바쁘다고 한다. 〈조선중앙일보 1949년 7월 2일〉

■김구씨의 조난 상보는 추후발표, 옹진에 강력군대 파유

●이 대통령 외국 기자단에 성명

이李대통령은 국회의원체포사건 및 김구 선생 피살사건 등 최근에 일어난 중대사건에 비추어 「서로 관련성이 없는 사건들로 한국 내에 어떤 위기가 있는 듯」한 소문이 있음은 전연 사실과 상위된다고 하여 1일 하오 외국기자에게 별항과 같은 성명을 발표하였다. 이하는 주駐서울 AP특파원이 제공한 동同 성명의 전문全文이다.

「관련성 없는 일련의 사건으로 말미암아 해외에는 대한민국의 국내사정에 어떤 위급한 조건이 있는 듯한 인상을 주었다는 말이 나에게 들려왔는데 이것은 사실이 아니다.

불행하고도 충격적인 김구씨 피살사건은 자연히 한국 및 나어린 한국이 관계하고 있는 문제에 주의를 이끌게 하였고 이와 함께 「유엔」 한위의 분과위원들이 우리의 옹진반도를 방문하여 거기서 무엇보다도 공산주의 침략으로부터 우리의 자유로운 지역을 방어하기 위해서 우리가 싸우고 있는 것을 본 것으로 해서도 관심이 우리에게 집주集注되었다. 나는 선출된 몇몇 의원을 체포하게 된 필요성이 금일 발표된 동 사건의 경찰조사보고 중에 설명된 것으로 믿는 바이다. 그리고 김구씨를 살해한 동기에 관하여서도 공표하고 싶은데 그것은 발표할 만한 때가 오면 물론 반드시 공표될 것이다. 그러나 지금 이때 모든 사실을 일반 앞에 공개해 놓는다는 것은 나의 생각으로는 그 생애를 조국독립에 바친 한국의 한 애국자에 대한 추억에 불리한 것이 아닐까 생각된다. 우리의 법정에서 용의用意깊게 검토될 이들 사실은 김구씨의 살해가 순수純粹히 여하한 행동노선이 조국을 위하여 가장 유리할 것인가에 관한 당내 의견차이의 직접적 결과임을 표시한 것이다. 그리고 이러한 의견불합치는 결코 당黨 자체 밖에는 알려진 일이 없으며 김구씨의 추종자가 동 논쟁을 결말짓고자 취한 격렬한 수단은 우리 전국에 비애를 초래하였다고 말할 수 있는 것이다.

옹진반도의 전투보고는 내가 믿기로는 침략을 증오憎惡하고 자치에 대한 인민의 권리를 존중하는 모든 인민을 고무鼓舞할 것이다. 사실들은 분명하다. 북한의 공산정권은 옹진반도의 17만 5천 인민이 민국으로부터 바다에 의하여 격리隔離되어 있음을 보자 5월중에 동同지역을 제압하려고 기도하였던 것이다. 우리는 동同 지역에 그 안전을 확보하기에 충분한 우리 군대를 이동시켰다. 우리는 「크레므린」의 명령을 받도록 강제되어 잘못 인도된 북한인이 한국인에 의해서 통치되고 있는 한국이 어느 부분에 대해서 침략하더라도 우리는 어디서든지 이와 같이 할 것이다. 우리는 세계의 다른 민주주의적 인민으로부터의 이 이상의 원조가 있던 없던 이 일을 해갈 것이다. 그러나 우리는 그들의 조력과 지지를 환영하는 바이며 또한 필요로 하고 있다.」 〈조선일보 1949년 7월 2일〉

■모략은 유감 김구 선생 저격사건, 헌병사령부 발표

【헌병사령부 1일 발표】김구 선생 저격사건에 관하여 그 범행시간과 경찰 또는 헌병이 범행을 탐지하고 출동한 시간 기타에 대해서는 고의적으로 시간을 변경 혹은 단축시킴으로써 군과 범인과 배후관계가 있는 듯이 모략 선동하는 분자가 있어 심히 유감으로 생각되어 검찰당국과 군급 경찰이 합동하여 면밀히 그 진상

을 조사하여 발표하니 일반 국민은 그 모략에 넘어가지 말기를 바란다.

(1) 선우(鮮于)비서의 진술에 의하면 26일 오전 11시 반 안두희가 경교장에 도착했다.

(2) 동일 12시 경에 종전부터 선생과 친교가 있는 문산(汶山)헌병대 강홍모 대위가 휘발유를 얻으러 경교장에 내방하였다가 돌아간 사실이 있다.

(3) 안두희는 그 후 선우 비서의 안내로 김구 선생 거실에 들어갔는데 계단을 올라갈 때 라디오의 가요곡을 들었다 함으로 그 가요곡의 방송시간을 중앙방송국에 가서 조사하여본 결과 12시 34분이라는 것이 판명되었다.

(4) 경호원 이 순경이 위병소에서 총성을 듣고 동료 조 순경을 들여 보내고 이 순경은 즉시 3백 메타 떨어져 있는 서대문 경찰서에 달려가서 강 사찰주임에게 보고하였는데 그 간이 강 주임主任의 진술에 의하면 12시 50분이었다고 함으로 범인과 김구 선생과 담화한 시간은 12,3분간으로 추정된다.

(5) 그 후 서대문서에서 순경 약 20명을 인솔하여가지고 도착한 직후에 때마침 적십자병원에 부하 병사의 입원을 위문차 경교장을 통과중이던 헌병사령부 김병삼(金炳三) 대위가 이 사건을 알고 경교장으로 들어가려하니 경관이 제지함으로 들어가지 못하고 즉시 사령부로 돌아 와서 그 사건을 헌병사령관에 보고하였다.

(6) 사령관이 헌병을 인솔하고 경교장에 도착한 시간은 오후 1시 45분이며 포박된 범인을 사령부로 압송 출발한 것은 오후 1시 50분이다.

● 전田 헌병사령관憲兵司令官 담談

백범 김구 선생은 1정당의 당수라기보다 전 민족의 지도자의 1인이며, 전 민족이 공동共同히 존경 숭배하고 혁명투쟁의 선배로 금반의 불의 참변에 대해서는 충심으로 애도하여 마지않는다. 오직 정당당수로 모시고 정당의 일원이라 하여 오로지 당수로만 해석하면 김구 선생이 일생을 투쟁하고 전 민족을 영도하신 영예榮譽는 손실될 뿐 아니라 백발 노년으로 당하신 비참한 최후가 후세에 주시는 효과도 멸살滅殺될 것이다. 그럼에도 불구하고 최신 정보에 의하면 한국독립당 당원 중에는 냉정을 실한 태도의 흥분이 있는 것이 보이며 주관적으로 금반사건을 마치 배후에 정치적 사주가 있는 것같이 문자로, 언어로 세간에 암시를 주는 것은 실로 유감된 일이라 아니할 수 없다.

민족의 위대한 지도자 고 백범 김구 선생의 영령에 대하여 송구하기 한이 없다. 전 민족이 인식하기를 위대하신 백범 선생은 조국의 독립과 민족의 총단결을 위하여 정성과 노력을 최후까지 경주하셨다고 알거늘, 국가 비상한 차제에 상술한 바와 같이 문자나 암시를 농락하여 몽매한 민족을 충격 흥분케 한다면 민족의 재 분열을 조성하며, 조국과 민족을 파는 공산도배가 역용하는 기회를 부여하는 결과를 가져올 것은 명약관화의 사실이다.

이 어찌 통탄 분감함에 모골이 송연치 않겠는가. 본관은 사건 진상규명의 직접 책임자로서 이미 상당한 정도의 수사결과를 획득하였으며, 더욱 신중 주도히 계속 진행하여 최단의 기간 내에 천하에 고명할 것은 물론이어니와, 국가 치안을 위하여 엄숙히 자에 경고하는 바이니 언동에 각별히 자숙하여서 탈선된 언동으로 인하여 법망에 자투自投치 말 것이며, 냉정히 사건 결과를 정대하기 바란다.

〈조선일보 1949년 7월 2일〉

■이 부통령 조문, 부보 듣고 세 번이나 기절

이시영(李始榮) 부통령은 1일 오후 2시경 노구(老軀)의 피로를 무릅쓰고 고 백범 선생의 영전에 조문코저 경교장(京橋莊)에 나타났었다. 그런데 이 부통령은 고 백범 선생의 부보를 듣자 자택에서 세 번이나 기절을 하였다 한다.

이 부통령은 수원隨員의 부축을 받아 차에서 내리자 수색愁色도 만면히 빈소에 들러 분향을 올린 다음 이어 상주 신씨와 더불어 2층 내실로 올라가서 잠시 유가족들과 함께 간담이 있은 후 아래 응접실로 기자들을 만나러 나타났다. 노쇠하기 그이 없는 몸을 쏘파에 담으며 「물을 것이 뭐 있소 자꾸 묻는 데는 가슴만 답답하오」 하고 다음과 같은 감상을 말하였다.

백범 선생이 돌아가신 데 대해 너무 뜻밖이요, 비통하여 말이 안 나온다. 그분하고 30년 사이에 같은 기관에도 많이 있었고, 깊이 지내기도 여러 번 하였으니 그분의 보통사람보다 다른 점을 많이 알고 있다. 첫째 그분은 국사에 충성하였고, 노모에는 효성극진하며, 중언重言과묵한 고상한 분이었다. 수십 년 동안 환경이 간난 위급이니, 집이 가난하면 어진 아내를 생각하고 국가가 어지러우면 어진 대신을 생각한다던 그분이 절실하게 생각된다.

상해서 윤 의사 의거 사건 때에 나도 같이 있었으며 그 후 각처로 돌아다녀 함께 모이기도 하고 헤어지기도 하며 지내왔다. 생각건대 그분도 신이 아니요 사람인고로 어찌 그릇됨이 없으리오만, 일본이 패퇴하고 우리가 세계적인 독립국가로 된 것이 엊그제 같은데 그런 흉측한 참변은 생각도 못하였다. 왜놈의 간첩이 아니고 그럴 일이 없을 것이다.

이제 돌아가셨으니 뜻밖의 일에 무어라 말할 수 없다. 내 몸이 괴로워 자주 만나지도 못하고 참변 1주일 전에 그는 나를 집으로 찾아와 세상이 뜻대로 되지 않음을 걱정하였는데 이러한 참변을 당할 것을 꿈에도 생각지도 못했고, 진작 와서 관머리를 붙들고 울려고도 했지만 몸이 여의치 못해서 장사날도 참석할 것 같지도 않고 장사 후의 유고나 보고 마음껏 울어나 볼가 한다. 〈조선일보 1949년 7월 2일〉

■감찰위원회, 애끓는 조사

감찰위원회에서는 작일昨日 경교장으로 다음과 같은 조사를 보냈는데 영전에서 위원 일동을 대표 김법린(金法麟)씨가 이를 낭독하였다.

– 오호 백범 선생이시여! 잃었던 나라를 겨우 찾아 겨레의 중흥대업(中興大業)을 비롯한 이 마당에 선생이 가시다니 뜻밖의 외세에 다 쏠려 국토는 양단되고 민국民國은 분열되고 조국의 전운(前運) 아직 암담한 이때에 선생이 가시다니 산하는 빛을 잃고 겨레는 통곡 하나이다.

50년의 의진인지義盡仁至의 위열(偉烈)은 청사에 빛나오리다만 고산수려(高山水麗) 삼천리의 장래는 아마 이렇게 됐으니까 사생(死生)은 본래 부운(浮雲)의 기멸(起滅)과 같으며 장부의 가는 풍도(風度) 응당 현애철수懸崖撤手이옵지만 하늘에 사무친 염원을 다 이루고 가신 마음 생각사록 애통하옵나이다. 오호 선생이시여 끼치신 뜻 받들 아들 딸 이 땅에 많으리다. 높으신 자취 많은 의로운 동지, 더욱 마음 마음 가다듬음이다. 그리하여 잃은 땅 다시 찾고, 갈린 겨레 다시 뭉쳐 빛나는 나라를 만들 날도 멀지 않으리라. 오호! 선생이시여 편안히 가소서

– 대한민국 감찰위원회 일동배곡一同拜哭 〈조선일보 1949년 7월 2일〉

■배례는 자유, 장위서 담화발표

고 백범 장의위원회에서는 일반조객의 제한이 있는 듯한 느낌을 주는 발표가 있었는데 오해말라고 아래와 같은 담화를 발표하였다.

–고 백범 김구 선생에 대한 일반조객에 대하여 6월 29일 발표에는 착오가 있어 일반의 배례를 제한한 듯한 느낌을 주었으나 오해 말고 매일 오전 7시부터 오후 9시까지 자유로 배례하여 선생에 대한 깊은 추모의 염念을 아끼지 말아 주시기를 바랍니다. 〈조선일보 1949년 7월 2일〉

■고 백범 선생 봉도위원회 발표

기보한 고 백범 김구 선생 봉도위원회에서는 6월 30일 오후 5시 공회당 대홀에서 제2차 회의를 개최하고, 다음과 같은 결정을 하였다고 발표하였다.

- 봉도식 당일의 명칭은 대한민국 임시정부 주석 고 백범 김구 선생봉도회라 함.
- 봉도식 시일은 7월 5일 오후 1시로 함. 개식 1시간 전에 집합할 것.
- 봉도식 장소는 역전 광장으로 함.
- 중앙대표 파견은 정·부위원장에 일임함.
- 중앙에 보낼 봉도사와 봉도식순은 의례부儀禮部에 일임함.
- 봉도사와 만사 등 수부受付는 7월 4일까지로 함.
- 수조受弔시간은 매일 오전 10시부터 오후 2시까지로 함.
- 부의賻儀는 각자 성의대로 거출하기로 함.
- 수조록受弔錄과 부의록賻儀錄은 중앙장의위원회에 송부送付하기로 함.

1) 위원은 여좌如左함.

위원장: 이동하

부위원장: 이경희 정운일 손후익 신재정 정송모 허억 정동식 장진영

총무부: 박한상 외 11인 **의례부**: 최해종 외 6인

재무부: 손인식 외 6인

동원부: 조경규 외 8인 **교섭부**: 전영희 외 〈영남일보 1949년 7월 2일〉

■추도준위 주의 환기

고 백범 김구 선생 추도준위 보도부에서는 오는 5일 국민장의 추도회를 하오 1시 부내府內 원동교元洞校에서 거행키로 된 바, 이날의 몇 가지 주의사항을 다음과 같이 시민에게 요망하고 있다.

- 국기봉을 검은 헝겊으로 싸고 약 3촌 넓이의 기폭, 상을 단 반기를 빠짐없이

계양할 것.

• 이 날은 집을 지킬 단 한 사람만 남겨두고 전 시민이 참석할 것이로되 각 동별로 집합하여 동기를 가지고 올 것.

• 7월 5일까지는 유흥적인 가무음곡과 주연을 삼가고, 7월 5일에 한하여서는 철시할 것. 〈동방신문 1949년 7월 2일〉

■평화통일로 영혼을 위로 추도준위 김원봉씨 담

고 백범 김구 선생 추도회 준비위원 김원봉씨는 백범 선생의 위업을 받들어 남북 완전 평화 자주독립을 성취하자고 다음과 같은 담화를 발표하였다.

「백범 선생의 참변을 당함에 참으로 통탄함과 민족의 장래를 위하여 눈물이 앞을 가릴 뿐이다. 첫째도 자주독립, 둘째도 자주독립, 셋째도 자주독립, 이것이 선생의 일생소원이었다. 우리들은 소원을 소원하여 민족의 대업, 남북 완전 평화 자주독립을 성취하여 선생의 소원을 이루어야 할 것이다.」 〈동방신문 1949년 7월 2일〉

■민족의 거성 백범 선생 정신 ④

● 엄도해

④ 동정과 의분과 효심

동정과 의분은 우리 생활에서 늘 경험할 수 있는 미덕일 것이다. 동정은 슬픈 때 불행한 때에 같이 슬퍼하고 같이 불행을 느끼어서 그 슬픔과 그 불행을 덜어 주거나 나눌 수 있다면 나누자는 심정을 이름이다. 이런 동정에 대하여 반대의 행위를 할 때에 제 3자가 보고 느끼는 감정이 의분일 것이다.

인가에서 상사가 나면 조위를 하고 다같이 슬퍼하면서 죽을 쑤어가는 이, 조문품을 가져가는 이가 있었고, 나라에서는 이런 슬픔을 당한 상가의 사람들 중에는 설령 유죄자가 있다 하더라도 포리의 손을 대이지 않는 것이었다. 그렇던 것이 일정日政 40년간 슬픔을 당한 때에 동정의 눈물을 흘리기는커녕 동정 대신에 왜인은 말할 것도 없고 동족 중에서까지 혹은 왜인의 앞잡이가 되어가지고 만행을 솔선 감행한 것이 비일비재하였다. 이러한 좋지 못한 여풍은 아직까지도 흘러내려 오고 있다. 독립운동으로 일생을 바친 가장 위대한 애국자에게 최후의 선물로 흉탄을 4발씩이나 드린 것이 동혈동족의 소위니 어안이 벙벙하여 더 말할 여지가 없지만 그래도 보는 남들이 있으니 주장가무는 응당 삼가야 할 것이며, 더욱이 세계만방에까지 다 들을 수 있는 방송국의 가요곡은 웬 말인가. 약소민족에게 아직도 흡반吸盤을 대고 있는 강대국은 웃을런지 모르겠으나 우리와 운명을 같이하는 세계의 약소민족들은 일종 의분을 느낄 것이다. 지금 세상에 파쇼국가를 말할 때 쏘련을 지칭할 것이나 이런 파쇼국가에서도 근세에 가장 위대한 문호 꼬리키를 존경하고 아끼어서 그랬는지 하여간 소련은 그들에게 께뻬우의 손을 대지 아니하게 하였다. 그러나 꼬리키가 세상을 떠난 후 일一 개월個月이 지나서야 비로소 50여 명의 청년을 검속하였다고 한다. 법의 적용도 장소와 시간을 얻어야만 옳지 않은가 생각한다.

백범 김구 선생은 생일을 지키지 아니한다고 자서전에 쓰여 있다. 선생이 동산평이라는 곳에 있을 때의 일이다. 기미년 2월 26일 선생의 모친 환갑으로 약간의 음식을 차려서 가까운 친구나 모아서 간략하나마 모친의 수연을 삼으리라 하고 진행하던 차에 환갑안이 당치 않다고 하여서 중지된 후는 동분서주하는 동안에 못하고 말았다.

그러므로 선생은 "하물며 내 생일 같은 것은 입밖에 내인 일도 없었다" 고 하였다. 이러한 경위로 효심이 지극한 선생은 자기의 생일을 지키지 않으려고 결심하였던 것이라고 하였다. 서울 동양식산회사에 폭탄을 던지고 가두에서 왜倭경찰대와 단신 사격전을 하다가 남은 최후의 일탄으로 자살한 나석주 의사가 선생의 조반 전에 고기와 반찬거리를 사들고 와서 선생의 모친을 뵈옵고 백범 선생의 생일이 오늘이어서 의사는 자기의 의복을 저당하여서 생일 차릴 것을 사왔다고 하였다. 이때가 대한민국 8년 이었다. 그래서 나羅 의사가 의복을 저당하여 사온 것으로 처음 영광스럽게 생일을 치루었다는 것이다. 그래서 백범 김구 선생은 "나석주는 나라를 위하여 동양척식회사에 폭탄을 던지고 제 손으로 저를 쏘아 충혼이 되었다. 나는 그가 차려준 생일을 영구히 기념하기 위하여 또 어머님의 환갑안을 못 드린 것이 황송하여 평생에 다시는 내 생일을 기념치 않기로 하고 이 글에도 내 생일 날자를 기입하지 아니 한다" 고 자서전에 썼다. 〈자유신문 1949년 7월 2일〉

■계급과 개인을 초월! 애통하는 겨레의 모습을 보라

언젠가 어떤 친구가 자네 신문기자로서 지금 살아 있는 한국의 지도자들 중에서 누굴 가장 숭배하는가 묻기에 "존경할만한 분은 많지만 이루지 못한 첫사랑의 임을 잊을 수 없듯이 내 심금을 퉁기고 감정속에 영원히 새겨진 사람은 오직 인간人間 김구金九 있을 뿐일세" 하고 솔직히 고백한 적이 있다.

그러던 선생이 뉴스맨으로서 꿈에도 예감치 못한 흉변을 당했다는 전화를 받자 그 순간 필자 역시 가슴이 콱 막히는 듯한 충격을 받았고, 경교장 영전에서는 순박한 겨레들과 더불어 연전에 내 어린 조카를 잃었을 때와 똑같은 뱃속에서 치미는 오열에 나를 잊었던 사람의 하나다. 그러나 필자가 여기서 붓을 든 동기는 그렇게 자기도취의 감정에 젖은 자연인의 '나' 가 아니라 신문기자라는 객관적 입장에서 이번 흉변으로 해서 나타난 겨레의 구체적인 애통의 모습을 슬픔에서 깨인 냉정한 눈귀로 보고 듣고 거기서 비로소 느낀 백범 선생에 대한 재인식에 있다.

그것은 '과연 백범은 위대하구나' 하는 객관적인 공감共感이니 이 새로이 덧붙여진 평가는 무엇으로 증명이 되고 백범이란 위인의 대체 어느 구석에서 빚어나온 것이며 이 사실은 다시 어떠한 민족적인 새 교훈을 시사하고 있는가.

앞서 흉변 당일 본사에서 호외를 낸 지 몇 분 후에 어떤 수수한 중년신사가 찾아오더니 편집국장을 만나 눈물이 글썽해지면서 "이게 사실인가요. 이런 원통한 일이 있어요?" 하고 하염없는 심정을 호소한 일이 있다. 그 심정이 일부 몇 사람만의 평범한 것이 아니라 대다수 겨레들의 순정에서 우러난 공통된 자연감정이라는 것은 그 후 경교장에 가서야 비로소 확인하였다.

그리고 날이 새일수록 오히려 놀랐다. 첫날부터 나흘째까지의 경교장의 슬픈 정경을 보더라도 조객들의 양과 질에 있어 각 신문이 한결같이 보도하고 있다시피 '애통의 바다' 라는 형용은 엄살이 아니다. 구체적인 묘사는 신문에 미루고 우선 그 양으로 볼 때 3일 만에 10여만을 헤아렸고 4일째는 평균 1분에 수십 명 출입이라는 것은 어떤 기자가 깡그리 셈해봤다는 숫자다. 그러나 조객의 질과 애통하는 모습에 있어 백범 선생의 위인 됨을 짐작케 하는 흥미를 더욱 끌게 하였다. 단적으로 표현하면 걸객으로부터 장관인사(개인차)를 초월했다 할 수 있고, 나아가서 민족을 초월했다고 보아도 실감은 상치 않는다.

3백 평 남짓한 경교장 뜰안에 번갈아 엎드려 통곡하는 군중은 남녀노소와 친분의 유무를 가리지 않았고, 직업과 신분의 구별이 없었다. 특히 발을 벗은 계집애들이며 허름히 차린 마나님, 심지어 해방촌에서 왔다는 걸객이며, 고구마장수

할머니 등 비교적 가난한 층의 겨레가 흔히 눈에 뜨이는 것은 선생의 한 면목을 엿볼 수 있는 흥미거리다. 그리고 한마디로 통곡하지만 그 방성통곡이 아주 요란하다시피 목청 놓아 운다는 점과 통곡에 있어서도 또한 계급의 차이가 별로 없이 일부 요인들의 울음소리도 뜰안 통곡성에 못지 않았다는 점, 게다가 그것이 과장된 티가 없이 하여튼 그 분위기 속에서는 극히 자연스럽고 순수한 설움으로 애끓는 듯하다는 점이다.

경교장 밖에 이야기로 이런 실례가 있다. 필자의 어머니는 7순이 넘은 무식한 노파인데 흉변당한 그날 저녁 신문을 읽어드렸더니 조용히 눈물을 흘렸다. 김구 선생 얼굴이 대체 어떻게 생겼는지 알 리 없고, 다만 전에 「백범일지」를 전기傳記책 삼아 읽어드린 적이 있어 선생의 글을 통하여 다소 상상적인 마음의 교섭이 있었을 뿐이다. 또 어떤 친구의 말에는 그날 밤 라디오 방송을 들으면서 그 집 식모까지 온 식구가 죽죽 울더란 것이다. 이러한 실례實例는 미상불 전국적으로 이 구석 저 구석에서 벌어진 집안 비화가 아닐까 한다. 〈경향신문 1949년 7월 2일〉

■백범 옹 뒤를 따라 할복 기도한 청년

【대전발】백범 김구 선생의 뒤를 따르려고 할복 순간에 구원당한 열렬한 청년이 있다.

주인공은 부내府內 은행동 2구 13번지 백용안(38) 군인데 뜻하지 않은 김구 선생의 흉변이 전해지자 졸지에 세상이 아득해지고 비통함을 억제지 못하여 지금은 고이 잠든 고故 옹을 목매어 불러가며 방바닥을 두들겨 통곡을 하였다 한다.

그 후 그는 누가 보던지 곧 느낄 수 있는 애통한 표정으로 평소의 활기를 잃고 있더니 지난 28일 저녁 일곱 시경 방문을 굳게 닫고 면도칼로 할복자살을 할쯤 심상치 않아 감시하던 주위사람들이 문을 박차고 달려들어 구해낸 것이라 한다. 백 군은 「지금 나로서 무엇을 말하겠소. 나에게 이 환멸을 억누를 수 있는 힘이 있다면 나는 재생할 수 있는 사람이겠지요.」 하고 백범 선생을 외쳐 부르고만 있다한다. 〈자유신문 1949년 7월 2일〉

■1일 오후 2시 현재 조객 83만 명

고 백범 선생의 비보를 들은 겨레는 서울은 물론 멀리 지방서부터도 몰려 경교장에 고요히 잠들고 계신 선생을 추모하고자 정치요인 학생 심지어 외국인까지 남녀 조객들이 문안을 들어서자마자 우러나오는 울음소리가 폭발되고 있거니와 작 1일 오후 2시 현재에는 무려 83만 2천 6백 명의 조객이 다녀간 후 아직도 물밀 듯 밀려오는 조객들은 끊일 줄 모르고 있어 김구 선생의 유덕이 넓고 깊음을 엿보게 한다. 〈자유신문 1949년 7월 2일〉

■광무제 때와 또 다른 애통

더구나 곡哭을 하면서 흔히 튀여 나오는 말에 "이젠 누굴 믿고 살랍니까" 하는 한낱 절망적인 감상은 평소부터 가진 선생에 대한 거룩한 신뢰감을 엿볼 수 있어 주목한 바이다. 제4일 만에 중국 사람들이 "호창황 호창황" 하고 목청 놓아 곡哭을 한 정경은 선생이 중국 망명 30년의 커다란 발자취를 짐작케 하거니와 아무튼 위에서 본 소박한 감정의 자연 폭발이란 깊고 얕고 간에 인간적인 감화가 없이는 결코 울어날 수 없는 공통 심리일 것이다. 여기서 새삼스레 연상되는 것은 저 광무제와 융희제가 돌아가신 인산 당시의 또한 슬픈 정경이니 김구 선생의 경우와 대비해서 그 슬픔의 정도와 성격을 한번 따져보려 한다.

광무제가 돌아가신 것이 바로 한일합방 10년 후요, 3·1운동의 3개월 전이니까 한 30년 전의 민족적인 애통이다. 운명했다는 비보가 알려지자 대한문 앞에는 매일같이 수천 겨레가 거적을 깔고 머리를 풀고 땅을 치며 방성망곡(望哭)을 했다는 것이다.

그 다음 융희제 인산 당시만 해도 6·10만세사건이 일어난 만큼 역시 창덕궁 앞에 이와 못지 않는 설은 정경이 벌어졌는데, 그때의 정경을 선배 기자들의 회고담으로 추상컨대 아무튼 "사람 위로 사람이 다닌다"는 말까지 들 만치 인산인해人山人海를 이루었다 한다.

물론 지방 방방곡곡에서 슬퍼한 모습도 거족적인 인상이었는데 다만 유달리 눈에 뜨인 층이 단연 노인들이었다고 한다.

여기서 특히 검토해 보려는 점은 그 슬픔의 동기 여하인데 광무제 때로 말하면 그 전 해에 제1차 세계대전 강화를 앞둔 미국 윌슨 대통령의 소위 민족자결주의 원칙발표로 말미암아 왜놈에게 국권을 빼앗긴 울분이 폭발 전야로 박두한 참에 더구나 광무제가 장곡천 통감의 간계로 독살을 당했다는 통분에 있었다고들 보고 있다. 그리고 융희제의 경우는 비록 수명으로 서거했지만 이조 오백년 마지막 기둥이 넘어갔다는 조국종사의 슬픔이었으니, 이 성격을 단적으로 표현했다고 볼 수 있는 자료로 그 당시 동아일보의 기사 표제에는 '이조 오백년 종사의 황상'이라 했고, 조선일보에는 '국토의구 황거처취'(국토는 옛과 같은데 왕은 어딜 갔느냐)라고 하였다. 이런 점으로 미루어 본다면 광무·융희 양제 서거의 슬픔은 민족의식의 울분과 또 하나 신이 군에 대한 우상적인 감정이 한데 엉킨 봉건적 심리라 하겠다.

그러면 김구 선생의 흉변에 대한 이번 겨레들의 슬픔은 어떤 성격을 지닌 것일까. 한마디로 말하면 인간 백범의 고결한 인격에 대한 애석의 정과 인간적으로 믿어오던 지도자를 잃은 적료寂廖가 한데 섞인 순정의 눈물이라 할 것이다. 애통하는 겨레들의 말에 "그 깨끗한 영감님을 왜 죽이느냐. 불쌍도 해라. 그렇게 애써 온 통일도 못보고 가시니" 하고 통탄하는 구절이 들린다.

노산이 지은 백범 조가에는 이런 구절이 있다. "이 겨레 나갈 길이 어지럽고 아득해도 님 계시기로 든든한 양 믿었더니" 하는 심정 가히 짐작할 수 있다. 그러기에 김구 선생은 정치가로서 보다 간디나 고故 도산 선생과 같이 인간으로서 슬픔의 대상이요, 그 대상이 광무나 융희제의 경우처럼 우상적이 아니라, 피와 피가 상통하는 감화력을 가진 인간미에 그 본령이 있다. 따라서 같은 슬픔이지만 30년 전보다 이번이 더 한층 가슴을 파고드는 심각한 맛이 있고, 서러워하는 겨레의 층에 있어 보다 더 보편적인 것은 당연한 일이다. 이처럼 김구 선생의 따뜻한 맥이 겨레의 가슴에 직접 통한 것은 뭐 때문인가. 〈경향신문 1949년 7월 3일〉

■장례위원 양씨 파견

고 백범 김구 선생 추도준비위원회에서는 오는 7일 서울에서 거행되는 김구 선생 장례식에 참례키 위하여 장례위원으로 김원봉, 남천우 양씨를 파견하기로 되였다 한다. 〈동방신문 1949년 7월 3일〉

■고 김옹 조위금 경교장에 연일 답지

백범 선생의 급서에 대하여는 전 국민이 지극한 애도의 뜻을 표하고 있는 일방 정부로서는 국민장을 결정하여 장례식에 대한 만반 준비 중이나 원래 국한된 예산으로 장비의 지출이 충분치 못할 것을 안 일반 민중은 또한 물질적으로도 성의를 표하려고 매일 같이 경교장으로 조위금을 가져오고 있는데 본사에서도 이러한 취지로 30일 아래와 같은 조위금을 국민장준비위원회로 보내었다.

- 금 2만원 조선일보사
- 금 2만원 본사장 방응모
- 금 1만2천 8백 8십원 본사 사원일동

〈조선일보 1949년 7월 3일〉

■깡통을 집어 던지고 걸인들도 대성통곡, 백범 옹 조문객은 연일쇄도

- 한독당 경남 오 위원 담 : 고 백범 옹 서거의 급보에 접하고 급거 상경하였던 한독당 경남 도당부 상임위원 오학섭씨는 장의 준비 급 기타 연락관계로 지난 30일 귀부하여 4일 경 다시 상경하리라 하는데, 오학섭씨의 전하는 말에 의하면
- 옹의 유해는 경교장 하층 회의실에 냉장 맷트 위에 안치하고 지난 29일 입관시時까지 저격받은 입 이하만 가리우고, 면부는 일반 소향자에게 엄연히 보이도록 나타나고 있었는데, 옹의 차남 신 소령과 이 부통령, 유 중국대표의 각각 통곡에 고이 감겼던 옹의 두 눈에서 눈물이 펙펙 솟아났었다.
- 그리고 매일 인산인해를 이룬 군중 가운데는 걸인들도 깡통을 집어던지고 우리 할아버지를 하고 통곡성이 벌어졌다.
- 장의는 영구차를 쓰지 않고 상여를 매게 되는데, 경교장에서 운동장까지는 당원들 10명으로서 운구하고, 운동장에서 서울역까지는 대학, 중학생으로, 역에서 산지인 효창공원까지는 삼균주의三均主義 청년의 어깨로 모시게 되었는데, 장지는 옹이 평소에 3의사와 같이 가겠다고 지정하신 자리이며, 경남서도 운구할 당원 5명을 데리고 가기 위하여 일시적 내려온 것이다.

〈영남일보 1949년 7월 3일〉

■재일동포 조전

6월 30일 외무부에는 주일대표부와 재일거류민단으로부터 김구 선생서거에 대한 각각 다음과 같은 조전이 도달하였다 한다.

－본 주일대표부는 위대한 영도자 김구씨의 참변의 보報에 접하여 삼가 심심한 조의를 표합니다－(주일 대표부)

-우리 주일 대한민국 거류민단은 우리의 위대한 영도자가 서거하심은 천만유감지사로 생각하오며 아울러 심심한 애도의 뜻을 표하는 바입니다. 선생은 비록 서거하였으나 선생의 정신은 이 세상에 영원히 빛날 것입니다-(재일거류민단)

〈조선일보 1949년 7월 3일〉

■백범 선생 추도식, 5일 대중교정에서 엄수

백범 김구 선생 추도식준비위원회 동원부에서는 옹의 추도식을 다음 요령에 의하여 엄숙히 거행하기로 되었다 한다.

- 시일 : 7월 5일 12시(우천불구)
- 장소 : 대전大田 중학교정

그리고 특히 이날 추도식에 참례할 부내 각 관공서와 학교 및 사회단체는 총동원으로 단체기를 지참, 엄숙한 태도로 참례하여 주기를 거듭 요망하고 있다고 한다.

〈동방신문 1949년 7월 3일〉

■백범 추도절차 준위서 결정 발표

작昨 1일 국민회 전남본부에서 각 정당 사회단체대표 참집 하에 고 백범 김구 선생추도식 절차를 결정한 바 있었는데, 오는 7월 5일 상오 10시부터 중앙초등학교 교정에서 일반 시민은 물론 각 단체, 학도 참석으로서 거행하고, 당일은 각 호마다 조기를 게양하여 가무음곡을 일절 정지하리라 한다.

그리고 당일 식절차는 다음과 같다.

- 개식開式 : 김신근 • 주악奏樂 • 국기경례 • 식사式辭 : 최종섭
- 약력보고略歷報告 • 추도가追悼歌 합창合唱 : 전남여중全南女中
- 추도사追悼辭 : 이남규, 김용환, 오필선 • 영령英靈에 대한 묵념
- 폐식閉式

〈동광신문 1949년 7월 3일〉

■전남 호상소에 경찰국서 조위금

1일 전남도 경찰국장 김상봉씨는 김 경무과장, 김광수 경찰서장과 함께 한독당 전남도당부를 방문하여 김구 선생 영전에 분향을 올리고, 경찰국 직원 일동의 조위금을 전달하였다. 한편 동同 호상연락소에 찾아온 조객 수는 1일 정오까지 2천명을 넘고 있다 한다.

〈조선중앙일보 1949년 7월 3일〉

■김구 옹 장위 결성

[목포] 70평생을 조국광복에 이바지하고 금번 불의의 흉변으로 급서한 고 백범 김구 선생의 장의는 이 대통령령으로 국민장으로 결정되었다는데, 당지 목포에서도 지난 28일 오후 3시 부府 회의실에서 각 관공서, 각 정당 사회단체 대표 다수 참석 아래 이에 대한 타협회를 개최하고, 국민장 목포위원회를 결성함과 동시 사무소는 부내 대의동大義洞 한독당 목포특별당부 사무소 내에 설치할 것을 가결하고, 중앙에 파견할 대표를 곽재근씨로 선정하였다는데, 국민장의는 7월 5일 오후 1시 부내府內 유달초등학교 교정에서 거행하리라는 바, 선정된 위원은 다음과 같다.

- 위원장 : 목포부윤木浦府尹
- 부위원장 : 천진철, 김성호
- 서무 : 부府 사회과장 외 4명
- 재무 : 이유헌
- 설비 : 부府 건설과장 외 4명
- 동원 : 구區합회장 장윤준

〈동광신문 1949년 7월 3일〉

■고 김구 선생 애도식, 함평군 장위서 거행

[함평] 우리 민족의 거성이신 고 백범 김구 선생의 함평군 장의위원회에서는 오는 5일 오후 1시에 함평 면사무소 광장에서 애도식을 거행하기로 결정하고 목하 준비에 분망 중이라는 바, 당일 군민의 다수 참례를 요망한다 한다.

〈호남신문 1949년 7월 3일〉

■고 백범 옹 장의식, 본도 대표 5씨 중앙에 파견

지난 6월 29일 부산 상공회의소에서 고 백범 김구 선생 장의경남위원회를 결성하였다 함은 기보한 바 이거니와, 동 위원회에서는 오는 5일 중앙에서 거행될 동 장의식에 참석시킬 경남대표 최천해·김칠·김홍규·김지태·김임수 5씨를 파견키로 결정하였다 한다. 그리고 1일 현재 경남에 모인 조위금은 아래와 같다.

무명無名독지가 1만 원, 부산해사국釜山海事局 직원일동 12만 4500원, 대양소주 박선기씨 3만 원, 조선신흥여객 2만 원, 동해물산 2만 원, 김기진씨 2만 원, 김모씨 2만 원, 양산 배길환씨 1만 원, 김형덕씨 1만 원, 부산부물운釜山府物運 1만 원, 동아운송 1만 원

〈민주중보 1949년 7월 3일〉

■ 김구 옹 애도식, 부산대회 식순 결정

고故 백범 김구 선생의 애도식은 예정대로 오는 5일 부내府內 공설운동장에서 엄숙히 거행될 것이라고 하는데, 이날의 식순은 다음과 같다.

- 개회식 : 하오 1시
- 사식 : 오상순
- 국기배례
- 애국가 봉창
- 조악
- 식사 : 위원장 노상건
- 약력보고 : 한독당
- 조가
- 분향 : 각 단체 대표
- 배례 : 일동
- 조사
- 묵상
- 조악
- 폐식

〈부산일보 1949년 7월 3일〉

■ 진주에서도 김구 애도식 거행

백범 김구 선생의 국민장은 오는 5일 경향 각지를 통하여 거족적으로 거행, 진주에서도 진주중학교정에서 엄숙한 장의식을 거행하고저 장의위원장에 황운성, 부위원장에 박상석, 이주현, 문해술, 상무위원장 박봉래 제씨가 각각 결정되어 만반의 준비를 하고 있다 한다. 〈부산신문 1949년 7월 3일〉

■ 시내 각 단체 연합으로 봉도회 조직

지난 26일 뜻하지 않은 흉변을 당하여 급서한 백범 김구 선생의 장례는 이미 국민장으로 하기로 결정되었거니와, 대구 각 단체연석회의를 28일 오후 4시 도국민회관에서 열고, 봉도회를 조직하였다 하는데, 그 요강은 대요 다음과 같다.

- **명칭** : 고 백범 김구 선생봉도회
- **장소** : 대구공회당 대홀
- **시일** : 7월 5일 장의식 화요일
- **위원** : 각 단체 대표 1인과 관공서장을 추천함. 위원회 소집책임자를 이동하, 이경희, 정송모, 3씨로 결정.

그리고 요망사항은 아래와 같다.

- 각 부군에서도 장의식 당일 봉도식을 거행할 것.
- 장의 당일까지 봉도하는 뜻으로 조기를 달고, 가무음곡 등을 자숙할 것.
- 조객 내방은 30일 오후부터로 할 것.

동同 봉도회를 금 30일 오후 4시부터 공회당 대大홀에서 개최하게 되었다는

데 각 위원은 빠짐없이 참석하기를 바란다고 한다. 〈영남일보 1949년 7월 3일〉

■국민장 동원계획 봉도회 발표

봉도회에서는 작 2일 국민장 당일의 동원계획에 대해서 다음과 같이 발표하였다.

(1) 부내府內 대학, 중학교 학생은 총동원하되 학도호국단의 지도를 받을 것.
- 학도호국단의 연합악대를 인솔할 것.
- 조가를 예습하여 합창토록 할 것.(조가 각 신문 게재)
- 국기와 교기는 위에 묵포墨布로 조의를 표할 것.
- 소학교는 각자 학교에서 당일 봉도식을 거행할 것.

(2) 일반 시민은 동별, 단체별로 참가할 것.
- 복服을 표시코저 하는 분은 경포를 각자 준비할 것.
- 만가輓歌 조기弔旗는 자유로 할 것.
- 집합은 개식 1시간 전으로 할 것.
- 화환은 일절 사절함. 〈영남일보 1949년 7월 3일〉

■혈서도 20여 통 경교장에 조사답지

백범 김구 옹이 뜻하지 않은 참변을 당하였다는 소식이 전하여지자 경향각지에서는 매일같이 조사와 조전이 장의위원회로 답지하고 있는데 그 중에는 「자주독립」 「남북통일」 등등의 글자를 붉은 피로 쓴 혈서도 20여 통이나 된다고 한다.

〈조선일보 1949년 7월 3일〉

■장례 참가단체 장위에 요 신청

오는 5일 거행될 고 김구 선생 장례식에 참가할 정당 및 사회단체는 3일 하오 5시까지 경교장 내의 국민장위원회 집행부로 연락하여 주기를 바란다고 한다.

〈조선일보 1949년 7월 3일〉

■개성에 애도회 조직

개성에서는 관민 합장으로 고 백범 김구 선생 애도위원회를 조직하고 위원장에 김학형 부윤府尹이 취임하였다. 오는 5일 서울서 거행되는 장의식과 시간을 같이하여 부내 선죽국민교정에서 요배 애도식을 거행하는 한편 대표단 일행이 서울식장에 참례하리라 한다. 당지 시중심부에 있는 남대문 누상에는 분향소가 설비되어 2일부터 일반 참배를 요망하고 있다.【개성開城 발發 고려】

〈조선일보 1949년 7월 3일〉

■군경을 신뢰하라, 전 헌병사령관과 김 경찰국장 공동으로 포고문 발표

미군 완전철퇴에 따르는 국내정치정세의 변동과 아울러 치안확보의 긴박성에 비추어 지난 1일부로 전(田)헌병사령관 김(金)서울시 경찰국장은 다음과 같은 포고문(布告文)을 발표하였다.

「대한민국의 주권이 만방에 선포된 이래 우호제국의 협조와 민주정책의 발전으로 국가기반이 날로 견고해감을 따라 조국을 파괴하려는 공산주의 멸족노선은 최근 다각적으로 노골화하여 감으로 국가장래와 민족의 행복을 위하여 정당한 비판과 애국적 정신의 앙양단결을 촉구하고저 군경당국의 소신을 널리 포고하노라.

미군 철퇴를 계기로 국토방위에 총궐기하는 애국동포 여러분 38선 일대와 남한 각지에 북한 공산매국정권의 무장반란이 치열, 반동, 남로당, 국회의원의 체포, 김구 선생의 급서 등으로 국내는 초비상 정세에 처하여 있다.

대한민국의 발전과 여론을 두려워하는 적구들은 단말마적인 파괴노선을 강화하여 정부 요인 민족진영을 파괴 살상하고 국회에 잠입시킨 남로당계 국회의원을 비합법적으로 반대, 방해하며 백범 선생의 조의를 빙자하고 정치적 모략에 이용하려는 악질도배가 도량跳梁하고 있으니 실로 한심사寒心事이다.

이러한 국가 중대위기에 처하여 국민이 사상과 행동을 통일하고 관민이 혼연일체가 되어 국시에 귀일치 못하고 반국가적 사태를 제거치 못하면 우리는 다시 천추만대에 유한有限을 끼치리라.

친애하는 동포여러분, 국가와 민족을 지키는 군경이 건재함에 신뢰하고 항간에 유포되는 조언비어造言蜚語와 사실을 왜곡하여 정치적 야욕으로 모략 선동함에 부화뇌동하여 경거망동하지 말지며 생업에 일층 전력을 다하고 군경에 절대적인 협력을 바라노라.」

단기 4282년 7월1일

헌병사령관 헌병중령 전봉덕

서울시 경찰국장 김태선

〈조선일보 1949년 7월 3일〉

■애수 속에 지고 새는, 주인 떠나신 경교장!

제7일을 맞이하는 작 2일의 경교장은 지극히 정적한 가운데 애수에 잠겨 있었고 아침부터 뜨거운 햇빛에 정원 내의 풀들은 푹 머리를 숙이고 있었다. 주인 잃은 경교장은 말없이 흰 구름만 바라보며 영영 못 오실 선생을 추모하고 있는 듯하였다.

이날 아침 9시경 다망한 틈을 타서 달려온 신 국회의장은 거듭 조의를 표하였고, 분산적으로 들어오는 조객은 전날과 같이 혼잡치는 않았으나 끝일 줄을 몰랐다. 대부분이 지방에서 올라온 조객이 많았고 이에 끼여 숨차게 올라오는 늙은 노파, 깨끗하게 단장한 여인의 표정은 한층 더 구슬펐고, 한 아름의 조화를 안고 들어오는 나이 어린 여학생과 그리고 선생의 중국시대의 위명을 추모코저 오는 중국 여인들은 이 날의 이채였다. 장의식을 며칠 앞둔 경교장은 이 준비에 분주하여 연락사무소나 접수계에 앉아 있는 계원들의 얼굴은 연일 밤을 새워 피곤한 빛을 감출 수가 없었다. 동쪽 현관 사무실에는 집신이 잔득 걸려 있었다. 정원 안에 친 천막 속에는 지방서 상경한 각지 당원이 잔디 위에 앉아 아직도 남아 있는 2층 유리창 2발의 권총 흔적을 바라보고 있었다. 경교장의 하루도 이렇게 또 저물어 가는 것이다. 이제 새삼스럽게 말하여 무엇하리요만 선생을 죽인 자 누구냐! 불러도 말 없는 선생은 통곡하여도 응하지 않는 선생, 이 3천만의 슬픔을 그대는 아는가 모르는가.

〈조선중앙일보 1949년 7월 3일〉

■민족의 거성 백범 선생 정신 ⑤

● 엄도해

⑤ 분열에 과감한 투쟁

폴란드인은 외국에 떠돌아다닐 때 항상 자기나라, 즉 고향의 흙을 한줌 가지고 다닌다는 말을 들었다. 그것은 불행히 외국에서 사망하여 묻히게 될 때는 그 흙을 관위에 놓아서 묻어준다고 한다. 이것은 자기의 나라, 자기의 고향을 사랑하는 까닭이오, 생시엔 물론이지만 사후에까지도 자기 나라와 자기 고향을 잊지 않겠다는 진심의 표징이다.

백범 김구 선생은 침략을 당한 조국을 위하여 18세 시時에 조국 고향을 떠나서 만주를 헤매이기 시작하였다. 만주에서 일시 귀국하였으나 일日헌병을 죽이고 투옥을 당하였다가 탈출하여서 승려생활로 피신하기가 9년이었다. 또다시 혁명운동을 계속하다가 서대문형무소에 투옥을 당하는 등으로 국내에 있을지라도 고향에 안주하지는 못하였다. 그러므로 백범 김구 선생은 조국을 사랑하는 마음이 강한 데 따라 선생이 출생한 고향도 남달리 사랑하는 마음이 강하였다. 선생은 조국에 돌아왔으나 아직 고향을 찾지 못하였으니 폴란드 인이 히는 행사처럼 선생의 고향의 흙이라도 한줌 같이 묻어드리고 싶은 마음이 부질없이 생긴다.

작년 3월에 선생은 남하한 이북동포들에게 주는 글 가운데 "내가 한국 사람인 까닭에 조국을 누구보다도 더 잘 사랑할 줄 안다. 내가 입국한 뒤에 남한에서 수많은 고향의 친지를 만났다. 반갑기는 하나 우리의 선영이 있고 우리가 성장한 그 땅에서 만나지 못하고 객지에서 유랑하는 신세로 만날 때에 나에게는 형언할 수 없는 비애가 있었던 것이다." 고 말하였다.

백범 김구 선생은 조국의 흥망이 관두關頭에 임하고 민족은 사멸의 험경에 처하였으니 이때에 어찌 애국자로서 더 침묵을 지킬 수가 있으며, 무지한 도배들이 어떤 위욕을 가할까 염려하여 터지는 분통을 더 누르고 참을 수 없어서 발언을 하노라고 하였다.

"나는 일생을 왜적과 또 그놈들의 주구배에게 박해와 치욕을 당한 것이다. 악형도 당하였고 생명을 여러 차례 빼앗길 번도 하였다. 내 심장에는 조선 놈이 쏜 왜적의 탄환이 아직도 박혀 있다. 내가 더 기탄忌憚하며 더 주저할 것이 무엇이랴. 아주 쓰러지려는 조국을 붙들기 위하여는 목이 터지도록 소리를 지르는 것이 마땅하다." 평화를 부르짖는 자에게 대하는 탄환, 진정한 평화를 창도한 우리 민족의 지도자는 동족의 흉탄에 쓰러지고 말았다.

저격범이 이북인이라는 데는 다시 놀래지 않을 수 없다. 이북인의 성격상 생각하기 전에 실행하려는 것은 종종 과오를 범하여 왔다. 자기의 생각을 가지지 못하고 환경에 선동되고 지배되는 경우가 많다. 이것은 냉정히 반성할 여지가 있다.

백범 김구 선생은 전쟁의 참화를 재중在中 시時에 겪은 참혹한 경험에 비추어 이제 동족끼리 일어날 참혹한 살상을 평화로 해결하려고 이북청년들에게 간원하기를 "전쟁이 된다면 제1 선에서 북을 향하여 진군할 자는 이북청년일 것이요, 우리의 사격대상은 우리의 부모, 친척, 친구일 것이다. 그러니 이북인 불살이북인 하라고 주장한다" 고 하였다. 그런데 이북인 청년이 이북인 백범 선생을 저격하였다. 이것을 운명의 작희라고 하면 마음은 편할 수 있지만 이러한 현실, 즉 분위기를 초래한 책임은 미·소가 져야 할 것이요, 그 다음에는 우리 민족 자체가 져야 할 것이다.

또 백범 김구 선생은 고향을 못 찾은 비애를 다음과 같이 말하였다. 「결국 우리 이북인은 이중의 망국노가 되었다. 우리는 왜적이 패망한 것을 보면서도 조국의 광복을 못한 채 남으로 망명한 것이다. 우리는 망국노의 욕을 면치 못한 채 망국노가 된 것이다. 이와같이 우리에게는 이중의 비애와 고통이 있으니 만큼 이중의 임무가 있는 것이다. 망국의 경험이 없는 자는 망국의 고통을 모르는 것과 같이 망향의 경험이 없는 자도 망향의 고통을 모를 것이다. 우리 한인은 일반적으로 망국의 비애는 잘 알고 있지만 망향의 비애는 오직 이북인만이 잘 알고 있는 것이다. 그러므로 남한에 있는 동포들은 진정한 애국자를 제외하고는 이북의 흥망에 큰 관심이 없다. 정상政商, 모리, 반도배들은 입으로 독립자주통일을 부르짖으면서 내심으로는 오직 사리사욕에만 팔려서 개인의 영달을 위하여서는 매국매족이라도 할 만한 비열한 심리를 가지고 있다. 금수도 그 자식이 사지에 빠지면 그것을 구하려 하다가 제 자신까지도 희생하는 일이 있다.」 이렇게 이중의 비애와 고통을 맛보고 있는 백범 선생은 이북인의 고통과 비애를 더 잘 알고 있다. 그리하여 이북인에 대한 사랑은 남한이 고향인 동포보다 더할 것은 물론이었다.

그리하여 선생은 중국의 예를 들어서 이북인의 고통을 말하였다. 「나는 중국에서 일찍이 동북사람들이 망명을 하여 중국 본토를 오니까 거기에서 경솔무지한 도배들이 그들을 망국노라고 비웃는 것을 보았다. 우리나라도 이 꼴대로 더 나가면 그따위 현상이 없지 아니할 것이다.」고 선생은 작년 3월에 이북인들에게 경고하였고, 그렇지만 지금 이북인이 남한에서 그리 박해를 받고 있기는커녕 반감을 사고 있는 것도 적지는 않다. 이것은 이남인의 아량이 미흡한 데도 있겠지만 이북인의 본래의 성격이 과격한 점에서 오는 과오가 없지 않다. 모든 것을 그때 그때의 감정에 호소하려는 단점이 있다. 이것은 근본에 있어서 순진한 바가 있지만 흔히 폭력에 호소하는 것으로 만사를 해결할 수 있는 줄만 믿기 때문에 흔히 분리주의자들에게 이용되는 경우가 없지 않다. 이러한 행위는 분열주의자가 떡이나 꿀보다 좋아하는 것이라 것을 알아야 한다.

그리하여서 백범 김구 선생은 이북인에게 고통과 비애를 말하였고 또 분열주의자와 정상政商, 모리, 민반자民叛者 또는 주장자들에게 이용당하지 말기를 미리

주의하였던 것이다. 그러므로 선생은 굳은 각오를 하고 「조국의 독립은 조국의 통일에서만 완성할 수 있는 까닭에 내가 모든 욕을 당해가면서 분열주의자들과 맹렬한 투쟁을 계속 한다.」고 이북인에게 말한 바가 있다. 〈자유신문 1949년 7월 3일〉

■백범선생의 특지로 설립된 백범 · 창암 양학교

고 백범 김구 선생의 서재에는 매일의 일과의 하나로써 선생이 습자를 하여 오시던 먹 자국이 있는 더러운 책상이 있었다.

선생은 어렸을 때부터 가난한 집에서 태어나 이렇다 할 공부도 하시지 못하였는데 그러나 선생의 향학의 마음은 그 누구보다도 불타온다. 선생의 자서전 「백범일지」를 보더라도 그 자취가 역력하다. 선생께서 수륙水陸 오천리五千里의 해외망명을 끝마치고 고국에 돌아오셔서 그간 정치적인 불안과 가혹한 현실과 싸워가는 한편에는 어려서 너무나 가난하였던 까닭으로 제대로 공부하지 못하였던 것을 뼈에 사무치도록 회상하시여 서울에 방황하는 가난한 어린이와 교외에서 헐벗고 굶주리고 사는 전재민들의 자녀들이 남들과 같이 학교에 가지 못하는 것을 통탄하시여 서울에 두 개의 학교를 설립하였던 것이다. 그것도 선생이 다른 이들처럼 물질이 풍부하여 돈을 내놓은 것도 아니고, 해외에서 돌아가신 모친 장의식의 부의금으로 세우게 된 것이다.

● 백범학원白凡學院

이 학원은 작년 십이월 백범 선생께는 '유해 환국봉안식' 에 들어온 부의금과 선생의 아들 신군의 결혼식에서 축하금祝賀金으로 들어온 종합 구십만 원을 금호동金湖洞에서 천막살이, '바락구' 살이로 그날 그날을 엄동과 싸워가며 사는 빈민들을 위해 다소나마 원조키 위하여 신년 연도에 방문 기부하시었는데, 그 중 32만 원이 전재 아동의 육영사업 기금이었음으로 이사회에서는 이를 교육사업으로 이용키로 결정하고, '백범학원' 을 세우기로 운동하여 금년 2월 1일 김구 선생 참석 하에 개교식을 거행하였다. 현재 총 직원은 원장이하 6명이며 생도들은 그 부락의 자녀 470명인데, 학급은 4학년밖에 없는 것을 이번에 2학년 인가하여 6학년까지 만들기로 아침부터 참석하시어서 학생들에게 손수 상품을 수여하시고 어린애들과 함께 하루를 재미있게 보내시었다 한다.

● 창암공민학교昌巖公民學校

이 학교 역시 마포 염리동鹽里洞에 거주하는 빈민들을 위해 선생이 설립하시었는데 금년 3월 14일 개교식을 거행하였다 한다. 학생수는 3백 명으로 될 수 있는 한 적령기를 지난 성인교육을 주로 하고 있다. 학교 책임교원으로 있는 강영희 선생의 말에 의하면, 선생께서는 언제든지 말하시기를 내가 죽어도 재정이 곤란한 것이 문제일 것이니 걱정된다고 하였다는 바, 항상 선생은 이 어린이의 교육에 큰 관심과 적극적인 태도로 나와 주시었다.

그 학교에 오르간이 없었는데, 이것을 아신 선생께서는 공주에 내려가시기 전에 힘써보겠다는 말씀이 있은 후 선생이 서거하신 26일 즉 일요일 오르간을 사줄 테니 강 선생은 12시까지 오라고 하셨음으로 약 50분 늦게 경교장 앞에 이르자 권총소리가 나는 것을 강 선생은 듣고 선생이 절명하신 순간까지 옆에 있었다 한다. 그는 말하기를 "우리 학교에는 이젠 오르간은 없으나 마음의 풍금 소리는 생도들 가슴에서 떠나지 않을 것입니다. 앞으로 그 애들은 선생의 유지를 받들고 오르간의 행진곡에 맞추어 어떠한 장해라도 타파하고 나갈 것이라" 고 힘차게 말하고 있다.

〈자유신문 1949년 7월 3일〉

■[월요논단] 곡 백범선생

내일은 백범 선생을 영결하는 국민장일이다.

선생의 70평생의 혁명투쟁이 너무도 험난하였고 선생이 해방조국의 완전독립을 못보신 것이 너무도 애석하고 선생이 몇 번이나 사선을 넘어서고 마침내 그 최후를 피로 물들인 것이 너무도 비절悲絕한지라 더욱 슬프지 않을 수 없다. 이제 선생의 빛나는 유업을 찬양하는 것은 타他에 맡기고 부운浮雲 같은 조로朝露 같은 인생의 무상을 호탄浩歎하는 것도 그만 둔다 할지라도 이 땅에 거듭되는 이러한 참극에는 상시상잔相始相殘의 열악한 민족성이 여지없이 폭로되는 것 같아서 우리 장래를 위하여 다시금 통한을 금할 수 없게 된다. 대체로 이런 참극이 동서고금에 그 예가 없지 아니하나 그것은 강자의 권력에 대한 약자의 반항이 아니면 적어도 대등의 적에 대한 것이 많았으나 금번 일과 같은 초初는 적다.

다시 정견상政見上 견해차이로 보더라도 패망 전 일본의 5·15와 2·26사건 등은 집권 당국자의 제동 작용을 타파하기 위한 것이며 그 결과는 대외전對外戰

을 야기케 한 것이었다. 우리는 일찍이 병자호란에 화전양론和戰兩論이 대립되다가 주전론자를 적진에 압송한 치욕사恥辱史를 남기고 이조李朝 말末에는 정쟁으로 여러 번 참변을 거듭하였으며 해방 후에도 역시 동족 간에서 이런 변고를 반복하게 되었다. 그리고 중국의 사례史例에도 송양지인宋襄之仁과 같은 일화는 논외로 하고 근년의 국공전國共戰을 보면 동족애의 특색이 여실히 발로되고 있지 아니한가.

국공國共이 상반되는 사상思想과 주의主義로서도 국가민족을 위하여서는 항일전에 7년간이나 공동전선을 결성하였으며 기후其後 재전再戰이래 오늘까지에도 쌍방이 화평교섭에 얼마나 고심하였는가, 연래에 장씨蔣氏가 화평을 위하여 하야下野한 것도 오직 애국일념이라고 볼 수 있으며 그들은 좌우左右상극의 입장에서도 불기살인자능일지不嗜殺人者能一之를 진리로 믿고 상잔을 피하려 노력하는 것은 감탄歎할 바이다. 도리키어 살핌에 작춘作春의 남북협상이 최초부터 그 성공이 의문시되었으나 그런 성패를 불계한 「진인사盡人事」의 노력만은 비방할 수는 없으며 다시 그 이상이 현실과 유리된다고 하여서 선생의 진의를 의심할 수 없다.

더욱이 선생은 타에 대하여서도 「대동단결의 목표目標하에서 같이 일할 수 있을 것이라」고 하여 「나는 옳고 너는 그르다」는 식이 아니었다. 실로 선생의 의진인지義盡仁至하신 애국애족의 일편단심은 영욕일체를 도외시한 그 검소고담儉素枯淡한 일상생활에서도 엿볼 수 있는 것으로서 구적仇敵이 있을 리 없다.

일전에 경교장의 발표를 보면 선생이 평소에 박애의 태도로 일반에 차별 없이 면회하던 것이 참변의 원인이라고 하나 삼엄한 경위와 호귀한 생활은 선생의 본의가 아니었던 바에는 이제 그것만을 후회한들 어찌하랴.

불의의 변고로 선생은 한없는 유한遺恨을 품은 체로 영영永永가시었다.

일천재一千載에 백양비풍白楊悲風이 있을 뿐이다. 선생은 차지차세此至此世에 영화가 없었는지라 개관蓋棺후 여산릉驪山陵인들 무슨 의미가 있으리요만은, 그래도 지금 성대한 국민장으로 장송하게 되고 누구라도 마음 놓고 일곡할 수 있는 오늘을 행이라고 아니 할 수 없다. 이미 유명을 달리한 오늘에 오직 천하泉下에 통할 수 있는 것은 한 줄기의 뜨거운 눈물뿐이며 끝없는 정한情恨과 함께 이 눈물을 통하여 민족의 장래의 광명도 바라 볼 수 있을 것 같다. 〈조선일보 1949년 7월 4일〉

■영결 이틀 앞둔 경교장, '선생의 유덕은 무변' 땀 젖은 손에 순정의 조위금

고故 백범 선생의 참변 제8일인 3일 영결식을 이틀 앞둔 이날의 경교장은 수색(愁色) 바야흐로 짙어가는 가운데 선생의 유덕을 사모하는 조문객들은 여전히 이른 아침부터 그칠 사이 없이 모여 들었다. 그 중에도 특히 눈에 뜨이는 것은 나이어린 아동들의 순진하고도 애처로운 태도이며 어떤 국민학교 아동은 접대부에 찾아와서 조그만 땀에 젖은 손에다 오직 선생을 사모하는 일념으로 일금 50원이 들은 봉투를 내어 놓았는데 이것은 백범 선생의 인간 면이 얼마나 어린 아동에게까지 침투되었나를 말함일 것이다. 어떤 남자는 단 한 개의 향을 종이에 싸고 싸서 가져 오는가 하면 또 어떤 부인네는 흙 묻은 옷을 입은 채로 맨발로 선생의 인품에 감동되어 영전에서 흐느껴 울었다.

한편 장의위원회의 준비는 더욱 본 계단에 들어서서 마이크를 통한 조가 방송(弔歌放送) 또는 영결식 진행 준비상여의 마련 등 눈코뜰새 없이 바빠졌다.

그리하여 고 백범 선생의 장의(葬儀)날은 다가오고 있는데 그 중에도 남 유달리 애수에 잠긴 부인이 있으니 그는 이봉창(李奉昌) 의사義士의 질녀姪女로 이은임(李銀任,42) 여사라고 한다.

일찍이 이봉창 의사가 의거하기 전 백범선생을 보고 만일 환국하시면 질녀가 하나 있으니 만나 봐달라고 하였으나 해방 후 귀국하신 백범 선생은 팔방으로 찾아봐도 찾지 못하고 처음으로 선생과 만나게 된 것은 서거하시기 전 일주일이었다고 한다. 그때 선생은 「다른 사람과 달라 고독한 처지에 있는 너를 못 돌아보아 미안하다…… 그렇지만 무슨 기쁜 일이 있겠느냐」 하셨다고 눈물어린 말로 설명하며 이은임씨는 흐느껴 우는 것이었다.

선생을 모시고 있을 날도 앞으로 이틀, 우리의 애국자요, 어버이이신 고 백범 선생의 유혼은 지금 경교장의 빈소에서 분향에 어리어 조문객의 흐느끼는 곡성 속에 고이 누워계시다. 〈조선일보 1949년 7월 4일〉

■백범 선생 묘비로 진남포산 오석 부의

2일 하오 고 백범 선생 장의위원회에 묘비를 부조해온 사람이 있다.

시내 명륜동 1가 30번지에 주거를 두고 있는 조용환(趙容煥) 조정(趙禎) 양씨는 백범 선생의 묘비를 바치겠노라고 장의위원회를 찾아왔다 하는데 그 비석은 진남포산(鎭南浦産) 오석(烏石)이며 길이는 6척 넓이는 2척이라 한다.

시내 아현동 김주형(金柱亨) 화백은 2일 상오 고 백범 선생 장의위원회에 백범 선생의 초상화를 그려왔다는데 동 초상화의 크기는 20호 정도라고 한다.

〈조선일보 1949년 7월 4일〉

■도보로 5일! 김 옹 비보 듣고 달려온 청년

김구 선생의 비보는 아연 큰 충격을 주어 할복자살을 기도한 청년, 음독자살을 하려던 학생이 나타나고 있는 터인데, 이번에는 충남에서 도보로 서울에 달려온 청년이 있다. 이 청년은 충남 서천군 기산면에 사는 정동진(丁同鎭, 24)군으로 당 소속도 아닌데 26일 선생의 비보를 듣고, 곧 도보로 4백리 길을 닷새를 걸어서 1일 오후 경교장에 다다랐다. 정 군은 영전에서 통곡을 하고, 그리고 경교장을 네 번 돌고 또 다시 통곡한 후 선생의 장식에 쓰려고 가져온 단돈 백 원을 영전에 올렸다. 동同 군의 말에 의하면 솔잎을 먹어가며 왔다는 것이다. 경교장에서는 이에 감격하여 식사를 대접하고 여비로 천원을 주어 돌려보냈다 한다.

〈경향신문 1949년 7월 4일〉

■어린이

우리들의 위대한 애국자이시며 어진 할아버지셨던 백범 김구 선생은 뜻하지 않은 참변으로 돌아가시고 말았습니다.

선생의 일생은 그야말로 풍파와 고생 속에서 마치신 것입니다. 일찍이 구舊한국 시대에 왜놈에게 쫓기어 중국 땅에서 총과 칼 아래를 돌아다니시며 오직 우리나라의 독립만을 생각하시다 일본이 전쟁에서 패하고 나서 해방된 조국에 돌아오셨을 때의 선생의 가슴이 얼마나 뜨거운 것이었겠습니까.

그러나 이미 선생은 가시고 말았습니다. 어려서부터 남 유달리 고생을 한 어린이를 사랑하시었답니다.

서울 마포구(麻浦구) 염리동(鹽里동)에 있는 창암공민학교(昌巖公民學校)와 성동구(城東區) 금호동(金湖洞)에 있는 백범학원은 선생의 그런 뜻으로 세워진 돈이 없어 공부하고 싶어도 맘대로 되지 않는 어려운 아동들을 입학시키는 학교입니다.

선생은 가셨으나 선생이 남기고 가신 이 학교만은 언제까지나 넘어지지 않을 것입니다.

창암공민학교는 올해 3월부터 시작된 학교로 아동은 300명이고 월사금은 받지 않는답니다. 이 학교는 처음부터 돌아가신 백범 선생이 일체의 비용을 내셨던 것이랍니다.

이 창암(昌巖)이란 선생의 어렸을 때 이름으로 역고 자라신 선생은 지금도 늘 그 시절을 생각하시고 아동들을 생각하시어 그 이름을 학교에 붙이신 것일 겝니다.

돌아가시기 전 전날 바로 6월 24일 금요일 날 이 학교에 교감(校監) 격인 강영희(姜永喜) 선생님이 백범 선생을 찾아 뵈웠더니 그때 선생은 「내가 죽더라도 끝까지 일을 하여 주시오.」 하고 간곡히 부탁을 하셨다는 것입니다.

그리고 늘 학교에 오시면 아동들을 보시고 선생은 내가 어렸을 때에는 공부를 하고 싶어도 맘대로 안 되어 애를 썼지만 너희들은 열심히 공부를 해야 한다 하고 간곡히 타이르셨답니다.

백범학원은 올해 2월에 시작된 학교로 아동은 470명이나 됩니다.

이 학교는 선생이 살아계실 때 금호동의 고아에게 구제금을 선사하신 일이 계시고 누구보다도 여러분이 있었는데 그 돈을 가지고 금호동 사람들이 의논하여 이 학교를 세우게 된 것입니다. 그 후에도

▲ 성동구 금호동의 백범학원 개원식 (1948. 1)

선생은 늘 아동들의 의복과 그밖에 여러 가지로 근심을 하여 주셨답니다.

지난 6월 1일 이 학교에 운동회가 있었는데 백범 선생도 참석하셨습니다. 그때 아동들의 유희 속에 이런 것이 있었습니다. 상자 속에다 비둘기를 한 마리 잡아 넣고 그 거죽에다가는 파란빛과 흰빛 둘로 나눠 어떤 쪽이건 이것을 찢어서 비둘기를 날려 보내는 것으로 그 위에다가는 '삼팔선 타파' 라고 써 놓았습니다.

그런데 이것이 꽤 힘이 들었던 모양입니다. 몇 번은 하다가 나중에 그것이 찢어지고 비둘기가 날라 가는 것을 보자 선생은 「그놈의 삼팔선 터지기도 어렵다.」 하시더랍니다.

● 우리학교

창암공민교 4학년 김홍주

우리학교는 서울시 마포구 염리동 산 8번지에 있습니다. 뒤에는 시에서 지어 주신 천막집이 많이 있고 앞에는 노고산과 마포와 늡늡하게 흐르는 한강도 보이고 영등포 비행장도 잘 보이는 좋은 곳입니다. 우리 학교는 금년 3월 14일에 개교하였습니다. 학급 수는 네 학급이 있고 생도 수는 250명 가량 됩니다. 교실은 두 교실이며 선생은 세 분이신데 강 선생은 일학년을 가르치며 오전반 오후반이 있

▲ 마포구 염리동 창암학원 개원식 (1949. 3. 14)

습니다. 지금 책상과 의자가 없어서 불편하나 선생님들이 열심히 가르쳐 주시기 때문에 매우 재미있습니다. 우리들은 다른 학교보다 부지런히 공부하여서 김구 선생님의 위대한 모범을 우리들이 배워야 하겠습니다.

우리는 김구 주석 선생님이 아니었으면 공부도 못하고 놀 수밖에 없습니다. 우리들은 열심히 공부하여 우리 학교를 빛냅시다. 〈조선일보 1949년 7월 4일〉

■명 5일은 김구 옹 국민장, 겨레의 울음 실을 상여도 준비

민족의 위대한 지도자, 고 백범 김구 선생의 장의식은 명 5일로 임박하여 오고 있는데 선생을 영원히 하직하게 된 경교장의 슬픔은 더 한층 커가고 있어 측근자들은 식사를 전폐하고 목들이 쉬어 말들을 못하고 있으며, 연일 운집하는 조객들은 작 3일에도 수만 명이 영전에 배례를 하였다. 경교장 정문 왼편에서는 애도가도 구슬프게 상여 모실 연습을 하고 있으며, 장지인 효창공원에는 이미 산역도 끝났으며 장의식을 사흘 앞둔 재작 2일의 경교장은 입구 왼편 뜰에 세워진 울타리 속에선 상여 만드는 목공의 망치소리가 무겁게 들려 침통한 분위기를 더욱 조장한다. 상여는 한 15미터 가량 되는 장강틀에 양쪽에 나온 연추가 열 개 끼어 있고 연추 사이로 강목이 열 개 숙통하고 있다. 아침에는 국회의장 신익희씨가 왔다 곧 돌아갔고 가끔 가다 아낙네들의 통곡소리가 났다. 이 날에는 조문을 읽는 조객들이 많았는데 거의 모두가 창자를 끊는 애통한 문구였다. 부의금은 최하가 50원, 100원, 그리고 300원이 제일 많고, 최고는 수만 원에 달하고 있는데 이런 것은 거의 다 단체기금이었다.

북짝 거리던 경교장은 점점 조용해지며 상가 집 분위기를 자아내고 있고, 뒷산엔 숨바꼭질 하는 어린아이들의 평화로운 장난이 벌어지고 있다.

〈경향신문 1949년 7월 4일〉

■이 전남지사 조문 광주호상소에 혈서도 5통

당지當地 한독당 도당부의 고 백범 선생 호상연락소에는 연일 각계 각층으로부터 수천의 조객들이 답지하고 있는데, 2일 상오 10시 전남도지사 이남규씨는 동同 당부를 찾아 분향을 올리고 동同 직원 일동의 조위금 만 원을 전달하였고, 그 밖에 재광在光 금융단에서 금金 3만 원과 광주光州 해양계원 일동으로부터 화환 1쌍과 조위금 수천 원을 수교한 바 있었다 한다. 〈호남신문 1949년 7월 5일〉

■당원동지 제씨에게 고함

고 백범 김구 주석 봉도식은 7월 5일 거족적으로 거행키로 중앙에서 기위 결정되었음으로, 도내 각 지방당부 당원 제씨는 당해 지방에서 거행하는 식장에 국민의 자격으로 참가하여 주시오. 간부되시는 약간 인원 많이 당기와 조기를 식장에 봉행하여 주시기 무망.

7월 3일 한국독립당 전라남도당부 백白

〈동광신문 1949년 7월 5일〉

■전방서 50만원, 종업원 일요 임금으로

고 백범 김구 선생의 전남 호상연락소에서는 연일 조위객 응접과 조위금 접수에 주야 분망 중인데, 지난 3일 오후 3시 30분 경에는 전남방직공사 종업원 대표 김영준씨와 동 노총위원장 한성순씨 외 수씨가 동 호상소를 찾아 선생의 영전에서 애통한 후 조위금 50만 원을 근조하여 동소同所 집무원을 감격시킨 바 있었는데, 동同 조위금은 동同 공사 3,000여 종업원이 일요일을 쉬지 않고 계속 근무한 하루 임금이라고 한다.

한편 동 호상연락소에 찾아온 조객 수는 금 2일 상오 11시 현재 2,400이라 하며, 조전弔電이 22통에 혈서 5통이 도달되었다 한다. 〈호남신문 1949년 7월 5일〉

■겨레에 끼치신 방향도 그윽, 임이여 고이 잠드소서!

어허 여기 발 구르며 우는 소리.

지난 26일 돌연 괴한의 권총 저격을 받아 74평생을 일기로 애통하게도 영원히 고이 잠들게 된 백범 김구 선생의 비보를 들은 3천만 겨레는 다같이 눈물로 옷깃을 적시었으며, 아우성을 쳤거니와 그 동안 선생의 숙사인 경교장에는 선생의 명복을 비는 겨레의 조객들로 산과 바다를 이루었으며, 영위 고이 안치되어 있는 선생의 빈소에서 살아 오르는 분향은 이 땅을 그윽하게 하고 있다.

선생이여! 하늘도 울고 땅도 울고, 또 미친 듯이 우는 우리 겨레의 소리를 듣습니까. 두 조각 갈린 이 땅을 이대로 버려두고 천고한千古恨 품으신 채 선생은 어디로 가십니까. 돌이켜 생각하면 선생은 우리의 생명을 빼앗고 우리 3천리 강산을 뺏으려는 저 왜적을 이 땅에서 물리치기 위하여 피눈물로 고국을 떠나신 후 우리 나라를 다시 찾고 다시 세우려고, 갖은 파란과 곡절한 풍랑생활을 창파만리 타국에서 보내신 위대한 그 보람으로 우리 겨레는 왜적의 쇠사슬로부터 해방되어서 얼싸안고 날뛰었던 것이다. 그 때에 선생도 소원이 성취한 즐거운 심정을 품으시고 그리운 고국에 돌아온 후 민족의 원한이 되어 있는 38선 장벽의 분쇄에 다시금 심혈을 기울이시던 중에 이번의 변으로 뼈저린 아픈 설음 가슴에 부여안고, 오늘 5일에는 선생보다 먼저 떠난 삼열사 옆의 효창공원으로 가시는 것이다.

오늘 영원히 떠나시려는 선생의 뒤에 남아있는 우리 3천만은 정성한 두 손을 합장하면서 선생의 영원한 명복을 빌 뿐이다.

선생이여! 편안히 가옵소서! 돌아가 쉬옵소서! 〈호남신문 1949년 7월 5일〉

■동래 국민장

동래읍에서는 지난 6월 28일 이희보씨 댁에서 고 백범 선생국민장 동래위원회를 개최하고 다음과 같은 부서를 결정한 후, 7월 1일 상오 11시에는 부산출장소 2층에서 각계 각층의 관민연석회의를 하고 장의에 대한 것을 토의하였다 한다.

위원장 이희보, 부위원장 권영운 외 2명, 상무위원 김명수 외 11명

〈자유민보 1949년 7월 5일〉

■국민장 참가 국회의원, 조위금 갹출

고 백범 김구 선생 국민장을 앞두고 4일의 국회에서는 오석주 의원 외 35인의 긴급동의로 1인당 천 원씩을 거출하여 백범 선생 영전에 봉정 조의를 표하는 동시에, 5일 서울운동장에서 거행되는 국민장에 전원이 참가키를 만장일치로 가결하였다. 〈조선일보 1949년 7월 5일〉

■유어만씨 부처, 경교장에 조문

고 백범 선생 서거 제8일인 지난 3일 오후 6시 반 경 UN한위 유어만 박사 부처는 가족을 동반하고 경교장에 나타나 상주 신씨 부처에 대하여 간곡한 조위를 한 다음 기자단에게 김구 주석은 중화민국에 있어 30여 년을 두고 활동하는 동안 중국 조야는 특히 주석에게 호감을 가졌으며 마치 중국의 영수처럼 숭배하였다. 그래서 이 김구 주석의 참변을 들은 중국에서는 그 애통함 역시 자기네들의 영수에 대한 것과 같다. 이것인 즉 중·한 양국이 영원히 합작 친선할 수 있는 증좌인가 한다라는 감상을 말하고 악비(岳飛) 시(詩)에 "호수섭구산하好收拾舊山河" 라고

있는 구(句)를 인용하여 다음과 같은 만시(輓詩)를 남기고 오후 7시경 수연(粹然)히 경교장을 퇴거하였다.

삼팔선화전간과 장지막수심미사(三八線化戰干戈 壯志莫酬心未死)

사십재견상국난 산하비구혼불귀(四十載肩尙國難 山河非舊魂不歸)

〈조선일보 1949년 7월 5일〉

■이 대통령 부부, 경교장에 조상

대통령 이승만 박사는 부인과 함께 이 치안국장을 대동하고 4일 오전 9시 45분, 경교장을 찾아 고 백범 선생 영전에 배례하고 곧 퇴거하였는데, 이날 대통령은 회색 양복을 입었으며 동 부인은 한복을 입었었다. 〈조선일보 1945년 7월 5일〉

■한독 유동붕씨 단식을 단행

한독당 중앙상무위원 유동붕씨는 김구 옹 급서에 상심한 나머지 지난 6월 30일부터 단식을 계속 중에 있는데 몸이 극도로 쇠약하여 위독 상태에 있다.

〈조선일보 1949년 7월 5일〉

■통일은 누가 성취, 윤 · 이 의사 유가족 담談

상해에서 백천(白川) 등의 왜적에게 폭탄세례를 준 고 윤봉길 의사 및 동경 이중교 사건을 일으킨 이봉창 의사의 유가족은 3일 경교장에서 다음과 같은 소감을 말 하였다.

- 윤남의씨 담談(윤 의사 영제) : 너나 할 것 없이 똑같은 감정인 줄로 믿는다. 복잡다단한 정국 하에 우리가 크게 기대하던 거인을 흉변으로 보내게 된 치욕과 분노는 무엇으로 형언할 수 없다. 전적으로 우리가 기대하는 남북통일을 누가 성취할지 크게 우려된다.
- 이 의사 질녀姪女 이은임李銀任씨 談 : 나는 삼촌 손에 자라 삼촌의 혁명가로서의 죽엄을 목격했다. 그러나 나는 삼촌이 갔을 때도 과히 슬퍼 안 했다. 이제 3천만의 태양인 백범 선생을 잃게 되었으니 이 나라의 앞길이 어떻게 될지 캄캄하다. 나는 절망에 빠졌다. 〈조선중앙일보 1949년 7월 5일〉

■한청 청파단 단부서 묘지부근 치산 착수

대한청년단 청파동1가 동단에서는 지난 3일 고 백범 김구 선생의 유해가 안치될 효창공원 묘지 부근 일대에 걸쳐 치산공사에 착수하였다고 한다. 그런데 동 묘지의 치산공사는 약 두 달이 걸릴 것이라 한다. 〈조선일보 1949년 7월 5일〉

■작조 9시부터 초비상경계

백범 선생의 장의식葬儀式을 하루 앞둔 작昨 4일 서울시경찰국에서는 돌연 9시부터 초비상경계를 선포하였다. 이에 대하여 김(金)국장은 이번의 초비상경계는 고故 김구 선생 장의식과는 아무 관련이 없다고 전제하고 다음과 같이 말하고 있다.

–본관이 지난 2일 헌병사령관과 공동으로 포고문을 선포하는 동시 담화를 발표한 바와 같이 좌익 계열에서는 이러한 시국을 역용해서 인심 교란책으로 반동 전술의 그 묘책을 강구 중 이즈음 파괴하라는 지령을 내렸음으로 당 경찰국에서는 일망타진(기보한 바와 같이 기술연맹의 일제 검거)하고 동시에 초비상경계를 또다시 실행하게 되었다– 〈조선일보 1949년 7월 5일〉

■장송에 만전, 이 처장 불온설 일축

김구 선생 장의일葬儀日을 하루 앞두고 4일 이(李)공보처장은 장의식 당일에 좌익의 불온행동이 있으리라는 것은 낭설浪說에 불과한 것이니 일반국민은 자숙하여 주기 바란다고 다음과 같은 담화를 발표하였다.

「우리가 다 한 가지로 애통하여 오던 고故 백범 김구 선생의 장의식葬儀式은 동同 5일로 전 국민의 추모 속에서 엄숙히 집행하기로 되었다. 그러나 항상 대한민국의 존엄을 모독하고 민족정기를 배반하는 매국 공산도배들은 김구 선생 급서에 대하여 갖은 유언비어를 유포시킬 뿐 아니라 장의葬儀 당일을 기하여 불온한 행동이 있을 것이라는 낭설浪說까지 퍼트리고 있는 모양이나 애국 애족하는 일반시민은 조금도 현혹됨이 없이 돌아가신 고인의 정신을 받들어 장의 당일은 가장 정중하고 엄숙한 태도로 임하여 고인의 영혼이 삼천만 겨레를 통합시키는 가장 큰 교훈이 됨으로서 길이 명복하실 것이라는 것을 더 한층 깊이 인식하기를 바라는 바이다.

더욱 장의위원을 비롯하여 군·경·민民이 일체가 되어 고인의 장송에 1호의 유감이 없도록 만전을 다하고 있음으로 전 시민은 질서 있고 숙연히 도열하여 고인의 명복을 빌어주기를 희원希願하는 바이다.」 〈조선일보 1949년 7월 5일〉

■모집은 낭설, 조위금에 장위 담

고 백범 선생 국민장 장의위원회에서는 동同 위원회 명의로 조위금을 모집한 일은 없다고 3일 오후 다음과 같이 발표하였다.

「장의위원 회원이라 하며 시내 및 지방에서 조위금 모집을 한다하나 본위원회에서는 그러한 모집을 한 일이 없으니 일반은 속지 않도록 하여 주기를 바란다. 조위금을 제출하려는 인사는 반드시 본 위원회 접수소에 보내여 영수증을 받기 바란다. 어떤 개인이나 단체를 막론하고 조위금을 받은 것이 있다면 본 위원회의 영수증을 받아야 할 것이요 영수증이 없는 것에 대하여는 책임을 질수 없다.」

〈조선일보 1949년 7월 5일〉

■국민장 학생회의

백범 선생 국민장 전국대학·중등학생 대표자회의는 3일 하오 5시부터 시내 서울중학 강당에서 각 남녀 대학·중등학생 대표 100명이 참집한 가운데 개최되었는데, 경과보고가 있은 다음 장일葬日에 대한 준비 급 각종 사무 분담에 대한 토의를 계속하고 동同 회의 명의의 조문弔文을 채택하였다. 〈조선일보 1949년 7월 5일〉

■장의 행사시간

고故 백범 김 구 옹翁 국민장의 각 행사의 시간은 다음과 같다.

영구靈柩 경교장출발 11시

서울운동장 도착到着 정오

영결식永訣式 개식開式 하오 1시

발인發靷 하오 3시

장지葬地도착 하오 4시50분

휴식休息 10분

하관下棺식 개식開式 하오 5시

하관下棺 하오 5시

폐식閉式 하오 6시 〈조선일보 1949년 7월 5일〉

■뜰에 무릎 꿇고 통곡하는 고아

우리의 지도자요, 애국자요, 그리고 혁명가인 고 백범 선생의 참변이 전하여지자 노인도, 청년도, 아동도, 그리고 남자도, 여자도 국민된 자는 누구나 애석의 눈물을 금치 못하고 서로 다투어 경교장으로 찾아 들었다. 그런데 지난 4일 이른 아침 9시 경 경교장의 밖에 있는 대문 앞에는 중년의 한 중국인이 안으로 들어가려고도 하지 않고 소리 없이 울고 있었다. 접대하는 계원들은 그를 영전에 안내하려고 하였으나 그는 한사코 사양하며, "우리 아들도 중일사변에서 죽었고, 아버지도 왜놈에게 죽어 버렸소. 그래서 나는 그 왜놈을 죽인 김구 선생을 우리 아버지로 생각하고 있었는데, 이렇게 돌아가시다니……" 하고, 그는 굳이 권함에 못 이기어 빈소에 읍할 때까지 전후 다섯 시간이나 문 밖에서 있었다고 한다. 또한 그날 오후 서울 시내 한강통에 있는 동일 자혜원에서는 원장 한메례씨의 인솔로 동원된 고아孤兒 35명이 경교장에 조위를 하러 왔었다. 원장의 정성으로 특히 청소한 복장을 입은 이 아동들은 문을 들어서면서부터 눈물에 어리어, 마당에서 올려다 보이는 흉변이 있었던 유리창의 탄흔을 보자 소리 내어 울기 시작하여 일제히 마당에 무릎 꿇고 그 자리를 뜰 줄을 몰라 보는 사람들로 하여금 애련의 눈물을 금치 못하게 하였다. 〈조선일보 1949년 7월 5일〉

■조객 백만을 돌파, 영결 하루 앞둔 비통한 경교장

고 백범 선생의 영결식을 하루 앞둔 4일의 경교장은 이른 아침 여섯 시 빈소에서 들려나오는 경건하고도 애수에 잠긴 기도소리로부터 시작된다.

유화(油畵)로 된 고 백범 선생의 초상화와 태극기가 덮인 선생의 영구(靈柩)가 향연(香煙)에 싸인 속에서 상주 신信씨 부처와 유가족들과 함께 이날 김치선 목사의 기도소리는 달리 엄숙하게 울려 나왔다.

「주여 우리의 지도자시오 어버이신 선생의 서거가 헛되이 눈물만 흘리지 말고 그 뜻을 우리로 하여금 이루게 하여 주소서.」

선생의 영전에서 아침 예배가 끝나면 이어 일곱 시 일찍이 백범선생이 인연을 맺으신 마곡사에서 선생의 참변을 듣고 올라온 법사들의 정성스런 불공이 공양되는 것이다. 더구나 지난밤은 밤이 새도록 빈소에서 불공소리가 끝일 줄 몰랐다.

아침 7시가 지나자 오직 남은 하루의 선생의 영전에 읍하고저 조객은 꼬리를 물고 밀려들고 아홉 시 45분에는 이 대통령 부처가 친히 선생의 영전에 배례하고 돌아가자 이날의 경교장은 자못 어수선하였었다.

선생을 모시고 있는 것도 오늘이 하루뿐 밝은 날이면 우리의 지도자요 애국자인 선생의 육체는 영원히 땅속으로 사라질 것이다. 이날(4일) 정오 현재로 조문객의 총수는 무려 1백11만 명이라 하며 오후에 들어서면서부터는 더욱 혼잡을 이루었었다. 〈조선일보 1949년 7월 5일〉

■향연에 잠긴 영정 애통한 독경으로 밤을 새우다, 경교장의 최종야

7월4일 경교장의 밤! 이 밤은 고 백범 선생이 마지막 길을 떠나시는 밤이었다. 70평생을 외로운 돛대에 의탁하고 거치른 파도를 억세 건너시다가 지척을 앞두고 사나운 풍랑에 한을 품고 쓰러지신 선생!

양같이 순한 겨레들은 오늘밤 최후의 감축에 안기우고자 벌떼같이 모여 들었다.

흐느껴 우는 오열 목 놓아 우는…파도같이 나오는 울음은…사정없이 흔들었고… 선생의 약력을 알리는 울음 섞인 마이크의 음향은 수천 조객의 가슴을 두드리고 힘없이 허공에 사라진다. 영전에는 한 쌍의 촛불이 휘황하게 꼬리를 짓고 있으며 붉은 가사를 입은 승려 네 사람이 단정히 무릎을 꿇고 앉아 명복을 비는 독경의 애수만이 깊어가는 여름밤을 더욱 구슬프게 하였다. (일제를 몰아내고 4천년 빛나는 우리나라를 열어주신 위인은 가셨으니 슬프다. 부모를 잃은 어린 겨레는 어찌하리?) 김창숙씨의 만장과 각계에서 드린 생화는 타오르는 향초에 잠겨 날이 밝는 것을 원망하는 듯 중앙에 안치된 선생의 영정을 지키고 있을 뿐이었다.

〈동아일보 1949년 7월 5일〉

■영결식 실황방송

백범 김구 선생의 마지막 가시는 날, 5일 오후 1시부터 서울운동장에서는 영결식이 거행되게 되는 바, 방송국에서는 이 광경을 널리 온 겨레에게 알리고자 오후 1시부터 영결식을 중계 방송하게 되었다 한다. 〈국도신문 1949년 7월 5일〉

■민족의 거성 백범 선생 정신 ⑥

● 엄도해

⑥ 애국지성과 모성애

백범 김구 선생은 단기 4209년 병자 7월 11일 황해도 해주 백운방 기동(텃골) 농가에서 탄생하였다. 선생은 자서전 가운데 "내 일생이 기구할 예조였는지 그것은 사례가 없는 난산이었다"고 하였다. 선생의 어머니는 그때가 바로 17세였는데 진통이 일어난 지 6, 7일이 되어도 순산은 아니되고 어머니의 생명이 위태하게 되어 혹은 약으로, 혹은 백방으로 온갖 시험을 다해도 효력이 없어서 어른들이 강제로 아버지가 소의 기르마를 머리에 쓰고 지붕에 올라가서 소의 소리를 내고야 비로소 선생을 낳았다고 한다. 그러니 아비는 마음이나 죄였겠지만 어머니의 진통은 대단하였을 것은 말할 필요도 없다.

선생은 어머니가 너무 젊어서 자식을 낳으니 남부끄럽기도 하고 혼자 몸처럼 가볍지도 않으니까 "겨우 열일곱 살 되시는 어머니는 내가 귀찮아서 어서 죽었으면 좋겠다고 짜증을 내셨다"는데 젖이 말라서 암죽을 먹이고 아버지가 선생을 품속에 품고 댕기시며 동네 애기 있는 어머니의 젖을 얻어 먹이었다고 한다.

이처럼 선생은 탄생하려고 할 때부터 평상치 아니하였고 젖 먹고 자라는 때도 남달리 고생이 심하셨다. "내 일생이 기구할 예조豫兆였는지 그것은 사례가 없는 난산難産이었다" 하는 말과 같이 선생의 일생은 고문과 투옥, 그야말로 구사일생으로 탄생이 기구하였던 만큼 생이 가험苛險하였고 또 최후가 비참하였다.

애국자들은 해방이 되자 그리웠던 조국으로 돌아왔다. 조국을 위하여 사선에서 투쟁하다가 그리운 조국이라고 돌아왔지만 그들에게 준 것은 무엇이었던가. 냉대와 빈궁, 그리고 심하면 투옥으로 나중엔 생명까지 빼앗는 것이 하나의 선물이었던가. 애국자 혁명가의 신변은 물론이려니와 유가족들의 생활을 확보시키는 것이 우리의 거룩한 임무여야 할 것이다.

선생은 대동강 하류 치하포에서 왜 헌병을 죽이고 3개월 후에 자택에서 체포를 당하였다. 그 후 해주에서 인천 감영으로 가게 되었다. 그 때 일이 이렇게 되고 보니 선생이 살아서 집에 돌아올 길이 막연하게 되었다. 아버지는 집이며 가장즙물을 팔아가지고 선생이 끌리어 가는 데는 어디나 따라 다니면서 결과를 볼 작정으로 우선 집에 가고 어머니는 선생을 따라서 인천까지 동행을 하게 되었다.

진남포에서 인천으로 가는 배를 타고 떠났는데 배가 강화도를 지날 무렵에 호송하던 경관들은 곤하여 잠이든 때를 타 가지고 어머니는 선생에게 "애야, 네가 이제 가면 왜놈의 손에 죽을 터이니 차라리 맑고 맑은 물에 너와 나와 같이 죽어서 귀신이라도 모자가 같이 다니자"고 선생의 손을 끌고 배편으로 나갔다고 한다. 그래서 선생은 너무나 황공하여 어찌할 바를 몰랐으나 드디어 "제가 이번 가서 죽을 줄 아십니까. 결코 안 죽습니다. 제가 나라를 위하여 하늘에 사무친 정성으로 한 일이니 하늘이 도우실 것입니다. 분명히 안 죽습니다"고 하였다고 한다. 그러니까 그제야 어머니는 "나는 네 아버지하고 약속했다. 네가 죽는 날이면 양주兩主 같이 죽자고" 하였다. 자식과 생사를 같이 할 결심을 하셨던 선생의 부모님의 지극한 사랑.

인천 감영에서는 심문하려는 이정재 감리사를 향하여 국모 폐하가 왜놈의 손에 돌아갔는데도 그 원수를 갚지 않고 소복을 입는 법이 있느냐고 꾸짖어서 그들의 양심을 찔러주었다. 그러니까 심문하려든 감리사는 한참 머리를 숙이고 있다가 "창수가 지금 하는 말을 들으니 그 충의와 용감을 흠모하는 반면에 황송하고 창피한 마음이 비길 데 없소이다" 하였다. 그때에 본 사람들은 다 감동하였다. 그래서 선생을 업고 들어가던 옥리 정이는 선생의 모친 앞을 지나면서 "마나님 아무 걱정 마시오. 어쩌면 이런 호랑이 같은 아들을 두셨소" 하는 소리를 듣고서야 선생은 어머니가 그 자리에 있었던 것을 알았다.

선생의 부친은 이 사건으로 옥중에 있다가 탈옥하여서 승려생활을 하다가 집에 들린 때에 부친은 선생의 무릎을 베고 돌아가셨다고 한다.

윤봉길·이봉창 양兩 의사가 의거를 한 후 상해에서의 생활이 겨우 풀리게 된 때의 일이라고 전하여진다. 그것은 중국의 4억만 인민이 하지 못하는 것을 우리 한인 몇 애국자가 세계를 진동케 한 일에 대하여 그때 국민정부에서 얼마의 보조가 나오게 되어서 생활의 곤궁이 좀 풀리게 된 때라고 한다. 극도로 생활이 곤궁한 때에는 백범 김구 선생의 모친이 상해거리의 쓰레기통을 뒤져서 찬거리를 하였다는 말도 있지만, 생활이 좀 펴이니까 선생은 노모가 식사를 하느라고 고생하는 것을 가슴 아프게 생각하여오던 중 어떤 날 어머니가 낭하廊下에서 화로에 불을 피우느라고 연기 속에서 묻혀있는 것을 보고 선생은 어머니께 식모를 두자고 하였다는 것이다. 이 말을 들은 모친은 장작깨비를 들고 일어서서 "네가 나라를 위하여 일한다는 놈이냐. 윤봉길·이봉창의 뼈를 팔아먹는 놈이 아니냐" 하고 선생을 책하며 때리는 바람에 옆에 있던 사람들이 「선생님은 우리 정부의 요인이신데 그만 두시오.」 하였더니, 정부의 요인은 요인이라도 내 자식은 자식이라고 하시면서 때리더란 것이었다. 선생은 모친이 혹시나 실수하여 장작개비로 후려갈기는 바람에 상처 나지 않을까 싶어서 노모를 부둥켜 안고 매를 맞더라고 하는 말이 전해지고 있다. 선생과 부모와의 지극한 사랑은 조국을 위하는 사랑으로 고도화한 것으로 볼 수 있다. 〈자유신문 1949년 7월 5일〉

■경교장의 마지막 밤 애석도 새로히 결관

고 백범 선생의 참변이 있은 지 아흐레를 맞은 경교장(京橋莊)의 밤은 선생이 마지막 길을 떠나시는 날의 전야(前夜)를 조상하려는 조문객으로 저윽히 애수에 잠기어갔다.

밤 열시가 되자 날마다 이맘때면 나타나는 마곡사(麻谷寺)의 정제주지(正齊住持)는 선생의 명복을 비는 염불(念佛)을 영전에 올린 다음「선생께서 공주(公州)에 오신다기에 그리로 나갔었지요 거기서 선생의 참변을 듣고 바로 서울로 뛰어 올라왔습니다」하며 한숨 섞인 하소연을 하고 사라진다. 정제주지가 간 다음에 다른 날과 달리 조문객은 그치지 않았다. 선생의 유해나마라도 함께 모신 지 아흐레 밝는 날이면 선생은 영원히 우리에게서 사라지시려니 우는 것도 마지막 선생님 뵈옵는 것도 마지막 그동안 선생을 모시고 있던 선생의 제자와 동지들의 가슴은 터질 듯이 애처러웠다. 이날 특히 경계가 심하여 열한 시가 되면서 조문객의 발자취가 끊어지자 한산해진 빈소에 제일 먼저 뛰어들어 마음에서 우러나오는 통곡을 하는 것은 동덕여학교의 생도들이었다.

선생의 유해를 모시고 밤낮을 헤아리지 않고 진실히 영전에 봉사하다가 이제는 그 영구도 가실 날이 오시다니 이 여생도들은 영전에서 한없이 흐느껴 운다. 그것은 여학생뿐이 아니었다. 선생의 참변의 날부터 달려온 성균관대학생 그리고 학통(學統) 계열의 여러 학생들은 내일이면 몸소 선생을 어깨에 메고 나가려니 하는 생각에 덧없이 애석한 눈물을 흘리는 것이다.「예수를 좇아간 김구에게 은혜를 베푸시고 복을 주소서. 그는 예수의 앞에 갔으나 그의 열매가 우리 삼천리강토에 맺게 하여 주소서」기도소리는 이날에 한하여 유달리 처량하다. 이어 결관(結棺)이 시작되었다. 지금 선생이 영영가시는 여장의 준비는 시작되는 것이다. 검은 옷 칠을 한 낙엽송 목관은 청조(淸操)한 백지에 싸여 그리고 광목으로 묶이어져서 함석으로 만든 가관에 옮기어진다. 아흐레 동안의 피로에도 불구하고 상주 신씨의 눈은 그곳에서 떨어질 줄 몰랐다. 그리하여 새벽 3시 결관이 끝나자 선생의 마지막 인사를 하려는 경교장의 동지들은 일제히 빈소로 몰려들어 소리 높여 조곡을 올리었다. 오전 4시 반에는 조완구(趙完九)씨도 나타나 영전에 경건히 그리고 애통히 배례하니 흥분과 비애와 애통에 쌓인 경교장은 목탁소리 더욱 고고하게 애끓는 곡성哭聲에서 선생의 영결의 아침은 찾아온다. 〈조선일보 1949년 7월 6일〉

■10일 간 조문객 무려 124만

고 백범 김구 선생의 시체를 모신 충정로 경교장에는 서거하신 26일 하오부터 정부요인, 각 정당 사회단체, 일반 시민, 경향 각지 남녀노소가 모여들어 조문객으로 인해人海를 이루었는데, 총 조문객은 무려 124만여 명이라 하며, 선생을 사모하고 조문하러 온 사람 중에도 초만원으로 문밖에서 조사를 하고 간 사람들도 이루 헤아릴 수 없었다 한다. 〈자유신문 1949년 7월 6일〉

■오늘 고 백범 선생 국민장 통곡 속에, 아! 선생은 영원의 길로!

오늘(5일)은 고 백범 선생 국민장일이다.

흉변을 당하시던 날로부터 열흘 – 김구 선생은 오늘 마지막 길을 떠나신다. 오직 조국과 민족을 위한 투쟁으로 이루어지신 선생의 거룩한 족적과…형극의 외길로 겨레의 슬픔과 애석의 마음은 지난 열흘간이 여 십여 년이라…있다. 그리하여 선생의 영구를 모시는 오늘 애도의 마음 영결의 슬픔! 이 나라 이 민족을 위한 애석의 통곡은 또한 그칠 바 없다. 선생이여 고혼이시여 고이 잠드시라. 남기신 유업 이 겨레의 힘과 피와 성으로서 기어코 이루오리다. 선생을 사모하는 아껴하며 명복을 비는 이 겨레의 마음과 울음소리를 들으시나이까. 이제 가시면 다시 돌아오시지 못하실 길을 떠나시는 이 마당에 우리는 선생의 명복을 빌며 유업계승의 굳은 결의를 더 한층 깊게 간직하나이다. 애끓는 장송곡에 창자도 끊어질 듯 외치는 통곡소리. 겨레여 집집마다 오늘의 슬픔을 위하여 조기를… 그리고 다 함께 선생께 드리는 마지막 향불을 피워 명복을 빌자. 〈조선일보 1949년 7월 5일〉

■장일을 맞이한 경교장 아침, 청산아 머리를 숙여라 조사도 구슬피 마지막 예배

드디어 우리의 애국자 고 김구 선생의 가실 날은 오고야 말았다.

마지막 한밤을 안타까이 애태우며 눈도 부쳐 보지 못한 채 아침 6시도 못되어 경교장에는 선생의 작별예배를 보기 위한 기독교의 신도들이 앞마당에 빈틈없이 들어찼다.

이윽고 7시 20분이 되자 선생의 영구는 현관 정문으로 모시어 나와 이규갑(李奎甲) 목사의 사회로 예배가 시작된다. 우선 성경낭독이 있은 후 박태준씨의 남대문교회 성가단(聖歌團)의 찬송가가 안개 낀 흐린 하늘에 무겁고 슬프게 불리었다.

「내 주의 집에는 그 보좌 있는 곳으로 가까이 가소서」 이 애조의 합창이 불리자마자 일시에 울음이 터져 나왔다.

그 일생을 형극의 길을 밟아오며 조국광복을 위하여 – 싸워 오시다 하필 동족의 손에 돌아가시다니 – 그리고 그나마 선생의 육체를 모시고 있는 것도 이것이 마지막이라니 주와 동행하게 하여 주소서 우리는 우리의 역사가 있을 때까지 선생의 이름을 길이 전傳하리. 박제원 목사의 기도소리 더욱 처량하고 이어 조사낭독으로 들어가 「오호! 이 강산에 주인이 갔습니다. 청산이 다같이 머리를 숙여라 하해야 너도 잠잠하라 선생이던 라사로는 죽은 지 사흘이 넘어서도 주님이 계셨음에 냄새나는 시신(屍身)도 일으켰건만 선생이 흉탄을 받은 지 시간이 못되어 달려 갔기로니 우리에게 무엇이 되오리까」

하고 외우게 되자 그 시간의 경교장은 통곡으로 화化하여 읽는 이도 듣는 이도 가슴을 부둥켜안고 소리 내어 울었다. 그리하여 예배가 끝난 것이 아침 9시 흥분과 긴장에 쌓인 경교장의 백범 선생은 이제 영원히 정든 집을 떠나시련다. 관장리에서 느껴 울면 무엇하고 땅바닥을 친들 무슨 보람이 있으리요. 선생이여 부디 고이 가소서. 선생의 뜻만은 이 땅에 길이 남아 있어 오리다. 이리하여 아침 10시 선생의 영구는 선생을 가장 사모하던 제자들의 손으로 영여에 실려지고 비극의 경교장(京橋莊)은 군중과 같이 한없이 비통에 잠기었다. 〈조선일보 1949년 7월 6일〉

■감히 앞길을 재촉하는 자 없건만, 영여는 무겁게 움직이도다.

임이여! 배은한 이 땅에 광명주소서.

비극의 역사의 밤은 마곡사에서 백범 선생의 영령을 위하여 상경한 김정제 주지의 염불, 목탁소리부터 깊어갔다. 우리나라 역사 이래 그 유례를 볼 수 없는 민족의 한없는 울음을 자아낸 백범 선생의 서거‥‥어느덧 비애와 애석 속에서 9일이 지나고, 10일로 발인식發靷式을 목전에 둔 4일 오후, 기울어져 가는 황혼부터는 마지막 선생의 영령에 배례키 위하여 첫날과 같이 조문객은 장사진을 이루었던 것이다.

마이크 소리로 들려오는 선생의 약사와 노산 작사의 조가의 구슬픈 노래를 눈물 흘리며 들어가며 빈소에 이르는 사이 그들 분노에 잠긴 백범 정신 계승자요. 의분에 가슴 터지는 애국애족의 남녀들은 무엇을 생각하며 무엇을 맹세하였을 것인가? 경교장 내 1, 2층 각 방에서는 식전 준비에 바쁘고, 이웃 여인들은 상복을 제조하는 데 한눈 팔 여지조차 없었다. 잔디 뜰과 대문 밖, 그리고 멍석 또는 이부자리 등을 깔고 선생의 영령이 최후로 우리 민족들이 정의와 호흡을 하고 있는 대지 위에서 계시는 것을 동반 위로하기 위하여 밤새도록 쏟아지는 여름 이슬을 맞아 가며 밤을 새웠던 것이다. 가끔 이곳저곳에서 터져 오르는 원통함에 기절힐 듯이 선생의 이름과 선생은 떠나도 우리 민족의 피에서 선생의 영혼은 떠나지 않는다고 절규하는 비통한 소리… 건실建實동지들이 연습하는 조가에 맞추어 노래를 부르는 늙은 할아버지와 그의 나이 어린 손자, 손자의 손목을 힘 있게 쥐고 끊임없이 손수건으로 눈물을 닦고 있는 것이었다. 목탁소리는 밤의 적막을 뚫고 처량하게 들리고, 멀리서는 개 짖는 소리가 마치 동물마저 선생이 떠나시는 것을 슬퍼하는 것처럼 애처롭게 들리어 온다. 무상하게도 시간과 부질없이 지구는 돈다. 그리하여 선생이 우리들 곁에서 떠나시는 시각은 자꾸 가까워진다.

4일의 밤을 끝내고 시계소리가 12시를 울리니, 그 곳에서 밤을 머물고 있던 조문객들에게는 그야말로 사형선고가 내리었다. 아른거리는 전기불 밑에서 오늘 부를 조가를 외우는 소리조차 멈추고. 멍하니 별빛만이 한없이 쏟아지는 하늘을 쳐다보는 그들의 공허감이야말로 어찌 그들만의 것일 수 있으랴. 지금 이 시각부터 조선의 각지뿐만이 아니라 온 아시아의 하늘에서는 위대한 거성이 땅 속으로 떨어져 가는 것인데, 누구든지 어이없는 설움에 울고 울고 하늘을 원망하는 것이 아닐까?

경교장의 밤은 밝아진다. 발버둥치며 땅을 치고 하늘을 부르며 울고 울어도 시원치 못할 그 시간은 소리 없이 공포에 질려 사정도 기약도 없이 가까워 온다. 빈소에 안치되었던 관머리에는 국내 각처에서 보내온 생화와 중화민국中華民國 행정원 부원장 송가엽씨가 올린 조화와 선생이 민족자주독립 평화통일을 부르짖었던 건장하시던 지난날의 모습을 그린 두 폭의 그림이 추억도 새롭게 보는 사람으로 하여금 눈물어리게 하였을 뿐… 동녘이 훤하게 터오름에 이르러 염불소리는 한동안 높아지고, 여학생 성가대가 부르는 찬송가의 애달픈 노래는 어느덧 천국의 낙원에로 이르게 되는 선생의 장송곡으로 변하여 경교장 내 구석구석은 "선생님" "선생님"하고 또다시 시작된 언제 끝일 줄 모르는 만가輓歌가 연속 터져 나왔다.

위대하였던 지도자가 영영永永이 이 땅에서 떠나시게 되었다. 수많은 동지와 선생을 따르는 무수한 인민대중을 뒤에 남기시고, 선생은 돌아오지 못할 멀고 먼 나라로 가시게 되었다.

일년 전 인도의 영웅 간디 옹이 동족의 흉탄에 쓰러져 떠나듯이 우리의 영원한 지도자, 민족의 태양 백범 김구 선생은 오늘이야말로 경교장의 문을 지나 또다시 땅속으로 들어가시는 것인데, 이미 태양이 땅에 떨어지고 보니 암담한 우리의 갈 길은 어디냐. 이 미로에서 헤매이며 옳은 길을 찾으려고 헤매는 겨레들은 가혹한 현실과 중첩된 증오 속에서 살아갈 것인가. 차마 볼 수 없는 결관식이 끝났다. 유가족의 부풀어 오른 핏때는 눈동자, 거기에 흐느껴 우는 여인들. 날이 훤해지니 경교장 문 앞은 인산인해를 이루고, 남대문 교회를 비롯한 서울시내 기독교 신자들이 교회연합 영결식을 하기 위하여 뜰은 발 디딜 틈도 없이 가득하다.

오전 7시 반, 선생의 영령을 안치한 관을 현관 앞에 모시고, 김치선 목사의 기도가 있자 엉엉 우는 울음이 또다시 터져 나왔다. 곧 한국 기독교대표 박학전씨의 조사에 이어 (요단강 건너 만나리)의 찬송가가 그친 후 8시 35분, 경교장 내에 있어서의 간단한 영결식이 끝났다. 〈자유신문 1949년 7월 6일〉

■하늘도 흐려, 조조 경교장서 발인식

7월 5일! 또 하나의 혁명투사가 돌아가심을 하늘도 일곡一哭함인가. 이날은 아침 햇빛도 흐렸다. 선생의 마지막 떠나는 길을 보려고 이른 아침부터 경교장 문 앞에는 무장경관의 삼엄한 경계를 뚫고 운집한 남녀노소로 가두街頭일대는 문자 그대로 인산인해人山人海를 일으키고,

▲ 경교장을 떠나는 김구 선생의 영여

여기저기서 통곡소리가 터졌다. 오전 9시 50분, 이곳 경교장 백범 선생 영전에서는 상주 김신을 비롯하여 유가족일동이 마지막 배례를 하고 있었다. 선생의 발인식은 여기서부터 시작되는 것이다. 생전의 모습을 그냥 그린 커다란 초상화가 인제 삼균동지三均同志 12명의 손으로 엄숙하게 현관을 나온다. 그리고 뒤따라 태극기로 덮은 선생의 영구가 경교장 앞문까지 나오자 대기하고 있던 군중들은 일제히 통곡하여 일시는 울음바다로 변하고 말았다. 영구 뒤에는 푹 머리를 숙이고 말없이 서 있는 상주와 한독당 부위원장 조완구의 모습은 일층 더 애처로운 것이었다. 때는 정각 10시, 때 아닌 싸늘한 바람이 경교장 일대를 스쳐 갔다. 여기서 행렬을 지어 1호 영구차는 영결식장인 서울운동장으로 행하는 것이다.

〈조선중앙일보 1949년 7월 6일〉

■모여든 장송객으로 연도는 인산인해 구슬픈 곡성이 한층 더 애절

어제(5일) 고 김구 선생 국민장의 날 서울을 비롯하여 전국 각지는 애도일색으로 뒤덮이었다. 이날 서울의 거리는 관공청, 학교, 은행, 회사, 음식점, 각 시장에서 노점에 이르기까지 전부 문을 닫고 가가호호에는 조기(弔旗)를 달아 애도의 뜻을 표하였다. 서울을 비롯하여 인천, 시흥, 고양, 각 군 그리고 멀리 남선南鮮 각지에서 모여든 군중은 거리로 거리로 서울운동장으로 물밀듯하여 경교장 부근은 물론 여기에서 세종로 종로를 거쳐 서울운동장에 이르기까지 장의행렬이 지나갈 연도는 수십만의 시민으로 우리 역사상 처음 본다고 하여도 과언이 아닌 글자 그대로 인산인해를 이루어 장의행렬을 기다리고 있었다.

이윽고 오전 10시 40분 구슬프고 요란한 싸이렌과 함께 6기의 기마경관대를 선두로 장의행렬은 4년 동안 선생의 보금자리였던 경교장을 떠나 영결식장인 서울운동장으로 애끊는 장송곡에 맞추어 엄숙하고도 처량한 발걸음을 무겁게 옮기기 시작하였다. 기마대 뒤에는 경감이상 12명의 경찰간부 그 뒤에는 진명(眞明) 여중생 16명이 태극기를 마주잡고 뒤를 따랐다. 다음은 육해군 합동군악대 제17연대聯隊 장병으로 전구 의장병과 각 대학생 백 명으로 된 영차(靈車) 의장대 그 뒤에는 선생의 애용하시던 「빅크 48년 형」자동차, 영차 후구의장대 사진 전구의장대에 뒤이은 한복을 입으신 선생의 사진과 초상화는 선생이 아직 살아계신 듯 일층 애석의 염을 금치 못하게 하였다. 이어 사진 후구의장대, 악대, 조가대, 장의위원, 정부각료, 국회의원들이 자동차에 몸을 싣고 앞을 섰다. 그 뒤에는 「대한민국 임시정부 주석 김구 지구」라고 붉은 바탕에 흰 글자를 새긴 명정(銘旌)이 앞서고 전후 80명씩이 호위하는 가운데 32명이 어깨에 메인 영구 태극기와 생화로 덮인 선생의 없는 몸은 이제 이 나라 청년들의 어깨에 메워져 고요히 지나간다. 그 뒤에는 상주인 신(信)씨 부부와 유복친有服親 친척들이 비통한 얼굴에 눈물을 소리 없이 흘리며 뒤따랐고 그 뒤에는 안동 김(金)씨 일문, 보인학원, 대한부인회 그리고 한국 독립당, 대한청년단, 기타 학생 사회단체 등 실로 5리(里)의 기나긴 행진은 선두가 오후 1시 경에야 서울운동장에 다다랐고 동 50분 입장을 완료하였다.

선생의 영구가 지나가는 곳마다 연도에 도열한 장송객은 옷깃을 바로잡고 애도의 뜻을 표하는 가운데에도 서대문로 2가 파출소 앞 종로네거리 등에서는 속에서 우러나오는 여인네들의 곡성이 부근 일대를 눈물 속에 몰아넣었다. 더욱 이날 아침 장의행렬이 시작되기 전 장의위원회에서는 자동차로 거리를 돌며 백절불굴의 투지를 가진 선생은 오로지 민족과 국가를 위하여 피를 흘려 싸왔으니 우리는 선생의 이 거룩한 정신을 본받아 남북통일을 이룩하자고 마이크로 방송을 하며 장의특보(葬儀特報)를 살포하였다.

장의행렬이 지나간 거리는 위대한 지도자를 잃은 슬픔에 헤어지는 군중들도 말이 없고 발걸음도 무거워 보였으며 문을 닫친 대소건물 역시 말이 없어 선생의 장송을 애껴 하는 듯하였다. 영결식장에 들어가지 못하고 거리에서 장의행렬을 보낸 군중은 의식 실황중계방송의 라디오 앞에서 심각한 표정을 지어 귀를 기울이며 떠날 줄을 몰랐다. 이리하여 이날의 서울거리 또 전국 방방곡곡은 비통과 애도 속에 고요히 저물어갔다. 〈조선일보 1949년 7월 6일〉

■삼천만은 삼가 명복을 비나이다. 선생이여 고이 가옵소서

산천초목도 흐느껴 우는 듯 통곡 속에 영구는 발인 뒤덮인 애수에 장열도 고 백범 김구 선생의 국민장(國民葬)은 참변 제10일인 어제(5일) 전 국민의 애도 리에 경건하고도 엄숙하게 집행되었다. 이른 아침부터 경교장(京橋莊)앞 넓은 전차길은 선생의 마지막 길을 보내려고 모여든 사람들로 혼잡을 이루었고 육해군 군악대를 비롯하여 경찰, 학생단체들이 제각기 준비하고 대기하고 있었다.

그 중에 선생의 영구를 손수 모실 건국실천원양성소의 청년들과 한독당 청년부원, 대한청년단원 그리고 학통(學統) 계열의 학생단들은 복도 사이로 좌우에 영여靈與 앞에 정렬하였다.

시간이 되자 오세창·김규식·최동오·윤기섭·김붕준·유동열·안재홍·명제세·조소앙·이윤영씨 등의 요인들이 속속 모여 들어 정든 주인과 이별할 경교장의 모습은 애통 중에도 말할 수 없는 긴장에 쌓여갔다. 거족적인 비애悲哀의 날을 조상弔喪코저 서울을 필두로 방방곡곡에서 조기를 내어걸어 선생의 명복을 빌며 가두에는 거의 전부의 상가가 문을 닫고 마음속으로 조의를 표명하는 것이었다.

그러나 무릇 난 자는 다 죽는 것이어늘, 선생인들 여기를 벗어남이 있으리요만은 오직 선생이 그다지도 염원 턴 조국의 완전통일을 보지도 못한 채 비원(悲願)을 남기고 쓸쓸히 사라지는 선생의 넋을 생각하고 누구나 눈물짓지 않는 이 없었다. 이윽고 10시 40분 선생의 영구가 경교장과 최후의 작별을 하는 시간은 왔다. 1백 40명을 한 패로 하는 여사대가 엄숙히 영여를 메우니 아- 선생은 기어코 가시는 도다. 백천만 번 소리쳐 불러 보아도 임이여 왜 아무 대답도 못하시나이까?

동자(童子)도 울고 백발도 목메어 울고 뿌리치고 가시려는 선생의 영여를 에워싸고 하늘도 산도 흐느끼는 듯 새하얀 옥양목으로 감긴 선생의 영여는 도열하는 군중 사이를 말없이 걸음도 무겁게 조용히 영겁(永劫)의 여정(旅程)에 오르는 것이었다.

〈조선일보 1949년 7월 6일〉

■잡는 손 뿌리치고 선생은 떠나 가시도다!

오전 9시 40분, 영구를 뫼시여 경교장京橋莊 앞 대로에 준비하였던 상여에 안치되고, 이어서 상여 양편에 줄을 지어 늘어섰던 건실원建實員 백여 명은 영구에 향하여 최후의 배례를 끝마치고 정중히 들어서며 상여를 메니, 서울시 악대의 조가 주악이 애끓는 발인을 슬프게 재촉한다. 주악이 끝나고 매었던 상여가 차마 떨어지지 않는 발을 한 발 두 발 힘없이 내디딘다.

이때 아침 새벽부터 발인을 보려고 문자 그대로 도로 양편 담장 발코니 할 것 없이 인산인해人山人海를 이루었던 수많은 군중들은 참고 참았던 울음이 복바쳐 저마다 통곡하니, 주의는 갑자기 울음의 바다로 화하고 상여를 메었던 젊은이들도 가슴이 아파 좀처럼 앞길이 이루어지질 않는다. 그중에도 목을 놓아 "아이고 아이고 서러워 저렇게 장하게 간들 무엇해" 하면서 땅을 치며 울고 있는 노파의 울음은 이 얼마나 억울한 선생의 죽엄을 순박한 표현으로 조상하는 것이냐? 그러나 떠나지 않으면 안 될 길이다. 이 나라 이 겨레의 그 누가 앞길을 재촉하고 있으리오마는 그래도 떠나지 않으면 안될 길손이라. 악대 조가대의 장송곡에 발맞추어 붉은 명정 '대한민국大韓民國 임시정부臨時政府 주석主席 고故 백범白凡 김구金九 지구之柩' 는 선생의 영구를 안내하여 서울운동장으로 향하니, 때는 10시 40분이었다. 〈자유신문 1949년 7월 6일〉

■조가는 님을 부르는 듯, 10시 50분 영위 경교장 출발

이날은 하늘도 유심한 듯 아침 구름은 해를 가리워 무거히 드리웠다. 새벽 1시 무렵 경교장은 영구 결관식이 있어 어제 밤을 앞뜰 앙장 아래서 꼬박 새운 조객이며, 장의원들로 웅성거리기 시작했다. 눈물 속에 식을 마치고 날이 밝자 7시에 현관 앞으로 관을 모시고, 이어서 기독교단체 대표들이 영결을 향하였다. 이 무렵부터 서울시내 가가호호엔 조기가 세워지고, 흰 옷에 장상을 달은 겨레들이 남녀노소 할 것 없이 손에 손을 잡고 경교장을 중심으로 장례행렬이 지나갈 가두街頭로 가두街頭로 총동원 모여 들었다. 전全 시내의 문은 묵묵히 닫치고, 전날부터 이 날만은 꼭 참열하려니 별러왔던 것이다. 한편 각 지방 방방곡곡에서도 선생의 유영을 모시고 학교마다 단체마다 한데 모여 서울과 한 시간에 영결식을 거행하고, 길이 명복을 빌었던 것이다.

아홉 시경 벌써 경교장 문 앞부터 종로, 동대문, 서울운동장 식장까지 곧은 길 인도에는 발하나 디딜 곳 없이 사람 사람 얼굴 얼굴로 꽉꽉 메꾸어졌다. 인산인해人山人海란 형용이 모자라게, 하여튼 이 나라가 있어 온 이래 전무후무한 가두 모임이다. 이윽고 9시 30분 영구는 현관문을 떠나자 경교장 앞뒤는 오열의 파도, 설움의 바다로 화하였다. 영구는 천천히 내려와 문앞에 장만된 하이얀 영여위에 모셔지고, 흰 꽃으로 두루 장식된 다음 천판 위에는 선생이 하루 한시 잊지 않으시던 태극기가 덮여진다. 이윽고 영구는 좌우양편 백 명의 호상원들의 어깨에 오르시니, 여대女大 합창대원의 조가弔歌가 불려 선생을 부르는 듯 구슬프게 계속된다. 〈경향신문 1949년 7월 6일〉

■영여 숙숙 진행 오열하는 시민의 도열 속에

▲대한민국 임시정부주석 고 백범 김구 선생의 장의 행렬(1949. 7. 5)

김구 선생의 거룩한 영혼에 조의를 표하는가. 비가 내릴 듯 흐린 아침 하늘은 장안 시민들의 가슴을 더욱 애달프게 하였다. 흐느끼는 울음소리, 슬픈 노래 소리 불러 불러도 슬픔에 몸부림치는 가슴이 시원할 것인가. 노래도 꽃도 조사도 깃발도 위대한 혁명의 거성巨星을 보내는 마지막 길에는 너무도 빛나는 것이 아니었다.

70평생을 우리 조국 독립을 위하여, 3천만 겨레의 선두에서 고투苦鬪, 혈투血鬪하다가 뜻 아닌 외국제 무기로 죄스러운 동족의 손에 의하여 최후를 맞은 선생의 영여는 이날 일시 유복친과 측근자들만의 간소한 영결에 뒤이어 무거운 걸음걸이로 환국 이래 1,310일 동안을 기거하던 경교장을 동同 10시 반경 나와 영결식장인 서울운동장으로 향하였다.

비장하고 엄숙한 장례행렬은 시가市街 좌우에 도열한 배송拜送 시민들의 뼈아픈 설움과 솟아오르는 오열 속에 숙숙하게 나가는 것이다. 이 위대한 혁명가의 영여는 무장경관의 삼엄한 경호 속에 대하大河의 물결처럼 도도히 광화문 네거리와 종로 인경 앞을 지나 영결식장인 성동원두를 향하여 나갔다. 연도에는 아침 일찍부터 나온 시민들은 구름 같은 성城을 이루어 서서 옷소매를 적시며 명복을 정성껏 비는 가운데 선생은 두 번 다시 못 올 영원의 길을 떠나시는 것이다. 3천만 인민이 선생을 보내는 장열은 그대로 민주건국에로의 장엄한 행진과도 같았다. 눈물조차 마른 침통 비절한 모습으로 근친에게 부축되어 영구 뒤를 따르는 상주 김신씨가 지나갈 때 양편 연도에 섰던 시민들은 한층 소리 높여 애통한 눈물을 흘리었다. 〈조선중앙일보 1949년 7월 6일〉

■한독당 본부 앞에 영여 잠시 지체

영원히 변치 않을 한결 같던 온 마음으로 사랑하고 지키던 이 땅을 마지막으로 떠나가는 영여의 발걸음이 가벼우리 있으랴. 열한 시 정각 경교장을 떠난 지 두 시간쯤 지나가시는 발걸음은 더욱이나 무거워 조국통일과 자주독립의 웅계를 꾸미고, 수많은 동지를 가르치시고 꾸짖고 더불어 웃고 울던 한독당 중앙당부 사무실 앞에 도착하자 흐느껴 우는 울음소리에 상여는 고요히 걸음을 멈추었다. 회색 3층 건물은 이미 유명을 따로 하신 주인의 마지막 가는 길을 굽어보며 둔중한 비통에 잠기고, 7월의 태양에 비친 유리창의 창호마다 진주 같은 구슬눈물이 부서져 흐른다. 조악의 구슬픔은 선생의 이루지 못한 뜻과 더불어 민중의 가슴속에 한없는 애통을 자아낼 뿐이었다. 〈조선중앙일보 1949년 7월 6일〉

■떠나기 서러워함인가, 가다가다 몸부림치는 영여

중등학교 종합 부라스 밴드의 주악에 여대생 합창대의 애끊는 조가가 '님은 들으시나이까 들으시나이까' 를 부르자 영구는 떠나기 싫다는 듯, 또다시 호장위원들의 어깨로부터 조용히 내려앉는다. 거리거리에 도열한 백성들의 소리 없이 흘리는 눈물, 영위靈位는 호장위원들의 어깨에 오른다. 아! 마지막 떠나시는 길, 영위를 멘 호장원들의 두 볼에 끊임없이 흐르고 흐르는 눈물의 줄. 이리하여 울음과 곡哭의 아우성 속에 영위靈位는 정말로 경교장 앞을 떠나신다.

때마침 10시 50분, 호상護喪의 슬픈 행렬선두, 기마대 6기가 광화문 네거리에 있고, 그 뒤 진명여중 16명의 국기반國旗班이 있었으며, 육해군 합동군악대 전구前柩의장병, 그리고 그 뒤에 선생이 타시던 '서울 2331호' 가 지금 선생은 안 타셨으되 영靈을 싣고, 상복한 운전수의 운전으로 천천히 움직이며, 선생의 비서 선우진·도인권 양씨가 말없이 따른다.

▲여학생들의 장의 행렬(1949년 7월 5일)

영결은 그 뒤에 중등대학생의 영차의장대가 따르며, 그 뒤에 선생의 유영遺影이 삼균三均청년회원에게 인도되고, 엄도해·김우전 양씨가 배종陪從하고, 의장대와 악대 조가대가 따른다. 그 뒤 약 50미터 거리를 두고 장의위원장 오세창吳世昌 옹翁과 유복친有服親 친척이 울부짖으며 따른다. 그 뒤에 대통령 대리·부통령 대리와 국회의장·대법원장·외국사신·국무위원과 정부 각 기관대표·정당·사회 단체·일반의 순서로 행렬은 계속된다.

이리하여 눈물의 행렬은 경교장을 떠나 광화문을 지나 종로에 이르러 영결식장인 서울운동장에 향하는 것이다. 유영과 영구가 앞을 지나니 겨레들은 일제히 모자를 벗고 머리를 숙였다. 눈물을 가리는 손수건의 파도 속으로 부위원장 3명이 자동차로 따르고, 정계요인 다수가 자동차로 따르며, 장의위원들은 걸음도 천천히 발을 옮긴다. '대한민국大韓民國 임시정부臨時政府 주석主席 백범白凡 김구金九 지구之柩' 라고 흰 글로 쓴 붉은 명정이 건실 책임자 6명의 손에 높이 호위되고, 그 뒤 80명의 젊은 동지가 영구의 앞 뒤에서 영구를 호위한다. 영구 뒤에는 오늘의 슬픈 상주 신씨 내외가 눈물어리어 따르며, 바람에 나부끼는 영구의 천막자락도 하염없이 눈물의 행렬은 고요히 진행하였다.

행렬이 종로 네거리에 이르러 영구는 바로 인경 앞에서 잠시 쉬였다. 4년 전, 선생이 환국하여 임시정부 환국환영국민대회 날 선생의 금의환향을 경축해 울리던 그 인경. 오늘은 소리 없고, 선생 역시 말이 없다. 염천이나마 흰 구름이 영구 위에 감돌아 영구가 움직이는 마지막의 발자국이 지지遲遲하게 앞을 나가지 않으며, 종로 네거리 양옆에 서서 선생의 최후에 결별하려는 시민들의 울음소리는 더욱 높아진다. 이리하여 선생이 남기신 유덕인 양 길고 긴 눈물의 행렬은 종로는 물론 을지로 6가, 청계천 하구에까지 모인 인산인해의 복 입은 시민들의 오열 속에서 1시 20분, 영결식장인 서울운동장 앞에 다다랐다. 〈경향신문 1949년 7월 6일〉

■가슴 치며 우는 시민, 영여도 발 멈추고 작별

우리만이 자랑할 수 있고, 이 겨레만이 가질 수 있는 우리 민족의 지도자 백범 김구 선생의 장의식이 국민의 이름으로 이루어진 7월 5일! 온 장안, 선생의 혼을 위로하는 조기弔旗의 펄럭임 속에 밝아왔다. 누가 일른 바 아닐 텐데 집마다 태극기가 일제히 올려졌고, 모두 다 살기 바쁜 겨레이나 그날만은 저자의 문 굳이 닫고 몸 가다듬어 마지막 가시는 선생의 영구를 전송하려 모두들 거리로 거리로 나왔다.

경교장에서 서울운동장에 이르는 거리에는 네거리마다 골목마다 그대로 인산인해人山人海를 이루었으니, 기마대 경찰대 헌병 장갑차 삼엄한 경계망을 가지고도 장의행렬이 지나는 길목으로 밀려 나오는 군중의 대열을 막기에는 진땀을 흘릴 지경이다. "김구 선생을 마지막 뵈오려는데 누가 막는 거야!" 하고 폭양 아래서 밀리우고 짓밟히면서도 앞으로 나서려는 늙은이, 젊은이…… 김구 선생을 숭배하고 따르려는 겨레의 마음이 이다지도 절실하였다는 것을 선생이 마지막 가시는 그 마당에서야 온 겨레가 같이 느끼게 되었다는 것은 그 얼마나 비통한 순간이었던가.

이날 상오 10시 40분, 장의의 대열이 한 번 경교장을 나와 선생의 영구가 연도의 도열한 시민의 앞에 이르는 순간마다 거리는 그대로 울음의 바다, 눈물의 바다를 이루었다. "오호 여기 발 구르며 우는 소리, 지금 저기 아우성치며 우는 소리…" 구슬피 울려오는 조악弔樂 소리, 조가弔歌 소리, 겨레의 가슴을 칼로 헤치는 듯 발작마다 울음이요, 골목마다 눈물이다.

환국이후 5년 동안 비록 편치 않고 길지 못한 동안이었으나 선생이 동지와 고충을 같이 하시며 몸담아 계시던 경교장도 이날로서 마지막 떠난다 생각하시니 선생의 혼도 섭섭함을 금할 길 없었으리, 가다 멎고 가다 멎고, 이내 앞으로 가지 못하는 장의의 행렬은 대열의 뒤따르는 인민의 추모의 염念에 얽매였음인 듯 예정시간인 하오 한 시가 되어도 겨우 종로3가 한독당 중앙당부까지 밖에 못 나갔다.

그 곳에서 당원들이 마지막 보내는 배례를 받고 영구는 다시 앞으로 가시는 님을 가로막으려는 겨레의 슬픔을 헤치고 하오 2시 경에야 겨우 식장인 서울운동장에 도착하였다. 이날 선생의 마지막 가시는 길을 뵈오려 청계천 바닥에까지 새하얗게 몰려선 시민의 대열… 그 한 가지만으로도 선생에 대한 이 겨레의 존경이 얼마나 큰 것이었던가를 그대로 증명한 것이 아니고 무엇이랴! 이 날은 시민은 눈물과 애통 속에도 조국완전통일의 위대한 선생의 구호만은 잊지 않았으니, 가까운 앞날 영광의 태극기를 들고 남북통일의 완성을 선생의 묘소 앞에 고함도 멀지는 않을 것이다.

● 중국인 상가 철시, 점두店頭의 청천백일기 숙연

이날의 비창한 슬픔을 표징하는 조기가 집집추녀 끝에 이른 아침부터 바람에 나부끼고 있는 서울거리 거리에는 중국인 상가마다 점점히 청천백일기 연방 중국의 조기가 무겁게 드리워 있는 것이 퍽이나 이채인 동시 이날의 설움을 한층 애처럽게 하였다. 이는 고 백범 선생의 조국광복의 뼈저린 역사가 이방 중국 땅에서 이루어졌을 뿐더러 혁명가로서의 선생의 위대한 덕망은 이들 중국인들 사이에도 흠모의 표적이 되었던 훌륭한 좌증이 아닐까. 더욱이 시내 관수동, 소공동 등의 중국인 집단상가에는 평상시와 달리 일제히 철시하고 검소하게 단장한 가슴팍에 상장을 달은 중국인들이 사람 물결이 범람한 가두에 떼를 지어 몰려 있는 것이 보였다.

▲ 화교들의 장의 행렬

한편 재류중국인들의 대표단은 장송행렬에 참가하여 정성껏 그들의 조의를 유감없이 표시하였으며 그들 중에는 손에 염주를 공손히 들고 마음속으로 고인의 명복을 위하여 염불을 외고 있는 사람도 있었다. 이들 가두에서 행렬에 목례를 보내고 있는 중국인들에게 감상을 물어 보았더니 그들은 이구동성으로 이렇게 말했다. 「김구 선생은 오래 중국에서 독립운동을 하신 분일 뿐더러 그 고결한 인품은 중국인민들에게도 항상 흠모를 받아왔다. 선생이 돌아가신 결과 한·중 친선에도 영향이 막대할 것으로 믿는 바이며 심히 애통스런 일이다. 오늘 영사관의 지시가 없이도 우리는 자진 철시하여 선생의 서거에 대해서 삼가 조의를 표할 생각이었다.」 〈자유신문 1949년 7월 6일〉

■광풍에 지신 선생을 추모

오후 2시… 인간 김구 선생을 어둡고 외로운 유명의 길로 영영 보내는 제전은 그지없는 하소연에 만 갈래로 찢어지는 겨레들의 흐느끼는 울부짖음, 그리고 몸부림 가운데 성의껏 그 막을 열었다. 단상 좌우로 둘러싸인 박꽃 같은 하얀 조화 가운데 검은 태두리의 선생의 사진이 봄바람이 품기듯 입가에 미소를 띠우며 파도쳤고, 두 줄기 세 줄기 옛 추억을 상징하듯 가물거리며 타오르는 향연 너머로 가시는 걸음 걸음 명복을 비옵는 민족의 함성이 그윽한 가운데 태극기에 덮인 영여는 대리석처럼 차디차게 놓여 있다. 해외풍상 몇몇 해에 메마른 강산을 해방과 더불어 돌아오신 후 바로 이 마당에서 이 땅 겨레들에게 기회마다 대의를 토하던 그 모습! 지금은 간 곳 없고, 목포 장삼에 수의를 갖추어 칠흑漆黑 관 속에 들어

물어도 말없고, 소리쳐도 대답 없는 영원의 대정적大靜寂 속에 묻혔으니 어이된 운명의 장난인가? 엎디어 곡하는 민족 앞에 말없는 거인巨人, 이제 마지막 길을 떠나는 작별의 눈물이 빗발치듯 옷깃을 추기여라. 〈자유신문 1949년 7월 6일〉

■상가완전 철시, 화교도 조기 달고 애도

백범 김구 선생의 국민장의 날인 5일은 새벽부터 중학생들이 종로 기타 남대문통을 깨끗하게 청소하여 우리의 영도자의 최후의 길을 마음껏 온갖 정열을 다하여 순식간에 깨끗하게 되었다. 이날 서울 장안의 가가호호는 물론 특히 중국인촌中國人村(수표동)에도 조기를 달고 진심으로 애도의 의를 표할 뿐만 아니라 완전 철시까지 하고 자숙한 바 있었고, 그 해방 후 오늘까지 무시 못 할 남대문에 암시장 기타 명동거리 피엑스에서도 이날만은 자체를 볼 수가 없었으니 이것이야말로 국민 각자가 속마음에 우러나는 애도의 힘, 즉 이것이 단군의 혈통의 힘이 아니고 무엇이랴. 이 마음을 살리어 남북 화평통일을 완수하자. 〈경향신문 1949년 7월 6일〉

■백범 선생 국민장례 엄수

비극적인 여름이 녹綠을 수놓은 성동원두를 울리며 길게 3발 천공을 진동하는 조포弔砲, 국기에 향하여 숙연히 머리를 숙이어 절하고, 눈물어린 애국가. 창자를 끊는 듯한 육해군악대의 애처러운 조악이 계속된다.

"이제 고 백범 김구 선생의 영결식을 거행함을 선포하노라. 선생의 웃는 낯은 이제 영원히 볼 수 없고, 이 운동장은 울음과 한숨으로 차지하니, 뜻 아니한 통탄을 금할 수 없노라. 무정한 초목도 슬픔에 고개를 숙이고, 날아가는 새조차 오음에 날개를 멈추나니, 이제 선생을 보답하는 길은 무지와 무력과 민족진영의 협력을 바란다." 마디마디 애끊는 조소앙씨의 조사낭독은 심금을 울리었고, 피로 물들인 70여 평생을 더듬어보는 유림씨의 약사보고. 다시 한번 민족의 동량, 지내온 가시덤불 길을 우러러 보는 민족 앞에 시간에 따라 식순은 계속되다.

오호 여기 발 구르며 우는 소리, 지금 저기 아우성치며 우는 소리, 하늘도 울고 땅도 울고 이 겨레 이 강산이 미친 듯이 우는 소리를 임이여 들으십니까.

구천에 사무치는 원한을 품고 광풍으로 지시는 선생을 추억하는 조가弔歌가 울음 섞여 계속된다. 잊을래야 잊을 수 없는 선생을 추모하는 마음 지극한 장의

위원장 조완구씨의 소향에 이어 통일을 가져오겠노라 하고 별 하나 반짝이지 않는 어둠의 38선을 분연히 넘어갔다 민족사선을 다시 같이 넘어온 노老 동지同志 김규식 박사의 최후에 진정으로 보내는 꽃다발…. 김구 옹의 영전에 한 송이의 꽃을 바치며 경건히 허리를 굽힌다. 하염없이 떨어지는 구슬 같은 눈물이 동지를 생각하는 우정이리, 민족을 돌보는 불길 같은 애국심이리. 금시라도 쓰러질 듯한 박사의 몸을 재빨리 젊은이들이 부축하는 광경. 비통에 쌓인 이날의 김 박사의 발걸음은 한량없이 무거운 것 같았다. 애국자의 최후의 명복을 비는 별항과 같은 이승만 대통령·이시영 부통령·김 박사·엄항섭씨·UN위원단·외국사절단들의 조사가 있었고, 몸부림치며 곡하여 온 상주 김신 군이 이제 아버지에게 마지막으로 올리는 초향이 있은 다음, 이제 가신 영靈과 살아 있는 이 겨레의 혼魂이 부닥치는 경건한 묵상이 계속되는 일순, 지축도 그 기동을 멈추며, 태양도 허공에 머물러 님 가시는 어둡고 외로운 길에 불 밝혀 주오리!

수만의 마음은 깊은 호수와 같이 잔잔하고, 격동하는 심장의 고동소리만이 물결치는 단발머리 소녀며 행주치마 입은 여인네들의 애곡소리. 일시에 폭발되다 방울방울 떨어지는 눈물을 치맛자락에 받으며 하염없이 끝일 줄 모르는 서글픔은 조수와 같이 퍼진다. 같은 슬픔에 잠겨 있는 민족의 정화된 얼굴. 가시는 님 보내는 겨레 얽혀진 감정은 곡성진동으로 되다. 선생의 마지막 가시는 길, 영령인들 몸부림치는 이 곡성을 뒤로 두고 차마 발길이 떨어질소냐. 보내는 겨레, 상여를 부둥켜안고 목을 놓아 애곡哀哭하니 선생을 위하여 베풀은 몇 시간이 어이 이리도 순식간에 지나가는가. 때는 이미 오후 4시 30분. 이제 효창의 숲을 찾아 영원히 님을 뫼실 시간이 다가선다. 다시 서울교향악단의 장송곡, 영령을 고하는 조포, 높은 하늘을 다시 찌른다. 〈자유신문 1949년 7월 6일〉

■장안은 인파 누해, 성동원두서 단장의 영결식

위대한 애국자 고故 김구 선생을 마지막으로 보내는 영결식은 예정보다 약 1시간 30분 늦어 5일 하오 2시 30분부터 서울운동장에서 선생의 서거를 슬퍼하는 전 민족의 통곡 가운데 엄숙히 집행되었다.

이날 영결식장으로 지정된 서울운동장에는 선생의 불같은 애국심과 고결한 인격을 흠모하는 청년과 학생을 비롯하여 종교단체·노동자·상인 등 각계각층을 망라한 남녀 동포들이 이른 아침부터 앞을 다투어 입장하여 정각 두 시간 전인 상오 11시경에는 이미 넓은 운동장을 사람의 바다로 만들었다. 그 중에서도 우방 중국인들의 조의를 표하는 검은 복장과 선생의 만고불멸의 애국정열을 상징하는 가지가지의 만장이 유난히 눈에 뜨이었다. 10분, 20분 침묵의 시간이 지나 경교장을 출발한 선생의 영구가 운동장에 가까워짐에 따라 장내의 분위기는 점점 긴장하여 갔다. 그것은 마치 배에서부터 가슴으로 벅차게 무엇이 떼미는 것을 억지로 참는 것처럼 더 한층 심각해 보였다. 흉탄에 쓰러지던 그 순간까지 조국통일의 비원을 가슴에 품은 채 이제 선생은 조국산천과 하직하고 황천길을 영영 떠나시려고 하니, 통일된 조국을 보지 못하고 홀로 가시는 선생인들 그 얼마나 원통하며, 보내는 3천만 역시 얼마나 가슴아프랴. 기다리는 사람들은 억지로 참는 것 같았다. 선생의 혼과 끝난 후 실컷 울자는 듯이 일부로 눈을 감고 있는 청년도 있었다.

하오 1시 20분, 이 국무총리와 신 국회의장을 비롯하여 각부 장관·국회의원 그리고 UN한위대표 일행 등이 십여 만 군중이 눈물에 잠긴 채 고대하고 있는 영결식장으로 육해군군악대가 연주하는 장송행진곡에 발맞추어 말없이 선생의 영위靈位는 나타났다. 남녀학생 합창대가 부르는 김구 선생 애도가의 노래는 듣는 사람의 창자를 끊는 듯 참았던 울음을 한꺼번에 터지게 하였다. 운동장에 말없이 도착한 김구 선생의 영위靈位는 동지들의 손으로 제단 위에 안치되었다.

〈경향신문 1949년 7월 6일〉

■점심밥 걸머진 조객, 경향각지에서 운집

고 백범 김구 선생 영결식장인 서울운동장에는 이른 아침부터 경향각지에서 가신 님 시체라도 보겠다고 남녀노소 할 것 없이 조수潮水같이 밀려들었으며, 특히 노인네들이 멀리 시골서부터 점심밥을 걸머지고 운동장을 찾아오는 것은 위대한 애국자인 선생 같은 분이 아니고는 도저히 생각지도 못할 성스러운 풍경이었다.

개회는 하오 2시 지나 시작되었는데, 상오 10시는 벌써 운동장 안이 초만원을 이루었으며, 안내하는 사람으로 하여금 곤란케 하였다. 서울운동장인 영결식장이 좁은 것을 한한 사람 적지 않았으리!

〈자유신문 1949년 7월 6일〉

■애도사에 촉루, 장내는 방성통곡

선생은 이제 가시고 다만 선생의 초상화만이 슬픔에 잠긴 동포들에게 미소를 던지고 있었다. 대한민국 임시정부 주석 고 백범 김구 선생 국민장은 하오 2시 10분부터 박윤진씨 사의司儀 하에 시작되었다. 국방부 육군 장병의 은은한 조포에 이어 일동의 국기경례, 애국가 봉창과 육해군 합동군악대의 주악이 있은 후 국민장 장의위원장 오세창씨의 대리로 조소앙씨가 식사式辭에 들어가, "이제부터 고 김구 선생의 국민장을 시작하는 것을 선포한다" 고 선언한 후 선생의 국민장의를 여기서 맞게 된 것은 무엇으로서 이를 보충하여 조국통일을 할 것인가. 백범 선생의 정신을 계승하여 제2, 제3의 백범이 나올 것과 민족진영이 단결하여 자주독립을 완성하여야 되겠다는 말에 이어 유림柳林씨로부터 투쟁과 유랑으로 엮어진 선생의 약력보고가 있었다. 뒤이어 남녀학생 연합합창단의 조가가 이어졌다. 해방과 더불어 중국으로부터 환국한 후 수차에 걸쳐 국민에게 조국통일을 부르짖던 그 자리에 선생은 지금 고요히 잠들고 계시며, 마지막으로 이 강산과 작별하고 사死하다. 억지로 참고 있던 울음은 여기저기서 터지기 시작하여 넓은 운동장은 순식간에 오열의 도가니로 변하였다.

계속하여 조완구씨의 분향에 이어 김규식 박사로부터 선생에 대한 헌화가 있었는데, 김규식 박사는 병환에 있던 몸을 무리하고 나온 듯 측근자들이 부축하고 있었다. 다음 선생의 명복을 비는 일동의 배례가 있은 후 조사에 들어가 먼저 이 국무총리가 국민장 부위원장의 자격으로 별항과 같은 목 메인 조사에 이어 이 대통령 대리로 이 공보처장과 부통령 대리로 이 비서실장 등이 각각 별항과 같이 대독하였다. 계속하여 김규식 박사, 엄항섭씨, UN 한위대표 씽 박사, 외국 사절단 대표로 영국 홀트 씨, 중국영사 등의 순서로 애도에 잠긴 조사가 있었다.

이상으로 선생의 명복과 과거의 혁혁한 공적을 회상하는 조사가 끝난 후 분향에 들어가 상주喪主 김신 군 부부의 아버지를 마지막으로 보내는 분향에 이어 일동의 묵상이 있은 후 서울교향악단이 연주하는 장송곡이 시작되자 장내는 완전히 울음바다로 화하여 곡성이 천지를 흔드는 듯하였다. 하오 4시 좀 지나 육군 의장병이 발사하는 조총弔銃소리를 끝으로 선생과 이 나라 겨레와의 마지막 하직은 끝난 것이다. 이제 선생은 영원한 평화의 나라로 떠나시게 되었다.

〈경향신문 1949년 7월 6일〉

■국민장위원회 제문, 독립사상에 찬연

● 제문

격檄 단기 4282년 7월 5일 국민장위원회 일동은 고故 대한민국 임시정부 주석 백범 김구 선생 영전에 동지 제인諸人과 같이 우나이다. 전국 3천만 대중이 한가지 우나이다. 세계 만국 전全 인류가 모두 경이상조驚怡相弔하나이다. 천지귀혼天地鬼魂과 산천초목山川草木이 모두 슬퍼하나이다.

슬프다 선생이시여! 이제 이 울음과 경악과 슬픔이 모두 무슨 까닭입니까…

이것은 온갖 백범 선생을 숭경崇敬하며 사모함 보담도 특히 대한민족의 독립을 위하여, 대한민족의 생존을 위하여 오직 우리 백범 선생이 아니시면 전 책임을 지고 헌신할 위대한 영도자가 다시없다는 데서 저 울음과 경악과 슬픔이 모두 쏟아져 나오는 것입니다. 그러면 이와 같은 위인을 가해한 저 흉한은 어떠한 동기로서 그 극악한 테러 행위를 감히 취하였을까. 하물며 그 흉한이 대한민족의 일분자이란 것이 더욱 해괴 천만인 통탄할 일입니다.

선생이 거금距今 12년 전에 장사長沙에서 왜적 스파이의 저격탄을 받아 요행히 쓰러지시지 않은 것은 지금까지 기억이 오히려 새롭거니와 금반의 범인의 진상이 아직 명백히 알려지지 않았으나 민족적으로 깊은 치욕을 끼친 것과 국제적으로는 커다란 충격을 일으킨 것은 절대 용서치 못할 사실입니다. 슬프다 선생이시여. 선생의 일생을 통하여 국가 독립과 민족 생존을 위하여 50여 성상星霜을 걸어온 악전고투에서 나타난 그 거룩하신 공적은 비록 선생과 평소 불상태不相能한 흉인악한兇人惡漢일지라도 아마 수긍하지 아니치 못할 것입니다. 선생의 항언恒言에 국가가 없으면 개인이 어디 있을 것인가. 여余의 몸은 이미 조국에 바쳤으니 죽어도 국사에 죽으면 능사필能事畢라고 하시지 않았습니까. 이제 만일 선생 일개인을 희생에 공供하여 선생의 평생 소원하시던 조국의 완전독립이 곧 성취될 수 있다면 선생은 반드시 흔연히 웃으시고 지하로 들어가실 것입니다. 그러나 선생과 같은 위대한 영도자를 잃은 우리 민족이 장차 누구를 의앙依仰하오며, 완전한 남북통일의 신新국가건설을 누구에게 부탁하오리며, 조만간 통일국가건설의 신기운이 돌아온다 할지라도 그 도료장의 책임을 누구에게 위촉하오리까.

슬프다 선생이시여! 선생이 만일 왜적과 싸우시던 그 때에 순국하였더라면 우

▲영결식장(서울운동장)

리가 이토록 서러워하리까. 그 흉한이 우리 민족의 혈통을 받은 자라는 데서 더욱 극도의 비분을 금치 못하나이다. 선생이 조국의 완전독립을 보지 못하신 오늘날 흉인의 총탄에 속절없이 쓰러지시었다는 것은 천고영웅千古英雄의 눈감지 못할 사事가 아니라 할 수 없으나, 선생의 시종일관하신 국궁진졸鞠躬盡猝 사이후기死而後已의 광복운동 분투사奮鬪史를 찾아본다면 선생이 비록 흉한에게 생명을 빼앗기었으나 이것은 선생에게 일점의 미微하도 찍을 수 없을 뿐 아니라 반드시 타일他日 대한민국 독립사상獨立史上에 비절참절悲絕慘絕한 한 토막을 대서특필할 것입니다. 그러면 선생의 능사能事는 여기에 필畢하였으니, 선생의 대명大名은 반드시 만세죽백萬世竹柏에 썩지 않을 것입니다.

슬프다 선생이시여! 선생이 뿌리신 선혈은 우리 3천만 동족의 근골筋骨 속에 점점이 주입되어 있으니, 우리는 반드시 선생의 미취하신 유지를 계승하여 조국의 완전한 남북통일 독립이 실현되는 날까지 결사 분투할 것을 선생의 영전에 굳게 맹서하나이다.

〈조선중앙일보 1949년 7월 6일〉

■ 전민족의 애도리에, 작일 백범선생 영결식 엄수

● 성동원두에 수십만이 참집

朝鮮日報

全民族의 哀悼裡에

昨日 白凡先生永訣式嚴修

城東原頭에 數十萬이 參集

光復에 功勳至大

李大領 永訣式에 弔辭

吳世昌氏式辭

왜정 하반세기를 조국광복의 일념으로 해외에서 고투苦鬪하고 역경逆境과 형로荊路에 처해서도 민족에게 광명을 주어가며 해방입국 이후에도 여의치 못한 국제정세의 제약 하에 조국의 평화통일을 위하여 헌신타가 거去 26일 천만의 외에도 동족의 흉탄으로 74세를 최후로 고인이 된 대한민국 임시정부 주석 백범 김구 선생의 국민장의는 삼천만동포의 혈루와 애통 속에 전 세계 각 민족의 경하한 조의를 받아가며 6일 서울운동장에서 엄숙히 거식擧式되었다.

운동장 남편 정문 제단에는 '칠십사년대업여산위국가동량七十四年大業如山危國家棟樑' '삼천만중애루성실민족지침三千萬衆哀淚成實民族指針' '기장산하氣壯山河' '건곤성침乾坤星沈' '모범천추模範千秋' '광복거성光復巨星' '민족선각' '영웅英烈침앙' 등의 만장輓章이 선생의 인품과 업적을 찬양하며, 미풍에 번번飜飜하고 제단 우하편에는 국무총리 이하 정부요인과 외국사신들. 좌 하편에는 상부복인 장의위원들, 그리고 운동장이 터질 듯이 각계 인사들 가운데 경교장을 출발한 장의 행렬의 선구가 오후 1시 10분 식장에 도착하여 선생의 영구가 정면위치에 등단하니 2시 10분 박윤진씨 사의로 영영 결별의 식전은 개식되여 육군의장병이 발하는 24발의 조총성이 천지에 진동하고 국기에 대한 경례, 애국가 봉창에 이어 육해군 합동군악대의 조악이 끝나자 식순에 의하여 장의위원장 오세창씨의 식사를 조소앙씨가 대독하고, 유림씨가 파란만장하고 업적 찬란한 선생의 약사를 북받쳐 나오는 비분에 말문이 막혀가며 보고한 후, 학생 연합합창단의 애처로운 조가 합창이 참열한 군중의 눈물을 자아냈다.

계속하여 부위원장 조완구씨의 분향, 정성스런 헌화, 일동배례, 부위원장 이범석씨의 제문 낭독이 있은 후, 이 대통령의 조사를 이철원 공보처장이 대독, 이시영 부통령의 조사를 이 비서실장이 낭독하니 장의위원을 비롯한 일반의 참았던 곡성은 일시에 터져 나와 눈물의 바다를 이루었다. 이어서 유엔 한국위원단을 대표하여 의장인 인도대표 씽씨, 외국사절단을 대표하여 영국대리공사 홀트씨, 중국영사 허소창씨의 조사를 마친 후, 상주 김신씨의 분향, 일동의 묵상, 서울교향악단의 조악(장송곡), 육군의장병의 조총으로 동 4시경 엄숙 장엄한 백범 선생 영결의식은 추모하는 3천만 동포의 축원을 받아가며 폐식이 되었다. 그리고 선생의 영구는 이제는 육신마저 겨레와 처소를 달리하여 지하에 고이 잠들고져 3열사가 기다리는 장지 효창공원을 향하여 다시 걸음을 옮기기 시작하였다.

〈조선일보 1949년 7월 6일〉

■오세창씨 식사

여러분 이제로부터 국민장위원회에서 고 백범 김구 선생의 영결식을 열게 되었음을 이에 선언합니다. 백만 국민이 웃는 낯으로 백범 선생을 맞이한 것이 어제 같은데, 이제 서울운동장은 울음 속에 늘 속에 든 백범 영결을 하게 되니 통탄불기痛嘆不己 백범 선생은 조국을 위하여 거룩하게도 제단에 오름을 설워함을 마지 않습니다. 초목도 고개를 숙이고. 영결에 목메인 여러 학생, 부녀, 농공상 각계 여러 애국동포여, 국가 동량을 상실한 우리는 무엇으로 이를 보충하여 조국통일에 이바지하려 하나, 두 가지 노력이 있다.

1. 슬픈 마음을 억제하고 백범 선생의 애국정신을 계승하여 제2. 제3의 백범이 나오게 할 것.
2. 비분 억압하고 무지우망을 제거하여 통일사업 달성함으로써 백범 유업이 달성되리라. 백범 선생의 육신은 적으나 백범 선생의 정신은 매장 맙시다.

〈조선일보 1949년 7월 6일〉

■광복에 공훈 지대, 이 대통령 영결식에 조사

지난 26일 백범 김구 선생이 흉변을 당하신 보도에 접한 이후로 나는 오늘까지 슬픔을 막을 수 없고, 통탄함을 금할 수 없는 바입니다. 우리 3천만 민족이 다 아다시피 백범 김구 선생은 40년 동안 조국광복과 민족해방을 위하여 주야 쉬지 않고 해내 해외에서 몸과 마음을 바쳐 싸워온 혁명애국투사입니다. 이 특수한 혁명가요, 과거 임시정부 주석인 백범 김구 선생을 오늘 해방된 대한민국 국민의 손으로 살해하였다는 것은 우리가 문명 전진하는 국민으로서 세계에 얼굴을 들기 어려울 뿐만 아니라 자주독립의 신성한 과업을 수행하는 이 마당에 있어서 민족의 한이 되고, 국가의 손이 됨이 얼마나 한 것을 생각할 때 통탄함이 이에 더할 바 없을 것이다.

더욱 3천만 동포가 한결같이 숙원하는 저 38선을 물리치고 남북통일의 서광을 보지 못한 채 이 세상을 떠나시게 된 것은 실로 우리 동포가 다같이 애통히 여기지 아니할 수 없는 바입니다. 이 애통한 마음을 영원히 기념하기 위하여 모든 동포는 조국광복의 각오를 더욱 깊이 하고, 더욱 공고히 하여 국가 만년 대계에 다시금 그릇침이 없기를 맹서하며, 그 영전에 한 줄기 뜨거운 눈물로 송사무감의 여별을 삼는 동시에 그 유족과 함께 백범 김구 선생의 영원한 명복을 가슴 깊이 비는 바입니다.

단기 4282년 7월 5일

대통령 이 승 만

〈조선일보 1949년 7월 6일〉

■만사기이, 이 부통령 조사

김구 선생 영결식에서의 이 부통령의 조사는 다음과 같다.

「미사인未死人 이시영은 고 백범 김구 선생 영전에 이 결별의 사를 드림에 너무 억새흥분抑塞興奮하므로 조리 있게 말할 수 없다. 선생으로 더불어 동고동난同苦同難 30성상에 여타자별하였거니와 우열을 말하자면 '충어국忠於國 효어친孝於親'의 여섯 자가 선생의 대절大節이요, 기타 근후간묵謹厚簡默 장의소재仗儀疏財 임란불국臨亂不菊 등의 미덕은 선생의 특징이다. 그러나 선생도 신이 아니오, 사람인 이상 과오가 없을 수 없다. 선생을 통하여 닥쳐오는 난국에 이우보인以友輔仁의 결핍을 스스로 느껴왔던 것이다. 오늘날 이 마당에 만사기의萬事己矣라 이 말을 길이 마치며 일국의 열루熱漏를 정불征紼에 뿌리나이다.」

〈조선일보 1949년 7월 6일〉

■통일완수 서언, 민련 김규식 박사

단기 4282년 6월 26일 백범 김구 동지는 불의의 흉탄에 비참하게 최후를 마치었다. 이 비보를 접한 김규식은 잔인무도한 폭력적 만행을 무한히 원망하며 우리 국가의 운명과 민족의 장래를 위하여 볼 때, 전도가 암담한 것 같으며, 한없는 통분을 느끼었다. 이 참혹한 민족적 비애는 삼천만 민족으로 하여금 하늘에 애소하고 땅에 발버둥치며 민족적 통곡으로 국토가 양단되고 분열된 민족에 너나 할 것 없이 스스로 일어나는 통일적 공분을 억제치 못하였을 뿐 아니라 심지어 직장까지도 포기케 하였다.

오호 동지여! 동지의 최후를 슬퍼서도 울고, 우리 자신의 앞날을 위해서도 울고, 또 여러 가지로 슬퍼하는 것을 아는가. 동지여, 일생을 바치어 애국애족 하였다는 위대한 공적은 약사보고가 있기 때문에 나는 언급하지 않겠다. 다만 동지가 근 80평생을 일신의 영예와 사私를 버리고 오로지 조국광복과 반일투쟁에서 심혈을 경주한 동지가 정녕코 우리 사회의 무질서를 증좌證左하는 것이며, 왜적의 심장을 가진 조선인이 아니면 도저히 감행 못할 만행이라 아니할 수 없다. 흉의 소재가 나변에 있었던 간에 동지가 위대한 애국자인 것을 안다. 그러나 동지는 갔다. 다시 돌아오지 못할 길을 분명히 갔다.

민족적 염원인 완전 자주민주, 화평통일의 광휘 있는 새로운 역사를 보지 못한 채 영원히 이 땅을 떠났다. 영결에 임한 이 순간, 우정을 논하고 과거를 추회追悔할 정신적 여유조차 없겠지만, 공사간 동지에 대한 우리의 애정은 너무나 애달프다. 동지여! 1910년 나라가 없어지자 우리는 생명을 홍모鴻毛에 부치고, 국권회복에 제물이 되려 하였던 것이 아니었던가. 동지여 그동안 민족갱생을 위하여 기한과 형장의 고초에 시달렸던 것이 기其 몇 번이었으며, 외인의 모멸에 나라 없는 치욕과 인간적 비애는 그 얼마나 깊던가? 더욱 8·5이후 동지는 우리 민족의 본의 아닌 국토가 양단된 마의 38선과 제약된 국내정세를 민족적 단결로서 분쇄하고 진정한 민주발전과 남북 화평통일을 위하여 흉변을 당할 순간까지 소신을 꺾지 아니하였던 것이 아닌가.

오호! 백범 김구 동지! 우리는 이제 이 자리에서 동지의 불행을 슬퍼할 것은 물론이어니와 일식一息이 남아 있는 날까지 동지의 정신을 받들어 민족적 당면과업인 완전통일 대업완수에 성심성력을 다할 것이며, 조선민족을 사랑하고 세계인류 평화를 협조하려는 모든 애국애족자로 더불어 동지의 유입에 보답하려 한다.

동지! 이 거룩한 영결식장에는 동지의 유가족을 비롯하여 수많은 친지와 내외인사들이 동지의 최후의 걸음을 애도하고 있다. 인간 백범을 우는 것보다 애국자요, 지도자인 동지를 추모하는 것이며, 개인적 감정의 충동이 아니라 이 강산의 보전과 국가사회의 전도를 걱정하는 것이다. 동지여! 이 땅 이 시간에 동지는 이 민족을 그대로 두고 차마 어이 떠나리오만은, 생과 사의 분별이 유할 뿐이니 동지는 고히 가시라. 동지가 완성을 보지 못한 이 국가건설과업은 우리가 일층 더 용감히 추진하여 이미 간 동지와 무수한 선열의 영령을 위안하며, 기한과 만난고초에 허덕이고 신음하는 민족이 완전한 자유와 평화를 획득하도록 더욱 계속 노력할 것을 동지의 영전에서 삼가 서언誓言하노니 동지여 고이 잠드시라.

단기 4282년 7월 5일

민족자주연맹 주석 김규식 〈조선일보 1949년 7월 6일〉

■비통속의 오열, 이 국무총리

오호 선생님! 이제 선생의 영전에 인산을 이루어 영결식을 엄숙히 거행하고, 군중의 통곡성 천지에 진동하는 이 자리에 조사를 읽게 되니 이 어이한 작란作亂이리까? 평생을 한결같이 민족과 국가만을 위하여 모든 것을 다 바치신 혁명의 대선배 백범 선생이시여, 이제 존영에 지척하여 저립佇立해 있으나 선생님의 혼건

하신 생명 있는 거구를 대할 길 없고, 영전에 고개 숙여 귀를 기울이나 선생의 장중하신 성음을 들을 길 없으니 만산초목은 그 향기를 잃은 듯 삼라만상은 생기가 사라진 듯, 오직 비장한 속에 오열할 뿐이로소이다. 선생님! 인간으로서 생사가 있음은 운명의 정칙일 것이나 일생을 조국광복과 민족의 행복만을 위해서 악전고투, 형극의 험로와 신산한 생애 속에서 애태우시다 떠나시는 길이 이다지도 비통 애절합니까. 이제 민족의 거목은 70년 풍상 끝에 쓰러졌고, 혁명의 거성은 조국의 광복으로 서천에 절명하니 우리 민족의 전체적인 비애가 아닐 수 없고 국가장래에 막대한 손실이라 이 아니 말하지 않겠나이까.

선생님! 이제 선생이 이 겨레 이 땅을 떠나심에 선생의 끼치신 위대한 혁명투쟁의 사실을 이 아니 숭앙치 않으리까. 독립운동의 철석같은 우리 민족혼을 한껏 발양함으로써 왜적의 간담을 전율케 하였으며, 불멸의 인류정의와 불굴의 민족기개를 만방에 표시했으니 선생의 이 공은 청사에 길이 빛날 것이요, 광복군의 조직과 항일참전 8년은 조국해방에 중대한 임무로써 그 열매를 맺었으니, 이 겨레에 미치신 은의恩義 또한 태산 같으며 허다한 고난과 역경 속에서 오히려 뇌락磊落혁명의 길을 달리며, 임시정부의 영도자로서 세계 만방에 부단한 호소를 계속하옵신 것과 막부 3상회의로 열강이 한국에 신탁통치를 주장할 때 여기에 결사항거하며, 인류의 품연한 정의를 방패 삼아 민족자주 전취에 침식을 잊으시던 것 어느 하나 이 민족 이 국가에 정성을 다하시지 않음이 어디 있었사오리까. 이제 민족의 스승이신 선생님은 길이 잠드시였고, 다시 오시지 못할 유명의 길을 떠나시였나이다.

그러나 선생님의 위대한 정신과 찬연한 업적은 우리 3천만의 심장에 맥박을 치며 힘차게 흐를 것입니다. 선생의 괴오魁梧하신 그 육체, 중후하신 그 덕성은 애국애족의 화석으로 독립자주의 결정으로 영원히 첨앙할 것이니, 우리는 이 화석의 결정을 고히 받들어 모든 민족과업을 조속히 달성하여 38선 없는 조국통일을 시급히 성취할 것을 영전에 기약하며 맹서하오니, 재천 하옵신 선생의 영혼이여! 고히 명목하사 국가와 민족의 복 빌어 주소서.

단기 4282년 7월 5일

고 백범김구선생 장의위원회 부위원장

대한민국 국무총리 이 범 석 〈조선일보 1949년 7월 6일〉

■울고 다시 웁니다. 한독당 대표 엄항섭씨

▲ 엄항섭씨의 조사

선생님! 선생님!

선생님은 가셨는데 무슨 말씀 하오리까. 우리들은 다만 통곡할 뿐입니다.

울고 다시 울고, 눈물밖에 아무 할 말도 없습니다. 하늘이 선생님을 이 땅에 보내실 적에 이 민족을 구원하라 하심이니, 74년의 일생을 통하여 나만 고난과 핍박밖에 없습니다.

청춘도 명예도 영화안락도 다 버리고 만리 해외로 떠다니시어 오직 일편단심 조국의 광복만을 위하여 살으셨습니다. 선생님의 일생 행적을 헤아려보면 오늘의 민족해방이 결코 우연한 일이 아니오. 역대 충의의 피를 흘린 모든 의열사와 함께 거기 선생님의 지대한 공로가 들어 있음을 부인할 자 아무도 없습니다. 검은 머리로 고국을 떠나셨다가 머리에 백발을 이고 옛 땅을 찾아 오시던 그날, 기쁨이 얼굴에 가득 차고 춤을 추시는 듯 좋아하시던 그 모양을 우리는 잊어버리지 못합니다. 그러나 어찌 뜻하였으리오. 조국의 강토 남북으로 양단되고, 사상의 조류는 좌우로 분열된 채 민족상잔이 나날이 치열하고, 전도의 광명이 각각으로 희박해 가되, 그럴수록 선생님은 국토통일과 완전자주, 이것만을 위하여 혀가 달토록 절규하셨고, 나물국 한 그릇에 쓴 김치 한 공기로 국민 최저의 생활을 몸소 맛보시며 지냈습니다. 선생님의 고난 일생 지성일념이 이러했거늘 마지막에 원수 아닌 동족의 손에 피를 뿜고 가시다니요. 그래 이것이 선생님에게 바친 최후의 보답입니까.

동족 형제여! 가슴을 치며 통곡하십시오. 선생님에게 드린 선물이 이것밖에 없습디까. 선생님! 선생님! 민족을 걱정하시던 선생님의 말씀을 저녁마다 듣자왔는데, 오늘 저녁부터는 누구에게 가서 그 말씀을 듣자오리까. 선생님! 선생님! 민족을 걱정하시던 선생님의 얼굴을 아침마다 뵈왔는데, 내일 아침부터는 어디 가서 그 얼굴을 뵈오리까. 선생님은 가신대도 우리는 선생님을 붙들고 보내고 싶지 아니합니다.

남은 우리들은 목자 잃은 양떼와 같습니다. 이런 민족을 버리시고 차마 가실 수가 있습니까. 천지가 캄캄하고 강산이 적막합니다. 분하고 원통한 생각이 우리 가슴을 채우고 넘쳐 흘러 파도 같이 출렁거립니다. 여기 천언만어가 모두 부질없습니다. 선생님은 가셨는데 무슨 말씀 하오리까. 우리들은 다만 통곡할 뿐입니다.

울고 울고 다시 울고, 울음밖에 아무 말도 없습니다.

여기서 잠깐 우리들은 '월인천강月印千江' 이란 말을 생각합니다. 다시금 헤아려 보면 선생님은 결코 가시지 않았습니다. 삼천만 동포의 가슴마다에 계십니다. 몸은 무상하여 흙으로 돌아가고, 영혼은 하늘의 낙원에 가셨을 것이로되 그 뜻과 정신은 이 민족과 이 역사 위에 길이길이 계실 것입니다. 그리하여 시대마다에 새싹이 돋고 새엄이 틀 것입니다. 민족을 위하여 고난 핍박의 일생을 보내신 선생님이 결코 헛되이 그냥 가실 리가 있습니까. 선생님의 거룩한 희생으로 민족의 대통일, 대화평, 자주 민주에 의한 새 역사의 첫 페이지는 열릴 것입니다.

선생님! 우리들은 선생님의 끼치신 뜻을 받들어 선생님의 발자국을 따라 최후의 일각까지 민족을 위하여 사람으로써 선생님의 신조되었던 아름답고 고귀한 의무를 다하기로, 선생님의 위대하신 영전에 삼가 맹서합니다.

대한민국 31년 7월 5일
한국독립당 당원일동 분향통곡 〈조선일보 1949년 7월 6일〉

■유훈 빛나리, 노기남 주교

위대한 민족의 지도자인 백범 김구 선생을 잃은 것은 대단히 애석한 일이다. 선생께서는 자기 생애를 조국광복을 위하여 바치신 애국지사이심은 3천만이 공인하는 바로써, 선생이 당하신 흉변이야말로 선생 일 개인의 흉사에 멈춤이 아니라 이는 국가적 일대 흉사인 것이다. 민주열강의 우호적인 원조로 인하여 멀지않은 장래에 우리 한국은 남북이 통일되고, 민생이 안정되어 선생의 평생 소원이던 통일된 부강한 민주국가로써 발전될 것이로되, 선생께서 이를 못본 채 서거하였음은 더 비통한 일이라 하겠다. 하여간 선생은 가셨으나 선생께서 이 땅에 남기신 애국의 정신과 민족의 정기는 영원히 빛나며, 우리들의 좋은 귀감이 될 것이다. 〈경향신문 1949년 7월 6일〉

■동포 흉중에 영생, 씽 한위대표 김구 선생에 조사

5일에 집행된 고故 백범 김구 선생 국민장에 UN한국위원단을 대표하여 인도 대표 씽 씨는 다음과 같은 조사를 하였다.

본인은 이 비참한 날에 한국국민 여러분에게 국제연합 한국위원단의 조사를 전하려 합니다. 백범 김구 선생의 변절變節의 놀라운 비보를 들은 그날 본 위원단은 상주 김신 소령과 대통령 각하에게 조의를 표했습니다. 선생은 일본 지배에서 한국을 해방시키려고 일생을 헌신하셨습니다. 조국광복을 위하여 생의 대부분을 국외에서 보내셨습니다. 선생의 꿈과 전 한국인의 꿈은 급기야 실현되였습니다. 비록 동포 흉한의 손에 돌아 가셨지만 본인은 인도 간디의 흉변을 회고합니다. 인도인을 위하여 일생을 바쳤건만 그는 마침내 일개 힌두인의 탄환에 돌아가셨습니다. 애국자에 대한 보상이 이러하다는 것은 믿을 수 없는 조롱입니다.

우리는 선생이 한국동포 여러분 심중에 얼만큼한 존경을 받으셨다는 것을 잘 아는 바이며, 선생께서 최후의 순례를 하자고 여기 모이신 이 군중 자체가 그것을 웅변으로 증언하는 바입니다. 선생은 몸으로 가셨으나 정신은 영원히 사십니다. 여러분은 이 비참한 순간을 계기하여 선생이 사시고 돌아가신 그 이상으로 헌신하시기를 바랍니다. 미완성인 여러분의 조국통일이 아직 숙제로 남아 있습니다. 선생은 통일의 그 행복된 날을 갈망하셨습니다. 선생은 통일에 대한 염원을 본인에게도 들려주시던 것을 똑똑히 기억합니다.

여러분은 선생에게 제일 적절한 경의를 표하시려거든 그가 일상 신봉하던 평화통일을 실현시키는 데 있다고 합니다. 선생은 본 위원단과의 협의시에도 이 평화통일은 유일한 방법이라고 주장하셨습니다. 죽엄은 인생에게 필연적으로 옵니다. 그러나 고상한 이상을 위하여 살고 일한 분은 영원히 죽지 않습니다. 선생은 그런 분 중의 한 분이었고, 그의 동포의 마음속에 영원히 사실 것입니다.

〈조선일보 1949년 7월 6일〉

■행인아 발 멈추고 영전에 절하자

슬픔에 넘친 인민의 오열이 이제 하관이라는 기약된 시간의 마지막 작업을 앞두고 황혼을 적막케 한다.

"오호 백범 선생이시여" 황혼이 짙은 장지에서 무심이 떠나가신 선생의 영여

▲ 한독당원들의 장의 행렬

앞에 애끓는 수천 군중들!

울음아 쏟아져라. 이제 또 어느 날 선생의 그 애족의 대의를 부르짖은 그 소리, 그 모습을 다시 보랴. 1949년 7월 5일의 황혼이여, 잠시 그 발을 머물러라. 장의 행렬은 삼천만의 눈물과 애수를 담뿍 실은 채 차례로 도착한다. 생존시 애용하시던 영차의 뒤를 따라 배종하는 도, 선우 양 비서가 고인이 쓰시던 붓·벼루·먹 등을 가지고 들어오는 모습도 처절하고, 선생이 서거하신 이후 울음과 분통에 쌓이여 지내온 열흘 동안, 그리고 오늘 이른 아침부터 장의식으로 지치었음인지 장의부위원장 조완구씨가 두 사람의 젊은이의 어깨에 부축되어 들어오고 있음도 애처로워 보인다. 조가대에 참가하였던 연약한 여학생들도 아침부터 저녁때까지 폭양 속에서 피로함도 모르는 듯, 슬픔과 울음에 쌓여 있다. 이윽고 백범 선생의 유해를 모신 영여가 8시 45분, 묘소 앞에 도착한다. 영여를 손수 메고온 상여멘 청년들은 선생의 생존시에 사랑받던 젊은이들이기에 시종 영여를 떠나지 못한 채 영여에 매어달려 몸부림친다. 울어도 울어도 시원찮고, 땅을 치고 울어도 다시 못 오실 이 길을 어찌하리. 끝일 줄 모르는 울음을 억제하고 이윽고 9시 10분, 비로소 하관식이 시작되었다.

하관식은 황혼이 차차 짙어 어두워가는 효창 언덕, 옛 동지 윤봉길·이봉창·백정기의 3의사의 묘지로부터 200미터 남으로 떨어진 곳에서 백범 김구 선생을 아끼는 수많은 겨레의 운집한 가운데 엄숙히 거행되었다.

먼저 박윤진씨 사회로 애국가 봉창에 이어 구슬픈 조악이 있은 다음 분향 헌화가 있었고, 조소앙씨의 "유 단기 4282년 7월 5일 국민장위원회 발기로 한 묶음의 꽃과 한 줌의 향으로서 영결의 제를 올리나이다. 선생은 50여 년을 만정을 다하여 하나도 민족을 위함이 아닌게 없었고, 오직 조국광복을 위하여 일생을 바치시었다. 아! 선생의 최후가 이처럼 될 줄이야 뉘라서 알았으리오. 80평생을 조국을 위하여 바치었으나 선생의 뜻을 완전히 이루지 못한 채 돌아가시었으니 노소 동포가 선생의 유한에 울지 않을 자가 있으리요. 그러나 그 선생의 정신만은 우리들과 더불어 길이 존재케 하오리다"

"오호애재"하는 떨리는 목소리의 제문 낭독이 있었다. 그리고 상주 김신 내외의 분향이 있은 다음 서울교향악단의 조악 리에 하관이 시작되었다. 효창 언덕은 차차 어둠이 짙어지고, 하늘에는 초생 달이 빛없이 걸려 있는데, 모여든 겨레들은 헤어질 줄 모르고 땅을 치며 목놓아 우는 곡성과 아우성은 구천에 사뭇칠 듯하다. 백범 선생은 이제 정말 어둠 속에서 촛불로 하관을 마치고 " 봉도 안동 김씨가중"이라는 만사를 덮은 다음 장의위원장의 입토가 있었다. 다음 일동은 백범 김구 선생의 영원한 명복을 비는 묵상으로 엄숙한 하관식을 끝마쳤다. 때는 10시 5분! 이리하여 민족의 거인 백범 김구 선생은 효창 언덕에 길이 주무시게 되었다. 〈자유신문 1949년 7월 7일〉

■저녁노을 짙은 장지서 오열 속에 숙연히 하관

3천만 겨레의 눈물의 애도 리에 지난 5일 오후 4시 반, 국민장 영결식장인 서울운동장을 출발한 고故 백범 선생의 영여는 이날 오후 8시경. 서울 160만 시민의 끝없는 눈물 속에서 정한 노정路程인 을지로, 남대문로, 서울역 앞, 용산 삼각지를 차례차례로 지나 동일 오후 8시경 영구히 잠드실 효창공원 입구에 도착하였다.

육해군 군악대와 학생악대, 서울시 취주악대와 합창대의 구슬픈 조곡·조가는 효창공원 깊은 녹음에 애음哀音을 끌어 때마침 저물어가는 저녁노을 속에 가시는 선생의 영여를 공원길 옆에서 맞이하는 수만 시민의 눈물을 자아내면서 서서히 공원 안 힌 모래 깔린 길로 진입하여 동 8시 40분 경, 선생보다 먼저 가신 윤봉길·이봉창·백정기 3의사 묘소 앞을 통과하게 되었다. 잡목 사이로 바라보이는 3

의사의 묘가 보이기 시작할 때, 영여도 한 걸음을 걷고 멈추고, 두 걸음을 움직이고 다시금 멈추어 장렬한 최후를 마친 3의사와 선생의 일을 아는 모든 사람의 눈물로 다시금 자아내었다.

그러나 저가는 저녁 해와 짙어오는 노을 속에 다시금 영여도 움직이여 장지 좌우에 도열한 장의위원과 시민들의 눈물 속에 영여도 장지 정면에 안치되었다. 이때 마지막 하관식을 앞두고 장지에 모인 여러 사람의 통곡소리가 노호와 같이 터져 나오고, 선생과의 결별에 다시금 눈물바다를 이루었다. 끝없이 흐르는 눈물 속에 선생의 영원히 가실 마지막 절차 하관식이 예정보다 네 시간이나 늦게 동 9시 10분 박윤진씨의 사의로 초생달빛 희미히 어린 장지에서 국무총리 이범석 장군을 비롯하여 이종현 농림부 장관, 이윤영 사회부장관, 이철원 공보처장 등의 정부요인들과 김규식 박사, 유동열·조소앙·안재홍 등 제씨를 비롯한 정계요인, UN한국위원단 대표 유어만·쇼 양씨 등 다수 참석 리에 엄숙히 거행되었다.

일동의 애국가 봉창과 육해군 합동군악대의 조악에 뒤이어 국민장 상임위원장 조경한씨의 분향과 이윤영씨의 헌화가 있고, 다시 국민장 상임위원 조소앙씨의 제문 낭독이 있고, 이어 상주 김신씨 내외와 장손녀 효자 양의 분향이 있은 뒤, 서울교향악단의 조악 영웅장송곡(베토벤 작곡)의 주악이 있은 다음, 눈물 속에 선생의 영구는 예정된 장지로 옮기어 동 9시 40분경 이 국무총리, UN한국위원단 유어만, 조소앙, 조경한, 엄항섭씨 등 제씨에 의하여 내광內壙에 하관하고 기도들을 올린 뒤 동 9시 50분경, 입토를 끝마치고 일동의 배례와 묵상이 있고, 동 10시 5분 경 하관식을 폐식하였다. 〈조선일보 1949년 7월 7일〉

■공원을 뒤덮은 조객, 봉분 공사 중에도 묘전에 배곡

5일 밤 10시 김구 선생은 전 민족이 애석히 여겨 통곡하는 가운데 고요히 땅속에 드셨거니와 하관식이 끝난 효창공원 여기저기에는 님과의 마지막 작별을 아껴함인지 집에 돌아갈 줄 모르고 앉아 새는 이들의 한숨과 함께 밤은 고요히 깊어갔다. 하늘에는 구름도 걷히고, 교교한 반달이 내려비쳐 더 한층 애수의 감에 잠기게 하였다. 날은 바뀌어 어제 6일 오전 3시까지 묘소의 땅을 다지는 달구소리는 쿵쿵… 잠든 서울 장안에 은은히 울렸다.

이어서 봉분을 시작하였는데, 선생의 몸 이미 흙으로 덮이고 있는 이 자리에도 조객은 끊일 사이 없이 높은 언덕 낮은 골에 가득 차 여기도 거짓 없는 인산인해를 이루고 있었다. 연달아 흘러나오는 울음소리는 애끓는 단장곡인 듯… 그 중에도 이북에서 온 고학생같이 보이는 18세 가량의 한 정복 학생은 입관식 전부터 6일 정오경까지 꼬박 울어 새여, 보는 사람들로 하여금 감격을 새로히 하게 하였다. 부근에 있던 대학생 청년들이, "여기서 울다 죽겠다"고 몸부림치는 여학생을 억지로 들어다가 근처 집에 누이고 물을 마시게 하는 등 간호를 하는가 하면, 팔십여 세가 되여 보이는 노파가 태산이 무너지라고 땅을 치며, " 저 같은 할 일 없는 사람이 먼저 가야지, 선생은 우리 민족을 구하려 오셨다가 이루지 못하고 가시다니, 이 나라 이 백성은 어찌 되고, 다시 돌아오시는 길은 없을까" 하고 통곡을 한다.

이리하여 향연 어린 선생의 묘전에는 눈물도 소향하고 통곡하는 사람들로 효창공원 일대를 덮어 한 없는 애도 가운데 이날의 해도 저물어간다.

〈조선일보 1949년 7월 7일〉

■금정金井 길이 12척 선생의 분묘

고故 백범 김구 선생이 길이길이 잠드실 묘지는 효창공원 언덕으로 평소에 백범을 추모하며 선생의 사랑을 받던 3의사 묘지로부터 200미터 남쪽으로 정하였으며, 지관의 말에 의하면 그 묘지는 "해인수건좌손향該人首乾座巽向 갑득정파지지甲得丁破之地"라고 한다. 그리고 모신 관은 묘지에 하관하여 먼저 넓이 2척 8푼, 높이 1척 8푼, 길이 8척 5푼이 되는 양철관을 벗기고 칠흑 목관만을 모시게 되었는데, 금정金井은 외관의 넓이가 7척, 길이가 12척이며, 내관의 높이와 넓이는 2척 5푼이고 길이는 7척으로 되었다.

이 묘소에는 백범 선생이 생존에 계실 때에 거실에서 애용하시던 시계, 벼루, 붓, 먹과 바지 저고리 한 벌도 같이 모시게 되었다. 그리고 동 묘소의 봉분과 후면 치산 및 성석 등이 전부 완성되려면은 3개월이나 걸릴 것이며, 묘소 앞에 세울 비석은 지금 의정부에서 치석중이라 한다. 〈자유신문 1949년 7월 7일〉

■3천만 겨레의 분격 속에 영원히 가시는 백범 선생

고故 백범 김구 선생의 국민장은 참변 제10일째인 어제 5일, 3천만 겨레의 분격과 통곡 가운데 경건하고도 엄숙하게 집행되었다.

위대한 애국자 백범 김구 선생은 이제 영영 가시고 말았다. 6월 26일, 경교장 2층에서 4발의 권총에 쓰러지신 지 10일 만에 선생은 신록도 우거진 효창孝昌의 성지聖地에 고이고이 주무신다. 원한의 38선을 그냥 남겨두신 채 영원히 가버리신 선생…….

선생이 마지막 길을 떠나시는 전 날인 4일 밤에는 검은 구름에 쌓인 듯이 슬픔에 잠긴 경교장에는 선생을 사모하는 조객들이 다시 운집하여 장사의 열을 지어 유해 앞에 배례하며 통곡하는 모습은 더 한층 애처러웠으나 그들의 마음에는 오직 조국의 통일이 이루어지리라는 굳은 신념을 가짐으로써 선생의 명복을 비는 것 같았다. 특히 이날 오후 9시 30분 경에는 선생 생존시에 가장 인연이 깊던 공주 마곡사 김정제 주지의 염불과 목탁소리는 더욱 깊은 슬픔을 자아내었다. 그러나 그 옛날의 빛나던 눈과 일본제국주의와 겯주던 힘과 열은 이미 한낱 칠흑의 목관 속에 말없이 잠잠할 뿐, 옛 모습을 말하는 선생의 초상만이 말없이 굽어보고 있다. 이같이 하룻밤을 원한 속에서 새이고 입관의 길을 재촉하시는 마지막 날을 맞이한 어제 5일! 서울을 비롯한 3천리 방방곡곡의 애국동포들은 이른 아침부터 조기를 내걸고 철시함으로써 마음으로써 울어나는 애도를 표하는 것이였다.

어린 소년들도 목메이고, 성성 백발노인도 땅을 치며 두견새처럼 피를 토하고 통곡하고 있으니, 이는 정녕 선생의 거룩한 모습이 겨레의 가슴 속에 불사조처럼 살아 오는 때문이리라. 그러나 우리는 슬퍼만 할 때가 아니다. 3천만은 이 기회에 일대 각성을 하자. 그리고 총궐기하여 선생이 이루지 못한 뜻을 받들어 조국의 화평통일을 완수하자! 무지하고 야만적인 테러 수단으로서는 결코 통일은 안 된다. 권능만 가지고 애국자를 함부로 죽임으로서 통일을 완수할 수 있다고 생각하는 도배를 우리는 철저히 박멸하여야 할 것이다. 해방 후 우리는 이러한 망국적인 테러리스트에 의하여 얼마나 많은 애국자를 잃어버렸으며, 따라서 조국의 통일과 업에 얼마나 많은 지장을 받아 왔는가를 상기하자. 정의는 외롭지 않으며, 불의는 결국 멸하는 것이니 슬픔만의 통곡을 거두고, 선생의 애국정신을 따르겠다는 굳은 맹서와 울음을 울자. 우리의 독립과 안전을 사수하기 위하여 흥분을 버리고 스스로 운명을 스스로 개척하고, 피묻은 조국의 깃발을 들고 총 궐기하여 앞으로 앞으로 나가자. 한 사람의 지도자는 가도, 그 뜻을 받드는 삼천만은 살았다. 그네들이 뿌리신 피, 헛되지 않도록 우리는 유지를 계승하여 갈망하는 자주독립 완수에로 일로 매진할 것이니, 선생의 영혼도 푸른 하늘가에서 샛별처럼 빛남에, 이 겨레의 발걸음과 조국의 앞날을 길이 비춰주시리라! 〈조선중앙일보 1949년 7월 6일〉

■불온분자 다수를 검거, 국민장 치안에 김 국장 담

작昨 5일 고 백범 선생의 장례의식을 아무 사고 없이 무사히 집행하게 된 데 대하여 수도 치안 책임자인 김(金)경찰국장은 다음과 같이 말하고 있다.

작 4일 밤 시내 각처에서 불온 「삐라」 문서 급 벽보 등을 압수하는 한편 야외에서 밀회하는 좌익분자 다수를 일망타진 하였다. 좌익계열에서는 소위 「통곡대」를 조직하여 연도에 집중한 군중 속에 잠입시켜 민심을 소란케 할 계획이었으나 이도 역시 미연에 탐지되어 좌절되고 말았으며 시민의 협력으로 무사히 장례식을 집행하게된 데 대하여 일반에게 감사의 뜻을 표하는 바이다. 〈조선일보 1949년 7월 6일〉

■인천서도 애도식

고故 백범 선생의 영령을 애도하기 위하여 한독당 인천 특별당부에 설치되었던 분향소는 설치한 지 만 9일 만인 지난 4일 하오 3시에 종료식을 거행하고, 인천에 재주하는 당원들은 5일 장례식에 참석키 위하여 상경하였다. 동 당 간부 10여 명은 인천에서 집행되는 백범 선생 애도식에 참석키 위하여 머무르게 되었는데, 분향소에 몰려든 조객은 거의가 서울로 상경하고, 사정에 의하여 못간 인사만도 무려 7천여 명에 달한다는 바, 멀리 황해도·백령도를 비롯하여 강화도 등지에서 조객이 왔었으며, 조위금도 30만 원에 달하였다 한다.(인천 발 고려)

〈조선중앙일보 1949년 7월 6일〉

■애국심의 원천 군, 관 대표 유 사단장 조사

하늘을 우러러 보고 땅을 치고 울어도 울어도 원한 풀 길 없다. 바야흐로 대한민국은 남북통일의 성업완수에 매진하고 있는 이때 선생님은 비록 그 달성을 보지 못하고 불의의 급서를 하셨지만은 선생님의 위대한 애국애족의 정신은 3천만 겨레의 가슴 속에 맥맥히 흘러 남북을 통일하여 조국의 완전 자주독립을 달성할 뿐만 아니라 천추만대에 길이 내비쳐 선생님이 이상으로 하시는 대한민국이 세계에 무명한 제 일등국이 되는 데 위대한 원천이 될 것을 확신한다. 이제 우리들은 영원히 떠나시는 선생님의 명복을 길이길이 빌며, 이때야말로 선생님의 유지를 받들어 대동단결하여 건국에 쇄신 노력할 것을 맹서한다.

고 백범 김구 선생 국민장의 날 작昨 5일, 비통 둘 바를 모르는 각계의 소감을 들으면 다음과 같다.

- **국민회대전지부國民會大田支部 위원장 이순재씨 담談** : 하나는 선생의 불우를 슬퍼하며, 또 하나는 민족의 불행을 슬퍼합니다. 백범 선생의 육체의 생명은 끝이 없으나 천추만대로 한없이 영생할 백범정신은 일로부터 시작인가 합니다. 우리는 오늘로써 선생에 대한 눈물을 걷고 영생하는 백범정신을 계승하기를 영전에 굳게 맹서하고, 삼가 구원한 명복을 비옵나이다.
- **한독당 시당市黨 박헌철씨 담談** : 선생의 불의의 참화를 격분하여 눈물을 금할 수 없다. 주석재천의 영이 길이길이 이 나라 자주통일을 위하여 내려 비추어 주시는 광명의 등대가 되시어 눈보라 쌓인 이 컴컴한 어두운 길을 인도하여 주시기를 빈다.
- **대공大工 5년 홍성묵 군 담談** : 선생께서 일생을 통하시여 민족을 위하여 투쟁하신 유지를 본받아 앞으로 남북통일을 위하여 우리 청년 학도들은 한층 더 학원을 사수하고 단결하여 남북통일에 이바지할 각오입니다.
- **중국인대표 신문태씨 담談** : 김구 선생은 우리 중국 사람들에 대해서는 가족적인 감상을 주는 분이다. 선생의 죽엄을 애통이 여기는 마음은 우리들도 마찬가지이다. 우리 중국을 누구보다도 길이 이해하시는 분이라 선생이 오래 생존하셨더라면 우의를 맺는 데도 큰 도움이 있었을 것으로 믿은 차인데, 대단히 애통한 일이다.
- **대흥동 이완규씨 담談** : 우리나라와 민족을 선생같이 사랑하신 분은 없을 것이다. 자주독립과 남북통일 밖에 없었는데, 목적을 달하지 못하고 서거하셨으니 절통한 노릇이다. 우리는 다만 선생의 유지를 받들어 3천만 공통의 목적인 남북통일·자주독립을 성취함에 전력을 다하여야만 쓸 것이다.
- **충녀忠女 5년 김정 양孃 담談** : 완전통일도 못 보시고 돌아가신 선생님의 유지를 받들어 우리 여학생들도 한층 더 조국통일에 생명을 아끼지 않겠습니다.

〈동방신문 1949년 7월 6일〉

■겨레의 비원 남북통일, "피"의 값을 헛되이 아니하고 우리 손으로 꼭 이루리라!

마침내 김구 선생은 영위마저 길이길이 가시다.

아흐레 전날 밤 따스한 맥은 지고, 살빛 차게 변한 때 이미 하늘 우러러보고, 땅 치며 통곡한 들 소용 있었으랴마는 이제 3천만 겨레 다 같이 마음의 어깨 위에 영구를 메이니 새삼스레 이것이 정말 이별인양 잦았던 설움 다시 복바쳐 왜 이리도 목이 메여라.

설움에 떨리는 연필 간신히 휘잡고 오오 말없는 선생의 뒷모습을 고개 숙여 따르며, 겨레들 흘리는 눈물 밭 위에 소조히 새기며 계시는 크고 높은 님의 마지막 발자국을 더듬었도다. 영원히 잊지 못할 이날의 이억이여! 〈경향신문 1949년 7월 6일〉

■민족의 거성 백범 선생 정신 ⑦

● 엄도해

⑦ 진정한 반성과 겸양

단기 4266년 백범 김구 선생이 58세였다. 선생의 자서전 가운데 임시정부는 이렇게 곤경에 빠지게 되니 "박은식이 대통령이 되었으나 대통령제를 국무령제로 고쳐 놓았을 뿐으로 제1세 국무령으로 뽑힌 이상룡은 서간도로부터 상해로 취임하러 왔으나 각원을 고르다가 서간도로 물러가고, 다음에 홍진이 선거되어 진강으로부터 상해에 와서 취임하였으나 역시 내각조직에 실패하였다"고 하였다. 이렇게 되고 보니 부득이 임시정부는 무정부상태에 빠지게 되었다. 하루는 의정원의 의장 이동녕 선생이 친히 백범 선생을 찾아와서 국무령이 되기를 권하였다. 이때에 백범 김구 선생이 다음과 같이 사양하였다.

첫째의 사양하는 이유는 "나는 해주 서촌의 일개 김존위의 아들이니 우리 정부가 아무리 아직 초창시대의 추형에 불과하다 할지라도 나 같은 미천한 사람이 일국의 원수가 된다는 것은 국가와 민족의 위신에 큰 관계가 있다"고 하고, 또 둘째로 사양한 이유는 "이상룡, 홍진 두 사람도 사람을 못 얻어서 내각 조직에 실패하였거늘 나 같은 자에게 더욱 응할 인물이 없을 것이라"는 것이었다. 이처럼 사양하였으나 백범 선생만 나서면 따라 나올 사람이 있다는 이 선생의 간곡한 청으로 국무령에 취임하였다. 백범 김구 선생은 항상 자신은 남보다 고위에 앉으려고 하지 아니하였다. 늘 겸양의 정신으로 일을 하여왔다. 선생은 일찍이 임시정부의 문지기를 원한 일이 있었다.

백범 김구 선생은 청년들 앞에서 수차 이러한 말씀을 하였다. 즉 우리는 머리가 되려고 하지 말고 발이 되기를 노력하라고 하였다. 해방 후 우리나라 안에는 머리싸움이 벌어져서 서로 머리가 되려고 머리가 부서져라 하고 싸움을 하였다. 그런데 어느 누구나 발이 되려고는 하지 아니하였다. 우리 다같이 발이 되어서 하기 싫어하는 일은 우리가 하고 힘 드는 일은 우리가 하자. 그러느라면 건설은 자연히 될 것이며, 따라서 우리의 건국도 불원간에 완수될 것이다. 저 발이 많은 미생물인 버러지를 보라. 죽어서도 엎어지지 않는다고 청년들 앞에서 강조하였다. 백범 김구 선생은 일생을 통하여서도 자기 개인을 위하여서 보다 여러 사람을 위하여 일하였다. 무슨 벼슬을 위하여 한 것이 아니라 그저 일을 완수하는 것이 선생의 사명이었고 본래 겸양의 정신이었다. 우리는 지위보다 비록 적은 일이라도 도움이 되는 일을 정성으로 하자.

백범 김구 선생이 미군정시대에 군법정에 나선 일을 우리는 잘 기억하고 있다. 그때 이것을 백범 선생은 하나의 교훈으로 생각하였다. 선생의 건국실천원양성소 창립 1주년 기념식에 보낸 치사 가운데 "병이 좀 나은 뒤에 첫 번 출입으로 미군재판정에 증인으로 나서게 되었다. 그때 나의 소감은 이러하였다. 과거 수십 년 동안 해외에서 조국의 독립을 위하여 분투하던 김구는 이 목적을 달성하지 못하고 고국에 돌아왔으니, 삼천만 동포 앞에 허물을 받음이 마땅하거늘 도리어 해외에서 망명생활을 할 때보다 안일한 생활을 하게 되고 국내동포로부터 과분한 대우를 받고 있다는 것을 하느님이 꾸짖으시며 징계하시는 뜻으로 나로 하여금 미군법정에 나가서 과거에 내가 왜놈의 법정에 당하던 단련을 또다시 한번 맛보게 하시는 뜻으로 생각하고 마음속에 많이 뉘우치게 되었다. 그리하여 나는 미군법정에서 나오는 길로 바로 효창孝昌 삼열사三烈士 산소에 참배하고 선열의 영靈 앞에서 참회와 묵도를 올렸다" 고 하였다.

백범 김구 선생은 이처럼 자신을 참회와 반성에서 지내면서 민족의 평화와 자주와 자유와 행복을 위하여 싸운 의사들을 추모하고 경외하는 가운데서 모든 곤란과 비난과 치욕을 시련으로 생각하였다.

그러나 이번에 선생이 당한 것은 시련이 아니고 이것은 민족적인 손실이며, 우리 민족 자체의 모독행위를 가져왔을 뿐이었다. 우리는 다시 이러한 과오를 범하여서는 아니 될 것이다. 그리고 애국자 혁명가에게는 반드시 민족적으로 특전적 대우를 하며 그들의 유가족의 생활을 보장하여야 당연할 것이다. 지금 유가족들 중에는 가두에서 아兒는 신문을 팔고 담배를 팔아서 지낸다는 사실을 알아야 한다. 여기에 대하여 관민은 물론이고 특별한 조치를 취하여야 할 것이다. 이것은 민족의 숭고한 의무여야 하지 않을까. 이와는 반대의 현하를 만들었을 뿐이다. 기 10년간씩이나 혁명운동으로 독립운동으로 헌신한 애국자 혁명자들에게 흉탄을 선사하는 것이 지금의 현실이라는 것은 서글픈 일이다. 〈자유신문 1949년 7월 6일〉

■경교장 조위금 500만 원을 돌파

고 백범 선생의 흉변을 듣고 경향 각지에서 조문객이 물밀 듯이 모여들고 아울러 선생의 영전에 바치고자 정성에서 우러나는 조위금은 계속하여 답지하였는데 지난 5일 현재로 정부의 보조금 600만 원을 제하고 일반 조위금은 현금 5백16만 7천원이라 하며 이중에는 1만 원 이상의 거액 조위금도 있었지만 한편 50원 100원씩의 것도 있었는데 이 소액의 조위금이야말로 선생의 은덕을 사모하는 제 국민의 정성이었다고 한다. 〈조선일보 1949년 7월 7일〉

■제천에서 백범 영결식 엄수

5일 오후 1시부터 동명학교 교정에서 3만 시민이 참석하여 엄숙히 영결식이 거행되었다.

식은 김상호씨 사회로 진행된 바, 특히 한필수씨의 조사가 있자 장내는 눈물의 바다로 화하였다. 〈경향신문 1949년 7월 7일〉

■오호! 백범 영혼, 영원히 하직

억울하다고 할까, 비통하다고 할까. 배달 민족으로서 어느 누구 하나 김구 선생의 흉변에 놀라지 않은 이 없었을 것이며, 서러움과 원통함을 한탄하지 않는 자 누구였으랴. 지난 5일 하오 1시. 폭우 내리는 구덕산 밑 고故 백범 김구 선생 애도식장에 선생을 추모하고 모여드는 부민은 침통한 표정에 줄기찬 비바람이 억수로 내려 퍼붓는데도 불구하고 문 도지사, 정 부윤을 비롯하여 각 관공서장

사회단체 군경 관민 남녀노소 1만여 명이 참집한 가운데 한독당원들의 침통한 가슴에 선생의 영은 안기어 식장에 이르자 힘찬 비바람의 방울방울에 따라 1만여 명의 가슴에서 울어도 시원치 않을 애도의 피눈물이 소리 없이 말없이 솟아오르는 가운데 선생의 애도식은 장중히 집행되었다.

폭우 속에 애도식 거행! 하늘도 통곡하는 애수의 그날, 구덕원두에 곡성진동, 식순에 따라 국기배례, 애국가 봉창, 조악에 따라 여학생들의 조가는 고 선생을 추모하고 원통해 하는 정을 더욱 깊게 하였으며, 위원장의 식사에 이어 고 선생의 약력 보고에 들어 칠십 평생을 종시일관 애국애족의 열렬한 정성에서 동분서주, 왜족의 간담을 서늘케 한 통쾌사에 가득 찼으며, 왜족의 쇠사슬에서 반평생을 철창에서 신음하신 기록, 만주에서 독립당을 조직하여 내 나라 내 민족을 살리기 위하여 투쟁하시던 기록, 민족의 거성으로서 생생한 기록 등 약력을 알리는 이나 듣는 이로 하여금 원통하고 억울한 서러움을 더욱 복받치게 하였으며, 그윽한 향연 속에 묵묵히 서 있는 가슴과 가슴 속에서 두 주먹을 불끈 쥐고 원수의 38선을 무찌르고 나갈 감격에 사로잡히게 하였으며, 장의위원장 노상건씨의 조사는 한층 더 고 선생을 추모하는 정을 더욱 못있게 하였음은 삼천리 강토가 두 조각으로 갈린 채 남겨 두고 그냥 가신 고 백범 김구 선생의 영혼을 혼백이라도 다시 불러 남북통일 세우시라 외치는 듯, 한 줄 한 줄이 설움이였으며 글귀마다 선생을 사모치 않을 것 없으니, 천고의 원한을 남기고 돌아가신 선생의 영혼인들 무심치 않을 것이며, 혈서로 맹서하던 열열한 애국청년의 가슴 속에 새로운 감격과 만고불변의 독립 혼을 가르쳐 주셨으니 머지않아 38장벽을 무찌르고 나갈 힘찬 약동이 식장에 모인 가슴마다 가득 찼을 것이니, 천고의 한을 남기시고 돌아가신 고 백범 김구 선생의 명복을 빌었으며, 이날 이 마당에 억수로 내리붓는 폭풍우는 선생의 70평생을 눈서리 비바람에 조국 광복을 위하여 오직 투쟁하시던 선생의 가시는 길을 못 가시게 붙드는 듯, 3천만 민족을 대신하여 울어주는 듯 하늘도 무심치 않아 줄기차게 울어주는 가운데 선생의 명복만을 길이길이 비옵고, 조악에 따라 울어도 울어도 시원치 않을 고 선생을 다시금 그리고 그리며 식은 엄숙 정연한 가운데 하오 2시 반경 끝마치었다. 〈부산일보 1949년 7월 7일〉

■울산서도 거행

고故 백범 김구 선생의 애도식은 5일 하오 1시 울산 태화교 강당에서 관민 다수 참석리에 엄숙히 거행. 〈민주중보 1949년 7월 7일〉

■애도식 당일 거리 모습

대구에서도 서울에서 열린 고 백범 선생의 봉도식을 거행하였음은 별보와 같거니와 이 날 아침부터 부슬비는 내려 하늘도 슬퍼하는 가운데 대구의 거리는 자숙과 애도에 찬 모습으로, 시내가 영화관·극장·다방 할 것 없이 일반 상점에 이르기까지 모두 문을 닫고 봉도의 뜻을 표하였으며, 집마다 비에 젖어 늘어진 조기는 더 한층 위대한 이 겨레의 지도자가 한 줌 흙으로 돌아가는 애석을 무언으로 보여 주었는데, 한편 부민들의 가정에는 이 날 서울서 보내는 장례식 광경 중계방송에 귀를 기울이고 한숨하는 노인, 흐느껴 우는 젊은이들이 밤 11시 지나 방송이 끝날 때까지 라디오에 붙어 애감에 잠긴 모습은 보는 자 한 가지 통분해 하지 않을 자 누구였던가? 〈영남일보 1949년 7월 7일〉

■각 지방서도 엄숙히 거행

● 포항浦項

고故 백범 김구 선생의 봉도식은 지난 5일 오후 1시부터 포항극장에서 각 사회단체, 관공서, 일반 유지 다수 참석하 애도리에 엄숙히 거행되었는데, 동지상업학교 여학생들의 조악을 위시하여 봉도회 위원장 이일우씨의 식사, 고 김구 선생의 약력보고, 관공서 대표와 각 사회단체 대표의 애도사를 마친 후 오후 2시에 폐회하였다.

● 김천金泉

김천군에서는 지난 2일 오후 2시부터 김천군 회의실에서 관공서, 사회단체 연석회의를 열고, 대표자 30여 명이 회합하여 백범 김구 선생 봉도회와 방위강화 국민대회 개최에 대하여 토의하였는데, 그 절차를 다음과 같이 결정하였다 한다.

김구선생 봉도회

주최 : 국민회 김천지부. 대한청년단 김천군 지부 기타 각 사회단체

일시 : 7월 5일 오후 1시 **장소** : 김천초등학교 교정

● 화목和睦

고故 백범 김구 선생 봉도식을 지난 5일 상오 11시부터 면민面民 각 사회단체 학생 다수 참석아래 순서에 따라 엄숙한 식을 끝마치었다. 〈영남일보 1949년 7월 7일〉

■오호! 발구르며 우는 소리, 누해화淚海化 식장은 처연

3천만의 슬픔과 비통을 참을 수 없는 눈물의 날 7월 5일. 대한민국 임시정부 주석 고 백범 김구 선생의 국민장 당일, 본도本道 대구大邱에서는 직접 장의에 참가치 못한 섭섭한 마음을 풀기 위하여 역 앞마당과 공회당 대大홀에서 엄숙한 봉도식을 거행하였다.

이날 우리의 한없는 애절의 눈물과도 같이 아침부터 구슬픈 비가 내려 봉도식을 부득이 공회당 대大홀에서 올리기로 하고, 역 앞마당에는 공회당 안에 못 들어간 수만數萬의 군중이 소연한 모습으로 서 있었다. 식은 오후 2시부터 시작되었다. 백포를 친 정면에는 누른 테의 안경을 끼시고 양복을 입으신 선생의 유영遺影이 모셔졌고, 바로 유영 앞에 향로와 분향대, 그 좌우에 송죽松竹의 화분이 있어 양쪽에는 아름다운 가지각색의 꽃이 차려졌다. 이경희씨가 개회사를 하고, 방한상씨가 선생의 거룩하신 약사를 보고한 후 신명여중 합창단의 조가.

'오호 여기 발구르며 우는 소리 지금 저기 아우성치며 우는 소리'

쏟아지는 빗소리에 고이고이 흘러가는 한없는 눈물의 조사. 합창하는 여생도女生徒나 듣는 참가자나 그저 말없이 흐느끼며 울고 또 울었다. 밖에서 비를 맞으며 내려선 수만數萬의 광장 사람들도 그만 참다못해 '어우 어우' 하고 울음소리가 폭발하는 것이였다. '두 조각 갈린 땅을 이대로 버려두고 천고한千古恨 품으신 채 어디로 가십니까' 양 뺨을 흘러 내리는 절절한 애통의 눈물은 이 겨레의 가슴을 찢어지는 듯 슬퍼한다. 조가 후에 분향이다. 그윽한 향기가 유영을 타서 장내를 더욱 숙연케 하며 박 여사가 유영 앞에 헌화를 엄숙히 하고, 봉도위원회·제3사단·국민회·도청道廳·노총勞總·부인婦人·청년·경찰·중국인中國人·부청府廳의 차례로 각 기관단체의 대표가 봉도사를 올린 후 박해진씨가 조사·만사·봉도사의 접수보고를 한 다음 마지막으로 조가를 부르고 선생의 유영遺影에 결별의 인사를 올렸다.

생각할수록 슬프고 참을수록 분한 일이다. 이 겨레 나갈 길이 어지럽고 아득해도 임 계시기로 든든한 양 믿었드니, 이제는 정말 영영 먼 곳으로 떠나시다니. 떠나시는 선생의 원한도 한량이 없거니와 이 겨레는 길을 잃고 별을 잃은 것처럼 거저 막연할 뿐, 울어봐도 생각해도 한없는 슬픔이 또 끓고 끓어오를 뿐이다. 5일 날의 이 땅은 글자 그대로 눈물의 날 이였으며, 돌이켜서 임의 뜻을 받드는 새로운 맹서의 날 이었다. 3천만 가슴에 곤곤히 유동하는 비통의 슬픔은 반드시 이 땅의 굳은 기둥을 세우게 될 것이다. 〈영남일보 1949년 7월 7일〉

■개성에서 백범 영결식 엄수

5일 오후1시, 선죽 국민교정에서 방규환씨 개회로 회장 김학형 부윤府尹의 식사와 이동종 공보원장의 약력 보고가 있은 후 한독당을 대표한 김원기씨의 북받쳐 오르는 울음 섞인 애도사에 이어 선생의 위덕을 사모하는 개성고 학생들의 조가가 있은 후 폐회하려고 할 때에 전풍(全豊 : 27)군이 회장에 나타나 충의맹서라고 혈서를 쓰는 것을 중지케 하였다 한다. 〈경향신문 1949년 7월 7일〉

■부산 화가 서태문씨, 초상화를 기증

보수동 2가에 양화연구소를 가지고 있는 서태문씨는 민족의 거성 고故 백범 김구 선생의 초상화(肖像畫 25호)를 심혈로써 그려 지난 5일 애도식에 앞서 경남도 장의위원회에 기증하여 고 선생을 추모하는 일념을 보여 왔음에 동 위원회의 감격은 물론, 일반 사회인으로 하여금 고 선생을 추모하는 정을 초상화로 통하여 고故 선생을 대한 듯 더욱 애통케 하였다 한다. 〈부산신문 1949년 7월 7일〉

■광주 애도식에 화교 70명 참석

비 내리는 7월 5일 광주 중앙초등학교 교정에서 거행된 고故 백범 김구 선생 애도식에 참석한 재광在光 화교華僑 대표 왕봉강씨 외 70명은 상오 11시 반, 한독당 전남 도당부를 방문하여 김구 선생 영전에서 제문 낭독과 아울러 분향배례한 후 조위금 2만 원과 화환 일쌍을 올리었다. 〈자유신문 1949년 7월 7일〉

■비 내리는 광주 중앙교정서 추도식 엄수

우리 민족의 자유와 독립을 위해서 일생을 조국에 바친 위대한 민족의 지도자 백범 김구 선생 국민장일인 지난 5일에는 하늘도 선생의 영면을 슬퍼하였는지 그 전날 밤중부터 숙연히 내리기 시작한 부슬비는 그칠 줄 모르고 이 땅을 적시고 몸부림을 치며 흐느껴 우는 겨레의 애수로 한결 더 애통하여 단장의 비애를 자아내는 가운데 고 김구 선생의 추도식은 거행되었다. 이날 오전 10시, 부내府內 중앙초등학교 교정에는 내리는 비를 무릅쓰고 미치려는 듯이 모여든 일반 부민府民으로 바다를 이루었다.

정각 10시 30분 주최 측인 국민회 김신근씨의 사회로 눈물의 추도식으로 들어가 경찰악대의 처량한 조악이 있은 후 국민회 원광규씨의 식사에 이어 한독당 김필중씨로부터 다만 애국애족에 불타는 혁명가 김구 선생의 밟으신 성스러운 일생의 발자취를 소개하는 약력 보고로 더욱 머리를 숙이게 하였다. 다음에 이 전남지사, 오 광주지방법원장, 국민회 김용환씨 등의 애끓는 추도사가 있었고, 전남여중 합창대의 한없이 구슬픈 추도가 합창으로 뼈저린 슬픔을 자아냈다. 숙숙히 내리는 빗속에서 고이 잠드신 선생의 영령에 대하여 엄숙한 묵상을 올린 다음 동同 11시, 우수에 가득 찬 추도식을 끝마치었다. 〈호남신문 1949년 7월 8일〉

■애수에 잠긴 각지, 백범 선생 애도식 성대

수원水原에서 고故 김구 선생 애도식은 5일 오후 2시부터 매산초등학교 교정에서 수만數萬 명이 모여 엄숙히 거행되었는데, 식순은 수원중학 악대의 조가 합주로 개식되어 한독당 수원군당 위원장 윤태중씨의 식사式辭와 동同 부위원장 이종원씨의 백범 선생 약사낭독, 수원여중과 매향여중의 조가 합창과 동 당위원장의 분향, 관공청을 대표하여 민 군수郡守의 눈물을 머금고 애끓는 조사와 각 단체 대표자의 분향이 있은 후 수중水中 악대의 장송곡으로 끝났다. 동同 애도식이 시작되자 부인들이 땅을 두드리며 우는 통곡은 군중의 가슴을 어이하는 듯, 남자들의 훌쩍훌쩍 울음소리는 물결치는 소리와 같았다. 그리고 동同 군당부에서는 7월 말까지 조문을 받기로 하였다 한다. 〈자유신문 1949년 7월 8일〉

■백범 선생 애도식 성대

위대한 애국자 백범 김구 선생이 영원히 잠드시는 날, 대전大田의 국민장은 5일 하오 1시 반부터 대전중학교 교정에서 전全 대전 인구의 3분지 1에 해당한 약

4,5만 명의 시민이 참석하여 엄숙하게 집행되었다. 이날 전 시가는 일제히 애도의 철시를 단행하고, 각 가정·상가에는 조기가 애절한 심금을 울리며 쏟아지는 자우에 축축히 젖었다. 정각 전 비내리는 장례식장에 모여든 군중들은 처음부터 끝까지 흐느껴가며 고 백범 선생의 명복을 빌고, 각계 각층의 조문과 군악대의 조악·조포에 학생의 추도가 등 고인의 유지를 받들 것을 맹서하였다.

〈자유신문 1949년 7월 8일〉

■청주 애도식 성대

5일 하오 1시 30분부터 청주에서는 청주부淸州府 급及 한독당 청주당부가 중심이 되여 부내府內 중앙초등학교 교정에서 고故 백범 선생의 참변을 슬퍼하는 듯이 내리는 궂은비를 무릅쓰고 모여든 부내府內 남녀학생, 관官 민民 등 수만數萬 군중이 참집한 가운데 고 백범 선생의 추도식을 엄숙히 거행하였다.

〈자유신문 1949년 7월 8일〉

■목포 애도식 성대

3천만 민족이 한결같이 애통에 넘친 고故 백범 김구 선생의 국민장 애도식은 당지 목포에서도 지난 7월 5일 오후 1시를 기하여 부내府內 유달초등학교 교정에서 엄숙히 거행되었다.

이날 아침부터 내리는 가랑비는 하늘의 눈물인지 한층 더 우리 민족의 애통을 자아내는 듯 태극기에 매달린 흑포黑布 마저 함초롬이 젖었건만 장내는 입추의 여지없이 인산인해人山人海를 이룬 가운데 국민장 목포위원회 총무 조규상씨의 사회로 개식선언, 조포, 국기경례, 애국가 봉창이 있은 후 목상木商 악대의 장엄한 조악에 이어 부위원장 김성호씨의 비분에 넘치는 식사와 신종진씨로부터 고 백범 선생의 약사보고를 마치고 여중생들의 애도가, 불교단 대표의 독경에 들어가 관공서 대표로 지방법원 목포지원장 김종규, 해군 목포 경비부사령관 정철모, 재목在木 중국인中國人 대표代表, 국민회 대표 천진철, 민국당 대표 오재균, 기자단 대표 위계영씨 등을 비롯하여 각계 각층 대표들의 애도사는 한층 이 날의 비통을 새롭게 한 바 있었다. 이어서 목상木商 악대의 비장한 장송곡으로 동 오후 3시 15분 경, 역사적인 고 백범 김구 선생의 국민장 애도식은 종막되었다.

〈동광신문 1949년 7월 8일〉

■순천 애도식

백범 김구 선생의 추도식은 순천에서도 전국의 국민장이 거행되는 5일 하오1시부터 순천극장에서 국민회 조병준씨 사회로, 성동준씨의 식사에 이어 백범 선생의 약력 보고, 분향, 각계인사의 추도사가 있은 다음 두 시 경에 폐회하였는데, 이날은 역시 순천에서도 가무음주를 철폐하고 전 시민이 경건한 추모의 뜻을 표한 바 있다.

● 영산포

고故 김구 선생의 국민장은 중앙에 호응하여 영산포에서도 장의위원회를 지난 1일 각계각층을 망라하여 결성하고 만반 준비를 갖추고 있던 바, 지난 5일 오전 10시부터 영산포 서국민교 강당에서 애도식을 엄숙히 집행하였다.

● 나주

고故 백범 김구 선생의 애도식전을 나주서도 중앙에 호응하여 지난 5일 오후 1시, 나주 극장에서 각계 각층의 다수 인사가 참집한 가운데 엄숙히 집행하였다 한다. 〈호남신문 1949년 7월 8일〉

■김구 옹 애도식 진례에서 거행

경남 진례면 주최로 지난 7월 5일에 진례초등학교 교정에서 개최된 고故 백범 김구 선생 애도식은 우중雨中임을 무릅쓰고 모여든 다수 읍민이 참석한 가운데서 엄숙리에 거행되었다고 한다. 〈자유민보 1949년 7월 8일〉

■경주 추도식 거행

지난 7월 5일 마지막 백범 선생이 이 땅, 이 겨레를 뒤에 남기고 유명의 길로 떠나신 날에 방방곡곡에서 3천만의 통곡성은 컸었다. 이날 경주군에서는 16면面을 단위로 남녀노소를 할 것 없이 이른 아침부터 열을 지어 장례식장에 모여와 곳곳마다 곡성이 그칠 줄을 몰랐다. 더구나 분향을 하려고 모여드는 조객들의 통곡성은 가슴이 무너지도록 슬프며, 이리하여 애도의 이 하루를 넘겼던 것이다.

평생을 조국광복에 바치신 우리의 위대한 지도자 고 백범 김구 선생의 국민장으로 결정된 5일. 경주에서는 경주 애국단체연합회 주최로 각 관공서, 정당, 사회, 종교단체, 각 중등학교, 일반 등 무려 수천 명이 참집한 가운데 당지 극장에서 선생의 봉도식을 거행하였다. 이날은 하늘도 선생의 영면을 슬퍼하는 듯 구름은 한갓 짙어지고, 비가 패연이 내리고 상점, 요리집 모두 선생의 명복을 빌기 위하여 조기를 달고 휴업한 가운데, 오후 1시 국민회 부회장 손수문씨의 개회사로부터 식은 시작되어 선생의 경력을 발표, 눈물을 자아내는 근화여중의 봉도가와 눈물 반 울음 반의 20여 통의 조사가 끝난 다음 오후 3시 경 식을 마쳤다.

〈자유신문 1949년 7월 8일〉

● 김천

고 백범 김구 선생 장례식을 거행하는 지난 5일, 김천서도 국민회 청년단 등 사회단체 연합 주최로 당일 오후 1시부터 김천극장(우천관계로)에서 관민 수천 명이 회합하여 성대하고도 엄숙한 봉도회를 거행하였는데, 당일은 가가호호에 조기를 게양하여 전 시민은 선생의 영령에 애도의 뜻을 표하였다.

● 영일

영일군 흥해국민교정에는 지난 5일 하오 1시부터 관민 유지 다수 참집아래 고 백범 김구 선생 봉도식을 거행하였는데, 부슬부슬 내리는 빗방울은 선생의 서거를 슬퍼하는 선열지사의 눈물인 듯 엄숙한 가운데 국기향배, 애국가 봉창, 명복기원의 묵상이 있은 다음 한청 단장 정원식씨로부터 약력 보고, 이어 당지 부면장 정동섭씨를 비롯한 각 관공서 대표의 간곡한 봉도사가 있은 후 하오 2시 경 폐식하였다. [흥해]

〈영남일보 1949년 7월 8일〉

■조객 4천여 명, 백범 호상소 발표

고 백범 선생 호상 전남연락소에서는 한독당 전남도당부 도장에 봉안하였던 분향소에 각지에서 답지한 5일 현재의 조객 및 부의금 내용을 다음과 같이 발표하였다.

가)조객 4,281명　나)조전 74통　다)혈서 5통　라)만장 및 제문 31통

마) 화환 32쌍　바)조위금 92만 9,030원

〈동광신문 1949년 7월 9일〉

■의령에서 추도식 거행

평생소원이던 남북통일을 눈 앞에 그리며 이를 보지 못하고 불의 참변을 입고 영면하신 고 백범 선생의 애도식은 우천으로 인하여 의령 공회당에서 엄숙하게 거행하였는데, 이날 새벽부터 내리는 폭우는 피 묻은 70평생을 애도하는 듯 그치지 않아서 나이를 무릅쓰고 운집한 관민들은 영원히 잠든 거인의 유업을 계승할 새로운 각오를 말하는 눈물과 함께 굳게 맹서한 바 있었다 한다. 〈부산일보 1949년 7월 9일〉

■삼천포에서 애도식 거행

고 백범 김구 선생 국민장 삼천포 애도식은 지난 7월 5일 오후 1시 정각, 삼천포 극장에서 수천 시민이 참집리에 개식되어 먼저 국민의례가 있은 다음 위원장 김종윤씨의 식사를 마치고, 읍장 이하 각 단체 대표의 눈물겨운 조사가 있은 후 조악대 조악으로 오후 3시 경 비장하고 엄숙한 가운데 폐회하였다.

〈부산일보 1949년 7월 9일〉

■백범 선생 추도회, 논산에서 엄수

70평생을 조국광복에 희생한 고 김구 선생의 논산읍 추도회는 국민장일이였던 지난 5일 하오 1시, 논산극장에서 장엄하게 거행되었다. 정각 전부터 세우細雨를 무릅쓰고 운집한 만여 명 군중으로 장내는 문자 그대로 입추의 여지가 없는 가운데 3발의 조포로 추도식은 시작되였다. 대건大建중학생의 주악에 이어 국민의례를 마치고 윤尹 군수를 비롯하여 각계 대표 조사와 분향이 있은 후 하오 4시 종료하였는데, 애절히 방성통곡하는 부인들의 모습은 군중의 애수를 한층 더 깊게 하였다.

〈조선일보 1949년 7월 9일〉

■각지에서 추도식 엄수

● 여수

고 백범 김구 선생의 추도식은 여수에서도 중앙에 호응하여 국민회 여수지부 주최로 지난 5일 오후 1시 여수 시민극장에서 수많은 군중이 극장 내외에 운집한 가운데 애도리에 거행되었다.

● 함평

함평군의 고 김구 선생 애도식은 지난 5일 오후 1시 함평극장에서 엄숙히 거행되었다.

● 장성

장성에서의 고 김구 선생 애도식은 5일 정오 읍회의실에서 개최되었는데, 비통한 가운데 엄숙히 집행되었다.

● 고흥

고 백범 김구 선생의 고흥군 장의위원회에서는 지난 5일 오전 10시 군청강당에서 관민官民 다수 참집리에 엄숙히 추도식을 거행하였다 한다.

● 순천

고 백범 선생의 추도식은 순천서도 5일 오후 1시 순천극장에서 관민 다수 가운데 엄숙히 거행되었다.

● 학교

고 김구 선생의 장례식은 학교서도 지난 5일 오후 1시 학교중학교 광장에서 7천여 면민面民 운집리에 엄숙히 거행되었다. 〈호남신문 1949년 7월 10일〉

■영덕에서 추도식 엄수

고 백범 김구 선생님의 장의일葬儀日을 당하여 영덕에서는 지난 5일 폭우가 내림에도 불구하고 오전 11시부터 영덕초등학교 대강당에서 모여드는 수천 조객과 사회단체, 관공서 관장리에 봉도식을 엄숙히 거행한 바, 조趙 군수를 비롯한 10여 통의 애처로운 봉도사와 눈물로서 종료하였으며, 당지 기독교회에서는 당일 오전 5시부터 장로교 예배당에서 봉도예배가 있었고, 평소에 선생을 특별 도모하던 이례식李禮植 옹翁도 봉도식을 거행하였다 한다.

● 봉양(의성)

고 백범 선생 국민장에 따른 봉도식을 지난 5일 오전 11시 봉양초등학교 대강당에서 관민 다수 모인 가운데 면장 사회로 개회되어 비통에 극한 애도사에 조객의 두 눈에는 눈물이 맺혔으며, 선생의 유지를 받들어 남북통일의 결의도 굳게 고인의 명복을 빌고 엄숙한 가운데 폐회하였다.

● 청송

고 백범 김구 선생 청송군 봉도위원회에서는 7월 5일 하오 1시 창경루에서 김구 선생의 피습 당시를 슬퍼하는 듯 눈물을 연상하는 비 내리는 이 날, 식에 참가하려고 비를 무릅쓰고 모여드는 천여 명이 참집한 가운데에서 엄숙하게 개식 선언이 있은 후 조객은 비분과 애도의 정 넘쳐흐르는 광경을 이루고, 식을 마치고 조의금을 즉석에서 접수하였는데, 이 조의금은 위원대표 문수혁씨를 불일 내로 서울에 파견하여 국민장위원회에 전달하리라 한다. 〈영남일보 1949년 7월 10일〉

■고 백범 선생 조의금 전달

한독당 대구지당에서는 고 백범 선생 서거에 제하여 관민 제위로부터 경건한 조문과 후대한 조의금을 받아 무한한 감격을 느끼는데 동당同黨 경유 조객록과 조의금은 서울 경교장 상가喪家로 전달하였다 한다. 〈영남일보 1949년 7월 13일〉

■김 국장, 국민장 집행에 담화

고 백범 선생의 장례식을 무사히 집행하게 된 데 대하여 5일 밤, 김 경찰국장은 기자에게 다음과 같이 말하였다.

「작 4일 오전 9시부터 초비상경계에 돌입한 본 경찰국과 관하 각 경찰서에서는 작야 일제 검색을 한 결과, 시내 각처에서 삐라와 불온문서 급 벽보 등을 압수하는 한편 야외에서 비밀회의를 하는 것을 습격하여 사전에 일망타진하였다. 소위 좌익에서 통곡대를 조직하여 각 연도에 집중한 군중 속에 잠입시키어 민심을 소란케 할 계획이었으나 이도 역시 미연에 탐지되어 좌절되고 말았다. 공산당에서는 금번 국민장례식을 계기로 하여 적극적으로 치안교란에 노력하여 왔으나 그 역시 다 수포로 돌아가고 말았다. 정부에서 물심양면으로 최선의 원조로 받들었으며, 고인 백범 선생을 보내는 시민 여러분께서는 정부에 협력하여 문자 그대로 국민장례식을 엄숙히 보게 되었다. 끝으로 본관은 시민 제위로부터 협력하여 주신 데 대하여 감사의 뜻을 거듭 표하는 바이다.」 〈조선중앙일보 1949년 7월 7일〉

■장의 무사히 완료, 장 내무차관 치안 상태에 언급

장 내무차관은 작6일 기자단과 회견하고 지방자치법 실시, 김구 선생 장례일의 치안상태에 대하여 다음과 같이 말하였다.

- 김구 선생 장례일 치안상태 : 좌익의 모략과 이북으로부터 들려오는 평양방송 등으로 보아 다소 염려는 되였으나 아무런 사고 없이 무사히 끝마치었다.

〈조선중앙일보 1949년 7월 7일〉

■적막한 경교장, 주인 잃은 자동차가 한층 더 애절

전 민족을 들어서의 애도와 감격과 흥분 속에서 고 백범 김구 선생의 국민장은 5일, 효창공원의 하관식을 마지막으로 엄숙히 끝났다. 그 익일(6일) 아침, 기자는 다시 한 번 고 백범 선생의 생전의 모습을 그 곳에서 찾아 보고자 경교장을 방문하였다. 이미 오전 10시라고 하는데도 그 곳을 드나드는 인적이라곤 보이지 않고, 무료히 의자에 걸터앉아 적문을 쥐고 있는 경비원 3, 4인과 이번 장사 통에 부서진 문틀을 고치고 있는 목수가 눈에 띌 뿐….

참변 이래 열흘 동안의 번잡에 비하여 경교장은 절기 지난 해수욕장인양 너무도 한산하고 적막하였다. 정원으로 들어서자 현관 정면에는 주인 없는 자동차가 마치 지난날 생존하신 선생을 대기하고 있는 듯 한층 애절감을 돋게 하는데, 마당 한구석에서 선생의 시의를 태우는 냄새와 함께 한 줄기 연기만이 맥없이 피어올랐다.

현관을 들어서자 그 동안 터질 듯이 각처에서 모여들은 사람들은 볼 수 없고, 지난 밤 묘소에서 늦게야 돌아온 몇몇 사람만이 아직도 피로가 가시지 않은 눈을 부비며 어수선한 마루와 방을 소제하고 있을 뿐이었다. 아래층 동남 편으로 있는 방 이곳은 오락실이었는데, 초상 중에는 건국실천원양성소의 청년들이 쓰던 방이다. 그 동안 혼란과 비통 속에서 아무의 시선도 끌지 못했던 미완성 석고상(石膏像)이 쓸쓸한 방안에서 전에 없이 눈에 뜨이고 있으니, 이것은 선생의 자당의 입상(立像)으로 효성이 지극한 선생은 이것의 완성을 하루 같이 기대하셨다는데, 앞으로 일주일 이내면 완성하리라는 것을 보시지도 못한 채 흰보에 쌓여 형언하기 어려운 비수에 쌓인 어머니의 상을 남겨두고 돌아가신 것이라고 한다.

▲ 김구 선생의 자당 곽낙원 여사의 석고상

2층 선생이 흉변을 당하신 서남쪽 구석방에는 지금도 돌발사건 당시 그대로 피에 젖은 의자가 놓여 있고, 방 정면에는 선생이 놓아두셨던 대로 선생의 자당과 부인의 사진이 선생의 책상 위에 놓인 선생이 애용하시던 책들을 애수에 잠긴 얼굴로 내려다보고 있다.

장의위원회에서는 이 방을 이대로 영구히 보관한다

는 말을 하였는데, 그렇게 된다면 장식없는 방안의 모습이 선생의 검소한 성품을 그대로 말하여 줄 것이며, 유리창에 남은 역력한 탄흔(彈痕)은 후대의 사람으로 하여금 당시의 참변을 눈물과 분노로 길이 회상케 하여주리라. 그러나 역시 선생은 가시고 말았다. 상주 신씨는 수심도 가득히 기자가 감상을 묻는데 대하여, "어버이를 잃은 사람의 마음은 다 같을 것인데, 무슨 다른 할 말이 있겠오." 하고 쓸쓸한 웃음을 지었다. 그리하여 기자는 지금은 맥없이 적막한, 역사적인 사건을 치른 경교장에서 무연憮然히 나섰다. 〈조선일보 1949년 7월 7일〉

■주인 잃은 경교장, 허전히 밤만 깊어 간다

주인 백범 선생의 영구마저 잃어버린 경교장에 밤은 깊어 간다. 문 앞에 있는 팔각등도, 이제는 누구를 기다릴까! 하고 탄식하고 있다. 뒤뜰 나뭇가지를 흔드는 밤바람 속에 고 백범 김구 선생의 슬픈 이야기의 줄거리가 한없이 풀린다. 4일 날 밤까지는 조문객의 곡성도 들을 수 있었고 선생의 명복을 비는 찬미가 소리도 귀담아 들을 수 있더니…… 이제는 곡성도 찬미가 소리도 들어 볼 길 없구나.

항상 선생이 홀로 앉아 시문을 읽고 글을 쓰시던 2층 침실에도 손수 밥을 지어 잡수시던 냄비와 밥그릇이 불 꺼진 빈 방안에 넋두리하고 있는 것이 다만 집을 지키던 노고老姑의 흰 머리칼에 밤은 소리 없이 내리고 밤마다 선생을 찾던 어두운 저녁 하늘의 달빛이 주인 백범 선생을 다시 한번 찾아보는 듯, 유리창 틈으로 새어든다. 수 10만 명 조객의 발자욱이 판백힌 넓은 앞뜰 푸른 잔디밭에는 울고 간 조객들의 눈물 자욱이 이슬처럼 어리었다.

경교장은 마치 광량한 광야와도 같다. 주인 잃은 집이 이처럼 허전하기 짝이 없을 때 이 나라의 거성이 하나 둘 떨어져 가고 있으니…… 이 또한 나라 안도 쓸쓸한 감이 든다. 남북통일은 이루어져야 하고 민생은 윤택해져야 할 것이 아닌가! 아래층 광실에 서있는 모당母堂의 초상肖像 치마 쪽에는 생존시에 고 백범 선생을 포옹하고 자장가를 부르시던 고 김구 선생 모당母堂의 눈물이 젖은 양하다.

■바람속의 경교장, 명도明渡냐 기념보존이냐 최창학씨의 태도가 주목처注目處

–어떻게 될 것인가? 고 백범 선생의 입김이 가시기도 전에 이 웬 말?–

고 백범 김구 선생이 세상을 떠나신 뒤, 황량한 비풍만이 세상의 무상함을 말하는 듯 감돌고 있는 그 뒤의 경교장은 앞으로 어떻게 될 것인가? 강철의 투지로써 오로지 민족해방과 자주독립을 위하여 왜적의 간담을 서늘하게 싸워왔고, 해방 후 환국하여 오늘에 이르기까지, 남북통일을 위하여 「나는 다시 짚신감발하고 독립운동을 하여야겠다」 「3·8선을 베개 삼고 조국을 위하여 목숨을 바치겠노라」고 목 놓아 울던 김구 선생!

바로 김구 선생이 환국 이래 계신 곳은 최창학씨가 임정요인 숙사로 내놓은 오늘의 경교장으로써 김구 선생이 세상을 떠나신 오늘날, 과연 항간에 도는 말과 같이 경교장 가옥 소유주인 최창학씨로부터 명도령明渡令을 받고 있는 것인지 또는 경교장을 민족의 이름아래 「김구 선생 유적 기념관」으로 보전하여, 영원히 민족정신의 산 기온이 되게 할 계획인지, 경교장은 김구 선생의 뜨거운 입김이 식지도 않은 오늘 서글픈 항간의 낭설로 일반의 가슴을 산란케 하고 있는데 이 기로에 처한 경교장을 싸고 앞으로 최창학씨의 태도는 어느 모로 나올지, 그의 애국지정을 좌우하는 기회로서 극히 주목된다.

● 말 못하겠다 최창학씨의 담談

별항 경교장문제에 대하여 12일 문제의 최창학씨의 의견을 타진하였던 바, 다음과 같이 말하였다. 「집 문제에 대해서는, 나는 전혀 말 못하겠다. 항간에서는 경교장이 기념관으로 되었느니 안 되었느니 말이 있으나, 나는 모를 일이다. 아직 장의위원 측으로나, 김구씨의 측근자 혹은 상주로부터는 이 문제에 대한 아무런 교섭도 없다. 그리고 장차 이 집 문제에 관하여도 말을 못하겠다.」

■민족의 영웅추모

● 백범기념관 창설요創設要

우리가 백범선생의 서거를 애석하게 여기고 비통하게 생각하는 것은 첫째로 김구 선생이 우리의 둘도 없는 위대한 지도자로 일제와 싸우고 남북통일을 위하여 싸우다가 그 뜻을 못 이룬 채 동족의 손에 흉변을 당하게 되었기 때문이니 우리가 지금 눈물을 흘리며 호곡함도 당연 이상의 일이다. 그러나 다만 애통하여 낙루하는 것만이 선생의 유덕을 추모하는 길이라 할 수 없으며 냉정을 실하여 일시적인 흥분으로 시종하는 것 역시 선생의 유지를 계승해야 될 우리의 본의가 아닐 것이다.

길이 선생을 잊지 말고 국민으로 하여 길이 선생의 뒤를 따르게 하기 위하여 백범 선생을 기념하는 거족적 사업을 일으켜 조국통일국민운동을 강력히 추진시키는 것이 선생의 유덕에 보답하는 길일 것이다. 이에 환국이후 서거직전까지 기거하시던 유서 깊은 경교장을 그대로 백범기념관으로 국보國寶로서 영구 보존케 하도록 하되 동 기념관 조성기금을 국가에서 부담하든지 사불득기事不得己하면 일반국민에게서 거출하더라도 영세한 부담으로 족할 것임을 제언한다.

〈자유신문 1949년 7월 6일〉

■호소문

백범 김구 선생을 살해한 민족 반역자 안두희를 애국자로 명명한 자 그 누구이었던가? 이제 그 진상이 백일하에 드러날 날은 하루하루 다가오고 있다. 70평생을 이역풍상에서 조국의 광복과 민족의 자유를 찾기 위하여 몸과 마음을 바쳐 오신 백범 김구 선생이 해방된 조국 땅에 돌아와 갈라진 강토를 다시 잇고 나누어진 겨레를 한데 모아 남북이 통일된 완전 자주독립 국가를 세우고 자손만대에 남에게 욕되지 않는 사회를 만들어 주시려다가 흉한의 손에 쓰러지신 지 벌써 12년의 세월이 흘러갔다. 그동안 반역의 대죄를 범한 안두희란 자는 오히려 거리를 활보했고 치부호화 하였건만 그 진상이 밝혀지지 않고 있었음은 무엇을 말하는 것인가? 이는 두말할 것 없이 그 배후에 집권자가 있었기 때문이었던 것이다.

선생이 귀국하시기에 앞서 멀리 상해에서 조국강산을 바라보시며 "이 겨레의 나갈 길이 순탄치 않구나! 하시던 말씀이 아직도 우리의 귓전에 사라지지 않았건만 우리들을 이 땅에 맡겨 놓고 가시게 된 것은 선생이 조국 땅에서 어떠한 외국의 권력도 물러가고 두 개의 정부를 만들지 말라고 외쳤던 까닭이다.

선생이 흉변을 당하시던 날 그 시간 전에 벌써 헌병들은 경교장을 포위했고 총성과 함께 달려든 헌병들은 검사의 현장검증을 거부할 뿐만 아니라 서대문 경찰서장의 경교장 입장을 거절하고 범인 안두희는 애국자로 헌병사령부 의무실 침대에 높이 모셨던 것이다.

선생의 비보를 들은 국민들이 전국적으로 물끓듯 일어나지 않았던들 범인 안두희는 감옥에조차 가지 않았을 것이다. 노도와 같이 밀려드는 겨레의 통곡소리에 낙담한 집권자들은 선생을 살해해 놓고 국장을 하자고 우겨대는 한편 대통령,

국무총리를 비롯한 각 기관장으로 하여금 경고문, 성명서, 담화문 등을 발표하여 안두희의 범행을 애국적인 양 합리화하면서 군재에서는 허위조사서를 작성하여 이 어마어마한 천인공노할 대사건을 단 4일 동안에 결심하고 불법재판을 했었던 것이다. 국민의 여론이 두려워 종신형을 언도는 하였으나 그 신변이 자유 자재하였음은 말할 것도 없거니와 일년도 못되어서 감형했고 중요기관 문관으로 특채할 뿐만 아니라 형면제 처분이라는 음흉한 작란을 감행하였던 것이다.

일개 필부를 죽였어도 살인범으로 사형에 처하거늘 하물며 위대한 애국자요 민족의 태양인 백범 김구 선생을 살해한 자를 사면한다는 것은 민족의 이름으로 용서할 수 없는 것이다.

이승만 독재가 이렇게 하기를 한두 번이 아닌 죄과를 범하고 민족을 도탄과 기이에 몰아넣고 마지막에는 어린 학생들의 선혈을 뿌리게까지 하지 않았던가. 이승만 역도들의 죄악이 민족의 이름으로 처단될 날이 오고야 말 것을 예측한 간악한 무리들이 이승만을 도피케 한 것을 우리는 알고 있다. 그러나 그 저지른 죄과는 이제부터 폭로될 것이며 그와 동조했던 공범자들의 마각도 드러날 날이 다가오고 있다.

작년 6월 26일 선생이 가신 지 11년 만에 그동안 한 번도 자유로히 가져 볼 수 없었던 추도제를 올렸다. 억수같이 퍼붓는 험궂은 날씨에도 추도의 인파는 효창공원을 메웠고 비분절통한 통곡소리가 강산을 뒤흔들 적에 우리는 스스로 결심한 바가 있었다. 이 겨레의 나갈 길이 민족정기를 바로잡는 것밖에 없다는 것을 깨달은 우리는 그 즉석에서 백범김구선생살해진상규명투쟁위원회를 조직하고 결의문을 채택한 후 구슬피 내리는 비를 맞아가며 시가로 데모행진을 하였고 뒤이어 진상규명을 당국에 요구하였으나 당시 과도정부 허정내각은 이를 묵살하고 말았던 것이다. 제2공화국이 수립된 후에도 계통당국에 그 조사를 요청했고 (시역의 고민)이라고 하는 간행물에 의한 명예훼손죄로 제소하여 법정투쟁을 전개하였으나 범인 안두희를 수사 중이라고만 하면서 즉시 입건 취급치 않고 5,6개월을 끌어 오다가 종래에는 시효가 지났다는 이유로 소장을 기각하고 말았다.

그리하여 본 투위는 그 배후관계를 조사하기 시작하여 무려 10개월 동안 혈투한 끝에 비로소 그 전모를 파악하기에 이르렀고 안두희의 소재를 탐색한 후부터는 그를 연행하는 날까지 시종 그 주위를 지켰던 것이다.

우리는 범인 안두희의 처단은 물론이려니와 그 배후를 철저히 규명하여 민족의 앞에 단죄함으로써 후일에 다시는 민족과 국가를 망치는 역도가 나지 않도록 하자는 데서 오히려 신원을 보호해왔던 것이다.

그러던 중 4월 17일 하오 돌연 안두희가 종로거리에 나타나 본 투위 간사이며 한국독립당 조사위원회의 김용희 동지와 마주치게 되자 이를 추격한 끝에 드디어 극적인 연행을 하고야 말았다. 당국에서 잡지 못한 안두희를 검찰에 인계하고 진상규명을 강력히 요청하였으나 아직도 정식 구속조차 집행되고 있지 않은 것은 민족적 공분을 다시금 폭발케 하는 것이다.

이러한 현실에 직면한 본 투위 위원장 김창숙 옹翁은 18일 상오 긴급회의를 한국독립당 사무실(종로2가 장안빌딩206호)에서 소집하고 그 진상이 규명될 최후의 일순까지 투쟁을 결의하는 한편 즉각 대표를 선출하여 윤 대통령, 장 국무총리, 곽 민의원의장, 현 국방장관, 이 검찰총장을 역방하고 그 진상규명을 요청하였으나 형식적인 법 이론에만 구애하여 아직도 단안을 못 내리고 있는 실정에 있다. 4.19를 혁명이라 하여 이승만을 내쫓고 그 일당을 엄벌하는 이 마당에 있어서 불법조처 할 안두희를 어찌하여 재심할 수 없단 말인가? 원래 본건은 이승만이 안두희의 범행을 정당화시켜려는 의도에서 사전모의로 그 진상을 전부 범인을 애국자로 대우하면서 그로 하여금 허위진술을 시키고 그것을 근거로 날조 처리한 것임을 우리는 너무나 잘 알고 있기 때문에 이것을 불법재판이라고 주장하는 바이다. 그러한 이승만의 반민족적인 살인행위를 합법화시키려는 것은 고의로 민족정기를 말살해 버리려는 것밖에 아무 것도 아닌 것이다.

만일에 이 문제가 민족정기와 국민윤리에서 이탈하여 그 진상을 규명하지 않고 넘어간다면 앞으로의 삼천만은 모두 국가와 민족을 저버리는 길로 나설 수밖에 없는 것을 통탄하지 않을 수 없다.

이에 본 투위는 각 정당사회단체의 이름으로 전 민족 앞에 호소하여 부정과 불의에 항거하고 이 사건의 진상을 규명코저 단호한 전 국민적 투쟁을 통하여 목적을 달성코저 하는 바이다. 조국만을 사랑하시던 백범 김구 선생의 그 거룩한 이념과 고귀한 정신은 아직도 가슴 속에 깃들어 있다. 북쪽 하늘을 바라보시며 삼팔선을 넘어 가실 때 "이북동포도 내 동포요, 이남동포도 내 동포인데 분열하면 민족상잔의 혈루로 이 강산을 비참하게 만들 것이고, 합하면 자유와 행복을 누릴 수 있다" 고 하시던 그 말씀이 이제 우리들을 불러일으키고 있다.

겨레여! 다같이 뭉쳐 한마음 한뜻으로 선생의 유지를 받들고 민족정기를 다시 살리자. 그러기 위해서 안두희 배후의 정치적 음모를 철저히 규명하려는 본 위원회에서 결정한 투쟁방침에 따라 다같이 공동투쟁을 전개할 것을 전 민족 앞에 호소하는 바이다.

단기 4294년 4월 22일

백범김구선생살해진상규명투쟁위원회

■백범 선생님을 추모하면서

김학규(한독당 조직부장. 한국광복군 3지대장)

民族正氣가 痛哭할뿐…

―38線이 무너지지않는限 平和도 獨立도 없다―

先建設 後統一이란 詭辯

曠野의 소리

지금으로부터 20년 전에, 그러니까 1949년 6월26일 정오 12시 35분이었다. 경교장 2층에서 요란한 총성이 울렸고 이 총탄을 맞고 쓰러진 분이 어찌 민족의 지도자 백범 김구 선생일 줄이야!

일평생을 조국의 독립을 위하여 죽음을 무릅쓰고 잔악한 일본 제국주의에 투쟁한 백범선생님을 왜놈의 총탄도 아닌 내 동포가 사살하다니 어찌될 말이냐! 슬프다! 삼천만 동포의 통곡은 천지를 흔들었고 산천초목도 그 생기를 잃고 슬퍼했다. 그러나 이승만과 그 도졸은 죽여도 시원치 않는 살해범 안두희를 무기징역에서 1년도 못되어 형 감면 또 형 정지 그리고 군에 재복무시켜 육군 소위에서 육군 중령으로 진급시켜 가면서 호사시켰던 것이다.

여기 나 학규는 백범 선생을 회고하건데 뜨거운 혈루를 금치 못하는 바이다. 당신의 굶주림을 참고서 젊은 동지들을 격려하면서 상해 임시정부에서 한국 독립당과 광복군을 채찍질하던 일, 임시정부의 주석으로서 8·15와 더불어 귀국하시자 그해 12월 27일 소위 모스크바 삼상회의에서 우리 한국을 4개국 5개년 신탁통치란 결정을 보게 되자 백범 선생은 이것이 한국의 자주독립 원칙에 위반된다 하여 반탁운동을 전개하셨던 일, 그리고 1948년 4월, 이남에서 정부를 수립하면 이북에서 또 하나의 정부가 수립되며 이로써 동족상잔의 유혈을 초래케 되니 어떻게 하더라도 통일 독립의 정부를 수립해야겠다고 70노구를 이끌고 38선을 넘어 평양에 가서 남북협상에 참석했던 것이다.

1. 시종 대중을 기만한 연극

이즈음 신문지상에 김구 선생 피살 사건이 연재 되고 있다. 사직 당국으로부터 이 안건에 착수한 모양이다. 일반 국민은 이 문제에 대하여 관심이 자못 크다. 당연한 일이다. 물론 이 문제만큼은 어떤 곤란이 있더라도 철저히 밝혀야 했다. 일반 국민의 소원이다.

김구 선생은 우리 전 민족이 가장 숭배해 온 애국지도자였다. 김구 선생이 돌아가시던 날 우리 동포가 얼마나 애통했던가. 일생을 두고 조국의 광복을 위하여 쓸쓸한 외국 땅에서 고생하다가 해방된 내 땅에 돌아와서 내 동족 내의 원수의 손에 쓰러지다니! 너무도 비참한 일이었다.

김구 선생을 살해한 범인은 안두희라는 흉수였다. 그러나 범인 배후에는 무엇이 있었는가? 여러 가지로 종합해 볼 때 반드시 범인 단독 행위로 보기에는 그리 수긍이 되어지지를 않는다. 그 배후에는 필연코 커다란 무엇이 있지 않았는가? 일반 대중의 의아심은 시종 풀리지를 않는다. 이승만 정권은 대중의 이목을 가리우기 위하여 무척 고심했다. 그리하여 여러 가지로 연극을 꾸미었다.

첫째, 범인 안두희를 한국 독립당 당원으로 가장시키었다. 그리고 범인 안두희를 김구 선생이 가장 사랑하는 측근자라고 꾸미고 안두희는 김구 선생을 가장 숭배하는 자로 꾸미고 김구와 한독당이 북한 공산 정권과 내통하여 대한민국을 전복할 기미가 보이므로 애국 청년 안두희가 애국심의 충격에 의하여 일시적 충격으로 저지른 일이다 하고, 이는 어디까지나 한독당 내부 문제라고 넘겨씌웠다. 그런데 이 연극 각본을 꾸미는 데는 상당한 시간과 정력이 쓰여졌던 모양이다.

둘째, 자기네가 살해한 김구를 융숭한 〈국민장〉으로 모시었다. 물론 대중의 이목을 가리우자는 연극으로써 틀림없는 장난이며 병 주고 약주고, 뺨치고 달래고 온갖 잔재주를 다 부리었다. 그리고 눈물도 흘려주었다. 일등 배우들이었다.

셋째, 대한민국의 〈의사〉, 〈충신〉(?)인 안두희 소위를 군법회의에 회부하여 종신 징역이라는 형량으로 언도하였다. 그러나 언도를 받은 "죄수"는 육군 형무소에 가서 특권 행사를 하면서 그의 거처, 그의 식사 등 일체 생활 상태가 보통 생활 이상의 우대를 받았으며 그것도 얼마 안 가서 대통령 특명이란 특사를 받아 복권 절차도 없이 군직에 들어가 승진 또 승진을 거듭하였다. 이것이 국회에서 말썽이 되어 형식상 군적에서 제대를 시켜 놓고, 모 군의 후원으로 무슨 회사니 공장이니를 설비해 주어 일약 백만장자가 되었다.

필자는 김구 선생 피살 당시 한국 독립당의 조직부장직에 있었다. 돌이켜 보건대 살인귀 안두희 도당은 조직부장직에 있는 나에게 찰싹 달라붙어서 가진 아양과 재주를 부리어 그들의 검은 손길이 김구 선생 신변에까지 접근함에 성공했던 것이다.

나는 일생을 통하여 해외에서 자랐다. 그리고 걸어온 길은 양심에서 살고 의리에서 죽는 독립운동 뿐이었다. 오불꼬불한 권모술수, 이러한 잔재주 따위의 일은 모른다. 한 개의 청교도와도 같이 순진, 정직 그것 뿐이었다. 간악한 소인 지배들은 나의 순진성을 기화로 우리 김구 선생의 생명을 빼앗아 가고 또 한국 독립당을 때려 부수기 위하여는 조직부장인 나를 얼토당토 않은 구실을 꾸며 감옥에 쳐넣었던 것이다.

글쎄 날보고 강원도 지구에서 이북으로 넘어간 강, 표 두 소령을 월북시켰다니 이는 너무도 생트집이 아닌가. 나는 강 서방이고, 표 서방이고 일면식도 없는 사람이다. 이제 내가 친히 겪은 사실을 생각나는 대로 적어 보겠다. 워낙 우금 십여 년이나 된 일인지라 기억에 남은 것이 얼마 안 된다. 더욱이 시간과 장소에 대해서는 자신이 적다. 그러나 사건이 사건인 것 만치 내 머리에 심각한 인상이 남아 있으니 이제 하나하나 기록해 보련다.

2. 불길한 징조

1948년 저물어 가는 그해 12월 20일 경으로 기억된다. 내가 어느 날 저녁 김구 선생이 계시는 경교장을 향하여 가는 도중 서대문 못 미쳐 신문로 부근에서 최라는 청년을 만났다. 최 모라는 청년은 만주 봉천에서 알던 사람이다. 그는 나를 보더니 경례를 한 후, "오 선생님 참 잘 만났습니다. 그러지 않아도 뵙질 못해서 안타까워 했는 데요" 한다. "왜, 무슨 좋은 일이나 있나?" "아니에요, 좋지 못한 소식이에요" "뭔데, 그렇게 좋지 못한 소식인가?" "좀 주의해야 될 소식이에요." "주의! 뭔데" "지금 서북청년단 안에 김구 선생 암살단이 생겼는데 금명간 행동에 옮긴 데요. 그러니 금명간 며칠 동안은 주의하시란 말입니다" 그 최라는 청년은 매우 초조한 음성으로 나에게 이와 같이 말하는 것이었다. '그런 일도 있을 수 있을까?' 나는 반문하였다.

그 이튿날 아침이었다. 나는 김구 선생에게 최 모 청년한테 들은 대로 서북청년단 내에 암살단이 생겼으니 풍문이긴 하지만 좀 주의해야 되겠다고 말씀을 올렸다. "흥, 그놈들 항상 날 죽인다는 거, 그까짓 떠도는 소리 귀담아 들을 것 없어. 그 따위 소리 듣고 주의하고 어쩌고 하면 사기 저상해서 일을 하나? 아예 그런 말을 들으면 나에게 전할 필요도 없어!" 김구 선생의 무뚝뚝한 말솜씨였다. 2, 3일을 지나도 경교장에는 아무 일도 없고 그 해 즉, 1948년도는 평안히 지냈다. 최 모 청년이 나에게 전한 말은 거짓말이 되었다. 나는 최라는 청년의 실없음을 생각할 때 불쾌하였다. 그러나 이것이 불길한 예조였던 것만은 사실이 아닌가 생각된다.

3. 악당의 검은 손길은 나의 신변에 뻗치다. 〈백윤호와 홍종만〉

1949년 1월 경으로 기억된다. 내가 한미 호텔(충무로2가 100번지) 324호실에 자리 잡고 있을 때였다. 백윤호라는 청년이 나에게 찾아왔다. 그 청년은 워낙 내가 봉천서 우리 한인부대 장연민주자위군(長延民主自衛軍)이라는 군대를 만들었을 때 그 군대의 대원의 한 사람이었다. 봉천이 중공군에 의하여 함락될 때 거기서 퇴각하여 서울까지 왔다는 것이다. 문학빈(文學斌)씨의 부하로 있다가 무순(撫順)에 있는 중국 군관학교 동북 분교(中央軍官學校 東北分校)에 가서 공부하다가 무순서 탈출하여 왔다는 것이다.

그는 나에게 와서 하는 말이 '손에는 돈도 한 푼도 없고 굶어 죽게 되었노라' 고 하소연을 하기에 나는 그를 측은히 여기어 약 일주일 동안 우리 집에서 식사를 대접했다. 워낙 우리 집이 단칸집이라 손님이 오면 잘 곳은 없으나 먹는 것은 죽이거나 밥이거나 함께 할 수 있었다. 그리하여 백윤호도 먹기는 내 집에서 먹이고 자기는 자기 맘대로 나가 자라고 했더니 잘 곳은 얼마든지 있다는 것이었다. 이렇게 약 일주일 동안 내 집에서 먹더니 하루는 그가 나에게 말하기를 '대전에 자기의 친척이 있노라' 고 대전에를 가서 있겠노라 하기에 그러면 그러라고 했다. 아마도 우리 집이 불편하니까 그러나 보다 하였다.

백윤호가 우리 집을 나간 약 십여 일이 될까 말까 해서 그는 또 나를 찾아왔다. 자기가 지금 대전에 있는 것이 아니라 서울 시청 뒤 태평로 〈서북청년단〉에 가서 있노라고 하며 거기서 옛 친구 홍종만(洪鍾萬)이라는 사람을 만나서 구제를 받아, 먹고 자고 일체 생활문제는 걱정 없이 되었노라는 것이었다. 백윤호는 또 입을 열어 홍종만이라는 존재를 나에게 소개하는 것이었다. 홍종만이라는 청년이 아주 똑똑한 사람인데 지금 서북청년단 태평로 지단장이요, 그 뒤를 따르는 청년들이 모두 한독당으로 들어오게 될 것이라고 말했다. 나는 무심코 그러면 좋은 일이라고 홍을 입당시키도록 하자고 대답했다. 그 후 약 일주일을 있다가 백윤호가 또 내 집에 찾아와서 하는 말이 홍종만이와 그 부류 청년들이 한독당에 입당할 것을 결정했으니 입당수속을 밟게 해 달라는 것이었다. 나는 대답하기를 입당수속이라야 별것이 없으니 조직부에 가서 입당원서, 당원등록표, 선서문 등을 가지고 가서 서식대로 해 오라고 했다.

그 후 백윤호는 내가 지시한 대로 일체를 다 준수했노라고 하면서 어느 날 조직부장인 나더러 태평로에 친히 와서 입당 선서식을 거행해 주기를 원한다는 것이다. 나는 그러마하고 허락하고 그 주일 토요일 오전 중으로 백윤호의 인도로 태평로 홍종만 처소를 찾았다. 홍이 있는 처소는 이층집으로 되어 있었다. 적산집이다. 청년단 사무실 겸 주택으로 쓰는 모양인데 가족 살림도 하고 있는 모양이다. 또는 피난민 수용소로도 보인다. 방의 장판 아래는 철사를 얽어 깔고 전기를 도용하여 온돌 장판을 만들었다고 홍종만이는 나에게 자랑삼아 이야기하는 것이었다.

홍종만이라는 존재가 내 눈에 나타났을 때 그의 독살스러운 눈과 여호 같이 간사한 웃음을 웃는 것이라든지 어딘지 나도 모르게 마음이 싸늘해짐을 느꼈다. 꼭 독사를 만난 것 같았다. 그러나 이왕 간 김이니 입당 선서식을 거행해 주었다. 홍종만 이하 십여 명이 입당 선서식을 한 것으로 기억된다. 그 후에 듣고 안 일이지만 백윤호라는 자는 모군 정보원이었다 한다. 그러면 그 자가 내 집에 와서 밥을 얻어먹은 것이 어떠한 작용을 하기 위하여 다시 말하면 나와의 접근을 하기 위하여 홍종만이가 정책적으로 보내었던 것이 아닌가 생각한다. 백윤호가 일전에 대전으로 간다던 것도 일종 거짓말이 아니었던가? 백윤호는 홍종만이를 나에게 한 번 접촉시켜 주고는 눈에 한 번도 뜨이지를 않는다. 내가 홍종만이에게 소식을 물으면 홍은 우물

쭈물 명확한 대답을 회피한다. 나는 그때까지도 백의 정체를 모르고 있었다.

4. 자살미수

생각건대 당시 내가 한독당 중앙당부 조직부장직에 있으면서 쥐새끼 같은 무리의 속임수에 빠져서 범인 안두희에게 한독당의 명분을 기평 당하고 또한 쥐새끼 같은 악도들을 거룩하신 백범 선생에게 소개해 드려 그 흉한패가 선생 신변에 접근할 기회를 마련해 주었다는 사실을 생각할 때 평생에 한사恨事가 아닐 수 없다. 그러기에 나는 놈들의 손에 잡히어 투옥되었을 때 내가 받는 고초를 고초로 받지 않고, 오히려 나는 이보다 더한 죽음으로써 돌아가신 백범 선생 영전에와 백범 선생을 아끼고 사랑하시는 일반 국민 앞에 사례하려 하였던 것이다. 그리하여 나는 옥중에서 자살할 기회를 얻으려고 무척 애썼던 것이다. 스스로 내 명을 끊는다는 것도 그리 쉬운 일은 아니었다.

첫째, 죽으려 하여도 죽을 자유가 없는 것이다. 나를 감시하는 간수는 나에게 죽을 기회를 주지 않는다.

둘째, 내 생명을 내 손으로 끊으려 하지만 옥중에서는 허리띠까지 소지함을 허락하지 않는다. 칼이나 독약이나 기타, 자살할 도구를 구할 수도 없는 것이요, 심지어 목매어 죽을 노끈까지 없으니 무엇으로 자살할까? 나는 서울 헌병 사령부에 있을 때 자살할 계획도 해 보았다. 내가 구금되어 있는 유치장은 고급으로 되어 있는 독방이었다. 철침대도 놓여 있고 스팀 장치도 되어 있었다. 나는 스팀통에 머리를 받고 죽을까도 생각해 보았다. 스팀통의 칼날진 모배기에 한 번만 들이 받으면 머리는 당장에 두 쪽으로 갈라질 것 같았다.

그러나 나는 또 한번 생각해 보았다. 만일 한 번 받아서 죽어지지 않으면 어쩌나 하고 걱정되었다. 그리하여 죽는 방법을 딴 각도로 생각해 보았다. 내가 있는 유치장 천정을 올려다보니 스팀 파이프가 가설되어 있었다. 만일 노끈이 있기만 한다면 그 가설된 스팀파이프에 노끈을 걸고 늘어졌으면 죽기에는 안성맞춤으로 되어 있었다. 그러나 내 손에는 노끈이 없지 않는가? 그리하여 나는 노끈을 구하려고 생각하여 보았다. 유치장에서 노끈을 구한다는 일은 쉬운 일이 아니다. 나무 위에서 물고기를 구하는 것이라고나 할까?

유치장 밖에서 보초를 서 있는 헌병들은 모두 나에게 대해서 동정하는 눈치였다. 그들이 나에게 대한 태도는 매우 온공하고 무슨 일이나 나에게는 편리를 주려고 했다. "선생님 같은 분이 이런 곳에 들어와 계셔서야 됩니까? 빨리 나가셔서 일을 하셔야지요" 하고는 한숨을 쉬는 것이었다. 그들은 도울 수만 있으면 상관들의 눈을 피해서 나에게 편의를 주려는 것이었다. 나는 혼자서 생각했다. 이것이 민족정기인가 보다 하였다. 나는 나를 동정해 주는 헌병에게 노끈을 청했다. "노끈은 무얼 하게요?" "쓸데가 있어서요" "무엇에요?" "저 침대 판이 너무 늘어져서 누우면 허리가 꼬부라지니 괴롭구려! 노끈으로 그것을 좀 얽어매어 늘어지지 않게 하렵니다" 나는 이렇게 핑계를 하였다. 그러나 나는 그 노끈의 용처가 딴 데 있었다. 헌병은 나의 이러한 요구를 듣고 순수히 허락하였다. 밖에 나가더니 노끈을 가져 왔다. 헌병들이 어깨에 늘어뜨리는데 쓰는 흰 실로 만든 노끈이었다. 나는 그 노끈을 받아서 늘어지는 침대 판을 늘어지지 않게 얽어매는 척했다. 헌병들도 그렇게 하는 것을 보고 마음 놓고 자기 자리에 가서 앉아 '아아~ 신라의 밤이여, 불국사의 종소리 들리어 온다' 의 창가를 부르고 있다. 밤이 오기만 기다렸다. 밤이 닥쳐와야 죽을 기회가 올 것이다. 밤이 오면 깜박이는 전등불 아래 헌병도 의자에 앉아서 졸고 있는 것이다. 그리고 감방을 감시하는 횟수도 그리 잦지는 못한 것이다. 그 틈을 타서 얼마든지 나의 할 일을 마칠 수 있을 것이다.

기다리는 밤은 왔다. 서산에 태양이 넘어가고 어두운 밤, 고요한 밤은 찾아왔다. 각 감방에는 쥐 죽은 듯이 조용하다. 감시하는 헌병도 의자에 앉아서 까닥까닥 졸고 있었다. 이때로다. 기회를 놓치어서는 안 된다. 나는 침대에 얽어 매었던 노끈을 풀기 시작하였다. 물론 조용 조용 소리 없이 푸는 것이었다. 밖에 있는 헌병도 아무 기척 없이 여전히 졸고 있다. 침대에서 노끈을 풀어내는데 성공하였다. 나는 노끈을 가지고 내 머리가 들어가리 만큼 코를 내어 올무를 맺었다. 그러고 노끈 한 끝은 천정에 가설된 스팀 파이프에 올려 걸어서 짧게 매어야 된다. 나는 그 노끈을 매어 놓고 그 노끈을 한 번 올려다보았다. 저 노끈 올무에 내 머리를 들어 밀고 늘어지면 불과 5분 내에 죽어질 것이다.

그런데 내가 저 노끈에 목을 매고 늘어지면 그 형상이 어떨까? 나는 생각해 보았다. 목을 쭉 빼고 눈을 부릅뜨고 혀를 내어 빼고 늘어져 있을 것이다. 아 창피한 일이다. 그 꼴을 하고 죽다니 너무도 초라하고 흉측한 꼴이다. 사나이가 상쾌하게 칼을 맞고 죽든지 총을 맞고 쓰러지는 것이 통쾌한 것이지 목을 매고 죽다니,

여자들이 하는 행위일지는 모른다. 남자답지는 못하다. '자살은 약자의 행위다' 나는 삽시간에 심리의 변화가 생김을 느꼈다. '하필 자살을 해!' '너는 약자다' 굳세게 살아서 세상 되어 가는 것을 보자 ' 그리고 죽는 것은 바쁜 것이 아니다.

힘차게 살아서 나의 할 일이 올 때를 기다려서 백범 선생의 원수를 갚고 백범 선생의 뜻을 받들어 그의 미경지사未竟之事를 완성하여야 한다. 죽음으로써 나의 허물을 사례한다는 것보다 살아서 굳게 싸워 사업의 성공이 있음으로써 나의 허물을 속할 수 있을 것이다. 악착같이 살아서 고 백범 선생의 원수를 갚고 천천히 그 죄상을 밝혀야 한다. 나의 심기일변으로 인해서 자살 계획은 미수된 것이다. 그런데 나는 죽음에 성공하지 못하고 구차한 생명을 유지하여 이리 끌리어 다니고, 저리 끌리어 다닐 때 무척 괴로웠다. 삶이란 그것이 죽음이란 그것보다 더욱 슬프고 더욱 괴로운 것을 알았다. 그리고 도리어 생각해 보면 그때 죽었더라면 오늘의 이 글을 쓰지 못했을 것이다. 오늘의 이것을 쓰지 못했으면 국민에게 이 사실을 알리지 못했을 것이다.

5. 유혹과 함정

범인 안두희는 우리 집 한미호텔에 올 때마다 자가용 찝차를 타고 왔다. 운전수는 사복의 한 청년이었는데 성은 최라고 불리었다. 물론 이북 사투리를 쓰는 평안도 청년이었다. 안의 명령에는 유령시時 행하는 것 같았다. 그 자가용차가 누구의 소유였는지는 모른다. 안두희는 그 차에 홍종만을 태워 가지고 사흘이 멀다 하게 나를 찾아온다.

한번은 안두희가 나에게 하는 말이 이즈음 평양 방송을 듣는가 하고 묻기에 우리 집 라디오는 이북방송이 들어오지를 않는다고 말했다. 자기는 이북 방송을 매일 저녁 틀어 놓고 듣노라고 하면서, 일전에 강원도 지구에서 강, 표 양 소령이 부하 400여 명을 거느리고 월북한 사실을 알고 있는가 하고 묻기에 신문을 보고 알았다고 대답했다. 평양방송을 듣건대 강, 표 양 소령 환영회가 평양에서 굉장하게 벌어졌다는 것이다. 물론 그럴 거라고 그 자들은 그만 못한 것도 확대해서 선전하는 판인데 이번 사건이야말로 큰 선전 기회가 아니냐고 나는 말했다.

"큰일 났습니다. 대한민국 군대는 지금 썩고 있습니다" 안두희는 나의 눈치를 살펴보면서 주워 섬기는 것이었다. "썩은 이유가 어디 있는가?" 하고 나는 물었다. "썩은 이유를 들자면, 첫째는 군대의 간부라는 자들이 일제시대에 왜놈 앞에서 경찰이나 기타 부문에서 왜놈 앞잡이로 있으면서 우리 동포를 압박하던 자들이 군대에 많이 들어가서 사단장이니 연대장이니 하는 간부급에 앉아서 호령을 하고 있으니 군심에 복종될 리가 없을 것이고, 둘째는 상부에서는 군의 사병들을 우대하라고 국가의 규정한 정식비, 부식비, 피복 등을 또박또박 내려 보내지만 간부급에 앉아 있는 자들이 위에 앉아서, 모두들 사복을 채워 잘라 먹으니 아래 있는 사병들은 못 먹고, 못 입고, 영양실조로 인하여 쓰러지게 되니 사기가 저하되고 이북으로 넘어가는 것이니 이를 나무랄 수도 없을 것이 아닙니까?" 안두희의 장광설이었다. 행정부문이나 기타 부문이 썩어진다는 사실은 신문지상에 나타나는 것을 보아 늘 알고 있는 사실이었지만 군대 내부가 이렇게까지 썩는다는 것은 나로서 처음 듣는 일이고 또는 큰 관심사가 아닐 수 없었다.

"사실 군대가 그렇게 썩었는가?" 고 나는 힘을 주어 되채어 물었다. "사실입니다. 거짓말을 하겠습니까?" 안두희의 긍정하는 대답이었다. "대한민국도 바르게 되려면 일본의 5·26사건 같은 병변兵變이 한 번 일어나야 됩니다" 안두희의 열변이었다. 나는 그 말을 듣고 속으로 '그런 말은 위험한 말이다' 하고 생각하였다. 그러나 나는 그 자가 왜 나에게 그런 말을 할까 하는 생각조차 해보지도 않았다. 청년들의 흔히 있을 수 있는 현실 불만증이려니 생각하였을 뿐이다.

그는 또 계속해서 말을 건네는 것이었다. 나는 지금 포병대에서 포를 배우고 있습니다. 우리가 가지고 있는 포가 최근 미국에서 들어온 것인데 포의 성능이 상상할 수 없으리만큼 위대합니다. 가령 우리 포병 진지가 삼팔선 부근이라 하면 우리 사정 내에 들어온 이북 땅 칠 십리는 개미 새끼 한 마리도 남기지 않고 초토될 것입니다. 안두희의 말이었다. 우리 국군이 이러한 고성능의 화력을 가지고 있다는데 대하여 나는 기뻐했다.

"우리 포병대는 지금 영등포에 있습니다. 나는 나의 포구를 항상 이승만 대통령이 있는 경무대를 조준하고 있습니다. 어느 때든지 스위치만 한 번 누르면 경무대는 나의 대포 한방에 날아갈 것입니다" 하고 또한 안두희는 위험한 말을 하였다.

1949년 5월 중순 경 홍종만은 내가 일하고 있는 종로 3가 한독당 중앙 본부를 찾아와서 잠깐만 시간을 낼 수 없겠는가 하기에 필요하다면 지금이라도 시간을 낼 수 있다고 대답하고 내가 보던 사무를 대강대강 마치고 밖으로 그들을 따라

나왔다. 한독당 본부 건너편에 있는 음식점으로 들어갔다. 그들은 이미 준비해 놓았던 것처럼 곧 맥주며 안주며 음식이 들어왔다. 그들이 이와 같이 경비를 내어 가면서까지 나를 보자고 하는 이유가 어디 있는가, 함정을 파 놓고 그 곳으로 나를 몰아넣자는 것임을 나는 몰랐던 것이다.

나에게 요구하는 일이 있었다. 그것은 무엇이었던가? 한독당 조직부장의 이름으로 어떤 행동지령문을 한 장 발급해 달라는 것이었다. 어떤 문자로 된 증거품을 요구하는 것이었다. 영등포에 주둔하고 있는 포병대에는 장은산이라는 청년이 사령관으로 있는데 매우 좋은 청년이며, 그 역시 김구 선생을 숭배하며 또 나 김학규를 한번 뵙기를 원한다는 것이었다. 그리고 포병대 안에는 대개가 서북 청년단 동지들이 간부로 되어 있는데 자기네 친구들이 많이 있으니 당의 조직을 두자는 것이었다. 그러하려면 자기(안)가 무슨 증거품 즉, 당의 행동지령문 같은 것이 한 장 있어야 그들에게 보이고 조직할 수 있다는 것이었다. 그러지 않으면 그들이 자기를 믿어 주지 않으니 입장이 곤란하다는 것이었다. 그리고 어떤 행동지령이 필요하다고 육박해 조르는 것이었다.

나는 그들에게 정색하고, "행동 명령" 무슨 행동이란 말인가? 하고 따져 물었다. 안은 나를 정시하지 못하고 나의 시선을 피하면서 "아무 행동이구요…" 말끝을 흐리고 맥주 한 잔을 단숨에 들이키는 것이었다. 이리하여 그날 그들은 나를 꼬이여 좀 더 깊은 함정으로 밀어 넣으려고 했으나 나는 그들의 함정으로 들어가지 않았던 것이고, 그들의 계획은 수포로 돌아간 것이다.

약 2, 3일 지나서였다. 홍종만이는 또 종로 3가 당 본부에 나타났다. 금일 오후 5시 쯤 해서 나를 모시러 올 테니 딴 곳에 시간 약속을 하지 말라고 부탁하고 갔다. 그 날 오후 다섯 시 쯤 되어 약속대로 홍은 당 본부로 찾아와서 나를 밖으로 나가자고 하였다. 나는 사무 시간은 다 지났고 별일 없기로 사무 보던 서류문건 등을 수습하여 놓고 그의 뒤를 따라 나섰다.

거리에서 지나가는 택시를 불러 타고 달리었다. 택시가 머무른 곳은 돈화문 앞 어떤 간판 없는 요리집 문 밖이었다. "이 집이 다른 집이 아니라 김약수(金若水) 소실이 경영하는 요리집 입니다" 하고, 홍은 나에게 말하면서 자기는 이 집에 단골로 다니는 양 이야기하면서 그 집에 들어갔다. 나는 그러냐고 고개를 끄덕이었다. '김약수가 소실까지 있었는가' 하고, 속으로 생각하였다. 그 집 제도는 우리

나라 고대의 서울식으로 된 가옥이었다.

그 집 문을 열고 썩 들어서니 그곳에는 양근환(梁槿換)씨와 안두희 또는 낯모를 청년들, 이렇게 5.6명이 앉아 있었다. 양근환씨는 나와는 초면이다. 그러나 서로 이름은 알고 있을 정도 였다. 양씨로 말하면 우리 한국 말엽에 저 유명한 민원식 閔元植 사건의 주인공이다.

민원식 사건이라 하면 당시 일본이 우리 한국을 합병하려고 친일파 누구를 앞장 세워놓고 한국 국민의 여론을 돌리기 위하여 친일파들로 하여금 일본의 문명을 찬양하고, 한국이 일본의 통치를 받아들이는 것이 한국의 자산에 이익으로 보아 유리한 것이라고 주장하게 하던 그 때였다. 민원식이라는 자도 친일파의 한 분자로서 일본으로부터 서울에 와서 한국은 문명이 뒤떨어진 나라이니 우리보다 문명이 앞선 일본의 통치를 받는 것이 옳은 일이라고 주장하고 연설을 하고 일본 동경으로 갔다.

그 때 일반 애국 청년들은 그 연설을 듣고 분개하였던 것이다. 황해도 연백 출신인 애국 청년 양근환 군이 분개하여 당장 친일 주구 민원식의 뒤를 따라 동경까지 가서, 민원식이 동경 모 호텔에서 유함을 알고, 그 호텔을 습격하여 민원식을 때려 죽이고 일경에게 체포되었던 것이다. 살인범으로 법의 재판을 받게 됨에 일본의 변호사들이 일어나서 범인의 범죄 동기가 어디까지나 조국을 위한 애국적이었다고 주장하므로 사형은 겨우 면하고 옥중에서 일생을 두고 고생을 하다가 살아 나온 분이었다.

나는 양 의사의 과거를 위대히 생각하고 있었다. 양씨도 나의 이름을 알고 있었다고 하면서, 그날이 비록 초면이나 일면여구(一面如舊)였다. "두 분 선생님 서로 인사하십시요. 두 분 다 제가 숭배하는 터이온데 오늘 제가 일부러 두 분 선생님에게 상면할 기회를 만든 것이 올시다" 홍종만의 소개였다.

양근환씨와 나는 악수로써 인사를 교환하고 각각 자리에 좌정하였다. 양근환씨는 나보다 먼저 와서 전작이 있는 모양인데, 술이 만취되어 체면을 잃을 정도로 횡설수설하더니 먼저 자리에서 일어나 가 버렸다. 내가 보건대 양근환씨는 몸은 비록 체소하고 얼굴도 그리 청수한 편은 못되나, 두 눈에서는 반짝이는 섬광이 흘러나오고 모든 생김 생김이 흥흉하게 보이지 않았다. 도시 담덩어리로 보았다. '옳지 저만하니깐 청년 시절에 큰 일을 저질렀구나' 나 혼자 속으로 중얼거렸다.

그 뒤로는 안과 홍은 나를 수차에 걸쳐 이 김약수 소실 집이라는 무허가 요정 집에 청하였다. 나를 술을 먹여 취하게 해 놓고 여러 가지로 나를 유혹하고 추맥을 하여보았다. 하필이면 나를 어찌하여 김약수 소실 집이라는 곳에 청하곤 하였을까? 나는 그 집이 김약수 소실 집이라는 말도 홍종만의 말에 의하여 알았고 그 집에 발길을 하게 된 것도 그자들이 끌고 오니까 오게 된 것이다.

그러나 그들이 이 집으로 끌고 온 이유가 있었던 것이다. 그 때 김약수는 국회내의 소장파 프락치 사건의 영수 인물이었다. 나는 한독당의 조직부장이었다. 국회내의 소장파 프락치 사건과 한독당과의 연결을 지어 보자는 심사였다. 그 프락치 사건과 김구 선생과의 연결을 지어 보자는 것이었다.

즉 다시말하면 국회 프락치사건을 한독당에서 조종한다는 것으로 넘겨 씌우자는 것이었다. 김구 선생이 뒤에서 국회 프락치사건을 조정하는 것이라고 꾸미는 것이었다. 그리하여 이문원, 노일환 등 십여 명을 헌병을 발동하여 체포 구금하고 경교장을 습격하여 김구 선생을 살해하고 한독당 조직부장 김학규를 잡아 가둔 것이다.

그러나 한독당과 김약수와는 하등의 관계가 없다. 김약수는 당시 한국민주당원이었다. 나 김학규는 김약수와의 일면의 인연도 없는 사람이다. 그리고 양근환씨와 나를 한 자리에 합석시킨 이유는 또 무엇이었을까? 앞서 홍종만의 말에 의하면 양근환씨가 혁신정탐사(革新偵探社)라는 조직을 하나 가지고 있다 하며, 홍 자신이 그 정탐사의 일원이라고 하는 말을 누차 들었다. 그러나 나는 그런가 보다 하는 정도로 한 귀로 듣고 한 귀로 흘려 버리었을 뿐, 아무런 흥미나 관심이 생기지 않았었다. 홍은 나에게 만나기만 하면 그 정탐사에 대한 이야기를 늘어 놓으며 그에 대한 인쇄물도 가지고 와서 내게 보였다. 그러나 나는 그 문건을 들여다 보지도 않았다. 그런가 보다 하였을 뿐이었다.

위에서도 말했지만 양근환씨와 나와는 이름이나 서로 알고 있었을 뿐, 친면도 없고 정탐사가 있고 없는 것이 나에게는 하등 느껴지는 바가 없다. 그 후 생각하고 보니, 그 날 양씨와 나를 합석시킨 것도 일종 계획적이 아니었던가 한다. 아마 양씨도 반 정부패로 지적되어 나에게와 같이 모략 대상자의 한 사람이 아니었든가? 그리하여 자기네 직업의 성적을 올리자는 것이 아니었던가? 안과 홍은 내 앞에서 함정을 파 놓고 나를 유혹하고 나를 그 함정으로 몰아 넣었던 것이다.

6. 독재자의 주구는 군산, 전주, 예산까지 미행

1949년 5월 중순으로 기억된다. 군산시 당부로부터 당원의 단기 강습회를 열기로 결정하고 그의 준비가 완료되어 개강식이 거행되는 때, 한독당 본부 김구 선생 이하 당 중앙간부 등 여러 사람의 참석을 요구해 왔던 것이다. 이 요구를 받은 당 간부로부터 중앙상무위원회를 열고 군산당부 강습회 개강식에 참가할 것을 결의하고 위원장 김구 선생 이하 조완구, 엄항섭, 나재하, 김인기, 엄도해, 나김학규 등 여러 사람이 군산행을 결정하였던 것이다.

군산으로 출발하는 전날 저녁이었다. 홍종만이는 또 내가 있는 한미 호텔로 찾아왔다. 홍종만이는 내 앞에 마주 앉아 "이즈음 당에서 무슨 좋은 일이나 있습니까?" 하고 묻는 것이었다. "별한 일은 없고 군산 당부에서 당원 강습회가 있는데 아침에 군산으로 출발하게 되었다" 고 말을 했더니, "그러면 선생 혼자만 가지는 않겠구만요?" 하고 묻기에 "김구 선생 이하 여러 간부들이 동행한다" 고 대답했다. "저 같은 사람도 그런 데를 참가하여 강습을 받을 수 있습니까?" 홍종만이는 말했다. "거야 원한다면 누구나 참가할 수 있지" 나의 구김살 없는 대답이었다.

홍종만이는 그 이튿날 아침 꼭두새벽에 한미 호텔 324호실 문을 두드리는 것이었다. 나는 아직도 자리에서 일어나지도 않은 때였다. "선생님 너무 일찍 와서 미안합니다" 홍의 음성이었다. 그는 내가 그날 아침 군산행을 하나 아니하나 하는 것을 재확인하러 왔던 모양이다. 나는 잠옷 바람으로 일어나서 문을 열어 주었다. 홍은 나에게 인사를 하고 우리 집 문간에 놓여있는 의자에 걸터 앉으면서 묻는 말이 "어떻게 오늘 군산으로 떠나게 됩니까?" "그래 오늘 아침에 떠날 꺼야" "물론 기차 편으로 떠나겠지요?" "그렇지 원거리 여행이니까" "그럼 저도 한번 따라 가볼까 하는 데요" "글쎄, 거야 자네 마음대로 할 꺼지" "그럼 서울역에서 다시 뵙겠습니다"

홍은 말을 마치고 부스스 일어서더니 "아니 저것이 선생님의 구둔 가요?" 홍은 놓여 있는 나의 구두를 가리키며 나에게 묻는 말이었다. "그래" 나의 대답이었다. "아이구 구두가 너무 헐었군요!" "그래 그 구두가 어때서 아직도 일년은 더 신을 텐데" "아이구, 선생님두 대중 앞에 나설라면 차림만은 좀 깨끗해야지요. 너무 너덜해서는 안 됩니다. 제가 한 켤레 사 가지고 정거장으로 나갈께요" 홍은 다시 주저앉으면서 나의 신을 집어 들고 뼘으로 신의 싸이즈를 재고 있다.

"아니야, 이 사람아 나는 아직 구두가 필요 없단 말이야. 아예 그런 걱정 말라니까" 나는 극구 거절했다. 그러나 홍은 내 말을 들은 척도 하지 않고 자기 할 일을 다하고 "서울역에서 다시 뵙겠습니다" 꾸벅 경례를 하고 밖으로 나가 버렸다.

아침 열 시였다. 호남선행 열차는 서울역 플렛폼에서 이따금 요란한 기적 소리를 내면서 손님을 기다리고 있었다. 화창한 봄 날씨였다. 우리 일행은 일등실에 자리잡고 기차의 출발시간만 기다리고 있었던 것이다. 물론 김구 선생도 동석하였다. 서울역장의 친절한 환송도 있었다. 그 때 역장은 이종림씨로 기억된다.

"선생님 많이 기다렸지요. 저도 기차가 떠나는가 해서 달려오는 길입니다." 홍은 이마에 땀을 내 뿜으면서 손에는 구두상자를 들고 차에 뛰어 오르는 것이었다. "이거 신어 보세요" 상자에서 신을 꺼내는 홍종만의 말이다. "그건 왜 사왔나" "선생님 어서 이 신을 바꾸어 신으세요. 이미 사온 것인데요" 남의 성의를 물리칠 수는 없었다. 사 왔다는 신은 그다지 눈에 들지도 않았다. 그리고 내 발에 맞지도 않는다. 나는 권에 못 견디어 새 신을 바꾸어 신고 낡은 신을 벗어서 홍을 주었다. "선생님, 제가 이 차에 선생님을 모시고 가려고 했더니 뜻밖의 사정이 있어서 이 차편에는 가지 못하게 되었습니다. 다음 차에 갈까 합니다. 이 낡은 신은 한미호텔에 가져다 드리겠습니다" 홍은 기차에서 내렸다.

우리가 타고 있는 기차는 머리를 남쪽으로 향하여 기적 소리와 함께 움직이기 시작하였다. 기차가 정거장을 떠났을 때 검은 연기를 토하며 본격적 속도를 내면서 고요한 공기를 뚫고 쏜살같이 달리는 것이었다. 어른 거리는 전주, 나무, 맴돌아 치는 밭고랑들, 우리를 싣고 달리는 기차의 속도를 말하는 것이다. 그 날 저녁 우리 일행은 한독당 군산 시당위원장 김용배씨 댁에 행리를 부리었다.

저녁 식사는 양두희씨 댁에서 준비하였다. 그 때 양두희씨는 한독당 중앙 감찰위원이었고 군산에는 여관업을 하나 가지고 있었다. 우리의 저녁 식사를 그 여관에서 차린 것이다. 그 만찬회석에서는 군산의 여러 단체 간부나 유지들이 많이 모였다. 주객간 흥겨운 자리가 벌어졌을 때였다.

밖에서 누가 나를 찾는다고 전해 왔다. 서울서 어떤 청년 한 사람이 찾아왔다는 것이다. "누가 나를 찾아 왔을까?" 나는 머리를 좌우로 기웃거리며 먹던 젓가락을 놓고 밖으로 나갔다. 어두컴컴한 여관 대문 밖에 어떤 사람이 우두커니 서서 나를 기다리고 있었다. 그는 나를 먼저 알아보고 "선생님이십니까? 저 지금 왔습니다"

▲ 한독당 군산당부 앞에서(1949년 4월 21일)

"거 누구신지요?" "네, 저 홍종만이 올시다" "오, 종만인가" 나는 주인 양씨를 불러서 숙박할 방 한 칸을 부탁했다. 홍종만이 숙박할 방이다.

이튿날이었다. 군산 당부에서 개강식을 거행하고 군산 시민의 환영회에 참가하여 환영을 받고 군산시의 각 피난민 수용소를 위문하였다.

군산시 각 난민소에는 일본에서 또는 만주에서 귀국한 난민들이 아직도 집 한 칸 없이 수용되고 있었다. 김구 선생이 친히 난민소를 찾아다니며 금일봉 씩을 증정하였다. 난민들은 눈물을 흘리며 감사하였다. 그 이튿날은 옥구군 군당부 결성일이다. 우리 일행은 옥구군으로 가서 군당부 결성대회에 참석하였다. 그리고 그 길로 김구 선생과 조완구, 엄항섭 등 몇 동지는 전주로 가시고 나는 군산에 남아서 일주일 동안 군산 강습회의 강사로 있었다.

이번 군산 강습회에 청강을 한다고 우리 뒤를 따라 온 홍종만이는 강습회는 뜻이 없고 우리 행동만 살피다가 김구 선생의 뒤를 따라 전주로 가는 것이었다. 군산 강습회에 참가한다고 왔다가 갑자기 그 코스를 변경하여 김구 선생 뒤를 따라 간다면 혹 자기 행동의 모순성을 남이 의심할까 보아서 그는 직접 전주로 간다고 하지 않고 군산 부근에 있는 어떤 섬, 땅(지명은 잊었다)에 가서 모시 시세를 보고 온다고 핑계를 하더니 정작 길을 떠날 임시 하여서는 "선생님 제가 청강을 하려고 왔었는데 서울에 급한 일이 있어서 청강을 못하고 온 김에 전주나 다녀서 서울로 가렵니다." 제사엔 뜻이 없고 잿밥에만 독을 드리는 그는 김구 선생의 뒤를 밟기 위하여 전주로 떠나겠다는 것이었을 것이다. "마음대로 해" 하고 나는 그 당시 그의 행동에 대하여 관계할 필요를 느끼지 않았던 것이다.

김구 선생이 전주에 이르매, 전주시민들은 집을 비우고 총동원하여 김구 선생을 환영하였으며 문자 그대로 인산인해를 이루었던 것이다. 전주 극장에서는 김구 선생 환영회가 벌어졌는데 극장안에는 물론이요 극장 부근 큰 길까지 입추의 여지가 없는 대성황을 이루었던 것이다. 마이크 스피커로부터 흘러나오는 김구 선생의 음성이라도 좀 듣고 싶다는 간절한 심정이다. "정부는 관제품 공산당을 만들지 말라" 김구 선생의 정부를 비판하는 말씀이었다. "공산당 토벌한다 하옵시고 양민을 살해하지 말라" 노골적인 공격이었다. 청중은 미칠 듯이 "옳소! 옳소!"를 연발하면서 박수, 고함소리, 야단법석이었다. 뒤따라간 홍종만이는 군중 속에 끼어서 이 광경을 보고 서울로 올라와 자기의 임무를 다하였던 모양이다.

당시 김구 선생의 호남순회가 문제가 되었던 것이다. 이번 전주 환영회 석상에서 김구 선생이 정부를 공격했고, 군중이 이에 대하여 환호를 불렀다는 사실에 대하여, 정부 당국으로서는 더욱 자극을 받은 것이다. "전주 경찰 당국은 뭘 했어! 왜 집회를 허락했단 말이냐! 왜 그런 과격한 연설을 할 때 제지를 못했어! 그런 경찰 책임자는 당장 파면을 해야해" 이는 당국의 여론이었다 한다. 그리하여 전주 경찰당국자는 서울로 호출을 당하여 하마터면 목이 달아날 것인데, 애걸복걸하여 겨우 시말서 정도로 일이 무사해졌다는 것이다. 후에 들은 말이다.

김구 선생의 군산, 전주행이 있은 후 며칠이 못되어, 충남 예산군에서 윤봉길 의사의 비석 제막식이 있었다. 김구 선생은 전주로부터 서울로 회정하며 이마의 땀도 거두기 전에 되짚어 그 길로 예산행을 하지 않으면 아니 되었다. 나는 그 때

▲ 한독당 간부들과 기념촬영

아직도 군산 강습회가 끝나지 않아 의례히 참가했어야 할 尹 의사 입비 제막식에 미참석 되었다. 유감으로 생각했다.

내가 군산 강습회를 마치고 서울로 회정했을 때, 홍종만이는 또 집에 찾아와서 자기가 김구 선생을 따라 예산까지 다녀왔노라고 하면서 예산 가서 찍은 카메라 사진 몇 장을 나에게 내어놓았다. 나는 아직도 그 때 홍이 준 카메라 사진을 가지고 있다. 김구 선생이 예산 윤봉길 의사 입비 제막식장에서 행동하신 행적 사진이다. 홍이 우리 뒤를 그림자와도 같이 따라 다니는 것을 그 때부터 나로서도 의심이 안 가는 것도 아니었지만 그러나 그들의 먹은 마음이 그렇게 악독한 데까지 미치리라고는 생각지 못하였던 것이다. 우리의 적 왜놈보다 더 악독하리라고까지는 너무도 인정에 벗어나는 일이 아닌가? 독재자의 수단이 이와 같이 악독하고 매운 줄이야 누가 뜻하였으리요.

7. 악착같이 달려드는 주구

1949년 5월 하순경, 그러니까 흉수 안두희가 김구 선생에게 손을 대기 한 달 전이었다. 어떤 날 저녁 홍종만이가 나 있는 한미호텔로 찾아와서 나에게 하는 말이, "선생님, 지리산으로 빨치산 운동이나 갑시다 그려. 선생님은 만주에서 왜놈과 더불어 싸우면서 빨치산 전쟁의 경험도 많으시다면서요. 호호…." 홍의 간사한 웃음이었다. "지리산으로 빨치산을 가?" 나는 홍에게 정색하여 반문하였다. "빨치산이라 하면 대상 목표가 있어야 될 텐데 누구를 대상으로?" 나는 따졌다.

홍은 내 말에 대답이 궁했다. "무엇이든지 대상을 삼지요…" 홍은 우물쭈물 말끝을 흐렸다. "나는 홍 군이 하는 말을 이해할 수 없네. 나 김학규가 만주나 중국 본토에서 군사적 수단으로 왜군과 여러 가지의 전법으로 싸워 온 것은 사실이야. 그러나 지금 우리는 해방이 된 내 땅에 돌아와서 왜놈은 내 땅에서 이미 물러가고 조국은 독립이 되었으니, 인제 남아 있는 우리의 과업은 오로지 국토의 통일과 새나라 건설이 있을 뿐일세. 그리하여 우리 한독당은 평화통일과 조국의 건설만이 당면한 정책일세. 왜적과는 할 수 없이 피를 흘리면서 투쟁했지만, 이제 해방된 내 땅에서 내 동족끼리 서로 싸워 피를 흘린다는 비극은 있을 수 없는 것이고 또 있어서도 안 될 일이 아닌가?" 나는 강연조로 우리 한독당의 주장을 설명하였다.

"그런데 안 소위가 나에게 와서 항상 하는 말이 쿠데타니, 일본의 5·26군변이니, 대포를 경무대에 조준해 놓고 명령만을 기다리고 있다느니 하니, 나는 도저히 그 의미를 이해할 수 없네. 나는 안두희가 와서 그런 위험한 이야기를 할 때마다 소름이 끼치니, 그런 말을 하려거든 아예 우리 집엘 오지 말도록 하여주게, 우리 김구 선생은 심지어 주의가 우리와는 배치되는 공산당 김일성이네와까지라도 서로 피를 흘리지 않고 평화적으로 조국을 통일하여 다 같이 잘 살자고 늙으신 몸을 이끌고 38선을 넘어 평양까지 다녀오신 일이 있지 않는가?" 라고 나는 엄책하였다.

내가 이와 같이 야단을 친 후부터 약 한달 동안 안두희는 내 집에 나타나지 않았다. 그러니까 6월 26일 백범 선생을 살해하는 날까지 안은 한 번도 나에게 찾아온 일이 없다. 그러나 홍종만이는 찰거머리와도 같이 나에게 악착같이 달려들어 떨어지려 하지를 않았다. 내가 한미호텔에 있으면 한미호텔로 찾아오고, 종로 3가 당 본부에 있으면 당 본부로 나의 그림자와도 같이 졸졸 따라 다니며 모든 정보를 가져가는 것이었다.

8. 문학빈씨의 의심된 충고

1949년 5월 상순경이었다. 하루는 내가 종로 3가 한독당 중앙 본부에 있노라니까. 문학빈씨가 나를 찾아왔다. 그 동안 문씨는 홍종만의 집에서 밥을 얻어 먹으면서 족부 동상을 치료하다가 상처가 완전히 치료되어, 시골 어떤 친구의 집에 가서 유하겠노라고 나에게 작별 인사차로 찾아왔던 것이다.

문씨는 나에게 작별 인사를 나누고 사무실 문간을 나서다가 발걸음을 멈추고 그는 망설이는 것이 아닌가? 나는 그의 태도가 너무도 이상하여, "왜 무슨 말씀이 계시오?" 하고 물었다. 길을 떠나려는 그가 혹 여비가 없어서 그러는가 하고 물었다. "글쎄요, 이런 말씀을 드리어 어떨런지요" 문씨는 또 한번 망설이는 것이었다. "여비가 없으십니까?" 나는 내 호주머니에 손을 넣으면서 이렇게 물어 보았더니, 문씨는 손을 설레설레 흔들면서, "아니요, 아니요, 나 여기 여비 있어요" 한다. "그러면 무엇인데 말씀을 해 보세요" 나는 다급히 육박했다.

문씨는 자기 입을 내 귀에 대고 "그런데 저 홍종만이란 자의 정체를 잘 알고 계십니까?" 문씨의 입에서는 뜻밖에 이렇게 엉뚱한 말이 튀어나오는 것이 아닌가?

"홍종만이요? 물론 좋은 청년이지요. 우선 문 선생에게 그만큼 성의를 표했는데" 나는 이렇게 대답은 하면서도 속으로는 어딘지 홍에게 대해서 좀 이상한 생각도 없지 않았으나, 또 따지고 보면 이렇다 할 하등의 건덕지도 없지 아니한가? "왜 그러세요? 무슨 행동이라도 발견되셨나요?" "글쎄, 나도 꼭 꼬집어 무어라고 말할 아무 근거도 없읍니다마는 아무리 보아도 홍이란 자의 행동이 좀 이상해 보이는 것이 꼭 어떤 정보기관에 끈을 달고 있는 첩자 같에요" 문씨는 머리를 좌우로 기웃거리면서 땅만 내려다보고 서 있다. "그 까짓게, 설혹 그 자가 어떤 기관의 정보원이라면 어때요. 우리에게 무슨 상관 있어요. 우리 한독당은 광명정대한 정당입니다. 우리 한독당에 와서 가져갈 정보가 무얼까요? 지금 우리 당 사무실에는 중부서에서 파견되어 있는 형사가 매일 와서 상주하고 있는 걸요. 뭐 아무 걱정할 것 없습니다." 방방? 박한 나의 태도였다. 사실이다.

우리 한독당으로서는 정정당당한 대당으로서 민족정기와 대의명분을 만천하에 외치며 광명대로로 행진하는 것이었다. 쪼무라기 정보원 같은 것은 하등 꺼릴 것도 없는 것이다. "글쎄 그럴까요? 그러면 안녕히" 문학빈씨의 얼굴에는 비로소 운권청천의 명랑한 미소를 띄우고 이층 단계로 쩔뚝쩔뚝 내려가는 것이었다.

심양을 퇴각할 때 동상을 입은 몸뚱아리가 된 발로써, 한 걸음 한 걸음 층계를 내려가 종로3가 큰 길 인파 속으로 사라지는 것이었다. 나도 그들의 행동이 평범치 않고 먹는 마음이 불순함을 짐작못한 바 아니었다. 그러나 그들이 기껏 했댔자 우리 한독당에 대하여 악선전 따위의 파괴행동에 그칠 것이요. 그 범위를 벗어날 하등의 행동이 있을 수 없으리라고 생각했을 뿐이다. 그럼 그들은 이렇게 우리 김구 선생의 생명을 노리는데까지 그 행동이 미치리라고는 추호도 생각조차 못했던 것이다.

우리 김구 선생의 생명은 저 악독한 일본 제국주의도 어쩌지 못했던 것이 아닌가? 1932년 일본 동경에서의 이봉창 의사의 소화 천황 폭발사건, 상해 홍구 공원에서 윤봉길 의사의 폭탄사건이 있은 후 왜놈들은 우리 김구 선생을 체포하려고 발악을 했지만, 사불범정으로 우리 김구 선생의 신변에는 사가 감히 범하지 못하였던 것이다.

오직 이승만 정권이 일본 제국주의보다 더 악독하였단 말인가? 안두희, 홍종만의 무리가 독사와 이리떼보다 더 흉악하였단 말인가? 그렇지 않으면 우리 김구 선생의 운명이 다 하였던 것일까? 우리 한국의 운명이 기구하였던 탓일까? 큰 별이 땅에 떨어짐에, 사회가 흑암해졌고, 민족의 지도자 쓰러짐에 동족살육의 참변이 닥쳐왔던 것이 아닌가? 선생님이 돌아가신지 일 주년이 되던 날, 소위 6·25의 동족상잔의 역사적 비극이 벌어졌던 것이니, 이는 선생의 예언이 불행히도 적중되었던 것이다.

9. 병점고개 제1차 계획 실패

1949년 6월 24일 금요일이었다. 그러니까 김구 선생이 저격을 당하기 이틀 전이었다. 서대문 경교장 응접실 대청에서는 한국독립당 중앙당 집감연석회의가 개최되었다. 회의시간은 하오 2시로부터 동 5시로 기억된다. 동 석상에는 위원장 김구 선생을 필두로 동 상무위원 조완구, 엄항섭, 조각산, 김의한, 나제하, 엄도해, 조경한, 김학규 등이 참석하였고 감찰위원은 누구였던지 기억이 나지를 않는다. 그 회의석상에서 결의된 사항 중에는 한독당 중앙간부 전원이 충남 공주군에서 열리는 건국실천원양성소 제10기 개소식에 참가하기로 결정한 것이다.

건국실천원양성소는 김구 선생이 조국에 돌아와 곧 설립하였던 것이다. 독립된 새 나라를 건설하려면 무엇보다도 필요한 것이 국가의 동량이 되는 인재부터 양성해야 된다는 것이다. 보통 학식보다도 기술이 필요하고 기술보다도 정신무장이 필요하다 하여 정신교육과 이론 통일을 주제로 하고, 이론보다도 실천이 더욱 필요하다 하여 실천원양성소라고 이름을 걸었던 것이다. 김구 선생 자신이 소장이 되시어 9기까지 이르기에 많은 청년을 길러 왔던 것이다.

서울특별시 용산구 원효로 어떤 절간에 자리 잡고, 강사는 이 나라의 유명한 각 부문의 학자들을 초빙하여 단기훈련을 베풀었는데 과목은 정치, 경제, 사회, 문화 등 각종 과목이 구비되었던 것이다. 그 때 역시 경제상 경영난에 빠지게 되어, 서울에서 그냥 유지하기 곤란한 형편이라 경비를 각 지방에서 자담케 하고, 양성소를 지방 지방으로 이동하면서 1기씩 1기씩 진행하기로 하였던 것이다. 가령 예를 들면 공주에서 10기, 대전에서 11기, 청주에서 12기 이렇게 윤류로 하기로 하였던 것이다. 그 간 계속 서울에서 하다가 처음으로 순회개소를 시험적으로 공주에서 시작하게 되었던 것이다.

공주 한독당 동지들과 그 지방 유지들의 노력에 의하여 경비와 장소를 마련해

놓고 그 해 6월 25일로 개소일을 정하고 소장 김구 선생과 한독당 중앙 간부들을 초청하였던 것이다. 그리하여 한독당에서는 이에 응하여 중앙상무회로부터 전원이 공주행을 결의했던 것이다.

6월 25일 새벽이었다. 공주로부터 두 통의 지급 장거리 전화가 왔으니 일통은 경교장 김구 소장에게 또 한 통은 한미호텔 324호실 나에게 온 것이었다. 나는 그때 건국실천원양성소 부소장직에 있었기 때문에 한미호텔의 나에게도 전화가 온 것이었다. 전화 내용은 건국실천원양성소 개소식 집회를 공주 경찰당국에서 허락하지 않으니, 소장 김구 선생 이하 한독당 중앙 간부들은 공주행을 중지하라는 것이었다. 그것도 그럴 것이 위에도 말했거니와, 얼마 전에 김구 선생 전주행으로 인하여 당시 경찰당국에서 김구 선생 환영회를 허락해 주었다는 이유로 경찰 당국자가 시말서까지 썼다는 사실이 있었던 관계로, 공주 경찰당국이 집회 허락을 꺼리는 것도 이해할 수 있는 일이었다.

그리하여 우리 일행은 떠나지는 못하였으나 그때 공주행 노정안은 이렇게 작정하였던 것이다. 즉 김구 선생과 조완구 선생, 나 3인은 김구 선생의 쎄단차로써 공주로 직행하기로 했고, 기타 요원들은 철도를 이용하여 기차 편으로 가기로 했던 것이다. 앞서 우리 한독당 중앙 결의로 공주행을 결정한 날 저녁, 그러니깐 6월 24일 금요일 저녁 홍종만이는 또 한미호텔에 나타나 우리 일행의 내일 아침, 즉 25일 공주행의 내용을 알고 갔던 것이다.

이 일은 그 후에 들어서 안 일이지만, 안두희, 홍종만 등 6,7명의 살인 행동대는 우리의 25일 공주행을 탐지하고, 찦차 두 대에 나누어 타고 김구 선생 일행이 자동차 편으로 공주를 향하여 가는 중도, 즉 수원 다음 정거장인 병점에서 공주로 갈라져 들어가는 산 고개 비탈에서 해치울 작정을 하고, 그 고개턱에 찦차를 세워놓고 하루 종일 우리를 기다리다가, 그 날 우리 사정이 공주행을 중지하게 되므로 인해서 그만 허탕을 치고 돌아왔다는 것이다. 만일 그때 우리 계획대로 공주집회가 되었더라면 우리 3인은 위에서 말한 병점 산 고개에서 그들 악당 6,7명의 집중사격에 의하여 몰살 당했을 뻔하였던 것이다.

병점 계획에 실패한 그들 악당은 그날 저녁 조급히 서두르는 상부 지휘자의 엄격한 책망을 받고 안두희 단독 행동으로 백일하에 백범 선생 거소인 서대문 경교장에 침입하여 저격을 감행했던 것이다. 오호, 슬프다! 하나의 독재자의 우로 인하여 민족의 태양이 떨어지고 말았다. 이 나라 이 민족의 앞길은 캄캄해졌던 것이다.

1949년 6월 26일 12시 30분은 우리 한국 민족의 거성 고 김구 선생이 74세를 일기로 적이 아닌 동족의 손에 쓰러지신 날이었다. 그렇게도 원하시던 조국의 완전 자주 독립 통일을 보시지 못하시고 영원히 가신 날이었다. 독재자 이승만 정권에 아부하는 친일 반역자도당의 손에 쓰러지신 것이었다. 선생이 쓰러지던 날 우리 삼천만 국민은 통곡하였고, 독재자 및 친일반역자들은 성공의 축배를 들었던 것이다. 평생 사업이 조국의 광복이었고, 평생소원이 조국의 자주독립이었으니 이를 반대하는 그 누구였든가? 친일 반역자, 외세에 아부하는 사대주의자 그들뿐일 것이다. 조국의 자주 통일 독립을 반대하는 자 역시 그들뿐일 것입니다.

10. 한강의 마지막 뱃놀이

6월 25일, 그러니깐 김구 선생이 돌아가시던 전날 충남 공주행이 중지되어, 선생은 할일 없이 경교장 2층 숙소에서 항상 즐기시는 농필(弄筆) 붓글씨로 하루의 울적한 시간을 보내게 되었던 것이다. 이 사정을 안 몇 젊은 동지들은 선생님 앞에서 응석조로 말했다.

"선생님 오늘 날씨도 좋고 한강에는 뱃놀이가 한창인데 공연히 방안에서 울적하게 앉아 계실 것이 아니라 우리도 한강 구경이나 나가면 어떨까요?" 이렇게 제의하였던 것이다. "응 그래. 그것도 좋지" 선생님은 기꺼이 이 제안을 받아 주셨다.

"선생님 한강으로 가신데, 빨리 차 준비해" 아래층 비서들은 뱃놀이 준비에 바빴다. 과자며 과일이며 먹을 것 마실 것 등을 준비하여 차에 싣고, "선생님 차 준비도 하였으니 빨리 내려 가셔서 차에 오르셔요" 비서들의 재촉이었다. "응 그래" 붓을 놓으시고 모시 두루마기를 입으시고 현관에 내려가 차에 오르신 것이었다.

김구 선생 일행을 태운 쎄단차는 한강을 향하여 미끄러져 달렸다. 무더운 날씨였지만 한강의 강바람은 한결 시원한 듯하였다. "거참 좋군 이렇게 시원한 걸" 배에 오르신 선생은 굽이쳐 흐르는 한강 물결을 구경하면서 흉금이 뚫린 다는 듯이 긴 심호흡을 하시는 것이었다. 천고의 역사를 간직한 유서도 깊은 한강이었다. 그 위의 뱃놀이도 선생으로서는 그 날이 마지막 날이었다. 다시는 있을 수 없는 천재의 마지막 기회였었던 것이다. 한강의 뱃놀이를 마치시고 경교장으로 돌아갔을 때는 벌써 해가 서산으로 기울어지던 무렵이었다. 이윽고 경교장에는 전등이 들어왔다.

11. 불길한 정보

한강의 뱃놀이를 즐기시고 경교장으로 돌아오시어 전등불 아래서 저녁 식사를 마치시고 앉아 계셨다. 김구 선생 침실 옆방에서는 노소 몇 동지가 앉아서 심상치 않은 표정을 지어 가며 무슨 일인지 구수밀의(鳩首密議)를 하고 있지 않는가. 그 중에는 이상만 목사, 박동엽 장로도 끼어 앉았다.

"글쎄 이런 정보가 들어왔으니 믿을 수도 없고, 그렇다고 안 믿고 방임해 둘 수도 없지 않겠소" "암, 그렇고 말고요. 하여튼 이 사실을 선생님께 여쭈어 드리어 대비토록 합시다" "그리하도록 합시다." 그들의 밀의실에서 흘러나오는 말의 줄거리였다. "그리하도록 하자"는 결론을 보고 선생님 앞으로 들어간 분은 박동엽 장로였다. "선생님 안녕하십니까?" "응, 그 방에 누가 있는가 했더니 박 동지였구만" "선생님 그리 아름답지 못한 정보가 들어왔는데요. 좀 주의했으면 좋겠습니다." "무슨 정본데?" "다른 게 아니라 이놈들이 선생님께 대한 암살 계획이 있다는 데 금명간 행동이 있을 것이라는 것입니다."

"박 동지, 그까짓 소리 듣고 다니지 말게. 그 놈들 뭐 매일 하는 소린 걸. 그런 말은 내게 전할 필요도 없어, 사기 저상되는 말이야" 바위와도 같이 움직이지 않는 김구 선생의 태도였다.

긴급 정보를 듣고 김구 선생 앞에 가서 보고를 드린 박 장로는 선생의 이러한 태도에 부딪치자 그만할 수 없어 손으로 자기 머리만 극적거리며 물러나왔다. 그러나 박 장로는 아무리 하여도 그 정보가 그리 허위가 아니오, 어느 정도 정확하다는 점에서 아래 비서실에 가서 주의까지 시켰던 것이다. "이러이러한 정보가 있으니 금명간 며칠 동안만은 주의하라고, 그리고 특별히 경계하여 될 수 있는 데로 외인의 면회를 일체 삼가라" 고 하였다.

12. 큰 별이 땅에 떨어지던 날

"나는 어제 저녁 참 이상한 것을 보았지" "뭔데" "하늘에서 큰 별이 떨어지는 것을 봤단 말야" "그것 참 이상한 일이로군" "내가 어제 장충단 뒷 산등엘 올라가 천기를 보지 않았겠나" "허, 자네 천기도 볼 줄 아는가베" "아따 이사람 잔소리 말고 내 말을 먼저 들어봐요, 글쎄" "허-, 그래 누가 말을 말래서" "저 동쪽 하늘에서 큰 별 한 개가 떨어져 화광을 내뿜으면서 서쪽 바다로 들어가는 것이 아니겠나?"

"거 참, 이상하이 옛날부터 하늘에서 별이 떨어지면 어떤 큰 사람이 죽지 않으면 큰 난리가 일어난다고 하지 않았겠나" "누가 아니래서, 아마도 어떤 큰 인물이 하나 죽든지 나라에 내란이 일어날 징조 같애" 서울 장충동에 자리 잡고 있는 어떤 복덕방에서 한가한 노인들이 담뱃대를 서로 맞대고 주고받는 대화의 한 토막이었다.

1949년 6월 26일 아침 서대문 경교장 안에는 아무 이상이 없었다. 평온한 공기 속에서 하루의 시작이었다. 경교장 2층에 계신 김구 선생은 매일 아침마다 의례히 있는 행사 그대로 하시었다. 여섯 시에 기상, 세수 면도하시고, 정화 묵상하시고, 예수교 목사 오시어 아침 예배보시고, 아침 진지 잡수시고, 신문 독서하시고, 벼루에 먹 갈아 글씨 쓰시고, 주일이면 교회에 다녀오시고,…

전날 저녁 비서실에서는 일반 방문객의 면회를 사절하기로 하고, 문간에 〈면회사절〉이라는 쪽지를 써 붙이었건만, 경교장으로 몰려드는 방문객은 아랑곳없이 일찍부터 경교장으로 꼬리를 물고 들어 밀리는 것이었다. 워낙 김구 선생은 찾아오는 손님은 누구나 만나기를 거절하는 법이 없이 없으셨다.

그 날 26일이라고 해서 예외로 될 수는 없다. 비서들에게 명하여 누구나 나를 만나기 원하여 찾아오는 사람이 있거든 막지 말라고 했던 것이다. "선생님. 요즈음 며칠 동안은 일반 면회만은 사절하렵니다" 비서의 말이었다. "면회 오는 사람을 거절하면 되나" 김구 선생의 말씀이었다. "어제 저녁 박 장로님 말씀이 요즈음 좀 이상한 정보가 있으니 얼마동안은 일반 면회를 사절해 달라고 그러시더군요" "쓸데없는 소리, 그런 말 아예 듣지 말게, 전과같이 날 보러 오는 사람이 있거든 다 들여다 보내게" 김구 선생의 명령이었다.

이리하여 경교장의 면회는 여전하였다. 누구나 면회할 수 있었다. 여자도, 남자도, 민간인도, 군인도 어제 저녁에 경교장에 와서 선생님의 신변을 걱정하던 박동엽 장로도 경교장 문간 응접실에 와서 심상치 않은 26일의 경교장 공기를 살

피고자, 그날 주일인지라 교회에 일찍이 다녀서 달려와 있었던 것이다.

그런데 박동엽 장로는 어떻게 그러한 정보를 입수하고 있었는가? 범인 안두희 이하 홍종만 등 6, 7인이 당시 영등포에 위치한 포병사령관 장은산의 지휘 아래 테러 행동을 하기 위하여 북한 공산당에서 소위 밀봉교육을 한다듯이 이러한 특별 훈련을 받았다는 것이다. 이 7인조 가운데는 박 장로가 전에 모 학교 교장으로 있을 때 학생이었던 박 장로의 제자가 몇 사람 끼어 있었다.

박 장로가 김구 선생 지지파인 줄은 그들이 잘 알뿐 아니라, 자기네가 아무리 직업적으로 군인이 되어 밀봉교육을 받고 이러한 험한 일을 하려고 나섰지만, 김구 선생이 위대한 애국 지도자임을 잘 아는 그들이 양심상 가책이 없을 수 없었던 것도 사실이던 모양이다. 7인조 내에는 박 장로를 비밀로 찾아가 내통해 주는 자도 있었던 것이다.

"교장님, 저는 김구 선생 암살 사명을 맡은 7인조의 일원으로서 특무교육도 받았습니다. 누구 누구가 다 그 조직원의 한 사람입니다. 일전에 우리 몇 사람이 김구 선생을 습격하려고 경교장 앞 문까지 갔다가 성공하지 못했고, 또 오늘 25일 김구 선생이 자동차 편으로 공주로 가신다 하여, 찦차 두 대로 수원 다음 정거장 병점이란 곳에 가서 병점에서 공주로 넘어가는 고개턱에 가서, 길을 막고 기다리다가 마침 김구 선생의 차가 나타나지를 않으므로 허탕을 치고 왔습니다. 앞 차는 저 멀리 앞장을 서서 고개턱에서 길을 가로막고, 뒷 차는 저 멀리 떨어져 김구 선생의 차가 나타날 때 모자를 벗어 목표물이 당도하였음을 신호해 주어 앞차로 하여금 행동 준비 태세를 갖추게 한 다음, 김구 선생이 타신 차가 우리 두 찦차 사이에 끼어 들어오게 될 때, 우리는 전후 호응하여 일제히 행동을 개시하여 앞뒤 협공으로써 습격하려던 것인데…"

참말로 듣기만 하여도 아슬아슬한 장면이었다. 그런데 이 장면에는 우스운 에피소드 한 토막도 섞여 있었다. 그들 7인조가 병점고개 턱에서 찦차를 앞뒤에 배치해 놓고, 김구 선생의 차만 나타나기를 눈이 빠지도록 기다리고 있으면서 앞에 있는 차에서는 뒤차에서 모자만 벗어 흔들기를 기다리고 있었는데, 아니나 다를까 뒤 차에 있는 어떤 한 자가 모자를 벗어 들지를 않겠는가. 오- 저기 차가 오는 모양이다. 모자를 벗는 것이 보인다. 이동준비! 앞차에서는 사격 준비에 일대 소동이 일어났던 것이다. 그 날 날씨가 매우 더웠다. 뒤 차에 있는 놈이 너무 더우니까. 이마에 흐르는 땀을 손수건으로 씻기 위하여 무의식적으로 모자를 벗어 들었던 것이다.

"교장님, 내일 경교장에서 꼭 무슨 일이 생기고야 말 테니 주의 하십시오. 오늘 우리가 병점에서 실패하고 와서 그 실패한 사유를 상관(장은산)에게 보고했더니. 상관은 화를 벌컥 내면서 너희들이 사명 맡은 지가 벌써 언젠데 아직도 임무를 실행하지 못하니 내 입장도 곤란하지 않느냐. 내일 안으로는 무슨 일이 있더라도 꼭 실행할 것을 다짐하라는 기합을 받고 왔습니다. 안두희는 자기 단독으로라도 하겠다고 다짐하고 나왔으니 그 자가 경교장에 나타나는가 주의하시오."

박 교장은 자기 학생인 행동대원 한 사람에게 이러한 정보를 듣고, 그 전 날도 왔고 오늘도 경교장으로 달려왔던 것이다. 박 장로는 경교장 문간 응접실에 들어서자, 혹 안두희란 자가 와 있지나 아니한가 하고 두리번거렸다. 아니다 다를까, 경교장 문간 비서실에는 어떤 군인 한 사람이 장교복을 입고 와 앉아서 비서들과 서로 이야기의 꽃을 피우고 있다.

"오- 저기 안 소위 놈이 왔구나" 박 장로의 가슴은 울렁거렸다. 그러나 박 장로는 안두희와는 일면의 인연도 없었기 때문에 서로 낮을 알지 못한다. "저 놈이 안두희라는 놈인가? 그렇지 않으면 혹 다른 방문객일지도 모른다. 하여튼 여기 앉아서 동정을 살피기로 하자" 박 장로는 문가 응접실 쏘파에 몸을 뒤로 기대고 주저앉았다. 그러나 박 장로의 눈은 항상 비서실에 앉아 있는 낮설은 군인 소위에게서 떠나지 않았다. 2층 김구 선생 방에는 그 날도 방문객이 물 끓듯 하였다.

먼저 문산 헌병 대장이라는 강홍모 대위가 면회를 하고 가고, 그 다음 차례가 군인 소위의 면회 차례였다. 이윽고 이층 계단에서 여자의 발자국 소리가 통통 들린다. 정 여사가 면회를 마치고 아래층으로 내려오는 발자국 소리다.

선우 비서는 "자, 면회가 끝난 모양이외다. 인제 올라 갑시다" 낮 설은 소위는 선우 비서의 말에 의하여 자리에서 일어났다. 정복 위에는 미식 45구경 권총까지 찬 채로, 김구 선생을 면회한다고 비서를 따라 비서실 문간으로 나서는 것이었다. "옳다, 때를 놓쳐서는 안 된다. 그 소위가 누구인지 알아보아야 한다"

박 장로는 앉았던 자리를 박차고 일어나 선우 비서 곁으로 바싹 다가가서, 선우 비서의 바른편 옆구리를 손으로 꾹 찔렀다. "저 군인이 누구요?" 물론 귓속의 말이었다. 낮설은 손님이 듣는데 큰 소리로 그 사람의 신분을 묻는 것은 실례다. "아니에요, 이 분은 김학규 장군이 주석님께 소개해 주신 손님이에요. 벌써 수차 다녀간 분인데요. 뭐" 선우 비서의 태연한 대답이었다. 박 장로는 이상 더 물어 볼 여지가 없었다. "응- 김 장군이 소개한 사람이라면 야" 박 장로는 적이 마음을 놓고 자기 자리로 돌아가 앉았다.

또 다른 하나의 군인이 들어오는가 주의하였다. 안 소위란 자가 오지 않는가 하고 신경을 쓰고 있었다. 선우 비서는 군인 손님을 김구 주석께 인도해 주고는 점심 때인지라 지하실 주방으로 내려갔다. 점심 식사를 하려고 내려간 것이다.

그 날이 일요일이었다. 낮 열두 시에 라디오에서는 뉴스가 있은 후, 대중 가요가 흘러 나왔다. 이 때였다. 범인 안두희가 2층으로 올라가고 선우 비서가 지하실로 내려 가자마자 2층 김구 선생 계신 방에서 난데없는 권총소리가 쏟아져 났다. 그러나 아래층에서는 권총 소리도 듣지 못하고 깜깜 소식이었다. 워낙 경교장은 석조로 된 집이라 위층의 소음이 아래 층에는 서로 들리지 못하게 되었고. 또 라디오로부터 흘러나오는 음악 소리 때문에 위 층에서 나는 총소리를 듣지 못하고 있었다.

경교장을 호위하고 있던 호위 순경이 울파주 밖에서 총소리를 듣고 "주석 선생님 방에서 총소리가 났다" 소리치는 바람에 문간 순경들이 손에 칼빈총을 뻗쳐들고 달려 오는 것이었다.

범인 안두희가 2층으로 올라간 지 불과 2, 3분 동안에 탕! 탕! 탕! 탕! 네 발의 총소리를 내고서 2층 계단으로부터 허둥지둥 내려오는 것이었다. "선생님을 내가 쏘았습니다" 범인은 손에 들었던 총을 내동뎅이를 치면서 해쓱해진 얼굴로 이렇게 말하는 것이었다. 그 권총 속에는 발사하다 남은 실탄이 들어 있었다는 것이었다.

우리가 상식적으로 생각해 볼 때 45식 미제 권총은 8발의 탄환을 장전할 수 있다. 범인이 현장에서 4발을 쏘고는 아직 총신 속에 여러 발이 남아 있었다는 사실을 생각하면, 이는 범인이 경교장에 올 때에 벌써 살인 준비를 하고 달려든 것이 증명되는 것이다.

나도 권총 생활을 오래 해 보아서 아는 일이지만 권총 차는 사람의 행동이 평시 장전법과 유사시 장전법이 다른 것이다. 평소에는 총신에 5발 이상의 탄환을 장이는 일이 별로 없는 것이다. 이유는 탄환을 만장하여 두면 총의 스프링이 물러진다는 것이다. 범인 안두희가 현장에서 4발을 발사하고도 아직 여러 발이 남아 있었다니 그는 집에서 떠날 때 탄환을 만장하고 왔던 것이다. 이는 발사 대비가 틀림없는 것이요. 평시 행동 장전법은 아니었다.

"손 들엇!" 문간에서 달려 들어오는 순경이 칼빈총을 범인 안두희 가슴에 뻗쳐 겨누고 호령하는 소리였다. 범인은 명령대로 순순히 복종하여 손을 들었다. "이 놈 때려 죽여라!" "투닥투닥" 매질이 났다. 아래층 접대실과 비서실에 있던 청년들이 분통이 터져 분풀이로 범인에게 손질을 하는 것이었다. 의자가 날으고 몽둥이질이 전개된 것이다.

"아서라! 그 놈을 때려 죽여서는 안된다" 의지적으로 말리는 박 장로의 소리였다. 사실 그렇다. 안두희를 때려 죽여서 무슨 시원한 일이 있으랴! 김구 선생의 귀중한 생명과 더러운 주구배 안두희의 생명과 서로 일대일로써 바꿀 수는 없는 것이다. 그 배후에 어떤 물건들이 있어서 이런 장난을 했는지를 국민 앞에 밝혀야 한다. 범인을 죽이고서는 일시적 분풀이는 될지 모르나, 그 음흉한 배후 도당을 색출할 수는 없지 않은가?

범인이 일을 저지르고 아래층에 내려온 지 불과 1, 2분도 못되어 기다리고나 있었던 듯이, 어디서 난데없는 헌병 찦차 한 대가 달려드는 것이 아닌가. "아서라! 범인은 우리 군인이다. 함부로 건드리지 말라. 범인은 우리가 맡아 처리할 테다. 우리에게로 넘겨라" 헬멧 깡철모자를 쓰고 덤벼드는 헌병들의 말이었다. 범인 안두희는 약간의 타박상을 입고 헌병 찦차에 올라타고 어디론지 사라져 버렸다.

경교장 2층 방 김구 선생 거소에서는 "선생님! 선생님! 선생님이 돌아가시다니, 이런 법이 있다니요. 아이구, 아이구" 통곡소리가 터져 나왔다. 동지들의 분통 터지는 통곡 소리였다. 큰 별이 땅에 떨어진 것이다. 민족의 태양이 떨어진 것이다. 장충동 복덕방 노인들의 예언은 맞아 떨어진 것이었다.

하늘도 울고 땅도 울고 김구 선생이 돌아가시던 날. 즉 6월 26일이 바로 일요일 공휴일이므로, 나는 하루를 편히 쉬기로 하고 내가 유하고 있는 한미호텔에서 오전 10시경에 뛰어나가 발길 가는 대로 맡겨 두었다. 마침 간 곳이 신당동 지청천(池靑天) 장군 댁이었다.

"안녕하십니까? 김학규 왔습니다" 나는 백산 지청천 댁에 가서 문을 두드렸다. "오! 백파군요. 그렇지 않아도 오늘 일요일인데 갈 데도 없고, 나 혼자 심심해서 이야기 친구나 오면 하고 백파 생각을 하던 참이요" 백파라는 내 호를 불러 주시는 것이었다. "아이구! 호랑이도 제소리만 하면 온다더니 방금 영감이 백파 선생 이야기를 하시지 않았겠소. 잘 오셨소. 어서 들어오시요" 이번에는 그 댁 사모님이 반색을 하시는 것이었다. 나는 해외에 있을 때, 이 댁 사모님 손으로 지어 주시는 밥도 여러 해 얻어 먹었다. 사모님은 나에게 한 식구로 여기시고 이렇게 반가이 맞아 주시곤 하시는 것이다.

그리고 백산 지청천 장군으로 말하면 나의 은사인 동시에 나의 평생 동지였다. 지 장군은 일찍 일본 육사 출신으로 1914년 제1차 세계대전 당시 일독전쟁 즉, 청도작전에 참가하여 불멸의 공을 세우고, 1919년 3월 1일 모국인 한국 본토에서 3·1운동이 일어났을 때, 장군은 동경으로부터 서울로 건너와 동료인 기병 대위 김광서(金光瑞), 만주에서는 윤경천(尹京天)과 함께 왜적의 눈을 피하여, 신의주 압록강 철교를 건너 우리 독립군의 책원지인 만주 봉천성 유하현 고산자(滿洲 奉天省 柳河縣 孤山子)로 찾아왔던 것이다.

나는 그 때 나이 겨우 19세 때였다. 이시영(李始榮) 선생이 창설하신 신흥학교에서 재학 중이었다. 지청천 장군은 그 때 당년 32세 청년 장교로서, 일본 육군 중위의 계급장을 달고 일본군의 모든 기밀문서와 휴대하고 있던 권총까지 차고 정정당당히 압록강을 건너 신흥학교로 와서, 우리 학교의 교관으로 있었던 것이다. 애국심에 불타는 한 개의 청년 장교, 아니 그 때 만주에 있어서 그의 모든 역량이 군사적 지도자로서, 일반 청년의 숭배의 대상자로 추대되었던 것이다. 그리하여 그는 한창 당년에 만주 시베리아, 상해, 남경, 중경 등지에서 지청천이라는 용명을 날렸던 것이다.

명불허전이었다. 오호라! 슬프다. 세월이 흐르매 영웅호걸이 늙는 것이다. 세파에 시달려 사람도 늙었거니와, 장군이 귀국한 당시부터 이승만 정권하에서 득세하기 만무였건만은, 이리저리 허덕이다가 종말에 가서는 일반의 불미스런 평만 남기고 울울부득지 하다가 70세를 일기로 신당동 자택에서 병사하신 것이었다. 말은 지로로 흘렀다. 정문으로 돌아간다.

내가 지청천 장군 댁에 도착 한지는 상오 10시 후였다. 내가 그 댁에 들어가 앉기도 바쁘게 사모님은 술상을 차려왔다. "자! 백파, 이리 다가앉으시오. 술 한잔 같이 합시다" 술을 권하는 것이었다. 불란디 위스키 한 잔 또 한 잔 이와 같이 두 시간 가까이 만취토록 술을 마시었다. 술도 거나하게 취한지라 나는 내가 찾아갔던 사유를 잠깐 말하고 자리를 떠났다.

내가 그 댁을 찾게 된 용건은 다른 것이 아니라, 얼마 전부터 말이 있어 오던 것이 그 댁 둘째 따님 혼인 문제였다. 내가 지청천 댁에서 나와 장충동 고개를 넘어 올 때 오정 싸이렌 소리가 요란하였다. 장충동 1가 57의 12번지 시흥연와(始興煉瓦) 김경식(金敬埴) 댁에 잠깐 들어가니, 몇 사람들이 모여서 푼돈 마작을 놀고 있었다. 나는 주인 김씨와 더불어 서로 인사를 주고받는 그때였다.

"아버지! 아버지! 큰일 났어요. 김구 선생이 돌아 가셨대" 길거리에서 놀던 그 집 둘째 놈이 집으로 뛰어 들어오면서 하는 말이었다. 숨가쁜 보고였다. "뭐가 어째? 이 자식이?" 천만에 믿을 수 없다는 주인의 말이었다. "아니에요, 어버지두, 누가 거짓말할라구. 지금 행길에서는 야단이 났어요. 사람들이 이리 뛰고 저리 뛰고, 영 야단법석인데" 그 집 둘째 놈 중학교 2학년에 재학 중이라는 아이의 말이었다. 거짓말이 있을 수 없는 일이다.

나는 그 소식을 듣고 정신없이 그 집 윗방으로 뛰어 올라가 전화 수화기를 들었다. 경교장 전화번호대로 다이알을 돌리었다. 대방에 신호 가는 소리가 '짜르릉, 짜르릉' 내 귀에 들려온다. 난데없는 곳이 나오고 있지 않은가. "네, 이곳은 중부서 사찰곕니다" 나는 들었던 수화기를 곧 놓았다. 이상도 하다.

"하필이면 사찰계가 나올까, 기분 나쁘게" "어디 이리 주세요" 곁에 섰던 주인 김경식씨의 말이었다. 주인은 수화기를 들고 경교장 번호로 다시 다이알을 돌리었다. "전화 나왔습니다. 들어 보세요" 주인은 나에게 수화기를 돌려준다. "여보세요. 여기는 경교장 입니다." 전화 상대편의 말이었다. 이번에는 경교장 전화가 나온 것이었다. "나는 김학규요" "아이, 빨리 오세요. 주석 선생님이 돌아가셨습니다"

확실한 사실이다. 김구 선생은 틀림없이 돌아가신 것이다. 나는 들었던 수화기를 내동댕이치고 얼빠진 사람이 되어 땅만 들여다보았다. "아, 정말이요? 김구 선생 정말 돌아가셨오?" 주인의 울음 섞인 말이었다. 목메어 우는 말이었다. "……." 나는 대답 대신에 고개만 끄덕끄덕, 아랫방에서 마작을 하고 있던 사람들도 마작을 멈추고 귀들을 기울이고, 우리가 서로 주고받는 전화 소리만 듣고 있다가 선생님이 돌아가셨다는 말이 들리자 마작상을 뒤집어엎었다. "에이, 나

이런 놈의 세상! 이런 법이 있담!" 모두가 긴 한숨을 지으며 한탄하는 소리뿐이다. 혹자는 돌아앉아서 눈물을 흘리면서 흩어진 마작 쪽을 물찐 물찐 주무르고들 있다.

"아, 가 봐야지" 나는 외쳤다. 나는 울지도 않았다. 내 눈에는 눈물도 없다. 눈물 대신에 불이 붙어 올라오는 듯했다. "오-, 우리 오토바이 타고 가시오" 주인은 운전수를 명하여 오토바이를 발동을 시켰다. 나는 오토바이를 탔다. 장충동 네거리로 을지로 6가로 달리었다. 오토바이는 최고의 스피드를 내는 것이었다. 차가 광화문을 지나 신문로까지 이르렀을 때, 놀랜 시민들은 서대문 쪽으로 달리기 시작하였다.

서대문 경교장 앞에는 벌써 인파가 뒤덮여 혼란이 일어났다. 전차는 이미 운행 불능이 되어 땅에 붙었다. 온 거리는 미친 듯이 몰려드는 군중에 의하여 인산인해, 혼란, 복잡, 소음, 아우성 속에 묻히었다. 책 보따리를 둘러메고 달리는 남녀 학생들, 저고리를 벗어 들고 달리는 젊은 사나이들, 고무신짝을 벗어 들고 달리는 아낙네들, 지팡이를 끌고 땅을 핥으며 구부려 가는 노인네들, 눈에서는 눈물, 코에서는 콧물, 서울 거리는 문자 그대로 아비규환의 수라장으로 화한 것이다. 폭풍우가 일어난 것이었다. 아우성 소리와 통곡 소리 걷잡을 수 없는 흥분의 도가니였다. 교통순경의 이마에는 진땀이 흘렀다. 교통정리에 쩔쩔 매고있다. 헌병 찦차, 경찰 백차 외에는 운행 정지를 당하고 모든 차량은 땅에 찰싹 붙어 있었다.

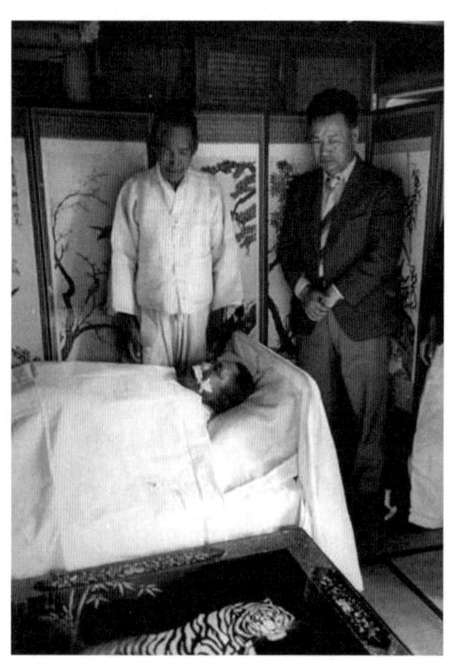
▲ 경교장 2층 집무실에 안치된 김구 선생

내가 타고 가는 오토바이 차도 수차의 정지 명령을 받으면서 가까스로 인파를 헤치며 경교장 대문 입구까지 이르렀던 것이다. 경교장 대문간은 좌우로 열려 있었다. 그러나 몰려드는 군중 질서를 유지하기 위하여 헌병과 경찰들이 총칼을 휘두르며 군중의 쇄도를 적극 제지하는 것이었다. 그럼에도 불구하고 경교장 대문간은 메어지고 찢어지리만큼 사람들은 어깨를 비비며 기를 쓰고 몰려 들어가는 것이 아닌가. 벌써 경교장 안뜰에는 몰려든 군중들에 의하여 입추의 여지가 없으리 만큼 성냥갑과도 같이 사람들이 꽉 차 있었다. 서로 밀고 당기고. 경교장 복도에도 객청에도 대혼란을 이루고 있었다.

내가 타고 간 차가 경교장 입구에 들어가려 할 때 헌병들이 총대로 가로막으며 "인제는 더 들어갈 수 없소. 출입금지요" 입문금지 명령을 내린다. "아니오, 이 분은 우리 한독당 간부 어른이오. 이 분만은 반드시 들어오셔야 될 분이요" 우리 당의 젊은이들의 항변이었다. "그러면…" 헌병들의 허락이었다. 나는 인파를 헤치고 경교장 대문을 썩 들어가 경교장 현관 앞에 차를 머물고, 차에서 내려 2층으로 청년 동지들의 부축을 받으면서 올라갔다. 그 때 나를 부축해 주면서 '어이어이' 하고 울던 청년이 박연하 군으로 기억된다. 아! 기막히는 장면이었다. 이렇게 비참한 장면이 또 어디 있으랴. 김구 선생이 쓰러지다니 정말 돌아가셨단 말인가?

내가 2층 사변 현장에 올라갔을 때는 벌써 선생은 이미 절명되어 시체로 화하였었다. 선생의 시체는 이미 시체상 위에 올려 모시었다. 선생이 쓰러졌던 자리에는 흰 소독분을 뿌려 놓았다. 남쪽 창가에 놓인 의자와 탁자 위에도 흰눈 같은 소독약 분말이 뿌려져 있었다. 선생님의 피가 고인 위에 뿌려져 있는 것이다.

선생의 시체는 이미 흰 포장으로 고이 덮여 놓아져 있었다. 얼굴만은 동지들로 하여금 마지막으로 한번만 더 보라고 내놓고 온 몸만 덮여져 있었다. 고이 잠드신 선생이셨다. 아무 말씀도 없이 잠드신 것이었다. 인간의 복잡을 다 잊으시고 잠드신 것이었다. 그런데 그렇게 원하시던 조국의 자주독립 남북통일은 아마도 잊으시지는 못하셨으리라. 왼쪽 볼편 상처에는 거즈와 반창고로 총탄 자리를 막아 붙여 놓았다. 선생의 상처는 4곳 이었다. 처음 한발은 윗입술을 관통하였고, 이어서 전경부(前頸部)로부터 견갑부(肩胛部)를 관통, 전흉견갑하부(前胸肩胛下部)관통, 다시 우측하복부맹(右側下腹部盲) 총상 등을 입혔다.

이리하여 4발의 탄환이 모두 명중된 것이다. 범인은 그렇게 잔인하게도 첫 방에 선생이 쓰러짐에도 불구하고 재살再殺 3살殺 4살殺까지 한 것이다. 범인은 법정에서 일시적 격분에 저도 모르게 저격한 것이라고 주장했다. 만일 일시적 격분에 저지른 장난이라면 한 방 두 방으로 족할 것이어늘, 4발에 이르기까지 이를

▲ 조선혁명군 활동을 하다가 부부가 된 김학규와 오광심

악물고 발사했다는 사실은 저격 역사에도 그 유사가 없는 것이다.

선생이 종일 앉아 즐기시던 붓글씨도 오늘이 마지막이었다. 주인 잃은 붓과 벼루, 종이가 저 외딴 구석지에 몰려가 있을 뿐이다. 그 자리에는 벌써 동지들이 많았다. 그때 누구가 나보다 먼저들와 있었는지는 지금 기억이 잘 떠오르지 않는다. 오직 한 분만이 생각난다. 일파 엄항섭 동지가 생각난다. 그 때 엄항섭 동지의 서러워하시던 모습 아직도 내 눈에는 선하다. "백파! 저…" 일파는 울음으로 말을 대신한 것이었다. 일파는 내가 2층을 올라가 현장 문을 막 들어설 때, 곧 맞아 나와서 내 손을 덥석 잡으면서 선생님의 누우신 시체를 가리키면서 "백파! 저…." 한 마디를 하고서는 목메어 울기만 하시었었다. 일파는 한참 동안 통곡을 하다가는 "선생님! 선생님! 왜 말씀이 없습니까?" 하면서 목 놓아 울고만 있었다.

어쩐 셈일까? 나는 울음이 통 나오지를 않는다. 아무 의식도 없이 얼빠진 장승이 되어 우두커니 서 있었다. 온 신경은 마비된 모양이다. 두 눈에서는 불이 붙는 듯, 목이 마르고 혀 바닥이 당장 터지는 것이었다. 이빨이 '오도독' 소리를 내며 갈릴 뿐이었다. 이윽고 우천藕泉 조완구 선생이 들어오신다. 청년들의 부축을 받아 가면서 허둥지둥 정신없이 들어오시는 것이었다. 허리를 구부리시고 손짓 발짓 냉큼냉큼 뛰면서 "이놈들아! 우리를 다 죽여라! 빨리 죽여 없애 다오" 곰불랑님불랑 깡충깡충 조완구 선생의 거의 실신 상태의 행동이었다. 곁에 있던 청년 동지들은 조완구 선생을 붙들고 "선생님 좀 진정하세요. 선생님 진정하세요" 만류하였다. 말리는 청년들도 목 메인 소리였다. 눈물을 찔금찔금 짜면서 이렇게 진정시키기에 애쓰는 것이었다.

이윽고 우사 김규식 박사 부부가 들어오셨다. 역시 청년 동지들의 부축을 받으시며 들어오셨다. 김규식 박사도 나와 같이 눈이 꼿꼿하여 어이가 없다는 표정으로 눈물도 한 방울 흘리지 않고, 얼굴과 두 눈에는 노기가 차서 백범 선생 영전에 국궁을 올리고, 얼빠진 사람 모양으로 우두커니 서서 창밖으로 남산만을 바라보기만 할 뿐이다. 함께 오신 김규식 박사 부인 김순애 아주머니는 목 놓아 우시는 것이었다.

그런데 경교장을 포위한 군중들은 경교장 앞에서 뒤에서 저 광화문 네거리로부터 서대문 로터리, 동양극장 앞. 서대문 우편국 앞까지 인산인해로 꽉 차서 태양이 떨어지는 줄도 모르고, 전기가 들어오고 어둠이 들어 올 때까지 집에 들어갈 줄도 모르고 울부짖을 뿐이었다. 울고 또 울고, 통곡하고 또 통곡하고, 눈물의 바다 울음의 바다로 김구 선생 영구가 경교장을 떠나실 때까지 여러 날을 두고 그칠 줄을 몰랐다.

더욱이 애처러운 것은 철모르는 어린이들의 우는 소리였다. 중학생, 소학생, 남학생들은 물론 여학생들이 더 많이 우는 것이었다. 전차에서도 울고, 버스 안에서도 울고, 책보를 끼고 길가는 학생들도 슬피 우는 것이었다. 눈물에 싸여 가신 우리 선생님이었다. 아~, 이 백성은 울었노라. 하늘도 울고 땅도 울고 산도 울고 바다도 울고 금수 초목도 울었던 것이다. 온 한국의 천하는 울음의 바다로 화하였던 것이다.

■김인수 · 권중희에 의한 증언 지상공개

● 백범암살범 안두희 비공개 육성고백

테러범의 말로는 비참했다. 백범 암살범 안두희. 그가 김구 선생에게 퍼부었던 수발의 총탄은 결국 50여 년 뒤 한 시민의 정의봉이 되어 그에게 되돌아왔다. 지난달 23일 안씨는 버스기사 박기서씨의 몽둥이 세례로 모질던 팔십 평생을 마감했다. 그의 죽음을 두고 사람들은 말한다. "이제야 비극의 역사드라마가 끝났다"고, 그러나 어떤 의미에서 비극은 아직 막을 내리지 않았다. 등장인물은 사라졌지만 암살극의 연출자가 여전히 역사의 그늘 속에 가려져 있기 때문이다.

최근 '일요신문' 은 암살의 배후에 대한 안두희씨의 육성고백이 담긴 비공개 비디오 테이프의 녹취록을 입수했다. 이 녹취록은 지난 92년 이른바 '안두희 납치사건' 당시 사건 관련자들이 비디오 카메라로 녹화해 둔 안씨의 고백 장면을 글로 되살린 것이다. 녹취록 속에서 안씨는 김구 선생 암살 6일 전인 1949년 6월 20일 '경무대에서 이승만 대통령을 만나는 과정' 과 신성모 국방장관에게 격려금을 받은 일 ' 등을 생생히 증언하고 있어 백범암살의 배후에 대한 또 하나의 논란을 불러일으킬 것으로 예상된다.

문제의 녹취록은 권중희씨(민족정기구현회 회장)와 함께 납치사건을 주도했던 김인수씨가 보관해 온 것으로 A4 용지 47쪽 분량. 김씨는 현재 백범사상실천운동연합 준비위원장을 맡아 경교장(백범의 처소) 복원운동을 벌이고 있다.

녹취록의 일부 내용은 한때 안씨의 기자회견을 통해 세상에 알려지기도 했다. 그러나 뒷날 안씨가 '폭력과 강요' 에 의한 것이다 '며 이를 번복, 지금까지의 논란의 대상이 돼왔다.

하지만 이번에 '일요신문' 이 안씨의 피납과 입을 열기까지의 모든 과정이 담긴 녹취록을 공개함으로써 그의 고백을 둘러싼 진위 논쟁에 상당한 영향을 끼칠 것으로 보인다. 안씨 피납 당시의 정황과 함께 녹취록 전문을 발췌, 요약했다.

지난 92년 9월 23일 새벽 6시께 안씨가 은둔해 살던 인천 동영아파트에 네 사람의 불청객이 찾아왔다. '안두희' 의 천적으로 불리던 권중희씨와 의분에 찬 시민 김인수·변수환·신현석씨 등이었다.

안씨를 한적한 곳으로 데려가 암살 배후를 밝히겠다는 게 이들의 계획. 거사는 순식간에 이뤄졌다. 안씨의 동거녀 김×희씨가 운동하러 문밖으로 나오는 사이 권씨 일행은 쏜살같이 집안으로 들이 닥쳤다. 동거녀 김씨의 손발을 묶은 일행은 안씨가 자고 있던 방문을 열었다. 잠옷 차림의 안씨는 무표정한 얼굴로 일행을 바라봤다. 안면이 있던 권씨가 먼저 말을 던졌다. "미안하지만 널 묶을 수밖에 없어, 알았어?" 안씨는 고개를 끄덕이며 아무런 저항을 하지 않았다. 단지 욕실에 있던 틀니를 가져다 달라고 요구했을 뿐이다.

권씨 등은 그를 마대자루 속에 넣어 대기해놓은 승용차에 실었다. 일행이 달려간 곳은 청평호반이 건너다 보이는 경기도 가평군의 한 호젓한 마을. '동지' 인 박배규씨의 농장이 있는 곳이었다. 아침 10시쯤 목적지에 도착한 일행은 마대자루에서 안씨를 꺼내 결박을 풀어줬다. 안씨의 눈은 여전히 검은 천으로 가려진 상태였다. 안씨를 안방에 앉힌 뒤 '신문' 이 시작됐다.

권(권중희) : 자, 이제 모든 것을 털어놔. 증언을 하고 돌아서면 번복하는데 그 이유가 뭐야. 암살의 배후에 대해 아는 대로 실토해.

연이은 다그침에도 안씨는 묵묵부답이었다. 화가 치민 일행중 하나가 가느다란 막대기로 몇 차례 안씨의 무릎 위를 내리쳤다. 그러나 안씨는 얼굴을 찡그린 채 아무런 얘기도 꺼내려 하지 않았다. 다시 안씨의 뺨을 후려쳤지만 역시 효과가 없었다. 이때 한 사람이 헛간에서 낫을 들고 들어왔다.

김(김인수) : 안두희, 네놈이 김구 선생을 암살할 때 방아쇠를 당긴 손가락을 내놔 봐.

안씨가 검지손가락을 들어 보였다. 그의 손가락에 날카로운 낫의 날이 맞닿아 있다.

김 : 이게 뭔지 알겠나.

안(안두희) : 낫이오.

눈이 가려진 상태에서도 그의 분별력은 정확했다.

김 : 이제 더러운 이 손가락을 잘라내겠다. 후회 없겠지. 안두희?

안씨는 덤덤한 표정으로 고개를 끄덕였다. 서슬퍼런 낫 앞에서 낯빛 하나 바꾸지 않는 그의 배짱에 일행은 질릴 정도였다. 권씨와 김씨는 위협과 강요로는 결코 그를 굴복시킬 수 없음을 직감했다. 두 사람은 베개로 안씨의 등을 받쳐주고 편안한 자세로 앉게 했다.

또다시 이어지는 질문. 그러나 여전히 안씨의 입은 무거웠다. 이때부터 안씨에 대한 호칭과 어조도 조금씩 변해간다.

김 : 영감, 이제 얼마나 살겠다고 그래. 당신이 무슨 죄가 있어. 죽일 놈들은 뒤에서 시킨 놈들이지. 이제 속 시원히 털어놓고 마지막 남은 인생을 암살범 안두희가 아닌 인간 안두희로서 민족 앞에서 떳떳이 살아봐. 그게 당신 스스로 속죄하는 길이 되고 민족과 백범 선생에게 속죄하는 길이야.

안 : …

권 : 당신도 지쳤겠지만 나도 지쳤어. 이번에는 내가 죽든 당신이 죽든 마무리를 짓자. 알겠어?

김 : 툭 터놓고 진실을 밝히고 나면 권 선생과의 사이도 오히려 가까워지고 당신도 홀가분 할거야.

이 무렵 권씨와 김씨가 안씨의 두 눈을 가렸던 검은 천을 풀어줬다. 너댓 시간 동안 빛을 못 본 안씨는 서서히 눈을 뜨면서 방안을 두리번거렸다.

안 : 물 좀 주시오.

안씨의 첫 마디는 힘이 없었다. 이후 권씨와 김씨는 번갈아 쉬어가며 안씨를 신문했다.
알려진 몇 가지 얘기가 오간 끝에 안씨가 입을 열기 시작했다.

안 : 경무대에 갔었어.

순간 누워있던 김씨가 벌떡 일어났다.

김 : 지금 경무대 얘기가 나왔습니까.
권 : 쉽게 털어놓는군요.

두 사람의 말투는 어느새 경어로 바꾸어 있었다.

김 : 안 선생, 형식을 갖춥시다. 당신의 말이 진실이라면 양심선언을 할 수 있겠습니까.
안 : … 하지요.

안씨는 얼굴을 찡그리면서도 결연한 표정으로 짧게 대답했다. 두 사람은 잠시 비디오 카메라를 똑바로 세우고 필기구를 준비했다. 김씨가 커피를 끓여 안씨에게 권하자 밝아진 표정으로 잔을 받는다.

안 : 여기가 어디요
김 : 임진강 근처 민갑니다.

김씨는 안씨의 기분을 맞추기 위해 몇 분 동안 화제를 낚시 얘기로 돌렸다. 안씨는 젊은 시절의 풍류담을 늘어놓으면서 쉴 새 없이 말을 늘어놓는다. 이때 라디오에서 정오 뉴스가 흘러나왔다. 안씨가 인천 신흥동 자택에서 납치됐다는 보도였다. 그 뉴스를 듣자 안씨가 계면쩍은 듯 말을 꺼냈다.

안 : 납치는 무슨 납치야. 내가 경찰서에 전화해서 납치가 아니라고 이야기하겠소.

권 : 그건 안돼요. 우리 소재가 파악되니까. 양심선언이 끝난 뒤에도 늦지 않아요.

권씨가 안씨의 말을 막으면서 노트와 펜을 들었다. 질문을 시작하자 갑자기 안씨가 엉뚱한 얘기를 털어놓는다.

안 : 봄에 사건(권씨 등이 안씨 집으로 찾아가 진상규명을 요구하며 폭행한 사건)이 있은 뒤, 연일 기자들이 찾아오곤 하니 김×희(동거녀)가 동네 창피하다며 집을 나가든지, 죽든지 하라며 구박이 보통 심한 게 아니었어, 하루는 세 시간 여유를 줄 테니 짐을 싸서 나가라고 그래. 지금은 별거 아닌 별거 중이오. 누구하고 말 한 마디 못한 채 몇 개월을 그렇게 지내다 보니 입에서 군내가 날 지경이었지. 하루 종일 테레비를 보며 미군 방송이 끝날 때까지…. 말할 사람이 그리워지고 그런데 어제 저녁엔 권 선생이 자꾸 떠오르더군. 근데 새벽에 권 선생이 온 것을 보면 무언가 테레파시가 통한 것 같아. 허허허.

안씨가 너털웃음을 웃으며 말을 이어갔다. 70대 중반의 노인답지 않게 조리 있는 말솜씨였다. 먼저 '양심선언' 이 시작됐다.

안 : 이제 그동안 밝힐 수 없었던 내가 알고 있는 진실을 양심선언으로 역사와 민족 앞에 밝히고자 합니다.

권 : 조금 전 경무대에 갔었다는 데 언제 누구와 무슨 일로 갔었는지 기억나는 대로 말해보시오.

안 : 6월 어느 날 …20일이었어(김구 선생이 암살당한 날은 6월 26일). 사령관(장은산 포병사령관)의 호출로 그의 방엘 갔더니 한 위관급 장교와 함께 있더군, 그런데 사령관이 젊은 장교 앞에서 굽신거리는 것을 보고 그가 높은 데서 온 장교인 줄 알았지. 참모장(채병덕)이 부른다기에 그가 타고 온 지프차를 타고 삼각지 육군본부로 갔는데 참모장 방에 들어가니 '북어대가리' 도 함께 있더군.

김 : 잠깐, 북어대가리라니.

안 : 신성모 국방장관의 별명이지. 당시 군대에서는 그를 북어대가리라고 불

렀어.

김 : 계속하세요.

안 : 참모장과 북어대가리에게 거수경례를 하니 "자네가 관측 장교상을 받은 안 소위지"하며 악수를 청하더군. 그들끼리 이런저런 얘기를 하더니 채병덕이 일어서며 "안 소위. 경무대 구경이나 갈까"하더군 내가 대답하기도 전에 북어대가리는 "나도 각하께 보고할 것도 있고 하니 같이 갈까"하더군. 난 순간적으로 드라마라고 느꼈지. 우연히 경무대 이야기를 꺼낸 것 같지만 미리 각본을 짜놓은 감을 느낄 수 있었어. 그러고 나서 경무대를 향해 출발했지.

김 : 그때가 몇 시쯤 됐지요.

안 : 한 서너 시경 됐을길.

권 : 경무대에 도착한 다음 이야기를 해보시오.

안 : 미리 연락을 받았는지 박 비서가 나와 있더니 곧바로 대통령 집무실로 안내하더군.

김 : 경무대를 그렇게 쉽게 들어가다니 이해가 안 되는 군요.

안씨가 답답하다는 표정을 지으며 엄지손가락을 들어 올렸다.

안 : 신성모와 참모장과 함께 들어가는데 무슨 절차가 있겠어.

김 : 한 가지만 더 묻겠는데요. 박 아무개 비서의 이름을 말해줄 수 없나요. 그 당시면 박용만(96년 10월 19일 사망)이 근무할 때가 아닌가요. 현재 민자당에 있는…

긴장한 두 사람은 집요하게 이 부분에 대해 질문을 던졌다. 그러나 안씨는 얼굴을 일그러뜨린 채 대답을 회피했다.

권 : 아니 기억이 안 난다는 거야. 그렇지 않으면 알고 있으면서도 대답을 못하겠다는 거야.

안씨가 한숨을 쉬며 두 사람을 쳐다봤다.

▲ 1992년 9월 23일 경기도 가평에서 양심선언 후 기념촬영. 왼쪽부터 김인수, 안두희, 권중희

권 : 좋소. 그 부분은 나중에 다시 하기로 하고 계속 말해보시오.

안 : 집무실에 들어가 이 대통령 앞에서 신 장관이 '각하 이번 사격대회에서 상을 받은 안두희 소위입니다' 하고 소개하니 대통령은 내게 악수를 청하며 '으음, 자네가 안소위인가. 신 장관에게 얘기 많이 들었네' 하시더군. 차를 마신 뒤 20~30분 지나 그곳을 나왔지.

권 : 그 자리서 혹시 대통령이 김구 선생과 한독당 얘기를 한 적은 없었소.

안 : 전혀 그런 이야기는 듣지 못했지. 집무실을 나올 때 거수경례를 하며 인사하니까 대통령이 '높은 사람 시키는 대로 일 잘하고 말 잘 듣게나' 하시더군.

안씨는 잠시 허공을 응시하며 한숨을 내쉬었다.

안 : 경무대를 나와서 나는 사령부로 왔지. 그때가 퇴근 무렵이었어. 장 사령관에게 경무대 방문을 보고했더니 그는 빙그레 웃으며 이미 알고 있었다는 듯이 '그것 봐. 내 말이 맞지' 하더군. 백범 암살계획을 세워놓고 사실 난 고민에 빠져 있었어. 그것을 눈치 챈 사령관은 내게 결행을 촉구하면서 협박과 회유, 심지어 '네가 김구 선생을 암살하려고 한다는 것을 세상에 알려서 매장시키겠다고' 고까지 하더군. 내게 뒤가 있다는 걸 확인한 최종 결심을 하게 됐소. 이판사판인 심정에서 값싼 영웅심이 발동되더군.

권 : 지난 4월 12일(안씨가 언급한 폭행사건이 일어난 날)에 김창룡에 관해 진술했는데, 자세히 얘기해보시오.

안 : 김창룡이 1연대 정보참모 시절 조선호텔 앞 대륙상사라고 위장한 특무대 사무실에서 주로 만났는데 만날 때마다 그는 '백범은 거목이지만 수많은

빨갱이들은 그 밑에 숨어 있다. 그 빨갱이를 일일이 잡아낼 수 없으나 거목이 쓰러지면 자연히 빨갱이들이 없어진다' 는 말을 했지. 이와 비슷한 말은 장택상·노덕술·최운하도 했었어. 내가 서청(서북청년단) 총무로 있을 때 수도청장이던 장택상씨를 자주 찾아갔었지. 내 밑에 있는 애들이 빨갱이 많이 잡느라고 사고를 많이 냈거든. 사람을 다치게 하고 심지어 죽이기기까지 했어. 그때마다 자신이 할 수 있는 것은 직접 처리해주고 그 이상은 조박사(조병옥 경무부장)에게 전화를 해 해결해주었어. 서대문 형무소에 있던 사형수까지 빼내 썼소.

권 : 사형수라니?

안 : 형무소에 수감된 사형수들이지. 곧 죽을 목숨을 구해주는데 물불 안 가리고 나설 수 밖에.

한번 말문이 터진 안씨는 묻지 않은 사실에 대해서도 '고백' 을 하기도 했다. 그 가운데 하나가 바로 '시역의 고민' 에 대한 대목이다. 시역의 고민은 백범암살 뒤 그의 이름으로 나온 수기로 안씨의 성장과정과 암살 결심 동기 등이 적혀 있다. 안씨는 이 책이 김창룡의 부하와 동향 출신의 특무대 장교가 쓴 타필 자서전이라고 했다. 다시 이어지는 안씨의 얘기,

안 : 서청 총무로 있을 때 한국말을 잘하는 미군 중령이 찾아 왔었어. 자기가 미정보기관 한국책임자라면서 북에 있는 허가이와 최용건의 동태를 파악해 달라고 했고 그 뒤에도 정보 협조차 반도호텔에서 서너 번 더 만났지. 나중에 그가 여순반란사건과 표 소령 월북사건 등에 한독당이 개입됐다며 백범을 '블랙타이거' 라고 부르면서 백범을 국론분열주의자. 통일의 방해꾼이며 대한민국 발전에 해로운 암적 존재라고 말해 암살에 대한 암시를 주었지.

안씨의 말은 다시 신성모 당시 국방장관에 대한 대목으로 이어졌다. 안씨는 49년 백범 암살 뒤 종신형 선고(3개월 뒤 15년형으로 감형)를 받았으나 6·25전쟁으로 군에 복귀, 대위로 제대했다.

안 : 부산 피난 시절 이화여대 임시 교사를 마련해주면서 김활란 박사와 알게 됐는데 어느 날 김활란 박사의 사무실에서 오라고 전화가 와서 갔더니 북

어대가리가 거기에 와 있더군. '그동안 형무소에서 고생 많았어. 수고 했네' 하는 말과 함께 금일봉을 주었는데 정확히 기억은 안 나지만 1백만 환 됐던 것 같아.

안씨의 3시간에 걸친 '양심선언' 은 이날 오후 3시쯤 끝났다. 홀가분해서인지 안씨는 밝은 표정으로 농담을 하는 등 즐거워했다. 심지어 자신의 천적인 권중희씨를 대변인으로 삼겠다는 얘기까지 나왔다.

사건 다음날 아침, 권씨 등은 폭행 및 납치 등의 혐의로 경찰에 붙잡혔다. 비슷한 시각, 안씨는 서울 우당기념관에서 기자회견을 열고 자신이 가평의 한 농가에서 고백했던 내용의 일부분을 언론에 공개했다. 하지만 인천의 집으로 돌아간 뒤 무슨 이유에선지 안씨의 태도는 돌변한다. 불과 하룻만에 '양심선언' 의 내용을 뒤집는 기자회견을 자청했던 것이다.

"암살의 배후는 없다. 모든 것이 폭력으로 강요된 거짓 진술이었다."

진술을 번복한 안씨는 그로부터 2년 뒤 백범진상규명위원회의 국회증언대에 섰다. 그러나 그 곳에서도 그는 애매모호한 진술을 되풀이했다.

● 안두희씨 가족 어떻게 사나

생전에 안씨는 백범암살의 대가로 모두 일곱 차례의 응징을 당했다. 그때마다 안씨는 거처를 옮기고 가명을 쓰며 추적자들을 피해 다녔다. 견디다 못한 그는 한때 미국 이민을 추진하기도 했다. 그러나 자신의 이민이 받아들여지지 않자 지난 77년 부인과 합의이혼. 가족(3남2녀)들은 모두 미국으로 보냈다. 자신의 업보가 자식들에게 이어지는 걸 결코 원치 않았기 때문이다.

그러나 안씨 가족의 모진 운명은 국경을 달리해도 막을 수 없었다. 미국에 있는 그의 한 아들은 안두희의 자식이란 이유로 파혼의 아픔을 당했던 것으로 알려진다. 결혼 일보 직전에 집안 내력이 밝혀져 절교를 당했다는 것이다. 이 사건은 결국 안씨의 가족들 사이에 깊은 감정의 골이 패게 했다. 충격을 받은 안씨는 자살을 결심하기도 했다고 한다. 자식에게 부끄러운 아버지와 아버지의 이름을 창피하게 여기는 자식들, 하지만 그들은 어디까지나 한 혈육일 수밖에 없었다. 한 아들은 안씨에게 간간히 4백~5백 달러의 생활비를 부쳤고 안씨는 그나마 그런

아들이 있는 미국을 동경해왔다. 피살되기 얼마 전까지도 그는 미국에 가고 싶다는 말을 입버릇처럼 꺼냈다고 한다.

그러나 안씨 생전에 부자의 상봉은 결코 이뤄지지 못했다. 실향민이었던 안씨는 북한에 딸 하나를 남겨둔 것으로 전해진다. 하지만 그는 딸의 안전을 위해 이 사실을 거의 입 밖에 내지 않았다고 한다. 세상과 지식, 양식이 모든 것으로부터 동떨어져 살아왔기 때문일까. 빈소에서 안씨를 지키는 것은 그 자신의 영정뿐 이었다.

〈일요신문 1996년 11월 3일〉

■백범암살 안두희는 미 공작원이었다

백범 김구 선생의 암살범인 안두희가 미군 방첩대(CIC) 요원이었다는 충격적 사실이 처음 밝혀졌다. 이에 따라 당시 미국이 백범 암살을 방관 또는 사주했을 가능성이 높은 것으로 드러났다. 이같은 내용은 해방 직후부터 1948년 12월까지 한국 CIC에서 정보장교로 일하다가 미국으로 돌아간 실리 소령이 백범 암살 사흘 뒤인 1949년 6월 29일 작성해 상부에 제출한 보고서에서 나타났다.

이 보고서는 재미 역사학자인 방선주 박사가 미 국립공문서보존기록관리청에서 최근 입수해 국사편찬위원회에 전달했다. 실리의 보고서가 지금까지 국내에 공개되지 않은 것은 한국내에서 작성된 것이 아니라 미국 현지에서 작성돼 한국관련 문서와 따로 보관돼 왔기 때문이다.

보고서에 따르면 당시 육군 포병대 소위였던 안두희는 CIC의 정보원(informer) 및 첩보요원(agent)으로 활동했다. 또 여운형·송진우 등의 암살에 관여한 것으로 알려진 극우 테러단체 백의사(白衣社)를 이끈 일본 밀정 출신의 염동진도 미국의 주요 정보원으로 활동했으며 안두희 역시 백의사의 특공대원이자 염동진의 심복이었다고 보고서는 설명했다.

미군정의 그림자 조직이었던 CIC는 미국의 한반도내 이해를 관철시키기 위해 남한의 정치지도자들을 대상으로 감시감청 연행 연금 등 가능한 모든 일을 수행했다. 특히 6·25전쟁 발발시점을 정확히 맞힌 것은 CIC의 정보력을 단적으로 증명한다.

지금까지 백범 암살사건의 배후로는 장은산 포병사령관, 김창룡 특무대장, 채병덕 총참모장, 신성모 국방장관 등이 지목돼 왔으며 정황상 이승만 대통령이 지시 또는 묵인한 것으로 알려졌다. 단 안두희 자신이 1990년대 초반에 "미 OSS출신 중령을 만나 백범 암살에 대한 암시를 받았다" 고 고백했다가 부인한 적이 있다. 특히 1995년 정부차원에서 최초로 진상규명에 착수한 국회법제사법위원회 소속 진상규명 소위원회(위원장 강신옥)는 "미국이 암살사건에 대해 정보와 지식을 가졌던 것으로는 보이지만 암살사건에 개입했다는 증거는 없다" 며 "미국이 혹시 갖고 있을 CIC나 CIA자료가 공개된 이후 밝혀질 것으로 보인다" 고 결론을 내렸다.

방선주 박사는 자료에 붙인 소견서에서 "한미관계를 중심으로 한 현대사연구의 흐름을 바꿀 만큼 중요한 자료" 라고 평가했다. 〈경향신문 2001년 9월 4일〉

■백범암살 떠돌던 '미배후설' 힘얻어 미문서보관청 비밀문건 파문

백범 김구 선생을 암살한 안두희(96년 피살)가 광복 전후 주한 미美육군방첩대(CIC)정보원 및 요원으로 활동했다는 美국립문서보관청의 비밀문건이 4일 공개됨에 따라 백범암살의 실체적 진실이 서서히 그 실체를 드러내고 있다. 우선 이 비밀문건은 학계 등에서 주장해온 '미국배후설' 을 상당부분 뒷받침하는 것이어서 적지 않은 파장을 일으킬 것으로 보인다.

국사편찬위원회가 이날 공개한 '김구 암살에 관한 배후정보' 문건을 통해 새로 밝혀진 내용은 ▲안두희가 CIC요원으로 활동했다는 것과 ▲안두희에게 백범 암살을 지시한 인물은 해방직후 對 공산주의 테러활동을 했던 극우 테러 집단인 백의사(白衣社) 단장 염동진(본명 염응택)일 가능성이 크다는 점 등 두 가지.

美 제1군 사령부 정보장교인 조지·실리 소령이 1949년 6월 29일 작성한 이 문건에는 "안두희는 이 비밀조직(백의사)의 구성원이자 이 혁명단 제1소조 구성원이다. 나는 그를 한국 주재 CIC의 정보원이자 요원으로 알고 있었다. 그 역시 염동진이 명령을 내리면 암살을 거행하겠다는 피의 맹세를 했다" 고 적혀있다. 문건은 이어 "2명의 저명한 한국 정치인 장덕수와 여운형의 암살범들도 이 지하조직(백의사)의 구성원으로 알려져 있다" 고 덧붙이고 있다.

이 문건만의 표현으로 볼 때 백범 암살을 미국이 배후 조종했다고 단정하기는 어렵다. 그러나 해방 이후 국내와 학계의 연구와 이번 문건 내용을 종합하면 '미국배후설' 과 '백의사개입설' 은 더욱 설득력을 얻는다. 학계에서는 벌써부터

"미국이 총지휘했다는 결정적인 방증"이라는 주장과 함께 역사교과서를 다시 써야 한다는 주장까지 나오고 있다.

이번 문건에는 백범 암살의 또 다른 배후로 지목돼 온 이승만 대통령에 대한 구체적인 언급은 없다. 그러나 이번 문건을 발굴한 재미사학자 방선주 박사의 증언은 귀를 쫑긋하게 한다. 그는 "(내가)기밀 해제시킨 비美 주한 방첩내원의 증언 문서 중에는 백범 암살의 최종적인 배후가 이승만 대통령이라는 확신들로 서술돼 있다. 파넬 소령의 증언이 그렇고, 맥두걸 대위의 증언이 그렇다"고 언급하고 있다.

〈한국일보 2001년 9월 5일〉

■백범 추모단체 반응

백범 김구 선생 암살범인 안두희가 미육군 방첩대(CIC) 요원이었음이 4일 드러나자 백범암살 진상규명에 매달려 온 이들은 "공공연한 사실이 문건을 통해 새삼 확인된 것일 뿐"이라면서도 진상규명의 새로운 돌파구가 마련됐다고 반겼다.

백범사상실천운동연합(회장 김인수)은 성명을 통해 "미국 배후설은 1992년 안두희의 양심선언을 통해 이미 드러났던 것"이라며 "증거가 드러난 만큼 정부가 나서 진상을 명확히 규명해야 한다"고 밝혔다. '김구선생 시해진상규명투쟁위'는 "해방 이후 최대 범죄행위에 대한 전말을 명확히 밝혀 오욕의 현대사를 바로 잡아야 한다"고 주장했다. 임시정부시절부터 백범 선생을 모신 선우진씨도 "극비문서 발표는 백범 김구 암살에 미국이 개입했다는 사실을 확인해준 것"이라고 말했다. 평생을 안씨 응징에 몰두했던 권중희씨는 "이렇게 늦게 밝혀졌다는 데에 울화가 치민다"며 "이제 정부가 발벗고 나설 일"이라고 소리 높였다.

지난 65년 '진실을 밝힐 것을 요구하며 안씨의 목을 찔렀던 곽태영씨 역시 사실을 밝혀내 민족사를 정립한 후에야 비로소 남북관계에 있어서도 당당할 수 있을 것' 이라고 소감을 피력했다. 성신여대 사학과 이현희 교수 등 전문가들도 "백범 시해가 미국의 우경 그룹들에 의해 저질러진 것임이 입증된 셈"이라고 밝혔다. 한편 49년 당시 포병 소위 신분으로 백범 선생을 살해한 안두희는 96년 10월 23일 버스기사 박기서씨에 의해 피살됐으며, 안씨의 3남2녀는 현재 미국에 거주하고 있는 것으로 알려졌다.

〈한국일보 2001년 9월 5일〉

■[사설] 백범암살 진상 재조사하라

백범 김구 선생의 암살범 안두희가 미군 방첩대 요원이었다는 사실이 최근 비밀 해제된 미 공문서를 통해 52년여 만에 밝혀져 충격을 주고 있다. 온 민족의 끈질기고 열화 같은 추궁에도 불구하고 당사자인 안이 굳게 입을 닫고 죽는 바람에 영원히 미궁에 빠질 뻔했던 백범암살사건의 윤곽이 어렴풋이 드러난 셈이다.

물론 안이 미 공작원이었다고 해서 반드시 사건의 배후가 미국이라고 단정하기는 어렵다. 당시 안이 육군 소위였으며 극우 테러조직에도 관여했던 만큼 백범의 사망으로 정치적 이득을 얻은 국내인사의 사주에 의해 범행이 저질러졌을 가능성도 있다. 하지만 정황으로 볼 때 미국이 백범 암살에 직간접적으로 관여했다는 것은 그동안 많은 현대사 연구자들의 공통된 인식이었으며, 이번에 발굴된 미 공문서도 그 심증을 뒷받침해 준다.

백범이 안두희의 총탄에 쓰러진 1949년 6월 한반도의 정치적 상황은 혼돈 그 자체였다. 미국과 소련이 남과 북을 차지해 날카롭게 대치하고 있었고, 남쪽에는 좌·우익의 폭력적 투쟁이 내전을 방불케 할 정도로 치열하게 전개됐다. 이같은 상황에서 미국은 자신들에게 우호적인 정치세력의 득세를 희망했고, 이를 방해하는 인사들은 물리적인 힘을 동원해서라도 제거하고 싶었을 것이다. 항일 무장투쟁을 주도했으며 중국 공산당 요인들과 친교가 깊었던 백범이 당시 미국으로서는 최대의 기피인물이었다는 사실은 이미 공개된 여러 미 공문서를 통해 밝혀진 바 있다.

민족주의자 백범의 서거는 우리 민족의 큰 불행이었다. 역사에는 가정법이 없다지만 만일 그가 살아서 활동을 계속했더라면 동족상잔의 비극과 반세기 넘게 이어지는 분단의 고통은 없었을지도 모른다. 정부는 그 불행의 역사를 정리하기 위해서라도 차제에 백범 암살사건의 재조사에 나서야 한다. 국내외 전문가들이 참여하는 진상규명위원회를 설치하는 것도 고려해봄직하다. 그런 다음 배후가 미국임이 밝혀질 경우 우리 민족의 비극과 고통에 대한 책임을 당연히 물어야 할 것이다.

〈경향신문 2001년 9월 5일〉